SV

Karl Heinz Bohrer

Jetzt

Geschichte meines Abenteuers
mit der Phantasie

Suhrkamp

Erste Auflage 2017
© Suhrkamp Verlag Berlin 2017
Alle Rechte vorbehalten, insbesondere
das der Übersetzung, des öffentlichen Vortrags
sowie der Übertragung durch Rundfunk und
Fernsehen, auch einzelner Teile.
Kein Teil des Werkes darf in irgendeiner Form
(durch Fotografie, Mikrofilm oder andere
Verfahren) ohne schriftliche Genehmigung des
Verlages reproduziert oder unter Verwendung
elektronischer Systeme verarbeitet, vervielfältigt
oder verbreitet werden.
Satz: Satz-Offizin Hümmer GmbH, Waldbüttelbrunn
Druck: CPI – Ebner & Spiegel, Ulm
Printed in Germany
ISBN 978-3-518-42579-4

Inhalt

I

II

III

Michel und Angela
motivierten mich zu dieser Geschichte.

I

Die Blätter hatten
eine andere Farbe

In einer der großen Mittwochskonferenzen meiner Zeitung beugten sich die Chefs der einzelnen Ressorts beunruhigt über die neuesten Nachrichten aus der Metropole im Osten, die noch immer halb von den Sowjets beziehungsweise ihren deutschen Genossen regiert wurde. Aber nicht die Kommunisten, sondern die Studenten des westlichen Teils der Stadt beunruhigten die Chefs. Diese seien, so die neueste Information des Korrespondenten der Zeitung, nicht nur auf eine radikale Reform ihrer Universität aus, sondern auch auf eine soziale und politische Veränderung der ganzen Gesellschaft der westlichen Republik. Das, was die älteren Herren vorn an dem langen Tisch, an dem sie immer allein saßen, über die Studentenrevolte sagten, löste in mir eine Welle von Genugtuung aus. Das Wort »Revolution« gefiel mir und vor allem, dass die Herren so besorgt waren, obwohl ich ihre Gegnerschaft gegenüber der marxistischen Lehre teilte. Es war das schönste Gefühl, das ich mir vorstellen konnte: Dass etwas Ungewöhnliches sich anbahnen, stattfinden könnte und diese Herren erschrecken würde. Es war ein plötzlicher Impuls, der mich von meinem Stuhl in der Raummitte aufstehen und an die vorn sitzende Runde gewandt sagen ließ: Die Berichterstattung aus der Metropole sei sehr ungenau. Sie sei nur moralisch und unterstelle, es handele sich bei diesen Studenten um Straftäter, ja Kriminelle. Es gehe aber darum, zu wissen, was sie wirklich dächten. Man müsse, so fügte ich fürsorglich hinzu, seinen Gegner doch kennen! Dann setzte ich mich wieder hin und staunte darüber, dass zunächst keine Reaktion erfolgte. Das hatte, wie die neben mir sitzende, schon viel länger der Redaktion angehörende, immer aufsässige Filmkritikerin mir anerkennend zuflüsterte, seinen Grund darin, dass jemand aus der Redaktion überhaupt etwas Grundsätzliches gesagt hatte. Das sei hier nicht der Brauch, schon gar nicht, dass die Bemerkung von einem Neuling komme. So etwas könne nur von einem am langen Tisch oben gesagt werden. Obwohl sie sich sicher war, dass das, was ich gesagt hatte, keiner von denen da oben gesagt hätte.

Ich war noch nicht lange zurück in meinem Redaktionszimmer, da trat der Herausgeber des Feuilletons mit einem glücklichen Lächeln, das seine gewaltigen Zahnreihen entblößte, durch die offen gebliebene Tür herein, die Hände ausbreitend, als ob er mich gleich umarmen und an sich ziehen wollte, und sagte: »Sie fahren für die Zeitung dorthin! Sie berichten über die revoltierenden Studenten!« Seinem Kollegen, dem ältesten Herausgeber, der seit Langem primus inter pares in dieser Zeitung war, habe mein Auftritt imponiert. Dieser habe entschieden, dass kein politischer Redakteur das machen solle, sondern ich. Eigentlich hatte ich ja keine Ahnung, ich wusste von nichts etwas Genaueres. *Das Kapital* hatte ich, abgesehen von dem schönen Anfang, noch nicht gelesen, die einschlägigen Debatten der letzten beiden Jahre waren an mir vorübergegangen. Ich musste mich also vorbereiten. Der herzliche Herausgeber des Feuilletons, in seinem grauen zweireihigen Anzug immer eine imposante Figur, hatte schon daran gedacht und gab mir einen besonderen Auftrag: Bevor ich losführe, müsse ich einen inzwischen berühmten jungen Philosophieprofessor der hiesigen Universität aufsuchen, der gerade dabei sei, die spekulative Gesellschaftstheorie des soziologischen Instituts auf eine neue, moderne Basis zu stellen. Mit dieser neuen Autorität solle ich reden. Er heiße Jürgen Habermas.

Sein Name und seine Bücher waren in aller Munde. Ich kannte gerade einmal die Titel, die im Umlauf waren, hatte aber wegen der sich bei mir festsetzenden Abneigung gegen marxistische Gesellschaftstheorien kaum ein Wort gelesen und nun auch keine Zeit mehr dazu. Von diesem Mann solle ich mich einweihen lassen, er erwarte mich. Dass der freundliche Herausgeber auf diesen Gedanken verfallen war, hatte etwas Widersprüchliches. Denn die marxistische Gesellschaftstheorie, die Professor Habermas, wie man mir sagte, in einer liberalen Version vertrat, lag dem Herausgeber als Katholiken und Freund der französischen Belle Époque und Literatur ebenfalls fern. Aber es war eine Woche zuvor ein Brief an die Herausgeber eingetroffen, in dem Theodor W. Adorno gefragt hatte, wer der junge Mann sei, der den Aufsatz über den sogenannten Zürcher Literaturstreit, über die Zulässigkeit von Obszönitäten in der modernen Literatur, geschrieben habe. Den hatte ich geschrieben. Mein Aufsatz hatte sich gegen den Germanisten Emil Staiger gerichtet, den ich schon als Abiturient gelesen und damals bewundert hatte, der nunmehr aber Kriterien der klassischen Literatur gegen die zeitgenössische aufstellte, Kriterien, die ich für hoffnungslos unbegründbar hielt. Mein Aufsatz ging aufs Ganze und endete mit der Frage, ob Goethes Symbolbegriff noch Gültigkeit haben könne, was ich verneinte. Adorno war für viele liberale und linke Intellektuelle inzwischen zum Idol geworden. In seinem Brief stand, der Aufsatz enthalte Hellsichtiges, das er selbst in Kürze aber noch prinzipieller entfalten werde. Bescheidenheit gehörte eher nicht zu seinen Tugenden.

Wenn der freundliche Herausgeber geglaubt hatte, er schicke nun kein unbeschriebenes Blatt zu Habermas, dann hatte er sich allerdings getäuscht. Der Philosoph hatte keine Ahnung von einer literaturkritischen Debatte, umso mehr aber von der politischen Situation. Das war jedoch nicht der Grund dafür, dass ich den Kaffee sehr schnell trank und zunächst vergaß, mir etwas aufzuschreiben. Es war die überraschende Erscheinung dieses Mannes, seine unerwartete quecksilbrige Spontaneität. Er hatte die Tür zu seinem kleinen Haus im grünen Vorort lächelnd geöffnet, dann die Freundlichkeit eines zuhörenden Gastgebers gezeigt, schließlich einige Fragen gestellt: Wer ich, der ihm noch Unbekannte, sei, das wolle er doch genauer wissen. Der Herausgeber hatte gewiss etwas dazu gesagt. Aber nun wünschte der Philosoph, es von seinem Gast zu erfahren: »Was denken Sie denn über die Situation?« Das zu wiederholen, was ich in der Großen Konferenz den Herausgebern gesagt hatte, schien das Beste. Doch das war dem Philosophen nicht genug. Er sagte: »Aber das versteht sich ja von selbst. Was ist Ihr Interesse an einer solchen Reportage?« Der Philosoph wollte klipp und klar etwas Politisches hören, er wollte wissen, wen er in politischer Hinsicht wirklich vor sich hatte. Die Antwort, die Konfrontation zwischen einer quasi noch großbürgerlichen Institution wie der Zeitung und dem intellektuellen Klima der Rebellen der Berliner Universität sei elektrisierend, reichte nicht aus. Eigentlich klang das recht gut, sozusagen soziopsychologisch. Aber der Philosoph war der Ansicht, das sei kein politisches, sondern ein melodramatisches Motiv. Fast hätte ich geantwortet: Na und? Schließlich würde man Politik ohne Instinkt für das Melodramatische nicht verstehen.

Nach dieser abtastenden Einleitung wurde es sehr lebhaft. Der Philosoph ergriff das Wort. Im Nu folgte eine pointierte Beschreibung der Figuren und Ideen, die in der aufrührerischen Universität der ehemaligen Hauptstadt zu erwarten wären. Das Wichtigste sei, sagte der Philosoph mit Nachdruck, damit der Gast es sich auch genau einprägte, die reformerischen Kräfte, nicht die anarchistischen, publizistisch zu unterstützen. Wenn das in einer so bedeutenden, zumal konservativen Zeitung stünde, wäre viel für die Situation gewonnen. Der Ausdruck, die Wortwahl, die Haarmähne, der Tonfall, die Konzentration – alles hatte eine so intensive Wirkung, dass sich das bevorstehende Unternehmen zu einer wahren Expedition auftürmte. Als wir uns verabschiedeten, wusste ich, dass wir uns noch öfter sehen würden. Mir wurde aber schon bei der Heimfahrt klar, dass in meinem Text wahrscheinlich das Gegenteil dessen stehen würde, was der Philosoph mir eingeschärft hatte: Nicht die Reformkräfte, sondern die Radikalen würden im Mittelpunkt stehen. Nicht gerühmt, aber irgendwie besungen. Das ergab sich dann tatsächlich aus den Gesprächen mit den beiden für den radikalen Flügel wichtigsten Studentenführern. Beide von bleicher Energie, der eine etwas religiös, aus dem Osten stammend, namens Dutschke; der andere eine Art Saint-Just, sogar mit dem französischen Namen Lefèvre. Die Reformer, die nur eine andere Universität wollten, waren dagegen von einer so zahmen Vernunft, die sich darüber hinaus tatsächlich so überaus vernünftig artikulierte, dass sie nichts für ein Interesse an einem Umsturz oder gar für die Erwartung eines solchen hergab. Ich war – trotz der Aversion gegen den Marxismus – auf etwas Dramatischeres aus, etwas, das die Welt verändern könnte. Interessierte ich mich überhaupt für Reform? Was die beiden Radikalen sagten und wie sie es sagten, trug das Versprechen eines Umsturzes in sich. Einer solchen Bewegung zu folgen wäre aber nach wie vor unmöglich gewesen. Schon der Gedanke, dass viele andere jetzt nachsprächen, was die Radikalen, glühend oder kalt, gesagt hatten, war abschreckend. Diesem Widerspruch folgten jedoch vorläufig keine weiteren Gedanken. Allerdings wusste ich, dass sich da etwas aufbaute, was zu klären oder zumindest in seiner Unklarheit zu verstehen wäre.

Einladung bei einem Verlagslektor. Der Mann, der mit mir eingeladen war – ein blonder, etwa vierzigjähriger Universitätsprofessor, dessen Namen ich bei der Vorstellung nicht richtig verstanden hatte –, hielt einen politischen Vortrag. Darin tauchten jene Wörter auf, die seit einigen Monaten im Umlauf waren, Wörter wie aus einer anderen Sprache. Sie gehörten zur marxistischen Lehre, die über Nacht in das Land eingefallen zu sein schien. Diese Wörter waren wie Münzen, die einander ähnelten und nun von vielen aufgelesen wurden. Es hatte sie zwar seit Langem gegeben, aber bis jetzt hatte sie niemand so genau angeschaut.

Der mir fremde Gast verströmte, obwohl er Radikales sagte, die gleiche Langweiligkeit wie die Reformer. Das lag daran, dass er alles wie ein *fait accompli* ausführte, also theoretisch längst vorentschieden, nicht wie etwas innig zu Wünschendes und noch zu Vollbringendes, etwas, das sich zu entscheiden hätte. Er war einer jener unzähligen, plötzlich im Lande aufgetauchten Intellektuellen, die alle das Gleiche wollten. Der Lektor – er hieß Günter Busch – war durch seine Arbeit im literarisch und intellektuell wichtigsten Verlag des Landes inzwischen wohl an derlei gewöhnt, abgesehen davon, dass er selbst in einer weniger fanatischen Fassung zur neuen Linken gehörte. Er war ein souveräner Kopf und sagte nichts weiter dazu. Dass er einen Redakteur der konservativen Zeitung zu diesem Treffen eingeladen hatte, konnte nur am Bericht über die Rebellen gelegen haben, der im linken Milieu landauf, landab Beifall bekommen hatte. Der Republikanische Club in Berlin hatte mir eine Ehrenmitgliedschaft angeboten. Um nicht mit falschen Federn geschmückt zu werden, hatte ich nicht angenommen. Der Republikanische Club, in einem altmodischen Haus der alten Metropole aus dem 19. Jahrhundert mit Marmor und Spiegeln im Treppenhaus residierend, war gegründet worden, nachdem sich die Große Koalition aus Sozialdemokraten und CDU gebildet hatte, die als eine Ge-

fährdung der parlamentarischen Kontrolle von Regierungs-
entscheidungen angesehen wurde. Es gab im Republikanischen Club keine marodierenden Studenten. Hier trugen
die unter Jugendstil- und Empirelampen sitzenden Mädchen ihre Kokarden der Revolution, als wären es Popfeti-
sche. Gefragt wurde: »Wann kommt der Thermidor?« Was
so viel hieß wie: Kommt das Ende der revolutionären Phase? Das Wort »Thermidor« hatte das Ende der Jakobi-
nerherrschaft bezeichnet. Publizisten, Anwälte, Verleger, ja
selbst Geschäftsleute waren die liberal engagierten Mitglieder des Republikanischen Clubs, eine professionelle Elite,
die den von ihr befürchteten neuen autoritären Tendenzen
widersprechen wollte. Ohne einen speziellen Einwand gegen ihr Programm wusste ich doch, dass diese Gemeinschaft mir zu viel geworden wäre. Es war auch der selbst-
gefällige Tonfall, der mich zurückschrecken ließ, er hatte
etwas unangenehm Schmusiges.
   Worauf der arrogante Gast des Lektors hinauswollte,
war eigentlich einleuchtend: Das Gerede von der Notwendigkeit, die sogenannten Massen über die Natur des
spätkapitalistischen Staates aufzuklären, müsse aufhören.
Stattdessen gehe es darum, sich individuell zu engagieren,
agitatorische Programme zu entwickeln. Die parlamentarische Demokratie müsse verändert werden. Es war genau
die Frage, welche die radikalen Studentenführer kurz zuvor auf dem Kongress über »Hochschule und Demokratie –
Bedingungen und Organisation des Widerstandes« aufgeworfen hatten, dort besonders scharf vorgetragen von Rudi
Dutschke, mit dem ich in Berlin gesprochen hatte. Dieser
kurzfristig organisierte Kongress wurde unmittelbar nach
der Beerdigung des Berliner Studenten Benno Ohnesorg
und einem anschließenden Trauermarsch am 9. Juni 1967 in
Hannover eröffnet – er dauerte eine Woche. Ohnesorg war
von einem neununddreißigjährigen Polizisten am 2. Juni bei
einer studentischen Demonstration in Berlin erschossen wor-

den. Auch ich fuhr als Beobachter der Vorgänge nach Hannover. Auf dem Kongress eine Atmosphäre zum Zerreißen. Einige der an der landesweit geführten Debatte maßgeblich beteiligten Professoren aus der Soziologie und Pädagogik waren da. Es wurde ein Zusammenprall zwischen der liberalen Stimme der Außerparlamentarischen Opposition und der studentischen revolutionären Radikalität, die sogar der Herausgeber des *Spiegel* inzwischen kritisiert hatte. Der Sprecher des Berliner Bürgermeisters machte mit seiner öligen Stimme Vermittlungsvorschläge, die hier nichts mehr ausrichten konnten. Man war sich zwar einig in der Verurteilung der konservativen Öffentlichkeit, die nicht merkte, wie die autoritäre Gesinnung von gestern wieder präsent geworden war. Aber wie darauf reagieren? Die aggressiven Erklärungen gefielen mir, obwohl deren politische Folgen nicht erkennbar waren. Das war es! Man hatte sich zu entscheiden. Der ölige Abgesandte vertrat das Pragmatisch-Parlamentarische, also eigentlich Richtige. Der glühende Dutschke das Revolutionäre, wahrscheinlich das Nichtrichtige. Ich neigte gegen alle Vernunft und meiner professionellen Bindung zum Trotz zum Nichtrichtigen. Die Aversion gegen die Reaktionäre, wohl die Mehrheit in der Gesellschaft im Ganzen und in Teilen meiner politischen Redaktion, war auch bei mir ins Kochen geraten. Aber deswegen marxistische Motive aufnehmen? Nein.

In einer der vordersten Reihen saß auch Jürgen Habermas. Vorerst schwieg er und hörte zu. Dann trugen er und Dutschke ihre Stellungnahmen vor. Nachdem Dutschke bereits abgereist war und auch Habermas den Saal schon verlassen hatte, war ihm offenbar bedenklich geworden, welche praktischen Folgerungen die revolutionär gesinnten Studenten aus Dutschkes Forderung nach Aktionen ziehen würden. Er kam zurück und ergriff erneut das Wort. An die Adresse der Radikalen richtete er die Anklage, Programme, wie sie hier gefordert würden, seien eine Art linker Faschismus. Um die explosive Wirkung seines Ausdrucks zu mindern, fügte er das Wort »voluntaristisch« hinzu. Das war ein Codewort, das innerhalb der linken Intelligenz verstanden wurde: Man gehörte trotz aller Differenzen zur selben Familie.

Die Kälte des arroganten Gastes am Tisch des Lektors war zu abschreckend gewesen, als dass man auf diese Thematik hätte eingehen wollen. Die Kälte hätte einschüchternd sein können, weil der Mann so informiert, so belesen war. Wahrscheinlich war er auch sehr intelligent. Aber noch niemals zuvor war mir so deutlich und unabweisbar geworden, dass ich mich von diesen Leuten fernhalten musste. Unter solch einer theoretischen Kontrolle konnte man sein Leben nicht leben. Das Theoretische hatte zwar etwas Verführerisches, aber nur, wenn es ambivalent, offen blieb, ein Motiv zum Denken. Hier aber zeigte es sich als Zwangsjacke. Die Einseitigkeit des Gesprächs wurde mit einer kühlen Verabschiedung beendet. Man schied voneinander, ohne, wie üblich in solchen Fällen, die Möglichkeit eines erneuten Treffens zu erwähnen. Was der kalte Gast dachte, war nicht mit Gewissheit zu sagen. Dass ich zur *FAZ* gehörte, musste mich eigentlich disqualifizieren. Sie war in seinen Kreisen inzwischen zum Inbegriff des politisch Bösen geworden.

Man konnte nicht leugnen, dass es in dieser Zeitung dauernd Wichtiges zu lesen gab, von dem die übrige, die gewöhnliche Presse, wie wir sie nannten, nichts wusste. Auch Sachen, die eigentlich nicht zur politischen Linie passten. Wieso hatte es keine Einwände gegen meine sympathisierende Charakterisierung der rebellischen Studenten gegeben, nachdem sie gedruckt war? Warum war dieser Text nicht von vornherein abgelehnt worden? Die Erklärung hierfür lag in der internen, durch die Herausgeber geschaffenen Machtordnung des Blattes: Die Ressorts unterlagen nicht dem Urteil einer Zentrale, sie entschieden unabhängig voneinander. Das Feuilleton benötigte selbst bei einem politischen Thema keine Zustimmung oder gar Erlaubnis der politischen Redaktion. Es hatte seinen eigenen Herausgeber, und dem hatte mein Bericht eingeleuchtet. Dennoch hatte die Zeitung inzwischen den Ruf weg, in altrömischer Manier zu denken: Mögen sie uns hassen, wenn sie uns nur fürchten! Sie empfand sich nicht als gewöhnliche Zeitung, sondern als ein Club. Wer dazugehörte, war ein Auserwählter. Selbst der jüngste Redakteur. In der Großen Konferenz bestimmten zwar die Herausgeber das Thema, aber der Umgangston war von einer Höflichkeit, die sich selbst auszeichnen wollte.

Überhaupt hatte mich die Atmosphäre in der Redaktion seltsam eingenommen, schon als ich erstmals auf meinem Stuhl in meinem eigenen Zimmer saß, zuständig für literarische Themen im Tagesfeuilleton. Es ging alles so leger, so lautlos vor sich. Es lief dort kein Radio und kein Fernseher. Es gab keine Über- und Unterordnung. Die Hierarchie von Herausgeber und Feuilletonchef einerseits und den Verantwortlichen für Kunst, Theater, Film, Musik und Tageskommentar andererseits war kaum erkennbar. Natürlich gab es sie. Aber ich hatte den Eindruck, dass die Redakteure ganz aus eigener Verantwortung entschieden und der freundliche Herausgeber oder der Feuilletonchef erst spät, wenn wir mit dem Abzug der Zeitung aus dem Umbruch heraufkamen, davon Kenntnis nahmen. Der freundliche Herausgeber schrieb vor allem über Filme, ab und zu über kulturpolitische Vorkommnisse. Und dann die Redakteure selbst. Sie alle die reine Freundlichkeit, auch wenn dahinter Konkurrenz verborgen war. Von Intrigen erzählte mir ein blutjunger, intelligenter Volontär namens Frank, der nichts anderes als ebendiese Intrigen im Kopf hatte und sie mit der so machtvollen Institution erklärte, die den Ehrgeiz anstachele. Er behauptete auch, ich sei ein »weißer Elefant«, das Wort für solche Redakteure, denen man eine Herausgeberschaft zutraute. Ich wusste, wieso das Unsinn war. Aber diese Freundlichkeit! Besonders anziehend fand ich die witzige Filmkritikerin, die meine Intervention in der Großen Konferenz beifällig kommentiert hatte. Sie war immer voller kritischer Impulse. Und dann der junge Kunstredakteur, noch Assistent der, wie ich hörte, sehr frommen verantwortlichen Redakteurin für die Kunstseite, mit der er ein Gutherzigkeit ausstrahlendes Gespann bildete.

Vielleicht spielte das sogenannte gutbürgerliche Milieu, aus dem sie alle kamen, eine Rolle. Der Vater der Filmkritikerin war ein bedeutender Theologe gewesen, der junge Kunstredakteur kam aus einer feinen linksrheinischen Unternehmerfamilie. Er hatte bei Benno von Wiese über Wilhelm Raabe promoviert und war als Student noch Privatsekretär bei Rudolf Alexander Schröder gewesen, zwei Namen, mit denen ich ihn manchmal aufzog, zu denen er aber in einer souverän ironischen Weise stand. Der leise, doch bestimmt auftretende Musikredakteur war Sohn eines bekannten Altphilologen. Sein Nachfolger im Musikamt, den Adorno empfohlen hatte, stammte aus einer bekannten russisch-ungarischen Adelsfamilie. Und die Frau des Feuilletonchefs kam aus der Familie des namhaftesten Musikverlages. Dass der Name des Internats, in dem ich zur Schule gegangen war und Abitur gemacht hatte, für meine Einstellung wesentlich wichtiger gewesen war als meine beiden Universitäten Göttingen und Heidelberg, daran hatte ich keine Zweifel. Der freundliche Herausgeber kam mehrfach darauf zu sprechen. Er selbst stammte aus einer Winzerfamilie bei Rüdesheim, handwerklich geprägt, aber eben auch traditionsreich.

Eine besondere Rolle hatte schon immer das *Literaturblatt* gespielt. Allein schon sein etwas altfränkischer Name unterschied sich von den übrigen westdeutschen Literaturteilen. Es war vom Feuilleton außerdem völlig unabhängig. Sein Chef hatte bei meinem Eintritt ins Feuilleton ebenfalls einen sanften Ton mir gegenüber angeschlagen. So als ahnte er, dass ich in absehbarer Zeit der neue Chef sein würde. Er war ein beredter Schöngeist. Seine Belesenheit verunsicherte mich fast. Seine beiden Redakteure wirkten von allem Literarischen enorm unterrichtet, ja ganz okkupiert. Der Ältere, Helmut Scheffel, war inzwischen ein angesehener Übersetzer moderner französischer Literatur und Literaturtheorie, vor allem von Michel Butor und Roland Barthes. Der Jüngere, Dietrich Segebrecht, genannt Didi, war ein Liebhaber moderner Textformen und extravaganter Comics. Insofern hatte man sich mit einem großen Sprung wegbewegt von der Tradition des berühmten Friedrich Sieburg, der 1964 gestorben war, und seinem am klassischen Roman orientierten, die zeitgenössische Literatur ironisch aburteilenden Stil.

Als der liebenswürdige Herausgeber, es war natürlich Karl Korn, mich Ende 1967 förmlich mit der Frage konfrontierte, ob ich Lust hätte, das *Literaturblatt* zu übernehmen, war ich tagelang hin- und hergerissen zwischen Zweifel und Ehrgeiz. Ich traute mir das zu, nichtsdestoweniger war es eine enorme Herausforderung. Es kam aber auch nicht infrage, dieses Angebot nicht anzunehmen. Zumal der Vorgänger mit Freude als Kulturkorrespondent nach Berlin ging. Er war eigentlich Theaterkritiker, und der Zwang, ständig ein literaturkritisches Konzept vorzuzeigen, lag ihm nicht wirklich. So kam es, dass meine erste Phase als Leiter des *Literaturblatts* mit dem Höhepunkt der Achtundsechziger-Revolte in Paris und in Frankfurt zusammenfiel. Jetzt kam alles darauf an, eine moderne Kritik zu entwickeln, ohne den Pressionen der linken Meinungsmacher zu folgen. Zu dieser Zeit hatte ich durch meine Rezensionen immerhin schon einige Pluspunkte gesammelt, konnte mich auf diese berufen und musste mich nicht bloß auf meiner redaktionellen Machtstellung abstützen.

Es gab einen älteren Literaturkritiker in der Wochenzeitung *Die Zeit*, dessen Rezensionen mir wegen ihres analytischen Scharfsinns schon früh als Vorbild gedient hatten. Er hieß Widmer, ein Mann aus Basel und der Vater meines späteren Freundes Urs, der – ursprünglich Lektor – dann selbst ein namhafter Schriftsteller wurde, mit dem gemeinsam ich aber auch Fußballspiele im Fernsehen ansah, eine neue, wenn man so will, linke Mode, während ich seit Langem schon daran interessiert war. Im *Literaturblatt* war man abgeschirmt vom Feuilletonbetrieb am hinteren Ende des Flurs, vor allem gegenüber dem dräuenden Gewissen der politischen Redaktion. Die beiden *Literaturblatt*-Redakteure dachten linksliberal wie die Mehrheit des gesamten Feuilletons. Umso schärfer trat demgegenüber das ganz andere Image der Zeitung ins Bewusstsein, von dem man sich aber nicht trennen wollte. Dafür war die Zeitung zu berühmt und zu interessant.

Die vorherrschende Animosität in intellektuellen Zirkeln gegenüber der Zeitung war mir auf einer Salzstangenparty bewusst geworden. Salzstangenparty, weil es zu dieser Zeit zum puritanischen Ambiente der linken Abende gehörte, keine schönen altmodischen Abendessen zu servieren. Man saß, wo immer es war, vor weißen Bücherregalen mit den neuen Taschenbüchern aus Theorie und Politik, trank Rotwein und knabberte dazu Salzstangen. Obwohl ich selbst hier der eigentliche Einzelgänger war – nicht nur wegen der Zugehörigkeit zu dieser Zeitung –, kamen mir wiederum einige andere Gäste so vor, als fühlten sie sich wie die ersten Christen, die sich als verfolgte Minderheit in einer Krypta versammelt hatten, um ihre Riten auszuüben. Der Ritus hier war die Empörung. Die Empörung über die Rede eines Politikers oder über das, was in meiner Zeitung gerade wieder zu lesen gewesen war. Die Geste der Empörung wirkte lächerlich, peinlich. Aber der Rotwein, der in Strömen floss, half darüber hinweg. Gerechterweise muss ich sagen, dass einige Gäste mit Freundlichkeit, ja mit drängendem Interesse auf meine Person reagierten. Das lag einerseits daran, dass die Zugehörigkeit zur Zeitung einen nicht bloß isolierte – es gab sonst niemanden aus der Redaktion bei diesen Abendeinladungen –, sondern auch bei den gesellschaftlich Ehrgeizigen als wichtig erscheinen ließ. Andererseits lag es daran, dass das *Literaturblatt*, für das ich zuständig war, ein neues Prestige gewonnen hatte.

Sosehr die Kompetenz und Präzision vieler Kollegen in den anderen Ressorts einem imponieren konnten – und das galt auch für die Kommentare zu den Regierenden am Rhein –, so stießen mir doch die Artikel der politischen Herausgeber nicht selten auf. Vor allem die Artikel des namhaftesten: Jürgen Tern. Erst unmerklich, dann immer bedrückender entstand bei mir das Gefühl eines folgenlosen inneren, manchmal auch geäußerten Widerspruchs. Seit der Erschießung Ohnesorgs durch die Polizei und seit der brutalen Ausübung von Gewalt gegen die Studenten in der eigenen Stadt wurde klar, dass die Zeitung, jedenfalls die politische Redaktion, solche Überbleibsel aus der Zeit von gestern übersehen wollte. Diese Tendenzen »faschistoid« zu nennen, fand ich nicht falsch. Man hatte die Empfindung, dass es im Alltag von den sogenannten Gestrigen nur so wimmelte. Das war das politische Kriterium: Nicht die materiellen Ansprüche der Arbeiterschaft waren relevant, sondern die Unantastbarkeit des Einzelnen gegenüber staatlichen Behörden. Das einseitige Engagement für die Arbeiterschaft als ausgebeutete Klasse, das jetzt bei vielen linken Universitätsleuten in den Vordergrund rückte, war für mich dagegen beunruhigend.

Einige von ihnen gingen sogar als Arbeiter in die Fabrik!

Mit Vorliebe in norditalienische Fabriken, wo sie auf noch radikalere Verbündete stießen. Es war deshalb beunruhigend, weil es zwischen bürgerlicher Intelligenz und Arbeiterschaft nicht die Gemeinsamkeit gab, von der die Radikalen behaupteten, es gäbe sie. Eine solche Gemeinsamkeit zu behaupten hieß, das Spezifische dessen zu leugnen, was man als Intellektueller tat. Das Interesse an der Analyse von Literatur hatte jedenfalls nichts mit dem Interesse der Arbeiterschaft zu tun. Die sich vertiefende Kluft gegenüber linken Verhaltens- und Denkformen hatte bei mir jedoch keine Sympathie für die politische Redaktion meiner Zeitung zur Folge, die das, nennen wir es das Bürgerliche doch so nachdrücklich betrieb und damit auch meiner eigenen politischen Position entsprach. Aber wiederum nicht ganz: Noch war am Unterschied zwischen konservativer und liberaler Politik eisern festzuhalten. In Heinrich Heines Kommentaren zur proletarischen Revolution konnte man dieses Dilemma ausgesprochen finden: Heine sah sich in den 1840er Jahren gedanklich genötigt, das, was er historisch für unumkehrbar hielt, nämlich eine kommunistische Revolution, zu akzeptieren, auch wenn diese Revolution – wie er sagte – seine geliebten Kunstwerke in Stücke schlagen würde. Hatte Heine das aber wirklich für sich akzeptiert? Oder hatte er hier nicht sogar den entscheidenden Einwand gegen eine zwangsläufige Entwicklung mit solch desaströsen Folgen formuliert?

Wenn die Unruhe, selbst die Angst vor dem Kommenden aus den Leitartikeln stieg, freute ich mich. Ja, es lag etwas in der Luft. Vor allem seitdem in Frankreich die Stimmung an den Universitäten explodierte und nach alter Tradition mit Pflastersteinen Barrikaden gebaut wurden und sogar der Präsident der Republik inzwischen glaubte, bei den im Nachbarland stationierten Truppen Zuflucht suchen zu müssen. De Gaulle befürchtete, dass sich aus der Studentenrevolte eine regelrechte Revolution entwickeln werde, welche die ganze bürgerliche Gesellschaft und ihre Verfassung zerstören könnte. So weit war es hier noch nicht. Aber es war eine Stimmung aufgekommen. Mit einem Mal färbte die Erwartung von kommenden Ereignissen alles ein, sodass man plötzlich mit neuem Blick auf die Bäume glaubte, sie hätten tatsächlich eine andere Farbe angenommen. Nicht aufgrund der Jahreszeit – es war jetzt Frühsommer –, sondern aufgrund einer veränderten seelischen Verfassung des Betrachters. Der erste Dichter des Landes, der vor einem Jahrzehnt einen Band mit dem Titel *verteidigung der wölfe* veröffentlicht hatte, dieser ebenso kühne wie witzige Geist, rief im Rundfunk zur politischen Revolte auf. In Anlehnung an seinen poetischen Vorläufer forderte er, »französische Zustände« zu schaffen. Das war der Titel des berühmt gewordenen Buches von Heine über die Pariser Revolution zu Beginn der Dreißigerjahre des 19. Jahrhunderts. Heines Beschreibungen, ursprünglich für die Augsburger *Allgemeine Zeitung* verfasst, hatte ich nicht nur gelesen, ich hatte mich in sie hineingelesen, hineingelebt. Seine für die Buchfassung 1832 geschriebene, aber durch die preußische Zensur um wesentliche Aussagen gebrachte »Vorrede«, in der er in grandioser Weise mit Preußens »Größe«-Ambitionen und seiner möglichen Zukunft auf dem deutschen Kaiserthron abrechnet, gefiel mir zwar nicht, aber der Tonfall, ironisch und pathetisch zugleich, imponierte mir so sehr, dass alles in mir dafür vorbereitet war, die Schilderung der Ereignisse, die nach der Julirevolution 1830 eintraten, zu verschlingen. Und jetzt wiederholte sich die Wirkung dieser Lektüre mit aller Kraft: Heines Satz, der Geist der Revolution habe das Palais Royal nie verlassen, nahm auch die Gegenwart von 1968 in Besitz. Wir haben in Deutschland nur die Achtundvierziger-Revolution gehabt und nach 1918 diverse Revolten. Aber was sich da in Paris zusammenbraute und gemäß dem Verlangen des deutschen Dichters nach »französischen

Zuständen« auch in Westdeutschland eintreten könnte, war das nicht die Wiederkehr des Geistes, den Heine so enthusiastisch beschrieben hatte?

Man wusste nicht, was in Paris noch alles passieren würde. Das Fernsehen hielt einen auf dem Laufenden. Besonders aufregend, dass ein deutscher Student, dessen Eltern vor den Nazis nach Frankreich geflohen waren, nun das große Wort vor der Sorbonne und auf anderen Plätzen des Quartier Latin führte. Er hieß Daniel Cohn-Bendit. Sein roter Haarschopf leuchtete wie ein vielversprechendes Zeichen über der Menge der ihm Zuhörenden. Natürlich sprachen auch andere, das Megaphon in der Hand, mit enormer Eloquenz und kündigten einen sozialpolitischen Umbruch an, der über die notwendigen Veränderungen an den Universitäten hinausginge. Indem deren Gebäude besetzt wurden, gab man beizeiten zu verstehen, dass auch der Palast des Präsidenten besetzt werden könnte. Die Polizei hatte schon scharfe Munition, und das Universitätsviertel in Paris mit den umgestürzten Autos und den aufgetürmten Pflastersteinen sah aus wie eine Filmszene zu einer modernen Version von Victor Hugos Roman *Les Misérables*. Heines Beschreibung des Pariser Aufstands in den *Französischen Zuständen* hatte dort besonders Fahrt aufgenommen, wo der Kampf der Studenten geschildert wird. In der Rue Saint-Martin – wo die lag, musste ich noch herausfinden – seien die größten Heldentaten der neueren Geschichte vollbracht worden. Ein Schüler aus der École d'Alfort sei mit einer Trikolore aufs Dach gestiegen und mit seinem Ruf »Vive la République!«, von Schüssen getroffen, tot hinabgestürzt. Das konnte jederzeit auch jetzt in Paris passieren, genau so war die Stimmung, nach allem, was man davon hörte. Die Polizei hatte dort wenige Hemmungen, die westdeutsche sowieso nicht.

In diesen Tagen gab es regelrechte Reiterattacken der Frankfurter Rechtshüter gegen die Studentenketten, die das

Gebäude meiner Zeitung umlagerten, um die Auslieferung des verhassten Blattes zu verhindern. Als ich einen Offizier zu Pferd anherrschte, löste der seinen Gummiknüppel und hielt das mich bedrängende Pferd erst zurück, als er mich als Redakteur der belagerten Zeitung identifizierte. Ich war in meiner Wortwahl nicht zimperlich gewesen. Nicht, dass er ein Nazi sei, sagte ich, aber dass man es denken könne, so wie er und seine Kollegen sich aufführten. Dass einige in der höheren Polizeiverwaltung ohnehin noch immer Ehemalige waren, darüber sprachen wir in der Redaktion. Der Polizist auf dem Pferd war zwar noch relativ jung, aber wahrscheinlich hielt auch er die rebellierenden Studenten für Verbrecher, die eigentlich keine Rechte hätten.

Nach Paris zu fahren, um das, was dort im Universitätsviertel vor sich ging, genauer zu betrachten, war ein naheliegender Gedanke. Aber dazu hätte ich den Auftrag der Redaktion haben müssen. Einfach privat hinfahren und tagelang nicht in der Redaktion des *Literaturblatts* auftauchen ging nicht. – Was hatte Heine eigentlich genau mit dem Ausdruck »französische Zustände« gemeint? Enzensberger hatte ihn zweifellos deshalb zitiert, um eine Art Revolte in Westdeutschland zu fordern. Heine hatte in seinen Artikeln für die Augsburger *Allgemeine Zeitung* einen solchen Aufstand gewiss nicht im Sinn. Die Zeit in Deutschland war ihm dafür als noch nicht reif erschienen, wie er acht Jahre später den deutschen Republikanern in der Pariser Emigration, namentlich Börne, ironisch entgegenhielt. Was er schilderte, war nicht bloß der blutige Kampf der Studenten, die, wenn sie in die Hände der Nationalgarde fielen, mit dem Bajonett niedergemacht wurden. Es war eine Emphatisierung dieser Kämpfe zu Bildern entsprechend der griechischen Mythologie und den heroischen Momenten der Geschichte. Die Kämpfer in der Rue Saint-Martin wurden den Kämpfern an den Thermopylen gleichgesetzt.

Heines Pathos im Auffinden der ihm angemessen scheinenden Metaphern gewann in all seinen Schriften eine besondere Wirkung durch die Nennung mythologischer Namen. Das Augenblickliche bekam auf diese Weise Ewigkeitsresonanz, ohne seine Augenblicklichkeit zu verlieren. So sah ich das jedenfalls im Sommer 1968.

War die Zeit jetzt eigentlich wieder reif für eine politische Revolte oder sogar für eine soziale Revolution, wie sie die Studentenführer in Berlin vor einem Jahr erwogen hatten? Wenn ich Heine folgte, dann war der alte Auftrag aller vorangegangenen Revolutionen noch nicht endgültig ausgeführt. Das war es, warum seine Artikel abermals eine solche Wirkung auf mich ausübten. Dass dabei auch ein neuer Mythos der Stadt Paris vor einem aufstieg, das war Heines ganz ungewöhnliche Darstellungsleistung. Das historische und kulturelle Leuchten dieser Stadt war von einem deutschen Schriftsteller noch nie zuvor auch nur annähernd erkannt, geschweige denn dargestellt worden. Kleists kurze Reverenz an die französische Metropole lief eher auf das Gegenteil hinaus, und literarisch geäußerte Aversion gegen die französischen Nachbarn war seit den Gräueln der Revolution und den Verwüstungen durch die Heere Napoleons auf deutschem Boden keine Ausnahme gewesen. Beim Wiederlesen der *Französischen Zustände* erkannte ich, dass Heine es war, der den Mythos der Stadt eigenhändig erfunden hatte. Und wir erlebten nun, nach dem Existenzialismus der Fünfzigerjahre, eine neue Phase der Glorifizierung dieser Stadt. Daher klangen die Ungeheuerlichkeiten, die man aus Paris hörte, historisch bedeutend. Selbst die Obszönitäten schienen vergoldet zu sein. Ich vergoldete sie mir. Heine hatte hervorgehoben, dass es keineswegs die unteren Volksschichten gewesen seien, die den Aufstand gewagt hätten. Vielmehr habe sich die republikanische Explosion als ein mehr oder weniger führungsloser, leidenschaftlicher Ausbruch bürgerlicher Unzufriedenheit ›ereignet‹. Ja, Heine sprach tatsächlich vom »bloßen Ereignis« – zwei Wörter, die ich mir anstrich. Er begründete den Ereignischarakter mittels einer intensiven Beschreibung des Trägers einer roten Fahne mit schwarzen Fransen, den er »geheimnisvoll« nannte, und indem er dem Ganzen eine »mythische Bewandtnis« zusprach. Und wirklich war der Aufstand als Enthusiasmus über eine Menschenmenge gekommen, die zunächst nur dem Leichenwagen des wegen seiner oppositionellen Haltung bewunderten und verehrten Generals Jean Maximilien Lamarque hatte folgen wollen.

Auch was jetzt in Paris, Frankfurt und Berlin geschah, war in seiner Promptheit etwas nicht Erwartetes und erzeugte eine nie zuvor gefühlte Atmosphäre. Atmosphäre war das richtige Wort. Wie man, ohne ein politisches Programm im Kopf, ständig auf eine noch nie gehörte Art zu reden stieß! Es klang immer derart, als sei noch etwas Großes zu erwarten. Ich glaube, das ging vielen so, wie überhaupt ein Teil derjenigen, die sich politisch engagiert gaben oder es tatsächlich waren, einem Druck nachgaben, der, aus dem Nichts kommend, mit einem Mal auf ihnen lastete. Der Druck hatte ein solches Gewicht, weil die vorangegangene Zeit der Ausläufer eines sich beschwichtigenden Pietismus von Schuldigen gewesen war. Bei Heine stand ein Absatz, der sich wie ein noch immer gültiges Paradigma las und mir eingab, von Pietismus zu sprechen: »Ist es wirklich wahr, dass das stille Traumland in lebendige Bewegung geraten? Wer hätte das vor dem Julius 1830 denken können! Goethe mit seinem Eiapopeia, die Pietisten mit ihrem langweiligen Gebetbücherton, die Mystiker mit ihrem Magnetismus hatten Deutschland völlig eingeschläfert, und weit und breit, regungslos, lag alles und schlief. Aber nur die Leiber waren schlafgebunden, die Seelen, die darin eingekerkert, behielten ein sonderbares Bewusstsein.« Es war auch jetzt so, als sei das Land der »schlafenden

Menschen« erwacht, und man fühlte sich gedrängt, ihnen zuzuhören, wie sie – als sprächen sie »im Schlafe« – ihre »geheimsten Gedanken« enthüllten. Das war etwas Neues und Ungeheuerliches. Davon stand in meiner Zeitung jedoch nichts zu lesen. Die politischen Herausgeber starrten bloß mit angehaltenem Atem darauf, ob sich auch hierzulande Anzeichen der Veränderung aller Dinge zeigten wie in Paris.

Heines *Französische Zustände* hatten aber noch vor einem anderen Hintergrund als dem der Pariser Studentenrevolte diesen Effekt auf mein Denken: Ein ehemaliger Schüler Ernst Blochs, der mit einer Gruppe Gleichgesinnter in Leipzig eine Revision des Ostberliner Marxismus entworfen und deshalb zwei Jahre im Gefängnis gesessen hatte, war, nachdem er in die Bundesrepublik gewechselt war, wegen Heine scharf mit mir aneinandergeraten. Wir sahen uns nur ab und zu. Als ich enthusiastisch über eine Neuausgabe von Heines politischen Schriften sprach, reagierte er höhnisch mit Karl-Kraus-Zitaten auf Heines angeblich »feuilletonistischen« Stil. Es verhielt sich aber so, dass der marxistisch erzogene Leipziger sich an Heines ironisch-freiheitlichem Ton stieß. Er entwickelte inzwischen aus Hass auf das DDR-Regime sogar konservative, ja rechte Ideen. Aber die waren eigentlich nur eine Version seiner für immer inhalierten Hegel'schen Kategorien. Deren Starrheit beherrschte ihn. Vor allem ein kurzes Stück Heines, betitelt mit *Verschiedenartige Geschichtsauffassung*, brachte den Bloch-Schüler in Rage und bestätigte ihm, wie er sagte, Heines verantwortungslos unsystematisches Denken. Heine hatte sich in diesem Stück gegen die zentrale Hegel'sche Kategorie der »Zukunft« gewandt. Die Gegenwart, so Heines mich animierender Gedanke, müsse um ihrer selbst willen erlebt werden, sie dürfe nicht einem Zweck, also auch nicht der Zukunft, unterworfen werden. Heine hob die »lebendigsten Lebensgefühle« als das entscheidende Kriterium hervor und kehrte es gegen die von Teleologie besessene idealistische Schule.

Das bedeutete einen Bruch mit seinem von Hegel inspirierten eigenen Anfang, einen Verrat, wie der Leipziger sagte, an der Geschichtsphilosophie. Heine hatte diesen kurzen Text ein Jahr nachdem seine Beiträge in der *Allgemeinen Zeitung* erschienen waren, geschrieben. Er ist aber erst 1869 aus seinem Nachlass publiziert worden. Auch die Revolution – so stand in dem Stück *Verschiedenartige Geschichtsauffassung* – vollziehe sich im Zeichen der Gegenwart, nicht der Zukunft. Heines Absage an die Zukunft war ein gefundenes Fressen für meine eigene Aversion gegen das marxistische Geschichtsdenken.

Ob Enzensberger wirklich an die Möglichkeit eines revolutionären Umbruchs zu dieser Zeit und in diesem Land glaubte? Dafür war seine Ansprache zu rhetorisch. Der Kommentar des Philosophen, dieser Schriftsteller sei ein Narr am Hofe der Scheinrevolution, überraschte mich aber, irritierte mich sogar. Diese Kontroverse zwischen zwei linken Intellektuellen solchen Ranges konnte einem in Mark und Bein fahren. Aus ihr sprach, welch eine Unruhe unterwegs war, wie doch selbst in politisch so nahen Lagern in einer Weise Tacheles geredet wurde, dass kein Auge trocken blieb. Die Rhetorik des Dichters war mir jedenfalls sympathisch.

Gleichzeitig wirkte die brutale Sprache, die in linken Zeitungen aufgekommen war, bedrückend. Das war nicht Heine. Es erinnerte eher an die naive Aggressivität der deutschen Republikaner, die Heine mit seinem Angriff auf Börne erledigt hatte. Es war nicht nur der Glaube, es war die Attitüde, die prompte Bereitschaft nicht nur zur Anklage, sondern zur Verleumdung. Daraus sprach eine beunruhigende Drohung: Diese linken Journalisten, die das große Wort schwangen, ob in Zeitung oder Rundfunk, hätten jeden auf die Anklagebank gebracht, der ihrer Meinung nach den Fortschritt, wie sie ihn sich dachten, behinderte. Ganz gewiss hätten sie die Herausgeber der Zeitung vor ein Tribunal gestellt. Weil sie dazu aber nicht in der Lage waren, blieb es bei den wöchentlichen oder gar täglichen polemischen Anklagen. Mit dieser Selbstüberhebung konnte man an eine berühmte journalistische Tradition anknüpfen: Die übelsten Vertreter des Terrors während der Französischen Revolution waren Journalisten gewesen. Und der blutige Lenin, wenn auch von anderem Kaliber als der kriminelle Marat, hatte ebenfalls eine Zeitung herausgegeben, bevor er seine politischen Ideen mörderisch umsetzte. Solche Überlegungen offen auszusprechen oder gar zu schreiben wäre jedoch berufsschädigend gewesen. Nichtsdestoweniger hatten einige Journalisten etwas Gefährliches angenommen, weil sie von einer besonderen Motivation angetrieben wurden: der moralischen Empörung. Es war ein Ressentiment – so war ihr Affront zu übersetzen, in das hässlichste Wort, das einem dafür einfiel. Das Ressentiment von sehr mittelmäßigen Leuten. Es war abstoßend. Diese Schreiber genossen die ihnen plötzlich gekommene Überzeugung, politisch wichtig zu sein. Fast alle trugen lächerliche Kinnbärte. Auch im Feuilleton meiner Zeitung gab es den einen oder anderen, den es politisch umtrieb. Bei der Mehrheit zeigten sich aber noch die liberalen Grundfarben. Nur einer bezeichnete sich selbst als Stalinisten, obwohl er ein den schönen Künsten zugetaner, eigentlich sehr sympathischer Mensch war. Was meinte er mit dieser Selbstbezeichnung? Seine Antwort: »Ich liebe die Rationalität über alles.« Er hatte seine kunstgeschichtliche Promotion über die Malerei des 18. Jahrhunderts unter dem Aspekt ihrer Rationalität geschrieben. Daraus gewann er nunmehr eine Erleuchtung, zu der andere offensichtlich nicht fähig waren. Aber hielt er Stalin wirklich für einen Rationalisten?

Die radikale Geste war allerdings nicht immer eine Sache der blinden Überzeugung, sondern auch eine des souveränen Charakters. Das konnte man genau beobachten, wenn man dem ambitioniertesten Studentenführer an der Frankfurter Universität zuhörte. Theatralische Auftritte, rhetorische Meisterstücke. Obwohl er blässlich aussah, auf den ersten Blick unscheinbar, war er dennoch ein starker Charakter. Er hieß Hans-Jürgen Krahl oder einfach Krahl. Das passte lautmalerisch zu ihm und changierte zwischen »Gral« und »Kralle«. Im großen Innenhof des Universitätsgebäudes stand er im grünen Trenchcoat und wurde bei seinen Auftritten häufig von einem bekannten schmalzigen Schlager über »blaue Liebe« begleitet, der in allen Radioprogrammen zu hören war. Die Rede des Fünfundzwanzigjährigen strotzte vor Behauptungen, die man weder widerlegen noch beglaubigen konnte. Aber sie hatten Attraktivität, weil sie nicht offensichtlich einem Glauben, sondern einem Argument, der Kraft des Argumentierens entsprangen. Wie dieser farblose, mittelgroße Mann dastand, das Megaphon ab und zu absetzte und über die Hunderte der um ihn Gescharten blickte, da erschien er als jemand, der die Formel seiner Zeit erkannt hatte. Plötzlich hörte ich hinter mir einen sagen: »Das ist ja derselbe Fanatismus, den wir schon einmal gehört haben. Der hätte vor zwanzig Jahren in einer braunen Uniform hier gestanden.« Es war ein älterer Mann, den es wohl per Zufall hierher verschlagen hatte. »Sie mögen ja recht haben, aber dann wäre es ein sehr intelligenter Mann in brauner Uniform gewesen«, fiel mir als schnelle Erwiderung ein. Später hörte man, dass der Studentensprecher, der auch in Adornos Seminar eine besondere Stimme hatte, tatsächlich aus einem kleinbürgerlichen norddeutschen Provinzmilieu kam: Er war Mitglied des Ludendorff-Bundes, einer völkisch orientierten Sekte, gewesen und an der Universität Göttingen einer Burschenschaft beigetreten. Solches Herkommen war kein Einzelfall. Bei den Älteren aus der Außerparlamentarischen Opposition gab es viele, deren Eltern in das verflossene Regime verwickelt gewesen waren, nachdrücklich oder mitläuferisch. Die stärkste Motivation zur Opposition kam gerade aus dieser Richtung. Darüber wollte ich genauer nachdenken. Irgendetwas von der alten Mentalität war jedenfalls auch bei dem idealistisch Engagierten mit dem Megaphon hängengeblieben. Das galt übrigens nicht weniger für einige links engagierte Frauen, die geradewegs dem deutschen Frauenbund entlaufen zu sein schienen: Wie bedrückend und befremdlich das war! Nichts von Freiheit und Ungebundenheit! Andererseits: Eine ganze Reihe der linken Intellektuellen war so blitzgescheit wie die Berliner und Frankfurter Studentensprecher. Es waren durchtrainierte Köpfe. Aber ihre Revolution kam aus dem Seminar. Nichtsdestoweniger standen ihnen im richtigen Moment die einschlägigen Vokabeln zur Verfügung, die sie in schlagfertige Argumente verwandelten. Das war beeindruckend.

Ich hielt es inzwischen für notwendig, eine eigene moderne Philosophie zu entwickeln, und zwar aus Elementen einer Subjekttheorie, mit der ich während des Studiums begonnen hatte. Ein Autor begann mich zu fesseln: Walter Benjamin. Der intellektuell den Ton angebende Suhrkamp Verlag hatte seit Mitte der Fünfzigerjahre seine Werke veröffentlicht, seither war er in aller Munde. Die Bücher und Aufsätze dieses Berliner Intellektuellen, dessen zeitgleich mit einer Studie über Goethes *Wahlverwandtschaften* entstandener *Ursprung des deutschen Trauerspiels* 1924 als Habilitationsschrift an der Universität Frankfurt Ablehnung erfahren hatte und der mehr oder weniger in Vergessenheit geraten war, machte über Nacht bei der Nachkriegsintelligenz der nun Dreißigjährigen Furore. Insbesondere ein Aufsatz wurde landauf, landab herumgereicht: *Das Kunstwerk im Zeitalter seiner technischen Reproduzierbarkeit*. Das roch aber doch verdächtig nach Überbau und Unterbau der simpelsten Art. Die Reproduzierbarkeit, von welcher der Aufsatz handelte, bezog sich auf den Film. Angeblich gehe durch die Möglichkeit, den einzelnen Film, das einzelne Bild zu reproduzieren, die künstlerische Autonomie, die Aura, verloren. Das wurde nolens volens auf die ganze Kunst übertragen. Begriffe wie »Schöpfung«, »Genialität«, »Geheimnis« gingen als quasi »präfaschistisch«-anrüchig über Bord. Eine solche Rezeption war es, die Benjamin in den intellektuell führenden Kreisen attraktiv machte und die wie ein Mantra wiederholt wurde. Keine Gegenrede, nicht einmal den Hinweis darauf, dass die technische Wiederholbarkeit weder für die Literatur noch für die Malerei gelte, konnte ich entdecken.

Hans Paeschke, der Herausgeber des *Merkur*, der intellektuell einflussreichsten westdeutschen Monatszeitschrift, hatte mich um Mitarbeit gebeten, und so schrieb ich meine Einwände gegen Benjamins Aufsatz für diese Zeitschrift nieder. Je mehr ich aber in Benjamins Werk las, desto stärker wurde die Anziehungskraft seiner Texte. Denn Benjamins Texte waren keineswegs materialistisch, sie waren spirituell! Und das in einem Maße, dass sich der Gedanke einschlich, da habe einer deine geheimsten, dir selbst verborgen gebliebenen Vorstellungen von Literatur schon vor dreißig Jahren niedergeschrieben! Es war vor allem sein Aufsatz *Der Sürrealismus*, der wie ein Blitz bei mir einschlug. *Sürrealismus* mit ü geschrieben. Er hatte einen Untertitel, der mich ebenfalls unmittelbar gefangennahm: *Die letzte Momentaufnahme der europäischen Intelligenz.* Das Wort »Surrealismus« hatte sich seit zwei Jahren ohnehin in mir festgesetzt, seitdem mir der Ressortchef der Zeitung, bei der ich volontiert hatte, 1966 die Todesanzeige von André Breton auf den Tisch gelegt hatte: »Das ist was für dich. Schreib übers Wochenende eine Glosse über den Mann.« Tatsächlich blieben nur zwei Tage zur Vorbereitung, aber schon die Lektüre weniger Seiten aus dem Roman oder besser dem fiktiven Tagebuch *Nadja* genügte, um etwas zustande zu bringen. Die Neugier, ja Begierde war angefacht, mehr von Breton und anderen Surrealisten, vor allem Aragons *Le paysan de Paris*, zu lesen. Diesem Interesse war vorausgegangen, dass mir ein Buch des argentinischen Schriftstellers Julio Cortázar mit dem Titel *Bestiarium* in die Hände gefallen war, darin seine wohl berühmteste Erzählung *Das besetzte Haus*. Cortázar wurde mit dem Pariser Surrealismus in Verbindung gebracht. Seine Sätze hatten sich längst bei mir eingenistet. Und auch das Surrealistische sollte mich für lange Zeit nicht mehr loslassen.

Nun aber Benjamins Essay. Ja, das Prinzip des Dialektischen, das Kriterium des »Materialistischen« war wiederzuerkennen. Aber diese puristischen Begriffe wurden von phantastischen Wörtern überdeckt. Da war die Rede von den »Kräften« und der »Dialektik des Rausches«, von einer »rätselhaften Seite am Rätselhaften«, die man nicht einseitig betonen solle. Benjamin sprach auch vom »Geheimnis«, das man »durchdringen« müsse. Er meinte, dass der Surrealismus bei solcher Überwältigung durch Mysterien in romantischen Vorurteilen verhaftet bleiben könnte, dass es dagegen um die dialektische Verschränkung gehe, dass die »Erleuchtung profan« sein müsse. Was sollte das heißen? Das klang wie die Notwendigkeit der Beichte nach einer Sünde. Ich sog jedenfalls Honig aus Benjamins ambivalenter Bewaffnung gegen den Surrealismus, sobald dieser zu romantisch würde. Im Entwurf für den *Merkur* wollte ich das zeigen: nämlich wie Benjamins Affinität zur surrealistischen Phantasie ungeklärt, wie seine Berufung auf das Kriterium des Dialektisch-Materialistischen ein leeres Prinzip blieb angesichts seiner emphatischen Reaktion auf die Phantasmen. Nachdem Benjamin Aragons *Le paysan de Paris* gelesen hatte, konnte er nach eigenem Eingeständnis vor Herzklopfen eine ganze Nacht nicht schlafen. Wie war diese Erregung durch den surrealistischen Augenblick nachzuvollziehen? Benjamins Werk sollte für einige Zeit jedenfalls enorm wichtig für mich werden.

Ob Benjamins berühmte Worte von der »profanen Erleuchtung« kontradiktorisch gemeint waren und er sich letztlich der surrealistischen »Erleuchtung«, nicht des »Profanen« angenommen hatte, das wurde zur zentralen Frage eines neuerlichen Besuches bei Jürgen Habermas. Er hatte mich eingeladen, mit ihm über Walter Benjamin und den Surrealismus zu sprechen: »Nun sagen Sie doch einmal, worauf Benjamin eigentlich hinauswill, vor allem, worauf er hinauskommt!« Das war eine phantastische Eröffnung für das, was dazu zu sagen war: »Wissen Sie, von profaner Erleuchtung zu sprechen ist etwas Ähnliches wie das, was die Engländer ›to have the cake and to eat it‹ nennen.« Der Philosoph lachte. Dieses Lachen war Ausdruck des unbekümmerten Temperaments, das schon beim ersten Besuch so auffällig gewesen war, ohne jede betuliche Absicherung, wie ich sie sonst von Akademikern kannte. Es gab Rotwein, gleich zwei Flaschen. Nach wenigen Gläsern hielt uns nichts mehr zurück. Die einzige Vorsichtsmaßnahme, die notwendig schien, damit das Gespräch nicht von vornherein schiefginge, war meine Versicherung, es handele sich bei Bretons und auch Aragons Surrealismus nicht um die Rekonstruktion des Mythos. Der Gastgeber nickte und erwiderte: »Was wollen diese Bilder dann aber ausdrücken, wenn sie sich vom objektiven Geist, wie Sie gesagt haben, verabschieden?«

Damit kam man ins Prekäre. Es blieb nichts anderes übrig, als von der Autonomie der surrealistischen Metaphorik zu sprechen und zu behaupten, sie sei »selbstreferenziell«. Mit diesem prätentiösen, aber noch nicht in Mode gekommenen Wort war erst einmal ein Schuss vor den Bug gewagt: dass Literatur nicht darin gipfele, Ideen zu verbreiten. Wie mein Gegenüber diese Bemerkung aufnahm, war nicht ganz klar. Ich fügte flankensichernd hinzu, Aragon habe vom surrealistischen Bildergift gesprochen und damit eine revolutionäre Potenz gemeint. Das beeindruckte den Denker überhaupt nicht, das war sofort zu spüren. Schweigend hörte er der Erklärung zu, die Surrealisten hätten Novalis' Formel des »Romantisierens« aktualisiert: Dies geschehe dann, wenn man »dem Gemeinen einen hohen Sinn, dem Gewöhnlichen ein geheimnisvolles Ansehn, dem Bekannten die Würde des Unbekannten, dem Endlichen einen unendlichen Schein gebe«. Diese Formel, obwohl sie jeder, der sich mit der Romantik beschäftigte, mehr oder weniger auswendig konnte, hatte ich mir auf einem Zettel notiert. Was anderes war es denn, wenn Aragon vom »täglich Wunderbaren« sprach, vom »Ungewöhnlichen«, das man immer weniger finde, von Orten, die »Türen« zum »Unendlichen« hätten? Dass sich hinter diesen romantischen Wörtern nicht Novalis' transzendental geordnete Poetologie verbarg, sondern ein politisches Erwartungspotenzial, änderte nichts an ihrer Ähnlichkeit mit der romantischen Formel. Dass Aragon auf eine solche Sprache verfiel, um etwas Politisches auszudrücken, zeige doch abermals, wie stark die esoterische Semantik ihn in Besitz genommen habe. Benjamin bezog sich wohl darauf, wenn er meinte, die surrealistische Überraschung könnte sich in »sehr verhängnisvolle romantische Vorurteile« verlaufen. Benjamins Kritik sei, so führte ich weiter aus, sehe man auf seine eigene Terminologie, nicht konsequent. Er selbst spreche sehr wohl ebenfalls romantisch. Aber, so der Philosoph, was sei dann mit der Revolution? Die Surrealisten wollten doch die Gesellschaft verändern? Das war die Konsequenz aus der vorangegangenen Frage. Nun musste das Bekenntnis heraus, dass die nicht geschehene surrealistische Revolution keineswegs als Defizit des Surrealismus anzusehen sei! Die Surrealisten hätten von ihrer eigenen eingebildeten Wirklichkeit gelebt, der bis dahin ungehörte Sätze entsprungen seien. Zum Schluss war deshalb noch einmal der Satz Aragons anzusprechen: »Werde ich mir lange das Gefühl für das täglich Wunderbare bewahren?« Das war schon längst nicht mehr nur eine Erklärung des Surrealismus, sondern eine Verteidigung der eigenen Beschäftigung mit dem Wunderbaren. Was sei schon die soziale Veränderung der Gesellschaft, wenn dieser Verbesserung der Sinn für das Ungewöhnliche verloren ginge! Ohne den vielen Rotwein wäre dieser Satz möglicherweise nicht gefallen, sosehr ich ihn auch ohne Rotwein dachte. Deshalb war es gut, dass er heraus war. Denn genau das war die Konsequenz.

Ich war jedoch, wie man so sagt, an den falschen Mann geraten. Habermas erwiderte nämlich: »Ich habe mir ja gedacht, dass es auf solche Phantasien hinausläuft, die sich auf kein politisches Argument stützen können. Ich verstehe auch nach Ihrem Bericht über die anarchistischen Studenten, was Sie daran so fasziniert. Es ist der Subjektivismus, der Voluntarismus, der unvereinbar ist mit einer vernünftigen politischen Idee. Das einzig Gute dabei ist, dass Sie gar nicht erst vorgeben, die Surrealisten hätten eine politische Idee.« Das war's. Eine Abrechnung von Hans G Helms mit dem Begriff Voluntarismus hatte erst kürzlich für Aufsehen gesorgt. Der Autor hatte von einer orthodoxen marxistischen Position aus den sogenannten *Fetisch Revolution* innerhalb der Linken, aber eben der nicht linientreuen Bewegung, demontiert. Alles, was ich selbst attraktiv fand, wurde darin angeklagt: das Elitäre des romantischen Individuums, der Angriff auf den Staat statt auf die bürgerliche Gesellschaft und vor allem der Verzicht auf die Konzeption eines objektiven Geschichtsprozesses. Über dieses Buch polemisch in der Zeitung zu schreiben war selbstverständlich. Froh darüber, den Dogmatismus anprangern zu können, der seinem Hass gegen jede Form des intellektuellen Individualismus, gegen den sogenannten »feinen« Geist, wie es hieß, keine Zügel angelegt hatte. Dieses Buch steckte einem das letzte Licht darüber auf, was es über den Neo-

marxismus im Lande, vor allem an einigen Universitäts-
fakultäten, zu wissen galt. Das, was der Fanatiker zwei Jahre zuvor am Tisch des Lektors von sich gegeben hatte, war
auf dasselbe hinausgelaufen. Damals schienen das Ansichten eines arroganten, besonders borniertes, von Theore-
men eingeklemmten Karrieristen zu sein, der ohne jeden
Nerv für die Dinge des Lebens war. Dieser Überfall aber
auf den sogenannten Voluntarismus half, sich endgültig von
dem Gedanken zu lösen, man könne mit den Marxisten,
den marxistisch gewendeten Intellektuellen im Lande, irgendeinen gedanklich und persönlich sinnvollen Verkehr
haben. Nein, das konnte man nicht mehr.

Aber der Gastgeber, der Philosoph? Immerhin, Habermas' Bemerkung über den mangelnden politischen Sinn der
Surrealisten, seine Kritik am Subjektivismus berührten sich
mit den Ausführungen des Autors von *Fetisch Revolution*.
Der Philosoph bewies aber ein souveränes Interesse für
die extremen Einfälle der beiden Surrealisten. Er hatte ein
feines Gespür für Sprache. Es schien mir, dass er dem radikalen Freiheitsbewusstsein und seiner Durchbrechung
gesellschaftlicher Konventionalität eine gewisse Sympathie
entgegenbrachte, auch wenn das für ihn noch nicht aus-
reichte, darin ein politisches Konzept zu erkennen. Das
Thema, bei dem wir völlig differierten – um es harmlos
auszudrücken –, war die plötzliche Negierung des sozial-
ökonomischen Fortschritts als großes Glück. Dagegen das
Wort vom surrealistischen Wunder zu halten, das schlug
dem Fass den Boden aus. Um Boden zurückzugewinnen,
war noch einmal auf Bretons Phantasiebegriff zurückzu-
kommen und an einigen Bildern aus *Nadja* zu zeigen, was
einleuchtend sein könnte. Das sollte Bretons letzter Satz
in *Nadja* leisten: »Die Schönheit wird *konvulsiv* sein oder
sie wird nicht sein.« Der Begriff »konvulsiv« war kursiv gesetzt und sollte eine Schönheit charakterisieren, die nicht
mehr klassisch und nicht mehr romantisch ist, sondern

das Ereignishafte selbst. Denn um Schönheit gehe es nach wie vor, nicht um Ideen! Ich fügte hinzu, Camus habe gesagt, kein Volk könne außerhalb der Schönheit leben.

Es hatte etwas von *benevolentia*, wie der Philosoph die letzten Bemerkungen zur Kenntnis nahm, so als wollte er sagen: Die Surrealisten, schön und gut, nehmen wir ihre Philosophie für gratis, da gibt es nicht viel zu begründen. Dann aber kam die Frage, die schon längst fällig war: »Und Walter Benjamin?« Inzwischen war es Mitternacht. Wir hatten die ganze Zeit über getrunken. Die Frage nach Benjamin lief auf eine präzise Antwort darauf hinaus, ob Benjamin denn seine materialistisch-dialektische Begründung der surrealistischen »Erleuchtung« überzeugend dargelegt habe. Es war nun zu erläutern, was in dem noch nicht veröffentlichten Aufsatz für den *Merkur* darüber zu lesen sein würde: dass Benjamin selbst in einer romantischen Obsession mit dem »Unbekannten« befasst geblieben sei. Dahinter stecke sogar etwas Konservativ-Revolutionäres, das mit Benjamins messianischer, geschichtsphilosophischer Erwartung zusammenhänge. Letzteres war herunterzuspielen, zumal Benjamin in seiner Debatte mit Gershom Scholem die theologische Motivation von Kafkas Allegorik ausgeklammert hatte, die Scholem so betonte. Es ging allein um Benjamins Sprache, seine ungewöhnliche, sich selbst setzende Originalität.

Der Philosoph war zunächst einverstanden. Seine Skepsis gegenüber Benjamins theoretischer Ambition konzentrierte sich aber gerade auf den Umstand, dass alles semantisch geblieben sei: Die »profane Erleuchtung« – was immer sie auch bedeuten mochte – sei keine revolutionäre Handlung, ebenso wenig wie der »Chock«. Diese Reaktion markierte wohl den Beginn einer Auseinandersetzung des Philosophen mit Benjamin. Dabei spielte wahrscheinlich der Übervater des sozialwissenschaftlichen Instituts eine Rolle. Denn Adorno hatte mit Benjamins zentralen Metaphern, auch mit seinem Anspruch auf materialistische Methodik, nichts im Sinn. Der Philosoph sympathisierte aber irgendwie mit Benjamins Widersprüchlichkeit – das war die Finesse des Theoretikers –, einerseits den Mythos aus der Kunst herauslösen zu wollen, andererseits dessen sprachliche Kraft zu erhalten. Vor allem Benjamins Metapher des »Jetzt«! Dass Benjamins emphatisches Verständnis des Jetzt mit einer politischen, gar materialistischen Erklärung der gesellschaftlichen Entwicklung nicht in Übereinstimmung zu bringen war, ja, dass er dazu eigentlich gar nichts sagte, das war unbestreitbar. Es war aber gerade das dezisionistische Zeichen, dass etwas passiert, woran mir so viel zu liegen begann. Für den Philosophen blieb nun ausgerechnet das – als Symptom des Unpolitischen – der entscheidende Einwand gegen Benjamin, wie respektvoll, ja bewundernd er auch über ihn als geistige Erscheinung besonderer Art dachte. Respektvoll, weil auch ihn Benjamins Stil beeindruckte. Das ästhetische Argument war also nicht ganz verloren bei ihm, hätte jedoch einer klareren Integration in die Theorie bedurft. Und das war nicht möglich. Hier bereitete sich ein Konflikt vor zwischen mir, dem Literaturkritiker, und dem Philosophen, dem Gesellschaftstheoretiker, zwischen Subjektivismus und Öffentlichkeitskriterien. Dieser Konflikt war bis zu diesem Zeitpunkt noch unter der Decke geblieben. So als ob er einen Sprung ins Freie machen wollte, fragte der Philosoph mich schließlich nach Robert Musil. Ich war perplex. *Der Mann ohne Eigenschaften* war mein kardinales Buch gewesen, bevor ich die Surrealisten gelesen hatte. Es war nun zu spät, darüber zu reden. Aber von ihm zu hören, dass auch ihn Musils Roman in Bann geschlagen habe, war die Überraschung des Abends! Die Frage, was er wohl von der inzestuösen Liebe im Paradies hielt, wurde an diesem Abend nicht mehr gestellt.

Der Abend hatte meine Entdeckung von Benjamins ambivalenten Wörtern gesichert. Dass die Blätter sich nun wirklich färbten, die Revolution aber noch immer nicht kam, störte nicht die kontemplative Konzentration darauf, was am Surrealismus so wichtig war. Die Distanz führender Intellektueller gegenüber dem Surrealismus, vor allem die Kritik am Surrealismus durch den Übervater und den zurzeit sprachbewusstesten Lyriker, gaben dieser Konzentration Nahrung. Es galt also, Benjamins Spannung zwischen Phantasie und Praxis zu klären. Das Wort »mystisch« im Vokabular von Happening- und Fluxus-Künstlern, die Abrechnung mit der sogenannten »Wirklichkeit«, mit der nach einem Wort des österreichischen Schriftstellers Oswald Wiener endlich Schluss zu machen sei, war eine zusätzliche Entdeckung. Benjamins Einfall, von Paris als dem »erträumtesten« der surrealistischen Objekte zu sprechen, galt es in diesem Sinne noch einmal zu verstehen, gerade weil die Revolte, an die er dabei gedacht hatte, heute eine andersartige sein musste. Die Sprengsätze dieser Metaphorik zündeten nach und nach. Sie ließen eine Normalität aufblitzen und sogleich im fahlen Licht der Banalität verglühen, die nichts als die vulgäre Verbesserung der Lebensumstände zum Inhalt hatte.

Wie konnte ich das in einer angemessenen Terminologie vorführen? Gab es noch jemanden außer dem Philosophen, mit dem über den Surrealismus zu sprechen sich gelohnt hätte? Die Ansichten von bekannten Intellektuellen waren deren Schriften zu entnehmen. Aber gab es nicht dennoch beschlagene Universitätsprofessoren, vor allem Romanisten, mit denen man hätte sprechen können? Aber dafür hätte man sie näher kennen müssen. Allerdings war auch an den Zeichen der Zeit zu erkennen, dass der Surrealismus für Akademiker noch immer kein anziehendes Thema geworden war, vor allem nicht in Deutschland, wo er während seiner ersten Hochphase überhaupt nicht wahrgenommen wurde. Insofern lag der Verdacht nahe, dass deutsche Gelehrte auch nach dem Zweiten Weltkrieg, trotz des Bekanntwerdens des malerischen Surrealismus, mit Breton und Aragon wenig anzufangen wüssten. Es gab immerhin die jungen vor allem Benjamin lesenden Universitätsleute meines Alters, von denen ich persönlich aber keinen kannte. Wie an sie herankommen, ohne aufdringlich zu werden? Nein, es musste ein Alleingang werden. Der Titel *Die gefährdete Phantasie* war sofort gefunden. Auf dieses Argument galt es sich zu konzentrieren. Später wurde der Halbsatz *Oder Surrealismus und Terror* hinzugefügt. Die Überraschung, dass es nicht »Die gefährliche Phantasie« hieß – was man bei den Wörtern »Surrealismus und Terror« hätte erwarten können –, war die Pointe: Es ging nicht darum, dass die Phantasie gefährlich war. Das war sie zwar in der Tat. Es ging nun aber vielmehr darum, dass sie gefährdet war: nämlich der Forderung ausgesetzt, sie habe sich als praktisch zu erweisen. Diese Erwartung war seit dem nächtlichen Gespräch mit dem Philosophen als Kernproblem haftengeblieben. Im führenden Literaturverlag war ohnehin längst eine Debatte über das Verhältnis von Literatur und Praxis ausgebrochen. Die Polemiken, die ausgerechnet in der Zeitschrift Enzensbergers, dem *Kursbuch 20* von 1970, gegen eine sogenannte neue Innerlichkeit der Literatur gerichtet worden waren, nährten in mir die Gewissheit, dass die Phantasie selbst auf der Anklagebank saß. Diese Polemiken richteten sich vornehmlich gegen zwei imaginativ begabte Newcomer: Peter Handke und Rolf Dieter Brinkmann. Die sich aufgeklärt vorkommenden Richter zeigten den gleichen Hass, der überall zu entdecken war und der jetzt in ein heiseres Gebrüll umzuschlagen drohte, wie das inmitten der literarischen Banden bei einer Art Ledernackengestalt namens Karsunke zutage trat. Der hatte sich auf den genialen Knaben Handke gestürzt. Besonders relevant für die angeheizte Stimmung war es, dass auch einer der psychologisch weisen, meistgelesenen, mit Witz begabten Erzähler, orientiert an der amerikanischen Moderne, nämlich Martin Walser, sich nunmehr gegen Handkes sogenannte Subjektivität richtete, die angeblich – der Polemiker war in der Tat akademisch sehr beschlagen – als eine Mischung aus Wiener Positivismus und deutscher Phänomenologie zu betrachten sei: ein Verbrechen! Später hat er einen anderen Ton angeschlagen.

Ob dieser Vorwurf zutraf, war aber eigentlich gleichgültig. Das Ressentiment des so offensichtlich gebildeten Starautors gegen die Phänomenologie war alarmierend für die ganze Tendenz, für das Tendenziöse dieser Debatte selbst. Entscheidend war die unisono laut werdende Ablehnung des Realitätsverlustes. Und das im Namen von »demokratischer Literatur«. Man wollte seinen Augen nicht trauen, dass dieser Stumpfsinn aus der Feder eines sprachlich so einfallsreichen Autors floss. Es zeigte an, welche kollektivistische Manier das Ganze angenommen hatte. Das PEN-Zentrum hatte sich inzwischen ebenfalls dieses Gerede zu eigen gemacht, sodass die kürzlich zuerkannte Mitgliedschaft ohne Erklärung zurückzugeben war. Manche führten bei solchen Attacken auch ein feineres Skalpell. Immer aber wurde die Autonomie der Sprache als Rest einer zu überwindenden Tradition dem Prinzip der Wirklichkeit entgegengehalten.

Dieser Debatte war die Abrechnung mit der schöngeistig orientierten klassischen Literaturkritik vorausgegangen. Als ich das *Literaturblatt* übernommen hatte, hatte ich mir vorgenommen, dieselbe Urteilssicherheit wie mein berühmter Vorgänger Sieburg zu demonstrieren, allerdings mit ganz anderen Kriterien. Sieburg hatte trotz seines politischen Opportunismus als Auslandskorrespondent in Paris während der Diktatur sein enormes Renommee als Literaturkritiker nach dem Krieg erneuert, auch wenn seine blasierten Urteile über die zeitgenössische Literatur völlig danebenlagen und nach Gegenmeinungen schrien. Zunächst schien es wichtig, nicht in Gehorsam gegenüber den Kategorien einer vermeintlich neuen Avantgarde zu verfallen, einem sklavisch wirkenden eingeübten Formalismus, der immer noch an die Überbietung formaler Ausdrucksformen glaubte, bis der aktuelle kollektive Ton lärmend einbrach. Gleichzeitig aber war gerade semantische Originalität von entscheidender Bedeutung, weil sie eine wie und warum auch immer wichtige Thematik erst artikulieren würde. Doch was hieße semantische Originalität? Das war von Fall zu Fall zu entscheiden, denn es galt zunächst, die Sprache des jeweiligen Autors zu erfassen und sie dann nach bestimmten Kriterien zu beurteilen: War diese Sprache bewusstseinerweiternd? Das klang etwas pompös. War sie wahrnehmungsintensiv? Das klang besser, aber irgendwie so, dass es modisch hätte wirken können. Die Frage ließ sich gerade an einigen der jüngeren westdeutschen Schriftsteller, besonders an Handke und Brinkmann, beantworten, also den Hauptangeklagten vor dem Gericht des neuen sozialen Realismus. Am Wahrnehmungsstil ließe sich dann auch das formal Neue erkennen. Bevor man ihre Weltauffassung beschriebe, hätte man also ihre Grammatik darzustellen. Die neuen Franzosen und die älteren Amerikaner waren mir dabei behilflich.

Der Streit um die richtige Kritik lief auf etwas Absehbares hinaus: Hinter den einzelnen Attacken gegen die »Autonomie« der Kunst erhob sich die finstere Gestalt des Dogmatismus, den man überall anzublicken gezwungen war. Der Aufsatz über *Die gefährdete Phantasie* konnte im *Merkur* veröffentlicht werden, weil es ihrem Herausgeber auf Debatten, nicht auf die richtige »Meinung« ankam, auch wenn er sich gerne nachdrücklich einmischte. In diesem Falle tat er es nicht. Die Ausarbeitung des Aufsatzes hatte zur Folge, dass das Thema Surrealismus vorerst nicht verschwand. Surrealistische Elemente waren auch in interessanten zeitgenössischen Texten, vor allem in der surrealistischen Erbmasse von Peter Weiss' Sprachbildern, zu entdecken. Es war zu zeigen, dass sich selbst in den politischen Motiven der »Tortur« seines dokumentarischen Stückes *Die Ermittlung* ein ästhetischer Impuls durchsetzte, wie er auch in seinen exzentrisch düsteren Prosastücken vorherrschte. Das sadistische Leitmotiv war nicht einfach einer kulturkritischen, zivilisationspolemischen Absicht geschuldet. Die extremen Bildvorstellungen existierten sui generis und machten als solche auch den theatralischen Ausdruck des Dramas *Die Verfolgung und Ermordung Jean Paul Marats* aus. Eine gesellschaftskritische Erklärung des Folterungsaktes reichte nicht aus. Sie übersah das Phantastische. So war die Figur des »Kutschers« mit seinem unheimlichen Gefährt einer von Weiss' ästhetischen Archetypen. Was die Tortur betraf, wurde durchweg übersehen, dass auch Kafkas Darstellung der Foltermaschine in der Erzählung *In der Strafkolonie* keine rein politische, sondern eine vornehmlich imaginative Bedeutung hatte: die Identität des Opfers mit dem Henker, genauer die Folterung als Metapher für den Schmerz des Künstlers. Es ging nicht darum, das Verfahren von Peter Weiss dem von Kafka gleichzusetzen, aber abwegig war diese Analogie nicht. Die Tatsache, dass Weiss durch Bretons Surrealismus einen »Stoß« bekommen hatte, der ihn, wie er in seinem *Pariser Journal* schrieb, »benommen« gemacht hatte, bestärkte meinen Entschluss ein weiteres Mal, den Surrealismus als die zurzeit aktuellste Form der »gefährdeten Phantasie« zu behandeln.

Warum war ich eigentlich so hineingezogen in die Phantasie-Debatte? Zunächst entsprang meine Vertiefung ins Thema ja der täglichen Arbeit im *Literaturblatt*. Ehrgeiz kam natürlich hinzu. Dieser Ehrgeiz war aber nicht davon zu trennen, die besseren Argumente zu finden. Was heißt Argumente? Es war in mir eine Sicherheit a priori, ob man sie nun existenziell oder intellektuell nannte. Am besten benannte man sie gar nicht. Denn das Entscheidende, das jetzt zum Vorschein kam, war: Es ging letztlich gar nicht um literarische Urteilskriterien. Es ging um das Selbst. Die Priorität von Alltäglichkeit war unerträglich geworden. Die Wochenenden, an denen man draußen auf der Straße umherging, waren so deprimierend. Warum? Ich hatte die Vorstellung, dass der nicht arbeitende, feiertägliche, eintagsferiengelaunte Mensch dann die ganze Unerheblichkeit des sogenannten Lebens offenbarte. Denn eigentlich ereignete sich nichts. Langsam wurde an dem scheinbar analytischen Phantasie-Interesse das Obsessive einer ganz anderen Begierde deutlich: nämlich nach dem, was man das »höhere Leben« nennt. Die Surrealisten hätten das nicht so genannt. Aber das war es doch, was auch sie gewollt hatten! Es lag sogar ein verkappter religiöser Affekt darin. War auch bei mir immer noch die Messdienerzeit spürbar? Als ich den weiß-roten Rock anhatte und die Kerzen vor mir flimmerten und der Weihrauch sich langsam in weißem Nebel verbreitete? Diese Frage – ein Einfall, nicht einmal ein Verdacht – blieb unbeantwortet, denn die Gnade, an Gott zu glauben, war seit dem dreizehnten Lebensjahr aus mir verschwunden. Und doch!

Das Buch bekam denselben Titel wie der Aufsatz: *Die gefährdete Phantasie, oder Surrealismus und Terror.* Dazu die Abhandlungen über Peter Weiss, die Kritik am Ideologieverdacht gegen die Literatur und schließlich ein Kommentar zur aktuellen Tendenz, das Wort »Revolution« als Metapher zu verstehen. Die literaturkritischen Reaktionen der liberalen Zeitungen waren im Frühjahr 1970 erstaunlicherweise voll des Beifalls. Der Verfasser wurde nicht als journalistischer Kollege, sondern als Autor, als Theoretiker diskutiert. Das Buch war in der aufsehenerregenden gelben Taschenbuchreihe des Hanser Verlages erschienen, wo ein junger Lektor, den alle Welt bloß Michel nannte und der bald an Einfluss gewann, mich als Autor vorgeschlagen hatte. Das gab zusätzlichen Auftrieb, weil dieser junge Lektor, obwohl noch nicht der Chef, viel Autorität und Urteilsvermögen ausstrahlte. In dieser Reihe erschienen so eminente Autoren wie Elias Canetti, Stanisław J. Lec und Michail Bachtin. Die gelbe Reihe publizierte auch einschlägige politische Traktate, besonders mit anarchistischer Tendenz. Niemand aus der Redaktion wusste vorher etwas von der Thematik des Buches, und es wurde auch jetzt nicht darüber geredet. Das gehörte zur diskreten feinen Manier des sich mit »Sie« und »Herr« grüßenden Umgangs miteinander, selbst unter Jüngeren. Eine besondere Beziehung hatte sich inzwischen zum Philosophen entwickelt. Keine Freundschaft. Dafür war das intellektuelle Universitätsmilieu doch noch zu distanziert. Aber ein freundschaftliches Verhältnis. Wir telefonierten häufiger, sahen uns auch manchmal. Meine Literaturkritiken gefielen ihm. Vielleicht nicht nur, weil ihm die Urteile darin zusagten, sondern auch, weil sie mit einem gewissen theoretischen Anspruch begründet wurden. Über das Buch sprachen wir nicht. Aber das würde kommen, denn es enthielt ja eine Fortsetzung des Nachtgesprächs. Der Philosoph nahm die Affäre mit der gefährdeten Phantasie wahrscheinlich ernst, und er hatte wohl noch nicht entschieden, ob in ihr selbst irgendetwas Gefährliches für eine rationale Welterklärung lag, wie sie Max Weber vom modernen Intellektuellen gefordert hatte, eine Forderung, die der Philosoph neu begründet hatte und nachdrücklich wiederholte. Inzwischen waren Diskussionen über gesetzte Themen auch nicht mehr das notwendige Band, wenn wir uns trafen. Es hatten sich persönliche, private Situationen ergeben.

Am Silvesterabend gab es wieder eine solche Situation, eine sehr besondere, die für die Zeit charakteristisch war. Der Philosoph hatte angerufen, ob er kommen könne. Ja? Dann kämen sie in einer Stunde. Er und seine Frau brachten einen seiner beiden Assistenten mit, einen glühenden Propheten der neuen Epoche. Der andere Assistent war ein viel zurückhaltenderer Theoriestratege, kalt wie eine Hundeschnauze. Zwei Paare waren schon da, als die neuen Gäste eintrafen. Da geschah etwas absolut Unvorhersehbares. Der Assistent, der Prophet, stutzte beim Anblick der Anwesenden. Der Grund hierfür war, dass die Männer im Smoking dastanden, gerüschtes weißes Hemd, schwarze Fliege, ein Weinglas in der Hand. Ich selbst, der Gastgeber, trug einen schönen altmodischen grauen Zweireiher. Der Philosoph war ebenfalls gutbürgerlich angezogen, während sein Assistent Bluejeans und Pullover nicht gewechselt hatte. Seine Überraschung über das, was er sah, dauerte nur wenige Sekunden. Dann schrie er die beiden Smokingträger an, der eine ein Anwalt, der andere Habilitand an der rechtsphilosophischen Fakultät: »Ihr Pinguine, ihr verdammten Arschlöcher, ihr Ausbeuter! Wie seht ihr aus?« An die Frauen gewandt, schrie er, sie seien Huren, die sich als sogenannte Gattinnen von ihren reichen Männern aushalten ließen. Doch dabei blieb es nicht. Die Erregung, die vom Assistenten Besitz ergriffen hatte, trieb ihn schließlich dazu, dem Privatdozenten die Fliege herunterreißen zu wollen. Beim anschließenden Handgemenge versetzte der Rechtsphilosoph dem Assistenten einen Boxhieb ins Gesicht, woraufhin dieser zu Boden stürzte, sich aber sofort wieder aufrichtete und im Zustand der Verwirrung aus dem Zimmer floh. Auch aus der Wohnung, das Treppenhaus hinab. Die ihm nacheilende Frau des Philosophen kam zurück mit der Nachricht, sie habe den jungen Mann an einem Laternenpfahl gefunden, diesen umschlingend und weinend. Sie habe ihm gesagt, er solle wieder heraufkommen. Aber das habe er nicht gekonnt. Er schäme sich, er habe schon zu viel getrunken gehabt. Sie sagte dies auf eine mütterliche Weise, halb bekümmert, halb amüsiert.

Der Philosoph war nicht verlegen wegen der Szene, die sein Assistent gemacht hatte. Dafür war sie zu ungewöhnlich gewesen. Man konnte sich gar nicht entschuldigen wie nach dem normalen Fauxpas eines Freundes. Man konnte nur lakonisch sagen: »Das alles gibt es.« Auch die beiden anderen Gäste blieben gelassen. Man war Zeuge eines Zwischenfalls gewesen, wie er in dieser ungewöhnlichen Zeit nicht selten war. Der Assistent kritisierte die Gesellschaft normalerweise abstrakt, an diesem Abend hatte er sie eben konkret kritisiert. Aber sobald ein Mittel für einen Zweck hässlich wird, hilft auch der schönste Zweck nichts mehr. Und wenn der Zweck ebenfalls unattraktiv ist, dann wird alles abstoßend. Ob der Philosoph das ganz anders sah?

Dass der aggressive Ausbruch nicht einfach als persönliche Schwäche erschien, lag daran, dass sich in den letzten Wochen ähnliche Dinge wiederholt hatten, die auf ihre Weise für den Protest standen. Kurz nachdem das Buch über die gefährdete Phantasie veröffentlicht worden war, lief mir auf der Hauptstraße des Universitäts- und Verlagsviertels der Autor eines 1969 erschienenen Buches mit dem programmatischen Titel *Früher begann der Tag mit einer Schußwunde* über den Weg. Dieser schmale Band war auch in der gelben Reihe erschienen und über Nacht so etwas wie ein Amulett geworden, das manche Leute als Geschenk mitbrachten, wenn sie zu Partys eingeladen waren. Der inzwischen viel beachtete Autor, den ich seit längerer Zeit kannte, zehn Jahre jünger als ich, sagte plötzlich, nachdem wir zunächst stumm nebeneinander hergegangen waren, auf eines der hässlichen neuen Hochhäuser weisend, das auf einem ehemaligen Trümmergelände neben schönen Villen und Bürgerhäusern aus dem 19. Jahrhundert stand: »Das steht da nur, weil ich es will.« Das sollte wohl lediglich verrückt klingen. Oder sollte es Radikaleres meinen, im Sinne der neuen Subjektivität? Ich stellte mich naiv und fragte, was dieser Satz aussagen solle. Der Dichter antwortete: »Das, was er sagt.« Damit war für ihn alles gesagt. Nicht ganz. Als wir uns verabschiedeten, fügte er seiner Unsinnigkeit noch etwas hinzu: Das Buch *Die gefährdete Phantasie* sei ja bemerkenswert, aber nun müsse ich mich umbringen. Ob ich das tun müsse, weil die Phantasie auf jeden Fall unrettbar sei oder weil ich mich mit dieser Forderung ins soziale Aus befördert habe oder weil, wenn ich das täte, der Phantasie zum Triumph über die Wirklichkeit verholfen wäre, darüber war kein weiteres Wort zu hören.

Nicht lange danach erzählte mir ein periodischer Mitarbeiter der *FAZ* und in manchen Wissensgebieten bewanderter Zeitgenosse namens Günter Maschke – der als anarchistisch orientierter Philosophiestudent begonnen hatte, inzwischen desillusioniert von einem Kuba-Abenteuer zurückgekehrt und in Deutschland wegen Fahnenflucht verfolgt und verurteilt worden war –, dass er seine kubanische Geliebte, die er so vermisse, bald wiedersehen werde. Ein mit ihm befreundeter Intellektueller, der angeblich wegen seines asiatischen Aussehens Assistent bei der deutschen Botschaft in Peking geworden sei, werde seinen Einfluss geltend machen. Nächste Woche stünde die Geliebte zum Abholen bereit auf dem Goetheplatz. Sei das nicht wie ein Wunder? Das konnte man wohl sagen. Die Story klang genauso gewollt absurd wie die erträumte Hochhauszertrümmerung. Aber ihr Erzähler meinte es ernst. Und da ich ihn sehr schätzte wegen seiner unbekümmerten Originalität, gefiel mir auch diese absurde Geschichte. Er war nicht mehr links, aber noch immer radikal. Es war, so schien mir, eine Radikalität um der Radikalität willen. Es ging ihm nicht um ein politisches Ideal, sondern um die Genauigkeit der Machtabmessung. Und die sah er nun nicht mehr bei seinen alten Göttern, sondern bei Carl Schmitt. Ich hielt ihn noch immer für einen Anarchisten.

Solche Realitätsaufhebungen lagen in der Luft. Es gab unter den Künstlern der Fluxus-Bewegung einen als besonders originell ausgewiesenen Kopf, der sich »Bazon Brock« nannte. *Bazon* hieß auf Altgriechisch »Schwätzer«, Brock war der Familienname. Bazon stellte seine kulturkritischen

Parolen seit Kurzem auf gelbem Blech in Form von Verkehrsschildern her. In besonderer Erinnerung blieb mir ein Schild, auf dem zu lesen war, der Tod, diese verdammte Schweinerei, müsse endlich aufhören. Ich las das gern. Das war genau die Art von Neuigkeit, die ich mir hinter der veränderten Farbe der Blätter erhoffte. Man konnte auch sagen: Es war das, was der Dichter Wondratschek und der Kuba-Reisende Maschke an Realitätversetzendem von sich gegeben hatten, auf eine Formel gebracht. Als Formel klang es viel hintergründiger als der gewollte Sinn oder Unsinn der beiden anderen Aussagen. Aber waren sie so unsinnig, wie man das Wort gemeinhin versteht? Es waren doch eher weitere Beispiele dafür, wie buchstäblich exzentrisch die Worte und das Benehmen bei einer Reihe von Leuten der unmittelbaren oder mittelbaren Umgebung geworden waren. Der Blechkünstler hatte kürzlich zusammen mit dem Autor einer heftigen Polemik gegen die bürgerliche Literaturkritik vor einem gläubigen Publikum eine politisch prophetische Rede gehalten. Ein großer Auftritt, zumal sie so gut aussahen. Mit dem Gesichtsausdruck des sich immer tiefer eingrabenden Ernstes setzten sie das Auditorium in Kenntnis von den apokalyptischen Dingen, die da kommen würden. War ich der Einzige, der die Haltung, die Sprache und den Inhalt grotesk fand? Alle hingen an den Lippen der beiden Allwissenden. Es war vielversprechend, dass alles so anders geworden war. Oder?

Ab und zu, aber regelmäßig, kam ein schweigsamer Schriftsteller in die Redaktion. Er besuchte vor allem Anneliese Ruppel, Ruppeline, die mit einem enormen Mundwerk begabte Sekretärin, intelligent, völlig respektlos, hessisch. Meinen auf Abgehobenheit hinauslaufenden Ton hatte sie eines Tages mit der Zigarettenmarke »Lord Extra« etikettiert. Der Schriftsteller hatte eine eigentümliche Angewohnheit. Er sagte nicht viel, außer einem Satz: »Könnten wir nicht eine Rindswurst essen gehen?« Damit zielte er auf die scharfe Mettwurst in der Kantine. Beim ersten Mal wusste ich nicht, wer er war, und fragte beim nächsten Mal Ruppeline, wie er denn heiße: »Das ist der Österreicher Thomas Bernhard.« Ich war baff. Er hatte kürzlich den Büchner-Preis bekommen. Warum dieser große Schweiger ausgerechnet mit mir immer die Rindswurst essen gehen wollte, ist nie geklärt worden.

In der Gegenwart dieses Schriftstellers, den man besser nur Dichter nennen sollte, verstärkte sich bei mir eine Unsicherheit gegenüber meiner Kritikerexistenz, die schon früher begonnen hatte. Ich empfand noch stärker das Sekundäre dieser Tätigkeit gegenüber dem Primären des Autors. Ich selbst hatte ja einmal die Kritik für das Höchste gehalten. Bernhard, der nicht an meiner Sympathie interessiert zu sein schien, empfand meine Zurückhaltung offensichtlich als angenehm. Er war wahrscheinlich von Kritikern eine gewisse Wichtigtuerei gewohnt, wogegen unsere gemeinsame trübe Stimmung mich zu besonders trüben Bemerkungen inspirierte. Er sagte auch – und das wiederholte er beim nächsten Rindswurstessen –, dass er wegen einer Herzkrankheit nicht mehr lange zu leben habe. Was sollte man darauf antworten? Ich zweifelte daran, dass er wirklich so krank war, fand aber gleichzeitig die Bemerkung umso alarmierender. Vielleicht stand ein Selbstmord in Aussicht? Nichts sagen war das Beste. Den Senf, der nicht auf dem Tisch stand, vom Nebentisch holen! Das Einzige, was wir gemein hatten, war vorerst, dass wir beide 37 Jahre alt waren und gern zusammen eine Rindswurst aßen.

Gar nicht erwähnt wurde die Literatur. Etwas über seine letzte Prosa sagen? Nein. Wir fanden wohl beide solche Kritiker-Autor-Gespräche völlig daneben. Man schrieb, was man zu sagen hatte, aber sagte es nicht, wenn man zusammensaß, weil man es ja schreiben konnte. Die Attitüde von Gemeinsamkeit zwischen Autor und Kritiker musste vermieden werden. Auch wenn ich ein Autor noch werden wollte, wenngleich ein theoretischer, so hätte ich ihn doch nicht fragen können, ob er mein Buch über »Surrealismus und Terror« kannte oder gar gelesen hatte. Unser Schweigen brachte eine Art existenzieller Parallelität hervor. Indem wir die Rindswurst aßen und nichts Wichtiges sagten, abgesehen davon, dass er sagte und ich hörte, dass er bald sterben werde, blieb die Grenze zwischen Literatur und Literaturbetrieb festgezogen. Und doch empfand ich jenseits dieser Grenze ein Gefühl von Freundschaftlichkeit und ein wenig auch etwas Kumpanenhaftes.

Waren der aggressive Tonfall, der selbst- und fremdzerstörerische Wille seiner Sätze etwas spezifisch Österreichisches? Es gab etwas Vergleichbares, wenn auch im Stil anderes, bei Handke. Und in H. C. Artmanns gewöhnlichen Alltagsäußerungen war es ja auch auffällig. Nichts dergleichen in der deutschen Nachkriegsliteratur. Enzensbergers Polemik war von ganz anderer Art, weniger zynisch, mehr auf politische Aufklärung aus. Vor allem gab es bei den Österreichern eine spezielle Art der Melancholie, und das machte sie so anziehend wie das alte Volkslied *O du lieber Augustin, alles ist hin.* Grillparzer ging mir seit meiner Schulzeit besonders nahe. Auch Johann Nestroy. Dessen Stück *Einen Jux will er sich machen,* so früh im 19. Jahrhundert geschrieben, undenkbar aus der Feder eines reichsdeutschen Schriftstellers! Und später Schnitzler. Was für eine den Atem verschlagende aggressive Wahrheit steckte in seiner Novelle *Sterben,* nicht zu reden von seinen Ehe-Dramen. Bernhards Schweigen verbarg die Aggressivität, entäußerte sich aber der Melancholie, die in seiner Aggressivität steckte. Dieses Schweigen hatte mir auch deshalb so gefallen, weil in ihm anstelle von Ideenbeschwörung die Fakten auf den Tisch gelegt zu werden schienen. Wie bei Wittgenstein: sprachliche Fakten. Der historische Grund für die so anziehende Lust am Verschweigen ebenso wie an der psychologischen Demontage hehrer Annahmen war

wohl der Niedergang Österreichs als europäische Groß-
macht Mitte des 19. Jahrhunderts nach der Schlacht von
Solferino. Joseph Roths Beschreibung des Untergangs im
Radetzkymarsch enthielt einschlägig Bösartiges, etwa wenn
ein ungarischer Graf während eines Offiziersballs auf die
Nachricht von der Ermordung des Erzherzogs ausruft,
wie sehr er sich freue, »daß das Schwein hin« sei. Zur Zeit
des lieben Augustin war noch nicht alles hin gewesen. Aber
seit Mitte des 19. Jahrhunderts hatte der Niedergang Fahrt
aufgenommen: militärisches Versagen, Territorialverluste,
Auflösungserscheinungen auf der staatlichen wie auf der individuellen Ebene, Letztere häufig kaschiert durch die straff
sitzende Uniform. Von da an äußerten nur noch harmlose,
geistig unbedarfte Leute wie der Leutnant von Trotha solche schweinischen Kruditäten nicht. Die Einfallsreichen
dagegen kaprizierten sich auf Bösartigkeiten über den Ver-
fall der österreichischen Zustände. Es gibt noch eine andere, aktuellere Seite dieser unehrenhaften Medaille: die Verlogenheit der Österreicher hinsichtlich ihrer Teilhabe an
den Naziverbrechen. Darüber der Honigseim der Salzburger Festgewaltigen. Bernhards Schweigen im persönlichen
Verkehr nimmt all das auf, ebenso wie sein literarischer
Ton, diese unerbittlich kreisende und ihre Objekte freiset-
zende Sprachgewalt.

Mir ging nach dem letzten Besuch Bernhards auf, dass
ich eigentlich überhaupt keinen Schriftsteller richtig kannte. Nur Urs Widmer, der seine schriftstellerische Karriere
gerade erst begonnen hatte. Es lag dies wohl an einer Befan-
genheit, die mich während der Niederschrift einer Kritik
nie beschlich. Aber so einfach mit Schriftstellern am Tisch
zu sitzen war mir unangenehm. Es hatte etwas Indiskretes.
Ich ahnte ein Innenleben, das radikal anders war. Dass ich
selbst ein solches Innenleben besäße, kam als Vermutung
zwar hinzu, doch hätte auch das nicht zu Grenzübertretun-
gen verführt. Die Gespräche, die ich bei Autorentreffen mit

Kritikern mitbekommen hatte, waren jedenfalls nicht danach, an ihnen teilzunehmen.

Als ich Bernhards Prosa *Amras* (1964) Mitte der Sechzigerjahre las, hatte ich nur den einen Gedanken: Das versetzt alles bisher auf Deutsch Geschriebene in ein Zeitalter davor. Das ist die ästhetische Revolution. Aber nicht nur im ästhetischen, sondern im stilistisch-innovatorischen Sinn. Zum ersten Mal konnte ich Biografie und Werk nicht voneinander trennen, wie ich es üblicherweise tat, gerade bei sprachlich überraschenden Autoren, bei Peter Weiss, bei Peter Handke oder Oswald Wiener. Dieser Text war jedenfalls ein Anfall des Lebens, sogar der Natur. Es kam hinzu, dass Bernhards Wörter eine Union mit den Wörtern von Novalis eingegangen waren. Deren Evokation der Krankheit und des Todes war in ihm wiedergekehrt. Vor allem die Natur. Das machte Bernhards semantisch ungeheure Erfindungen zu Anwürfen des Lebens selbst. Wenn er neben mir saß und mit mir die Rindswurst aß, war auch ich in sein Leben versetzt. Dadurch wurde das Schweigen über die Literatur noch selbstverständlicher. Ich hatte Fahnen des neuen Romans *Das Kalkwerk* bekommen. Bei der Lektüre strich ich mir jene Stellen an, in denen vom »Augenblick«, der nicht kommt, die Rede ist. Ich selbst war ja immer auf ein Ereignis aus. Darin lag, wie mir zuweilen in den Sinn kam, etwas extrem Unreifes. Aber ich konnte und wollte es nicht ändern. Auch deshalb schwieg ich. Ich war gern mit Bernhard so allein zusammen.

Wonach suchte ich eigentlich? Warum ließ ich zum Beispiel etwas, das ich nicht bloß für falsch, sondern für abstoßend hielt, die marxistische Gesellschaftstheorie also, dennoch immer wieder auf mich einwirken? Weil sie das Leben zu verstehen vorgab. Warum vergaß ich die unsinnigen Sätze des Hippiedichters und des Kuba-Fahrers nicht? Weil sie das Leben noch unverständlicher machten. Ich war so weit, zu sehen, dass es gar nicht um die Aufklärung unverständlicher Erfahrungen ging. Es war etwas anderes, etwas Beunruhigenderes, das letztlich die literaturkritische und auch die literaturtheoretische Arbeit betraf: Ich hatte mir eingebildet, es handele sich dabei um Erkenntnisinteresse, wie man das neuerdings nannte. Aber war es das wirklich? War es nicht genauso gut eine Expedition ins Phantastische, jedenfalls in etwas, das nichts mit dem realen Leben zu tun hatte?

Die glückliche Stimmung seit der Veröffentlichung von *Die gefährdete Phantasie* wurde mit einem Schlag zerstört. In der anderen Frankfurter Ortszeitung, die sich zum Zentralorgan der linken Bewegung entwickelt hatte, erschien eine Rezension des Buches. Über eine ganze Seite ging der Verriss unter der Überschrift *Der Einzige und sein Eigentum*, also in Anspielung auf den individualanarchistischen Schriftsteller Max Stirner. Meine Abhandlung sei objektiv reaktionär. Die Anklage gipfelte in persönlichen Verunglimpfungen. Wieder Hass. Die applaudierenden Reaktionen, darunter sogar ein Vergleich mit Walter Benjamins Surrealismus-Aufsatz, waren die Vorbereitung auf diese Art von Abrechnung aus dem linken Lager gewesen. Es hatte von dieser Seite ein Schlag erfolgen müssen, und der Artikel war darin ganz konsequent. Ein Schlag ins Genick. Natürlich war das Phantasie-Argument, die Warnung vor deren Gefährdung durch einen neuen Realismus, durch soziale Realismen, eine Blasphemie in den Augen der Linken. Schlimmer noch war die Behauptung, die allgemein als politische Prosa verstandenen Kunststücke von Peter Weiss seien gar nicht primär politisch, sondern phantastisch. Auf solche Details ging der Artikel aber nicht argumentativ ein. In einem Rundumschlag nahm er sich den Autor vor, zumal dieser der *Literaturblatt*-Chef der verhassten anderen Zeitung am Ort war. Dabei wurde der Ton so verächtlich, wie ich das bisher noch nicht erfahren hatte. Der Hass erschreckte mich, einige Nächte wurde es nichts mit dem

Schlaf. Nur nicht mit jemandem darüber sprechen! Die Redaktionskollegen taten so, als ob sie es nicht gelesen hätten. Und dieses Schweigen sollte auch nicht aufgelöst werden, denn keiner von denen war ein Freund, obwohl man inzwischen seit vier, fünf Jahren zusammenarbeitete. Zum ersten Mal kam in mir das Gefühl auf, intellektuell isoliert zu sein. Bisher hatte die Distanz zu den verschiedenen linken Gesellschaftslehren, die auch im engeren Bekanntenkreis umgingen, nicht diesen Effekt gehabt. Die politische Differenz machte die Beziehungen schwieriger, aber das ging nicht unter die Haut. Jetzt wurde die Polemik offensichtlich nicht mehr nur mit einer liberal-bürgerlichen Verstocktheit begründet, sondern auch mit dem Phantasie-Argument. Das ging nicht nur aufs Zentrum des Denkens, sondern stellte dieses selbst als irrelevant, als idiosynkratische Phantasterei heraus: Phantasie war nichts anderes als phantastische Verfehlung dessen, was ist. Vielleicht hatten die Phantasieverächter ja recht. Jedenfalls in Bezug auf meine Phantasie. Aber ob sie nun recht hatten oder nicht, sie besaßen zurzeit jedenfalls das Monopol der öffentlichen Meinung in solchen Fragen.

Nach dieser Attacke fiel mir eine Strophe aus Hölderlins Elegie *Brod und Wein* ein, und ich schlug sie nach: »… und spotten des Spotts mag gern frohlockender Wahnsinn / Wenn er in heiliger Nacht plötzlich die Sänger ergreift.« So hoch musste man greifen, um den Spott über meinen Wahn zu parieren, und landete damit endgültig im Aus. Im Gegensatz zum großen Dichter, dessen Pathos mich manchmal ohnehin nervte, fühlte ich mich nicht mehr sicher im Phantasie-Projekt. Nicht dass es falsch sein könnte. Aber es spielte offensichtlich in der Welt keine Rolle mehr!

Es kam noch schlimmer. Eine Woche nachdem ich mich von der Attacke erholt hatte, traf ich einen langjährigen Freund aus gemeinsamen journalistischen Anfängen. Dieser hatte eine Erzählung geschrieben, die in der Literaturzeitschrift des S. Fischer Verlages veröffentlicht worden war und die ich stilistisch und inhaltlich enorm originell fand. Ich hielt ihn für so begabt, dass ich mir sicher war, man werde bald viel von ihm lesen und hören. Und so kam es. Er wurde dann auch zur letzten Tagung der Gruppe 47 in den USA eingeladen, wo allerdings ein noch jüngerer, ebenfalls noch unbekannter Autor – es war Peter Handke – alle Aufmerksamkeit durch sein herausforderndes, polemisches, selbstsicheres Auftreten auf sich zog. Das politische Engagement des Freundes hatte sich in den letzten zwei Jahren schärfer herauskristallisiert. Lange Zeit waren wir auf einer gemeinsamen Wellenlänge gewesen: kritisch polemisch gegen die Konservativen. Aber der Freund konnte offensichtlich nicht akzeptieren, dass jemand in einer konservativen Zeitung Karriere machte. Dass es sich dabei um das *Literaturblatt* handelte und um den Versuch, diesem einen ambitionierten Charakter zu geben, änderte daran nichts. Ganz im Gegenteil: Dem Klassenfeind zu einem attraktiven Aussehen zu verhelfen war besonders verwerflich. Dazu gab es frühere telefonische Andeutungen. Nun das Wiedersehen am Fluss, in einem Café. Nach einigem Hin und Her steuerte der Freund das Gespräch zielsicher auf das Buch *Die gefährdete Phantasie* zu. Er sagte gar nicht viel zum Inhalt. Er sagte nur, der Phantasiebegriff darin sei unhaltbar irrational. Auch wenn ich das nicht im Sinn gehabt hätte, sei das Buch konterrevolutionär. Und dann sagte er, gar nicht aggressiv, sondern als prognostiziere er eine ausgemachte Sache: »Wenn es so weit ist«, er meinte die gelungene Revolution, »wird man dich umlegen müssen.« Er meinte Leute wie mich. Es lag darin keine persönliche Drohung. Vielleicht wollte er mir nur eine Chance zum Umdenken geben.

Immerhin wusste er ja, wie radikal meine liberalen Einwände gegen die konservative Regierung gewesen waren.

Das war nicht in meinem Herzen verborgen geblieben. Ich hatte es in polemischen Artikeln geäußert, bevor die berühmte Zeitung mich holte. In diesen Artikeln hatte ich die reaktionäre Mentalität in bestimmten akademischen Nachwuchsorganisationen an den Pranger gestellt. Unter anderem in einer Reportage anlässlich des 150. Jubiläums der Burschenschaften. Wie ein Spion hatte ich mich von einigen der namhaftesten schlagenden Verbindungen einladen lassen, ihre Sprecher ausgefragt und dann das, was sie in aller Unschuld geäußert hatten, einschlägig ironisch und aggressiv qualifiziert. Danach durfte ich in dieser Zeitung, deren Feuilletonchef das gedruckt hatte, nach Intervention des Chefredakteurs keine Zeile mehr schreiben. Indem ich jetzt daran dachte, fiel eine Einsicht wie ein Gewicht auf mich: dass solch ein erwiesenes politisches Engagement für meinen Freund und seine Freunde keine Bedeutung hatte, sofern es nicht transformiert würde in die marxistische Idee. Man sehe ja, was sonst aus dem Freiheitsbewusstsein werde: der Literaturchef in der konservativen Regierungszeitung. Das war zwar eine nicht zu leugnende Tatsache, gleichzeitig aber bedeutete es die Funktionalisierung des Denkens für eine politische Idee.

Wenn ich mich nicht entschlossen hatte, endlich doch das zu lesen, was alle lasen, Karl Marx' *Kapital*, dann kam dies ja nicht aus einer bloß gefühlsmäßigen Voreingenommenheit oder Abneigung gegen die neuen Marxisten. Es war eine andere Lektüre, die mich viele Jahre zuvor theoretisch gegen den Marxismus eingenommen hatte. Als ich Arthur Koestlers *Sonnenfinsternis* ein Jahr vor dem Abitur in die Hände bekommen hatte, hatte mich das Buch in seinen Bann geschlagen. Die geschilderten Grässlichkeiten, die Grausamkeit des sowjetischen Geheimdienstes, die Unmenschlichkeit der politischen Elite und vor allem die Unterwürfigkeit der zum Tode Verurteilten unter ihr Schicksal – das alles war eigentlich jenseits dessen, was man für möglich halten konnte. Es war jenseits der bisher gekannten Wirklichkeit. Ich hatte zur gleichen Zeit auch einen Eindruck vom Fanatismus Ostberliner Schüler bekommen, die mein Gymnasium im Schwarzwald besuchten. Ihre Verhöhnung des Begriffs, der mir vor allem so wichtig war: Individualität. Das sei Teil der bürgerlichen Ideologie. Der Gedanke, von diesen Gleichaltrigen womöglich einmal abhängig zu sein, wenn sie älter wären, setzte sich als Alarm gegen alles politisch Ähnliche in meinem Kopf fest. Was Koestler geschrieben hatte, war die Wahrheit, es war die Realität im Osten Deutschlands.

Die einsetzende Polemik gegen Koestler, die sogar von seinem ursprünglichen Freund Sartre betrieben wurde, irritierte mich, veränderte aber mein Urteil über *Sonnenfinsternis* nicht. Ich vergaß das Buch nie mehr. Was für edle Motive die Marx'sche Lehre ursprünglich auch angetrieben haben mochten, Koestlers Buch hatte aufgedeckt, wozu solch ein Idealismus imstande war. Unerfindlich war mir, wie die Marxisten um mich herum darüber hinwegsehen konnten. Also auch mein Freund. Koestlers Eröffnungen waren durch weitere Bücher erhärtet worden. Vor allem durch George Orwells *1984*. Eine schwarze Utopie, die real geworden war. Die Korrumpierung der Sprache! Eine solche Korrumpierung war in der abstrakten Terminologie, die bei der Linken gang und gäbe war, schon in vollem Gange. Wenn ich auch nur einen Moment an das dachte, was Koestler und Orwell geschrieben hatten, konnte ich eigentlich kein Wort mehr mit diesen Leuten reden. Dass Hannah Arendts Buch über die Entstehung des Totalitarismus in diesen Kreisen verpönt war, war mir sofort aufgestoßen. Die methodischen Einwände gegen Arendts Art der Argumentation waren zweitrangig. Entscheidend waren ihre Einsichten in das Totalitäre. Wenn und wo ich konnte, provozierte ich mit ihrem Namen.

Aber es gab, wie gesagt, einen Widerspruch in mir: Die

reaktionäre Atmosphäre in der Zeitung war manchmal nicht mehr auszuhalten. Die dumpfen Äußerungen in der konservativen Partei, vor allem in ihrer bayrischen Ablagerung aus dem Munde ihres Vorsitzenden, waren noch unerträglicher. Und wie der aussah! Dagegen half tatsächlich die Idee einer anderen Gesellschaft, meinetwegen auch einer revolutionären. Sie durfte aber nicht kommunistisch sein. Eine Theorie dafür hatte ich nicht. Nur das Gefühl, auf dem Sprung zu etwas anderem zu sein. In der Zeitung war außerdem etwas Ungeheuerliches passiert. Jürgen Tern, der von allen Gefürchtete unter den konservativen politischen Herausgebern, war über Nacht von diesen gestürzt worden. Es war angeblich eine gemeinsame Entscheidung gewesen, ihn aus ihrem Kreis auszuschließen. Er hatte einen überraschenden politischen Schwenk vollzogen und begonnen, die neue Ostpolitik Willy Brandts zu unterstützen. Ausgerechnet mich und zwei andere aus dem Feuilleton lud er zu einem Gespräch ein. Unsere plötzliche Solidarität mit ihm konnte nur eine hilflose Geste bleiben. Seine Entlassung war eine ausgemachte Sache, die den Herausgebern wahrscheinlich von der Geschäftsleitung, die wir zuvor immer von oben herab betrachtet hatten, aufoktroyiert worden war. Tern wurde zwar nicht zum Tode verurteilt, aber ich entdeckte nun auch im bürgerlichen Milieu fallbeilartige Reaktionen und Exekutionen, sobald gegen die verabredete Doktrin verstoßen wurde. Das aber tat ich inzwischen dauernd im *Literaturblatt*. Doch war das Esoterische im Stil der Rezensionen – jedenfalls für die Herausgeber – zu einer Art Schutz geworden. Ein Grund mehr, mich in meiner revolutionären Stimmung wohlzufühlen und auf etwas zu warten.

Auf die exzessive Bemerkung des Freundes gab es keine Antwort. Sie war zu weit jenseits all dessen, was zwischen uns beiden hätte gesagt werden können. Hier saß mir ein äußerst sensibler, literarisch hochbegabter, nonkonformistischer Geist gegenüber. Eigentlich hatte ich ihn fragen wollen, woran er jetzt schreibe. Aber das war wohl nicht der richtige Moment dafür. Ich guckte nur, seine Äußerung dadurch erkennbar ernst nehmend, still auf den Fluss hinunter. War diese Zeit, die plötzlich viel verändert hatte, noch genauer zu verstehen? Bisher war es eine Zeit des Vergessens gewesen, des Vertuschens. Eine Zeit nach dem, worüber man nicht mehr sprach. Auch die Zeit des harmlosen Vergnügens, je harmloser, desto besser. Wie das in den Filmkomödien mit Giller und Tiller zu sehen gewesen war. Oder in den betulich ernsten Filmen mit O. W. Fischer und Ruth Leuwerik. Jetzt aber hatte die Zeit einen neuen, völlig eigenen Impuls bekommen. Sie war nicht mehr bestimmt von einem Vorher, auch wenn vieles, was jetzt gesagt wurde, diesem Vorher galt, denen, die überall in verschiedenen Gesellschaftsetagen noch so taten, als ob nichts wäre. Das hier kam aus einer neuen Gegenwart, die eine neue Zukunft in den Blick nahm. Und der Freund hatte diesen besonderen Blick. Und abermals berührte es mein Empfinden, völlig allein dazustehen mit dem Phantasie-Projekt. Dass es nicht bloß um eine ästhetiktheoretische Kategorie ging, das dämmerte mir immer mehr: Ich selbst brauchte offensichtlich eine andere Welt als die reale, um glücklich zu leben – nicht aber die marxistische. Wenn also die Passanten am Wochenende wie lebende Demonstrationen der Leere in Erscheinung traten, dann lag der Eindruck nahe, dass eine solche Leere jedem drohen könnte, der sich nicht schleunigst ein erregendes geistiges Thema erfand. Wenn ich banale Handlungen ausführte, wenn ich die Treppe hinunterging oder mit dem Aufzug hochfuhr, wenn ich auf den Verkehr schaute, dann hatte all das nur Sinn, wenn ich von einem wirklichen Gedanken angezündet wurde. Ohne ihn gab es keinen Sinn, nur Leere. Ja, ohne die Phantasien über die Phantasie blieb die Realität vollkommen leer. Das betraf auch die Politik. Nur solange die neuen

63

politischen Themen sich inhaltlich nicht genau zeigten oder nur solange ihre theoretische Gestalt spekulativ blieb, waren sie anregend. Aber der Freund hatte einen so bestimmten Blick. Fast machte es verlegen, diesen Blick nicht zu haben. Ihn nicht zu haben hing mit der Vorliebe für die Erscheinung vor ihrer Bedeutung zusammen. Die Begriffe, die der Freund in den Mund genommen hatte, bedeuteten mir nichts, aber sie bedeuteten so vielen etwas. Ich saß mit meiner Phantasie auf einem goldenen Thron in einem leeren Saal.

Warum war die Aversion gegen die in Zeitungen, Rundfunk und in den Universitäten machtvoll die Themen an sich reißende marxistische Linke in mir eigentlich so heftig geworden? Es war bisher letztlich nur eine emotionale Animosität geblieben, ähnlich jener, die sich gegen die Literaturgeschichte richtete, die von »Ideen« oder »Geschichte« sprach statt von Literatur. Ein ökonomietheoretischer Einwand lag mir fern, davon verstand ich nach wie vor nichts, und Gesellschaftskritisches nur in bedingtem Maße, denn die bürgerliche Gesellschaft, die immerzu angegriffen werden sollte, war ein Schutz für die Phantasie, auch wenn sie selbst keine besaß. Beide, die Marxisten und Literarhistoriker, zerrten die geheimsten, die sublimsten, die unübersetzbarsten Vorstellungen vor ihr Amtsgericht. Es ging um alles: darum, dass unsere Phantasie unauslotbar bliebe, nicht den Regeln von Theorie und Praxis unterworfen würde. War das ein kindlicher Wunsch? Irgendwie wohl schon. War ich kindlich geblieben?

Mich selbst darüber zu befragen kam mir nicht in den Sinn. Um mich herum war solche Selbstbefragung allerdings seit einiger Zeit im Schwange. Frankfurt war ohnehin der wahre Ort hierfür: Das 1960 als Nachfolger des Instituts für Psychoanalyse gegründete Institut für Psychoanalyse und Psychosomatische Medizin mit Alexander Mitscherlich an der Spitze gehörte neben dem philosophischen

Seminar der Universität, dem Suhrkamp Verlag und, nolens volens, der *Frankfurter Allgemeinen Zeitung* zu den intellektuellen Gravitationszentren der Stadt. In einem Augenblick der Schwäche ob des selbstsicheren Tones, in dem ein ganz besonders von der Analyse durchdrungener Advokat dieser Lehre, Tilmann Moser, seine Rezensionen psychoanalytischer Literatur für das *Literaturblatt* verfasste, hatte ich mir ein Herz gefasst und einfach Mitscherlich angerufen, den ich persönlich kannte. »Nein«, sagte der, »Sie brauchen keine Psychoanalyse!« – »Obwohl ich so unbeherrscht bin?« – »Das ist es ja gerade! Gott erhalte uns Ihre Unmittelbarkeit.«

Das war es! Ich fühlte mich befreit durch einen, der es wissen musste. Und dann las ich in Kafkas Tagebüchern den Satz, der über Mitscherlichs seelsorgerische Bonhomie hinaus die für mich entscheidende Begründung enthielt: *»Hass gegenüber aktiver Selbstbeobachtung. Seelendeutungen wie: Gestern war ich so und zwar deshalb, heute bin ich so und deshalb. Es ist nicht wahr, nicht deshalb und nicht deshalb und darum auch nicht so und so.«* Kafka, bei dessen Lektüre ich noch immer auf Abstand hielt, wusste, wovon er sprach: *»Sich ruhig ertragen, ohne voreilig zu sein, so leben, wie man muss, nicht sich hündisch umlaufen.«* Ich hatte zumindest das Prinzip meines eigenen Verhaltens in Worte gefasst gefunden. Nicht von einem Theoretiker, sondern von einem Dichter.

Nach wie vor zog mich das theoretische Denken an. Das hatte der Philosoph ausgelöst. Auch wenn ich die Begrifflichkeit seiner Texte, in denen herumzustochern ich begonnen hatte, in ihrem grammatischen Auftritt, wie ich es nannte, überanstrengt fand, faszinierte mich, wie hier etwas neu begriffen wurde, weil etwas, so kam es mir vor, damit erfunden wurde. In diesem Licht betrachtet war Theorie unendlich anziehend, nein, erlösend: Auch sie erlöste von den Banalitäten, wie die surrealistischen Bilder davon erlösten. Erst wenn die Begriffe sich allzu sehr auf die Brust schlugen und sagten: Wir erkennen das, was ist!, nervten sie mich. Das war bei den meisten Begrifflern der Fall. Nicht so beim Philosophen. Er sah ja sowieso wie ein Künstler aus, was man allerdings von keinem seiner Schüler sagen konnte. Wahrscheinlich war es die ungeheure Faszination, die von seinem rigiden Theoriestil ausging, dass ich mir in den Kopf gesetzt hatte oder dass sich in meinem Kopf festsetzte, die Theorie als Phantasie zu verstehen. Und das *Surrealismus und Terror*-Buch war der erste Versuch dazu gewesen. Deswegen schmerzte die brutale Reaktion des Freundes so sehr. Nicht nur als Verkennen einer intellektuellen Leistung. Vor allem als eine Gleichgültigkeit, die repräsentativ wirkte, gegenüber dem, um das es hier ging. Der Slogan »Die Phantasie an die Macht« war ein politisches Schlagwort aus Paris. Die Pariser meinten nämlich: »Die Utopie an die Macht!« Bei meiner Phantasie ging es um etwas anderes, Subtileres. Aber sie war zugleich mit den Blättern, die eine andere Farbe bekommen hatten, aufgetaucht. Dass der Freund, ein Dichter, diese Phantasie mit seinen Begriffen totschlug, war das Schmerzlichste.

Das, was der Freund gesagt hatte, war ernster als das, was der Zeitungsmann geschrieben hatte. Es handelte sich ja nicht um eine journalistische Ranküne, sondern um ein moralisches Urteil mit Strafandrohung. Ich mochte den Freund noch immer, aber ich begriff ihn nicht mehr. Auch wenn dieser sensible, literarisch begabte Mann die Sprache der Zukunft sprechen sollte. Ich erinnerte mich jetzt daran, dass der Text seines aufsehenerregenden literarischen Debüts den Namen eines berühmt gewordenen Massenmörders trug. Und auch daran, dass in diesem Text indirekt auf die frühere politische Haltung in der eigenen Familie angespielt wurde. Jedenfalls hatte er mir das später erzählt. Sein Ton war immer schon sehr ernst gewesen. Manchmal klang er so, als ob die Apokalypse abzuwehren wäre. Wir

66

saßen noch eine Weile zusammen, bestellten einen zweiten Kaffee. Wir taten jetzt so, als wäre der drohende Satz nicht gefallen: »Wenn es so weit ist, wird man dich umlegen müssen.« Es war nicht der Satz, der jetzt zwischen uns stand. Es war sein Begriffsernst und meine Gleichgültigkeit gegenüber der Konsequenz von Begriffen. Vielleicht gegenüber den Begriffen überhaupt.

2

Alles wurde fremd

Vor einem Jahrzehnt hatte es angefangen. Wegen der Promotion wechselte ich von der nördlichen, puritanischen Universität Göttingen zu einer südlichen, üppigen Universität, nach Heidelberg. Die nördliche sah noch immer so aus, wie Heinrich Heine es geschildert, die südliche so, wie Brentano sie beschrieben hatte. Es war zuerst die Stadt selbst, die zwischen Brücke und Burg, Fluss und Wald in mir ein Glücksgefühl auslöste, wie ich es lange nicht mehr genossen hatte. Ein Adrenalinstoß. Und dann die völlig andere Atmosphäre des Seminars, für dessen Bibliothek ich zuständig sein sollte, wofür es sogar noch eine Art Assistentengehalt gab. In Göttingen war es bis zum Schluss etwas einschüchternd gewesen: streng, methodisch, staubig. So jedenfalls hatte ich es empfunden. Die Studenten wirkten gehorsam, beflissen. Natürlich gab es Ausnahmen. Klaus Mollenhauer zum Beispiel, der sehr ambitioniert ausgerechnet das Verstaubteste studierte, was man sich vorstellen konnte: Erziehungswissenschaften. Er war witzig, künstlerisch, intellektuell. Klaus war älter als ich und nahm mich mit in ein Seminar von Helmuth Plessner, das er wohl auch selbst als eine Ausnahme von seiner pädagogischen Regel genoss. Dort hatte ich mich wohlgefühlt. Ich musste eine Probearbeit schreiben: über Hemingways Vitalismus. Das lag mir. Plessner hatte gelächelt, aber die Arbeit für gut befunden.

An einem der ersten Heidelberger Samstage, einem sehr sonnigen Vormittag, als ich in der Bibliothek zu tun hatte, richtete einer der zwei Professoren, die zufällig hereinkamen, an mich die Frage: »Sagen Sie mal, Sie kommen doch aus Göttingen. Wie viele Studenten wären denn zu dieser Zeit dort im Seminar?« Ahnend, worauf die Frage hinauswollte, sagte ich, dass um diese Uhrzeit ziemlich viele Studenten im Seminar seien, auch an einem solch sonnigen Samstagmorgen. »Sehen Sie!«, antwortete der Professor in schwäbischem Tonfall und wies mit der Hand auf den fast leeren Raum mit den schönen alten Büchern an den Wänden: »Das reinste Neapel!« Es war tatsächlich an diesem Frühjahrstag zu Semesterbeginn schon sehr heiß, sehr viel heißer jedenfalls, als ich es von meinen nordischen Sommern gewöhnt war. Um die Bibliothek – hier hatte man wirklich den Bock zum Gärtner gemacht – brauchte ich mich nicht wirklich zu kümmern. Das übernahmen zwei Doktorandinnen, die gemerkt hatten, dass Nummerierung, Einkauf, Säuberung und Instandhaltung der Bücher nicht meine Sache war. Der Form halber ging ich aber doch regelmäßig in die Bibliothek. Auch deshalb, weil zu einer der beiden Studentinnen sofort ein besonderer Draht bestand. Sie war eine schwarzhaarige, apart aussehende, sehr temperamentvolle, gleichzeitig beziehungsreich sprechende Frau Ende zwanzig. Nennen wir sie Anne. Eine gewisse Zweideutigkeit im Ausdruck – nicht Koketterie, sondern Herausforderung – mischte sich in ihre ansonsten sachliche Redeweise. So etwas hatte es in Göttingen nicht gegeben. Ganz anders, als es dort üblich gewesen war, sprach sie sofort über literarische Neuerscheinungen. Sie erzählte mir von der literarischen Redaktion einer nahen Rundfunkanstalt. Ob ich nicht Lust hätte, dort einmal einen Essay zu platzieren. Es war aufregend, dass sie mir das zutraute! Aber Anne hatte auch selbst etwas Aufregendes, irgendwie Geheimnisvolles, das bei mir zu einer bleibenden erotischen Erwartung führte. Die Chance, in so etwas hineingezogen zu werden, war gekommen. Aber wir blieben zunächst beide bei unseren literarischen Gesprächen.

70

Es war höchste Zeit, die Doktorarbeit voranzutreiben, nachdem wegen der Notwendigkeit, Geld zu verdienen, ein Jahr als Lektor des Goethe-Instituts in Schweden verloren gegangen war. Dort war das Ziel einer Universitätskarriere hinter dem Ehrgeiz verschwunden, journalistisch zu schreiben. Die fremde skandinavische Welt, im Herbst schon nachmittags die frühe Dunkelheit in der kleinen Seestadt nördlich von Uppsala, die häufigen privaten Einladungen bei fließend Deutsch sprechenden schwedischen Familien, die Unterhaltungen über den Krieg, das Bedauern darüber, dass in Skandinavien kaum einer aus der jüngeren Generation wie früher Deutsch spreche, der erhabene Klang der schwedischen Literatursprache auf der Bühne des Theaters in Stockholm – das alles hatte die Dissertation immer unwichtiger werden lassen. Der englische Kollege mit dem drolligen Gesichtsausdruck eines Schnauzers – er unterrichtete in einer der Oberklassen des Gymnasiums – erzählte beim gemeinsamen Mittagessen im Hafen von seinen journalistischen Absichten. Allerdings werde er vorerst wohl nur bei einer Provinzzeitung in Yorkshire landen, wo er herkam. Für eine Londoner Zeitung fehlten ihm die Beziehungen und, wie er sich ausdrückte, die richtige Schulkrawatte. Umso mehr galt es nun auch für mich, mit dem Schreiben anzufangen, zum Beispiel mit der Darstellung eines Eishockey-Nachmittags bei der örtlichen Mannschaft, einer der besten des Landes. Der war allein schon deshalb schildernswert, weil während der längeren Pausen viele männliche Zuschauer auf die Toiletten verschwanden, um dort hochprozentigen Alkohol zu trinken. Manchmal begannen sie zu singen, was oft in ein Gebrüll ausartete. Deshalb standen bald Polizisten vor den geschlossenen Klotüren und schlugen mit ihren Gummiknüppeln unter den Türrand über dem Fußboden, um irgendwelche Whiskysünder zu erwischen. Eine schöne Zukunft wäre das als Auslandskorrespondent einer der großen Zeitungen zu Hause!

So war die Doktorarbeit liegengeblieben, die es nach einer Woche in Heidelberg schon zu verändern galt. Das hatte mit der geistigen Atmosphäre der neuen Umgebung zu tun. Die bereits niedergeschriebenen historisch-philologischen Entdeckungen erschienen plötzlich langweilig, es musste ein intellektuellerer, sogar aktueller Bezug her. Auch die umständlichen gelehrten Fußnoten wurden prägnanter gefasst. Alles wurde pointierter, so wie die Gespräche mit Anne. Bald lernte ich auch einen anderen Doktoranden meines Doktorvaters kennen, der mit einer besonderen Nachdrücklichkeit über seine Arbeit sprach. Er schrieb über Goethes Altersstil, aber mit einer aus Musils Utopiekonzeption gewonnenen Perspektive. Was das bedeutete, wurde erst später deutlicher. Peter war der eigentliche Assistent. Eher schmächtig, hatte er ein ausdrucksvolles Gesicht und eine kräftige, sehr artikulierte Stimme mit einem gleichzeitig melodiösen Klang. Es war so, als verbinde sich seine formidable Intelligenz mit einer ebenso auffälligen Affinität zum künstlerischen Ausdruck in dieser Stimme. Er war mit Abstand der interessanteste Student des Faches, der während meiner bisherigen Universitätsjahre aufgetaucht war, abgesehen vielleicht von Hanns Grössel in Göttingen. Wir freundeten uns an. Was die Freude, nunmehr mit interessanten Menschen zusammenzukommen, aber besonders erhöhte, war der Umstand, dass Adrian, mein Freund aus der Internatszeit, in Heidelberg lebte und nun als Assistent bei einem prominenten Politologen arbeitete: Dolf Sternberger. Dessen Name war weithin bekannt geworden, nicht nur als Mann seines Faches, sondern als ein *homme de lettres*, von denen es in diesem Land nicht viele gab. Adrian schrieb an einer Arbeit über den Staatsbegriff bei Marx. Wir sprachen sehr häufig – immer bei einer Flasche trockenen Weißweins vom Oberrhein, den er besonders mochte – über die aktuelle Innenpolitik, über die Reden im Parlament und einzelne Politiker. Die alte Freundschaft hatte Bestand.

Adrian vertrat die Vernunft, ich die Emotion. Manchmal war Margot dabei, die er seit einiger Zeit fast jeden Tag traf: ein anmutiges Wesen mit einem mädchenhaften Aussehen. Ihr Hochdeutsch hatte eine alemannische Färbung. Sie passte zu ihm, weil sie so natürlich war. Eine Natürlichkeit, nach der sein extravaganter Geist Ausschau hielt. Mit unseren Unterhaltungen setzten wir die politischen Gespräche fort, die wir vor sechs Jahren anlässlich unserer Fahrten an den Rhein und zum Parlament geführt hatten – über eine Thematik, die mit Anne und Peter nie aufkam. Wenn man Novalis und Musil im Kopf hatte, brauchte man sich mit den Niederungen des Politischen nicht abzugeben. Mit dem offenbar gelungenen Beginn einer parlamentarischen Demokratie hörte das Interesse für Politik in meinem seminaristischen Umkreis auf.

Mit Adrian war das anders. Mit ihm verwandelte sich die Positivität der politischen Fakten zu Materialien einer Phantasie über die Innenpolitik. Die Außenpolitik blieb außen vor. Noch waren die Art und Weise, wie und welche Entscheidungen für das Land getroffen wurden – noch immer herrschten die christliche Partei und ihr alter Kanzler –, wichtiger als die Beziehungen zu den anderen Ländern, die nach wie vor mehr oder weniger von den Westmächten, vor allem den USA, vorgegeben wurden, sah man von der besonderen Beziehung zu Frankreich ab. Die sprießenden Kontakte des Kanzlers zum französischen Staatspräsidenten waren Stoff genug für politische Spekulationen. Es war, als ob das alte ostfränkische Reich zum alten westfränkischen Reich zurückstrebte. Der rheinische Kanzler dachte wohl auch so. Das stand als zukünftiges Drama schon vor der Tür. Worüber wir nicht sprachen, war das »Dritte Reich«. Wegen der nicht einzuschüchternden Regimegegnerschaft meines Vaters und einiger daraus folgenden unerquicklichen Konsequenzen gab es dafür nicht den Anlass, der bei Studenten aus Familien, die in das Regime verwickelt gewesen waren, häufiger zu Diskussionen führte. Adrian, der ebenfalls keine Nazieltern hatte, suchte das Thema schon deshalb nicht, weil es ihm als zu offensichtlich erschien, was man dazu zu sagen hatte. Mir allerdings kam es in den Sinn, wenn ich in einem der Wirtshäuser der Stadt der Übertragung eines internationalen Fußballspiels folgte, was ich seit 1954 regelmäßig tat. Soweit der Dialekt der Zuschauer zu verstehen war, fielen dabei manchmal feindselige, geradezu gehässige nationalistische Bemerkungen über die gegnerische, ausländische Mannschaft. Die Mehrheit dieser Leute, jedenfalls die älteren, waren wohl immer noch Nazis. Anne, die nie über Politik sprach, dachte das auch. Sie erzählte mir später, dass sie Halbjüdin und mit viel Glück auf dem Lande nahe der Lahn groß geworden sei. Die Konzentration auf die unpolitischen geistigen Themen diente zugleich als Methode, sich das immer noch spürbare Widerwärtige der früheren Zeit vom Leib zu halten.

Vielleicht hatte aber auch der Charakter der Stadt und ihrer Landschaft damit zu tun: eine Mischung aus Kultur und Natur. Eine Nacht im Haus von Adrians Großmutter, in einer Villa vom Ende des 19. Jahrhunderts, direkt am Bergabhang zum Fluss hin auf der anderen Seite der Brücke, unterhalb des Philosophenweges: Der nächtliche Blick aus dem Wintergarten des mit Möbeln und Bildern der Jugendstilepoche bestückten Hauses durch die schönen Fensterbögen hinab auf den silbrigen Fluss konnte einen denken lassen, die Zeit in einer von den Göttern bevorzugten Weltgegend zu verbringen. Manchmal kam mir die romantische Stadt aber auch wie das Land der Phäaken vor. Oder wie das alemannische Schlaraffenland, in dem einem die gebratenen Gänse in den Mund fliegen. Wie aber kam ich auf diesen Vergleich? Weil ich in Homers üppiger Beschreibung der Birnen, Granatäpfel, Feigen, Oliven und Weingärten, mit denen das Volk der Phäaken besonders gesegnet war, das außerordentlich Bukolisch-Nahrhafte Heidelbergs wiedererkannte, das für eine Universitätsstadt nicht selbstverständlich ist. Die Gänge hinüber in eine besondere Wirtschaft von Handschuhsheim versetzten einen in den Urzustand unbesorgter Zufriedenheit. Die riesige Pfanne mit Bratkartoffeln und Zwiebeln bedurfte nicht des Schnitzels, das schwerverständliche weiche Idiom des Gastwirts, die in sich ruhenden Gesichter der wenigen Gäste inmitten dieses Heidelberger Idylls von Ortsbild – das alles löste eine seltsame Ruhe aus, die der Weißwein vom Oberrhein noch unempfänglicher für Überraschungen machte. Schon wenn man Margot, Adrians Freundin, sprechen hörte, klang ihre melodiöse Stimme, auch wenn sie Hochdeutsches äußerte, wie ein Wiegenlied. Diese Wirtschaften waren das krasse Gegenteil meiner plötzlichen Zustände. Einmal in diese umarmende, einlullende Harmlosigkeit eingetaucht, wollte ich aus ihrer Lauge gar nicht mehr heraus. In der Tat, die Gesichter und Stimmen dieser unendlich ruhigen Menschen machten meiner Lebensform einen Vorwurf: Sie hatte etwas mit falscher Eile zu tun.

Nicht dass ich aus dem Konzentrat der Bratkartoffeln und der ruhigen Gesichter eine dem lebhaften Leben abgehende Tiefe gewonnen hätte. Aber etwas unvordenklich Altes fasste einen in dieser Stube an. Fernsehen gab es nicht, manchmal hörte man aus dem Radio über dem Herd die Nachrichten. Die klangen hier allerdings überflüssig, abgesehen davon, dass sie dem Wirt die Vorstellung eingaben, immer auf dem Laufenden zu sein. Ich fuhr meistens nicht mit dem Rad dorthin, sondern mit der Straßenbahn, in der von diesem Uralten noch nichts zu hören und zu sehen war, sondern nur das Übliche, wenn Frauen zum Einkaufen unterwegs waren, einer Tätigkeit, bei der ich mir selbst im Supermarkt als ein anderer vorkam. Der Gedanke, dass der Wirt ein Mensch sei, der nicht zu uns gehörte, eigentlich gar kein Mensch, schien mir das selbstverständliche Empfinden meiner akademischen Umgebung. Allein war ich hier nie. Entweder zusammen mit Adrian oder mit Peter, Anne und Boubou. Sowohl Adrian als auch Peter beherrschten das hiesige Idiom. Sie sprachen mit dem Wirt in einem angedeuteten Dialekt. Das klang so, als ob sie mit dem Eingeborenen eines gerade entdeckten Stammes reden würden. In einer milden Form des Alemannischen, das ich aus meiner Schwarzwälder Schulzeit kannte. Wenn Adrian damals bei unseren Landpartien auf den Hügeln von Breitnau mit einem Einheimischen sprach, klang das etwas herablassend jovial und wegen seiner Jugend ausgesprochen hochmütig. Ich hatte diese Sprache gern, seitdem ich in der Volksschule von Badenweiler Gedichte von Johann Peter Hebel auswendig hatte lernen müssen. Ich erinnere mich an einen Satz wie: »'s Bienli summt«, weil meine rheinische Aussprache für die anderen Schüler besonders komisch geklungen hatte, sodass die ganze Klasse aus dem Lachen nicht herausgekommen war.

Insofern hörte ich den Tonfall des Wirtes mit anderen Ohren als Adrian oder Peter. Auch er kam aus einer Urzeit, lange vor der unmittelbar vergangenen Zeit. Der archaische Tonfall bestärkte den Eindruck, es habe diese Gegend nicht erst seit gestern gegeben. Mir kam der Gedanke, dass wir, ansonsten immer so auf dem Quivive, hier die bräsige Stille des nach dem Krieg herrschenden Friedens fühlten, obwohl das schon fünfzehn Jahre her war. Ja, ich gelangte zu der Überzeugung, der Reiz von Handschuhsheim rühre daher, dass man sich der Zeit des Bauernkrieges näher fühlte als der Zeit, in der man über das Hauptportal der Universität den Satz eingemeißelt hatte: »Dem deutschen Geist«.

Was mich hier so inspirierte, war das Gefühl, inspiriert zu sein. Es hatte nichts zu tun mit den Seminaren, die man besuchte. Eigentlich gab es nur noch ein Seminar, an dem ich teilnahm, das Hauptseminar des Doktorvaters. Er behandelte durchweg geistesgeschichtlich repräsentative Themen aus der zweiten Hälfte des 18. Jahrhunderts, vor allem

Lessing, Herder, Hamann, auch Goethe. Aber solche Art von Gelehrsamkeit besaß nicht dieses Geistige, das an den Gesprächen mit Anne, Peter und Adrian so fesselnd war. Ich beteiligte mich kaum an den Seminardiskussionen, was mir der Doktorvater nicht weiter verübelte. Immerhin hatte ich bei ihm noch in Göttingen das Staatsexamen über den Einfluss der Rokokolyrik auf die späte Lyrik Goethes mit Erfolg hinter mich gebracht, bevor er nach Heidelberg gegangen und ich ihm dorthin gefolgt war. Hinzu kam, dass er einen gewissen Snobismus pflegte, der mir zugutekam: Als er einmal, ebenfalls noch in Göttingen, das Seminar mit der Frage überrascht hatte, welche beiden unterschiedlichen Wörter bei Baudelaire für den »Abgrund« stünden, hatte ich das beantworten können – »abîme« und »gouffre« –, ohne die Differenz weiter erklären zu müssen. Er hatte nur nach meinem Namen gefragt und ihn offenbar nicht mehr vergessen. Es war seitdem selbstverständlich, dass ich bei ihm promovieren würde, ja, was seinen Anspielungen zu entnehmen war, womöglich noch höher steigen könnte, was ich zu jenem Zeitpunkt auch nachdrücklich angestrebt hatte.

Nach einer solchen Seminarsitzung ging es immer in eine bestimmte alte »Weinstube«, die auch so hieß, wo die Plätze für den Professor und uns – es waren nicht mehr als fünf oder sechs Studenten, die mitgingen – reserviert waren. Was sich dort abspielte, gab den Ausschlag für die immer stärker werdende Distanz gegenüber einer bestimmten Art von akademischem Geist. In Göttingen war er schwerfällig gewesen, hier wurde er prätentiös. Plötzlich kam in mir der Verdacht hoch, Germanistik sei das falsche Fach. Ich hätte bei Plessner in Göttingen weitermachen sollen. Seine Soziologie war so viel fesselnder gewesen als all das, was ich sonst dort gehört hatte. Abgesehen von Wolfgang Kayser, von dem behauptet wurde, er sei 1960 in den Armen seiner Geliebten gestorben, was seine Anbeterinnen noch bei der Beerdigung nicht hatten wahrhaben wollen. Allerdings hatte mir Kayser vorher den Laufpass gegeben, weil ich bei einer Hausarbeit – einem Vergleich von Büchners *Woyzeck* und Lenz' *Soldaten* – einer eigenen Methode gefolgt war. Kayser hatte die Arbeit unzensiert zurückgegeben und nur gesagt: »Vielleicht werden Sie einmal Professor, aber bei mir werden Sie nicht promovieren!«

Das saß! Ich war drauf und dran, das Fach zu wechseln. Ich spielte bei einer fahrenden Truppe Theater und musste wegen Beleidigung der Polizei während einer mit dem Fahrrad begangenen Fahrerflucht für zehn Tage ins Gefängnis, da ich die Alternative, 200 Mark zu zahlen, nicht annehmen wollte und auch nicht konnte.

Die zwei Wochen im Göttinger Gefängnis waren interessant gewesen. Weil es ein Untersuchungsgefängnis war, in dem die Kriminellen auf ihren Prozess warteten, musste ich mit Schwerverbrechern zusammenleben. Immer wenn ihre Zellen gesäubert wurden, kamen die Mörder in meine Zelle und erzählten mir von ihren Verbrechen, merkwürdigerweise vor ihrem Prozess. Trauten sie mir? Aufstehen um sieben Uhr, Kübeln, das heißt die Koteimer säubern, Ausgang im Hof – an alldem musste sich auch der nicht auf einen Prozess wartende Student beteiligen. Ganz in der Nähe lag der Fußballplatz eines Kleinvereins. An Spieltagen hingen die Fußballanhänger unter den Insassen aus den Fenstern. Am Lautstärkepegel verfolgten sie den Verlauf des Spiels. Um nicht daran denken zu müssen, man könnte meine Gefängnisakte verwechseln und sogar den Entlassungstermin vergessen, wurde mir die Lektüre von Gottfrieds von Straßburg *Tristan und Isolde* auf Mittelhochdeutsch zu einer anstrengenden Ablenkung und nützlichen Examensvorbereitung zugleich, und immer saß ich dabei auf einem harten Stuhl. Einmal gab es einen Eklat, als ich beim Essenfassen meinen Teller zurückzog und die Kelle des Beamten ihren ganzen Inhalt auf den Boden entließ.

Der Mann machte Anstalten, mich umzubringen, ließ sich aber eines Besseren belehren, als ich den Direktor zu sprechen wünschte. Tatsächlich hatte mich der Teufel geritten, trotzdem wurde der arme Mann zurechtgestaucht. Was wäre passiert, wenn ich kein Student gewesen wäre, der seinen Prozess erwartete?

Einen Wechsel des Fachs verwarf ich. Nach der Entlassung aus dem Gefängnis lernte ich meinen neuen Doktorvater kennen, dem ich dann nach Heidelberg folgte.

Das, was in der Weinstube verströmt wurde, war zweifellos das, was man geistvoll nennt: Man erging sich in vornehmen Andeutungen. Es waren Anspielungen auf die verborgenen Motive der großen Dichter und Denker, die der Doktorvater in diesem Sommer gerade behandelte. Bei dem Namen Hamann hielt er sich länger auf. Der hintergründigste deutsche Denker des 18. Jahrhunderts hielt ihn besonders gefangen. Danach kam nur noch Jacobi, weit vor Herder oder Lessing, denn auch Jacobi war ein fragender, nichtsystematischer Geist. Es war der dunkle Stil von Hamanns beziehungsreichen *Sokratischen Denkwürdigkeiten*, die solche Allüre, nie etwas klipp und klar, sondern immer nur andeutungsweise zu sagen, beeinflusste. Indem ich mich mit Hamanns Prosa beschäftigte, gab ich den Versuch, ihn gründlicher zu verstehen, bald auf, weil mir die Kenntnisse fehlten, die geistesgeschichtlich relevanten Anspielungen aufzulösen. Aber Hamanns Redeweise war dennoch sehr anziehend. Wahrscheinlich war der Stil der Bezüglichkeit für den Doktorvater das Vorbild geworden, dessen Konsequenz so fatal wirkte: Man könne nur in permanenter Beziehung auf bereits Gedachtes denken. War man nicht naiv, war man sozusagen immer Epigone! Das wurde zu einer Manier der Rede an diesen Abenden, die das normale Leben, das nun eigentlich am Tisch des Gasthauses eine offene Tür hätte haben können, auch weiterhin nicht zuließ. Dem Leben war der Zutritt verboten. Wenn eine banale Thematik einmal notwendig wurde – zum Beispiel bei der Frage, was man zu essen wünschte –, dann geschah auch das in einer ausgesucht hermetisch-esoterischen Terminologie. Es war so, als ob dem allem innewohnenden Gewöhnlichen keine eigene Existenz zukommen sollte. Als ob das Leben nur ein Zitat aus einer höheren Sphäre sei. Es war eine Art spiritueller Ethik, die beim Doktorvater das Leben regelte. Er hatte seine Habilitationsschrift über das Motiv der Entsagung im Werk Goethes geschrieben. Diese Arbeit war aber nicht bloß zur geistesgeschichtlichen Erforschung des Denkens eines großen Dichters verfasst worden, sondern hatte moralisch verpflichtende Bedeutung für ihn selbst. Es galt, selbst »Entsagung« zu üben, vor allem in der Liebe. Alles war nur Vorbild. So hatte er Goethe missverstanden.

Die zuhörenden Studenten schwiegen aus Sorge, nichts Bedeutendes beitragen zu können. Wenn sie einmal etwas sagten, war es ein gelehrter Einfall oder – und das ging mir ganz besonders auf die Nerven – ein ironisch gemeinter Kommentar zu Erscheinungen des täglichen Lebens. Der Einzige, dessen lakonisches Temperament ihn vor solch geistigen Klimmzügen bewahrte, war Peter. Ich selbst, weiterhin vom Prestige meiner Baudelaire-Kenntnisse zehrend, brauchte auch hier nichts zu sagen. Der Lebensimpuls, in der üppigen Stadt so heftig geworden, wurde an solchen Abenden herausgefordert. Erschreckend klar wurde mir, dass der Doktorvater, aber auch einige seiner Schüler tatsächlich das Bewusstsein von sogenannten Präfigurationen im gewöhnlichen Leben nährten. Alles hatte es schon einmal gegeben, schlimmer noch, alles hatte es schon einmal in der Literatur gegeben. Man wiederholte die Literatur. Diese Einstellung war offensichtlich die perverse Folge des gehorsamen Fußnoten- und Sekundärliteraturtrainings. Das wurde nicht nur mit äußerster Penetranz gefordert, sondern bekam den Status eines alles andere ersetzenden Ethos. Was ich dagegen erlebte, erlebte ich durchaus allein und wahrscheinlich auch zum ersten Mal. Und wenn andere etwas erlebten, dann war dies immer von dem, was ich erlebte, unterschieden. Ein Lebenselixier, das aus dem Leben selbst kam, war gefunden.

Wegen dieser überfallartigen Gewissheit blieben auch andere Seminare, philosophische oder historische, außerhalb meiner Reichweite. Stattdessen saß ich im Kino. Gespräche mit Peter über die neuen französischen Filme wurden wichtig. Das war doch das richtige Leben! Dass dies auch Fiktion, Kunst war, verminderte nicht den Enthusiasmus darüber, nun über eine Alternative zu den gelehrten Büchern zu verfügen. Es gab in der Stadt ein Programmkino, in dem alle Filme der sogenannten *Nouvelle Vague* zu sehen waren – auch die noch nicht synchronisierten, weil in Heidelberg viele französische Studenten und Studentinnen lebten. Es gab sogar eine preisgünstige Zugverbindung nach Paris, hin und zurück. In die Filme ging ich entweder allein oder mit Peter, mit dem ich mich dann lange über Alain Resnais' *L'année dernière à Marienbad* unterhielt. Ich erinnere mich an seine spitzfindigen Bemerkungen über den geometrischen Symbolismus dieses Films. Sein Interesse speiste sich auch hier aus dem von Musil inspirierten utopischen Verständnis des späten Goethe, ein komplizierter Gedankengang, der mit dem Film nicht allzu viel zu tun hatte. Alain Robbe-Grillet, von dem das Drehbuch stammte, hatte in einem Aufsatz die Differenz des traditionellen Kinos zu diesem Film mit der Beobachtung erklärt, dass Inhalt und Form im traditionellen Film auseinanderfielen.

Die Kälte, mit der die Personenpaare inszeniert waren, wirkte außerordentlich stilisiert. Sie standen auf den langen Alleen oder Wegen des Schlossparks wie die Götterfiguren oder die Statuen der mythischen Helden auf den Balustraden. Die Erinnerung an die symbolistischen Filme am Ende der Schulzeit mit Adrian half aber, dass die Kälte sich doch als Verführung niederschlug. Wir sahen auch *Hiroshima, mon amour* und Peter Brooks *Moderato cantabile*. Dieser hatte einen Text von Marguerite Duras zur Vorlage, und das garantierte allein schon, dass die Intensität einer Leidenschaft – verkörpert von Jeanne Moreau – hier anders erzählt wurde als in den bekannten Gesellschafts- oder Kriminalfilmen, die sich als Problemfilme verstanden. Die Verwandlung der lakonischen Sätze des Romans in die Zustände der Filmheldin war eine komplizierte Operation. Wie der Gesichtsausdruck der Moreau zu deuten war, darüber sprachen wir. Gegen die Filmadaption von Literatur war nichts einzuwenden, wenn dabei etwas Neues entstand. Die verinnerlichte Leidenschaft selbst wurde zum Thema, die Sehnsucht und der Tod, die Trance, die Intensität, mit der die Heldin lebt und an der sie stirbt. Resnais' *Hiroshima, mon amour* setzte gleichfalls einen Manierismus der Abstraktion frei, dessen Pathos einen gefangennahm, einfach so. Intensität ist auch hier die Erfahrung der beiden in der Liebe gefangenen Menschen, aber in aller Stille. Das Gesicht der Hauptdarstellerin, Emmanuelle Riva, ihre Erinnerung an die heimatliche Stadt Nevers im westlichen Burgund absorbierten den Betrachter durch die unabhängig von traurigen Ereignissen alles durchdringende Melancholie. Eine von Begründungen, Erklärungen freigestellte Stimmung, nicht das Thema Hiroshima, zog mich an. Nach zwei Stunden in solchen Filmen hatte sich das Leben, das richtige Leben, verändert. Es wurde zu einem Leben nach den Filmen, ohne dass man diese als Präfigurationen hätte verstehen müssen. Ich empfand mich danach nicht als die Postfiguration eines Kunstwerks, also als das, was ich in meinem Doktorvater erkannte. Nein, selbst in die Stimmung dieser Filme einzutauchen hieß, das eigene Leben zu intensivieren.

Die Filme der *Nouvelle Vague*, die besonders bekannt wurden, hatten aber noch eine andere, unmittelbarere Wirkung auf mein Lebensgefühl, auf meine Stimmung. Es waren die Filme *Le beau Serge* von Chabrol (1958), *Tirez sur le pianiste* von Truffaut (1960), *À bout de souffle* (1960) und *Une femme est une femme* (1961) von Godard – in diesen Filmen wurde einerseits die Melancholie inszeniert, andererseits die Darstellung körperlicher Liebe und der Körperlichkeit von Frauen, wie man es bisher noch nicht gesehen hatte. Das geschah in einer Alltagssprache, die gleichzeitig eine existenzielle Wahrheit enthielt, jenseits der üblichen Filmdialoge, die dem Liebesdrama abgeschaut waren. Nun nichts mehr von einem literarischen oder theatralischen Effekt, aber auch keine bloße Abbildung des Alltags. Diese Bilder und Szenen zeigten einen eigentümlichen, existenziellen Ausdruck. Zu dieser Zeit gab es die *Cahiers du Cinéma* in Deutschland noch nicht zu kaufen, in denen die neuen Regisseure oder Filmemacher, wie sie sich jetzt nannten, ihre ästhetischen Absichten theoretisch begründeten – vor allem Godard, aber auch Truffaut. Godard sagte mir eigentlich nicht zu. Zu ideologisch! Truffaut hingegen wurde mein Lieblingsregisseur. Entscheidend war nicht dieser oder jener Stil, es war die existenzielle, nicht genau erklärbare Art und Weise, wie die Schauspieler all dieser Filme miteinander sprachen oder schwiegen. Das ergab sich scheinbar natürlich, war aber Stil. Im Fall von Belmondos Rolle in *À bout de souffle* war das besonders offensichtlich. Die Unterhaltungen des sich nur für wenige Nachmittage in einem Hotelzimmer – und wo auch immer – treffenden Paares, des Pariser Kleinkriminellen und der amerikanischen Studentin und Zeitungsausträgerin, zeigten die Fragwürdigkeit auf, Emotionen überhaupt einen Namen geben zu wollen. Diese Emotionen kippten immer von einem Zustand in den anderen. Der französische Philosoph Michel de Montaigne war deshalb eine so elektrisierende Lektüre für mich gewesen, weil auch er gesagt hatte, es gebe nur jeweilige Zustände. Ja, es gab nur Zustände! Diese Emotionen hatten im Film ihren fortwährenden Grund in einer erotisch-sexuellen Sehnsucht, die sich nur lakonisch, meistens durch Gesten, ausdrückte. Einfache Gesten und das Mienenspiel begleiteten nicht, wie in den alten Filmen, etwas Gesagtes, sozusagen als dessen Ausdruck. Belmondos letzte Geste im Film war buchstäblich umwerfend. Während er, von der Kugel des miesen Polizisten getroffen, stirbt, drückt er sich selbst die Augen zu. Bevor er tot ist, grimassiert er ein Lächeln auf die gleiche Weise, wie er es vorher manchmal vor dem Spiegel getan hat. Das existenzielle Pathos von *Außer Atem*, so der deutsche Titel, im Bett und außerhalb des Bettes, ließ sich auf jene Formel bringen, die im Film der berühmte, von Reportern umringte Filmregisseur als Antwort auf die Frage gibt, was man im Leben erstreben sollte: »Unsterblich werden und dann sterben.«

Truffauts *Tirez sur le pianiste* (deutscher Titel *Schießen Sie auf den Pianisten*), auch hier ein kriminelles Milieu, zeigte ebenfalls ein trauriges, unabweisbares Interesse der Männer am weiblichen Körper. Und umgekehrt die lakonische weibliche Reaktion, das ganz selbstverständlich zu finden. Diese sich wiederholenden Sätze in *Außer Atem*, mit ihr schlafen zu wollen, sie anfassen zu müssen, der Wortwechsel darüber, was diese Sätze wohl zu bedeuten hatten! *Schießen Sie auf den Pianisten* bot, was die Personen betraf, eine weniger pathetische Variante. Am Ende stirbt nicht der Held, sondern seine Freundin wird erschossen. Aufregend waren die selbstverständlichen Gesten, die Hinnahme des Unvermeidlichen, die Sprache, die entweder nicht sagte, was sie eigentlich sagen wollte, oder die Sprache, die pointiert etwas sagte, was man immer nur dachte. Die Dialoge kamen nicht so daher wie die Sprechblasen in den üblichen Filmen, die das Einschlägige sagten. Sie waren trotz ihrer Einfachheit überraschend. Zum Beispiel, wenn Belmondo in einem Film von hinten an die sehr erotische Schauspielerin Bernadette Lafont herantritt, seine beiden Hände unter ihre üppigen Brüste hält, ohne sie zu berühren, und nur fragt: »Darf ich tragen helfen?« War das vulgär oder albern? Nein, darin lag doch Komik, ein Sich-lustig-Machen darüber, wie die nie aufhörende Lust nicht zu ihrem Ziel kommen darf und sich verbal dafür rächt. Genau so einen Satz einmal zu einer Bekannten oder Unbekannten sagen zu können. Und dann eine zustimmende Antwort zu erhalten!

Die beiläufige Ausstellung des weiblichen Körpers hatte also in den Filmen der *Nouvelle Vague* einen völlig anderen Ausdruck gefunden als in den französischen, italienischen oder amerikanischen Filmen der Fünfziger- und Sechzigerjahre, in denen der Busen der Schauspielerin immer prominent war. In diesen Rollen zeitgenössischer oder historischer Frauen aus bürgerlichem, proletarischem oder aristokratischem Milieu stellten sich die weiblichen Stars einem voyeuristischen Blick aus, der puritanisch unterlaufen wurde, denn es kam zu keiner sichtbaren sexuellen Handlung, nur zu dem sündigen, einladenden Blick des Filmhelden beziehungsweise des männlichen Zuschauers. Das war in den Filmen der *Nouvelle Vague* anders. Die sexuelle Wirklichkeit erschien nicht mehr als voyeuristisch und prüde zugleich. Es gab darin keine Prätention des verklemmten Blicks. Die Erotik, die Sexualität wurden zu Tatsachen, selbst wenn die Dialoge verspielt waren. Es gab keine lüsternen Szenen, denn man ging in offener Sinnlichkeit miteinander ins Bett, ohne dass die Sinnlichkeit als solche ausgespielt wurde.

Warum lässt Godard seine Protagonisten in *Außer Atem* einander fragen, mit wie vielen sie geschlafen hätten? Belmondo deutet mit den dreimal erhobenen Händen an, es müssten dreißig gewesen sein. Seine Freundin für drei Tage meint, bei ihr seien es nur acht gewesen. Die gleiche Frage wird im Film auch einem berühmten Filmregisseur von den Journalisten gestellt: Mit wie vielen Männern könne, dürfe eine Frau schlafen? In nonchalanter Suchbewegung wiederholt der Filmregisseur, sozusagen als der neue Zeitphilosoph, mehrfach die Geste beider Hände, jeweils zehn Finger in die Höhe hebend – so als ob es hundert sein könnten. Nein, in Analogie zu seinem Unsterblichkeitskriterium gesteht er schließlich den Frauen unendlich viele Liebhaber zu. Da man weder wissen kann, was Godard mit dieser scheinbar frivolen Geste zeigen will, noch weiß, was seine Figuren sagen wollen, bleibt nichts anderes übrig, als sich die Antwort selbst zu geben. Offensichtlich ist, dass der Körper nicht die Seele offenbart. Man betrügt mit den vielen Körpern nicht die eine Seele. Aber man erfährt an vielen Körpern wohl doch unterschiedliche Seelen. Das bleibt indes eine irgendwie platonische Antwort. Sowohl der Bandit als auch der Regisseur blieben bei einem Faktum: Man schläft mit vielen, ohne dass man dem einen Sinn geben könnte oder müsste. Wichtiges darf sinnlos bleiben.

Dieses Motiv der *Nouvelle Vague* besetzte meine Phantasie. Es gab dem Sinnlichkeitsimpuls, der mit der Ankunft in Heidelberg eingetreten war, eine Art Auftrieb. Mit einem Mal wurde mir vor allem die Vorstellung wichtig, mit verschiedenen Frauen zu schlafen. Nicht eine Liebesaffäre mit einer, sondern körperliche Affären mit mehr als einer. Es ging dabei nicht um eine Nachahmung der Filmhandlung, sondern um die Durchsetzung einer schon präsenten fixen Idee.

Lange Zeit war meine Vorstellung von der Liebe eine ganz andere gewesen. Durch romantische Literatur beeinflusst, war ich auf der Suche nach dem psychisch Extraordinären. Die Lektüre von Büchern wie Stendhals *Le Rouge et le Noir*, besonders die Hingabe der Mathilde de la Mole, hatten in mir die Erwartung von etwas Absolutem erweckt. Sie wurde dadurch intensiviert, dass ich bei meinen ersten beiden Affären auf Mädchen traf, die seelisch ähnlich organisiert waren wie ich. Die Liebe, die sich in den romantischen Büchern fand, gab es also auch im Leben! Etwa die Situation der Liebenden am Morgen: so wie in *Romeo und Julia* oder in den mittelalterlichen deutschen Gedichten aus *Des Minnesangs Frühling*. Solche Vorstellungen waren alles, die Beobachtung der Liebespartnerin nichts. Dass ich gar nicht richtig wusste, wer sie sei, das kam mir nicht in den Sinn. Erst allmählich begriff ich, wie falsche Romantik an die Stelle einer wahren Erfahrung trat. In dieser Phase des Verliebtseins gingen alle anderen höheren Affekte in das einzigartige Gefühl ein. Ich liebte eigentlich die Liebe. Ein Freund, ein sehr begabter Jurastudent, hörte mir sprachlos zu, wenn wir über die Liebe sprachen. Dann klärte er mich mit verblüffender Offenheit auf: Beim ersten Mal habe er ein Mädchen vom anderen Stockwerk abends im dunklen Kellergang gehabt. Das wär's schon gewesen, alles sei sehr schnell gegangen. Jetzt habe er eine Postbeamtin, etwas älter, dasselbe Spiel. Ich bemitleidete ihn fast, und wir sprachen nicht mehr über das Thema. Aber mir ging allmählich auf, dass meine Romantik durch mehr Praxis ergänzt werden müsste.

Oft begann ich zu denken, dass in dem Moment, da man eine attraktive Frau erblickt – und attraktiv hieß: zuerst ihr Blick und dann ihr Körper –, dem eigenen Blick sofort Worte und Taten folgen müssten. Das hatte nichts gemein mit dem erotischen Augenblick, der sich auch auf der Straße ereignen kann. Wegen eines solch erotischen Blicks war ich einmal einer nachgegangen. Nicht aus einer bestimmten Absicht heraus, sondern nur, um ihr Verschwinden hinauszuzögern. Die Suche nach der reinen Körperlichkeit war etwas ganz anderes. Dass auch dies eine fixe Idee war, ins Reich der bloßen Vorstellung gehörte, keiner psychischen Wirklichkeit entsprach, war mir zwar bewusst, aber in diesem Moment schob ich es beiseite. In den griechischen Sagen, der Mythologie war es doch genauso: Die antiken Dichter fanden nichts dabei, die lustentbrannten Götter und Helden zu schildern, als ginge eine Vergewaltigung vor sich. Aber auch die Frauen waren nicht nur Körper für die

Männer, sondern selbst entbrannte Lustwesen, die nicht genug kriegen konnten, wie in einer Elegie des Properz und bei Ovid zu lesen war. Es rumorte also offensichtlich in mir das, was man einen wachen Wunschtraum nennt. Wenn ich in der Stadt unterwegs war, und es kam mir eine auffallende Frau entgegen, die offensichtlich auffallen wollte, dann konnte es passieren, dass ich am liebsten gesagt hätte: »Tu doch nicht so, ich weiß doch, was du willst.« Natürlich wusste ich irgendwie, wie unsinnig dieser Impuls war. Dass diese Frau einen Mann zu Hause hatte, den sie liebte, oder zu ihrem Freund unterwegs war oder in diesem Moment ohnehin für keinerlei erotisches Interesse empfänglich war, jedenfalls nicht für meines. Das änderte an solchen Nachmittagen aber nichts am verlangenden Blick auf vorübergehende Frauen, die ich bald gern nackt gesehen hätte. Ein ständiges Vermissen, ein ständiges Verpassen.

Als ich meine spätere Frau zum ersten Mal in Göttingen im Hörsaal gesehen hatte, da war es zwar auch ihr sinnliches Aussehen gewesen, aber gleichzeitig ihr rätselhafter Gesichtsausdruck, der mich angezogen hatte, und dieser Moment gab schließlich den Ausschlag. Nunmehr war es aber die Sehnsucht – ja, wonach? Nach der Sinnlichkeit von Frauen? Ohne dass die Liebe dazwischenträte? Irgendwie so. Ich verstand jedenfalls, warum Männer allein aus diesem Grund Huren aufsuchen. Aus diesem einen Grund, sei es im Bordell oder auf der Straße. Aber Körper, die ständig von anderen Männern in Besitz genommen wurden, wollte ich nicht. Die körperliche Liebe aus den *Nouvelle-Vague*-Filmen, die mir als die wirkliche Liebe erschien, musste ich anders praktizieren. In der Mensa und im Jazzkeller am Markt gab es schöne, gewiss abenteuerlustige Studentinnen. Ich würde mit ihnen sprechen und nicht sofort zeigen, was ich wollte. Es wäre keine Draufgängerei. Dafür war ich gar nicht gemacht. Aber es würde nicht lange dauern, bis ich gar nichts mehr zu sagen brauchte. Wir würden nach einer Stunde des Redens miteinander ins Bett gehen. Manchmal würde es Schwierigkeiten geben, wenn die Wirtin da wäre. Ich müsste mich in ihr Zimmer schleichen, aber das Mädchen ginge hinein wie immer, nachdem es vorher laut die Treppentür geöffnet hätte. In meinem eigenen Zimmer konnte ich wegen der wahnsinnig neugierigen Wirtin nie »Damenbesuch« haben. Wenn ich die ganze Nacht über bliebe, könnte der nächste Morgen schwierig werden. Was heißt schwierig? Es hätte sich die Lust entweder erneuert, oder sie wäre verschwunden. Es lag in dieser Art Verlangen ein Widerspruch: Wenn ihre Körper über alles hinaus immer wieder anziehend blieben, wenn man die Nachtgefährtin mit Freude und Sympathie wiedersähe, was wäre das anderes als ein sich festsetzendes Gefühl, auch wenn die Wörter Liebe oder Verliebtsein nicht zugelassen würden? Der gefährlichste Augenblick bei meinem Projekt wäre ohnehin der Schock, den der Körper einer fremden Nackten immer auslöst, wenn man nicht völlig abgebrüht ist. Die Bewunderung für diese Nacktheit saß fest, wie oft man sie auch gesehen hatte. Es könnte dann atemraubend werden. Nichts ist so ungeheuer aufregend, nicht nur erregend, wie eine nackte Frau, dachte ich, konnte ich gerade noch denken. Sich vorzustellen, dass sie jetzt auf das Eindringen wartete, erhöhte die Lust auf sie. Das wäre alles noch, wie es sein müsste. Aber dann, das Danach. Der Augenblick, wenn es zu Ende wäre. Nicht die postkoitale Leere, sondern eine andere Art von Leere, eine Leere, die besagte: Du irrst dich, wenn du an die reine Körperliebe glaubst. Also ist Liebe mehr als nur körperlich. Aber was sollte diese Einflüsterung? Bei diesen Ergötzungen nicht ein einziges Mal an dem anderen Körper irre zu werden, von nichts irritiert zu sein, das würde von der uns wechselseitig auferlegten Anonymität garantiert. Wir würden uns nicht kennen und auch nicht kennenlernen. Entscheidend bei dem ganzen Unterfangen wäre es, dass man sich nicht als Individuen wahrnähme, sondern nur als das andere Geschlecht. So könnte man die in der Phantasie vorweggenommenen Körper als das völlig Fremde spüren. Bisher hatte bei meinen amourösen Affären immer die Liebe gedroht: damit, dass sie zur Ursache einer Enttäuschung im Physischen würde. Das konnte sogar lächerlich werden. Passten Sinnlichkeit und Lachen eigentlich zusammen? Es kam darauf an. Wenn der Verstand noch nicht ganz ausgesetzt hatte, war das möglich. Trotzdem: Es gab einen Widerspruch, den ich nicht geklärt hatte. Aus dem Entschluss, es weiterhin mit mehreren Frauen zu versuchen, wurde nichts. Da ich mich in solch einer Rolle lächerlich fand, brach ich mein Experiment ab.

Stattdessen eine besondere Leere mit einer Einzigen am Morgen nach dem Kostümball. Die Studentin – ich hatte sie vorher noch nie gesehen – war unglaublich attraktiv, eine erotische Erscheinung. In diesem akademischen Milieu geradezu verboten. Eine Sexbombe, vergleichbar mit Elizabeth Taylor in gewissen Szenen, also etwas ordinär. Die schwarzbewimperten Augen, der weiße Hals, der phantastische Busen, die Hüften über dem geschwungenen Hintern. Was sie trug, sollte wohl ein Zigeunerkostüm sein. Ich selbst trug kein Kostüm. Sie war extrem geschminkt. Als wir spät in der Nacht in ihrem schönen Dachzimmer in einem der alten Häuser ohne Wirtin in ihr großes Bett fielen, merkte ich, wie der Wein mich illusionierte. Sie zog sich sofort aus. Wir küssten uns nicht. Ihre steilen Brüste mit Händen und Mund zu umschließen war dringlicher und sowieso angemessener. Als sie spürte, wie mein Schwanz aufstieg, sagte sie etwas Aufforderndes. Der obszöne Ausdruck passte zur Situation. Die Geilheit übernahm mich vollständig. Alles war heftig und dauerte die halbe Nacht. Am nächsten Morgen kein Anflug von Zärtlichkeit. Ein nicht wiederzuerkennendes Gesicht: Die rote Schminke auf ihren Lippen und die schwarzen Augenwimpern waren verschwunden, die bräunliche Creme auf ihrer Haut hatte sich aufgelöst. Aber das war nicht die übliche Verwüstung nach einer Party. Es war ein Gesicht von großer Gewöhnlichkeit, sodass ich fast aufspringen, aus dem Bett, aus dem Zimmer fliehen wollte. Das Individuelle an ihr zerstörte nun die erotische Anziehung von gestern vollständig. Es war der Schrecken über die totale Veränderung, ihre rein erotische Identität während der Nacht war verschwunden. Aber ich blieb, ich ließ mir von ihr, die nichts merkte, die nichts sah – aber auch ich musste irgendwie verboten aussehen –, ein Frühstück servieren und gab mich übermüdet, als sie Anstalten machte, die Nacht fortsetzen zu wollen.

Zum Gegenteil dieser Nacht geriet der Nachmittag bei einer Freundin, mit der ich seit Langem mehr oder weniger interessante Gespräche führte. Obwohl es bei ihr normalerweise nichts zu essen gab, legte sie eines Nachmittags Brot auf den Tisch und bestrich es mit Bauernwurst aus einem Glas. Es schmeckte wie eine französische Pastete. Wir tranken etwas Wein dazu. Dabei kam sie mir anders vor als sonst. Seltsam, weil ich zum ersten Mal etwas Physisches an ihr entdeckte. Wahrscheinlich legte ich diese Entdeckung – oder was immer es war – in meinen Blick, ich schaute sie an. So hatte ich sie noch nie angeschaut. Sie hatte die Wurst so obszön langsam auf das Brot gestrichen. Sie zu umfassen, ihr Kleid hochzuschlagen, mit ihr auf den Boden zu fallen – es war unvermeidlich. Wir blieben danach länger stumm auf dem Boden liegen. Sie war mit einem Schlag gekommen. Jetzt das stumme Daliegen, weil wir das nicht hätten tun sollen. Ich dachte, sie schämt sich. Sie war keine Jungfrau mehr. Sie hatte es an diesem Nachmittag einfach gewollt, sozusagen aus einer der Keuschheit entstammenden Erregung. Das war es, was passiert war. Oder wollte ich mir das so einreden? Sie war nicht verliebt, gerade deshalb hatte sie es gewollt, ohne dass sie das Wort »ficken« gedacht oder gar ausgesprochen hätte.

Wir hatten uns, noch in Göttingen, in einem Proseminar über Rilkes *Sonette an Orpheus* kennengelernt. Beide hatten wir die besten Arbeiten geschrieben. Bei der Rückgabe der Arbeit hatte ich geschwänzt. Während der darauffolgenden Sitzung warf mir der Dozent, ein aufsteigender Star des Faches, meine Arbeit mit der herablassenden Bemerkung zu, die Begabung werde mir nicht viel nutzen, wenn nicht die soziale Reife hinzuträte. Sie kam danach lachend zu mir und gratulierte mir zum Ausspruch des Assistenten. Dieser war ein ausgesprochen schöner Mann. Er trug bei uns manchmal Reithosen, weil er zum Proseminar häufig von den Pferden kam. Er wirkte, wie man es damals nannte, »zackig«. Aber seine spartanische Art hatte sich in den Willen zur philologischen Akribie verwandelt, in eine Form von wissenschaftlichem Ethos. Daher die Kühle – er ahnte wohl, dass Ordentlichkeit nicht meine Sache war. Das alles war mit einem Mal endgültig Vergangenheit geworden. Das Beieinanderliegen, noch immer auf dem Fußboden, ohne dass wir uns noch einmal berührt hätten, zeigte den endgültigen Riss in unserer Freundschaft an. In diesem Sommer war ich zwar noch mit anderen Frauen im Bett. Hätte mich der Regisseur aus dem Godard-Film gefragt: »Wie viele?«, dann hätte ich geantwortet: »Zehn oder zwölf in diesem Sommer.« Aber ich wurde unruhig, es musste aufhören. Ging es denn wirklich um die Körper? Die Idee, Frauen sollten vor allem Körper sein, war nicht aufrechtzuerhalten. Noch immer aber wollte ich das Fremde, nicht die bekannte Liebe. Nicht etwas unsichtbar Internes, sondern die Körper sollten mich ja das Gegenständliche der Welt spüren lassen, eine Oberfläche, deren Tiefe man nicht bestimmen konnte. Aber diese Fremdheitsphantasie war auf Sand gebaut. Die falsche Elizabeth Taylor ging mir nicht aus dem Kopf. Die Lust, die eine Unbekannte mit einem so erregenden Körper ausgelöst und die sich dann als so gewöhnlich herausgestellt hatte! Man konnte das auch umdrehen: Wie viele der edleren Frauen können Lust bereiten? Sich wirklich lustvoll verhalten? Einige fühlten doch gewiss wie ich. Mit ihnen zu schlafen, das wäre die wirkliche Lust, die Körper allein deprimierten auf Dauer.

In dieser Phase schlief ich auch mit Anne. Aber nur ein einziges Mal. Ihre Geistigkeit war von der Sorte, welche die fleischliche Inbrunst eigentlich aufhob. Das beschädigte aber nicht unsere Freundschaft. Die Freunde, vor allem Adrian und Peter, wussten nichts von diesen Eskapaden. Ich brachte die Nachtgefährtinnen ja nicht mit zu unseren regelmäßigen Treffen im Stammcafé am Universitätsplatz. Sie waren nicht meine Freundinnen. Eine Studentin hatte ich längere Zeit im Blick, die vielleicht doch eine Freundin hätte werden und die ich mit ins Café hätte nehmen können. Wegen ihrer somnambulen Schönheit nannten wir sie alle »die Mondgöttin«. Sie war offensichtlich eng mit ihrer Familie verbunden, denn sie fiel mir mehrfach am Eingang zum Seminar vor einem Mercedes auf, dessen Insassen zum Abschied winkten. Das hätte mir eine Warnung sein müssen. Wenn sie im Seminar nach einem Buch suchte, richtete ich es ein, wie zufällig neben ihr vor den Regalen zu stehen und ein Gespräch zu versuchen. Aber außer ihrem liebenswürdigen Lächeln – keine Anspielung, nichts. Abgesehen von dem einen Mal, das aber auch nichts änderte: Sie lud mich tatsächlich zum Tee ein. Das war es dann aber auch! Denn nicht etwa in ein Café, nein, zu ihr, in ihr Zimmer in einem der besseren Häuser stadtaufwärts am Wald! Ich war vorbereitet, ich war ganz sicher, dass dies der Beginn zu einem anderen Glück sein würde als bei den nächtlichen Eskapaden. Doch nichts geschah. Ihr Lächeln war von der Art, dass ich mich vor jeder falschen Bewegung hütete. Ein Warten zwischen den Zuckerstückchen, die in den Tee fielen. Ich verabschiedete mich schließlich förmlich. Sie war wohl verlobt. Ich nannte sie seitdem nur noch »die Mondkuh«.

Im Café am Universitätsplatz traf sich zur Mittagszeit, zwischen zwölf und vierzehn Uhr, immer eine Reihe von Personen, die sich teils näher, teils nur entfernter kannten. Es war eine Clique, die sich durch einen bestimmten Ton ihres Redens zu erkennen gab. Wie hätte man es nennen sollen? Ironisch? Vielleicht. Aber es war nicht die Art von Ironie des Doktorvaters. Es lag eine Lässigkeit darin, was und wie man etwas sagte. Die Leichtigkeit, die mich beim ersten Morgen in der Stadt überkommen hatte, war hier atmosphärisch greifbar. Peter, Anne, Boubou, Hermann, Brünner, Birgit – später kam auch eine französische Studentin dazu, Marie-Claude –, das war der engere Zirkel aus dem Seminar. Adrian ließ sich hier nie blicken. Außerhalb dieses Zirkels gab es drei Historiker und einen Juristen, die auf ihre Weise einen weltläufigen Ton anschlugen. Den beiden sich habilitierenden Historikern merkte man besonders an, wie selbstsicher sie sich fühlten, ohne dass sie dabei angeberisch gewirkt hätten. Sie kamen aus einer bekannten akademischen Familie, deren Namensgründer Theodor Mommsen die berühmteste Charakterisierung von Julius Cäsar verfasst hatte. Der andere Historiker, jünger, war Sohn des Bismarck-Forschers, den ich als Erstsemester in meiner Heimatstadt gehört hatte. Der Jurist war der Smarteste, er schrieb seine Habilitation über ein Problem der gerade sich einrichtenden Brüsseler Ministerialbürokratie, ohne dass wir eine Ahnung davon bekommen hätten, worum es sich eigentlich handelte.

Unter den Freunden aus dem Seminar nahm Hermann eine Sonderstellung ein. Aus seinen Reden brach immer wieder Makaberes hervor, eine nihilistische Stimmung. Kafka war sein Hausheiliger, nicht nur ein bedeutender moderner Dichter. Sein Bild hing wie das des Gekreuzigten über seinem Bett. Ich hatte nicht viel Kafka gelesen, und was ich gelesen hatte, gefiel mir nicht. Die sich selbst bezichtigende Negativität stieß mich ab. Auch seine Unfähigkeit, mit

Frauen umzugehen, obwohl es ja auffiel, wie heftig Kafkas Augen auf ihren Körpern ruhten. Hermann, der Kafka-Bewunderer, war der melancholische Außenseiter im Kreis. Nicht weit von seinem Außenseitertum entfernt Boubou. Boubou wohnte in einer Altstadt-Mansarde, vollgestopft mit phantastischer Lektüre, vor allem von herausragenden Schriftstellern der französischen *Décadence*, Charakteren mit abgründiger Psyche wie J.-K. Huysmans und Marcel Schwob oder Léon Bloy. Ich besuchte ihn gerne allein in seinem düsteren Dachzimmer. Wir redeten dann entweder über Literatur oder über Frauen. Boubou verstand von beidem etwas, allerdings klang bei ihm alles wie ein Märchen, was die Frauen betraf, weil er offensichtlich keine wirklichen Erfahrungen gemacht hatte.

Er fragte mich ganz unschuldig-sachlich, ob, wenn sich die Lust so ausschließlich am weiblichen Körper entzünde, das einem nicht besonders raffinierte Liebespraktiken eingäbe. Nein, ganz im Gegenteil, erwiderte ich, gerade weil es der Anblick der Nacktheit sei, wolle man die Frau nur umfassen und das Einfachste tun. Er fragte, ob die relative Anonymität die sexuellen Vorstellungen aber nicht noch mehr antreibe als in einer vertrauten Liebesnacht. Worauf ich nicht richtig antworten konnte, weil das Thema mich unsicher machte. Ich war doch kein Lebemann, auch kein erotischer Hecht im Karpfenteich der Philologen. Ich hatte einen Knall, einfach einen Knall. Das war alles. Und damit würde es wahrscheinlich bald vorbei sein. Mit vielen Frauen zu schlafen hieß ja nicht, Erfolg bei Frauen zu haben. Wer das behaupte, sei durch die Bank langweilig, auf jeden Fall mittelmäßig. Ich hatte das Gefühl, diese Sentenz irgendwo gelesen zu haben. Boubous Frage zeigte an, dass er mich nicht richtig verstanden hatte. Der Anblick der nackten Frau, rief ich, werde so übermächtig wie abgründige Orgelmusik, wie Bach! Ich sei doch gar nicht musikalisch, sagte Boubou. Er beließ es dabei, setzte aber mit der heiklen Frage nach, ob Frauen auf den nackten männlichen Körper auch so reagieren würden. Ich war perplex, denn ich hatte noch nie mit einer Frau über dieses Thema geredet! Ja, wahrscheinlich schon, aber doch in anderer Weise. Ob sie erst im Akt wirklich reagiere oder – und das sei ja das Entscheidende bei der Frage – schon vorher, wüsste ich nicht. Der männliche Körper sei in seinen schönsten Exemplaren, dem archaischen Apollon oder dem David in Florenz, eben vor allem schön. Besonders sinnlich wie einen weiblichen Körper fände ich ihn aber nicht. Mir fiel das Bild eines Malers ein, auf dessen Namen ich gerade nicht kam, das die weibliche Erwartungslust darstellt, eine mythologische Szene: Zeus kriecht wie ein Löwe mit flammendem Glied auf die ihn begehrende Schöne zu, die ihn mit geöffneten Beinen erwartet. Das wäre ein Beispiel. Aber eines aus der Kunst. Es zeigte wiederum nur die männliche Phantasie, die sich die weibliche Lust vorstellt.

Bei der Erwähnung der lustvollen Szene kam mir eine Jugenderinnerung in den Sinn: Die Besteigung einer Stute durch den Hengst, die ich im Dorf meiner Kindheit gesehen hatte. Wie erschreckend das war! Als ob der Hengst die Stute umbrächte. Aber später wurde die Erinnerung daran lustvoll. Es war eine verbotene Erinnerung. Jedenfalls war sie Sünde für einen, der katholisch erzogen worden war. Möglicherweise sogar eine Todsünde. Ich glaubte aber, das sexuelle Ereignis, ob bei Tier oder Mensch, sei etwas Ungeheures. Später dachte ich, man könne sich nichts Verführerischeres vorstellen als die Frauen als Stuten. Nie sprach jemand davon, aber viele dachten es, ganz gewiss.

Boubou fragte mich, ob meine Frau, die ja noch in Göttingen studierte, das, was mich umtrieb, wisse. »Nein«, antwortete ich, wir seien uns der Zukunft unserer Beziehung nicht sicher, wir seien einander irgendwie fremd geblieben, obwohl die Anziehung stark gewesen sei. Aber ich würde sie nicht betrügen. Diese Nächte wären keine Affären, sondern eine Art anthropologische Studie. Das fand Boubou gut. Ich hatte aber nicht richtig ausdrücken können, was genau ich hatte sagen wollen. – Der Hausportier, ein solider alter Nazi, wusste übrigens nicht recht, was er von Boubou mit seinem wuscheligen Haarschopf halten sollte. Er sah ihn mit immer neuen Büchern und stellte ihn eines Tages zur Rede: Zu viele Bücher dürfe er nicht im Zimmer haben, die seien für den Fußboden zu schwer. Wenn der Hauswart gewusst hätte, was in diesen Büchern zu lesen war, dann hätte er sicher am liebsten eine Bücherverbrennung veranstaltet. Die lag ja erst etwa zwanzig Jahre zurück.

Boubou und Hermann hatten die resignative Rede gemeinsam, weshalb ich die beiden gleichzeitig attraktiv und uninteressant fand. Einerseits attraktiv, weil es ihnen einen reflexiven Ausdruck gab, andererseits uninteressant, weil sie sich dauernd wiederholten. Auch sie lebten in der Literatur, allerdings wie Künstler, nicht wie Philologen. Meine eigene Spontaneität kam aber nicht auf den Prüfstand. Sie wurde selbst vom skeptischen Peter einfach als ein Zuviel an Emotion geduldet. Angesichts dieser Runde wurde mir die Naivität in meiner Erwartung von Unmittelbarkeit langsam deutlicher, ohne dass ich etwas dagegen hätte unternehmen können. Sich die nackte Frau als Weltwunder zu wünschen war ein Knabentraum. Er war bisher aber nicht von mir gewichen. Was war das Naive daran? Weil ich immer noch naiv war, wusste ich das nicht zu benennen. Mir schwante, dass es etwas mit der parareligiösen Empfindung zu tun hatte, die mich angesichts der Vorstellung von einer unbekleideten Schönheit überfiel. Das erklärte auch den Mangel an psychologischem Verständnis, der mir bewusst wurde, wenn ich mit einem weiblichen Wesen sprach. Ich glaubte, in ihren unterschiedlichen Gesichtern das nur ihnen Eigene zu entdecken. Aber ganz plötzlich wurden sie wieder zu etwas ganz anderem, obwohl ich mir eingebildet hatte, ihre Seele erfasst zu haben. Als Junge hatte ich am

Weihnachtsabend angesichts der Bilder von Engeln und bei den Marienliedern erotische Gefühle gehabt. Das wiederholte sich jetzt. Das erotische Gefühl versetzte mich in einen anderen Zustand als die Lust auf den fremden Körper. Ich war also naiv. Manchmal, wenn ich durch die besseren Viertel ging und hinauf zu den großen Fenstern schaute, erlaubte ich mir nach wie vor eine halb ernst, halb unernst gemeinte Illusion: Warteten da oben nicht einsame Ehefrauen? Nicht auf ihre heimkehrenden Gatten, sondern auf jemand Fremden, der heraufkäme. Eine Kinoidee? Die Vorstellung von solch einsamen Frauen in ihren Dreißigern, Vierzigern, Fünfzigern, umgeben von alten Möbeln, Teppichen, extravaganten Lampen, ließ mich daran denken, einfach zu läuten. Sie würden überrascht sein, lächeln und mich hereinbitten, weil sie ja nur auf einen wie mich gewartet hatten. Davon war ich überzeugt, jedenfalls redete ich mir das ein. Sie würden sich mehr oder weniger sofort ausziehen. Man könnte es an manchen Tagen sogar bei mehreren von ihnen versuchen. Mir wurde fast schlecht bei der Vorstellung, dies sofort in die Tat umzusetzen. Aber ich ließ aus dem Impuls nicht die Tat werden. Aus Feigheit?

Die erotischen Phantasien und sexuellen Handlungen jener Wochen waren meiner ursprünglichen Suche nach der ernsten Liebe frontal entgegengesetzt. Eigentlich war es ja nur das ernste, kühle, distanziert musternde Gesicht, in das ich mich verliebte. In Frauen, die, bevor sie irgendeine Bereitschaft zur Intimität ahnen ließen, mit kritischen Fragen kamen und die Anstoß an der Willkürlichkeit meines Denkens nahmen. Dennoch wollte ich mir einbilden, dass sie ähnlich radikal von der Liebe dächten wie ich selbst. Oder ich wollte überhaupt erst entdecken, was sie dachten. Es ging dabei nicht um einen bestimmten Gedanken, um nichts Konkretes. Es ging mir um die Art des Denkens selbst, eine emphatische Erwartung von etwas, die Erwartung von etwas Emphatischem. Mit Peter hatte ich darüber länger gesprochen. Das ergab sich aus dessen obsessiver Musil-Lektüre, dem Thema des Inzests zwischen Bruder und Schwester. Die Gespräche zwischen Ulrich und Agathe, das leidenschaftliche Gefühl füreinander, das leidenschaftliche Gefühl überhaupt! Dieser Typus – Anne hatte etwas davon – konnte nicht anders, als seine Liebeswahl von der Fähigkeit ihres Objekts zur höheren Empfindung abhängig zu machen. Mehr noch: das erotische Gefühl sich in der Form religiöser Intensität vorzustellen. Und es dann selbst zu erleben.

Die Spiritualisierung des Erotischen war die falsche Alternative. So liebten Nonnen in der Literatur. Aber was sich zwischen Agathe und Ulrich abspielte, das faszinierte mich. Die mystische Liebe in dieser Form, die Stimmung, wie sie in den Kapiteln »Atemzüge eines Sommertags«, »Das Sternbild der Geschwister« und »Reise ins Paradies« entwickelt wird – das war die Liebe, nach der ich mich im Gesichtsausdruck einer der ernsten jungen Frauen sehnte. Es müsste eine Frau sein, die das Paradies finden wollte, ohne dass sie Musil gelesen hätte. Nicht den Wolfgangsee, mit dem Zyniker Musils letzte Sommerbilder in der klassizistischen Meereslandschaft verglichen. Die unerbittliche Forderung, sich zu töten, nachdem sie den Eingang zum Paradies gefunden hatten, war nicht pompös. Aber sie taten es ja nicht. Es gab unter den jungen Frauen des Seminars gewiss solche, die unter der Musil'schen Bedingung lebten und die Illusion des nichterlebten Paradieses hochmütig in sich verkörperten: den Schmerz darüber, dass die Liebesstunde eigentlich nur auf dem heißen Stein zu Mittag am Ägäischen Meer erlebt werden dürfe und dass die gerade erlebte Stunde im knarrenden Bett eines Untermieterzimmers nur ein ferner Abklatsch davon war.

Es war das Attraktive an der Clique, dass die meisten das, was sie täglich erlebten, an Phantasmen maßen, ohne dass es die Ausmaße von Musils Liebesutopie erreichte. Das war gewiss so bei Anne, die eine wackelige Freundschaft mit einem Assistenten unterhielt, die vor allem darin bestand, dass sie sich über ein Motiv bei John Updike stritten. Eine Folge davon waren ihre Einwände gegen meine Musil-Faszination. In der Suche nach verschiedenen weiblichen Körpern steckte auch eine Distanz zur Pragmatik des Lebens. Aber war es nur Naivität? Konnte aus Naivität nicht etwas Wahres gefunden werden? Alltägliche Vernünftigkeiten oder Erfahrungssätze empfand ich nicht als wahr. Obwohl ich meine ausschweifende Herumtreiberei eingestellt hatte und die Phantasien über die Liebe in den *Nouvelle-Vague*-Filmen mich nicht mehr so unmittelbar berührten, wurde das akademische Milieu für mich dennoch nicht wieder attraktiv. Die Teilnehmer des Oberseminars sprachen inzwischen einen noch befremdlicheren Idiolekt. Ihre Unterhaltungen interessierten mich nicht mehr, weder ihre Fragen noch ihre Antworten. Zwei, schon in Richtung der Hochschullaufbahn unterwegs, sagten ganz gewiss Wichtiges, aber wie sie die Münder spitzten zu geschraubten Einwendungssätzen, das war mir unerträglich. Es war wie seit jeher, aber es klang jetzt doch anders. Anstatt sofort zu sagen, was sie meinten, eröffneten sie ihre Sätze regelmäßig mit den Worten: »Ich würde meinen …« Sie kamen aus dem philosophischen Seminar, dessen berühmter Leiter der Philosoph Gadamer war. Der Doktorvater erkundigte sich bei ihnen immer ausführlich nach diesem oder jenem Gedanken und nickte dazu.

Die Phantasie mit den fremden Frauen war nicht der Grund dafür, an solchen Gesprächen nicht mehr teilzunehmen. Es war eine andere, neue Form zu denken, die mich anzog, auch wenn ich sie noch nicht genau beschreiben konnte. Vor allem die Bücher von drei Schriftstellern waren es, in denen das noch nicht Ausgedrückte zu entdecken war: Albert Camus' *Tagebücher 1935-1951*, Jean-Paul Sartres Roman *Der Ekel* und William Faulkners *Die Unbesiegten*. Obwohl politische Themen Anfang der Sechzigerjahre, abgesehen von den Gesprächen mit Adrian, noch keine größere Rolle für mich spielten, waren Camus' politische Statements, wie man so sagt, für mich eine Offenbarung. Sie leuchteten mir ein, als hätte ich sie geschrieben. Da war vor allem Camus' Verachtung der Doktrin. Auf Doktrinen zu pochen entspringe einem Mangel an Charakter! Das war es! Man bekam bei den Reden der beiden ehrgeizigen Herren aus dem philosophischen Seminar vor allem deshalb solch einen Widerwillen, weil sie charakterlos wirkten. Warum? Zum einen deshalb, weil aus ihren Worten eine Art Liebedienerei gegenüber dem berühmten Gadamer sprach. Zum anderen, weil sie auf systematische Ableitungen unserer Empfindungen und Wahrnehmungen aus waren. Das betraf auch unser Fach, das Literaturstudium. Statt die Einbildungen eines Dichters als ihm zugehörig zu lesen, leiteten sie diese von Philosophien ab. Das Interesse daran, die Individualität aus etwas Vorgegebenem zu erklären, erschien wie eine frömmelnde Attitüde. Immer gab es den lieben Gott als Ursprung. Das glaubten sie, ohne es so zu nennen. Und das war eben charakterlos. Ob Camus' Philosophie des Absurden wirklich letzte Gründe für sich beanspruchen durfte, war für mich nicht so wichtig. Wichtig war, dass sie mein Lebensgefühl mächtig ansprach. Alles, was geschieht, geschieht eben. Camus' Unterscheidung der Revolte vom Ressentiment würde für mich vor allen anderen der ganz zentrale Gedanke. Dass Camus Anfang des Jahres bei einem Autounfall ums Leben gekommen war, erschien mir als symbolisch.

Vor die politische Wahl zwischen Camus und Sartre gestellt, war die Parteinahme für Camus ganz selbstverständlich. Das ging gewiss vielen so, aber nicht unbedingt der Mehrheit der Pariser Intellektuellen. Mir wurde Sartres Roman *Der Ekel* wichtiger als Camus' *Der Fremde*, den ich recht und schlecht auf Französisch las. Schon die Vorbemerkung von Sartres Roman, einem fiktiven Tagebuch, war unmittelbar alarmierend: Man dürfe nichts Ungewöhnliches sehen wollen, wo nichts ist! Das sei die Gefahr, wenn man ein Tagebuch führe. Man bausche alles auf, man forciere ständig die Wahrheit. Hierin fand ich ein Argument gegen jenes unerquickliche generelle Gerede in akademischen Kreisen, das mich abstieß. Auch seine Auffassung, dass alles, was man sehe oder wie man es erlebe, im Grunde begrifflich vorbestimmt sei, überzeugte mich. Wichtig war schließlich Sartres vager Ich-Begriff: die Beschreibung seiner Konfrontation mit einem nicht erklärten Ereignis. Einen Satz darüber schrieb ich mir ins Notizbuch: »Irgendetwas ist in mir geschehen, ich kann nicht mehr daran zweifeln. Es ist wie eine Krankheit gekommen, nicht wie eine normale Gewissheit, nicht wie etwas Offensichtliches.«

Das war wirklich Literatur! Es versteht sich von selbst, dass Sartre André Gides Roman *L'immoraliste* kannte. Dessen Held sagt zu Beginn, er sei an einem Punkt seines Lebens angelangt, den er nicht mehr überschreiten könne. Diese existenzielle Aufladung des Lebensmoments war aber nicht das, was die Lektüre für mich so anziehend machte. Es war Sartres Darstellung der irritierten Wahrnehmung der Dinge, die ihre Bekanntheit verloren hatten. Daraus entsprang »Ekel«: die Fremdheit der Dinge, das Unbekanntwerden des Bekannten. Das war nicht, wie man meinen könnte, eine phantastische Sichtweise. Es lag dem vielmehr der Verdacht zugrunde, dass das, was man sieht, nicht das bedeutet, was es scheinbar bedeutet. Es wurde damit aber nicht zu einem Phantasma. Die Verfremdung des Bekannten lief auf das Negieren der konventionellen sinnlichen Erscheinung hinaus. Aus der befremdenden Faktizität kam der Ekel. Sartre hatte bei diesem Begriff eine Melancholie im Sinn, wie sie auf Dürers berühmtem Kupferstich dargestellt ist. Es war nicht die Melancholie des in seine Einsamkeit zurückgeworfenen Helden, die mich anzog, sondern der zur Kontemplation reizende Ausdruck der Dinge selbst! Das passte zu meinem Lebensgefühl jetzt, das ebenfalls im Fremden aufging.

Und dann der Augenblick, wenn der Ekel weicht, ein ganz besonderer Augenblick: Der Refrain des Songs *Some of These Days* rief ihn in mir auf: Es heißt darin, dass »etwas geschehen« sei. Das nicht erwartete Ereignis war ja das, was auch ich suchte. Ein Ereignis war nicht einfach eine neue Begebenheit. Der Song brachte es auf den Punkt: Ein normaler Tag konnte zu einem ganz besonderen werden. Diese Worte gingen mir nicht mehr aus dem Kopf: »Some of these days.« Die konventionelle Zeit wird von einer anderen Zeit unterbrochen. Im Lied war dieser Augenblick ein Augenblick des Glücks. Sartre sagte, das Abenteuer sei »ein Ereignis, das aus dem Gewöhnlichen herausragt, ohne zwangsläufig außergewöhnlich zu sein«. Es habe Magie. Ich sehnte mich nach solchen Abenteuern. Es ist charakteristisch, dass Sartres Held am Ende die Unterstellung, er habe Abenteuer erlebt, von sich weist. Denn das wäre eine zu sinnstiftende Interpretation gewesen. Es waren solche Sätze, die sich in mir festsetzten: »Etwas beginnt, um zu enden: Das Abenteuer läßt sich nicht verlängern … Jeder Augenblick kommt nur, um die folgenden nach sich zu ziehen. An jedem Augenblick hänge ich mit ganzem Herzen … Und dann, mit einem Schlag, bricht etwas ab. Das Abenteuer ist zu Ende, die Zeit nimmt wieder ihre alltägliche Schwammigkeit an.« Ich hatte die Erklärung gefunden für meine Unzufriedenheit, meine Langeweile in der Kontinuität des universitären Lebens. Den Grund dafür, dass ich sie in Unruhe verwandelte, in die zerrissenen Tage und Nächte. Der Melancholie konnte immer wieder der ungewöhnliche Augenblick entspringen, und das stärkte mich. Mit der Charakterlosigkeit der jungen, ehrgeizigen Philologen und ihrem Verhalten gegenüber Frauen hatte das nichts mehr zu tun.

Einige Professoren hatten immerhin heftige Affären mit

Studentinnen. Nicht so der Doktorvater aufgrund seiner Bindung an die spirituelle Aufgabe der Entsagung. Er hatte sich in eine junge Germanistin verliebt und diese sich in ihn. Sie gingen im Wald spazieren, und er sprach mit ihr über die Liebe. Er erklärte ihr die Bedeutung der Entsagung, wie er sie in seiner Habilitationsschrift dargestellt hatte. Das erzählte mir die unglückliche Studentin, der ich mich kameradschaftlich verbunden fühlte. Was sollte sie machen?, fragte sie mich. Ihm schleunigst den Laufpass geben und mit jemandem schlafen, den sie möge. Da sie verstand, dass ich mich auf diese Weise nicht selbst anbot, nahm sie es nicht zynisch, sondern als einen ehrlichen, richtigen Ratschlag. Ich weiß nicht, ob sie ihn beherzigt hat.

Die Bestätigung des Empfindens, dass es etwas Einzelnes gab, das zusammenhanglos bleibt, das nichts Größeres repräsentierte, war am stärksten im dritten Buch ausgesprochen, das mich faszinierte, in Faulkners *The Unvanquished*, mit dem deutschen Titel *Die Unbesiegten*. Die Übersetzung zu lesen war notwendig, weil die ungeheure Genauigkeit der Beschreibungen die Kenntnis sehr vieler englischer Adjektive verlangte. Diese Genauigkeit war entscheidend für das Einzelne ohne Einbindung in einen vordergründigen Zusammenhang. Am Romananfang spielt der Held, den der Erzähler als Jungen am Ende des Bürgerkrieges erinnert, mit seinem schwarzen Kumpan eine kürzlich geschlagene Schlacht dieses Krieges nach. Mit Holzstücken, Erde und Wassereimer bauen sie die Stadt und Landschaft um Vicksburg wieder auf. Doch es bleibt ein Chaos. Die einzelnen gegenständlichen Elemente ordnet die Erzählung nicht in einen Handlungszusammenhang ein. Sie leisten auch keine Wiederherstellung des ursprünglichen Vicksburg, Mississippi, es bleibt bei Bruchstücken. Genauso die Handlung selbst. Alles, was geschieht – die Erschießung des Vaters, die kurze Liebe mit der zweiten Frau des Vaters, die symbolische Rache am Mann, der den Vater erschossen hat –, wird nur angedeutet. Die Sprechenden, vor allem der junge Held, haben immer irgendetwas vergessen, wissen etwas nicht genau. Der Bürgerkrieg wird wohl moralisch bewertet, es bleibt keine Unklarheit darüber, dass die Nordstaatler, die Yankees, die kulturell Unterlegenen sind und die schwarzen ehemaligen Sklaven mit ihrer plötzlichen Freiheit nicht viel anfangen können. Aber es werden keine generellen Urteile über die Geschichte gefällt, es gibt nur Sichtweisen, Bruchstücke von Urteilen in einer langen Folge von noch mehr Bruchstücken. Worauf eine einzelne Szene hinauswill, das bleibt in seiner dichten, anschaulichen Detailliertheit zunächst verborgen. Es gibt keine Teleologie. Die Erinnerung vollzieht sich nicht historisch, sondern poetisch. Die Schilderung ist so dicht, dass die Szenen alles erwarten lassen. Dessen, was »Kontingenz« meint, wird man hier sinnlich habhaft. Keine Handlung, sondern die alles beherrschende Intensität der Dinge: die sengende Sonne, das glänzende Fell der Pferde, die schmutzbefleckte Uniform des Vaters, der Wagen, von dem die Großmutter nie mehr herunterkommt, und am Ende der Geruch des »Eisenkrauts«.

Sartre war derjenige, den ich am längsten kannte. Vor der Entdeckung des Romans *Der Ekel* war es das Drama *Die Fliegen* gewesen und mit ihm der Pariser Existenzialismus, die mein Denken zu Beginn des Studiums sehr beeinflusst hatten. Ein beeindruckender Philosophiedoktorand, der Assistent bei Martin Heidegger in Freiburg gewesen war, hatte uns als vorübergehender Lehrer auf unserer Schule damit in Berührung gebracht. Er war völlig im Bilde gewesen über die zeitgenössische Philosophie, übersetzte sogar Heideggers *Holzwege* ins Französische. Er hatte uns viel mehr von Sartre als von Heidegger erzählt, und durch ihn wusste ich, dass der junge Sartre 1933 und 1934 in Berlin gelebt hatte, um die sogenannte Phänomenologie, die neue Philosophie von Heideggers Lehrer Edmund Husserl, im Original zu studieren.

Die Fliegen, die ich damals in deutscher Übersetzung las, hatten mich wegen ihrer erhabenen Sprache, ihrer intensiven, halb mythologischen, halb alltäglichen Bilder und wegen der Idee von einer einsamen Tat gefesselt, umgetrieben, nicht losgelassen. Es war nicht vornehmlich die politische Symbolik, die mich darin so beeindruckt hatte: die Symbolik einer Stadt, die unter die blutrünstige Gewalt eines Usurpators fällt und sich nicht zu wehren versteht, dargestellt in expressiven Bildern – mit Schwärmen von Fliegen und der Statue eines blutverschmierten Zeus oder Jupiters. Viel stärker wirkte auf mich die Hoheit einer Sprache der Freiheit und der Tragik. Orest, Sohn des ermordeten Agamemnon, sprach diese Sprache der Freiheit, die Sprache der Tat. Wenn seine Schwester Elektra das erste Mal »Orest« zu ihm sagt, hat sie verstanden, was die Tat bedeutet. Die Tat war das existenzialistische Merkmal, das den mythischen Helden zum modernen Helden machte. Die griechische Mythologie und der Existenzialismus gehörten seit damals für mich zusammen, und ihre Zusammengehörigkeit war mir auch gegenwärtig, als ich *Der Ekel* las. Dass die Dinge, die Roquentin, der Held des Romans, wahrnahm, nicht mehr die herkömmlicherweise in ihnen gesehene Bedeutung besaßen, sondern geprägt waren von erschreckender Kontingenz, doch durchsetzt von Augenblicken des Glücks – darin lag für mich Sartres existenzielles Pathos.

Den Eklat, der sich zwischen Sartre und Camus ereignet hatte, versuchte ich zuerst zu übersehen. Sartres politische Radikalisierung seit den Fünfzigerjahren, ähnlich wie die von Maurice Merleau-Ponty, dessen *Phänomenologie der Wahrnehmung* von 1945 mir sofort als wichtig erschien für mein Ding-Interesse, blendete ich für längere Zeit aus, obwohl ich diese Radikalisierungen wahrgenommen hatte. Es gab für mich Sartre, den Autor der *Fliegen*, des *Ekels* und vielleicht noch der phänomenologischen Psychologie des *Imaginären*, nicht aber den Sartre der marxistischen Deklarationen und des prosowjetischen Engagements. Abgesehen davon, bekam ich das, was in der Zeitschrift *Les temps modernes* darüber zu lesen war, gar nicht mit.

Stattdessen Camus' *Der Mensch in der Revolte!* Seine Ablehnung von Sartres bei Hegel ausgeliehener Idee, dass die Geschichte zu einem unvermeidlichen Ziel führe, seine Überzeugung, dass nichts existicre und existieren werde, das vollendet sei, das unterschrieb ich ja sofort. Dass es immer weiter Revolutionen geben werde, die von neuen Revolutionen wiederum überholt würden, was war attraktiver als dieser Camus'sche Gedanke! Sartre hatte Camus' Buch über die Revolte nicht selbst in den *Temps modernes* rezensiert. Er hatte es verreißen lassen: als eine Verteidigung des Kapitalismus. Camus hatte in einem langen Brief geantwortet, auf den dann Sartre selbst reagiert hatte, final, ein für alle Mal. Er brandmarkte Camus als »Konterrevolutionär«. Das war es, das endgültige Aus zwischen ihnen. Kenntnis davon hatte ich aus der Lektüre einer Zeitschrift im philosophischen Seminar. Als ich *Der Ekel* las, wusste ich von diesem Ausgang, und Camus war zu meinem intellektuellen Helden geworden. Das änderte aber nichts an der Bedeutung, die Sartres erster Roman für mich bekommen hatte, zumal er ja von der Phänomenologie und noch nicht vom Marxismus geprägt war. Dieser Bruch kam mir, verspätet, wie eine Fortsetzung der Saga vom Existenzialismus vor. Dessen ursprüngliches Freiheitspathos, also die ganz individuelle Entscheidung eines Einzelnen, musste sich jetzt gegen den Feind aus den eigenen Reihen richten. Eben auch gegen Sartre.

Kein Wunder, dass die Marxisten den Existenzialismus verdammt hatten. Sartres Reise in die Sowjetunion im Jahr 1954 war zusammengefallen mit dem Beginn meines Studiums in Göttingen, ein Jahr nach dem Abitur. Damals, noch ganz den Existenzialisten Orest im Kopf und noch ohne wirklich parteiliche Überzeugung, abgesehen davon, dass ich die SPD nicht mochte, war ich etwas unsicher hinsichtlich dieser Reise gewesen. Ich hatte sogar darüber nachgedacht, ob Koestlers *Sonnenfinsternis*, mein politischer Katechismus, nicht vielleicht doch eine Phantasie sei. Mit dem hatte Sartre ja gebrochen. Aber dann der ungarische Aufstand gegen die Sowjets! Es gab Aufrufe in der Universität, bewaffnet auf Lastwagen nach Ungarn zu fahren. Es waren Corps-Studenten, die das propagierten. Das wiederum ruinierte bei mir jede Sympathie für solch ein Unternehmen. Ich wusste nur, dass Sartre für mich ein großer Schriftsteller bleiben würde – und ein schlechter Politiker.

Ein großer Schriftsteller war und blieb er für mich deswegen, weil er die bloße Erscheinung der Dinge ausgedrückt hatte. Die Bedeutung von Camus' und Faulkners Beschreibung von einzelnen Gegenständen, von unzusammenhängenden Vorkommnissen wurde dadurch für mich nur umso größer. Heideggers theoretisch viel anspruchsvollere Unterscheidung zwischen den Begriffen »Sein« und »Seiendem«, seine Auffassung von »Dasein«, schob ich ahnungsvoll von mir weg, auf die lange Bank. Das hätte mich doch wieder in die idealistische Philosophie hineingezogen, auch wenn *Sein und Zeit* diese zu zertrümmern versucht hatte. An meiner Distanz änderte auch Heideggers Konzept vom authentischen Selbst nichts. Als der junge Heidegger-Assistent uns davon erzählt und es erklärt hatte, hatte ich einen Widerspruch zwischen diesem Heidegger-Selbst und der existenziellen Freiheit des Orest empfunden. Für mich blieb es bei Sartre, Camus und Faulkner.

Camus' Prosa wurde zusammen mit der von Sartre und Faulkner zum Schutzschild gegen die Universitätsphilosophie. Auch in folgender Hinsicht blieb Camus der für mich wichtigste Einfluss: Er schrieb in einer eigentümlich negativen Weise über die Sexualität. »Die Sexualität führt zu nichts. Sie ist nicht unmoralisch, sondern sie ist unproduktiv. Man kann sich ihr während der Zeit hingeben, in der man nichts hervorzubringen sucht. Aber nur die Keuschheit ist mit einem persönlichen Fortschritt verbunden.« Und über die Frauen: »Außer in der Liebe ist die Frau langweilig. Sie weiß nicht. Man muss mit einer leben und schweigen. Oder mit allen schlafen und handeln. Das Wichtigste liegt anderswo.« Woher eine solch herablassende Einschätzung, wenn sich Camus gleichzeitig so für die Heldin des Romans *Die Prinzessin von Clèves* interessierte? Welch eine Heroine war das! Doch war die Geliebte des Helden in *Der Fremde* für diesen auch nur ein Körper geblieben. Geist hatte sie nicht. Nachträglich bekam mein Versuch mit den fremden Frauen doch noch einen Sinn, im Positiven wie im Negativen. Dazu passte Camus' Bekenntnis zur schieren »Natur«, im Widerspruch zur deutschen Geschichtsphilosophie. Daher seine Distanz zu einem Motiv von Sartres Existenzialismus: der Beschränkung des Menschen auf die Geschichte. Während mir viele von Camus' Tagebuchnotizen so einleuchtend wurden, kam mir dennoch ein Zweifel: Wieso wurde er in Deutschland so geschätzt? Nichts ist Camus ferner als Deutschland, als die deutsche Alltagsmoral. Vor allem auch jene Moral, die vom Katheder der protestantischen deutschen Universität herab spricht. Unerklärlich! Davon wollte ich mich unbedingt distanzieren!

Ursprünglich hatte der Doktorvater vorgeschlagen, ich solle erforschen, welche Darstellungen der griechischen Landschaft im 18. Jahrhundert auf Hölderlins Dichtung eingewirkt hätten. Immerhin wäre das etwas Anschauliches gewesen. Aber eben auch sehr geistesgeschichtlich. Abgesehen davon lag die Antwort auf ein solches Projekt längst auf der Hand. Es stand alles schon in Hederichs Wörterbuch und in Pausanias' Darstellungen der griechischen Landschaften. Den Vorschlag, über Joseph Roths Roman *Radetzkymarsch* zu schreiben, hatte er mit Kopfschütteln abgelehnt. Das sei nicht dissertationswürdig, da der Autor

noch keine Klassizität erreicht habe. Nicht dissertationswürdig! Man stelle sich das vor: Eine Dissertation wird
zum Maßstab eines großen Schriftstellers! Dieser Satz hatte meine Empfindung bestätigt, längst nicht mehr am richtigen Platz zu sein. Nolens volens hatten wir uns schließlich auf ein völlig esoterisches Thema geeinigt. Es war nach
dem Geschmack des Doktorvaters und entsprach meiner
nunmehr äußersten Entschiedenheit, die Sache, wie auch
immer, zu Ende zu bringen. Es sollte um Motive des Nord-
lichts in der romantischen Literatur gehen. Dem Thema,
nach einem Jahr Arbeit in Heidelberg, eine interessante
Wendung zu verleihen war nicht schwierig. Ich gab das
Manuskript kurzentschlossen, ohne an Erweiterungen zu
denken, anlässlich einer Sprechstunde ab. Der Doktorvater
war überrascht. Sehr umfangreich war die Arbeit ja nicht!
Eine Woche später bat er mich, noch einmal zu kommen:
Das sei alles sehr intelligent und auch gut geschrieben. Aber
da es sich letztlich um eine historisch-philologische, keine
theoretische Arbeit handele, müsse noch mehr Stoff hinzu-
kommen, mehr »Butter bei die Fische«, wie er sich, ungewöhnlich für ihn, ausdrückte. Immerhin wolle ich mich
doch habilitieren! Dazu müsse aber bei der Dissertation
die beste Note, das Prädikat mit Auszeichnung, erreicht
werden. Deshalb sollte ich noch ein historisches Kapitel
hinzufügen.

Im letzten Jahr hatte ich mit ihm nicht über meine berufliche Zukunftsplanung gesprochen, geschweige denn über
meine Distanz zur Philologie. Und so kam es jetzt als Eklat
heraus: Ich wolle mich gar nicht habilitieren, sondern politischer Journalist werden, am liebsten Auslandskorrespondent. So, so, reagierte der Doktorvater und setzte ein wis-
sendes Lächeln auf, typisch für ihn, wenn er von etwas
irgendwie Gewöhnlichem überrascht wurde. Er tat so, als
fände er diese Entscheidung interessant, und sagte dann: »In
diesem Falle werde ich die Arbeit einfach mit ›gut‹ bewer-

ten, und Sie können Ende des Jahres promovieren.« Er war enttäuscht, womöglich verletzt. Hätte er von meinen Lebensansichten gewusst, hätte er nicht so komfortabel reagiert. Der Vorfrühling 1961, der zweite in dieser wunderbaren Stadt, war besonders leuchtend. Die Erwartung, mit dem Seminar nach Frankreich zu fahren, gab dem noch einen Zuschuss an Farbe. Das Germanistische Seminar unterhielt eine sogenannte Jumelage mit dem germanistischen Institut der Universität Montpellier, von deren Studenten einige in Heidelberg studierten. Der französische Professor war auf den Einfall gekommen, uns für eine Woche dorthin einzuladen. In die berühmte Stadt im Languedoc! Ich hatte viel über das Nachbarland gelesen, war aber trotz der engen Bande meiner Familie nach Frankreich noch nie dort gewesen. Als wir in den Bahnhof von Straßburg einfuhren, wo wir umsteigen mussten, war die Plattform überfüllt von französischen Soldaten im Kampfdress, mit Helm und schwerer Bewaffnung. Man hatte Mühe, bei dem Gedränge auszusteigen. Was war hier los, was bedeutete das? Die Soldaten gaben auf Fragen keine Antwort, schon gar nicht an junge deutsche Touristen. Aber einer der herumstehenden Zivilisten, der mitbekam, was die Fremden wissen wollten, erzählte, natürlich auf Französisch, das Ungeheuerliche: In Algier, der Hauptstadt der ehemaligen nordafrikanischen Kolonie Algerien, die seit längerer Zeit ein französisches Departement war, hätten die Fallschirmjäger eines berühmten französischen Regiments unter dem General Salan gegen die Regierung in Paris geputscht. Das Militär lehne die von Staatspräsident de Gaulle beabsichtigten Verhandlungen mit den algerischen Aufständischen ab: Solche Verhandlungen würden zu einer Loslösung Algeriens von Frankreich führen. Das müsse auf jeden Fall und mit allen Mitteln verhindert werden. Das sei die Situation, daher der Aufmarsch des regierungstreuen Militärs, zum Teil schon auf dem Weg nach Süden.

Die Kämpfe zwischen der algerischen Unabhängigkeitsbewegung und der französischen Armee hatte ich seit Mitte der Fünfzigerjahre mit anhaltender Spannung verfolgt. Das 1957 erschienene Buch von Servant-Schreiber, *Lieutenant en Algérie*, hatte ich auch gelesen. Seit dem Fall von Dien Bien Phu in Vietnam war das Drama der französischen Kolonien ein großes Thema geworden. Es wurde auch mein Thema für die mündliche Prüfung im Nebenfach Geschichte: ein Vergleich zwischen englischer und französischer Kolonialverwaltung im 18. und 19. Jahrhundert. Der Prüfer, Professor von Albertini, ein Schweizer Historiker, war Fachmann auf diesem Feld. Insofern kam mir die Nachricht vom Putsch in Algier wie gerufen, es lag darin eine Erwartung, eine Antizipation. Nicht nur wegen der bevorstehenden Promotion, sondern weil sich der Putsch als plötzliches Ereignis in einer lauen Zeit zeigte. An ein Zurückfahren dachte niemand, zumal wir vonseiten unserer Gastgeber auch nicht darum gebeten wurden, die Reise wegen des Putsches abzubrechen. Wir hatten eine Stunde Aufenthalt, bevor wir den Zug nach Avignon nahmen, wo wir noch einmal umsteigen mussten.

Die vorbeifliegende Landschaft belebte die Vorstellung. So also sah Frankreich aus, jedenfalls diese Gegend! Als das Elsass, das germanische Fachwerk, die grünenden Blätter, die Tannen endgültig verschwunden waren, kam die Gewissheit: »Wie schön, dass es diese Unterschiede gibt. Das gilt eigentlich für alles.« Je mehr es dem Süden zuging, desto stärker prägte sich das andere Aussehen der Landschaft ein: die Felsen, die steinernen gelben Häuser, die kleinen Dörfer, die Akazien und andere Bäume, die Landstraßen mit den Platanen. Auf dem Bahnhof von Lyon war, dicht gedrängt, wieder Militär zu sehen. Das hier war nun keltisch-römisches, vor allem römisches Gebiet. Hier hatte man nie Fränkisch gesprochen, so wie in meiner Heimatstadt oder in Reims oder sogar in Paris. Selbst der Himmel war anders. Es war eine romantische Idee, zu denken, dass die französischen Truppen in Algerien, wie einst die römischen, die Republik gegen wilde Eingeborene verteidigten. Wie in den Dreißigerjahren des 19. Jahrhunderts gegen Abd el-Kader, den stolzen Berberfürsten, der mit seinen Stämmen die Franzosen das Fürchten gelehrt hatte, bevor er nach Damaskus vertrieben worden und dort gestorben war. Ja, die Aufständischen des FLN, des Front de Libération Nationale, waren Verteidiger einer ihnen vorenthaltenen Freiheit, wie oft auch die Pariser Regierung wiederholt hatte, Algerien sei »France d'Outre-Mer«. Dass Algerien immer auf dem Stand einer Kolonie gehalten worden war, das wussten alle, die es wissen wollten, nicht nur Camus und Sartre. In Camus' Schilderung Algeriens im Roman *Der Fremde* war der Fels noch felsiger als hier, brannte die Nachmittagssonne noch heißer. Die Beschreibung des Körpers von Maria, der Geliebten des Helden, gehörte mit zum Bild der algerischen Küste. Viel sah man vom Meer in Camus' Roman allerdings nicht, umso mehr von der Stadt, vor allem vom Gefängnis. Aber dann, in dem Augenblick, als der Held den Araber erschießt, sind das Meer und die Sonne wieder ganz nah. Das Meer und die Sonne, nicht der Araber, hatten den Schuss ausgelöst.

Und nun der Putsch in Algerien! Aber nur ruhig Blut, Montpellier war nicht Algier. Es wurde eine unendlich lange Fahrt. Die Gruppe wäre zwar gern etwas länger in Avignon geblieben, aber die Fahrt ging sofort weiter über Arles nach Montpellier. Wie bekannt die Namen dieser Städte waren und wie unbekannt für fast alle von uns die Städte selbst. Sie gehörten zur Landschaft des Languedoc, schon in Richtung der spanischen Grenze. Nicht mehr zur Provence, der Landschaft am Mittelmeer zwischen Monaco und Marseille. Das Languedoc hatte etwas besonders Anziehendes, weil es archaischer wirkte.

Es gab nur ein Thema, als der französische Professor

und einige Studenten uns relativ spät abends auf dem Bahnhof begrüßten. Algier, das konnte man auf der Landkarte erkennen, lag auf demselben Längengrad wie Montpellier, genau gegenüber auf der anderen Seite des Mittelmeeres. Beim Abendessen in einem altmodischen Restaurant wurde dann über alles Mögliche geredet. Zwei französische Studenten waren schon in Heidelberg gewesen, wir brauchten uns nicht umständlich miteinander bekannt zu machen. Man konnte noch einmal ausführlich auf den Armeeputsch zu sprechen kommen. Die Studenten behaupteten, es sei politisch ernst. Man vermutete, die »Paras« – das war der Name für die Fallschirmjäger – planten, in Südfrankreich zu landen und sogar in Paris. Das sei ganz klar die Absicht. Der Großteil der weißen Bewohner Algiers, vor allem die wohlhabenden Siedler, stünde sowieso aufseiten der Aufständischen, möglicherweise auch eine ganze Anzahl von Leuten hier. Auf jeden Fall nicht wenige Studenten der Universität: vor allem Söhne der französischen Landbesitzer in Algerien, der sogenannten »Pieds-noirs«, die in Montpellier Medizin und Technik studierten.

Im Gästezimmer eines größeren Universitätsgebäudes schlief ich gut, obwohl aufgeregt durch die Unterhaltungen und die lange Reise durch ein unbekanntes Land. Der nächste Morgen präsentierte eine neue Spannung. In einem Spind neben dem meinen standen zwei Maschinengewehre. Ja, einige von ihnen hätten solche Waffen, sie wären vorbereitet, sagte der, dem der Spind gehörte. Wenn die Paras tatsächlich kämen, gäbe es an der Universität Bürgerkrieg. Gestern sei einer von ihnen in der Mensa von einem *fils à papa* angeschossen worden. Tatsächlich: Beim Mittagessen in der Mensa waren auf der umlaufenden Empore bewaffnete Polizisten zu sehen, welche die Studenten im Blick hatten. Es war eine nervöse Atmosphäre, ganz anders als in Heidelberg. Dass die meisten der uns freundschaftlich zugewandten französischen Studenten Mitglieder der Kommunistischen Partei waren, erfuhren wir erst hier. Die Mehrheit der geisteswissenschaftlichen Studenten war ohnehin sehr links orientiert. Sie zogen die DDR, die in Westdeutschland häufig »die Zone« genannt wurde, als deutschen Staat der Bundesrepublik vor. Ihre germanistischen Studien waren sehr an ostdeutschen Literaturprogrammen orientiert. Die Bundesrepublik galt vielen als Nachfolgestaat des »Dritten Reiches«. Wenn man eine U-Bahn-Station des Pariser Arbeiterostens »Stalingrad« genannt hatte, dann bedeutete das nicht nur eine Ehrung der in Stalingrad gefallenen sowjetischen Soldaten, sondern zugleich eine eiskalte Adresse an die Bundesrepublik in Anbetracht der hunderttausend dort gefallenen und danach noch umgekommenen deutschen Soldaten. Von den 90 000, die hier in Gefangenschaft geraten waren, kamen nur 6000 nach Deutschland zurück. Der Wertschätzung des ostdeutschen Staates auf französischer Seite entsprach, so war zu erfahren, die Auswahl von Büchern in der deutschen Buchhandlung am Boulevard Montparnasse: ganz überwiegend Produktion aus der DDR. Doch besaß das Engagement der jungen Kommunisten etwas weiß Gott entschieden Kühnes im Gegensatz zur politischen Stille an der Heimatuniversität, auch wenn man ihre Ideologie als Liberaler radikal ablehnte. Es war ihnen mit den Waffen ernst. Die konservativen Söhne aus Algerien waren für sie »Faschisten«.

Für den Nachmittag war eine große Demonstration der »Pieds-noirs«-Studenten für den Erhalt von »Algérie française« angekündigt. Diese Demonstration sollte auf dem Marktplatz von Montpellier stattfinden, dem sogenannten »Œuf«. Dagegen bereiteten sich die neuen Freunde nicht mit Waffen, aber mit Fahnen und Schildern vor. Auf einem Schild an einer langen Stange stand geschrieben: »*Salan au poteau*«, die Aufforderung, den kommandierenden Putschgeneral hinzurichten. Langsam setzten sich die Studenten, zum Teil schon in alter Tradition Arm in Arm verschränkt, in Bewegung. Man hörte von fern die Marseillaise, welche die nationalistische Gegenpartei auf ihrem Marsch sang. Die eigene Partei der Linken – denn dazu gehörte ich nun, in der zweiten Reihe mitgehend – begann, als sie das Zentrum erreichte, ebenfalls die Marseillaise anzustimmen. Ich sang nicht mit, ich konnte den Text ja gar nicht, sondern hörte nur ergriffen zu. Beide Studentenmassen trafen auf dem Marktplatz frontal aufeinander und sangen nun gegeneinander das berühmte Lied der Französischen Revolution mit allen Strophen. Die sich überlagernden Stimmen zeigten sogar einen deutlichen rhythmischen Unterschied zwischen dem konservativen und dem linken Lager: Die Linken sangen die einzelnen Strophen schneller, sie akzentuierten einzelne Strophenteile auch anders. Aber es gab keine körperliche Konfrontation. Reden wurden nicht gehalten. Man hatte sich nicht darauf verständigen können, wer als Erster an der Reihe gewesen wäre. Dadurch machte sich eine Art Ernüchterung breit. Es gab Zurufe von der einen zur anderen Seite, deren Sinn mir nicht verständlich war, aber es fielen wohl obszöne, beleidigende Worte. Viele der hinzugekommenen Einwohner, von denen man nicht genau wusste, auf welcher Seite sie standen, zerstreuten sich wieder.

Im Café hatte einer der Studenten eine neue Alarmnachricht auf Lager: Über den lokalen Rundfunk war gemeldet worden, in Paris sei Militär aus Algier gelandet und die OAS, die rechtsradikale Terrororganisation, habe auf zwei arabische Restaurants Sprengstoffattentate verübt. Der schwarze Kaffee aus den kleinen weißen Tassen und die erstmals ausprobierte Gauloise lösten in mir eine Mischung aus Ruhe und Anspannung aus. Man hätte es auch Ruhe vor dem Sturm nennen können: Dass die Paras an dieser Küste landen würden, das schienen sich einige der Studenten geradezu zu erhoffen. Dann würden die politischen Verhältnisse endlich geklärt werden, woran der sozialistische

Premier, Mendès-France, seinerzeit gehindert worden sei. Die autoritäre Präsidentschaft de Gaulles, die man jetzt zwar unterstützen müsse, sei aber überfällig, und der Machtwechsel werde dann vielleicht nicht ohne Gewalt abgehen. Um dies im Einzelnen zu verstehen, brauchte derjenige, der zu wenig von den französischen Verhältnissen wusste, etwas Unterweisung.

Marie-Claude, die aus Heidelberg mitgefahren war, würde die Richtige dafür sein. Sie stammte aus einer gutbürgerlichen Familie einer kleinen Stadt in der Auvergne in Mittelfrankreich. Nicht groß, lange braune Haare, zart, mit einem nachdenklichen, kritischen Blick im feinen, dunkel getönten Gesicht. Über Politik war bisher nie gesprochen worden. Es war klar, dass sie, obwohl keine Linke, aufseiten der linken Studenten stand. Auch sie war erregt darüber, was sich in Algier abspielte. An Marie-Claude wagte ich die Frage zu richten, die ich den neuen Freunden nicht zumuten wollte: Die aufständischen Militärs müssten gewiss gestoppt werden, aber hatten die Algerienfranzosen, die »Pieds-noirs«, nicht ein gewisses Recht auf ihrer Seite, das Recht auf ihre Heimat? Manche dieser Familien lebten ja schon über hundert Jahre dort. Algier war doch, trotz der Kasbah, eine französische Stadt! War es nicht verständlich, dass der Plan, das Land von Frankreich zu trennen, eine gewaltige Reaktion bei allen nichtarabischen Bewohnern hervorgerufen hatte, kurz nachdem de Gaulle ihnen – im Zentrum von Algier – versichert hatte, am Status des französischen Algeriens würde sich nichts ändern? Marie-Claude verstand und sagte: »Es ist jetzt zu spät für eine andere Lösung.« Der jahrelange Krieg, die Grausamkeiten, barbarische vonseiten der Araber, sadistische vonseiten der Franzosen, hätten das Fass zum Überlaufen gebracht. Selbst wenn man wollte, wäre es nicht mehr möglich, das Land weiter unter französischer Verwaltung zu halten. De Gaulle, der ursprünglich wohl anderes im Sinn gehabt hatte, hätte das inzwischen erkannt, und sein Vorgehen sei nicht mehr rückgängig zu machen. C'est ça!

Das war einleuchtend, jedes Wort. Aber es war nicht erfreulich. Die Unabhängigkeit Algeriens oder, wie es jetzt auch immer wieder hieß, der »Dritten Welt« mochte notwendig sein, wie Fanon es vorgeführt hatte. Aber sollte man das mit einem Gefühl des Triumphes begleiten, wie es bei Sartre nachzulesen war? Sympathie für die kolonisierten Völker war nicht jedermanns Sache, der gesehen hatte, was bei einigen dieser ehemals Kolonisierten geschah. Was die Deutschen in Südwestafrika angestellt hatten, war, abgesehen davon, dass es verbrecherisch gewesen war, auch ein Ausdruck von Inkompetenz gewesen, von mangelnder kolonialer Erfahrung. Das galt ebenso für die Ungeheuerlichkeiten der Belgier im Kongo. Aber die Engländer in Indien und die Franzosen in Algerien? Sie hatten doch in unterschiedlicher Form, jeder auf seine Weise, trotz gewiss arroganten Verhaltens und der ökonomischen Ausnutzung des Kolonialreichs, in ältere Kulturen moderne, zivilisierte Formen gebracht, im Rechtswesen, in der Schule, im Gesundheitsdienst. Sie hatten neue Städte gegründet oder alte Städte modernisiert, begabten Angehörigen etablierter Familien die Universitäten von Paris, Oxford und Cambridge geöffnet.

Gewiss, so hörte sich das an, wenn man selbst mit gebildeten Engländern darüber sprach, wie ich es vor zehn Jahren mit meinem Gastgeber in South Kensington getan hatte. Aber es war 1856 die von den Briten so genannte »Sepoy-Meuterei« ausgebrochen, als indische Soldaten der British East India Company ein Blutbad unter ihren britischen Offizieren, britischen Beamten und deren Frauen und Kindern angerichtet hatten. Der anschließende, ein Jahr dauernde Kampf britischer Truppen mit den Aufständischen endete in bestialischen Bestrafungsaktionen, an denen hohe englische Militärs mit Verve beteiligt waren. Was diese »Meuterei« und »Verrat« nannten, war in Wahrheit eine regelrechte nationale Erhebung gewesen, provoziert nicht bloß dadurch, dass man neuerdings die Patronen mit Schutzhüllen umgab, die mit Schweinefett eingeschmiert waren, also ein religiöses Tabu verletzte. Es hatten sich auch bigotte Christianisierungstendenzen durchgesetzt, ganz gegen die jahrhundertelange Zurückhaltung, ja Achtung vor der indischen Kultur. Mangelnde Rücksichtnahme auf den sozialen Status der stolzen Kaste der Brahmanen innerhalb der Armee war hinzugekommen. Der Aufstand scheiterte an der Organisation und Kampfkraft der numerisch weit unterlegenen Briten und der chaotischen Durchführung des Aufstandes, an dem von den 250000 Sepoy-Soldaten die ganz überwiegende Mehrheit teilgenommen hatte.

Danach änderte sich alles: Nicht mehr die East India Company, sondern die britische Regierung war fortan Herr im Haus, und Königin Victoria nahm, einem romantischen Einfall des Premierministers Disraeli folgend, den Titel »Kaiserin von Indien« an. Die einst eher ausgewogenen, in kultureller Hinsicht sympathetischen Beziehungen wichen einer eisigen Distanz und Verachtung vonseiten der Herrschenden gegenüber den Unterworfenen, die man, vor allem in der Armee, »Nigger« zu nennen begann. Es dauerte weitere politisch angespannte neunzig Jahre, bis Britannien 1947 Indien schließlich in die Unabhängigkeit entließ. Die durch Sikh-Regimenter, das heißt aus einer im Unterschied zu den Hindus monotheistischen nordindischen Sekte stammende Soldaten, gestärkten Truppen waren nach der Meuterei bis zur Unabhängigkeit ein verlässlicher Bestandteil der Armee des britischen »Raj« geworden.

Die französische Armee hatte dagegen den 1954 unter der Führung von Ahmed Ben Bella ausbrechenden algerischen Aufstand nicht unter Kontrolle bringen können. Über 20000 französische Soldaten und 3000 europäische Siedler kamen im Krieg der Fünfzigerjahre um. Die Zahl der algerischen Toten lag wohl mehr als zehnnmal darüber. Algerien war von Paris schon früh als drei Departements der Republik eingeordnet worden, ohne dass ihre algerischen Einwohner das Bürgerrecht bekommen hätten. Sie blieben »Sujets« des französischen Staates, auch wenn man den algerischen Forderungen nach Autonomie 1958 durch ein Gesetz entgegenkam, was den »Putsch d'Alger« und eine Staatskrise auslöste, die de Gaulle abermals als Präsidenten an die Macht brachte. Die Rebellion der Fallschirmjäger unter General Salan war also ein neuer Versuch gewesen, sich gegen die Pariser Politik durchzusetzen.

Es gab in Algier keine Führer vom politischen Format und intellektuellen Niveau eines Gandhi oder Nehru. Und die über 800 000 Europäer stellten immerhin ein Sechstel der Gesamtbevölkerung Algeriens. Die Zahl der Briten in Indien hatte hingegen nie mehr als 90 000 gegenüber 250 Millionen Indern betragen. Auch wenn sie dort ihr Gesellschaftsleben auf britische Weise zelebrierten, so blieb England oder Schottland oder Irland doch ihr angestammtes Land, und ohne diese Rückbindung hätten sie sich in der Fremde völlig vereinsamt gefühlt. Ganz anders die französischen »Pied-noirs«. Algerien war ihnen zur Heimat geworden. Die sie umgebenden Araber nahmen sie lediglich als eine Flut nicht dazugehöriger Wesen wahr, die sie mit Namen aus dem Tierreich belegten. Selbst wenn Camus, alles andere als ein französischer Patriot, in seinem Roman vom namenlosen »Araber« spricht, zeigt sich darin die absolute Distanz zur indigenen Bevölkerung.

Mit dem Abfall Algeriens von Frankreich würde eine ganze Zivilisation in Trümmer fallen. Die Engländer, die nach dem Aufstand der Sepoys und deren blutiger Unterwerfung zwar noch rigider regiert und ohnehin die Inder kälter behandelt, ja verachtet hatten, respektierten doch gewisse traditionelle Sitten. Algerien dagegen, in die französische Republik integriert, blieb eben die Illusion von

»France d'Outre-Mer«. Diese Umstände gingen mir durch den Kopf, und ich fand darin Gründe genug, eine absehbare staatliche Unabhängigkeit Algeriens in Zweifel zu ziehen. Was würde wohl daraus werden? Marie-Claude hörte sich das alles ruhig an und fand, dass es in manchem richtig sei. Aber das Richtige war eben nicht immer das Notwendige.

Beim Nachmittagstreff im altmodischen Café wurde die Nachricht verbreitet, es sei kein Zweifel mehr möglich: Einheiten der aufständischen Truppen seien in Landungsbooten Richtung südfranzösischer Küste unterwegs. Jetzt ginge es los. Keiner schien nervös, besorgt oder ängstlich. Sie würden sich gegen die Studenten aus Algerien bewaffnen müssen. Wenn sich die Paras am nächsten Tag der Stadt nähern sollten – mehr als tausend wären es wohl nicht –, würde man sie bewaffnet erwarten. »Schießen?« – »Ja, natürlich, schießen.« Das sei Bürgerkrieg. Der sei ohnehin fällig. Der schwarze Kaffee und die bittere Gauloise passten dazu. Auch die scharf geschnittenen Gesichter, die schmalen, aber harten Körper. Hier lebte eine andere, intensivere Art von Menschen als in der milden Heimat – derselbe Unterschied wie der zwischen den schwarz-weißen oder braunen Fachwerkhäusern unter Linden und Tannen und den harten Steinhäusern, umgeben von Platanen und Akazien. Auch die Wärme, am Tag manchmal schon Hitze, war eine andere. Viel trockener. Camus' Sätze über die algerische Landschaft am Meer sprachen es aus: ein gemeinsames Meer, das zwei ganz ähnliche Landschaften verbindet. Aber noch etwas anderes faszinierte mich: das Intensive, das in der Luft hing. Im Café, in den Gesichtern. Ich fühlte mich wohl wie lange nicht mehr. Der Doktorvater hatte von dem, was sich da gärend vorbereitete, keinen blassen Schimmer. Sein französischer Kollege wusste wahrscheinlich auch nicht genauer, was einige seiner Studenten vorbereiteten, und hatte mit ihm darüber nicht sprechen können oder wollen. Aber diese Ahnungslosigkeit ging über mangelnde Information hinaus. Was würde auf die Gefährten dieser glücklichen Tage zukommen? Es gab da eine mögliche Weiterung, an die ich noch gar nicht gedacht hatte: Ich hatte noch nie eine Waffe in der Hand gehalten. Ich gehörte ja zu den »Weißen Jahrgängen«. Wenn es morgen Vormittag wirklich losginge, was sollte ich dann tun? Irgendwie erwartete man, dass ich mich einreihen würde gegen die Faschisten. Wie auch immer – ich würde auf jeden Fall mit ihnen gehen.

Am nächsten Morgen war der Ausnahmezustand des Gefühls vorbei. Es würde keine Paras vor Montpellier geben. Der Aufstand schien in sich zusammengebrochen. Ganz sicher war das allerdings noch nicht, denn politisch gab es ja weiterhin keine allgemein anerkannte Lösung, und die französischen Siedler waren noch ebenso an Ort und Stelle wie deren Söhne in Montpellier. Auch der radikale Pariser Untergrund existierte noch. Marie-Claude erzählte mir, am nächsten Morgen werde es ein großes Fest geben. Eine reiche Bürgerin und Patronin der Universität habe die Gäste aus Westdeutschland in ihr Haus und in den großen Garten eingeladen. Man werde auch tanzen. Sei das nicht wunderbar? »Gestern wolltet ihr noch kämpfen, und heute wollt ihr tanzen?« Eine dramatische Erwartung hatte sich in Luft aufgelöst. Obwohl diese Frage völlig unlogisch war, denn man wollte ja feiern, gerade weil man nicht hatte kämpfen müssen, antwortete Marie-Claude mit ihrem stärksten französischen Akzent auf Deutsch: »Ja, wir sind immer sehr schnell«, und fügte ironisch meinen Vornamen an diesen Satz. Der war mir immer kitschig vorgekommen. Meine zwanzigjährige Mutter hatte ihn von meinem Vater erzwungen. Eigentlich hatte ich Karl heißen sollen oder Heinrich, nach dem Onkel oder dem Großvater. Aber der Doppelname war durch eine schmalzige Operette in den Dreißigerjahren populär geworden, in welcher der Held, ein Prinz, diesen Namen getragen hatte. Der Name dieser Operette ist mir entfallen.

Der Garten der Patronin war voller schöner, seltener Blumen. Solange es noch hell war, schien es, als ob die Blumen gerade erst ihre heftigen dunklen Farben angenommen hätten, so stark war der Eindruck. Auch dies ein Ereignis, ein Zeichen sogar! Immer wieder richtete sich mein Blick auf diese dunklen Blumen. Zwei Tage später ging es aus einer fremd gebliebenen Welt zurück. Beim Wiederauftauchen der Fachwerkhäuser und der Tannen befiel mich eine Unruhe, die Angst, in etwas zurückzukehren, das zu normal geworden war.

Dabei hatte mich die Stadt der Phäaken doch so buchstäblich, sinnlich und übersinnlich an sich gezogen: in Gestalt der Frauen, des Weins und meiner Entdeckung des Existenzialismus! Aber ihre wunderbare, sprichwörtliche Hitze hatte nichts von dem, was ich im Languedoc entdeckt hatte: Es war nicht jene Hitze, die man als Intensität hätte wahrnehmen können. Die auch in Heidelberg anwesenden französischen Studenten, ihre Stimmen in der Mensa und in den Lokalen, gaben der hier barocken, dort fachwerklichen Stadt wohl etwas von ihrem eigenen nationalen Ausdruck bei. Doch änderte das nichts an der lauernden Trägheit, in der von archaischer Tiefe nichts zu spüren war. Auch die barocke Form der Brücke, ihres Tores und die ockerfarbenen besseren Häuser gefielen mir nun nicht mehr, ganz zu schweigen von der literarisch berühmt gewordenen über der Stadt lagernden Burg, der die Franzosen vor dreihundert Jahren ihren dräuenden Ausdruck verliehen hatten.

Alle Formen und Farben wurden mir zu Zeichen, dass sich hier nie mehr etwas ändern würde. Was hätte sich auch ändern sollen? Ich wusste es nicht. Aber allein schon die Ahnungslosigkeit des Doktorvaters hinsichtlich der französischen Fallschirmjäger aus Algier, seine nachträgliche Bonhomie und Gut-Gelauntheit, als ob nichts gewesen wäre, sagten mir, dass etwas Entscheidendes nicht stimmte. Nicht nur bei ihm nicht, sondern an unserem Studium, wahrscheinlich im ganzen Land. Ich ging jetzt nicht mehr in die Wirtschaft von Handschuhsheim, und die Abende mit den Freunden und viel Rotwein bedrückten mich. Auch sie wurden mir zu Deklarationen, es gebe nichts Neues mehr auf Erden, in der hier vorherrschenden Gewissheit, alles sei immer schon bekannt und dasselbe gewesen. Die Universität strömte eine Zufriedenheit aus, die zähflüssig an einem haften blieb. Das aber war unangemessen angesichts des nicht enden wollenden Immergleichen: zum Beispiel in Gestalt der Regierung, inklusive ihrer rhetorisch begabten Mitglieder (zugleich früheren Mitgliedern der nationalsozialistischen Partei), ihrem lächelnden Zurechtkommen mit den neuen politischen Karrieren. Die Studenten in Montpellier hatten einen zentralen Punkt getroffen, wenn sie der Bundesrepublik als einem nur oberflächlich gereinigten Nachfolgestaat des »Dritten Reiches« misstrauten. Das dämmerte mir als ein erheblicher Reflexionsvorsprung, wie immer verdächtig mir sonst auch ihre politischen Ideale, namentlich der Marxismus, weiterhin vorkamen.

Entscheidend für mein Unwohlsein war aber nicht diese oder jene konkrete politische Ansicht, sondern der atmosphärische Unterschied zwischen hier und dort. Wie anders war die Atmosphäre in Montpellier gewesen! Ja, es war das ganz Fremde dort, was ich hier vermisste.

Natürlich hatten die Dramatik, das Ungeheuerliche an diesem Putschversuch gegen die Republik eine rein politische Bedeutung sowohl für die französische Kolonialherrschaft als auch für die französische Innenpolitik. Es war damit etwas in Bewegung gesetzt, das eine diskursiv-begriffliche Benennung und Deutung der Ereignisse nahelegte. Vor allem auch in einem historischen Seminar. Vielleicht würde das bei meinem Rigorosum zur Sprache kommen.

Aber es war kein seminaristisches Interesse gewesen, das mich während der Woche in Montpellier umgetrieben hatte. Was ich gehört und gesehen hatte, wurde mir vielmehr zur Bestätigung meiner inzwischen fortgeschrittenen geistigen Entfernung vom akademisch-terminologischen Denken und Sprechen. Es gab tatsächlich Dinge, die gingen über jede Erklärbarkeit hinaus, weil ihre Tatsächlichkeit einen so intensiv überfiel. Und von dieser Tatsächlichkeit konnte man nicht abstrahieren.

Das fing damit an, dass das Ganze sich im Süden Frankreichs abgespielt hatte, direkt gegenüber der algerischen Küste. Allein schon die Natur des Landes, die Farbe seines Himmels und die Gestalt seiner Bäume hatten mich ja in den Zustand einer Tagträumerei versetzt. Es war abgesehen von meinem kurzen Aufenthalt in England vor zehn Jahren und dem längeren Aufenthalt in Schweden drei Jahre zuvor die erste Fahrt in eine ausländische Stadt und ihre Landschaft gewesen, und ich ahnte nun, was sich mir noch alles entdecken würde und gleichzeitig doch verborgen bliebe. Schon den Wechsel aus dem nördlichen Göttingen ins südliche Heidelberg hatte ich seinerzeit als einen Schock empfunden, den ich nur als sinnliche Differenz hatte benennen können. Montpellier war ein noch größerer Sprung in das unbekannte Terrain gewesen, zu dem mir die Welt wurde beziehungsweise als das ich mir die Welt vorstellen wollte. Wie vielversprechend wäre das, wenn ich weiterhin auf die Erscheinung fremd bleibender Dinge setzen könnte!

3

Der tote Esel am Strand

Aus der Revolution war nichts geworden, der Freund hatte ohne Grund gewarnt. Viele revolutionär Bewegte hatten das nicht gemerkt. Umso notwendiger war es geworden, jetzt, im Benjamin'schen Sinne, nicht aufzugeben und sich seine Version des Lebens – nicht der Geschichte – zu eigen zu machen. Soziale und ökonomische Veränderungen – was sollten sie schon bringen? Benjamin hatte anderes im Sinn gehabt: dass immer etwas passieren könnte. Vor zehn Jahren in Montpellier hatte ich genau das erlebt. Und jetzt geschah es eben erneut. Es war nicht Benjamins eschatologische Geschichtsphilosophie, die mir garantierte, dass etwas passieren würde, wohl aber sein Dezisionismus. Während der Unterhaltung mit dem Philosophen über den Surrealismus war mir das deutlich geworden.

Bevor ich den Benjamin'schen Dezisionismus wirklich benannt hatte, traf aus heiterem Himmel ein Brief ein. Ich war gerade mit einem Aufsatz über Susan Sontag beschäftigt, einer amerikanischen Intellektuellen, die vor Kurzem Aufsehen erregt hatte, als meine Sekretärin mir ein Einschreiben auf den Tisch legte, dessen Absender nicht zu entziffern war. Ich schrieb den Absatz über Susan Sontag zu Ende. Es ging dabei um Katastrophenphantasien – ein Thema, das ich mit der amerikanischen Intellektuellen teilte, besonders im Hinblick auf Peter Weiss. Bei der gleichaltrigen New Yorkerin also eine Fragestellung wie die meine zu entdecken war mir eine Freude, die aber nicht ausgekostet werden konnte. Besagten Brief öffnend, sah ich den Namen des Absenders links oben auf dem Papier in einer altmodisch gehaltenen Schrift – und erstarrte: Carl Schmitt. Sein Name war zu diesem Zeitpunkt besonders skandalös: Die Thesen des präfaschistischen Intellektuellen, der den Führerstaat beglaubigt hatte und ein übler Antisemit gewesen war, gehörten inzwischen in den Giftschrank jedes Denkens. Alles, was mein Vater nach dem Krieg über wissenschaftlich brillante Professoren aus Deutschland gesagt hatte, war in abstoßender Weise mit diesem Namen benannt. Möglicherweise handelte es sich um einen Protest gegen irgendetwas, das ich geschrieben hatte.

Doch das Gegenteil war der Fall: Carl Schmitts Brief enthielt nur drei Sätze. Der erste Satz war ein Satz aus *Die gefährdete Phantasie*, darunter ein Satz aus einem seiner eigenen früheren Bücher. Beide Sätze enthielten das Motiv der »Ausnahme«, des »Ernstfalls«, die wiederum etwas zu tun hatten mit Benjamins »Augenblick der Gefahr«, was mir sofort auffiel, im Brief aber nicht erwähnt wurde. Unter diesen beiden Zitaten stand ein weiterer Satz von ihm: Der junge Mann werde es weit bringen, wenn er so weitermache. Das war alles. Ein Kompliment von Carl Schmitt! Ich hatte gehört, Jürgen Habermas habe sich rigide über Reinhart Kosellecks Schrift *Kritik und Krise* geäußert, weil sie im Geiste Carl Schmitts geschrieben sei. Das sollte das Vernichtendste sein, was man sagen konnte. Obwohl ich Kosellecks zehn Jahre zuvor erschienenes Buch nicht gelesen hatte, mir also kein eigenes Urteil bilden konnte, genügte der Eindruck, dass Schmitt in den progressiven Kreisen für das Böse schlechthin stand. Und nun dessen Kompliment! Aber es war nicht nur ein Kompliment. Nein, es war ein eindeutiger, symbolischer Ritterschlag mit der Mission, seine Gedanken fortzusetzen. Vernichtend! Den Brief zu zerreißen war der erste Impuls. Kein Mensch durfte davon erfahren. Alle, die mir Übles wollten, den Rezensenten aus dem sozialdemokratischen Regionalblatt und den revolutionären Freund, würde das in ihrem Verdacht bestätigen.

Adornos beifälliger Brief von vor zwei Jahren wäre damit ausgelöscht. Am liebsten hätte ich das Zimmer gar nicht mehr verlassen. An ein Weiterschreiben der Rezension war jedenfalls nicht zu denken. Ich steckte den Brief in den Umschlag zurück und legte ihn fürs Erste zwischen die Papiere in meiner Schreibtischschublade, an die kein Mensch gehen würde. Nach Hause wollte ich ihn nicht mitnehmen. Allein schon seine Existenz beunruhigte mich. Es dauerte einige Tage, bis Schmitts Interesse an meinem für ihn offenbar so wichtigen Buch – es war ja nur eine Aufsatzsammlung von 105 Seiten – mich nicht weiter bedrückte und ich mich fragen konnte, was denn Fatales an den Motiven und am Thema des Buches dran sein könnte: Es ging doch um die Eigenständigkeit der literarischen Phantasie gegenüber der Realität! Die Alltagsphantasien dem planen Alltag methodisch zu entziehen, auf etwas aus zu sein, das jenseits des Alltags liegt, was war daran verwerflich?

Die jähen Augenblicke von Bretons *Nadja* eigneten sich dazu, Carl Schmitts Gleichsetzung unserer Sätze zu widerlegen. Insbesondere eine Sentenz aus *Nadja* kam dafür infrage: dass es in der Wirklichkeit Phänomene gebe, die etwas Zeichenhaftes an sich hätten, ohne dass man das Zeichen selbst benennen könne. Im *Ersten Surrealistischen Manifest* hatte Breton außerdem geschrieben, es gebe Ideen oder Menschen, die einen fesselten, ohne dass man wüsste, warum. Daraus konnte man das Argument ableiten, die Wahrnehmung, »dass« etwas geschehe, sei auch möglich, ohne das »Was« zu kennen. Die Suche nach dem diskontinuierlichen Ereignis in der Kontinuität des Absehbaren fand in Bretons Sätzen ihren ersten sicheren Grund. Dass die Begriffslogik der deutschen Philosophen dies abtat, war vorauszusehen gewesen. Das Wort »Begriffslogik« allein sprach schon gegen ihre Denkmethode, besonders wenn es um Kunst ging.

Surrealistisches Denken oder Denken über den Surrealismus hatte zur Folge, dass eine weiter gehende Lektüre der Texte von Marx auch jetzt unterblieb. So ließ ich sein kapitales Hauptwerk ungelesen. Nicht weil es, wie schon einiges Herumlesen darin mir anzuzeigen schien, in der Tat sehr schwierig war, sondern weil, wie ich kurzerhand befand, die Analyse ökonomischer Probleme der Einsicht in den Surrealismus nichts hinzugefügt hätte. Und wenn schon die Überbau-Unterbau-Doktrin wirklich doktrinär klang, gab es sowieso keine Notwendigkeit, den Unterbau, eben die Ökonomie, genauer zu kennen. Und was war an den *Pariser Manuskripten* dran, die jetzt, nachdem die Revolution begraben schien, in den Mittelpunkt rückten? An der Entfremdungstheorie konnte ich nichts anthropologisch oder gesellschaftstheoretisch Überzeugendes finden. Der Mensch war immer schon entfremdet, wenn man seine mühsame Existenz mit einem fiktiven idealen Apriori verglich. Deshalb lag auch Jean-Jacques Rousseau so schief.

Ich befasste mich also nicht weiter mit Marx, obwohl er mir in jeder Beziehung, besonders aber aufgrund seines Temperaments und seines sinnliches Denkens, sympathisch geworden war, nachdem mich meine enthusiastische Heine-Lektüre auf ihn hingewiesen und ich deshalb Artikel des jungen Marx für die *Rheinische Zeitung* gelesen hatte. Seine Invektiven gegen den verschwommenen Idealismus der Liberalen im Parlament der preußischen Rheinprovinz gefielen mir damals ungemein – so seine Behauptung, dass diese gar »keine reale Beziehung« zu dem hätten, was sie verteidigen wollten: nämlich die »Freiheit«: »Nur Hirn, kein Herz!« Dazu passte, dass Feuerbachs Kritik der idealistischen Philosophie für sein Denken so entscheidend wurde, was ich mit intuitivem Beifall zur Kenntnis nahm. Marx' spätere Kritik an Feuerbach ließ ich zunächst auf sich beruhen. Seine Schrift *Der XVIII. Brumaire des Louis Bonaparte* jedoch war mir als das Nonplusultra politischer Publizistik erschienen, in stilistischer Hinsicht sogar als ein journalistisches Vorbild, selbst wenn man es absehbar niemals erreichen würde. Aber einstweilen war es mit Marx angesichts der aus allen gedanklichen Löchern triefenden marxistischen Lehre für mich vorbei. Irgendwann müsste ich das Kapitel über die Analyse der Organisation industrieller Arbeit und seinen Begriff des Eigentums nachholend in mich aufnehmen. Doch hatte ich wahrscheinlich, und zu Recht, Angst davor, mich dem jetzt schon zu nähern. Marx' sogenannte materialistische Sicht der Dinge, die mir im Grunde ja gefiel, würde die Priorität, die ich der Phantasie in meinem Alltag einräumte, infrage stellen. Auch Heine hatte das bekanntlich so empfunden.

Mit diesem Verzicht darauf, utopistische Theorie-Lektüre nachzuholen, schwand zugleich die Absicht, Habermas' Text über Walter Benjamin und den Surrealismus nachzulesen, was zuvor noch als dringlich erschienen war. Das Interesse an diesem bemerkenswerten Mann sollte nicht aufs Spiel gesetzt werden, indem ich dessen System-Sprache, die schon nach einer Seite irgendwie bedrückend wurde, eine Wirkung auf mich entfalten ließe. Warum diese Verweigerung? Wissenschaft war doch immer systematisch! Oder? Es hing von der Materie ab.

Es bestand ein eklatanter Widerspruch zwischen dieser Systematik und der Spontaneität, dem Witz, der Unmittelbarkeit in den Unterhaltungen mit Habermas. Oder war das ein Missverständnis? In den Pointen seiner Argumentation lag doch das gleiche Temperament verborgen, das seiner Art zu reden ihre Attraktivität gab. Dass der Konsequenz seines Denkens das ästhetische Phänomen verschlossen blieb, ja kategorisch entgegenstand, war nicht kleinzuschreiben. Viel mehr noch: Es war dies ein gewaltiges Defizit, das aus der Begriffslogik kam. Carl Schmitts Brief hatte eine weiter reichende Konsequenz gehabt als die, den surrealistischen Augenblick als eine Form des Dezisionismus zu bestimmen. Nicht nur Peter Handkes und Thomas Bernhards ambitionierter Stil forderte eine theoretische Begründung von Urteilen über die Literatur seit 1970 heraus. Die meisten jungen Schriftsteller schrieben einen nicht in der realistischen Tradition erzählenden, sondern einen mit der Sprache experimentierenden Stil. Alain Robbe-Grillets und Nathalie Sarrautes französischer *Nouveau Roman* hatte das schon vor zehn, fünfzehn Jahren vorweggenommen. Seit der Lektüre von Robbe-Grillets *Jalousie oder die Eifersucht* wusste man – ohne diesen Roman für das Ei des Kolumbus zu halten –, dass eine herkömmliche Art zu erzählen überholt war. André Breton hatte bereits in den Zwanzigerjahren geschrieben, ein Roman könne nicht mehr mit dem Satz »Um fünf Uhr ging die Marquise aus« beginnen. Ohne ein Avantgardeprogramm ins Feld führen zu müssen – mein Lieblingsautor Robert Musil war nicht Avantgarde und dennoch das Modernste, was man sich denken konnte –, war von der neuen Literatur eine Schreibweise zu erwarten, die erkenntnisfördernd wäre. Nicht über die Welt, sondern über uns. Von den älteren noch lebenden Autoren waren Lars Gustafsson und Peter Weiss diejenigen, deren Sprache diesbezüglich besonders relevant erschien. Der sklavische Gehorsam gegenüber einem formalen Programm, vor allem gegenüber dem alten Innovationsprinzip, würde an sein Ende kommen oder war schon an sein Ende gekommen.

Die Debatte über die soziale Funktion der Literatur hatte sich totgelaufen. Das Innovationsprinzip hatte diese Lücke gefüllt. Aber es wiederholte sich. Ein Denkfehler. Die rein formale Überbietung konnte es nicht mehr sein, sie war überholt. Expressionismus und Dadaismus, Joyce und andere Ausdrucksrevolutionen hatten das längst schon zustande gebracht.

Also Erkenntnisgewinn. Darauf hatte man aus zu sein. Doch wenn das nicht die Darstellung von neuen Ideen sein sollte, was dann? Musil hatte den Verfallsprozess von Ideen so erklärt: »Das bewirkt oft eine einzige Idee. Aber nach einer Weile wird sie allen anderen Ideen, die du schon gehabt hast, ähnlich, sie ordnet sich ihnen unter, sie wird ein Teil deiner Anschauung und deines Charakters, deiner Grundsätze und Stimmungen, sie hat die Flügel verloren und eine geheimnislose Festigkeit angenommen.« Literatur kann also primär nichts mit Inhalten zu tun haben, so wichtig sie sein mögen. Ein Teil der zurzeit geschriebenen Literatur würde noch immer unter dieses Verdikt fallen. Namen könnte man nennen, aber das verführte einen selbst zum Missverständnis, hier würden Geschmacksurteile verlangt. Also keine Namen, nur das Prinzip, dass der Erkenntnisgewinn einer neuen Avantgarde in ihrem Stil liege. Ein Name war dennoch erneut zu nennen: Thomas Bernhard. Bevor man seine obsessive Thematik heraushörte, war man schon besetzt von der Gewalt seiner Satzbildungen. Es hätte nahegelegen, bei seinen Besuchen etwas zum buchstäblich Finsteren des Gehalts zu sagen. Aber das lag verschüttet in seinen Sätzen. Nichts zu sagen war eine Art taktvolles Benehmen gegenüber dem Geheimnis dieser Sätze. Literaturwissenschaftliche Publikationen sagten zum ästhetischen Werturteil sowieso nichts aus. Besonders deutschsprachige Wissenschaftler blieben an inhaltlichen Beschreibungen der älteren Literatur hängen, vor allem bei geistesgeschichtlichen und historischen Ableitungen der Dichtung. Sie boten nichts weiter als Ideenreferate. Alarmierend war, dass niemand das zu bemerken schien. Bei den russischen Formalisten und beim amerikanischen *New Criticism* waren dagegen Begriffe zu finden, mit denen man hätte weiterkommen können. Aber nicht als Literaturkritiker, sondern in theoretischer Hinsicht.

Als das Germanistische Institut einen Lehrauftrag für Literaturkritik anbot, wurde mir klar, dass das kein Prestige verschaffender Nebenjob zum *Literaturblatt* werden würde, sondern der Anfang einer Rückkehr an die Universität. Ansonsten wäre mir die Anstrengung, jeden Donnerstag um vier Uhr für zwei Stunden mit Studenten über Literatur und deren Theorie zu reden, zu viel gewesen. Das hatte nur dann Sinn, wenn es den Gedanken an eine Habilitation der Realisierung näher brächte. War mit einem Mal die Distanz zur Universität verloren? War die journalistische Karriere falsch gewesen? Nein! Das gerade wäre ein Fehlurteil. Ohne die literaturkritische Praxis wäre nie der Gedanke aufgekommen, über neue Kriterien der Literatur nachzudenken. Für mich war es eine weiterentwickelte Form, die Anschauung gegen die Begriffe zu richten, mit der ich schon in Heidelberg einen Anfang gemacht hatte. Das Universitätsstudium befähigte nicht dazu. Begriffe sind im Denken über Kunst nur zu akzeptieren, wenn sie auf Wahrnehmung beruhen. Theoretisches Interesse ist aus der Unmittelbarkeit zu gewinnen. Theoretische Spekulation wird nicht deshalb faszinierend, weil die Theorie selbst so interessant wäre. Vielmehr verhält es sich umgekehrt: Es geht um eine dem wissenschaftlichen Denken fremde Lust, in der Theorie, im Begrifflichen, im Spekulieren das praktische Sprechen zu verlassen und eine besondere Form der Phantasie zu entwickeln. Auf diese Weise wendet man nicht nur die literarische Phantasie gegen Realitätszumutungen, sondern entdeckt die Phantasie als innere Quelle der Theorie. Die Hilflosigkeit, die in den einschlägigen Publikationen zum ästhetischen Grund der Literatur zum Himmel schrie, musste vor allem deshalb beantwortet werden, weil diese Hilflosigkeit sich fortsetzte in haltlosen Identifikationen der Literatur selbst. Vor zehn Jahren hatte ich die unbekannten Frauen gegen dieses Defizit an Sinnlichem entdeckt, jetzt wurde es die Theorie selbst, die ich in eine sinnliche verwandeln wollte. Die politische Universität der letzten Jahre hatte die Sinnlichkeit mit der sogenannten sozialen Funktion der Literatur ausgetrieben. Der Akademiker vom Typ des kalten Gastes am Tisch des Lektors hatte gar nicht anders gekonnt, als das Wort »Funktion« permanent in den Mund zu nehmen und darauf herumzukauen.

War also doch ein Erkenntnisinteresse involviert? Wenn dem so war, dann doch ein sehr spezifisches. Denn was dachte ich, wenn ich nicht über Literatur nachdachte? Dann stiegen wieder die Vorstellungen auf, den Alltag mit Ereignissen zu bevölkern. Denn wenn ich das nicht tat oder wenn die Umstände das vereitelten, sackte der Alltag in die Langeweile ab. Das Banale jedes Augenblicks war nicht mehr zu unterdrücken, vor allem wenn Menschen so sprachen, wie sie gemeinhin sprechen. Also war das ganze theoretische Interesse nichts anderes als ein Mittel, das Banale zu vergessen, es zu übertünchen. Es war nur ein Ausweg, um unter banalen Bedingungen doch phantasievoll leben zu können.

Genau zu diesem Zeitpunkt, 1970, passierte etwas Gefährliches, das nicht dadurch akzeptabel wurde, dass es den Alltag interessant machte. In der linksradikalen, ehemals sozialistischen Studentenzeitschrift *konkret* erschien ein Artikel des Herausgebers, der den Herausgeber des *Literaturblatts* der verhassten und bewunderten Zeitung in unmittelbaren Zusammenhang mit der zur Terrorbande mutierten Baader-Meinhof-Clique brachte. Die Zeile »Dahinter steckt immer ein kluger Kopf« sollte ironisch die Behauptung vorbereiten, der *Literaturblatt*-Chef sei ein regionaler Helfer der inzwischen wegen Mordes gesuchten Gruppe. Ein Redaktionsmitglied der Zeitschrift, Ingrid, hatte vorgewarnt und geraten, einen Rechtsanwalt einzuschalten, der das Erscheinen der Ausgabe verhindern sollte. Mit Ingrid hatte es, einige Jahre nachdem ich Heidelberg verlassen hatte, eine so kurze wie heftige Affäre gegeben, dass ich sie für den Amour fou meines Lebens hielt. Dass Ingrid, die aus Thüringen in die BRD gekommen war, nach wie vor marxistischen Vorstellungen anhing, hatte nichts an unserem innigen Verhältnis geändert. Aber selbst als es nach einem Dreivierteljahr zu Ende war, trafen wir uns immer wieder, noch Jahre danach. Ingrid kündigte die Beziehung erst dann endgültig auf, nachdem ich ihr eine mystische Liebesgeschichte aus der Pariser *Décadence*-Zeit geschickt hatte, die sie einfach nur reaktionär fand. Sie verstand das wohl auch als eine Aufforderung zur Nachahmung. Ich war todunglücklich über das Ende nach dem Ende. Merkwürdig, dass ich immer nur mit Frauen zu tun hatte, die politisch andere Ansichten hatten als ich.

Für den Rechtsanwalt war es jedenfalls zu spät. Warum der Herausgeber von *konkret*, der schon vor der Baader-Befreiung verlassene Ehemann von Ulrike Meinhof und Vater ihrer zwei gemeinsamen Töchter, sich zu diesem Pamphlet entschlossen hatte, war nicht ganz klar. Es verfolgte die nachvollziehbare Strategie, zwischen der anarchistischen Clique und der marxistischen Linken zu unterscheiden. Und wenn jemand, der als Gegner der marxistischen Idee ausgewiesen war, der Clique zugeschlagen werden konnte, umso besser! Zu Ulrike und Klaus Röhl hatte sich indes seit einigen Jahren trotz politischer Distanz eine engere Beziehung entwickelt. An Klaus waren der zynische Witz und die kalte Begabung für das Praktische zu respektieren. Mit Ulrike war sogar eine wenn auch distanzierte Freundschaft entstanden. Es gab Leute, die meinten, wir hätten etwas miteinander oder hätten zumindest etwas miteinander gehabt. Möglicherweise dachte das auch Klaus, nachdem sich seine zur Terroristin gewordene Frau von ihm getrennt hatte. Warum ich mit Ulrike über die Jahre hinweg immer wieder lange Gespräche geführt habe, ist schwer zu erklären. Denn eigentlich war mir ihr heftiges soziales, moralisch-protestantisch verankertes Engagement von Grund auf befremdlich. Vermutlich war eine uns beiden gemeinsame intellektuelle Neugierde der Antrieb, Fragen zu stellen, wobei die Antwort zu keiner Zeit bereits unterwegs war. Unsere Gespräche hatten auf Partys begonnen, die seit Mitte der Sechzigerjahre überall in den großen Städten in einem einschlägig intellektuellen Milieu stattfanden. Solche Partys unterschieden sich von den akademischen Salzstangenabenden durch ausschweifende Tänze und erotisch animierende Musik. Es gab Ehefrauen, die in dieser Hinsicht einladend auf mich wirkten und wie für ein Abenteuer aufgemacht waren. Der Lieblingssong dieser Kreise war das schmalzige »Michelle« der Beatles. Deren Songs galten als enorm avanciert, und deutsche Fassungen ihrer Texte waren in Röhls *konkret* erschienen. Ein literarisch begabter, origineller junger Autor hatte sich ihrer angenommen. Die Tatsache, dass die Beatles im Hamburger *Star-Club* ihre ersten Songs vorgetragen hatten, hatte sie dort geradezu eingebürgert.

An einem dieser Abende hatte sich der Gastgeber, ein im Land gerühmter Lyriker, mit einem seiner weiblichen Gäste im Schlafzimmer eingeschlossen, während seine Frau ungeachtet der Anwesenden mit den Fäusten gegen die verschlossene Tür trommelte. So etwas geschah eben in einer Zeit, als die ersten Fotografien aus Andy Warhols New Yorker Factory wie Fundstücke von einem noch unbekannten Stern in westdeutschen Zeitungen auftauchten und in besonderen Kinos amerikanische Undergroundfilme liefen, in denen Morde zu sehen waren, die angeblich tatsächlich stattgefunden hatten, oder schaurige sexuelle Praktiken. Der deutsche Experimentalfilmer Hellmuth Costard machte mit einem sprechenden Penis Effekt und Skandal. Schon eher elegant die Filmbilder eines nackt auf einem Bett hingelagerten jungen Mannes, dessen prächtiger Hoden und unerigierter, aber mächtiger Schwanz eine Stunde lang von der Kamera beobachtet wurden, während unmerklich, Minute für Minute, blutrot die Sonne unterging. Der Tonfall der männlichen Partybesucher, durchweg mit linken Ansichten paradierend, war etwas angeberisch, begriffsgeschwollen, intellektuell parfümiert. Eigentlich waren sie fast alle langweilig. Ihre Beredtheit und ihre absehbaren Ideen passten zusammen.

Die Paare tanzten, indem sie sich eng umfassten. Seitdem die Heidelberger Studentinnen vergessen waren und die Suche nach erotischen Gesichtern in den Vordergrund trat, deren Inbegriff Ingrid wurde, war diese Art des tänzerischen Körperkontakts bei mir nicht mehr angesagt. So kam das Gespräch mit Ulrike in Gang, die wie ich nur selten tanzte. Ulrike war im eigentlichen Sinn nicht erotisch attraktiv, aber dennoch weiblich anziehend. Vor allem strahlte sie geistige Autorität aus, was ihr, verbunden mit der Weichheit ihres Gesichtes, einen interessanten Ausdruck verlieh. Der Ernst, der in allem lag, was sie sagte, übertraf das, was man gewöhnlich unter Ernst verstand. Ein solcher Ernst verband sich häufig mit der Langweiligkeit nachdrücklicher Vorträge. Nicht aber bei Ulrike. Es verhielt sich nicht so, dass sie Überraschendes gesagt hätte, es war vielmehr die Art, wie sie es sagte. Im Unterschied zu den ernsten Reden der anderen wurde bei ihr etwas angedeutet, das lebenswichtig schien und für das sie alles zu unternehmen unbedingt bereit war. Das, was sie für so notwendig hielt, lag zwar ganz außerhalb meiner eigenen Vorstellungen, aber ich wurde gefangengenommen von dieser Ausdrücklichkeit. Wie hier ein Denken zur Person wurde. Sie wusste, dass ich gewissermaßen asozial begabt war. Sie merkte aber auch, dass ich ihr wirklich zuhörte. Als sei ihr das wichtiger denn jede Übereinstimmung. Wer so zuhörte, hatte etwas von ihr verstanden. Sie war interessiert an Begründungen. Auch meine Begründung literarischer Urteile interessierte sie, und sie fragte mich darüber aus. Einer Sache auf den Grund zu gehen, das war es, was sie anzog. Als ob sie die Absicht verfolgte, meinen analytischen Literaturinstinkt anzuwenden auf die politische Situation, die sie umtrieb. Gleichzeitig vermied ich es, ihr meinen Abscheu gegenüber marxistischer Erziehung zum Kollektiv zu erklären. Ich hatte den Eindruck, dass das gar nicht nötig war. Wir mochten uns sofort. Röhl und Ulrike luden mich im Spätsommer 1966 ein, eine Woche mit ihnen am Strand von Kampen zu verbringen. Das war kurz bevor ich in der Redaktion der *Frankfurter Allgemeinen Zeitung* zu arbeiten begann. Auch am Strand verwickelte mich Ulrike in komplizierte Frage-und-Antwort-Abfolgen, worüber Röhl Witze riss: Da hätten sich ja zwei gefunden, die es wissen wollten, obwohl die Sache eigentlich klar sei. Mit Sache meinte er den Sieg der Arbeiterklasse. Ulrike war von Röhls Reden, wie ich es empfand, abgestoßen, zumal er seine pragmatischen Sprüche mit dem Satz krönte, wir sollten besser viele Muscheln essen, das sei gut für den Sex. Es blieb offen, ob er sich damit selbst wieder ins Spiel bringen wollte oder ob das als zynische Empfehlung für Ulrike und mich gedacht war. Es entsprach jedenfalls dem damals in Kampen bevorzugten Stil des leichten Lebens und des leichten Redens. Man konnte es aber auch als Röhls Empfehlung materialistischer statt bürgerlicher Existenz verstehen. Röhl hatte was: die knallharte Art, auf den Punkt zu kommen. Argumentieren wie Ulrike lag ihm nicht. Er zitierte ironisch kommunistische Slogans wie Bibelstrophen – und meinte es todernst. Als ich herausfand, dass die DDR seine Zeitschrift *konkret* finanzierte, verstand ich seine Selbstsicherheit hinsichtlich der sozialistischen Zukunft. An meinen Ansichten über den Kommunismus nahm er keinen Anstoß. Ich war halt ein spätbürgerlicher Intellektueller, außerdem bald Redakteur dieser berühmten Zeitung. Das reichte ihm. Möglicherweise war also auch gekränkte Sympathie der Grund dafür, dass er mich jetzt in *konkret* als Baader-Meinhof-Helfer ausgestellt hatte.

Beim letzten Treffen in meiner Wohnung – Jahre nach jenem Tanzabend und wenige Tage bevor sie beim Unternehmen, Baader aus dem Gefängnis zu befreien, endgültig in die Illegalität verschwand – sprach sie abermals in einer unklaren Weise über die Veränderung, die notwendig wäre. Sie hatte mich in der Zeitung angerufen, ob sie zu mir nach Hause kommen könne. Barbara und die Kinder waren nicht da, also konnte sie kommen. Als sie durch die Tür trat, wirkte sie erschöpft. Schon ihre ersten Sätze klangen so heftig. Sie musste sich etwas von der Seele reden. Baader und Ensslin erwähnte sie nicht. Wieder suchte sie nach etwas, nach einer klaren Charakterisierung dessen, was aus ihrer Sicht jetzt politisch notwendig war. Sie war zu jener Zeit in Zusammenarbeit mit dem pädagogischen Seminar der Universität Frankfurt als Betreuerin von Waisenkindern beschäftigt. Ulrike hatte meinen alten Göttinger Freund Klaus Mollenhauer kennengelernt, der gerade den pädagogischen Lehrstuhl in Frankfurt übernommen hatte. Ulrike hatte sein 1968 erschienenes Buch *Erziehung und Emanzipation* gelesen, wie sie ohnehin aufs Theoretische konzentriert blieb. Jetzt ging es ihr jedoch um eine Aktion. Die sogenannte Heimkampagne – die das Schicksal der Waisenkinder zu politischer Propaganda nutzte – war nun nicht mehr angesagt. Zöglinge aus Heimen waren auch in Klaus' Wohnung untergebracht worden. Dazu äußerte sich Ulrike kritisch. Zwischen Mollenhauer und Gudrun Ensslin, ebenfalls häufig bei ihm zu Gast, war es inzwischen zum Zerwürfnis gekommen. War es schäbig, kein Interesse für die soziale Situation dieser Heimkinder zu haben? Es war dies nicht moralisch verwerflich, fand ich, es fehlte mir nur das entsprechende Organ. Doch mischte sich in mein schlechtes Gewissen die Erkenntnis, dass die arbeitenden Massen ein entscheidendes Thema seien und dass ich mich diesem Thema immer entzogen hatte. Als Zehnjähriger hatte ich einmal, in aller Frühe, aus dem Eisenbahnfenster gesehen, wie in den Badezimmern, an denen wir vorbeifuhren, sich Männer zur selben Zeit rasierten. Ich fand das deprimierend und dachte nur: Niemals einen Beruf ergreifen wie alle anderen und mit ihnen zur selben Zeit aufstehen! Daraus aber war kein soziales Gewissen entstanden, sondern die Erfindung der Phantasie. Vielleicht war dieser Zug zum Asozialen der Grund dafür, dass Klaus Mollenhauer sich bei den wenigen Treffen nach so vielen Jahren reserviert verhielt, so jedenfalls mein Eindruck. Und nun Ulrike. Warum redete sie überhaupt hier in dieser Wohnung mit mir? Nur aufgrund der langen Freundschaft und weil sie unglücklich war? Sie wolle, sagte sie, mit diesen Reformen nichts mehr zu tun haben. Aber was wollte sie dann?

Natürlich progressive Erziehung! Eine pädagogische Ambition überall in der Gesellschaft! Deshalb der erhebliche, wachsende Einfluss der pädagogischen Hochschulen und der neue Status ihrer Lehrer als Professoren. Aber Ulrike war der Theorie und der ihr gehorchenden Praxis müde. Mit leicht schlechtem Gewissen hörte ich ihr zu, wie sie mit stärker werdender Erregung weitersprach und dabei immer neue Zigaretten halb aufgeraucht auf dem Holzboden ausdrückte. In der Verfassung, in der sie sich befand, war es besser, sie nicht zu fragen, was denn für eine revolutionäre Kraft aus solch einem als utopisch zu charakterisierenden Handeln entstehen könnte. Also nur zuhören und denken, wie man so obenhin sagt: Ulrike geht über die Wupper. Sie wollte mich dabei mitnehmen, indem sie mir zuredete, endlich die soziale Frage zu begreifen. Wie konnte sie auf die Idee verfallen, ausgerechnet ich könne bei der Kindererziehung oder bei einem anderen zukünftigen politischen Unternehmen eine Rolle spielen? Wir trennten uns spät in der Nacht. Vielleicht ein Treffen in der nächsten Woche. Daraus wurde nichts mehr. Sie blieb in der nächsten Woche verschwunden; auch telefonisch war sie nicht zu erreichen.

Röhl hatte in seinem Artikel behauptet, ich würde der Bande Geld verschaffen. Erst später kam heraus, dass meine Frau, während ich in der Redaktion saß, einige Freunde von Ulrike und Gudrun Ensslin zu Hause bewirtet hatte, ohne mir davon zu erzählen. Sie hatte sich auch ohne mein Wissen an einer Geldsammlung beteiligt, die von Linksintellektuellen für den Prozess gegen Baader und Ensslin wegen der Brandstiftung in einem Kaufhaus organisiert worden war. Geld für diesen Prozess war deshalb tatsächlich auf meinem Konto gelandet, das ich fast nie kontrollierte. Meine Frau war mit typisch linken Ehefrauen aus dem Professorenmilieu befreundet. Sie trat mit ihnen auf dem Goetheplatz auf und machte Reklame für die feministische Bewegung. Ihre Miniröcke hätten nicht kürzer sein können. Das war der eigentliche Grund dafür, dass mich der liebenswürdige Herausgeber des Feuilletons – immer auf dem Gang, um das Beiläufige der Ermahnung zu betonen – bekümmert ansprach: »Muss das sein, dass die Frau unseres Literaturchefs in solch einer Aufmachung in der Öffentlichkeit auftritt?« Aber das war alles schon einige Zeit her, und die damals nur wegen Sachbeschädigung und möglicher Körperverletzung Angeklagten waren jetzt landesweit gesuchte Kriminelle. Und Ulrike war unter ihnen. Am Morgen als der Artikel erschien, galt es, früh in die Redaktion zu fahren, weil zu erwarten war, dass die Herausgeber mich zu sehen wünschten. So war es. Punkt 10.30 Uhr kam Fräulein Petry, die junge, sehr intelligente zweite Sekretärin des *Literaturblatts*, die zu allem ihre eigene Meinung hatte, und teilte mir mit, die Herausgeber warteten im sechsten Stock. Da saßen sie wieder, in einschüchternder Haltung, Schulter an Schulter, am langen Tisch. In der Mitte der souveräne alte Herausgeber Welter. Er schob das neue Exemplar der Zeitschrift *konkret* angeekelt mit dem Handrücken von sich weg, blickte mich an und fragte in seinem offizierskasinoartig kurzangebundenen Ton: »Nun, was ist dran?« Mehr nicht. Mit Geistesgegenwart gewappnet, reagierte ich noch kürzer: »Nichts.« Diese Antwort war zwar falsch, aber das wusste ich in diesem Moment noch nicht. Daraufhin drehte der alte Herausgeber den Kopf einmal nach rechts und einmal

142

nach links und meinte herausfordernd: »Das wäre es dann, meine Herren.« Seine aufbegehrenden, mit dem Ausgang der Befragung unzufriedenen Kollegen schlugen vor, die Zeitschrift zu verklagen. »Das wollen die doch nur«, so die Antwort von Welter, und bei dieser Entscheidung blieb es.

Ausgerechnet am selben Nachmittag fand auch mein Seminar statt. Diesmal war der Hörsaal, in dem sonst etwa zwanzig Studenten saßen, bis zum letzten Platz gefüllt. Dieser Hörsaal mit aufsteigenden Sitzreihen machte den Eindruck eines Tribunals. Einer der Studenten, der die Rolle eines Untersuchungsrichters einnahm, erhob sich und stellte dieselbe Frage wie der Herausgeber Welter: Was ist da dran? Zuvor war ich beim Eintreten mit nachdrücklichem Klopfen auf die Pulte empfangen worden. Das war auch sonst üblich. Aber heute steckte mehr dahinter. Die Mehrheit war natürlich aggressiv links eingestellt. Sollte also die Behauptung von *konkret*, ich hätte etwas mit Baader-Meinhof zu tun, solch ein besonderes Anerkennungssignal zur Folge haben? Oder war es nur ein Zeichen der Sympathie in einer für mich delikaten Situation?

Der Student, der die Frage gestellt hatte, stand in Revoluzzerkluft da, in schwarzer Lederjacke und rotem Halstuch, die langen Haare zum Zopf geflochten. Meine Antwort hatte knapp zu sein. Der Artikel enthalte eine Unterstellung, sagte ich. Das war möglichst ohne jeden defensiven Akzent zu erklären. Nur noch der kühle Hinweis auf meine einschlägigen Aufsätze gegen die marxistische Bewegung. Damit war jeder Verdacht, den anwesenden Radikalen entgegenkommen zu wollen, ausgeschlossen. Der Anführer ließ sich sodann noch über meine zwiespältige Rolle zwischen liberaler Intellektualität und Funktionsträgerschaft in einer reaktionären Zeitung aus. Die sich daraufhin anbahnende Diskussion brach ich ab und verwies auf den Grund unseres Zusammenkommens: »Expliquer les textes!« Tatsächlich setzte ich mich damit durch.

Merkwürdigerweise hatte der Zwischenfall mit der *konkret*-Veröffentlichung, der ja dramatischer hätte ausgehen können, zur Folge, dass sich die Frage nach der ästhetischen Wertung, nach ihren Begründungskategorien, noch genauer und drängender stellte. Daraus hatte sich inzwischen nicht mehr nur eine akademische, sondern eine existenzielle, ja eine politische Herausforderung ergeben. Es war die verspätete Konsequenz der Kritik an der Germanistik, an den Motiven des Doktorvaters, an der geistesgeschichtlichen Frömmigkeit. Der Gedanke, die Surrealismus-Studie so anzulegen, dass sich daraus eine Arbeit mit Habilitationsabsicht an einer germanistischen Fakultät entwickeln ließe, lag nahe. Ein politisch provozierender Einfall kam mir zu Hilfe: Zufälligerweise las ich Ernst Jüngers Aphorismen *Das abenteuerliche Herz*. Der Herausgeber der Zeitschrift *Merkur* hatte angefragt, ob ich aus Anlass eines runden Geburtstages etwas über Jünger schreiben wolle. Da ich Jünger nicht gut kannte und seine berühmten Weltkriegsbücher literarisch nicht mehr interessant genug fand, lehnte ich zuerst ab. Aber nach der Lektüre von *Das abenteuerliche Herz* ging mir blitzartig ein Zusammenhang auf: Der Stil des Buches, den Jünger selbst »magischen Realismus« nannte, berührte sich mit einigen surrealistischen Kern- und Signalwörtern. Diese Wörter hießen: »Wunder«, »Gefahr«, »Schrecken«. Das wichtigste Wort aber war »plötzlich«.

Da Jünger mit Sicherheit den literarischen Surrealismus zum Zeitpunkt der Niederschrift seines Textes nicht kannte – Aragons *Le paysan de Paris* war drei Jahre, Bretons *Nadja* ein Jahr vor Jüngers 1929 publizierter erster Fassung des Buchs erschienen –, waren die Übereinstimmungen der ein neues, alarmiertes Bewusstsein signalisierenden Metaphern umso interessanter. Die Vorfreude, meinen Aufsatz bald veröffentlicht zu sehen, währte nur kurz. Er war dem Herausgeber nicht geburtstagsfestlich genug, vielleicht auch zu kritisch, weil Jüngers magischer Realismus gegenüber dem

Pariser Surrealismus den Kürzeren zog. Das konnte der Herausgeber, der ansonsten tat, was ihm passte, dem mit Ernst Jünger befreundeten Verleger nicht antun. Vermutlich gefiel ihm gleichzeitig aber auch die Engführung des Phantastischen in Jüngers magischem Realismus und Aragons/Bretons Surrealismus nicht. Die Ablehnung des Textes war allerdings nicht wirklich enttäuschend, denn ich hatte ein großes Thema gefunden. Mein Thema.

Dem Phantastischen, sei es in Form des magischen Realismus, sei es in Form des Surrealismus, war ein Moment der Aggression eigen. Der kulturkritische Impuls der surrealistischen Bilder wurde damit aktuell, auch unabhängig von Walter Benjamin. Lebten wir nicht seit einiger Zeit wieder in einer Epoche des Risikos? Dass mit der ins Wasser gefallenen Revolution eine Art Friedhofsstille über das Land fallen könnte, beunruhigte mich. Gewiss, Literatur war nicht Wirklichkeit. Darum ging ja alles. Aber die Literatur perspektivierte die Wirklichkeit. Warum Aragons *Le paysan de Paris*, Bretons *Nadja* und Jüngers *Das abenteuerliche Herz* Geschichte geschrieben hatten, schien mir bisher nicht richtig begriffen, nicht einmal wahrgenommen worden zu sein. Dass sie abermals unsere Epoche beeinflussen würden, wurde mein innigster Wunsch. Jüngers öffentliches Ansehen war bei den einflussreichen Kulturinstitutionen, also den besseren Zeitungen und literarischen Fakultäten der Universitäten, gerade zu diesem Zeitpunkt mehr oder weniger auf einem Nullpunkt angelangt. Er wurde nur noch unter dem Etikett »Präfaschismus« abgehandelt, ähnlich wie Carl Schmitt und manchmal sogar Martin Heidegger. Carl Schmitt wurde aber von der Linken als Theoretiker gerade wiederentdeckt. Einerseits erkannte man seine Beziehung zu Walter Benjamins dezisionistischer Terminologie, andererseits – und das wurde sehr viel wichtiger – rezipierte man seine *Theorie des Partisanen*. Sie wurde für die Diskussion der Revolution in der »Dritten Welt« bei ihren intellektuellen Befürwortern zur Pflichtlektüre, ähnlich wie Clause-witz' Werk über den Krieg für alle Militärhistoriker. Ernst Jünger konnte mit solch einem neuen intellektuellen Inte-resse nicht rechnen. Im Gegenteil: Sein Ruf wurde als end-gültig ruiniert angesehen. Es galt nun, die verbreitete An-sicht über Jünger – sie stützte sich durchweg auf sein 1920 erschienenes Kriegstagebuch *In Stahlgewittern* und auf den politischen Traktat *Der Arbeiter* von 1932 – nicht zu beachten und entlang der surrealistischen Perspektive et-was völlig Neues über ihn zu schreiben. Dabei würden die beiden Fassungen von *Das abenteuerliche Herz* im Mittel-punkt stehen. Das könnte nicht auf ein versöhnliches Ende hinauslaufen, etwa indem sein sogenannter heroischer Ni-hilismus oder sein ironisches Verhältnis zur bürgerlichen Demokratie unterschlagen würden. Das geplante Buch soll-te stattdessen zeigen, dass die zu entdeckende surrealisti-sche Phantasie von politischen Meinungen nicht beschädigt werden könne.

Die Unterscheidung ging sogar über den Fall Jünger hinaus. Durch den Lehrauftrag erfuhr ich, was sich inzwi-schen an den Universitäten abspielte, also nicht nur in Frank-furt, sondern überall im Land. Im Hinblick auf das, was ich als ideologische Verfälschung des Kunstbegriffs verstand, drängte sich mir die Vorstellung auf, die Erforschung Jün-gers und des Surrealismus unter einen besonders provozie-renden Titel zu stellen. Die beiden Begriffe »Ästhetik« und »Schrecken« schlugen bei mir ein: Der Schrecken gehörte zum Augenblick sowohl der surrealistischen als auch der Jünger'schen Wahrnehmung. Und das Wort »Ästhetik« be-wahrte den Augenblick vor psychologischer oder zeithis-torischer Banalisierung. Würde man den Titel *Ästhetik des Schreckens* wählen, dann hätte man eine prominente klare Aussage: Der »Schrecken« ist nicht politisch, nicht psycho-logisch, nicht historisch gemeint. Er ist eine Erscheinungs-form des Ästhetischen. Der Titel hatte außerdem den Vor-

teil, den wichtigsten Begriff der Kunst- und Literaturgeschichte seit dem 18. Jahrhundert in sich einzuschließen:
das Erhabene.

Inzwischen, ein Jahr später, war die Berichterstattung
der Zeitung über die Studentenunruhen, die Universitäts-
reform, den Abbau der Humboldt'schen Universität von
einem politischen Redakteur übernommen worden. Möglicherweise wirkte der *konkret*-Artikel doch nach. Der alte
Herausgeber hatte zwar souverän jede weitere Debatte darüber abgebrochen, aber beim Hinausgehen aus dem Verneh-
mungszimmer in seiner Manier unter vier Augen gesagt:
»Immerhin, unser Literaturchef ist also ein enger Freund
einer Terroristin. Chapeau bas.« Das Unleugbare war mit
Ruhe und einem Lächeln zu quittieren. Die Zeitung war
nach der ersten Serie von Baader-Meinhof-Zwischenfällen
und -Attentaten sowie einer Phase der Unsicherheit zu ihrer
antiliberalen Linie zurückgekehrt. Nunmehr wurden Anhänger der linken Intelligenzija zur Zielscheibe. Das, was
der *konkret*-Artikel als kriminelles Delikt behauptet hatte,
wurde selbst angesichts harmloserer Erscheinungsformen
als »Sympathisieren« diesem und jenem angelastet. Sogar
der Philosoph, der inzwischen im Süden des Landes Direktor eines Max-Planck-Instituts geworden war und eine Zeit
lang nicht mehr an der Universität unterrichtet hatte, sowie
die ganze sozialphilosophische Fakultät der Frankfurter
Universität wurden von der Zeitung als eine einzige geistige Quelle des Terrors angeprangert. Der besondere Blitz
der konservativen Reaktion traf den im Grunde unpolitischen Volksschriftsteller Heinrich Böll, der gegen die Zeitungen des Springer-Verlages das Wort erhob, gegen die,
wie er sagte, faschistischen Verleumdungen, mit denen diese Medien jeden belegten, der das Phänomen der Baader-
Meinhof-Gruppe auch nur zu erklären versuchte oder ihnen ein politisches Motiv zuerkennen wollte. Ob es sich
bei dem verlorenen Haufen um reine Kriminelle handelte

oder nicht – schon eine Verständnis für die Gruppe signalisierende Stellungnahme entschied darüber, ob man zum Sympathisanten erklärt wurde. Wenn das Buch über den Surrealismus diesen unmittelbar mit dem Wort »Terror« verknüpfte, dann konnte das allerdings nicht als Reverenz gegenüber Baader-Meinhof verstanden werden: Als der ursprüngliche Aufsatz 1969 vor dem Buch veröffentlicht wurde, ahnte noch niemand, was sich in den nächsten Jahren abspielen würde.

Der Titel *Surrealismus und Terror* suggerierte eine Stimmung, welche die Annahme störte, alles sei letzten Endes wieder normal. Das war etwas Neues gegenüber den aggressiven Erinnerungen an die Verbrechen des »Dritten Reiches«, die seit dem Auschwitz-Prozess nun häufiger zu lesen waren. Auch die Aktionen der Baader-Meinhofs begründeten sich so. Einerseits als Anklage gegen die Ausbeutung und Unterdrückung der ehemaligen Kolonialländer, andererseits aber gerade auch als Anklage gegen die letzte deutsche Generation. Einige aus der Gruppe hatten schon, bevor sie in den Untergrund gingen, mit dem Finger auf die in das faschistische Regime verwickelten Minister und Industriellen gezeigt. Über diese Verwicklungen wusste man Bescheid, wenn man es wissen wollte. Aber die Baader-Meinhof-Leute hatten ihre Finger auf besonders aggressive Weise in die Wunde gelegt. Wie viele der ehemaligen Nazis noch immer eine Rolle in Politik, Justiz und Universität spielten und wie schwer ihre Verbrechen gewesen waren, das wurde weithin noch immer totgeschwiegen. Daran hatte der Auschwitz-Prozess nichts geändert. Im Gegenteil: Das Bild des dumpfen, primitiven Täters hatte sich vor die Tatsache geschoben, dass eine zahllose Reihe von Mitgliedern der Mittelschichten und der Oberschicht an den nationalsozialistischen Verbrechen beteiligt gewesen war. Hierin war sich die ganze Protestbewegung einig. Insofern gab es in ihr tatsächlich ein gewisses Verständnis für Baader-

Meinhof, bei manchen sogar eine ausgesprochene Sympathie. Es waren Gerüchte in Umlauf, wer wann und wo Mitglieder der Gruppe beherbergt hätte. An einem Abend erhielt ich einen Anruf, und die unbekannte Stimme am anderen Ende der Leitung sagte nur, ohne ihren Namen zu nennen: »Hier spricht die gefährdete Phantasie.« Es war unmöglich, aus dieser Anspielung irgendwie auf den Titel des Buches zu schließen. Wahrscheinlich handelte es sich bei dem Anrufer um jemanden, der auf einer Party zu viel getrunken hatte und sich einen Spaß erlaubte. Es charakterisierte aber ein der vorherrschenden Stimmung geschuldetes Bedürfnis, die bürgerliche Ruhe der sich gemütlich einrichtenden Republik zu stören, ohne dass es etwas kostete.

Meine eigene Frage ließ mich nicht los: Was bedeutete es eigentlich, das Wort »Terror« gleich hinter das Wort »Surrealismus« zu setzen und damit weder eine terroristische Tendenz des Surrealismus zu suggerieren noch den aktuellen Terror für surrealistisch zu erklären? Die Antwort darauf war der noch nicht zu Ende gedachte Gedanke, beides, den Surrealismus und den Terror, zu einem Akt der Phantasie zu erhöhen. Wichtig war mir, dass der Gedanke des überraschenden Ereignisses immer mehr die Oberhand beim Verständnis des richtigen Lebens gewonnen hatte. Es galt, die nostalgische Idee, die Langeweile, die Normalität durch Phantasien von anarchischen Erscheinungen zu unterlaufen. Die Baader-Meinhof-Leute belebten diese Erwartung, selbst wenn die Gruppe inzwischen als kriminelle »Bande« angesehen wurde. Von ihnen als der »Schwarzen Rose« zu sprechen war eine kitschig-geschmacklose Assoziation, die der Bande etwas von der Aura der gegen Hitler engagierten und dann hingerichteten Münchner Studenten zu geben versuchte. War es Zufall, dass man in diesen Tagen häufig das eindringliche Chanson der amerikanischen Sängerin Joan Baez hörte, in dem sie zwei italienischen Anarchisten huldigte, die 1927 hingerichtet worden waren? »Here's to you,

Nicola and Bart / Rest forever in our hearts / The last and final moment of yours / That agony is your triumph.« Die Sängerin wiederholte diese Strophe dreimal, bevor diese sich zu einem erhabenen Chor steigerte. Auch die italoamerikanischen Anarchisten Sacco und Vanzetti hatten rein kriminelle Taten begangen.

Diese Stimmung wehte auch durch Enzensbergers Buch *Der kurze Sommer der Anarchie* von 1972, in dem die Geschichte des baskischen Anarchistenführers Durruti erzählt wird. Terror und Romantik gingen hier scheinbar als historische Reflexe ineinander über, aber es ging dem Autor natürlich um ein Zeitsignal. Dieses »Es war einmal« – könnte es sich nicht in ein Jetzt verwandeln? Es war ja nicht nur Literatur, sondern ein Zeitdokument. *Der kurze Sommer der Anarchie* verdichtete sich zu einer utopischen Mentalität, die von konkreten Möglichkeiten abstrahierte, je mehr deutlich wurde, dass eine Revolution sich nicht ereignen würde. In Martin Walsers Roman *Die Gallistl'sche Krankheit* wird die Hoffnung, dass irgendetwas passiert, und sei es im Fernsehen, mit der grauenhaften Möglichkeit, dass nichts passiert, ins Groteske verschoben. Thomas Bernhard beschrieb zur gleichen Zeit das hoffnungslos gewordene Chaos, die negative Idylle, das Schauermärchen, die regressive Utopie. Bernhards Stilisierung eines Zustands führte aber nicht zu einer reaktionären Welt, sondern hatte ebenfalls einen utopischen Effekt. Wenn man die unmittelbar poetische Hoffnung verschwinden sieht, dann tritt die anthropologisch begründete Hoffnung an deren Stelle. Dieses Moment gab es auch in *Der kurze Sommer der Anarchie*. Zwar hatte Enzensberger nachdrücklich festgestellt, man mache nicht zweimal dieselbe Revolution. Gleichwohl war, Durrutis Geschichte als Heldenlied noch einmal zu erzählen, gleichbedeutend mit einer rückwärtsgewandten Utopie: der Utopie vom Neuen Menschen, der schönen Herausforderung durch die Subjektivität. Durrutis Drama als ewige Verheißung einer Möglichkeit. Enzensbergers Konzentration – so konnte man das sehen – auf etwas »Unerhörtes« wollte doch wohl darauf hinaus, dass einmal – und sei es nur für einen Sommer – sich die Utopie in Wirklichkeit verwandelt hatte. Und das implizierte: Es war vielleicht wiederholbar. Umso mehr, als Enzensberger nicht davon abließ, an den spanischen Anarchisten als den einzig unmanipulierten Revolutionär in Europa zu erinnern. Den marxistischen Vorwurf, der Anarchismus sei ein Mythos des vorigen Jahrhunderts, lehnte Enzensberger ab. Sein Utopieversuch funktionierte nach Art der romantischen Ironie: Er erkannte in dem historisch scheinbar überholten Typus des Anarchisten den verloren gegangenen Menschen und erhob diesen Typus gleichzeitig zur wahrhaften Verkörperung einer unzerstörbaren Hoffnung – und damit die historische Vergangenheit zu einer idealtypischen Verpflichtung. Die Anarchisten waren die Indianer, und Durruti war Tecumseh. Obwohl der lesende Knabe sehr wohl weiß, dass beide keine Chance haben, feiert er ihre Siege wie die Vorwegnahme des endgültigen, des letzten Sieges. Indem Enzensberger die Idee des spanischen Anarchismus von der faktischen Politik trennte und zeitgenössische Bezüge ausdrücklich verneinte, verlieh er ihm gerade dadurch Potenzialität: Anarchismus als permanente Sehnsucht nach der Erfüllung des bisher Unerfüllten.

Zwischen den surrealistischen Entdeckungen und den heimlichen Utopieentwürfen von Enzensberger und Bernhard bestand ein Zusammenhang. Deshalb stand das Wort »Terror« zu Recht neben dem Wort »Surrealismus«. Roger Caillois' Satz »Das Phantastische offenbart einen Skandal«, den ich mir notiert hatte, war in dieser Hinsicht aufschlussreich. Der Skandal bestand darin, dass das Phantastische eine die Ratio und Realität beunruhigende Qualität enthält, sofern man es nicht einfach als reaktionäre Absage an die Behauptung nimmt, dass alles Unbekannte sich immer auf

Bekanntes zurückführen lasse. In Lars Gustafssons 1970 erschienenem Essayband *Utopien* findet sich das schlagendste Argument für die Begründung des Utopisch-Phantastischen jenseits von politischen Projekten und ideologisch motivierten Hoffnungen, ja unabhängig überhaupt von Inhaltsreferenzen. Das Fiktive selbst, heißt es dort, enthalte das unabweisbar Phantastische, wenn man Utopien nicht als teleologische Konstruktionen begreife, sondern als Alarmzeichen dafür, dass etwas Neues bevorstehe: jetzt. In Robbe-Grillets dem Titel nach vielversprechendem neuen Buch *Projekt für eine Revolution in New York* zeigte sich dagegen nur das lackierte Abziehbildchen des Terrors, ein Comic-Strip. Es ironisierte das Terrormotiv modischer Medien, mehr nicht. Diese scheinbar avancierte Ironisierung aller anarchistischen Hoffnungen langweilte und enttäuschte mich.

In jenen Jahren zwischen 1970 und 1974 trafen sich während der letzten Epoche von Francos Diktatur manchmal Intellektuelle, Künstler und Journalisten in der Madrider Wohnung meines Freundes Walter Haubrich, des namhaftesten politischen Auslandskorrespondenten in Spanien, der für die *FAZ* schrieb. Das Besondere an jenen Abenden war, dass sie in einer Stadt stattfanden, die den größten Charme und die stärkste Lebenslust einer Stadt irgendeines westeuropäischen Landes besaß und gleichzeitig wegen der Geheimpolizei die höchste Wachsamkeit erforderte. Nirgendwo in Europa gab es nach Mitternacht so viel Ausgelassenheit in den Restaurants und den kleinen Cafés. Das war keine Fassade, es war das Leben, das die meisten genossen. Aber die, die politisch auf dem Laufenden waren – und das waren alle Gäste in Walters Wohnung –, waren sich dessen bewusst, dass in den Gefängnissen des Regimes zu dieser Stunde gefoltert wurde. Man sprach also meist über Politik. Es fanden sich dort nicht eigentlich Politiker ein, sondern Angehörige kultureller Berufe in einschlägigen

Institutionen. Man traf auf einen Jesuitenpater, eine junge, sehr begabte Schauspielerin aus der Truppe des Regisseurs Saura und eine Reihe von Schriftstellern. Manchmal legte Walter eine Schallplatte mit Liedern von Ernst Busch auf, einem zu dieser Zeit in Ost-Berlin lebenden Kommunisten, der in den dreißiger Jahren den Internationalen Brigaden angehört hatte. Seine Lieder waren längst berühmt, aber einige der Anwesenden hörten sie hier zum ersten Mal. Die altmodische, zum Teil kitschige Rhetorik sowohl der heroischen Texte als auch der romantischen Melodien wurde von niemandem moniert. Das lag auch daran, dass manche von ihnen den Brecht'schen Balladenton nachzuahmen schienen. Keiner hatte den Eindruck, man habe es hier mit sogenanntem marxistischen Liedgut zu tun, das man manchmal im Radio von jenseits der Grenze hören konnte oder das quasidokumentarisch im eigenen Rundfunk rezitiert wurde. Es waren berühmte Lieder darunter, und sie erinnerten an die Überzeugungen der Spanien-Kämpfer und ihrer Heldentaten, die sich mit ganz bestimmten Orten verbanden: »In dem Tal dort am Rio Jarama / Schlugen wir unsere blutigste Schlacht.«

Wirklich eindrucksvoll wurde es aber erst, wenn die Lieder auf Spanisch gesungen wurden. Nicht nur deshalb, weil man die Worte nicht verstand, sondern weil der emphatische Klang dann nicht mehr ironisch aufgefasst werden konnte. Der Bürgerkrieg lag nun knapp vierzig Jahre zurück, der 36. Jahrestag der sogenannten Nationalen Erhebung war kürzlich erst begangen worden. Man räumte der Idee, dass man sich beim Applaus für die Lieder womöglich mit der von Moskau damals gelenkten radikalen Linken solidarisiert hatte, keinen Raum ein. Damals war die moralisch-politische Entscheidung selbst für Liberale klar gewesen. Dass es nicht bloß die Legion Condor gegeben hatte, die für ihre Bombardierung Guernicas berüchtigt wurde, sondern dass aufseiten der Linken größere Kontingente deutscher Brigadisten in die Kämpfe eingegriffen hatten, darüber wurde geredet, ohne damit das Prestige des ostdeutschen Staates aufzuwerten. Das wäre in Frankreich wahrscheinlich anders gewesen. Eine nostalgische Stimmung, die Erinnerung an den Anarchismus, war gegenwärtig. Es war so, als habe Ernst Busch nicht von Verlierern, sondern von Siegern gesungen, ja als könne man den Sieg Francos zwar nicht rückgängig machen, aber ihn moralisch-politisch für illusorisch erklären.

Etwas Phantastisches lag über Madrid. Oder war es etwas Theatralisches? Seine Straßen, seine Geschäfte, seine Bars, seine barocken Fassaden wirkten trotz ihrer Eleganz archaisch. Selbst die Sprache, die in der goldenen Epoche der südamerikanischen Eroberungen endgültig zu ihrem stolzen Ausdruck gefunden hatte, gewann für mich dieses Archaische. Höhepunkt des Archaischen aber war der Anblick der Arena mit den schwarzen Stieren. Ich hatte meinen ersten Stierkampf in Segovia gesehen. Der Name der Stadt nordwestlich von Madrid gab dem Anblick der Stiere sogar ein politisches Moment: das Zusammenbrechen der schon blutenden Tiere unter dem Degenstoß in den Nacken. Es war diese Stadt, in der Hemingways Roman *Wem die Stunde schlägt* spielt, in dem Kommunisten gefangen genommene Franco-Anhänger einen Felsen hinunterstoßen. Eine moralisch abstoßende Handlung. Auch wenn Hemingway mit den Kommunisten sympathisierte, unterwarf er an dieser Stelle das Geschehen dem Pragmatismus und fokussierte es auf das unbarmherzige gegenseitige Töten. Es ging dabei aber nicht um eine Relativierung der politischen Gegensätze, etwa ihrer jeweiligen moralischen Ansprüche. Es ging um die Priorität des Ereignisses als solchen, das in seiner Nacktheit gezeigt wurde. Das Ereignis selbst, nicht eine ihm auferlegte Bedeutung, formte auch meinen Blick auf den Stierkampf. Die Eleganz des Toreros, sein tänzerisches Auftreten mit einer enormen Bereitschaft zum Risiko, verschlug einem den Atem. Das Tier nur Zentimeter an sich vorbeigleiten zu lassen – eigentlich war es ein Vorbeistürmen –, das sah nach einer minutiös geübten Aktion aus. Würden sie es für Geld wagen, sich den Leib aufreißen zu lassen? Wie hoch das Risiko sei, fragte ich meinen spanischen Begleiter. Der zuckte nur mit den Schultern.

Die wahre Faszination stellte sich im Augenblick der letzten Konfrontation ein: die Fixierung des schwarzen Kolosses, der den Blick des Toreros zu erwidern schien, dessen Angriff mit dementsprechend gehaltener Klinge, der Stoß durch den Nacken ins Herz und dann der langsame Zusammenbruch, das Einknicken der Beine, bevor der ungeheure Körper zur Seite sackte. Die Blutlache im Sand. Der Augenblick des Todes. Der Tod des Stieres war der Tod schlechthin. Benommen stand ich auf, noch gefangen in der gerade gesehenen Szene. Auch der Tod des Stieres war archaisch, denn der Tod war etwas Uraltes – nur hatte man ihn fast vergessen. Ähnlich wie die Tragödie in dieser Epoche der sozialen Errungenschaften schien der Tod überholt. Jedenfalls hatte man keine Symbole mehr für ihn. Hier in der Arena tauchten sie jedoch auf.

Nach dem Kampf kehrten wir zu einer besonderen Hammelmahlzeit in einem dafür bekannten Restaurant ein. Im Schaufenster lagen riesige, noch blutige Schweinsköpfe, offensichtlich das wichtigste alternative Angebot zum Hammel. Das konnte man sich nicht ohne innere Abwehr anschauen, obwohl es in seiner Monstrosität den Blick anzog. Hammel ist nicht Lamm. Es schmeckte jedenfalls phantastisch. Der scharfe Nachgeruch machte es noch – wie soll man es nennen? – schmackhafter. Vielleicht nicht nur schmackhaft, sondern eher ungewöhnlich – es hatte auch etwas von Uringeruch an sich. Das Gericht bekam für den Ausländer etwas Exotisch-Dramatisches, selbst die weißen Bohnen und das graue Brot mit fester Kruste. Und dann der milde, gelbliche Weißwein, um die Erregung zu dämpfen. Der Gedanke an eine Kritik am Stierkampf lag mir fern. Die Frage kam gar nicht auf. Nicht hier, nicht in diesem Restaurant, nicht mit diesem Begleiter. Walter hatte von Diskussionen über die Abschaffung des Stierkampfs erzählt, wobei die Kritiker behaupteten, der Stierkampf sei eine von den Francisten geförderte Veranstaltung. Vielleicht war das so. Auch der Sport war in Spanien vom Bürgerkrieg geprägt: Real Madrid galt noch dreißig Jahre nach dem Zweiten Weltkrieg als francistisch, Atlético Madrid als sozialistisch. Immer noch herrschte Franco. Das war ja sowieso das entscheidende Faktum. Aber das Bewusstsein, dass Franco und seine Leute noch immer die Macht hatten, war nicht jederzeit wach. Doch jetzt war es wieder da. Insofern bekam der Tod des Stieres über das Archaische hinaus etwas noch Bedrohlicheres.

Das Hammelessen und die Schweinsköpfe hatten die Erinnerung an den Stierkampf also nicht verdrängt, sondern seine Bilder vertieft und ambivalent gemacht. Mein Vater, der als junger Mann in Madrid gelebt hatte, hatte manchmal vom Stierkampf erzählt. Er war kein Aficionado gewesen, aber auch kein entschlossener Gegner. Bei der Kontroverse um den Stierkampf ging es jedenfalls nicht nur um den Vorwurf der Tierquälerei, sondern auch um die soziale Ausnutzung junger Spanier aus proletarischem oder ländlichem Milieu, die aus Armut einen lebensgefährlichen Beruf ausüben mussten. Walter erzählte, die häufigste Todesursache bei Stierkämpfern sei lange Zeit nicht das Horn des Stieres gewesen, sondern die rapide Abkühlung der Stierkämpfer. Diese seien nach dem Kampf auf Lastwagen zum Ort ihres nächsten Auftritts gefahren worden, wobei sie sich, immer noch überhitzt, oft erkältet hätten. Bronchitis und Lungenentzündung seien bei ihnen also eine Art Berufskrankheit gewesen, und daran wären sie oft gestorben. So ließ sich auch das Denkmal des Penicillin-Erfinders vor der Arena in Madrid erklären.

Zurück in Madrid, gab es kein langes Verweilen. Mein Appetit auf das Spanische an Spanien war geweckt. Das erste Ziel war Salamanca, die Universität, an der Unamuno gelehrt und wo er während des Ersten Weltkrieges das Buch *Das tragische Lebensgefühl* geschrieben hatte, dessen Übersetzung mir in einem Kölner Antiquariat in die Hände gefallen war. Aber ich traf die Entscheidung für den Süden. Ein Freund meiner Mutter besaß eine Art größere Hütte, abgelegen am Meer zwischen Alicante und der Küste von Murcia. Er hielt sich zurzeit dort auf, stand kurz vor der Abreise und lud mich per Telefon ein, allein in seiner Hütte zu hausen, wenn ich ein Verlangen nach dem Meer hätte. Mit dem Zug fuhr ich zuerst von Madrid nach Aranjuez. Auf einem Platz vor dem Garten des Königsschlosses ein Gasthaus. In dessen Schatten bestellte ich Wein und Huhn. Wenn einem alles fremd vorkommen soll – und das war ja, was ich wollte –, verliert selbst das Normale seine Normalität. Der Name »Aranjuez« erinnerte mich an etwas Poetisches: an Schillers wunderbaren ersten Satz im *Don Carlos*: »Die schönen Tage von Aranjuez sind nun zu Ende.« Warum hatte mich dieser Satz so berührt? Weil, in der Vergangenheitsform, die Rede ist von etwas Schönem, von der Gewissheit, dass wir immer unter der Bedingung des Vergehens von etwas leben. Das mir unbekannte spanische Wort »Aranjuez« klang deshalb wie ein Signal. Im Bewusstsein, jetzt in Aranjuez zu sein, fiel es mir leicht, mich innerlich gehenzulassen. Die Haut des Huhns war hart und knusprig. Es schmeckte fabelhaft. Die Hitze, der Wein, die Mittagsmüdigkeit. Ich kletterte über die Mauer des Schlossgartens und schlief unter einem Busch mit exotischen Blüten ein.

Wenn man zwischen den Zeiten lebt, ohne Zweck und ohne Absicht, dann werden Verspätungen leicht hingenommen. Zwischen den Zeiten hieß nicht nur, die aktuelle Zeit zu vergessen. Man geriet in eine andere Zeitzone hier inmitten des südlichen Kastiliens. Die Selbstverständlichkeit der fortschreitenden Zivilisation versank. Supermarkt, Selbstbedienung, Fernsehserie, Zimmereinrichtungen, das Huhn in der Warmhaltepackung, die politischen Reklameschilder und auch die Menschen einer solchen Zivilisation gab es hier nicht. Eigentlich hätte der Zug in Richtung Albacete, wo der Freund der Mutter mit dem Wagen warten wollte, schon vor einer Stunde erreicht werden müssen. Stattdessen wurde es der nächste Tag. Er hatte im Hotel gewartet. Die Hütte am Meer: Sie war nicht aus Holz, sondern aus Stein, barg ein kühles Inneres, das einzige Fenster lag so, dass der Schatten sich nie aus einer Ecke des Innern verflüchtigte. Anders wäre kein Leben möglich gewesen. Die Hitze war extrem. Erst als der Freund fort war, trat die Umgebung richtig in den Blick: die unendlich lange Wasserlinie, in der Nähe kein Ort zu sehen, auf der anderen Seite in der Ferne Tomatenfelder. Dahinter der nächste Ort, in dem Busse einen zu einer Bahnstation brächten, von der aus man zurück nach Norden und mit Umsteigen auch wieder nach Madrid käme. Wie man zu diesem Bahnhof fände, darüber brauchte man sich jetzt noch nicht den Kopf zu zerbrechen.

Am nächsten Tag begann es zu regnen. Ich saß in der Hütte am Tisch und las das Buch, das mich weiter in den Bann des Stierkampfes zog: Hemingways *Tod am Nachmittag*. Allein schon der Titel hatte es in sich. Er erinnerte an Sätze von Camus über die algerische Küste. Das Gebiet hier war ja auch jahrhundertelang arabisch gewesen. Inzwischen hatten sich meine ursprünglich sehr gemischten Gefühle hinsichtlich der Araber verändert. Auf der Bahnfahrt von Paris nach San Sebastián und dann weiter nach Madrid hatte der Zug in Tours gehalten, und die mittelalterliche Geschichte war wieder in mir aufgestiegen: Bis hierher waren die Araber vorgedrungen. Sie hatten ja nicht nur den Süden Spaniens besetzt, sondern waren sogar bis in die Gegend von Navarra und Aragon vorgestoßen. Der Sieg der

Franken unter Karl Martell, dem Großvater Karls des Großen, war mir immer eine besondere Genugtuung gewesen. Genugtuung deswegen, weil er gewissermaßen Rheinländer war und wegen meines speziellen Interesses für die Franken überhaupt. Das Wort »fränkisch« klang in meinen Ohren nach etwas Kühnem, Aggressivem und Freiem. Aber genau das war ja auch das Attraktive an den Arabern, die hier, Gott sei Dank, von fränkischen Reitern geschlagen und am weiteren Vordringen gehindert worden waren. Zwischen der fränkischen und der arabischen militärischen Kultur hatte doch eine gewisse Verwandtschaft bestanden. Die Franken, jedenfalls ihr Adel, hatten im Unterschied zu den immer noch barbarisch geprägten Sachsen oder Alemannen nicht nur ihre germanische Sprache für das Galloromanische aufgegeben, sondern auch Kampfformen der römischen Armee übernommen, in deren Verbund ihre Kontingente schon im 5. Jahrhundert gekämpft hatten. Die Araber wiederum waren – man brauchte nur ihre wunderbar geschmiedeten Waffen anzuschauen – ebenfalls von antiken Traditionen beeinflusst. Karl Martell und Karl der Große, die in der Moselgegend ihre Latifundien unterhielten, sprachen aber wahrscheinlich noch immer ihr altes fränkisches Idiom.

Hier befand man sich also gleichsam auf Camus'schem Terrain, zwischen Stierkampf und Mittelmeer. Hemingways Buch enthielt Fotografien dramatischer Szenen in der Arena mit den Namen berühmter Stierkämpfer: Juan Belmonte, El Gallo und Joselito. Was beim Blick in die Arena vor einer Woche nicht zu sehen gewesen war – aber vielleicht war das auch kein Merkmal der dort beobachteten Stierkämpfer –, das war der nichteuropäische Gesichtsausdruck von El Gallo und seinem Bruder. Der gelbliche Teint fiel auf, die melancholische Distanziertheit, der eigentümlich geschlossene Mund. Auch das konnte man archaisch nennen. Mehr als erstaunlich, vielmehr beeindruckend waren Hemingways Kenntnisse der Stilunterschiede bei den bekanntesten Stierkämpfern. Wie er etwa die Aura von Gefahr erklärte, die Belmontes Kampftechnik vermittelte, während eine solche Technik bei Joselito wegen dessen Leichtigkeit gar nicht erst auffiel. Alle drei, glaube ich, wurden in der Arena getötet. Interessant an Hemingways Buch war auch das erklärende Verzeichnis der Ausdrücke, die beim Stierkampf verwendet werden: über sechshundert Bezeichnungen, von denen mir höchstens zehn bekannt waren. Amüsant fand ich das Wort »adorno« als Ausdruck für einen blumigen, theatralischen Stil, der von gutem oder schlechtem Geschmack zeugen könne.

Hemingway spricht von der »Tragödie« des Stierkampfs, vom »Ritual«, das man als Ganzes erleben müsse. Er ging dabei auf einen Aspekt ein, der inzwischen keine Rolle mehr spielte. Zu seiner Zeit waren die Pferde nicht durch eine besondere Protektion, ein festgeschnalltes Kissen, gegen den Stoß des Stieres geschützt worden. Bekäme man heute noch heraushängende Gedärme zu sehen, würde das die Reaktion auf den Kampf erheblich verändern. So aber blieb es beim Eindruck eines noblen archaischen Ereignisses. Das Tragische, von dem Hemingway sprach, war für die Empfindung des Archaischen nicht notwendig. Im Gegenteil: Der Begriff »Tragödie« ordnet das, was der Stierkampf zeigt, kulturell ein. Man empfand das Extraordinäre des Tödlichen am Stierkampf wiederum am besten, wenn man es nicht unter dem Titel »Tragödie« einsortierte.

Der zweite Tag war wieder sehr heiß. Am Morgen nach einer unruhigen Nacht – der Freund hatte Brot und Käse sowie Melonen und Wasser für zwei Tage zurückgelassen – war am Strand, zweihundert Meter entfernt, ein im Wasser schaukelnder Körper zu sehen. Es war kein Mensch, es war ein toter Esel, dessen Kopf schon leicht angefault war. Die Hoffnung, dass die Strömung ihn wieder hinaustrüge, erfüllte sich nicht. Der Kadaver blieb auf dem kaum mehr von Wasser bedeckten Strand liegen. Ich lebte also mit einem toten Tier. Das hielt mich allerdings nicht davon ab, nackt ins Wasser zu gehen. Ich schwamm nur nicht hinaus. Das wäre nicht empfehlenswert, hatte der Freund mich gewarnt. Plötzlich fühlte ich mich allein. Die enorme Einsamkeit, keine Andeutung von Leben weit und breit. Ich beschloss, mich landeinwärts in Richtung der Tomatenfelder vorzuwagen und einen Bewohner dieser Gegend ausfindig zu machen. Aber niemand war zu finden. Auch wenn hinter dem etwa einen Kilometer breiten Feld mit den roten Früchten die Dächer einiger kleiner Häuser zu sehen waren. Dahin wollte ich am nächsten Morgen einen Vorstoß unternehmen! Ich erinnerte mich an Defoes Roman *Robinson Crusoe*. Und dies nicht nur wegen meiner Abgeschiedenheit in einer exotisch fremden, inselartigen Gegend am Ende Europas.

An Defoe zu denken lag an diesem Ort nahe. Das hatte auch mit Robinsons Wahrnehmung zu tun, seiner Konzentration auf die fremdartigen Dinge, bevor sie verstanden sind. Da war die Situation, in der Einsamkeit der Insel ganz allein auf seine Sinne angewiesen zu sein! Das Zögern, die Freude, der Schrecken, die wankenden Entschlüsse, die Neugier und vor allem auch die Angst. Mit Adrian hatte ich verabredet, am Beispiel von Defoes Roman über den gerade aufkommenden Begriff »Besitzindividualismus« zu schreiben, den der amerikanische Soziologe C. B. Macpherson ins Spiel gebracht hatte. Adrian sollte den wirtschaftstheoretischen Teil, ich den subjektheoretischen übernehmen. Es war für mich klar, dass die Subjektivität nicht, wie zurzeit üblich, aus ökonomischer Historik abzuleiten war, also aus Robinsons Selbsterfahrung als Jäger, Bauer und Landbesitzer. Wenn überhaupt Theorie eine Rolle spielen sollte, dann wäre es die von Hobbes, dessen Theorie vom sinnlich wahrnehmenden Menschen als gefährlichem und gefährdetem Wesen, dessen Bewegungen von Trieb und Leidenschaft bestimmt werden. Der Kampf mit den Wöl-

fen, das beispiellos Bestialische und Grauenhafte, das Vor-
erlebnis des Todes, die Schilderung der todbringenden Wolfs-
gier schienen wie eine Allegorie von Naturgesetzen, von
Hobbes' Satz, dass jeder Mensch wegen des ihm eingeborenen Selbsterhaltungstriebes das Recht auf alle Handlungen
habe. Das war die Begierde, und Defoes Roman beginnt
auch mit diesem Wort: der »Begierde« des Helden, zur See
zu fahren, als ein dämonischer Zug.

Der Umstand, dass Carl Schmitt sich in seinem Werk
Der Leviathan in der Staatslehre von Thomas Hobbes gegen eine Inanspruchnahme Hobbes' für eine individualisti-
sche Interpretation gerichtet hatte, kam mir gerade recht.
Das Gegenteil zu lesen wäre sicherlich eine Enttäuschung
für ihn, wenn er nicht längst gemerkt hätte, dass ich immer
schon auf einem anderen Dampfer war. Mit Adrian war
noch ein anderes Werk zu diskutieren: John Lockes *Versuch
über den menschlichen Verstand.* In dessen Begriff von der
»Unruhe der Seele«, die den einzelnen Willen zum Handeln bestimme, steckte ein ähnliches Argument wie bei
Hobbes. Ist es der Schmerz, dann wohl auch die Angst, die
den Willen zur Veränderung hervorbringt. Das richtete sich
gegen die scholastische Lehre, wonach das »Gute« den Willen bestimme. Was anderes als die konkrete, immerwähren-
de Gegenwart des Schmerzes, des Unbehagens und der
Angst vor Hunger hat Robinsons Verhalten bestimmt?

Mit diesen Ideen im Kopf ging ich den Strand entlang.
Der Esel lag noch immer da. Wie war er eigentlich hierher-
gekommen? Wenn ein Bauer ihn irgendwo einige Kilometer von hier entfernt ins Meer geworfen hätte, dann wäre
er doch dort liegen geblieben, die Wellen hätten ihn nicht
hinausgezogen, sondern ihn immer wieder an diese Stelle
landeinwärts geschwemmt. War er auf hoher See von einem
Schiff gefallen? Oder schon tot ins Meer gestoßen worden?
Von einem Tiertransporter – gab es so etwas? Jedenfalls
wohl nicht für Esel. Aber vielleicht war er vom Hof eines

Tomatenbauern weggelaufen, ins Wasser geraten, von der Flut erfasst worden und ertrunken? Ich würde morgen, wenn ich ins Landesinnere ginge, jemanden fragen. Dass er nun da lag, war bestimmt kein Geheimnis. Es war aber unheimlich. Wie die blutigen Schweinsköpfe im Fenster des Restaurants von Segovia. Töten, genießen, verwesen – das gehörte alles zusammen, jedenfalls hier. Man fühlte sich plötzlich entfernt vom normalen Leben. Und plötzlich fielen mir die fremden Frauen wieder ein.

Im feuchten Boden waren die eigenen Fußspuren vom Morgen noch zu sehen. Keine anderen Fußspuren weit und breit – beunruhigend. Gewiss, die Tomatenbauern kamen hier nicht hin, und das Gebiet der Touristen befand sich fünfzig Kilometer südlich davon oder noch weiter entfernt. Dennoch: Es wäre ein beruhigendes Zeichen gewesen, wenn es eine Spur im Sand gegeben hätte. – Die Entdeckung eines Fußabdrucks im Sand war für Robinson eine psychisch ambivalente, beunruhigende Entdeckung gewesen. Das Wichtigste an der Robinson-Thematik waren jedoch nicht die ideengeschichtlichen Identifikationen, sondern Defoes Darstellung von Crusoes Wahrnehmungen. Zurück in der Hütte, entwarf ich den Beginn des Essays. Das erste Kapitel mit der Überschrift »Die Entdeckung« sollte so beginnen: »Es war so weit. Der Augenblick war da. Obwohl Robinson auf ihn vorbereitet war, ihn erwartet, geplant und seinen Verlauf *en detail* im Geiste vorweggenommen hatte, ereignete sich das Erwartete unerwartet. Es zerfiel wie immer bei ihm sofort in viele einzelne Wahrnehmungsfragmente, nachdem er es als Ganzes und Kontinuierliches zuvor gedacht hatte, auch dieses immer wieder in Teile verlierend: Anderthalb Jahre der Pläne hatte er hinter sich, aber das Geplante verkürzte sich dann doch zur Perspektive eines Morgens: Die Wilden hatten das Feuer angezündet und tanzten. Die beiden Gefangenen warteten. Robinson blieb ratlos, ungeduldig. Er hatte auch Freitag geplant. Er hatte geträumt, dass plötzlich bei einem der seltenen kannibalischen Feste das Opfer ausbreche, um sein Leben renne und sein Diener würde, damit er mit seiner Hilfe der Insel entkomme.« Dieser Beginn wurde noch etwas ausgeführt, was Freitags Fluchtweg betraf, seinen Lauf auf die Stelle zu, an der Robinson verborgen lag. Der Essay sollte *Der Lauf des Freitag* heißen.

Allein zu sein machte mich nicht einsam, obwohl ich ohne Zeitung, auch ohne Radio war. Wenn es dunkel wurde, zündete ich in der Hütte eine der Kerzen an, die der Besitzer zurückgelassen hatte. Den Plan, am Strand ein Feuer anzuzünden, gab ich auf, weil nicht genug geeignetes, trockenes Holz dafür zu finden war. Nein, ich fühlte mich nicht einsam – auch dann nicht, wenn ich nicht las oder schrieb. Weil ich mich in Selbstgespräche auflösen konnte. Dazu brauchte man keinen Dialogpartner. Der Monolog war die königlichste Mitteilungsform. Nicht, weil man keinen Widerspruch zu erdulden hatte, sondern weil man, was damit allerdings zusammenhing, die Phantasie ins Unendliche treiben konnte. Der Grund dafür, dass ich in der Schule Platons Dialoge nicht gemocht hatte, lag darin, dass sie den Dialogpartner didaktisch viel zu lange an der langen Leine führten, bis endlich gesagt wurde, was gesagt werden sollte. Mich hatte immer gewundert, dass keiner sonst in der Schule das auch so empfand. Mein Direktor schwamm in Bewunderung. Aber auch die großen Denker nach Platon. Jedenfalls wurde dieser nicht wegen seiner Dialogführung kritisiert. Es gab nur einen Kritiker, der eine Ausnahme bildete und der mein wichtigster Philosoph wurde: Michel de Montaigne. Seine Kritik bezog sich allerdings auf das Motiv des zu langen Dialogs: dass über dem Interesse, wie Erkenntnis zustande kommt, diese selbst zu lange hinausgezögert würde.

In Montaignes Essais hatte ich kürzlich auch ein Stück über die Einsamkeit gefunden. Dieses Stück drückte aber nicht das aus, was ich jetzt empfand. Es handelte in der Tradition der antiken Glücksphilosophie vom Vorteil der Ruhe, dem Vorteil, ganz auf sich selbst gestellt zu sein, von der Würde der Kontemplation angesichts weltlichen Handelns, vom Desinteresse am Ruhm. Den mir irgendwie bekannten Satz: »Das ganze Unglück des Menschen kommt aus einer einzigen Ursache, nämlich nicht ruhig in seinem Zimmer bleiben zu können«, hatte ich Montaigne zugeschrieben. Er stammte aber von dem jüngeren Philosophen Pascal, der von der »Freude an der Einsamkeit« geschrieben, dabei aber nur das Unglück der Langeweile geschildert hatte, die daher rühre, vom Gefühl der eigenen Nichtigkeit bis zur Verzweiflung getrieben zu werden.

Was mein Gefühl – allein in der mich überwölbenden Nacht am Strand des Mittelmeers – von den Gedanken der beiden Philosophen unterschied: Ich reflektierte das Alleinsein nicht. Mein Alleinsein war nichts anderes als die unmittelbare Wahrnehmung der anbrandenden Welt um mich herum. Das erzeugte keine Langeweile, keine Leere, sondern das Gegenteil davon. Es lief auf die Empfindung hinaus, über alles zu verfügen. Nicht im Tun, sondern in der Vorstellung. Es war das Glück absoluter Souveränität, eine Variante des Zustands beim Verfassen von Texten, nur ohne die dazu nötige Konzentration. Dass ich nicht allein in einem Zimmer saß, sondern in dieser fremden wilden Landschaft unter der Glocke der Unendlichkeit, gab meinem Zustand etwas Elementares, Kreatürliches, Archaisches. Seit dem Stierkampf in Segovia hatte ich wieder das Fremdartige im Kopf. Es trat an die Stelle der Revolution, die sich nicht ereignet hatte. War das der Grund dafür, dass ich in diesen Nächten so gut schlief?

Ich musste dennoch etwas unternehmen, herausfinden, wo die nächsten Menschen wohnten. Und das ging schneller, als ich vorausgesehen hatte: Hinter dem Tomatenfeld gab es nicht nur ein paar Häuser, sondern auch eine kleine Bar, in der man Brot, Schinken und Käse kaufen konnte.

Nicht möglich war eine richtige Unterhaltung mit den Inhabern: einem kleinen bärtigen Mann mit einer Baskenmütze und seiner viel jüngeren Frau mit einem Kopftuch und einer roten Schürze. Sie wollten offenbar wissen, woher ich käme, und ich deutete in Richtung des Meeres, sodass sie verstanden, dass ich in der Hütte lebte, in der manchmal dieser Tourist wohnte, den sie offensichtlich kannten, denn sie nickten und sprachen seinen deutschen Vornamen mit Akzent aus. Noch in der Hütte hatte ich mich an einer Zeichnung des Esels versucht. Es war ein kleines Pferd mit langen Ohren geworden. Das zeigte ich den Leuten und erklärte mit Gesten, wo das tote Tier lag. Sie schüttelten den Kopf. Der Esel gehörte also nicht ihnen. Irgendwie konnte ich mich auch mit der Frage nach einer Busverbindung nach Madrid verständlich machen und erkundigte mich, ob sie mich morgen mit ihrem Wagen abholen und zur Haltestelle fahren könnten: Die Geste des Fahrens, die lautliche Imitation einer Lokomotive und das Wort »mañana«, das ich gerade noch verstand, reichten aus. Da sie sich freuten, wie gut mir ihr scharfer Käse und ihr Weißbrot schmeckten, das ich an ihrem Tisch bei einem Glas Wasser, nicht Wein, aß, war es ausgemacht, dass sie mich mit ihrem Wagen zum Bus bringen würden. Am nächsten Morgen verließ ich den einsamen Strand, auf dem noch immer der Kadaver des Esels lag.

In Madrid angekommen, blieb ich noch zwei Tage, die mit Walter, wie immer, anstrengend waren. Nicht nur weil die Nächte in den Lokalen so lang wurden, auch wegen zusätzlicher Unternehmungen. Wir fuhren oft durchs Land, auch nachts. Nie in den Süden, sondern durch Kastilien. Dabei hatte ich sozusagen den Auftrag, die Augen offen zu halten, denn Walter sah selbst mit Brille schlecht. Ausgerechnet als wir die Autoroute von Segovia in Richtung Madrid durchs Gebirge hinabfuhren, erzählte er mir von Lastwagen, deren Bremsen auf dieser Strecke häufig nicht funktionierten und die dann ins Tal hinabdonnerten, sich manchmal wieder fingen oder aber von der Fahrbahn abkamen. Ob solche unsicheren Fahrer jetzt hinter uns wären? Vielleicht, Walter lachte. Deshalb führe er, trotz der schlechten Augen, besser auch so schnell. Diese Art Storys erzählte Walter aus einem Interesse, einem Vergnügen am Alltag heraus, oder wenn es prekär und er selbst dabei unsicher wurde.

Die Erwähnung der spanischen Lastwagenkarambolagen blieb Episode. Es gab dagegen zwei Dauerthemen, auf die Walter immer wieder zurückkam: Das eine war die Liebe, das andere die sogenannte »Schwarze Legende«. Über die Liebe sprachen wir nicht, indem wir Affären aufwärmten, sondern in einem abstrahierenden Geist der Bewunderung für das Erotische in seiner Unterschiedlichkeit gegenüber politischem und intellektuellem Engagement. Ich erkannte im intellektuellen Engagement ja schon seit geraumer Zeit eine erotische Komponente, was Walter jedoch keineswegs einsah und umso heftiger bestritt. Aber den erotischen Augenblick zu einem psychisch Anderen zu erhöhen, darin waren wir uns einig: Als wir westlich von Salamanca unterwegs waren, erzählte er zum Beispiel von einer jungen Frau, die er nur eine Woche gekannt und von der er sich für immer hier an der portugiesischen Grenze verabschiedet habe. Das war alles, was er darüber sagte, dabei blickte er jedoch abwesend über das Steuer durch die Wagenscheiben. Das hatte auf mich eine umso stärkere Wirkung, als Walter sich ansonsten pragmatisch gab.

Das andere Thema war die »Schwarze Legende«, auf die er immer wieder zu sprechen kam. Sie war das Etikett auf der angeblich die Fakten verfälschenden englischen Version von der spanischen Inquisition, ihrem Autodafé-Terror und schließlich den Konquistadoren in Südamerika. Ich brauchte diese englische Schwarzmalerei Spaniens nicht, um mir vom Vorgehen der spanischen Kirche gegen die Andersgläubigen seit dem 16. Jahrhundert ein historisch korrektes Bild zu machen: Folter und Verbrennungen auf dem Scheiterhaufen waren nicht bestreitbar. Die »Schwarze Legende« stützte sich vor allem aber auf die englische Übersetzung einer spanischen Darstellung der Eroberung Perus durch Pizarro, niedergeschrieben vom Sohn eines Konquistadoren und einer Inka-Prinzessin. Daraus hatte William Davenant, ein beim Londoner Publikum beliebter Dramatiker, nach dem englischen Bürgerkrieg von 1648, als der Hass gegen die Katholiken kulminierte, das reißerische Stück *The Cruelty of the Spaniards in Peru* geschrieben. Am Ende befreiten darin die Engländer die Inkas. Auch Höflichkeit oder Takt gegenüber Walters Empfindlichkeiten konnten mich nicht veranlassen, mit meinen konträren Ansichten hinter dem Berg zu halten. Als ich den englischen Film *Fire Over England* mit dem jungen Laurence Olivier in der Rolle eines englischen Adligen erwähnte, der von finsteren spanischen Fanatikern verfolgt wird, explodierte Walter. Der Film, eher Abenteuer-Kintopp denn politische Lehrstunde, war 1937 aber zweifellos auch als Warnung vor der Bedrohung durch den kontinentalen Faschismus, vor allem Nazideutschlands, gedreht worden. Daher der Titel. Die Aktualisierung war zugleich als eine Adresse an die englischen Konservativen gedacht, von denen einige illustre Vertreter wie auch die *Times* ihre Sympathien für Nazideutschland nicht verbargen. Walter, sonst so aufklärerisch-liberal, konnte nicht zulassen, dass Spaniens so düstere wie großartige Kultur in ihrer Wurzel dermaßen verunglimpft wurde. Er kannte den literarischen Hintergrund in groben Zügen und machte viel aus der Tatsache, dass englische Kolonisten an der nordamerikanischen Ostküste im frühen 17. Jahrhundert unglaubliche Gräueltaten an der indianischen Bevölkerung begangen hatten. Vor allem ertrug er es nicht, dass die andauernde Franco-Herrschaft Spaniens ganze Geschichte rückwirkend beflecken könnte. Über dieses Thema war kein Einverständnis zu erzielen, sooft wir wegen meines England-Ticks auch darauf zurückkamen. Es war für ihn einfach kein historisches Thema, das man akademisch so oder so behandeln konnte, vielmehr ein aktuelles, emotionales Thema, das ihn tief beunruhigte.

Einmal hatte mich Walter zu einer anderen Art Party mitgenommen als der, die er sonst in seiner Madrider Wohnung veranstaltete: Die illustre Atmosphäre einer weißen Villa in den Bergen nahm uns auf. Anwesend überwiegend ältere Männer von ähnlichem Typus, nur wenige Frauen. Der Gastgeber war ein Deutscher, der sehr offenherzig und freundlich, aber irgendwie auch seltsam wirkte. Er musste seit Langem hier leben, denn er kannte jeden der spanischen Gäste offensichtlich sehr gut. Walter hatte seine Freundin Consuela mitgebracht, die er, kaum in Madrid angekommen, kennengelernt hatte und die wie er selbst in einem linken Milieu verkehrte, auch wenn sie einen Job bei der Stadtverwaltung hatte. Einige der Männer auf dieser Party hatten schmale Oberlippenbärtchen, und Walter sagte mir, dass sie ehemalige Geheimdienstpolizisten seien, während deren Nachfolger bereits richtige Vollbärte trügen. Dann kam es heraus: Der Gastgeber war Offizier der Legion Condor gewesen. Das hatte Walter mir verschwiegen. Er wollte sehen, wie ich auf den Mann reagieren würde. Im Laufe des Abends kam dieser selbst darauf zu sprechen. Da merkte ich erst, wo ich war. Der Mann beschönigte nichts. Es war doch inzwischen viel Zeit vergangen, und außerdem fühlte er sich in Spanien vollkommen sicher. Das hätte er sich auch in Westdeutschland fühlen können, dachte ich. Dort konnten ja sogar SS-Offiziere unbescholten ihre Erinnerungsabende feiern. Hier allerdings ging es ganz sicher eleganter, weltmännischer zu. Spanische Gitarrenmusik, weiße Anzüge, wohlschmeckende exotische Früchte, scharfer Käse, blutiges Fleisch, Brot, und dies alles im Garten, im Schatten der Bäume.

Ich fragte den Condor-Mann nicht nach der alten Zeit. Umgeben zu sein von Leuten, von denen nicht alle, aber viele sogenannte Francisten waren, erzeugte eine unangenehme Atmosphäre. Welch ein Kontrast zum Abend in Walters Wohnung mit den Liedern der Internationalen Brigaden. Trotzdem war es ein guter Einfall gewesen, hierherzukommen. So wurde einem buchstäblich vor Augen geführt, dass der Anblick der jungen fröhlichen Frauen und Männer in den Straßen und Cafés von Madrid noch immer nicht alles war, was Spanien ausmachte. Doch das war es nicht allein: Es war eine Fortsetzung der archaischen Motive, die einen von der absehbaren, zu berechnenden zukünftigen Zeit abschnitten und in die noch fortwährende Vergangenheit zurückversetzten.

Am letzten Abend in Madrid fragte ich mich zum wiederholten Mal, warum ich eigentlich so gern nach Spanien fuhr. Um Walter zu sehen, gewiss. Um in den Madrider Cafés zu sitzen und mit seinen Freunden zu reden, auch wenn das schwierig war mit unserem gebrochenen Französisch. Englisch konnten sie nicht. Wenn sich die Hitze dann legte und die Wärme der Julinächte einen ozeanisch umarmte, lag die Antwort auf meine Frage in der Luft: Alles bekam hier den Ausdruck von etwas Symbolischem, eines Zeichens für etwas anderes, das es sonst nicht gab. Ich hatte es längst das Archaische genannt.

Hatten der tote Esel am Strand nahe Alicante, der tote Stier in der Arena von Segovia und das braunglänzende Huhn im Schatten der Gartenmauer von Aranjuez wirklich irgendetwas darüber hinaus miteinander gemein als die Tatsache, dass sie tote Tiere waren? Ihnen und dem um sie herum eine Bedeutung besonderer Art zu geben, die man Vergleichbarem in einem anderen Land nicht geben würde, war das nicht eine Suche nach Metaphysik? Aber es gab nichts Ähnliches in einem anderen Land. Hemingway hatte das mit dem Buchtitel *Tod am Nachmittag* auf eine Formel gebracht. Sie war vielleicht etwas zu griffig, und ich ließ mich offenbar so weit gehen, mich dort wohlzufühlen, wo den Realien gleichzeitig etwas Irreales zugesprochen werden konnte.

Selbst dem Faschismus, oder genauer: dem sich mit dem Westen arrangierenden Franquismus, dreißig Jahre nach Ende des Bürgerkriegs. In der weißen Villa in den Bergen war es ja auch so gewesen. Es hatte dort einerseits nichts Ungewöhnlicheres gegeben als die servierten Köstlichkeiten, die rötliche und schwarze Wurst, die scharfen Käsesorten, bunten Früchte, das Brot und den harzigen Weißwein auf schönen, altmodischen Tischen, die einschmeichelnde Gitarrenmusik aus dem Grammophon, die wenigen Frauen in ihrer eleganten, hochgeschlossenen Kleidung und andererseits das unausgesprochene Wissen über die Gefängnisse, die Geheimpolizei, die unbestimmte Zukunft, die unerhörte, düstere Vergangenheit des Landes. Dieses Sowohl-als-auch hätte man in soziologischer Nomenklatur auf den Punkt bringen können. Das wäre es gewesen. Stattdessen versenkte ich mich in eine Art Verabsolutierung der Einzigartigkeit.

Ich rief mir die spanischen Künstler in Erinnerung. Von Calderón, Cervantes, Goya und sogar von Montherlant, zwar keinem spanischen Dichter, aber dem Dichter von spanischen Helden, stiegen Bilder in mir auf. Eine vergleichbare Intensität gab es nur noch in der russischen Geschichte und in den von ihren Dichtern beschworenen Bildern. Es waren expressive Bilder, die man nicht mit historisch-psychologischer oder stilistischer Charakteristik erfassen konnte. Die spanischen Dichter sprachen von etwas Unheimlichem. Selbst Calderón. Die sogenannte Realität wurde dabei nicht aufgehoben, sondern mit Nichtwirklichem durchsetzt. Don Quijotes Windmühlen, die Figur des Dieners Cosme in Calderóns *Dame Kobold*, die Köpfe auf den Ästen von Goyas Caprichos. Wenn Cervantes' Held gegen die Windmühlen anrennt, dann nicht einfach deshalb, weil er durch die Lektüre antiquierter Ritterromane verrückt geworden wäre, sondern weil ihm gegen die Wirklichkeit etwas einfällt. Er sagt zu Sancho Pansa, dem Realisten: »Wahrheit kann man nicht sehen.« Don Quijotes Einfall mit dem Orden der »irrenden Ritter« hat die gleiche spirituelle Bedeutung wie Ignatius von Loyolas Gründung des Jesuitenordens, nachdem ihn Visionen überwältigt hatten. Der Philosoph Miguel de Unamuno hatte Don Quijote im Sinn, als er kurz vor dem Ersten Weltkrieg sein Buch über das »Tragische Lebensgefühl« veröffentlichte.

Das berühmteste Capricho von Goya trug den Bildtitel *Der Schlaf der Vernunft gebiert Ungeheuer*. Das spanische Wort für »Schlaf« kann auch »Traum« bedeuten. Wie immer man das Motiv mit dem an einem Tisch sitzenden Mann – den Kopf in die Arme versenkt, umringt von Eulen, Fledermäusen und einer Katze – auch auslegt, aufklärerisch oder phantastisch, Goya hat seine Bildphantasie als etwas imaginativ Eigenständiges, nicht als Wirklichkeitsausschnitt, in einer berühmt gewordenen Zeitungsannonce betont. Und so sind auch die monströsen Szenen mit ihren irrsinnigen Gesichtern und grässlich verstümmelten Körpern nicht bloß als Anklagen gegen den Krieg oder gegen eine pervertierte Gesellschaft gerichtet. Es sind autonome Statements des Phantastischen. Henry de Montherlant hat die Realität des Pariser Exils eines solchen Helden mit der Irrealität von seinen anarchistischen Phantasien derart eingefärbt, dass die leuchtende französische Metropole im Schatten des spanischen Chaos und der spanischen Nacht einfach banal wirkt.

Der Einfluss der spanischen Dichter und Künstler auf mich war kein direkter. Was mir in Segovia, am Meer und in Madrid über das Land eingefallen war, passte aber zu diesen Motiven. Spanien war keine zufällige Fundgrube für das Seltsame, Unbekannte geworden. Es wurde notwendigerweise zum Altar für meine Suche nach dem Nichtalltäglichen. Demgegenüber war das Misstrauen des Psychologen, des Intellektuellen, des Gelehrten angebracht. Nicht gegenüber dem in Spanien gefundenen Nichtalltäglichen. Die Lektüre der surrealistischen Literatur hatte dabei keine Rolle gespielt. War das nicht merkwürdig? Aragon hatte doch vom alltäglich Wunderbaren gesprochen. Aber das fiel mir jetzt nicht ein. Wahrscheinlich, weil es historisch zu gesucht und allzu intellektuell begründet war. Beim spanischen Phantastischen lag alles verborgen im Archaischen. Sein Bann war existenzieller, darin aber vergleichbar mit den Dingen in Sartres *Ekel*.

Zweifellos – der Gedanke beschlich mich nicht, trat vielmehr mit offenem Visier auf mich zu – war meine Konzentration auf etwas Archaisches nicht dialektisch, wie es Benjamin vom »alltäglich Wunderbaren« gefordert hatte. Wenn man das Phantastische um des Phantastischen willen betonen wollte, dann bliebe man romantisch, ohne materialistische Bodenhaftung. Ja, das war ich wohl geblieben. Benjamins materialistischer Coup zur Rettung der surrealistischen Phantasie war mir aber als eine Selbsttäuschung vorgekommen. Benjamin hatte ja ebenfalls das Erträumte begehrt, er hatte sich nur eine rationale Erlaubnis dafür gesucht, das, was ich Beichte vor der Sünde nannte. Nein, nein – das Phantastische musste gerade in seiner ganzen ungebrochenen Intensität – ohne solche Vermittlung – erfahren werden!

In Frankfurt kamen andere Dinge auf mich zu. War es Zufall, dass sich seit der Verhaftung der wichtigsten Mitglieder der Baader-Meinhof-Gruppe das allgemeine Klima im Land, vor allem aber in der Zeitung, veränderte? Und zwar negativ. Am selben Tag als die Nachricht von der Verhaftung in der Welt war, sagte der mir besonders sympathische, einige Jahre jüngere Kunstkritiker, der auch bei den Madrider Abenden dabei gewesen war, in seinem ironisch rheinischen Tonfall mit dem gedehnten L: »Kallte Heimat.« Das sollte heißen: Es wird generell ungemütlich. Obwohl er eigentlich kein politisch engagierter Mann war und aus einer feinen alten Aachener Kaufmannsfamilie mit französischem Namen stammte, machte er seit geraumer Zeit zynisch-melancholische Bemerkungen, die den Staat, in dem wir lebten, nicht infrage stellten, aber doch dessen Grau-in-Grau betonten. Die Gefangennahme der wichtigsten Mitglieder der Baader-Meinhof-Gruppe sah er mit gemischten Gefühlen, weil mit ihrem Verschwinden auch etwas verschwand, das die einförmige, pädagogisierte Republik aufregend gemacht hatte. Obwohl das eine etwas skandalöse Reaktion war, hatte er mehr als recht. Auch wenn Baader eine in jeder Hinsicht unerquickliche Figur gewesen war; ein Angeber und Partygänger – wie es schien –, von denen es viele gab. Unbegreiflich, dass Ulrike und Gudrun Ensslin ihn zu ihrem Revolutionsgefährten erwählen konnten. Aber er hatte, im Unterschied zu den linken Großsprechern, am Ende doch Mut und eine kalte Konsequenz gezeigt. Seine Herablassung gegenüber der bloß theoretischen Diskussion ohne praktische Konsequenzen hatte die beiden Frauen wohl beeindruckt. Seine Gefangennahme und die der anderen machten die Bundesrepublik um etwas ärmer, das man nur schlecht definieren konnte.

Nach sechs Jahren Debattensturm und Erwartungspathos war eine eigentümliche Müdigkeit aufgekommen. Ich merkte das auch, wenn ich mit politisch besonders Aufmerksamen und mir Vertrauten im Ressort sprach: der Filmkritikerin und dem Kunstkritiker. Als stünde bei uns eine Säuberung bevor. Die politischen Herausgeber hatten sich von ihrer Angst vor einer Revolution oder zumindest einer radikalen Änderung der sozialen Verhältnisse erholt. Dass nun ein Sozialdemokrat Kanzler war, dessen Name im In- und Ausland sich bald verklärte, gefiel ihnen nicht, aber es stand immerhin keine Katastrophe für den Teil des Bürgertums bevor, der die *FAZ* las. Dafür aber vielleicht eine für das Feuilleton. Ende nächsten Jahres würde der liebenswürdige Herausgeber aus Altersgründen zurücktreten, und die Verhandlungen, wer denn sein Nachfolger sein sollte, waren in vollem Gange. Zunächst schien es, als werde der Berliner Verleger des Propyläen Verlages, Wolf Jobst Siedler, die Position übernehmen. Aber im letzten Moment sagte er ab und empfahl nachdrücklich den mit ihm befreundeten Journalisten Joachim Fest, Chef der politischen Abteilung des Norddeutschen Rundfunks. Es kursierte das Gerücht, der elegante, selbstbewusste Siedler habe schließlich doch nicht bei der *FAZ* unterschrieben, nachdem ihn die Kulturkorrespondentin der Zeitung in Washington, Sabine Lietzmann, gefragt habe, warum er sich in dieses Schlangennest legen wolle. So tauchte anstelle des konservativ-liberalen Siedler der Name von Fest auf, der weiter rechts stand, wie man glaubte. Er schreibe an einer Hitler-Biografie, hieß es. Das passte zum Ruf, der ihm vorauseilte, ganz gleich, wie er über den ehemaligen Führer dachte und schreiben würde.

Es passte auch zum Stimmungsumschwung in der Zeitung, dass der stille, konfliktscheue Feuilletonchef, der auch für die Samstagsbeilage verantwortlich war, in der neuerdings großartige Fotos von ihm, aber vor allem von der jungen, hochbegabten Barbara Klemm erschienen, dem erwarteten neuen Herausgeber gesagt haben solle, dass seine Herausgeberzeit schwierig würde, wenn er einen wie mich nicht unter Kontrolle brächte. Das wollte die Filmkritikerin gehört haben. In mir rumorte etwas: eine explosive Mischung aus Nervosität und Wut.

Zunächst, weil es mich enttäuschte und zutiefst abstieß, dass ein Kollege, dem ich immer vertraut hatte, darangegangen sein könnte, sich dem noch nicht installierten neuen Chef im Voraus auf meine Kosten anzudienen. In eine Intrige war ich bisher noch nicht geraten. Nun war es mehr als wahrscheinlich, dass ich zwischen zwei Feuer geraten würde: zwischen die radikale Linke und die alte Rechte. Mir fiel nichts Besseres ein, als gegen den zu erwartenden Herausgeber das zu tun, was der Feuilletonchef diesem prophezeit hatte. Ich lud einige Redakteure des Feuilletons zu einer Verschwörungssitzung in die Räume des *Literaturblatts* ein und hielt eine Brandrede gegen Fest, aber auch gegen die Herausgeber Benckiser und Dechamps – der eine ein philiströser Reaktionär alter Sorte, der andere ein sich liberal gebender Karrierist, ein Cousin allerdings des Kunstredakteurs, dessen Kunstkritiken begonnen hatten Aufmerksamkeit zu erregen.

Wir schworen uns, einem Rechtsruck im Feuilleton im Weg zu stehen. Der freundliche Herausgeber hatte uns all die Jahre gewähren lassen, und das sollte bald zu Ende sein? Keiner kannte den Neuen, kaum dem Namen nach. Aber was man hörte, klang nach einer kalten, autoritären Neuorientierung. Nicht nur aus Erregung, sondern auch aus Selbstsicherheit verabredeten wir uns, das zu verhindern. Immerhin: Woher kam dieser Fest denn eigentlich, und wer waren wir dagegen! Mitten im Höhenflug unserer Selbstversicherung klopfte die junge Sekretärin, Fräulein Petry, an die Tür und sagte, der alte Herausgeber Welter stehe im Vorzimmer und wolle mich sprechen. Petry, der ich, seitdem sie bei uns war, alles anvertrauen konnte, machte dazu ein bedenkliches Gesicht. Aber es war falscher Alarm. Der wie dem preußischen Offizierskorps entsprungene alte Herr mit dem markanten Gesicht wollte mir nur sagen, er habe meinen Aufsatz über die Verantwortung des Intellektuellen gelesen, der ihm trotz einiger Einwände gut gefallen habe. Kein Wunder, dass ihn das interessierte! Vielleicht wollte er auch beweisen, dass er mir meine Affäre mit der Zeitschrift *konkret* nicht mehr nachtrage, dass er sie vergessen habe. Aber neugierig geworden, wer denn da alles bei mir versammelt sei, wollte er in mein Zimmer eintreten, was ich mit Reden über die intellektuelle Verantwortung gerade noch verhindern konnte. So liebenswürdig, wie es mir möglich war, begleitete ich ihn zum Aufzug in den sechsten Stock, wo er mich zwei Jahre zuvor mit so viel Geistesgegenwart aus der Bredouille befreit hatte.

Mittlerweile überwog jedoch das theoretische Interesse gegenüber den innenpolitischen Vorgängen sowie der journalistischen Arbeit. Das Manuskript des Essaybandes *Der Lauf des Freitag* lag beim selben Verlag, in dem *Die gefährdete Phantasie* herausgekommen war, und sollte abermals in der gelben Reihe erscheinen. Der Plan, die Schrift über Ernst Jünger und den Surrealismus in Angriff zu nehmen und sie zu einer Habilitationsschrift auszuweiten, war konkreter geworden. Habermas, über meine Habilitationsabsicht unterrichtet, reagierte, ohne das gewählte Thema näher zu kennen, sehr negativ. Ob ich eigentlich wisse, was ich da eintauschte: Es gebe unzählige Germanistikprofessoren in Deutschland, aber nur einen Herausgeber des *Literaturblatts* dieser bedeutenden Zeitung. Das war ein schlagendes Argument, solange man nicht wusste, worauf ich abzielte. Ich wollte meine Arbeit nicht einreihen in das, was der Philosoph kritisch »Germanistik« nannte – ohne Herablassung. Er meinte den wissenschaftlichen Alltag mit seinen inzwischen grassierenden bürokratischen Verpflichtungen. Vor allem: Die Arbeit in der Zeitung aufzugeben schien ihm für diese ein Verlust zu werden. Trotz meiner distanzierten Haltung, nicht bloß gegenüber der polemisch-kulturellen Linken, sondern auch gegenüber der soziologischen und philosophischen Lektüre von Literatur, hielt er meine Literaturkritik offenbar weiterhin für interessant, vielleicht sogar für wichtig.

Während dieser Zeit erschienen im *Literaturblatt* mehrere Artikel, die aus politischen Gründen öffentliche Aufmerksamkeit erregten. Hinzu kam die interne Kritik am *Literaturblatt*. Der Kontakt mit den jungen linken Literaturwissenschaftlern, der sich aus dem wöchentlichen Seminar ergeben hatte, brachte neue Rezensenten für das Sachbuch, vornehmlich für die täglich veröffentlichten Rezensionen im sogenannten Büchertagebuch. Deshalb gab es mit einem Mal Rezensionen zu lesen, deren Stil wissenschaftliche Termini enthielt, die nicht umgeschrieben oder einfach ausgestrichen wurden. Manchmal, wenn der freundliche Herausgeber auf dem Redaktionsflur unterwegs war, vor allem unterwegs zu einer Besprechung mit den anderen Herausgebern, schlug er die Hände über dem Kopf zusammen und brachte mit einem Stöhnen den Satz heraus: »Ein Glück, dass die das nicht alles verstehen.« Die andere Seite der Medaille war, dass diese für gewöhnliche Sterbliche unverständlichen Rezensionen Büchern galten, die den Überzeugungen der für die Zeitung Verantwortlichen strikt widersprachen. Ohne mit alldem zu sympathisieren, galt es jedoch, über die zeitgenössischen wissenschaftlichen Publikationen, vor allem in den Geisteswissenschaften, zu informieren. Dafür waren keine konservativen Rezensenten ausgesucht worden, sondern junge Kenner, sofern sie mir intellektuell sympathisch waren, ohne dass die von ihnen positiv besprochenen Bücher mir durchweg gefallen hätten.

Es geschah an einem klaren Frühlingsnachmittag am Steinhuder Meer. Das Nachdenken über das Thema der Habilitation, die surrealistische Prosa und Ernst Jüngers *Das abenteuerliche Herz* hielten mich bei einem Spaziergang am See gefangen. Plötzlich hörte ich die Stimme des jüngsten der Herausgeber, sie war unverkennbar: ein Zufall? Nein, ganz und gar nicht, er sei gekommen, um etwas zu besprechen. Ich drehte mich um: Sein Mercedes stand hinter ihm. Ob man sich am Abend im Restaurant Soundso treffen könnte. Dass ein Herausgeber eigens für ein solches Treffen zu diesem Ferienort, über 200 Kilometer entfernt von der Frankfurter Redaktion, gefahren war, konnte nur eines bedeuten: Ein extrem skandalöser Artikel war im *Li-*

teraturblatt erschienen. Möglicherweise hatte Didi, einer der beiden Redakteure und mein Freund, unsere Tendenz, zu provozieren, zu weit getrieben. Ich wollte sofort wissen, was der Grund des unvorbereiteten Erscheinens des Herausgebers sei, über Weiteres könne man dann ja am Abend sprechen. Der für seine freundliche, eher liberale Haltung geschätzte, aber gleichzeitig konfliktscheue Herausgeber holte mit einem einzigen langen Satz weit aus: Die Zeitung sei zu der Überzeugung gelangt, dass ihr *Literaturblatt*-Chef an einem anderen Platz fürderhin nützlicher sein könne. Dann das Entscheidende: Der neue Herausgeber des Feuilletons, der dem derzeitigen Herausgeber folge, der zum Ende des Jahres aus Altersgründen zurücktreten werde, wünsche einen anderen Verantwortlichen für das *Literaturblatt*. Aus Gründen des Selbstrespekts war eine ruhige Stimme zu bewahren. Die Entscheidung war unabänderlich: Ich wollte jeglichen hilflosen Protestgestus vermeiden, aber dennoch Widerstand leisten, nachdrücklichen Widerstand. »Wer?«, fragte ich. Als ich den Namen des erwählten neuen *Literaturblatt*-Chefs hörte, reifte in mir der schon gefällte Entschluss, diese Entscheidung mit allen Mitteln, nicht zuletzt mit Hilfe des Redaktionsprotestes, infrage zu stellen.

Dem *in litteris* ahnungslosen Abgesandten der Herausgeberschaft machte ich noch am selben Abend klar, warum der Neue der falsche Mann sei. Zunächst sei es ohnehin würdelos, sich *post festum* – der neue Herausgeber hatte seinen Vertrag schon längst unterschrieben – den eigenen Mann herausschießen zu lassen. Sodann aber – das entscheidende Argument – vertrete der Neue Kriterien und einen Stil, die nicht zur Tradition dieser Zeitung passten. Vielmehr sei er ein im krassen Naturalismus und Psychologismus steckengebliebener Kritiker, quasi von gestern. Das waren Sätze, die der Abgesandte aus Frankfurt nicht verstand. Wie es nicht anders sein konnte, verabschiedete man sich in strikter Nichtübereinstimmung. Er sagte noch, er selbst habe gar kein Motiv. Der Herausgeber hatte also selbst kein Motiv, übereinzustimmen oder nicht übereinzustimmen. Er betonte sogar, dass er von der Sache nichts verstehe, er sei nur hier, um die Entscheidung der Herausgeber zu überbringen. Im Übrigen gehe es ja nicht um eine Entlassung. Man denke vielmehr an eine gleichrangige Aufgabe. Das war wohl die Sprache und die Haltung aller hohen Verantwortungsträger: Sie entpuppten sich letztlich als Funktionäre. Sonst wären sie auf dieser Leiter, von der ich längst herunterwollte, nicht so hoch gekommen.

Es folgte ein Drama, innerhalb und außerhalb der Zeitung. Der Zeitpunkt des Wechsels war ja erst für Anfang des folgenden Jahres vorgesehen, und so konnte sich der Unmut, die Erregung über das Feuilleton hinaus ausbreiten. Es gab nun auch eine inoffizielle Begründung, die der zukünftige Herausgeber – er war kein rechter Journalist, wie wir angenommen hatten, sondern ein konservativer, unabhängiger Geist – mir unter vier Augen mitteilte: Die bisherige Literaturkritik sei zu publikumsabgewandt, nicht journalistisch genug und zu intellektuell gewesen. Bei diesem Urteil zeigte sich, dass er keinen Kompromiss mit dem inzwischen entflammten Protest des Feuilletons schließen würde. Er hatte keine Angst davor, sich zu isolieren. Das imponierte mir, ohne dass ich es ihm zeigte. Seine offizielle Begründung war von vergleichsweise schlichter Offenherzigkeit: Er, der neue Herausgeber, wünsche den mit ihm befreundeten Kritiker als Vertrauten an dieser Stelle. Die polemische Reaktion des ganzen Feuilletons, dass die Redaktionszentrale sich von einem Neuling so behandeln lasse, wurde von den Herausgebern ohne Erwiderung geschluckt. Nur der alte Herausgeber mit den guten Nerven und dem Kasinoton sagte in der großen Konferenz, zu der auch die politischen Korrespondenten aus dem Ausland eingeflogen wurden, es werde ja ein verdienter Offizier nur von der einen Front an einen anderen Frontabschnitt versetzt. Als wir den Raum verließen, hielt er mich auf dem Gang am Ärmel fest und sagte: »Wissen Sie, wie soll ich es ausdrücken, wir brauchen einen Hofjuden.« Das war die zynische Anspielung darauf, dass der Zeitung selbst zu Zeiten ihrer liberalen Vorgängerin antisemitische Tendenzen nachgesagt worden waren. Der liebenswürdige Herausgeber des Feuilletons, Karl Korn, der Ende des Jahres zurücktreten würde, hatte diesbezüglich einen Prozess am Hals. Eines Abends – ich war noch in der Redaktion – kam er in mein Zimmer und zeigte mir einen Artikel aus den Vierzigerjahren, den er als junger Mann im *Berliner Tageblatt* veröffentlicht hatte: eine Rezension über den inzwischen berüchtigten Film *Jud Süß* von Veit Harlan. Das solle ich jetzt bitte lesen! Und ihm dann in einer Stunde sagen, was davon zu halten sei. Nach einer Stunde war etwa Folgendes zu sagen: Dieser Artikel sei nicht antisemitisch im Sinne der Nazidoktrin. Er zeige nur, dass die Weinbauern am Rhein die Juden, die seit Langem bei ihnen lebten, nicht gerade liebten. Es sei darin eine altmodische Animosität ausgedrückt. Karl Korn, Sohn einer Winzerfamilie aus der Nähe von Rüdesheim, hörte sich das stumm an. Er sagte nichts. Während des anhaltenden Eklats wegen des Herausschmisses war bald darauf allerdings zu hören, dass er sich nicht für seinen *Literaturblatt*-Chef eingesetzt hätte, weil ihn dessen Antwort tief verletzt habe. Das behauptete jedenfalls der junge Kunstkritiker, neben Walter in Madrid und Werner Spies in Paris mir in diesen schwierigen Wochen eine besondere Hilfe.

Die Protesttelegramme, welche die Herausgeber aus Universitäten, Kulturinstitutionen und von namhaften Persönlichkeiten erreichten, darunter der temperamentvolle Philosoph und der ironische Lyriker, waren schmeichelhaft, aber auch nicht ungefährlich im Hinblick auf die Verhandlung darüber, was nun kommen sollte. Selbst die Mittagsnachrichten des Westdeutschen Rundfunks berichteten über die *FAZ*-Affäre. Die Herausgeber gaben sich Mühe, das Desaster zu entschärfen. Schließlich bot man mir die Kulturkorrespondenz in London an. Das war genau das, was seit einiger Zeit mein Plan gewesen war. Wenn man als Autor und nicht als Machtfigur, eben als Funktionär, enden wollte, wurde der Sitz hinter dem Frankfurter Schreibtisch langweilig und belastend. Der alte Herausgeber wusste von diesem Wunsch. Allerdings hatte ich mir das so nicht vorgestellt. Es hätte eine eigene Abschiedserklärung werden sollen. Mit dem Habilitationsvorhaben in der Hinterhand, die Universität schon gefunden, wollte ich nun Zeit gewinnen. In England.

Michel Krüger vom Hanser Verlag war unter den verschiedenen Menschen, die mich anriefen, der mir wichtigste. Nicht weil er der verantwortliche Lektor des Textes war, den ich an der spanischen Küste geschrieben hatte und der unter dem Titel *Der Lauf des Freitag* gerade erscheinen sollte. Michel war vielmehr zu einer jener »Erscheinungen« geworden, wie ich sie mir in meiner Phantasie erdachte. Als ich ihn zum ersten Mal im Herbst 1968 auf der Frankfurter Buchmesse traf, hatte ich schon viel von ihm gehört. Er genoss selbst einen besonderen Ruf als Literat. Er war zehn Jahre jünger als ich, tatsächlich noch jünglingshaft. Aber es war nicht die von ihm ausstrahlende Jugendlichkeit, die mich frappierte. Ihn umgab – wie sollte man es ausdrücken? – eine geradezu engelhafte Aura. Die kam von einer Mischung aus Autorität und Anteilnahme, Souveränität und Sympathie, einer Mischung aus Erzengel Gabriel und Schutzengel. Obwohl jetzt seit sechs Jahren Chef des *Literaturblatts* der *FAZ*, kannte ich sonst keinen Verlagsangehörigen richtig. Aus dem Bedürfnis nach Unabhängigkeit hielt ich mich von diesen fern. Michel war die Ausnahme und er war zudem ein Freund geworden.

Doch, es gab noch jemanden: Siegfried Unseld. Ich war

kaum im Literaturamt, da hatte er mich im Sommer 1968 zu einem Dinner eingeladen. Nicht um die Ecke seines Verlagshauses, ins schöne Café Laumer, wo sich Intellektuelle und Universitätsleute trafen, sondern in den Hessischen Hof. Das war immerhin nicht der irgendwie finanzkapitalistische Atmosphäre atmende Frankfurter Hof. Aber auch etwas Feines, in der Nähe des Buchmessegeländes. Unseld kam mir, braungebrannt, wie er war, zunächst wie ein gutaussehender Skifahrer vor. Dann merkte ich, dass ich jemand Besonderen vor mir hatte. Wie er die einzelnen Wörter mit dem Mund umfasste! Und übereinandertürmte! Allein wie er das Wort »Autor« aussprach! Mit einer ins Raunen überwechselnden Stimme. Er hatte damals gerade den Aufstand der selbstsichersten und intelligentesten seiner Lektoren, von Boehlich und K. M. Michel, überstanden. Das würde ihm so leicht keiner nachmachen. Indem ich ihm zuhörte, verstand ich auch, wieso er einerseits den Verfasser von *Narziß und Goldmund* bewunderte, andererseits die neue westdeutsche Prosa und Literaturtheorie förderte. Ihm verwandelte sich alles in Klassik und Gold.

Er wollte mich nicht bloß kennenlernen. Er wollte mit mir, wie er es sah, eine Art Pakt zu höheren Ehren der Literatur schließen: ich als Kritiker und Advokat für die moderne zeitgenössische Dichtung und er als deren Verleger auf allen Ebenen. Es sollte, mit anderen Worten, ein Pakt für eine gewisse Hofberichterstattung werden, den ich ablehnen musste – wegen der Gewaltenteilung. Das Essen ging in aller Heiterkeit zu Ende. Danach nahm ich nicht immer an den von Unseld anberaumten, von ihm im Interesse des Verlagsimages erfundenen Kritikertreffen teil, bei denen Autoren aus ihren neuen Manuskripten vorlasen. Nicht wegen einer Distanz zu Unseld ging ich dort nur selten hin, sondern wegen der anderen Kritiker. Von den meisten hielt ich nicht viel. Aber auch wegen meines Skrupels ob des ungebremsten Miteinanders von Schriftstellern und Kritikern, das mir ja schon zur Zeit meiner Rindswurstessen mit Thomas Bernhard aufgestoßen war.

Unseld hatte mich jetzt nicht angerufen. Was er von meinem Nachfolger hielt, war mir nicht klar. Der hatte sich nicht gerade als ein Liebhaber von engagierten Kunststücken à la Handke erwiesen. Obwohl ich einen Starautor des Suhrkamp Verlages, Max Frisch, anlässlich seines zweiten Tagebuches, nicht besonders sanft behandelt und darüber einen kritischen Briefwechsel mit Joachim Kaiser geführt hatte, dem Starkritiker der *Süddeutschen Zeitung*, war Unseld mir gegenüber sympathisierend-zugewandt geblieben. Mit Günter Busch, der den Verlag während der Lektorenkrise nicht verlassen hatte, gab es eine Verabredung, etwas Ästhetiktheoretisches für die *edition suhrkamp* zu schreiben. Außerdem kannte ich Boehlich, nicht gut, aber genügend: Er hatte sich mir besonders eingeprägt, weil er der Einzige war, der vor Jahren Thomas Manns vielbewunderten Roman *Doktor Faustus* kritisch auseinandergenommen hatte. Hervorragend! Wie genau dieser Curtius-Schüler war! Er war mit Ironie begabt, aber ohne Witz, geschweige denn Humor. An einem Abend bei Urs Widmer ließ sich der österreichische Autor H. C. Artmann über die unterschiedlichen deutschen Dialekte, sein Steckenpferd, aus. Er kam auf psychologische Unterschiede zu sprechen. Irgendwie geriet das in eine Spekulation über Rassen. Der ebenfalls anwesende Boehlich unterbrach das dahinplätschernde Gespräch mit der Klage, wie unterdrückt die ehemaligen Kolonialvölker doch immer noch seien. Daraufhin der österreichische Dichter und Dialektforscher in stärkstem Wiener Idiom: »Was wollen Sie denn? Der Sohn sitzt in der UNO, und der Vater war ein Menschenfresser.« Boehlich verließ sofort den Raum. Der Satz war schwerer Tobak, aber Artmann hatte auch die dem österreichischen Dichter eigene Chuzpe gezeigt.

Michel tat mir jetzt sehr wohl. Er hatte sich inzwischen

als Lyriker hervorgetan. Seine Gedichte zogen mich unter den zeitgenössischen deutschen an wie sonst nur noch die von Nicolas Born und Rolf Dieter Brinkmann. Was Michel mir zur Ermunterung in dieser Situation sagte, straffte einem tatsächlich den Rücken: Ich sollte mit dem Philosophen über meine Universitätsabsichten und mit dem *Merkur*-Herausgeber über die Zukunft der Zeitschrift reden. Das wäre dann eine Perspektive, der gegenüber die aus der *FAZ*-Redaktion nur eine wäre, als sähe man gerade über den Tellerrand. Es war typisch für Michel, solche strategischen Anweisungen parat zu haben und sie in Bilder zu kleiden. Ich musste bald nach München fahren.

Die sympathisierende öffentliche Reaktion, nicht zuletzt der linken Medien, konnte einem gegen den Strich gehen, weil sie etwas Falsches, Betuliches enthielt. Es waren letztlich eben keine politischen Differenzen gewesen, die den ganzen Konflikt ausgelöst hatten, wie häufig behauptet wurde. Es ging tatsächlich um den Stil, sowohl des Autors als auch des Redakteurs. Die neuen Herren, der neue Herausgeber und der neue *Literaturblatt*-Chef, waren an einer ganz anderen Literatur und Literaturkritik interessiert. Ihr Ideal war Thomas Mann. Der Nachfolger im *Literaturblatt* fand die beiden Götter seines Vorgängers, Robert Musil und Walter Benjamin, unerträglich. Die klassische Moderne von Charles Baudelaire bis Paul Valéry war ihm fremd. Zehn Jahre älter als ich, war er trotz seines jüdischen Schicksals besonders geprägt von der deutschen Klassik des 18. und 19. Jahrhunderts. Im Übrigen sympathisierte er mit deutschen Gegenwartsautoren, besonders mit Wolfgang Koeppen. Trotz seines mangelnden Taktes und seines hemmungslosen Ehrgeizes musste man einfach Sympathie für den spontanen Witz und das explosive Temperament des neuen Chefs haben: Er war der laute Gegensatz zum langweiligen Ernst vieler westdeutscher Intellektueller. Er würde den gutbürgerlichen Lesern der Zeitung nach seinem Geschmack auftischen und sie dabei nach ihrem Geschmack beköstigen. Beim Abschied der Versuch einer gewagten Pointe: »Sie sind die Rache von Jud Süß am deutschen Bürgertum.« Ob er sie verstanden hat? Fortan würde dieses Bürgertum, sofern es diese Zeitung las, jedenfalls nichts mehr von der wahren Moderne hören. Meine Zeit in Deutschland war zu Ende.

4

Überall eine Bühne

Drei Jahre zuvor. Nachdem ich am ersten Morgen im Hotel am Sloane Square aufgewacht war, dachte ich, alles sei wie immer. Der schwarze Frühstückskellner hatte Spiegeleier, Schinken, Würstchen, Orangenmarmelade, geröstetes Weißbrot, Tee und die *Times* gebracht. Er hatte die Vorhänge aufgezogen und »Good morning, Sir« gesagt. Ich überließ mich meiner Erinnerung an die Zeit in London vor fast zwanzig Jahren, als ich gerade Student geworden war. Dann aber, schon etwas später am Tag, merkte ich gleich bei meinem ersten Gang um die vier Ecken in die King's Road, dass sich alles verändert hatte. Am Abend wurde meine Aufmerksamkeit in der Nähe von Hyde Park Corner von einer Gruppe exzentrisch verkleideter junger Frauen und Männer gefangengenommen. Sie tanzten vor und auf dem Rand des Wellington-Monuments. Ihre auf und ab flatternden Gestalten wurden vom Licht der Straßenlaternen nur wenig beleuchtet. Das gab ihren Erscheinungen ein noch phantastischeres Aussehen. Es war dies sicherlich keine Aktion gegen die patriotische Symbolik des Denkmals, zumal sich damals viele junge Engländer auch patriotisch gaben. Es war die in dieser Zeit überall im Land ausbrechende Exzentrik, die ihre Zeichen fand.

Die Sechzigerjahre waren in England noch nicht ganz zu Ende gegangen. Die roten Telefonhäuschen und die roten Busse schienen noch röter geworden zu sein. Die Modeläden in der King's Road in Chelsea flimmerten nach wie vor wie Theaterkulissen. Das Empire-Grau der Fassaden in Belgravia warf noch nostalgischere Reflexe. Anfang der Siebzigerjahre hatte das amerikanische Musical *Hair* in der Shaftesbury Avenue den emotionalen Auftakt gemacht: betörend die Schau voller schmissiger Melodien und romantisch-politischer Lyrik. Nach dem Musical der Besuch bei Wolf Wondratschek, wo es noch phantastischer zuging: Er war der Autor des Buches *Früher begann der Tag mit einer Schußwunde*, jener Dichter, der das Hochhaus nur dulden wollte und mir den Selbstmord ans Herz gelegt hatte. Nachdem er seine Tür in der Fulham Road geöffnet und sein hübsches Gesicht gezeigt hatte, das von einem Vorhang langer Haare teils verdeckt war, erklärte er auf meine lebhafte Erzählung von *Hair* hin sehr ernst: »Das ist gar nichts, hier ist *Hair*.« Er sei Hippie geworden. Drei Fernseher liefen gleichzeitig und warfen bunte Bilder in den Raum, zu erkennen war nichts. An der Wand hing eine riesige Schwarz-Weiß-Fotografie im Goldrahmen. Zu sehen war nur die untere Körperpartie einer wohl jungen Frau. Das sei seine Freundin. Ein zusammenhängendes Gespräch war nicht möglich. 1966 war es der Film *Blow Up* des italienischen Regisseurs Michelangelo Antonioni, der den Geist jener Londoner Jahre auf plötzliche Bilder gebracht hatte. Das enigmatische Tennisspiel, der vermeintlich unsichtbare Beobachter, der vermeintliche Mord. Was sollte das? Es gab welche, die das Ganze als undurchdachten Kitsch, als Fake, eine Prätention des Mysteriösen ansahen. Ich nicht. Auf jeden Fall bedeutete dieser Film den Durchbruch für Vanessa Redgrave und Jane Birkin, bald Ikonen des britischen und französischen Films, obwohl sie eigentlich nichts sagten und nur ihre nackten, jungfräulichen Körper zeigten. Die Szenen mit dem von David Hemmings gespielten jungen Fotografen waren überraschend: als Dokument einer dramatischen Veränderung, eines spektakulären Bruchs in der Erscheinung Englands, wie ich sie von früher her kannte.

Nun, wenige Jahre danach, im Herbst 1974, war der Ästhetizismus, wie man Atmosphäre und Stil der Sechziger nennen könnte, noch nicht verschwunden. Alles war aber viel härter, rauer, kälter geworden. Nicht da, wo ich nun wohnte, im alten Hampstead, oben an der Heide, in dessen Häusern aus dem 18. Jahrhundert Künstler und Labour-Politiker lebten. Das war die Gegend der schicken Linken. Wenn man mit der Northern Line nach Süden oder, nachdem man umgestiegen war, ins East End fuhr, kam man in eine andere Welt. Man konnte in der U-Bahn Männer sehen, deren Bekleidung vor Schmutz starrte. Sie saßen da und kratzten sich unaufhörlich. Einmal fing einer der Dreckverklebten mit schabendem Flüstern zu reden an, das in einen halblauten Singsang überging. Keiner der um ihn herum oder direkt neben ihm Sitzenden schaute auch nur für einen Augenblick auf. Es schien, als ob ein Blick auf jemanden, der doch nur um Nuancen schlimmer aussah als sein Nachbar, etwas Unverzeihliches, etwas Obszönes habe. Die schwarzverkrusteten nackten Füße, die aus den umschlaglosen Hosen herausragten, waren an den Zehen nur mit Leder umwickelt. Waren das die lebendigen Beispiele jener sich verbreitenden Verelendung, von der in den Zeitungen die Rede war?

Es gab seit 1975 eine ökonomische Krise. Die einschlägigen Symptome wurden im Fernsehen, in Zeitungen und Büchern diskutiert. Die altersschwachen Fabriken, die schrumpfende industrielle Produktion, die unrationellen Arbeitsmethoden, die archaische Struktur der Gewerkschaften, das fast vollkommen fehlende Verständnis englischer Manager für ausländische Marktbedürfnisse, ihre Tendenz, im Ausland, nicht im Inland zu investieren – das waren die Gründe für den Tiefstand der britischen Wirtschaft seit Mitte der Siebzigerjahre. Die Hauptanklage der Kritiker richtete sich gegen die Segnungen des Wohlfahrtsstaates, der die Eigeninitiative lähme. Darauf wiesen inzwischen fast alle hin, die sich kompetent äußerten. Erst jetzt waren die Personen, die öffentlich Verantwortung trugen, aufgeschreckt. Die emphatisch-sozialutopischen Hoffnungen, mit denen man seit Beginn der Fünfzigerjahre die britische Gesellschaft von Grund auf hatte reformieren wollen, ohne die Entwicklung zur derzeitigen Miserabilität vorauszusehen, erstaunten nun. Kein Wunder. Eine knappe Mehrheit des Landes mit seinen härtesten und am tiefsten reichenden Klassengegensätzen schien sich für eine radikale Gleichheit zu engagieren. Der Beveridge-Report hatte 1942 den *welfare state* und die Reform des Gesundheitsdienstes in diesem Sinne theoretisch vorbereitet, der Kulturkritiker Raymond Williams hatte das radikale Streikrecht noch ein Jahrzehnt zuvor verteidigt, bis zur Konsequenz des wirtschaftlichen Chaos. Es fiel auf, dass Wörter wie »Effizienz« und »Plan« in englischen Ohren Unwörter blieben. Wohl auch weil sie mit dem Ideal des »Gentleman« nicht zu verknüpfen waren. Dieses Ideal beruhte auf der Lässigkeit des Nichtfachmanns. Chefs kamen noch immer nicht vor 10 Uhr in ihr Büro und saßen um 12 Uhr schon wieder bei einem ausgedehnten geselligen Lunch. Naturwissenschaftliche Leistungen wurden nicht angemessen eingeschätzt, obwohl die sprichwörtlich herausragenden Naturwissenschaftler in Cambridge nach wie vor die Forschung vorantrieben. Vor allem fehlte es an einer effizienten Verbindung von Forschung und wirtschaftlicher Verwertung. Dass Jobs in der Wirtschaft bei der oberen Mittelschicht noch immer als verpönt galten, sprach Bände.

Der Eindruck, dass der Vorbehalt gegen Kontrolle dazu führte, dass man eine gewisse Anarchie der Ordnung vorzog – wenn es denn sein musste –, verstärkte sich. In der *Times* war vor Kurzem ein kritischer Kommentar zur sogenannten Effizienz deutscher Arbeiter zu lesen gewesen: Der steigende soziale Komfort habe die Deutschen nach einer statistischen Umfrage nicht glücklich gemacht. Wenn dem so wäre, wenn also die deutschen Arbeiter trotz steigenden Verdienstes nicht zufrieden seien, warum arbeiteten sie dann so hart? Dem schloss sich die polemische Folgerung der konservativen Zeitung an: Diese Deutschen seien mitsamt ihrem Arbeitsfrieden infolge erfolgreicher Organisationsformen letztlich doch immer noch das Volk, das sich gern kontrollieren und kommandieren lasse. Als Ralf Dahrendorf, der deutsche Direktor der London School of Economics, im BBC-Gespräch etwas relativ Harmloses zu den unberechenbaren Ausbrüchen der polaren Kräfte in der britischen Gesellschaft gesagt hatte, meinte der Interviewer, in Dahrendorfs Versuch, das Unberechenbare berechnen zu wollen, stecke etwas sehr »Germanisches«. Im Gegensatz dazu hob der Interviewer hervor: Wenn die englischen Arbeiter tatsächlich die faulsten der Welt seien, dann seien sie immerhin auch die glücklichsten. Und dass das Nordseeöl, von dem jetzt oft die Rede war, eine Hoffnung werden könnte, sprach sich ebenfalls herum. Als ob man immer noch Anspruch auf Privilegien hätte, ohne dass man dafür schrecklich viel arbeiten müsste. Kolonial- und Empirepsyche waren offensichtlich noch wirksam. So jedenfalls hörte sich das für mich an.

Wenn man abends im Restaurant am Ende der Hauptstraße von Hampstead saß, wo es auf die alte Landstraße hinausging, konnte man meinen, in der Epoche von Fielding zu leben. An Tom Jones konnte man sich erinnert fühlen, an das unglaublich sinnliche Abendessen des Helden mit der wunderbaren Hure. Als ob es erst gestern gewesen wäre. Das Restaurant hieß »Turpin«, der Name eines berühmten *highwayman*, der vor zweihundert Jahren die Kutschen auf der Landstraße ausgeraubt hatte. Es gab nur englische Gerichte, Geflügel, Fisch und vor allem Beef. Dazu wie seit jeher französischen Rotwein aus Bordeaux. Hier saß ich oft allein mit meinem Papierkram und konnte mich in die andere Epoche hineindenken. Es gab so viele Gründe, sich in ihr wohlzufühlen. Denn das Elend, von dem man täglich hörte, war hier fern. Das Benehmen der meisten Menschen auf der Straße erschien irgendwie angenehm. Der Tonfall der politischen Diskussionen im Fernsehen besaß eine mir bis dahin unbekannte Ausdruckskraft und Schnelligkeit. Kein falscher Respekt, keine kompromisslerische Speichelleckerei. Es gab das alte England also immer noch, das man aus der Geschichte kannte und das ich zwanzig Jahre zuvor selbst erlebt hatte, als Churchill noch in Downing Street residierte. Eingehüllt in Nostalgie, ließ ich mich gehen. Rebhuhn, geröstete Kartoffelhälften, Gentlemen rechts und links. Mir ging es gut.

Nur, worüber wollte ich schreiben? In der Royal Academy hatte es eine große Turner-Ausstellung gegeben, von der mein erster langer Artikel handelte. Dann trat ein junger Schauspieler auf, der fortan auf meiner Liste stehen würde: Ian McKellen. Er spielte die Hauptrolle in Wedekinds *Marquis von Keith*. Dass ein Theater in Nordlondon darauf verfallen war, den unbekannten exzentrischen deutschen Dramatiker zu inszenieren, lag am »Deutschen Monat«, der so erfolgreich verlaufen war, dass die Reihe von deutschen Theateraufführungen, Kunstausstellungen und vor allem Filmen von Rainer Werner Fassbinder, Werner Herzog, Alexander Kluge und Wim Wenders für Monate verlängert wurde. Diese künstlerischen Ereignisse lenkten davon ab, dass das Leben in Hampstead einsam blieb. Als ob er das geahnt hätte, hatte Michel vom Hanser Verlag einen Brief geschrieben, der schon bei meiner Ankunft in der Wohnung gelegen hatte. Dieser Brief war enorm animierend, war man doch nicht vergessen. Würde ich einschlägige Leute kennenlernen? War das eigentlich notwendig, wenn man Kunst und Theater kommentierte? Die beiden englischen Freunde von vor nunmehr fast zwanzig Jahren lebten nicht mehr in South Kensington: Der Ältere, Guy, der Jurist, war gestorben; Julian, der Jüngere, der Schauspieler, war aufs Land gezogen. Ansonsten gab es nur Geoffrey, Senior Lecturer am London University College, der in der Nähe wohnte. Der junge Literaturredakteur des *Times Literary Supplement*, den ich auf der Frankfurter Buchmesse kennengelernt hatte, war nach Irland gegangen, wo er in Tipperary an einer Schule unterrichtete. Ein Zugang zur Londoner Gesellschaft war also vorerst nicht in Sicht. Es schien aber auch nicht dringlich, einen solchen zu suchen. Allerdings hatte der deutsche Botschafter zu einem Dinner eingeladen, das er zu Ehren des höchsten Beamten des Foreign Office gab. Zu meiner Überraschung war ich der einzige ausländische Gast. Zum Glück sprach man fast nur Deutsch. Der für diese Gelegenheit gekaufte Smoking würde danach nicht mehr gebraucht werden, mein zwölfjähriger Sohn durfte ihn in Deutschland auf dem Kinderkarneval tragen.

Ich las Shakespeares *Henry V* in einer deutsch-englischen Ausgabe. Man hörte von Aufführungen mit einem spektakulären Schauspieler namens Alan Howard in der Hauptrolle. Er war nicht verwandt mit Trevor Howard, dem britischen Polizeimajor im Dufflecoat aus dem Film *Der dritte Mann*, wohl aber mit Leslie Howard, einem Unsterblichen in der Erinnerung an den alten Film von 1934, *The Scarlet Pimpernel*, in dem er hinter der Maske eines mondänen aristokratischen Snobs während der Französischen Revolution Verurteilte vor der Guillotine rettet. Er war während des Krieges, 1943, in einem Flugzeug von Portugal nach England von deutschen Jagdfliegern abgeschossen worden, angeblich weil man gewusst hatte, dass dieser Archetypus des englischen Helden im Flugzeug saß. Leslie Howards Stimme hatte man auch in den Propagandasendungen der BBC gehört. Sein Neffe Alan Howard war nun ein anderer Typus von Held: größer, kräftiger, heroischer. Seine Stimme wurde als Offenbarung gerühmt. Deshalb war das eigentlich nicht erstrangige Stück überhaupt erst zum Gesprächsthema geworden.

Das Theater war eines der englischsten Phänomene überhaupt. Im Frühjahr 1975 war der neue Bau des National Theatre an der Themse feierlich eröffnet worden. Im gerade in Mode gekommenen brutalen Betonstil erbaut, sah es aus wie eine Trutzburg und knüpfte an die Wucht normannischer Burgen an. Eine seiner drei Bühnen trug den Namen von Laurence Olivier, der vor dreißig Jahren in seinem Film *Henry V* die kriegerische Nation bewegt hatte. Von vielen wurde er immer noch als der größte Shakespeare-Darsteller des 20. Jahrhunderts gerühmt. Man sah ihn aber nicht mehr auf der Bühne, sondern nur noch im Film. Zu den ersten Stücken, die im neuen National Theatre gezeigt wurden, gehörte Christopher Marlowes grausiges Drama *Tamburlaine*, in dem Albert Finney, der Tom Jones aus dem gleichnamigen Film nach Henry Fielding (1963), die Hauptrolle spielte. *Henry V* dagegen hatte in Stratford-upon-Avon Premiere, das man mit dem Zug über das Städtchen Warwick erreichte, dessen Name an einen der gefürchtetsten Kriegeraristokraten der sogenannten Rosenkriege erinnerte, in denen Ende des 15. Jahrhunderts mehr oder minder der gesamte englische Feudaladel ausgelöscht worden war, bevor die Tudor-Periode begann. Die Geschichte der Plantagenets – so der französische Name der Nachfolger von William the Conqueror auf dem englischen Thron seit 1154 – war faszinierend. Sie hatte etwas Alarmierendes – politisch, militärisch, psychologisch und kulturell. Das deutsche Hochmittelalter hatte ebenfalls Typen dieser Art hervorgebracht, so Heinrich IV., der nach Canossa gehen musste, oder Heinrich den Löwen. Aber dazwischen hatte es auch ab und zu Ruhe gegeben. In England eigentlich nie. Shakespeares *Henry VI*, das Stück, das die Royal Shakespeare Company zehn Jahre zuvor als eine Art Ästhetik des Schreckens aufgeführt hatte, zeigt die Kämpfe zwischen der Weißen und der Roten Rose um die Königsmacht mit ausgesuchter Grausamkeit in der Sprache. Der Earl of Warwick gelangt darin zu besonderen theatralischen Ehren. *Henry V* kommt an diese tragische Wucht nicht heran. Es ist ein kriegerischer Historienreigen zum Ruhme Englands, bei dem der Adel der ganzen französischen Reiterei zugrunde geht.

Alan Howard verfügte über eine Stimme und über Gesten, die das patriotische Schauspiel in ein Drama von psychologischer Finesse verwandelten. Sie war metallisch, der Mund ein schmetternder Spalt. Seine Augen blaue Höhlen. Eine einsame Gestalt auf dem Kriegswagen, Schwert und Kriegsaxt in den Händen, die roten Haare über dem bleichen Gesicht. Terry Hands, der Regisseur, hatte der patriotischen Chronik vom Sieg der englischen Truppen bei Azincourt in Nordfrankreich über eine zahlenmäßig überlegene französische Armee den tragischen Kick gegeben: Aus dem Hauch von »Harry in the night«, Shakespeares Worte für den König in Gefahr, wird ein Seelendrama.

Was im vergangenen Jahrzehnt noch verpönt gewesen war, geschah hier: eine poetische Rückkehr zum Heroismus. Heinrichs V. verlorener Haufen als nationales Märchen. Zehn Jahre zuvor hatte Peter Hall historische Größe und Machtausübung noch einem vernichtenden Skeptizismus ausgeliefert. Als eine der in angelsächsischen Ländern besonders heftig ausschlagenden Auswirkungen des Vietnamkrieges erschien Geschichte schlechthin als blutige Schlächterei, und der Feudalheld verkam zum stupiden Metzger. Übrig war als Ausdruck menschlicher Hoffnung nur das Gelächter des einfachen Mannes geblieben; die Helden waren keine individuellen Gestalten mehr, sondern Puppen, gierig nach Macht, austauschbar in ihrer Blutrünstigkeit. So sahen damals die Aristokraten auf der Bühne aus. Selbst in John Bartons' Inszenierung von *Richard II* aus dem Jahre 1973, eigentlich bekannt als ein Stück von individuell-psychologischer Hintergründigkeit, verschwand diese hinter den finsteren historischen Mechanismen. Das war noch 1974 so.

Jetzt, im Jahre 1975, die veränderte Farbe, der veränderte Ton. Die kriegerische, zuweilen melancholische Königsmaske wurde zu einer Demonstration von Willenskraft und Mut bei Gefahr. Es vollzog sich zugleich eine Kehrtwendung weg vom Stil des Brecht'schen Puritanismus, der lange Zeit geholfen hatte, Shakespeares Dramen wieder aktuell zu machen. Nun aber eine Antwort auf die innenpolitische Situation, auf das Gefühl einer epochalen Gefährdung Englands, die auch die einfache Bevölkerung mitbekommen hatte. Ironie oder Aggression gegenüber den kämpfenden Protagonisten, hilfreich geworden bei modernen Inszenierungen, wäre kein sinnvoller Stil für die jetzt politisch gegebene Herausforderung gewesen. Da das Land und seine Sprecher letztlich nicht wirklich an sich zweifelten, sondern immer wieder an vorangegangene Geschichtsphasen erinnerten, in denen man schon einmal bis zum Hals im Unglück gesteckt hatte, hätte ein Regisseur blind gewesen sein müssen, wenn er diese Botschaft in *Henry V* übersehen hätte. Alan Howards theatralisches Kaliber hatte zu jener Zeit wohl nur in Ian McKellen seinesgleichen. Wessen Stil war vorzuziehen? Schwer zu sagen, weil die Stärke des einen die Stärke des anderen egalisierte. Howards Stärke war emotionale Intensität, McKellens Stärke war intellektuelle Virtuosität. Aber beider Stärken waren ja Ausdrucksphänomene unterschiedlicher geistiger Kapazität. McKellen konnte man sich eher als Richard III. vorstellen, Howard hingegen als unheimlichen, hilflosen Macbeth. London war damals voll von begabten Theaterschauspielern und -schauspielerinnen: Alan Bates hatte sich besonders durch moderne Stücke im Royal Court Theatre am Sloane Square einen Namen gemacht; Paul Scofields Verkörperung des Thomas More in *A Man for All Seasons* (1966) überstrahlt wahrscheinlich alle seine Theaterrollen. Tom Courtenay, durch den Film *The Loneliness of the Long Distance Runner* (1962) bekannt geworden, war wahrscheinlich der erste englische Schauspieler, der den Prinzen von Homburg gespielt hatte. Wer wäre die Nachfolgerin von Peggy Ashcroft, der Cleopatra der Fünfzigerjahre, gewesen? Vielleicht Billie Whitelaw in Beckett-Stücken oder die blutjunge Helen Mirren als sehr erotisch inszenierter Star in Shakespeare-Stücken.

Die Theater in Stratford und London waren Institutionen, die an öffentlicher Bedeutung fast dem Parlament gleichkamen. Das leuchtete von vornherein ein. Hier wie dort wird inszeniert. Es ist dies aber überhaupt nicht selbstverständlich. Die Comédie-Française hatte nicht viel mit der französischen Politik zu tun gehabt, auch wenn Racines und Molières Karrieren von der Huld Ludwigs XIV. abhängig gewesen waren. Und das Wiener Burgtheater war wohl die wichtigste Institution im Lande, aber eben deshalb, weil das Parlament mit seiner Ausstrahlung gar nicht an sie heranreichte. Die deutsche Theatertradition ist ohnehin stets eher regional gewesen. Sie wurde seit Lessings einflussreichen Theaterkommentaren zwar zu einer nationalen Angelegenheit, aber ohne Parallelität in der Politik. Warum war das in England so anders? Weil seit Christopher Marlowe und Thomas Kyd die Stücke einen aggressiv-aktuellen Ton besaßen, an dem die Londoner die Stimmung am Hofe wie auf einem Barometer ablasen. Ganz besonders zur Zeit des Globe Theatre, an dem Shakespeares Stücke gespielt wurden. Entscheidend aber war, dass, seitdem es die Debatte in den *Commons* gibt, also seit Cromwells Zeiten, die Reden mit bühnenreifer Rhetorik brillierten. In der Bibliothek des Reform Club standen dicke Bücher, die ausführten, wie sehr der Stil der großen Literatur – neben der Bibel besonders Shakespeare und Milton – den Redestil führender englischer Politiker bis hin zu Churchills Kriegsreden geprägt hatte. Eine Institution in der Institution war die *Prime Minister's Question Time* am Mittwoch, das markanteste Beispiel für die Auftritte im britischen Parlament in dieser Form, einzigartig in der politischen Welt. Der Schlagabtausch zwischen Premierminister und Oppositionsführer ohne Hilfe von Skripten war nicht nur der Höhepunkt im britischen Parlamentarismus, sondern das schönste Beispiel dafür, wie das britische Parlament zur Bühne werden kann. Schon das Sich-gegenüber-Sitzen von Regierungspartei und Opposition trägt dazu bei und wird durch die unmittelbare Konfrontation von Premierminister und Oppositionsführer noch zugespitzt. Doch gab es inzwischen störende Elemente: die Neigung zur bloßen Polemik, Klamauk ohne Substanz, die persönliche Invektive um der Invektive willen. Manchmal auch die Ungezogenheit der ehemaligen *public school boys*, selbst aufseiten von Labour. Waren das etwa Verfallserscheinungen?

Die gesellschaftliche Bedeutung des Theaters hatte sich seit dem öffentlichen Ansehen der Londoner Bühne von David Garrick im 18. Jahrhundert und von Edmund Kean im 19. Jahrhundert erhalten. Garrick hatte am Drury-Lane-Theatre Shakespeares Tragödie und seine Sprache zur nationalen Angelegenheit gemacht. Er selbst war dadurch zur Berühmtheit geworden, sodass William Hogarth ihn in der Rolle Richards III. auf dem Höhepunkt seiner Angstanfälle gemalt hatte. Kean erregte zum ersten Mal Aufsehen in der Rolle des Shylock im *Kaufmann von Venedig*; als er Richard III. spielte, faszinierte seine Theatralik. Das gehörte noch zur aktuellen Erinnerungskultur. Schauspielerdynastien waren entstanden, unter denen die Redgraves die zurzeit bekannteste war. Michael Redgrave war in der Rolle des Hamlet schon vor zwanzig Jahren neben John Gielgud der Konkurrent von Laurence Olivier gewesen. Wer im typisch englischen Theater saß, in Stratford, im National Theatre, im Old Vic oder an der Shaftesbury Avenue, der saß nicht bloß vor einer Bühne mit einem roten Vorhang, der saß im Zentrum der englischen Welt.

Im kleinen Laden um die Ecke gab es morgens ab neun

Uhr die *Times*, den *Guardian* und den *Daily Telegraph*. Sonntags den *Observer* und die *Sunday Times*. Dazu kam die *Daily Mail*, wenn die Schlagzeilen danach waren und sie einen Skandal versprachen, den man zur Kenntnis nehmen musste. Seit den schrillen Karikaturen von Thomas Rowlandson, William Hogarth und James Gillray war der böse illustrative Blick der britischen Presse zum funkelnden Ornament geworden. Gillray, der witzig-beißendste, hatte nicht mehr wie Hogarth die gesellschaftlichen Sitten nur ironisch kommentiert, sondern die Oberschicht, den Hof, ja die königlichen Personen selbst grotesk-lächerlich dargestellt, was ihm auf dem Kontinent einen Prozess an den Hals gebracht hätte. Aber auf dem Kontinent hat es solche Begabungen nicht gegeben, und hätte es sie gegeben, wären ihre Bildideen nicht gedruckt worden. Auch die aktuellen englischen Karikaturen – die letzten von internationaler Bekanntheit waren David Lows Hitler-Karikaturen gewesen – waren sogenannte *eye-opener* mit ihrem eigenen Blick auf das, was passierte: vor allem die von Giles im *Daily Express* und die von JAK, also von Raymond Jackson, im *Evening Standard*. Selbst wenn die *yellow press*, also auch die *Daily Mail*, den vornehmen Standard der sogenannten seriösen Blätter, voran der *Times*, mit ihrem drastischen Populismus weit überbot, so enthielt sie doch ein Element jenes satirischen Sinns, ohne den man das englische Leben und die theatralische Lust am Theaterspiel wohl nicht verstand.

Das konnte man auch an den Qualitätsblättern *Times* und *Guardian* wahrnehmen, wenn man nur richtig hinsah. Bernard Levins Stil des moralischen Verdikts in seinen Leitartikeln der *Times* oder Michael Billingtons analytischer Ton in seinen Theaterkritiken im *Guardian* waren vor allem auch unterhaltend: infolge der Kunst, entweder pathetisch oder überraschend zu sprechen. Wieder begegnete mir mein altes Thema: Die Art und Weise, wie eine Zeitung das darstellte, was passiert war, wurde zum Appell der Ereignishaftigkeit. Selbst banale Vorkommnisse täuschten, wenn von ihnen spannend berichtet wurde, über die mutmaßliche Sinnlosigkeit von allem hinweg. Überhaupt erzeugte die tägliche Beobachtung von Vorgängen und Personen, die es so zu Hause nicht gab, den Effekt von etwas Phänomenhaftem, Phänomenalem. Jedenfalls wenn man es als das wahrnahm, was es war: etwas Fremdes. Und fremd war es dann, wenn man es nicht sofort einordnen konnte, aus Begriffsstutzigkeit, weil es nicht den heimatlichen Vorstellungen entsprach. Insofern wurde die alltägliche journalistische Praxis für mich zu etwas Unalltäglichem, zu einer Herausforderung an die Phantasie.

Hampsteads Kino »Everyman« war kein eigentliches *art cinema*, kein Programmkino, aber zeigte meist, wie man sagt, »anspruchsvolle Publikumsfilme« wie Michael Curtiz' *Casablanca* oder Woody Allans *Play it again, Sam*. Es war ein Treffpunkt junger Intellektueller und Künstler. Bei einem kleinen Buchstand lagen unter anderem der Gedichtband *Ariel* mit den nachgelassenen Gedichten von Sylvia Plath aus, die 1965, zwei Jahre nach ihrem Suizid im Jahre 1963, erschienen waren – nach wie vor ein aktuelles Thema. Auch die Gedichte ihres Mannes, Ted Hughes, der *Ariel* zusammengestellt und herausgegeben hatte, waren dort zu finden. Seinen Namen zu erwähnen, vermied ich stets, weil ich seinen Nachnamen nicht richtig auszusprechen fürchtete. Seine naturmythisch harten Sätze gefielen mir besser als die metaphorisch angestrengte Sprache von Plath. Die Intensität der Erinnerung an beide war, besonders bei Bewohnern dieser Gegend, nach wie vor auffällig und gab meiner kontemplativen Hampstead-Stimmung noch einen Stich ins Abgehobene. Jedes Mal wenn ich in der Northern Line aus dem Getöse von Central London nach Hampstead zurückgekehrt war, betrat ich mit Freude wieder meine stille Zone, den geschützten Bereich eines durch nichts zu unterbrechenden Vor-mich-hin-Denkens.

Ausgerechnet in diese Stimmung traf ein Anruf, der die Erwartung von Überraschungen noch einmal steigerte. In der Leitung eine Stimme, die ich nicht kannte. Die Stimme nannte familiär ihren Vornamen: Neiti. Am Telefon war eine der Töchter meiner einstigen großartigen Theaterregisseurin aus dem Internat, der vornehm-temperamentvollen Witwe eines der nach dem 20. Juli hingerichteten Verschwörer. Ich hatte keine Ahnung gehabt, dass die Tochter offenbar in London zu Hause war. Sie fragte mich, ob ich nicht Lust hätte, sie und ihre Schwester Charlotte, die in Irland lebe und gerade zu Besuch sei, zum Tee zu besuchen. Meine Reaktion war für mein Empfinden etwas zu freudig, denn was war schon eine Tasse Tee mit zwei deutschen Frauen? Offensichtlich das erste Symptom einer Klaustrophobie. Wann war ich das letzte Mal eingeladen worden? Die Wohnung von Neiti lag in der King Street, Covent Garden. Den alten Markt, den man aus dem Film *My Fair Lady* kannte, gab es nicht mehr, aber ansonsten standen alle Häuser noch da, viele aus dem 18. Jahrhundert. Gerade weil manche etwas heruntergekommen waren, besaß die Gegend eine starke Atmosphäre. Sie lag mitten im Londoner Theaterdistrikt, die große Oper gleich um die Ecke, die Theater der Shaftesbury Avenue und des Aldwych-Bogens nicht sehr weit entfernt. Straßennamen wie Drury Lane und Garrick Street erinnerten außerdem an die alte Theatertradition der Gegend. Seit der Ankunft in London war ich höchstens ein oder zwei Mal dort gewesen, und deshalb wirkten Aussehen und Namen jetzt doppelt eindrucksvoll.

Als ob ich auf einer anderen Bühne gelandet wäre, so wirkte die Erscheinung der beiden in King Street mich erwartenden Schwestern. Ja, man musste es Erscheinung nennen. Ich hatte sie beide vor vielen Jahren lediglich als kleine Mädchen auf meiner Schule gesehen. Ein ungewöhnliches Äußeres, auf das ich nicht gefasst gewesen war. Das Wort

»entwaffnend« passte hier. Sie waren beide nicht einfach nur schön, sondern strahlten etwas Erotisches aus, an das man sich erst gewöhnen musste, wenn man unbefangen mit ihnen sprechen wollte. Sinnlich-lebensfroh Charlotte, die etwas Ältere, sphinxhaft-delikat Neiti, die Jüngere. Ich erinnerte mich daran, dass Charlotte meist Puppi genannt worden war und Neiti eigentlich Adelheid hieß. Es war tatsächlich eine Bühne, auf der ich sie da sah, denn auch die Wohnung machte einen ungewöhnlichen Eindruck. Man nennt einen Geschmack, der sie so eingerichtet hatte, wie sie eingerichtet war, wahrscheinlich »erlesen«: eine etwas gewollte, kitschige Bezeichnung für den Farbsinn und die Sicherheit in der Auswahl der Möbel, die hier ins Auge sprangen, romantisch und modern zugleich. Und erst die Bilder! Der das ausgesucht hatte, war jemand, der Kunst liebte und viel davon verstand. Es war Neitis Freund Grey, früher Dozent für Literatur an der Universität, inzwischen unterwegs in einer politischen Karriere, nachdem er durch Erbfall Mitglied des House of Lords geworden war. Charlottes Freund in Irland machte gerade sein letztes juristisches Examen an der Dubliner Universität. Neiti arbeitete als Journalistin für eine deutsche Illustrierte.

Am Tag danach nahm mich Charlotte mit zu einer *dinner party*, die ihre andere Schwester Angela für sie arrangiert hatte. Schon das Wort »dinner party«! Gab man in Deutschland der Schwester eine *dinner party*? Benutzte man überhaupt das Wort oder irgendein deutsches Synonym dafür? Es waren wohl zehn Gäste am Tisch des frühviktorianischen dreistöckigen Familienhauses, erbaut aus *golden brick*, südlich der Themse. Zwei weiße Säulen auf der Treppe vor der Eingangstür und zwei Linden im Vorgarten. Eine Stimmung beredter Freundschaftlichkeit am Tisch. Bedingte es der Umstand, um mich herum außer Charlotte und Angela fast nur Engländer zu sehen, dass ich glaubte, erst jetzt in diesem Land richtig angekommen zu sein? Diese Freundschaftlichkeit war mir ja schon damals, 1953, aufgefallen, als ich zum ersten Mal an einer Londoner Abendtafel Platz genommen hatte. Hier nun, im Hause Angelas und Christophers, empfand ich sie umso mehr, als ich während der letzten Monate kaum einen Menschen gesehen hatte. An Angelas angloirischem Mann fiel mir diese ganz natürlich wirkende Liebenswürdigkeit besonders auf. Vielleicht deshalb, weil er – kein Intellektueller – eine selbstverständliche Leichtigkeit so ohne Umständlichkeit und Absicht verkörperte. Christopher gab einem das Gefühl, dass er unaufdringlich, aber nachdrücklich, besonderes Interesse für den neuen Gast hatte, was wohl auch der Fall war. Wieder, wenngleich auf andere Weise als in der King Street, dieses anziehend Fremde. Und dann die Gastgeberin. Angelas eigentümlich entfernte Ähnlichkeit mit ihrer nur ein Jahr jüngeren Schwester Neiti! Die gleiche Zartheit, vielleicht etwas stabiler. Etwas Sonores sprach aus ihren feinen charaktervollen Gesichtszügen. Ich erlaubte meinem Blick, alles Attraktive an ihr wahrzunehmen.

Die Freundlichkeit der Runde war also die angenehmste Überraschung. Nichts Starres, nichts Ernstes wie zu Hause. Das Gespräch floss dahin. Es gab auch keine plötzlichen, abrupten Erklärungen. Es gab vor allem keine Selbsterklärungen, geschweige denn Provokationen. Bis auf eine. Der Zwischenfall wurde ausgelöst durch den einzigen anderen deutschen Gast, ebenfalls Journalist, London-Korrespondent des *Spiegel*. Auf seinen auf Deutsch gesprochenen ironischen Satz zu meiner Frankfurter *Literaturblatt*-Affäre, eine ziemliche Taktlosigkeit, reagierte ich ebenfalls auf Deutsch mit einer explosiv-aggressiven Antwort. Das war aber genau das, was man einen falschen Schritt in solch einer in milder Konversation begriffenen Gesellschaft nennt. Angelas feinsinnig-disziplinierter Charakter kam zum Vorschein, als sie mich und nicht den *Spiegel*-Mann am Ende des Abends zur Rede stellte. So etwas wie meine Reaktion gehöre sich nicht in England. Als Angela mit mir darüber sprach, kam aber auch ein Moment der Vertrautheit auf, ein Anspruch der Freundschaft, die Erwartung weiterer Gespräche. Sie erinnerte sich des Theater-Spielens im Internat, als ich den Oberon und den Herodes verkörpert hatte. Angela, damals neun Jahre alt, war, wie sie sagte, schwer beeindruckt gewesen, sodass sie es nicht vergessen hatte. Bei einem gemeinsamen Wochenende in Greys und Neitis Landhaus in der Grafschaft Kent trafen wir uns kurz darauf wieder. Allein mit den drei Schwestern, ohne die Gegenwart ihrer Männer, waren es nicht eigentlich die Gespräche, sondern es war abermals ihr Anblick, der mich gefangennahm. Es war die erotische Attraktion, umgeben von der Atmosphäre des romantischen alten englischen Hauses, in der romantischen englischen Landschaft, in einem romantischen englischen Frühjahr. Was sich nach langsamem Öffnen des Theatervorhangs an Weltwundern zeigte, hier wurde es Ereignis! Verführung lag in der Luft. Anders als mit den fremden Frauen. Aber es geschah nichts, es hätte seelische Verwirrungen hinterlassen.

Wenig später ergab sich eine Einladung Charlottes, sie und ihren Freund Tommy in ihrem Haus im County Kildare in Irland zu besuchen. Aus journalistischer Sicht war das ein Glücksfall: Der irische Bürgerkrieg zwischen der katholischen Minderheit und der protestantischen Mehrheit war ein großes Thema, das in Westdeutschland nicht wirklich durchschlug. Ohne die Hilfe politisch informierter Iren, die in der Republik lebten, war das nicht zu behandeln. Tommy, der sein juristisches Examen gerade glänzend hinter sich gebracht hatte, war in der nordirischen Frage sehr engagiert. Er war vom Lande, einfacher Herkunft und hatte – wie man das nannte – »republikanische« Kontakte. Anfang der Siebzigerjahre hatte sich die IRA, die Irish Republican Army, gespalten: in die Gruppe der weiterhin militärisch aggressiven »Provos« und in die Gruppe der politisch linksaktiven »Officials«. Deren Anführer Cathal Goulding war mit Tommy bekannt, sodass ich mich in Charlottes Haus häufig mit ihm unterhalten konnte. Er hatte nichts von dem Fanatismus an sich, der einem sowohl an den öffentlichen Erklärungen eines Seamus Costello, des als skrupellos eingeschätzten Chefs einer Splittergruppe, wie auch an den »Provo«-Führern in Belfast auffiel. Goulding war ein fünfzigjähriger Arbeitersohn aus Dublin, dessen Großvater schon eine führende Rolle in der Dubliner Arbeiterschaft gespielt hatte. Bevor 1969 die neuen Unruhen ausgebrochen waren, hatte Goulding mehrere Jahre in britischen Gefängnissen, zeitweilig in Einzelhaft, verbracht. Davon war ihm jedoch nichts anzumerken: ein Mann mit Charisma, eine Mischung aus Zartheit und Härte. Dieser IRA-Mann hätte einer der typisch ironischen irischen Erzählungen der Zwanzigerjahre entsprungen sein können. Er war noch immer Rebellenchef, wollte aber mithilfe eines marxistischen Programms Nordirland, vielleicht die ganze Republik, auf parlamentarischem Wege verändern. Doch fand sein marxistisches Konzept zur Überwindung der sektiererischen Situation zwischen Katholiken und Protestanten bei der südirischen Bevölkerung keinen Widerhall. Was Goulding nicht daran hinderte, dennoch an die sozialistische Republik zu glauben, in der katholische und protestantische Arbeiter zusammenfinden würden.

Tommy, politisch zwar links stehend, war durch seine akademische Prägung vor Illusionen geschützt. Aber er war auch irischer Patriot. Seine Aversion gegen die Engländer sprach Bände. Was die politischen Eliten Englands und Schottlands Irland über die Jahrhunderte angetan hatten, das erzählte Tommy bis in historische farbenreiche Details. Manchmal machte er ironische Bemerkungen über die preußischen Junker, die seit dem Ersten Weltkrieg dem englischen Klischee entsprachen. Auf Charlottes Drängen hin, die das wahrscheinlich nicht zum ersten Mal hörte und die es natürlich verletzte, versuchte ich, ihm ein historisch gerechteres Bild Preußens zu vermitteln. Als Rheinländer aus liberaler Familie leistete ich mir ohnehin einen Preußentick. Mir imponierte vieles an Preußen, im Unterschied zum Rheinland oder zu Bayern. Auch die preußische Armee, häufig der eigentliche Stein des Anstoßes, imponierte mir. Die Engländer hatten jahrhundertelang ähnlich darüber gedacht, bis zur Mitte des 19. Jahrhunderts. Selbst noch beim Ausbruch des preußisch-französischen Krieges 1870/71 waren sie emotional zunächst auf der Seite Preußens und Deutschlands gewesen. Aber das infolge der bestürzenden Niederlage der französischen Armee kippende Gleichgewicht in Europa hatte diese propreußische Haltung verändert. Am wichtigsten schien mir, dass sich Preußen als einziger deutscher Kleinstaat europäischen Rang erkämpft hatte. In jeder Sphäre: intellektuell, kulturell und politisch. Im rheinischen Karneval und im Münchener Oktoberfest erkannte ich eine Hässlichkeit, die als charakteristisch für diese Provinzen im Westen und Süden gelten konnte. Der schnelle Witz meiner Landsleute am Rhein war zwar zweifellos sehr attraktiv, hatte aber sein Gegenstück in der sprichwörtlich großen Schnauze der Berliner. Tommy musste die preußische Geschichte unbedingt genauer kennenlernen. Immerhin stammte Charlotte von dort, auch wenn sie sich seit zehn Jahren in Irland integriert und aus einer ersten irischen Ehe sogar Kinder hatte, die allerdings kein Wort Deutsch sprachen.

Die drei schönen Schwestern nannte ich bald »die Preußen-Girls«. Es hatte sie wegen ihres familiären Hintergrunds nach England und Irland verschlagen. Das Land der Herkunft ihrer Familie war vorläufig verloren, und die übrig gebliebene Bundesrepublik, in der sie als Schülerinnen groß geworden waren, hatte für sie offensichtlich nichts an sich, das sie zurückhielt, sich mit irischen oder englischen Männern zu verbinden. Im Gegenteil: Die Tat ihres Vaters und seiner Mitverschworenen am 20. Juli 1944 wurde in Westdeutschland von einer Mehrheit mehr oder weniger totgeschwiegen oder abgelehnt. Die drei Töchter waren einerseits von ihrer neuen Heimat zwar nicht völlig geprägt, aber doch kulturell und politisch beeinflusst, andererseits waren sie nicht ohne die ostelbische Vergangenheit, die Geschichte ihrer Familie, zu denken. Fortan also »die Preußen-Girls«.

Um zu verstehen, was sich in Belfast abspielte, genügte kein Gespräch mit Goulding. Dazu musste man in die nordirische Metropole, in das IRA-Milieu der »Provos«. Tommy kannte den nordirischen Arbeiterführer Gerry Fitt, der ein großes Ansehen besaß und die Parole vom *power sharing* erfunden hatte. Daran war zurzeit nicht zu denken. Der Hass der meist schottischen Abkömmlinge der einst nach Nordirland eingewanderten protestantischen Briten gegen die katholischen Alt-Iren war nicht einzudämmen. »Home rule is Rome rule«, war die Hassparole, mit welcher der Ausschluss der Katholiken von jeder gesetzgeberischen Macht seit fünfzig Jahren begründet wurde. Der den Protestantismus endgültig stabilisierende Sieg Wilhelm von Oraniens in der Schlacht am Boyne im Jahr 1690 hätte gestern gewesen sein können. Durch Fitts Vermittlung war ein Termin mit IRA-Führern zustande gekommen. Wir fuhren in einem mit Maschinengewehren und Bajonetten gesicherten und vom britischen Militär bewachten Zug von Dublin nach Belfast. Der Bahnhof von Belfast schien der verrottetste Bahnhof Europas zu sein. Die Eingangshalle war zur Hälfte von Explosionen weggesprengt. Die Fenster der gegenüberliegenden Häuser zugemauert, die Dächer zerstört: Ruinen seit den Attentaten der letzten sechs Jahre. Der einzige auf den ersten Blick sichere Platz war das Hotel »Belfast Europa«, eine scheußliche Betonburg neben dem Bahnhof, umgeben von einem hohen Stacheldrahtverhau, vor dem Hotelbesucher an einem Checkpoint nach Waffen untersucht wurden. Dort, wo man Geschäftsleute, Politiker und Journalisten und einen exzellenten Service vermutet hätte, war vor wenigen Wochen das Erdgeschoss bis zum zweiten Stock ausgebrannt.

Der Weg in die Falls Road – der Straßenname war berüchtigt –, wo sich das Hauptquartier der »Provos« befand, war am besten zu Fuß zu machen. Taxifahrer nahmen nur noch Wagenladungen ganzer Familien der eigenen Konfession mit, ein Bus fuhr gar nicht mehr. Es ging über leer geschossene Plätze, durch Trümmergelände, an ausgebrannten Häusern vorbei, deren Fenster als Schießscharten gedient hatten. Keine Menschen sichtbar, abgesehen von Soldaten in umherkreisenden Jeeps. Immer drei englische Soldaten deckten sich, die Maschinenpistolen im Anschlag, aufrecht stehend den Rücken. 70 Falls Road, die offizielle Adresse von »Sinn Féin«, war erreicht. »Sinn Féin« war der gälische Name für »Wir selbst«. Die Tür lag direkt neben einem kleinbürgerlichen Gemüseladen. Keine Wachen an der Tür. Das war hier nicht notwendig. Überfälle protestantischer Kommandos waren wohl nicht zu erwarten, außerdem herrschte zu dieser Zeit *cease fire*.

Der Sprecher der IRA-Provisionals, der uns in seinem Büro erwartete, hieß Tom Hartley. Ein kärgliches Büro, ohne modische Politpropaganda wie in linksradikalen Orten dieser Art in Südamerika oder Südeuropa. Der Mann um die vierzig war nicht groß, schwarze, kurz geschnittene Haare, schwarzer Bart und intensive, traurig wirkende Augen. Unterhalten wollte er sich eigentlich überhaupt nicht. Eigentlich wollte er nur Propagandamitteilungen an die fremden Journalisten loswerden: Das irische Volk – gemeint waren damit immer nur die nordirischen Katholiken – stehe bereit gegen die Briten. Noch nie so viele Waffen, noch nie so viele Männer, noch nie so viel Solidarität! Auf die Frage, ob das Problem nicht die Briten seien, sondern die protestantische Arbeiterschaft, folgte die Antwort, die Protestanten seien Geschöpfe des britischen Kolonialismus. Gespräche mit ihnen seien sinnlos. Für diesen Mann tönte die Parole des *power sharing* genauso obszön wie für seinen protestantischen Gegner, den fanatischen Pfarrer Paisley. Es gab noch einen weiteren Kampfbegriff: *war struggle* – mit nordirischem Akzent klang er besonders bedrohlich. Keine wirklich politische Frage wurde beantwortet. Das jahrelange Töten, die erduldeten Demütigungen, die soziale Rechtlosigkeit in den Slums waren dem Mann ins Gesicht geschrieben. Es war der *gunman*, der den Fremden mit einem festen Händedruck verabschiedete. Wieder an der frischen Luft, seufzte Tommy tief auf. Er sagte, dass er einen Augenblick lang geglaubt habe, dass wir da nicht wieder heil herauskämen. Der IRA-Mann habe mich sichtlich im Verdacht gehabt, gar kein deutscher Journalist zu sein. Als er mit dem westdeutschen Pass hinausgegangen und erst nach fünfzehn Minuten wiedergekommen sei, wäre es ihm, so Tommy, blümerant geworden.

Der republikanische Mythos lag als Stimmung über einer Totenfeier am Grab des 1798 durch Selbstmord geendeten ersten Anführers des irischen Nationalismus gegen die Briten: Wolfe Tone. Dieses Grab liegt in Bodenstown, innerhalb der Republik Irland. Wolfe Tone hatte den Geheimbund der »Society of United Irishmen« gegründet und versucht, mithilfe Napoleons eine irische Revolution zu entzünden, die 1798 blutig endete. Unter den Augen der südirischen Geheimpolizei und schwer bewaffneter Militäreinheiten der Republik versammelten sich jetzt Massen von IRA-Anhängern am Grab dieses toten Führers in Bodenstown, nicht weit entfernt von Charlottes Haus in Kildare. Die IRA-Führer hatten ihre Augen mit schwarzen Sonnenbrillen verdeckt und ihre schwarzen Baskenmützen tief in die Stirn gezogen. Sie paradierten ohne Lieder. Seamus Costello hielt die Rede und machte sie zu einer Polemik gegen die »Officials«, also die Leute um Cathal Goulding, die ihre »korrupten Seelen« in einer Kneipe aushauchen sollten. Das war buchstäblich so gemeint, denn auf Goulding war erst wenige Tage zuvor in einer Kneipe ein Attentat versucht worden, bei dem er aber nur leicht verletzt worden war. Obwohl das Jahr in Ulster mit einem Blutbad zwischen »Officials« und »Provos« begonnen hatte, kamen alle untereinander zerstrittenen IRA-Gruppen immer wieder zu diesem Grabstein, auf dem eine lange Huldigung an Wolfe Tone geschrieben stand. Sie begann mit den Worten: »Träumer des unsterblichen Traums und Täter der unsterblichen Tat ...«

Verglichen mit Belfast war Dublin mit seinen Häusern im *Georgian style* die schönste Stadt der Welt. Als wir aus Belfast zurück waren und im alten »Hibernian Hotel« in Dublin Charlotte trafen, die mit dem Wagen gekommen war, um uns nach Kildare zu fahren, fühlte ich mich in die angloirische Gesellschaft des 18. und 19. Jahrhunderts zurückversetzt. Am Nachmittag saßen im Hotel ältere Damen der Gesellschaft, aber auch Schauspielerinnen, Lehrerinnen und junge Frauen aus der Provinz. Natürlich auch *business men*. Der Verleger Sean Feehan sprach geheimnisvoll davon, es gebe jetzt auch in der Republik immer mehr junge Männer, die der IRA zuliefen, weil die Dubliner Regierung die republikanische Tradition zu entmythologisieren versuche. Der Effekt sei das Gegenteil. Der Verleger hatte Angst, die Republik könnte in den sogenannten nordirischen *trouble* hineingezogen werden. Ein bisschen genoss er aber auch das Element der Spannung.

Das war ganz in meinem Sinn. Als ob ein guter Geist seine Flügel ausgebreitet hätte, mündete auch die englische Zeit in die Suche nach dem nicht Alltäglichen. Auf die Revolution in Westdeutschland, die nicht stattgefunden hatte, folgten das englische Theater, die Preußen-Girls und der irische Bürgerkrieg. Walter Benjamin war nicht mehr notwendig. Aber inzwischen hatte sich die andere Seite der Medaille gezeigt. Das Ungewöhnliche war die Kehrseite der Leere, des Banalen, das ich in allem Alltäglichen sich mir nähern sah. Kurz vor oder nach dem Jahresende sollte der mündliche Teil der Habilitation stattfinden. Das Thema für den mündlichen Vortrag war die seit Jahren erörterte Frage nach der ästhetischen Urteilskraft und enthielt gleichzeitig schon die These: »Die Antizipation des ästhetischen Werturteils«. Der alles andere als herbeigesehnte Abschied von England stand bevor. Das war bitter, nachdem ich Freundschaft mit den Preußen-Girls und, abgesehen von Geoffrey, eine weitere Reihe von Bekanntschaften geschlossen hatte. Mit dem Museumsmann Norman Rosenthal, dem Maler Hector Macdonald, der Kunstkritikerin des *Guardian*, Caroline Tisdall, der Fotografin Tiggy und ihrem Mann, dem Arabisten Malise Ruthven, und nicht zuletzt mit Cyrus Atabay, dem deutsch-persischen Lyriker. Ab und zu sah ich auch den Direktor des Deutschen Historischen Instituts, Wolfgang Mommsen.

Mit Norman verband mich, neben seinen kunsthistorischen Kenntnissen und kunstkritischen Urteilen, später eine Groteske, die charakteristisch für die sozial aufgeheizte Epoche in London war. Während einer von Norman im Institute of Contemporary Art organisierten Ausstellung des Werkes von Richard Hamilton sah ich, wie er sich mit zwei Arbeitern, die für den Aufbau von Gerüsten zuständig waren, in die Wolle bekam. Hamilton war, neben Eduardo Paolozzi und Peter Blake, der mir bekannteste zeitgenössische britische Künstler. Er hatte sich meinen Artikel über seine Malerei übersetzen lassen und war davon angetan. Nicht nur, weil der Aufsatz enthusiastisch ausgefallen war, sondern auch, weil er Probleme seiner Malerei aufgeworfen hatte, die ihn interessierten. Wir kamen ins Gespräch und bemerkten erst spät, dass wir fast als die Letzten in der Galerie verblieben waren, die schließen woll-

te. Einige der Bekannten hatten sich noch bei einem Italie-
ner in Soho verabredet. Norman war nirgends mehr in der
Galerie zu finden, also war er wohl schon aufgebrochen.
Aber im Lokal war er auch nicht. Erst nach einer Stunde
tauchte er auf, als alle schon mit dem Hauptgang beschäftigt waren. Er hatte ein rot unterlaufenes Auge, der Mund
blutete, das Gesicht sah zerquetscht aus. Norman erzählte,
dass ihn die zwei Arbeiter, die mit ihm aneinandergeraten
waren, später in seinem Büro überfallen, angegriffen und
so zugerichtet hätten. Er werde sie vor Gericht bringen und
bat die Runde, eventuell als Zeugen zur Verfügung zu stehen. Wer wäre dazu bereit?

Merkwürdigerweise wollte keiner der Anwesenden diese Arbeiter gesehen haben. Man bekam den Eindruck, es
sei peinlich, gegen Leute aus der *working class* vor Gericht
auszusagen. Man reagierte nach dem Motto des modisch
gewordenen Schlagers »A working class hero is something
to be«. Von dieser linken Feigheit gereizt, sagte ich Norman
sofort zu. Tatsächlich stand ich ein halbes Jahr später im
Gerichtssaal an einem hölzernen Pult, auf dem in goldenen
Lettern eingraviert war, dass bei Gott dem Allmächtigen
zu schwören sei, dass das, was man sagen werde, der Wahrheit entspreche. Auf die Aufforderung des Richters, die beiden Angeklagten in der Bank gegenüber zu identifizieren,
indem ich mit dem Finger auf sie zeige, überkam mich
nun doch eine Hemmung: Ich würde nie auf Leute zeigen,
sagte ich in meinem immer noch speziellen Englisch. Ich
würde in ihre Richtung mit dem Kopf nicken. Das war
nun weiß Gott keine soziale Anwandlung, sondern eher
eine Frage des Geschmacks. Der Richter akzeptierte das,
und am Ende kamen die beiden jungen Männer mit einer
geringfügigen Geldstrafe davon. Sie mussten nicht ins Gefängnis, was Norman sich erhofft hatte. Immerhin festigte
das Ereignis unsere Bekanntschaft. Zum Dank lud mich
Norman zu Mozarts *Don Giovanni* in der Glyndebourne

Opera außerhalb Londons ein, deren Aufführungen durch ein privates Ritual berühmt geworden waren: In der Pause setzen sich die Besucher mit mitgebrachten Fresskörbchen in den großen Garten und halten ein Picknick ab. Norman meinte ironisch, die Oper sei bei Intellektuellen allmählich wieder *in*. Er selbst war ein Musikkenner seit jeher, er liebte die Musik fast noch mehr als die bildende Kunst. Ohne Norman wäre ich wahrscheinlich nie nach Glyndebourne gekommen und hätte nie etwas aus solch einem Picknick-körbchen verzehrt.

Die Konfrontation im Gerichtssaal war die einzige Er-fahrung, die ich bis dahin mit der *working class* gemacht hatte. Von einer ganz besonderen Ausnahme abgesehen: dem englischen Fußball. Ich war aus verschiedenen Grün-den – meine Frau war entgegen unserer früheren Vereinba-rung von Frankfurt nach London übergesiedelt – und nicht gern aus meiner Nordlondoner Wohnung in Hampstead nach Putney im Südwesten umgezogen, wo Chelsea der am nächsten gelegene Londoner Fußballklub war. Man konnte sogar zu Fuß ins Stadion gehen, wenn man Lust auf einen längeren Spaziergang hatte. Das Chelsea-Stadion lag nicht im schicken, noch immer etwas bohemehaften Chelsea, sondern im parallel gelegenen *Working-class*-Vier-tel Fulham. Der Klub, dessen Spiele ich allerdings noch lie-ber sah, war der FC Liverpool mit Kevin Keegan. Als dort mein deutscher Lieblingsklub Borussia Mönchengladbach für ein Freundschaftsspiel angekündigt war, nahm ich den Zug nach Liverpool. Mir schwante Schlimmes, als ich die jungen deutschen Schlachtenbummler aus den Bussen stei-gen sah. So brav. Sie hatten alle das Gleiche an, dunkelgrü-ne Trenchcoats aus ehemaligem Bundeswehrbestand mit den deutschen Hoheitsfarben auf den Ärmeln. Die meisten waren wohl Schüler und Studenten. Als sie von den in al-len Farben aufgedressten einfachen Jungen von Liverpool freundlich-neugierig umringt wurden, reagierten sie unsicher, schüchtern. Ich dachte mir: Nun ja, sie sind Fremde hier. Lag ihre Zurückhaltung daran, dass sie im Unterschied zu den englischen Fans fast alle eher aus einem bürgerlichen Milieu stammten? Das konnte ja nicht gut gehen, wenn auch die Mannschaft in ähnlicher Weise auf das Spektakel reagieren würde, das mit Spielbeginn ausbrechen würde.

Und so kam es. Obwohl die Borussia in bester Besetzung antrat, war sie dem englischen Ansturm von Gesängen, Anfeuerungsrhythmen und Schal-Demonstrationen psychisch nicht gewachsen. Netzer war längst nicht mehr dabei, aber Bonhof. Sie lagen schon früh zwei Tore zurück. Man spürte, dass die deutsche Mannschaft buchstäblich Angst bekam. Denn das Besondere am englischen Fußball in diesen Jahren war nicht bloß die alte Angriffslust, sondern etwas ungeheuer Eindrucksvolles aufseiten der Zuschauer. Ein Ritual. Das war etwas Neues. Es hatte sich zur gleichen Zeit entwickelt wie die Musik der Beatles, die Popmalerei oder auch das Modegeflimmer in der King's Road. Besonders die Fans aus dem Norden, aus Liverpool, Manchester und Leeds, hatten diesen Stil erfunden. Das begann damit, dass sie das Wort »England« in zwei kurzen Silben skandierten und dann die uralte Hymne der Roundheads der Cromwell-Armee gegen die Kavaliere des Königs aus dem englischen Bürgerkrieg auf sich selbst bezogen: »You'll never walk alone.« Es hörte sich an wie ein Choral, wenn sie das Wort »alone« mehrfach langgedehnt wiederholten und der Vokal »o« im nordenglischen Akzent diesen trotzig-nachdrücklichen Klang bekam. Die Schals, die sie in beiden Händen haltend in rhythmischer Bewegung über dem Kopf hin- und herbewegten, sahen aus wie feudale Herrschaftszeichen bei einem mittelalterlichen Turnier. Das Spielfeld auch. Es war von den Zuschauern nicht durch einen großen Abstand oder die Distanz einer umlaufenden Rennbahn getrennt. Die Zuschauer rückten vielmehr bis zur weißen Seitenlinie heran, Mann hinter Mann. Auch das war für Borussia Mönchengladbach ungewohnt. Sie verloren am Ende 5:1. Immerhin hatte die westdeutsche Nationalmannschaft die englische schon vor der gewonnenen Weltmeisterschaft in Wembley 3:1 geschlagen. Und bereits 1966 verließ sie Wembley zwar besiegt, aber in selbstbewusster Haltung. Diesmal war keine Rede mehr davon.

Diese damals irgendwie phantastischen Eigenarten des englischen Fußballs waren auch beim *Cup Final* zwischen Fulham, dem Verein im Westen, und Westham, dem Verein im Osten Londons, sichtbar geworden. Die öffentliche Erwartung, die an den Zeitungen abzulesen war! Man nannte das Gegeneinander zweier *Working-class*-Mannschaften ein »fairy tale«. Beide Mannschaften spielten mit unterschiedlichen fußballerischen Systemen. Westham hatte sogar die Ehre, den Kurzpass und das Vier-zwei-vier-System erfunden zu haben. Überaus wichtig ist im englischen Fußball aber der »Captain«. »Captain« ist ein ganz anderes Wort als »Kapitän« oder gar »Spielführer«, es ist nicht wirklich in eine andere Sprache übersetzbar. Der Titel »Captain« ist fast so bedeutend wie ein Lord-Titel. Er gehört in eine Terminologie, die an die Hierarchien der Feudalzeit erinnert. War dies das Paradoxe an der englischen Demokratie? Westhams »Captain« war Bobby Moore, der 1966 im Endspiel die englische Nationalmannschaft gegen Westdeutschland geführt hatte. Er sagte jetzt, nach dem gewonnenen *Cup Final*: »It is the sweetest moment of them all.« Ja, Westham hatte den Pokal gewonnen, und man las danach, dass der 21-jährige zweifache Torschütze, Alan Taylor, »elfish« gewesen sei. Was für Ausdrucksweisen waren das! Eine quasipoetische Charakterisierung für einen Fußballer! In keiner anderen Liga der Welt wurde so gesprochen. Das ganze East End stand Kopf: Man sang das populäre Volkslied »I'm forever blowing bubbles, / Pretty bubbles in the air«. Ich hatte die Melodie auch schon gehört, aber erst nachdem ich den Zeitungsartikel gelesen hatte, wusste ich, was die Wörter bedeuteten.

Ja, es war das Theatralische, das den englischen Fußball mit dem englischen Theater und dem englischen Parlament verband. Es war das exzentrische Ausdrucksvermögen, der exzentrische Ausdruckswille. Woher kam das? Es verhielt sich mit ihm wie mit dem sogenannten britischen Humor. Wann hatte der eigentlich angefangen sich zu entwickeln? Mit Chaucer? Als die kontinentalen Sachsen ihren Nordseeschiffen entstiegen und die Kreidefelsen von Dover erklommen, waren sie wahrscheinlich noch humorlos gewesen. Aber irgendwann danach ging es los mit dem Humor. Vor oder nach der Schlacht von Hastings? Wahrscheinlich danach. Verlierer sind immer intelligenter als Gewinner. Andererseits: Die Engländer gewannen danach fast alle ihre vielen Kriege, aber ihr Humor kam ihnen nicht abhanden, sondern wurde immer drastischer. Und das Theatralische? Eine unbeantwortbare Frage. Eigentlich würde man die Engländer im Gegensatz zu den Südeuropäern ja untheatralisch, kühl, beherrscht nennen wollen, was sie oft genug auch waren und sind. Aber die Theatralik, um die es hier geht, ist das Andere an ihnen. Und das ist eine überraschende Erscheinung.

Dazu gehörte auch die Fähigkeit, Feste zu feiern. Zum Beispiel das Jubiläumsjahr der Queen. Dieses Mal, 1977, gab es Straßenpartys nahe der Themse in Putney, oben in meiner Straße, der Holroyd Road. Nicht in den Nobelquartieren in Kensington und Mayfair oder am Green Park. Putney war ein schönes bürgerliches Viertel, das schon leicht ins Ländliche überging. Seine Ordentlichkeit war notorisch. Von der snobistischen Virginia Woolf hieß es, sie habe, um ihren aus Putney stammenden Mann zu ärgern, von »sweet stupid Putney« gesprochen. Allerdings gab es eine signifikante historische Örtlichkeit in dem einst unbekannten Städtchen jenseits der Themse. In einem seiner beiden Brückentürme hatten Offiziere der radikalisierten Cromwell-Armee darüber diskutiert, durch welche institutionellen Änderungen der Staat noch weiter egalisiert werden könne. Sie waren dabei zu derart jakobinischen Vorschlägen *avant la lettre* gelangt, dass sie selbst Cromwell nicht gepasst hatten und er alle weiteren Verhandlungen darüber abbrach.

Wer zum ersten Mal den rituellen Pomp eines *royal event* erlebt hat, ist gefesselt oder abgestoßen. Aber auf der Würde dieser Königin zu bestehen, gebot nicht nur der Takt, sondern das Gefühl eines notwendigen Widerspruchs zu der häufig von Ausländern, besonders von deutschen Landsleuten, zur Schau getragenen Verständnislosigkeit. In Ermangelung von Geschichtssinn fiel ihnen nichts anderes ein, als nach dem praktischen Nutzen zu fragen. Die alberne Mentalität, die über goldene Kutschen, Bärenfellmützen und Hellebarden ihre Witze macht, musste mit Verachtung bestraft werden. Es gibt noch andere Dinge auf der Welt als die Kaufhäuser von Knightsbridge und Oxford Street. Allerdings hatte auch die hartgesottene Jubiläumsnummer des marxistischen *New Statesman* bösartige Sottisen parat: Eine Queen, die von Kunst nichts verstehe, die mit einer plutokratischen Adelsclique liiert sei, in der mehr von Pferden und Hunden geredet werde, so die Zeitschrift, sei die Feier nicht wert. Der Herzog von Edinburgh sei ohnehin ein taktloser unwürdiger Glückspilz, dessen Inkompetenz nur noch von seiner Arroganz überstrahlt werde. Vom Prinzen von Wales erhoffte man sich, dass er nicht zu bald König werde. Das Ressentiment des britischen Republikaners war heftig. Derartige Polemik beeindruckte mich aber nicht, sie klang falsch. Mit dieser Einstellung war es nicht schwer, der Einladung zur *street party* meiner Straße Folge zu leisten.

Abgesehen von einem Japaner, der sich schon lange nicht mehr aus dem Haus getraut hatte, waren wir die einzigen Ausländer. Aus allen Fenstern kamen Fahnen zum Vorschein. Das Fahnentuch von gegenüber, der Union Jack, sah aus, als ob er schon bei El Alamein oder gar Waterloo im Wind geweht hätte. Lange Tische waren vor den Häusern aufgestellt, mit einschlägigem englischen Essen: Pie, Roastbeef, Pudding und natürlich Bier und Whisky. Die Straßenparty war eine Innovation. Das hatten die Frauen den Italienern und Franzosen während ihrer Ferien abgeschaut. Normalerweise saß man hier nicht auf der Straße an einem Tisch, sondern man stand entweder im Pub oder vor dem Pub. Man stand also immer. Und so waren die englischen Männer auch nicht von ihren Frauen dazu zu bewegen, am Tisch Platz zu nehmen, sich hinzusetzen. Sie standen mit ihren Biergläsern auf der Straße und redeten miteinander. Man hörte auch Wiener Walzer, eine westindische Kinderband und irische Dudelsackpfeifen. Man hörte *Land of Hope and Glory* und andere Empire-Hymnen. Vor allem das ergreifende sentimentale Lied aus dem Zweiten Weltkrieg: »There'll always be an England, / And England shall be free«, gesungen von einer Sängerin, die damals zum Darling der Nation wurde: Vera Lynn. Ein Mann aus einem Haus am Ende der Straße, der wusste, wer ich war, begann, sich in einem aufgeräumten Ton an mich zu wenden: »Das Beste, was ihr uns importiert habt, sind diese langweiligen Hannoveraner.« Das war nicht besonders taktvoll. Weder an diesem Tag noch überhaupt an meine Adresse. Er war ein ehemaliger Offizier der Royal Navy, wie er mich wissen ließ. Und er hatte noch mehr auf Lager: Die Westdeutschen sollten endlich die Courage haben, aus ihrem nun schon dreißigjährigen Schlaf aufzuwachen und politisch mehr internationale Verantwortung zu übernehmen. England habe diese sehr lange getragen, aber jetzt sei es an den Deutschen, wegen ihrer sich herausbildenden ökonomischen Vormachtstellung das zu übernehmen. Zumindest in Europa. Jedenfalls, sie nicht so lammfromm den Franzosen zu überlassen. Das politische Vakuum um Deutschland herum müsse beendet werden! Die Vergangenheit sei eine billige Ausrede. Das sei Sentimentalität, keine Politik. England habe eine Ruhepause verdient, es sei erschöpft und ein bisschen auch gleichgültig wie ein Langstreckenläufer, der es gewohnt sei, immer vorn zu liegen, und sich endlich wünsche, dass andere ihn überholen. Merkwürdig, dieser Royal-Navy-Mann, der einst britische Geleitzüge im Atlantik gegen deutsche U-Boote geschützt hatte, war bitter enttäuscht von den Deutschen, dass sie nur Geld verdienen, aber keine Politik machen wollten. Ganz zu schweigen von ihrer Armee, die nichts mehr tauge, nur noch ein Schatten dessen sei, was sie einmal gewesen war.

So etwas hatte ich bisher noch nicht gehört. Eigentlich auch nicht in der Zeitung gelesen, abgesehen davon, dass es den Kommentatoren ausgemacht schien, dass die politische Hauptstadt Westdeutschlands angemessen provinziell sei, so wie die ganze Republik. Es wurde auch gar nichts anderes von ihr erwartet, obwohl die aufeinander folgenden Kanzler Brandt und Schmidt das Ansehen des ersten Bundeskanzlers Adenauer jeweils in ihrer Person bestätigt und weitergetragen hatten. Die ehemalige Hauptstadt war immer noch von den Siegermächten besetzt, und so fehlte der westdeutschen Republik ohnehin die politische Souveränität. Was mir jetzt erst klar wurde: Die Mehrheit der Westdeutschen war sich bei Licht besehen dieses noch immer fortgesetzten halben Kolonialstatus gar nicht bewusst, oder es war ihr egal, denn sie hatte jeden machtpolitischen Ehrgeiz offenbar für immer abgelegt. Das war den Offiziellen der englischen Politik auch gerade recht. Ich hatte dem Marineoffizier leicht gereizt zugehört. Denn solange ich noch nicht in England gelebt hatte, war mir das eigene Land in jeder Beziehung, vor allem aber geistig-intellektuell, als sehr attraktiv erschienen. Meine literaturkritischen Texte hatten neuen deutschen oder deutschsprachigen

Schriftstellern gegolten, die ich im internationalen Maßstab für brillant hielt. Als der gleichaltrige Redakteur des *Times Literary Supplement* einmal die Frankfurter Buchmesse besucht hatte, war er tief beeindruckt gewesen von den Gesprächen, die er mitbekommen hatte, sei es bei Dichterlesungen, Verlagstreffen oder politischen Diskussionen. Etwas Ähnliches gebe es in London, ja in ganz England nicht, dieses sprühende geistige Leben! Das hatte mich damals nicht besonders überrascht, es war mir eher eine Bestätigung meines nationalen Selbstbewusstseins gewesen.

Nach nunmehr fünf Jahren in London hatte sich der Blick auf die Heimat verändert. Nicht englischen Ansichten über Westdeutschland folgend, sondern eigenen Beobachtungen. Plötzlich war die Frage aufgetaucht, ob das Land nicht bloß ein Viertel seiner einstigen Provinzen verloren habe, sondern auch sein altes geistiges Potenzial, genau das, wodurch es eigentlich immer bedeutend war. Niemals hatte eine solche Bedeutung, wenn man genau hinsah, auf diplomatischer oder politischer Macht beruht oder auf einem gesellschaftlichen Image im internationalen Maßstab. Die beiden Versuche, Derartiges kriegerisch zu erzwingen, waren gescheitert. Aber in geistiger Hinsicht war das Land über die letzten zweihundert Jahre doch herausragend gewesen, eine Vormacht sogar in den Wissenschaften. Und heute? Besaß es überhaupt noch eine geistige Kraft sui generis? Stellte man sich in Deutschland überhaupt noch diese Frage? Man urteilte über die Tradition nach Kriterien, die sie zwangsläufig als verwerflich erscheinen ließen. Diese Tradition war nicht politisch-aufgeklärt, nicht zivil im westlichen Sinne gewesen. Wahrscheinlich provozierte das täglich beobachtete englische Selbstbewusstsein in mir einen verborgen gebliebenen Patriotismus, der mich überhaupt erst auf diese Frage verfallen ließ. Einem Essay des Physikers und Philosophen Carl Friedrich von Weizsäcker entnahm ich die Wendung »Deutschland als geistige Möglichkeit«. Weizsäcker verneinte diese Möglichkeit, weil sie durch die Verbrechen des Nationalsozialismus annihiliert worden sei.

Eine solche moralische Bankrotterklärung, die Weizsäcker im Namen eines gescheiterten Titanismus abgab, beantwortete meine Frage allerdings nicht. Es ging mir um etwas anderes. Darum, zu erkennen, dass die von Weizsäcker gemeinte metaphysisch-geistesgeschichtliche Tradition, die den sogenannten »deutschen Geist« ausgemacht hatte, so oder so zu ihrem Ende gekommen wäre. Man hatte aber im pädagogischen Eifer allzu viel über Bord gehen lassen. Vor allem die Romantik. Man war, obwohl man gerade das nicht gewollt hatte, paradoxerweise wieder auf die Metaphysik zurückgefallen, nämlich in Gestalt der aufklärerischen Geschichtsphilosophie. Das selbstauferlegte Gebot, das sogenannte Irrationale zu verabschieden, war der Grund dafür. Und das gerade jetzt, zu einem Zeitpunkt, da die französische Hermeneutik dieses Irrationale als das Ästhetische wiederentdeckte: die großen Geister und Dichter der deutschen Romantik, Novalis, Hölderlin, Kleist, Friedrich Schlegel. Die geistige Möglichkeit, von der Carl Friedrich von Weizsäcker Abschied genommen hatte, lag darin, endlich das sprachliche Kapital, die ästhetische Stärke dieser Literatur, die man als irrational abgetan hatte, wiederzuentdecken. Davon hatte der deutsche Geist allerdings nie eine Ahnung gehabt. Es ging um das alte Problem: dass man vor lauter Bedeutung die Dinge selbst nicht mehr sah. Wenn aber die Sinnlichkeit der Dinge verschwindet, dann wird alles schal und leer. Und jetzt glaubten sie zu Hause, sie würden wieder etwas werden, wenn sie den rationalistischen Katechismus auswendig lernten. Sie merkten nicht, dass dies eine der Ursachen dafür war, dass sich immer stärker eine merkwürdige Langweiligkeit ausbreitete. Die überfiel einen, wenn man aus einem Land wie England ins eigene Land zurückkam und sich dort auch nur eine Woche lang aufhielt.

Eigentlich wollte ich deshalb aus England nicht fort. Über diese Stolperschwelle vor neuen Entschlüssen half ein Gesellschaftsabend in Hampstead hinweg. Das jüngste Preußen-Girl und ihr Mann Grey hatten mich mit einem in Hampstead lebenden, schon international anerkannten österreichischen Pianisten, Alfred Brendel, bekannt gemacht. Obwohl ich von klassischer Musik nichts verstand, verstand ich aber den Künstler, seinen Witz, seine Bemerkungen über Musik. Eines Abends nahmen er und seine Frau mich mit zu einer großen Party, die der zeitweilig in Hampstead lebende New Yorker Schriftsteller Philip Roth und seine Freundin, die englische Schauspielerin Claire Bloom, für Freunde arrangiert hatten. In dem riesigen Gewühle war niemand zu entdecken, den ich gekannt hätte. Das ständige Vorgestelltwerden, das, je freundlicher und nachfragender es ausfiel, nur die völlige Unbekanntheit des Journalisten und auch das Unbekanntsein der berühmten deutschen Zeitung demonstrierte, wurde zur psychischen Tortur. Andere deutsche Journalisten waren offenbar nicht anwesend. Eigentlich war das der Augenblick, in dem der gesellschaftlich Begabte seine Wurzeln schlägt, so wie mein Freund Werner Spies in Paris. Aber dieser Augenblick ging vorüber. Am nächsten Morgen dämmerte mir, dass es für mich in London keine Zukunft geben würde. Den Journalismus musste ich ohnehin hinter mir lassen, denn an seiner Stelle wollten andere Sachen geschrieben werden, die im Kopf auf mich warteten.

Es kam noch etwas anderes hinzu. Der Herausgeber des *Merkur*, bald siebzig Jahre alt, wollte seine Herausgeberschaft beenden. Er hatte schon vor Jahren, nach meinem Abschied von Deutschland, über die Möglichkeit gesprochen, dass ich seine Nachfolge anträte. Das saß mir auch im Kopf. Der *Merkur* war das beste, das einflussreichste intellektuelle Organ in deutscher Sprache, auch wenn es seit dreißig Jahren nicht mehr als viertausend Hefte im Monat verkaufte. Aber ohne Habilitation, ohne eine Professur würde das nicht gehen. Die Rechte an der Zeitschrift, so plante der alte Herausgeber, sollten auf den Verlag übergehen, der ihm daraufhin eine Altersrente gewähren würde. Das bedeutete die Abhängigkeit jedes zukünftigen Herausgebers vom Verlag, eine Art Angestelltensituation. Es sei denn, ein besonderer rechtlicher Status ermöglichte der Zeitschrift eine Distanz zum Verlag und der Herausgeber würde finanziell unabhängig durch ein zweites Einkommen. Diese Bedingung wurde mit Michel vom Hanser Verlag und einem befreundeten Anwalt, einem Kenner des Verlagsrechts, besprochen. Es wurde entschieden, dass die Herausgeberschaft erst dann aktuell würde, wenn die Habilitation, gefolgt von einer Professur, geleistet wäre. Die Frage, ob die Zeit für beides, Professur und *Merkur*, reichen würde, konnte zu diesem Zeitpunkt nicht beantwortet werden. Die Themen, die sich seit dem Buch über die gefährdete Phantasie herausgebildet hatten, könnten bei einer Kombination von *Merkur* und Professur auf zwei Ebenen dargestellt werden: analytisch und polemisch. Die Niederschrift des Habilitationsvortrags gab in dieser Richtung Auftrieb. Die ursprüngliche Frage nach der Differenz zwischen Erscheinung und Bedeutung wurde wieder aufgegriffen. Dass man ein ästhetisches Urteil über Literatur nach einigen Sätzen fällt, noch bevor man zu einer analytischen Einsicht kommt, war mein Thema. Nach der Antrittsvorlesung machte ich die Entdeckung, dass der junge Georg Lukács, bevor er der marxistische Literaturtheoretiker par excellence wurde, genau diese These schon formuliert hatte. Zum Glück hatte das keiner der professionellen Zuhörer gewusst, was einerseits etwas peinlich, andererseits ermutigend war.

Weil ich in den nächsten Jahren nicht zur Verfügung stehen würde, sollte die Zeitschrift zunächst von einem namhaften Publizisten geführt werden, nachdem sie zum

Organ einer Stiftung umgewandelt wäre, deren Vorsitzender der Verlagschef sein sollte. Das Gefühl, dass sich das Leben in einer nicht absehbaren Weise selbst ereignete, gab Auftrieb. Weder das Londoner Leben war absehbar noch das Leben danach. Inzwischen war auf der politischen Bühne etwas Dramatisches passiert. Es war die Nacht, als Labour die Macht verlor. Diese Nacht im Frühjahr 1979 packte mich fast so wie die Nacht anderthalb Jahre zuvor, als die in Stammheim Einsitzenden um Baader Selbstmord begangen hatten. Die ungeheure Erregung, die dem Selbstmord gefolgt war und schließlich im Begriff vom »Deutschen Herbst« ihren einprägsamen Ausdruck fand, hatte sogar eine nationale Ausstrahlung gehabt: Vorher war ein von palästinensischen Attentätern gekapertes Flugzeug von einer westdeutschen Spezialeinheit befreit worden, was die Selbstmorde in Stammheim erst ausgelöst hatte, weil nunmehr die Aussicht auf einen erzwungenen Austausch dahin war. Kanzler Schmidt war das Risiko der unverhandelbaren Staatsräson eingegangen. Ich war in jener Nacht nur zufällig in Deutschland gewesen, hatte nachts die Nationalhymne im Rundfunk gehört und musste am nächsten Morgen nach England zurück. Ulrike hatte schon früher Selbstmord begangen. Seit dem nächtlichen Frankfurter Treffen hatte ich sie nicht mehr gesehen.

Niemals zuvor war, dank des Fernsehens, dergleichen bei einem englischen Wahlereignis zu sehen gewesen. Politiker aus Labour und der liberalen Partei, durch psychische und intellektuelle Statur ausgezeichnet, fielen reihenweise. Aber wie! Da waren die beiden liberalen Stars ihrer Partei, John Pardoe und Jeremy Thorpe. Tony Benn, der adlige radikale Linksaußen der Labour Party, beredter Idealist, entkam dem Blutbad gerade noch. Selbst David Owen, der angesehene Außenminister, hätte um ein Haar seinen Parlamentssitz verloren, weil viele Bewohner der alten kolonialen Flotten- und Hafenstadt, deren Abgeordneter er war, dem jungen Doktor seine gegen die Apartheid gerichtete Afrikapolitik nicht verziehen hatten. Jeremy Thorpe fiel besonders tief. Er würde sich eine Woche später wegen einer bizarren Mordanklage in Old Bailey zu verteidigen haben. Er war die pittoreskeste Figur des englischen Parlaments, einer an pittoresken Facetten nicht gerade armen Gesellschaft. Ein englischer Dandy von früher, Abgeordneter für North Devon. Und sie hatten ihn, den Vielgeliebten, dort trotzdem nicht mehr gewählt! Ein blutleeres Gesicht, die Fäuste öffneten und schlossen sich wieder, als er vor seine Parteianhänger trat. Man hatte schon davon geträumt, er werde es fertigbringen, den Durchbruch der Liberalen zu alter Größe wie zu Zeiten Lloyd Georges zu schaffen. Thorpe durfte dieses schreckliche Ergebnis nicht als Omen für seinen bevorstehenden Prozess nehmen, er musste tapfer vom Balkon aus seine eigene Rückkehr und die seiner Partei versprechen.

Es traf aus meiner Sicht vor allem den Liebling der Labour Party, Shirley Williams, die Erziehungsministerin. Obwohl ich ihr Engagement für die Comprehensive School, das neue egalitäre, verheerende Erziehungssystem, strikt ablehnte, war meine Sympathie für diese Politikerin besonders groß. Sympathie wegen ihrer lebendigen intellektuellen Ausstrahlung. Viele hatten sie sich als neue Premierministerin gewünscht. Als sich das Lauffeuer über ihre Niederlage verbreitete, sagte ihr ansonsten lakonischer Parteichef und Premierminister Callaghan: »My heart is broken.« Labour wurde von der schlimmsten Katastrophe heimgesucht. Ausgerechnet Shirley Williams und David Owen entschlossen sich, zusammen mit Roy Jenkins, dem Schatzkanzler und angeblich idealen Premierminister, wenn er es denn geworden wäre, die Labour Party zu verlassen, um eine neue Partei zu gründen, die Social Democratic Party. Die Genannten verkörperten einen Typus von Politiker, von dem es in Westdeutschland wohl nicht wirklich viele gab oder der sich dort nicht zeigte: extrem individuell. Einige fielen der Wahl in einer Weise zum Opfer, wie man in Deutschland gar nicht fallen kann, weil dort tödliche Ausgänge für die führenden Politiker durch das Wahlsystem versperrt werden. Das ist ein Manko für die Politik als Drama, so wie sie sich in England herausgebildet hatte.

Stattdessen nun der Name, den man überhaupt erst seit vier Jahren kannte: Margaret Thatcher. Eine ganze Epoche, auch die bisherige Epoche in London, war zu Ende gegangen. Die blonde Riesin, wie ich sie nannte, war mir sofort unangenehm, als sie 1975 überraschend Parteivorsitzende geworden war anstelle des als zu liberal empfundenen Edward Heath. Der war ebenfalls von einfacher Herkunft, hatte aber den Club-Ton angenommen und die leiseren Manieren der oberen Mittelklasse. Thatcher war die Sprecherin einer neuen, relativ traditionslosen Schicht, in jeder Hinsicht, politisch und kulturell, das Gegenteil der von ihr geschlagenen Politiker aus Labour und Liberalen. Mit ihrer Handtasche und ihrer nicht schrillen, aber doch penetranten patronisierenden Stimme war sie der Typus resolute Hausfrau beim Einkaufen in einem der nettesten Vororte. Als sie am 4. Mai 1979 vor die Tür mit der berühmten Nummer 10 trat, konnte man denken, sie sei mit ihrer akkuraten Frisur und ihren unschuldigen Manieren eine der Frauen aus den britischen Kolonialfilmen, in denen niederträchtige Aufständische bestraft werden. Das waren jetzt die Gewerkschaften.

Margaret Thatchers wichtigster Offizier bei der Bestrafungsaktion war Sir Keith Joseph, der ihr mit seinem bravourösen Parforceritt gegen die Labour-Linke auf den Thron geholfen hatte. Das sich herausbildende Programm für Privatwirtschaft gegen Staatswirtschaft war ja gar nicht so erschreckend, wie die zivilisierte Menschheit aus Hampstead behauptete, besonders deren Sprecher Michael Foot. Die Einwanderung Farbiger zu stoppen, die Arbeitslosen zu überprüfen, die Gewerkschaften zu disziplinieren – das war im Spektrum der Ansichten sicher reaktionär, aber steckte nicht auch Vernunft darin? Der brillante Enoch Powell, von dem man einmal geglaubt hatte, er würde Premierminister der Konservativen, hatte seine Parteimitgliedschaft verloren, weil er vor der »Überflutung« (»annual inflow« – er gebrauchte diese Wendung) durch farbige Einwanderer aus den ehemaligen Kolonien gewarnt hatte. Als gelernter Altphilologe griff er dabei auf ein Motiv aus Vergils *Aeneis* zurück: Er habe Ahnungen und sehe voraus, wie der Tiber sich von Blut rot färben werde. Natürlich las man »Tiber« entsetzt bis begeistert für »Themse«. Das war es, was den vorsichtigen Heath zwang, den ungezügelten, sprachgewaltigen Powell aus dem konservativen Machtzentrum zu verstoßen. Es war, um das Gesicht zu wahren, notwendig gewesen. Aber war es auch in der Sache richtig? Es war eine Warnung gewesen, die nicht unberechtigt schien. Die Wortwahl war es, die Enoch Powell im Jahre 1968 zu Fall gebracht hatte. Hätte er darauf verzichtet, seine antike Bildung vorzuzeigen, wäre die Sache anders ausgegangen. Aber Bildung und Verachtung der Kolonialkinder zusammen, das war zu viel.

Mrs. Thatcher wäre zu einer solchen Rede à la Powell aufgrund ihrer Phantasiearmut gar nicht fähig gewesen. Ihr Benehmen war ganz anders. Was vor allem abstieß, war die Einfachheit ihres Denkens. Immer nur die Entschlossenheit zu etwas. Sie hatte Courage. Sie triefte vor Überzeugung. Nun ja, das taten die linken Idealisten Michael Foot und Tony Benn auch. Das war ja das Problem mit ihnen gewesen! Aber sie konnten sich hinter komplizierten Erklärungen verschanzen. Jetzt die ganz einfache Form von Erklärung. Margaret Thatcher brachte es fertig, bevor sie zum ersten Mal hinter der Tür in Downing Street verschwand, den heiligen Franziskus von Assisi zu zitieren und zu sagen, sie wolle dort, wo Schwierigkeiten bestünden, die Harmonie, wo Irrtum herrsche, die Wahrheit, und wo Zweifel sei, den Glauben bringen. Nicht zu fassen, wie jemand in dieser Verantwortung so sprechen konnte.

Natürlich war sie intelligent. Sie hatte die neoliberalen, gegen John Maynard Keynes gerichteten Wirtschaftstheoretiker Friedrich Hayek und Milton Friedman für sich entdeckt. Aus deren Sicht war Keynes' *General Theory* von 1936 faktisch widerlegt. Stattdessen ihre Idee des kleinen Kapitalismus, das entschiedene Eintreten für die neue Mittelklasse, die Idee, Demokratie und Freiheit mit diesen Klassen zu identifizieren. Das wirkte wie eine Entdeckung, obwohl es eine längst etablierte Lehre war. Ja, Margaret Thatcher war intelligent. Sie hatte aber die Intelligenz eines, wie man hier sagt, *headgirl*, einer Schul- oder Klassensprecherin. Was konnte einem mehr auf die Nerven gehen? Thatcher war im Unterschied zu den Mitgliedern ihres Kabinetts vor allem keine Tory. Es lagen Welten zwischen ihr und ihrem Außenminister Lord Carrington oder Lord Thorneycroft und natürlich auch zwischen ihr und ihrem unmittelbaren politischen Berater, Sir Keith Joseph, der die Gewerkschaften als den Feind Nummer eins ausgemacht hatte. Auch zwischen ihr und Willie Whitelaw, ihrem jovialen Vertrauten. Sie zeigte aber keine Unsicherheit gegenüber diesen Männern aus einer anderen, ihr an gesellschaftlicher Geltung überlegenen Klasse. Über Whitelaws Unterstützung sagte sie einmal burschikos-ahnungslos: »Every prime minister needs a Willie.«

Sie war aber auch keine Neue Konservative. Sie war die Weißwäscherin. Eigentlich hätte gerade die Hayek'sche Ökonomie, die aus altliberaler Quelle schöpfte und sogar anarchistische Motive enthielt, einem sympathisch sein müssen. Dagegen erschienen Michael Foots und vor allem Tony Benns wirtschaftliche Ideen hirnverbrannt und naiv. Es waren die Erscheinung, die Sprache dieser Frau, die einen davon abhielten, irgendetwas an ihr und ihren politischen

Erklärungen akzeptabel zu finden. Die Ablehnung dieser Sprache hatte etwas mit Ethik zu tun.

Thatchers Herausforderung der Gewerkschaften und der nordenglischen Bergarbeiter traf sich mit der Unruhe, die im Südlondoner Stadtteil Brixton ausgebrochen war, wo fast nur Schwarze wohnten. Ob das mit der sozialen Revolution der blonden Riesin zusammenhing, war nicht klar. Seit den Aufständen der Westinder in Brixton brannten Häuser, trug die Polizei Schusswaffen. Die Reggae-Musik, die seit Mitte der Siebzigerjahre berühmt geworden war und der sogar die weißen Skinheads applaudierten, war politisch explodiert. Brixton lag von Putney geografisch gar nicht so weit entfernt, und doch – was die Stimmung und die Bewohner anging – eine Endlosigkeit. In Putney sah man kaum Farbige. Schwarze überhaupt nicht. Einmal entdeckte ich vor der U-Bahn ein Plakat, auf dem stand: »We are here because you were there.« Eine solche irgendwie um Vermittlung bemühte Anrede der ehemaligen Kolonialkinder an die ehemaligen Herren hätte es in Brixton nicht gegeben. Der Satz stammte wahrscheinlich von einem liberalen englischen Studenten. Als ich Brixton nach den ersten Unruhen durchstreifte, dachte ich, ein Bürgerkrieg stehe bevor. Nein, kein Bürgerkrieg. Die hier vorherrschenden Westinder fühlten sich nicht als Bürger dieses Landes. Die Eckkneipe der ins Ghetto führenden Coldharbour Road war schon vor drei Monaten abgebrannt. Es gab die Zeitung *Westindian World* zu kaufen, die sich »Stimme von Schwarz-Britannien« nannte.

Aber der Anspruch einiger schwarzer Journalisten, die westindische Welt mit der einstigen Kolonialmacht zu verbinden, war nach dem Chaos der letzten Monate wohl aufgegeben worden. Die Anglisierung der jungen Generation der aus Jamaika und Kingston Eingewanderten war gescheitert. Das musste man bedenken, wenn man dem allerletzten Reggae-Hit in einem der dunklen Schuppen zuhörte. Es war dunkel, weil die Fensterscheiben mit Brettern vernagelt waren – als Schutz vor der nächsten Straßenschlacht gegen die englische Polizei. Die Reggae-Musik war nicht immer so melancholisch-apolitisch, ja mystisch gewesen wie jetzt, wenn es um die afrikanischen und schwarzamerikanischen Befreiungshelden gegangen war, um Cetewayo, Lumumba und Malcolm X. In Jamaika, woher viele Familien in Brixton kamen, wurden beim sogenannten Burra-Tanz, so las ich, entlasse Strafgefangene und eine antisoziale, anarchistische Haltung gefeiert. Ein phantastischer Held, eine Art schwarzer Al Capone, wurde erfunden. In den Londoner Elendsquartieren von Brixton und Hackney hatte sich der triumphierende Outlaw von Jamaika in den hoffnungslosen Straßenkämpfer von Brixton verwandelt.

Der Rastafari-Kult war zu einer Art Religion geworden, die Brixton und andere westindische Siedlungen vor Mutlosigkeit schützen sollte. Das war meine Erklärung, wenn ich die Melodien und Wörter hörte, vor allem das Wort »Babylon«. Der biblische Ausdruck meinte die westliche Zivilisation, die sündige, dem Untergang anheimgegebene britische Metropole, die verhasste englische Polizei, die Nachfolger aller Weißen, welche die schwarze Rasse versklavt hatten. Das Wort »Babylon« enthielt in allen Reggae-Liedern aber auch das Versprechen, dass man diesen Unort überleben werde, um heimzukehren ins Land der Väter. Nicht nach Jamaika. Es war eine chiliastische Erwartung. Sie richtete sich auf ein afrikanisches Land: auf Äthiopien und seinen ehemaligen Kaiser Haile Selassi. Warum, wusste ich nicht. Tiefer nach Brixton hineingehend, die kilometerlange Railton Road entlang, kam ich in eine vom weißen London gänzlich abgeschnittene Gegend. Reines Ghettoland, keine Händler mehr und kein schwarz-weißes Gemisch. Man sah zur Hälfte bewohnte Ruinen, verdreckte Reihenhäuschen, von ihren weißen *Working-class*-Bewohnern seit Langem verlassen. Aus den dunklen Eingängen tönte die Rasta-Musik, und es gab ein ständiges Hinein- und Hinausgehen. Dichtgedrängt Jugendliche in Gruppen an die Hauswände gelehnt. Arbeitslos. Aber ihr Nichtstun war eine politische Handlung. Familienleben gab es nicht. Die Väter schienen verschwunden zu sein. Deshalb war die Drohung der konservativen Regierung, die Eltern der Straßenkämpfer haftbar zu machen, für mich Ausdruck der Ahnungslosigkeit von den sozialen Verhältnissen in der Railton Road. Als ob man hier die Kinderstube der weißen Mittelklasse erwarten könnte! Lächerlich. Selbst die Fens- ter der farbigen Ladenbesitzer wurden von weißen Schrei- nern und Zimmerleuten verbarrikadiert.

Unsicher, ob es gefährlich sei, sich hier als Weißer lange sehen zu lassen, wurde ich überrascht: keinerlei feindselige Haltung, eher die freundlich-stumme Kenntnisnahme, dass ein Fremder hierher geraten war, der offensichtlich nichts Offizielles repräsentierte. Dabei gab es im Haus Num- mer 121 einen anarchistischen Buchladen mit einschlägig aggressiver Literatur. Gekauft wurde nichts von denen, die dort herumsaßen, lasen und diskutierten. Erstaunlich: kein schwarzes Gesicht darunter, sondern weiße Linksextremis- ten, Sozialhelfer, späte Hippies. Auf den Plakaten soziale Forderungen, die wie politische Hetze klangen. Die Schwar- zen um die Ecke nahmen keine Notiz davon. Es hatte ein- mal eine Beziehung zwischen Westindern und weißen Skin- heads oder Punks gegeben, die alle Reggae-Musik hörten. Aber die Rasta-Mythologie stand der Solidarität mit wei- ßen Underdogs offenbar im Wege: Als eine Reggae-Truppe das Lied »Young, Gifted and Black« gespielt hatte, hatten die anwesenden Skinheads »Young, Gifted and White« ge- antwortet. Die einfachen weißen Jungen aus Whitechapel und Liverpool polemisierten zwar gegen die konservative Oberschicht, aber sie kultivierten dennoch die koloniale britische Vergangenheit, als ihre Großväter noch durch

Afrika und Indien marschiert waren. Ich überlegte, ob Enoch Powells Prophetie, die Themse werde sich von Blut rot färben, sich nicht doch einmal bewahrheiten könnte. Vorerst nicht. Aber die exotischen Ausschweifungen der Schwarzen während des Karnevals in Nottinghill waren in Brixton zu düsterer Gewalt geworden. Und es war natürlich gang und gäbe, ins East End zu gehen und Pakistani zu verprügeln.

Die weißen Jungen waren manchmal brutal, aber eben auch nostalgisch. – Das Wort »nostalgisch« war seit diesen Jahren überall im Umlauf. In den Medien, im Film, in den Titeln der Bücher und demzufolge auch bei dem, was die Leute so dachten. Je höher es in der Gesellschaft hinaufging, desto nostalgischer. Das hieß: Es war nicht bloß die Erinnerung an das Empire oder an den Ersten Weltkrieg, es war eine Wiederkehr der britischen Vergangenheit, die es doch nie so gegeben hatte. Auch die Wiederkehr von alten Moden und Künsten. Zurückgekehrt waren vor allem die Malerei der Präraffaeliten und die Mode der edwardianischen Zeit, einschließlich der Stücke und Essays von Oscar Wilde und der phantastischen Zeichnungen von Aubrey Beardsley. Mir fiel insbesondere die Renaissance des lange Zeit vergessenen Genies in Malerei und Dichtung, William Blake, auf, der von den Präraffaeliten wiederentdeckt und gefeiert worden und nun in aller Munde war. Der Manierismus seiner explosiven Farben und der Okkultismus seiner ästhetischen Mythologie schlugen, wie man sagt, gleich einer Bombe ein. Auch bei mir. Dass Blake ein glühender Demokrat gewesen war, ein Anhänger der Französischen Revolution, gab seiner Renaissance in den Siebzigerjahren einen weiteren Schub. Blake war mit Leuten umgegangen, hinter denen der Henker her war. Ich las seinen Satz: »The tigers of wrath are wiser than the horses of instruction«, und wusste sofort, dass ich mit der Lektüre noch lange nicht zu Ende war. Die wunderbaren *Songs of*

Innocence and Experience enthielten das zu diesem Zeitpunkt für mich schönste Gedicht, ebenfalls mit dem Tiger als zentralem Motiv: »Tiger, tiger, burning bright / In the forests of the night, / What immortal hand or eye / Could frame thy fearful symmetry? // In what distant deeps or skies / Burnt the fire of thine eyes? / On what wings dare he aspire? / What the hand dare seize the fire?«

Später wurde die erste Zeile dieses Gedichts im literarischen Milieu zu einem geflügelten Wort. Für alles. Für den unmittelbaren Anblick eines Tigers in den Wäldern Indiens, für die Erscheinung einer unheimlichen Macht, die uns begegnet. Und schließlich als das glühende Inbild romantisch-moderner Poesie. Und diese Schrecken verbreitende Analogie war ja mein eigenes Thema. Es war auch ein Thema der englischen Siebzigerjahre. In England waren sie immer mehr kulturrevolutionär denn politisch revolutionär gewesen. Das lag sozusagen in ihrer Natur. Die englische Pop-Malerei und Rockmusik hatten meiner Empfindung nach selbst eine so ungeheure, alles bis dahin weltweit Dagewesene, alles Gesehene und Gehörte hinter sich lassende Kraft, dass sie die marxistischen und sozialistischen Seminarreden an wirklichkeitsveränderndem Impuls verzehrten, sofern Letztere nicht in Gewalt übergingen wie in Italien und in Westdeutschland. Die Brixton-Aufstände, so zeigte sich, waren letztlich keine politische, sondern eine rassische Revolte gewesen. Mit Thatchers Erscheinen begann die kulturrevolutionäre Stimmung zu verschwinden, die auch William Blakes Malerei und seine Gedichte aus dem Vergessen hervorgezaubert hatte. Ein ganz neues Zeitalter begann. Die Chefs kamen zum ersten Mal zwischen neun und zehn Uhr ins Büro. Das hatte Thatcher so befohlen. Es war die genaueste Aussage, die man über das farblos werdende neue Zeitalter zu diesem Zeitpunkt machen konnte.

Die Nostalgie hinsichtlich des Empire galt nicht bloß der Kunst und Literatur des 19. Jahrhunderts. Es gab auch die nostalgische Rückbesinnung auf die Industrielle Revolution, die William Blake dämonisiert hatte. Deshalb fuhr ich in ihr einstiges Zentrum, nach Manchester. Ich war so eingenommen von der Stadt, ihrer Architektur und Atmosphäre, dass ich mich hinsetzte und eine Litanei darauf schrieb. An eine Veröffentlichung dachte ich nicht, denn so etwas würden weder die Zeitung noch der *Merkur* drucken. Ich konnte also emphatisch werden. Ich schrieb fünf Seiten voll. Eine Kostprobe:

O Manchester!
Litanei auf die Industrielle Revolution

Du warst bis gestern kein Mythos. Du warst uns so vertraut und gegenwärtig im Namen deiner berühmten Fußballmannschaft, dass sich nichts Gestriges, Vergangenes einschleichen konnte. Mehr als diesen Mannschaftsnamen gab es nicht zu bedenken, wenn man an dich dachte, bis man dich von Angesicht zu Angesicht gesehen hatte. O Manchester, wie hat man dich in deiner finsteren Würde übersehen, vergessen im Kriegsschrei deiner Fußballfans! Erst jetzt, ganz zufällig in Cross-Street, dem Herzen deiner City, kommt die Erinnerung, überfällt uns dein Mythos, werden wir des Bodens gewahr, auf dem wir stehen: Du nördliche Kathedrale der Industriellen Revolution, du Stadt, gegründet auf Fabriken, Maschinen und Baumwolle. Ohne Stil so stilvoll, ohne Schönheit so schön.

Von Blackfriars Bridge aus sah man deine rauchenden Schlote, einer wie der andere in einer langen, fast schon zeremoniellen Reihe, die im Geiste unserer Vorfahren nicht mehr abbrach, die sich fortsetzte über England, über die ganze Welt. Du warst die neue Hauptstadt des Kapitalismus, und alle seine Übel trugen deinen Namen, und das Rot deines Backsteins war das britische Rot, das die Erde bedeckte bis hinein in die flammenden Phantasien William Blakes, der deinen Terror schon ahnte. Wie um das Monster des 19. Jahrhunderts zu schauen, die Umkehrung der christlichen Verheißung, kamen sie, die prophetischen Männer, um dich mit Grausen zu betrachten: Tocqueville, Carlyle, Engels und Marx. Ist das deine Unsterblichkeit, dass du jetzt vor unseren Augen verfällst, während alle Gedanken, die du ausgelöst hast, noch nicht zu Ende gedacht sind, weiter gedacht werden, in England jedenfalls, jetzt? Bist du wie jenes Schloss des Schreckens, in dessen Gestein sich der Untergang des Hauses Usher schon ankündigt? O Manchester!

In dieser Phase der beiden letzten Jahre in England war ein erstaunlicher Brief des Philosophen eingetroffen. Wir hatten uns seit einiger Zeit kaum mehr gesehen. Beim letzten Deutschlandbesuch anlässlich eines Vortrags in München über Kunst und Anarchismus, zu dem er gekommen war, hatte er die erste wirklich kritische Bemerkung zu etwas gemacht, das ich geschrieben hatte. Seine Bemerkung hatte nicht auf den Vortrag gezielt: »Nun ja, jetzt bläst Ihnen der Wind ja nicht mehr ins Gesicht.« Was der Philosoph damit gemeint hatte, das war mir erst einige Minuten später aufgegangen: dass nämlich die Habilitationsschrift über Jünger und den Surrealismus, die unter dem Titel *Die Ästhetik des Schreckens* gerade als Buch erschienen war, irgendwie dem neuen, von Frankreich her wehenden dekonstruktiven Zeitgeist entgegenkäme. Das hatte mich damals mächtig geärgert, denn mein selbstbewusstes Prinzip war es ja stets gewesen, gegen den Strom zu schwimmen. Tatsächlich waren die neuen Einfälle und Theorien der sogenannten Dekonstruktion Ende der Siebzigerjahre von mir nur oberflächlich zur Kenntnis genommen worden. Die Analogien, die zwischen der *Ästhetik des Schreckens* und den Neuen Franzosen bestanden, ergaben sich aus dem Umstand, dass diese Ästhetik die idealistische Tradition überging und ähnliche phänomenologische Kategorien wie die Franzosen ins Spiel brachte. Der Brief des Philosophen galt nun jedoch einem ganz anderen Gegenstand: Er plane für das Ende des Jahrzehnts eine gedankliche Summa über die Epoche mit einigen markanten linken Wissenschaftlern und Schriftstellern, die er in Anlehnung an ein Buch von Karl Jaspers von 1931 *Stichworte zur geistigen Situation der Zeit* nennen wolle. Ob ich bereit sei, einen Beitrag zu liefern? Ich war erfreut, gleichzeitig aber irritiert. Ich rief ihn an und sagte, ohne große Präliminarien: »Ich bin doch gar kein linker Intellektueller.« Es war zu spüren, wie der Philosoph am Telefon den Kopf schüttelte. Er sagte dann: »Ach was, selbstverständlich gehören Sie zur liberalen Intelligenz des Landes. Also was ist?« Es gab gar keine Debatte mehr. Er musste es ja wissen. Ich sagte zu.

Es war nicht lange nachzudenken, was man schreiben könnte. Der Aufsatz sollte *Die drei Kulturen* heißen. Er handelte von der Differenz zwischen *New Culture*, *Old Culture* und *Popular Culture*. Ohne die englischen Jahre wäre diese Unterscheidung nicht getroffen worden. Es wurde, wie ich sofort spürte, ein theoretisch wohl leicht überzogener Aufsatz. Es ging vor allem um eine ästhetiktheoretische Rechtfertigung der Neuen Avantgarde, genannt *New Culture*. Deren Problem war, angesichts ihres selbstauferlegten Zwanges, das Innovationsprinzip der klassischen Avantgarde zu wiederholen, ob dieses Verfahren wirklich innovativ sein könne. Zur Rettung der Neo-Avantgarde aktualisierte ich dagegen das Argument der sinnlichen Erscheinung. Deren Erfüllung liege in Überraschung, Zweifel, Bewegung, Begierde. Dagegen war das einst wichtige

Prinzip, das der sozialen Reform, zu kippen. Es sei zu sehr in der Ideengeschichte verankert. Die sei endgültig zu Ende gegangen. Das war nicht im Sinne des Philosophen, aber das kannte er ja schon: »Ideen«, so hieß es in meinem Text, interessierten schon lange nicht mehr. Vielmehr, so sehe man an der avantgardistischen Kunst der Gegenwart, bei Beuys und im neuen Film, mache sich eine Tendenz des Archaischen bemerkbar, ja ein Rückzug auf den Mythos. Warum nicht?

Die Ausführung schließlich über die *Popular Culture* wurde gekrönt von einem affirmativen Kommentar zur Polemik, die der junge Künstler Florian Havemann gegen das private, geistige und politische Profil seines Vaters Robert Havemann, einer kulturellen Größe der DDR, im *Spiegel* veröffentlicht hatte. Was an dieser Polemik des jungen Havemann, der 1971 von Ostberlin in den Westen geflohen war und den ich seit seinem London-Aufenthalt recht gut kannte, so bestach, war die souveräne, kühne Darstellung der von Illusionen besessenen Marxisten. Vor allem ihrer Idee, es gebe einen repressionsfreien Kommunismus. Das war die Position auch vieler westdeutscher linker Intellektueller. Die ironische Haltung gegenüber dem idealistischen Vor-sich-hin-Denken, den Nachtgesprächen philosophischer Dilettanten war mir wie aus der Seele gesprochen. Die politisch heile Welt ostdeutscher und westdeutscher marxistisch orientierter Intellektueller wurde hier in einer Art Punk-Stil subversiv abserviert. In Florian Havemanns Unternehmen steckte der Stoff zu einer noch zu schreibenden Komödie über die deutsche linke Intelligenz. Warum auch nicht? Das Zürcher Schauspielhaus hatte ja schon zu etwas Ähnlichem aufgefordert, nachdem ich, angeregt durch den mir liebsten englischen Stückeschreiber, Tom Stoppard, den Entwurf einer politischen Komödie veröffentlicht hatte. Der eigene Versuch scheiterte aber, weil schon die erste Szene, ein Dialog zwischen einer Bonner Sekretärin und ihrem

CDU-Chef, schiefging. Das pompöse Deutsch des CDU-Löwen war in falscher Weise imitiert. Das merkte ich bald und brach den Versuch ab.

Havemanns Artikel hatte eine Welle der Empörung bei den alten Vertretern der *New Culture* ausgelöst. Empörung – so schien es – war in Westdeutschland zum Argument geworden. Sie hatten Florians immensen Witz, seine euphorische Frivolität nicht begriffen. Und der Philosoph? Wahrscheinlich hatte er das zuallerletzt hinzugefügte Bravo für Havemann nur in einer Art verhaltener Treue zur Nichtzensur akzeptiert. Eigentlich war es eine Zumutung, so etwas in der Summa, die er beabsichtigt hatte, zu veröffentlichen. Umso überraschter musste man darüber sein, was er in seiner langen Einleitung zu seinem Band über den Autor der *Drei Kulturen* schrieb: Er bezog sich darin gar nicht ausführlich auf meine Havemann-Eloge in seiner Summa, sondern auf den Aufsatz über die Frage nach »Deutschlands geistiger Möglichkeit«, der in meiner Zeitung kürzlich erschienen war. Der Kommentar des Philosophen hierzu lief darauf hinaus, meinem Plädoyer für den »großen Stil der Imagination«, den »Stil des schlechthin Verbotenen«, für das »unbezähmbar Subjektive« – Worte, die er zitierte – eine erstaunliche Fairness angedeihen zu lassen. Nicht nur in der präzisen Wiedergabe beziehungsweise der systematischen Übersetzung dessen, was ich geschrieben hatte. Auch im Charakterbild desjenigen, der es geschrieben hatte. Die Wörter »Radikalität« und »neuromantische Intelligenz« hätten mir noch besser gefallen, wenn der Philosoph nicht einen seiner typischen stigmatisierenden Lieblingsbegriffe, nämlich »jungkonservativ«, mit hineingebracht hätte. Nach der Veröffentlichung der Summa mit diesem Vorwort gab es Anrufe von so vielen Leuten wie noch nie, die ihre beeindruckte Aufwartung machen wollten. Es bewies dies die unerhörte Aufmerksamkeit, die jedem Wort des Philosophen in der intellektuellen Öffentlichkeit noch immer zuteilwurde.

Wahrscheinlich entsprach seine Charakterisierung des »neuromantischen« Denkens dem, was er schon vor zehn Jahren bei unserem nächtlichen Gespräch über Walter Benjamin und den Surrealismus gedacht, aber noch nicht dezidiert ausgedrückt hatte. Das wirkte auf mich nicht beunruhigend, sondern bekräftigte nur meinen Wunsch, der surrealen Dimension des Denkens systematischer nachzugehen. Noch waren London, das Theater, die Ausstellungen, Irland, die Preußen-Girls, Cyrus Atabay, Norman Rosenthal, Geoffrey Butler, Angelas Freunde, Tiggy und Marlise und schließlich der deutsche Jugendfreund Hans-Henning Erdmann da, in dessen Wohnung ich phasenhaft lebte, wenn er gelegentlich geschäftlich länger unterwegs war. Hans-Henning, Vertreter einer deutschen Bank in der City, gab mir eine neue Gelegenheit, die psychologische Verschiedenheit dieses und unseres Landes unmittelbar anzuschauen. Er hatte, um sein neues Büro in der City einzuweihen, den deutschen Botschafter eingeladen, dazu zwei, drei englische Privatbankiers, die er gut kannte, und vier höhere Angestellte seiner Bank aus Deutschland. Er hatte mich gebeten, ihm eine sogenannte launige Tischrede zu schreiben, natürlich auf Deutsch, die dann übersetzt werden sollte. Sie sollte witzig sein, durchaus mit ökonomischen Problemen aufwarten und dabei auch die angebliche deutsche Humorlosigkeit treffen, aber eben mit dem richtigen Ton für eine solch professionelle englisch-deutsche Geselligkeit. Ich schrieb ihm nicht nur die Rede, sondern war auch beim Lunch dabei. Was mich frappierte, war die sprühende Rede der englischen Banker und das totale Schweigen der Deutschen, obwohl Deutsch gesprochen werden konnte, weil die anwesenden Engländer es verstanden. Dieses Schweigen kam erst dann über die Deutschen, nachdem das Fachgespräch, bei dem sie massenhaft fachlich Einschlägiges geäußert hatten, zu Ende war. In dem Augenblick, als man improvisiert Persönliches erwartete, sprachen nur noch die Engländer. Der Zufall wollte es, dass es gesellschaftlich routinierte, ausgebuffte Vertreter ihrer Zunft waren, während die Deutschen wohl ihre höhere Angestelltenfrömmigkeit nicht ablegen konnten. Wenn einer von ihnen zu irgendeinem semantischen Wagnis unterwegs war, drehte er schnell wieder um. Höfliches Zuhören, was die englischen Kollegen alles auf Lager hatten. Es war quälend. Warum Hans-Henning mich auch zu dem Treffen eingeladen hatte, wurde mir jetzt klar. Ich sollte in die Lücke einspringen, die er schon vorhergesehen hatte. Ich versuchte es, so gut ich konnte. Danach redete ich mit dem Freund über diese Sprachlosigkeit. Wir fragten uns, wie sich deutsche Diplomaten wohl im Ausland zurechtfänden bei solchen Anlässen, wenn es auf die private Reaktionsfähigkeit ankomme. Es war ja klar, dass ein englischer oder französischer und auch italienischer Botschafter – sagen wir: in Washington – eloquenter, und das heißt selbstbewusster, auftreten würde als unsere Diplomaten. Das lag nicht nur an der Vergangenheit. Sie benahmen sich zu Hause ja ähnlich. Steif ist das falsche Wort, Steifheit kann auch bewusster Stil sein. Hier ging es um ein charakterliches und psychisches Defizit. Es war ein Mangel an Spontaneität, der einhergeht mit dem plötzlichen Ausbruch eines intimen Mitteilungsbedürfnisses. So Hans-Henning. Ich gab dem eine historisch-kulturelle Wendung: Dieses Verstummen beruhe einfach auf einem Mangel an Rhetorik, an einer objektiven Sprachkraft ohne subjektive Motivation.

Ausgerechnet zum absehbaren Ende der Londoner Zeit – das Wissenschaftsministerium hatte im Frühjahr 1982 die Berufungsurkunde zur Professur geschickt –, kam es zu einem weitaus dramatischeren deutsch-englischen Konflikt: Der Falklandkrieg war ausgebrochen. Argentinische Truppen hatten die von britischen Staatsangehörigen bewohnte britische Kronkolonie, auf die Argentinien seit Langem Anspruch erhob, besetzt. Eigentlich war ich an diesem Ereignis nicht sonderlich interessiert, wenn auch die Nachricht, die britische Regierung habe entschieden, militärisch zu reagieren und mit Kriegsschiffen und Flugzeugen den argentinischen Coup rückgängig zu machen, alarmierend wirkte. Erst als ich in deutschen Zeitungen englandkritische Reaktionen las, begann mich die Sache wirklich zu fesseln. Das war zu Beginn der Hoch-Zeit des westdeutschen Pazifismus. Was da zu lesen war, schien mir suspekt. Es war aber charakteristisch für die sich ausbildende Illusion, kriegerische Konflikte seien nicht nur für immer vermeidbar, sondern sie könnten auch für immer tabuisiert werden. Mein darauf reagierender Artikel, in dem nicht das britische Engagement, unterstützt von der Mehrheit des Parlamentes, im Vordergrund stand, sondern die deutsche Reaktion darauf, hatte eine explosive Wirkung. Ich hatte den Artikel mit der Schlagzeile *Falkland oder die Mainzelmännchen* überschrieben. Die kichernden Mainzelmännchen, Galionsfiguren des Mainzer Fernsehens, benutzte ich als Symbole für das Gartenzwergbewusstsein, das nach dem Zweiten Weltkrieg besagte: Ich bin klein, mein Herz ist rein. Die Sehnsucht, in einer Gartenlaube von den Gefahren der Welt abgeschirmt zu leben, wurde zum eigentlichen Thema. Darin erkannte ich eine Mentalität wieder, die an das kitschige preisgekrönte westdeutsche Eurovisionslied erinnerte: »Ein bißchen Frieden«.

Das alles drückte den auf Harmlosigkeit bestehenden, unpolitischen Machtverzicht aus. Auch der ständig wiederholte Slogan »Den Frieden sicherer machen« hörte sich für meine Ohren an wie ein Illusionsmotto, wie nichtssagender Schmus. Die traumatische Erinnerung an die von uns angezettelten, verlorenen Kriege und die Angst vor einem zukünftigen Krieg erklärten diesen Jargon. Warum nicht aus diesem Trauma eine Strategie zum Nutzen aller machen? Das war wohl die Idee gewesen. Die dem Artikel folgenden exzessiven Reaktionen westdeutscher Medien bekam ich erst allmählich mit, vor allem durch Telefonanrufe. Ich hatte das aber schon geahnt. Der Feuilletonchef meiner Zeitung wollte den Artikel zuerst nicht bringen. Auch er war empört. Er wurde durch den neuen Herausgeber, mit dem ich inzwischen ein freundschaftliches Verhältnis hatte, dazu gezwungen. Allerdings änderte man die Überschrift, man verharmloste sie, den Leser sozusagen um Verständnis für eine Satire bittend. Sie lautete nun: *Falkland und die Deutschen. Eine Polemik.* Das war, wie ich angewidert fand, ebenfalls typisch für die Mentalität, die ich selbst bloßstellen wollte. Die Reaktionen der wichtigsten Autoren in sämtlichen Tages- und Wochenzeitungen und Magazinen waren polemisch, zum Teil zwar respektvoll, in der Sache aber von schärfstem Widerspruch. Kein einziger stimmte zu. Angeblich sollen Assistenten meiner zukünftigen Universität einen Brief an das Ministerium geschrieben haben, in dem meine Unhaltbarkeit als Professor behauptet und meine Abberufung gefordert wurde, bevor ich überhaupt dort angefangen hatte.

Es war Zufall, dass ich zu diesem Zeitpunkt zu einem der zeremoniellen Abendessen eines Oxforder College eingeladen war. Der Gastgeber, ein bekannter Historiker der Geschichte des 20. Jahrhunderts, empfing mich gleich mit einer Anspielung auf die Reaktionen der deutschen Zeitungen, die mein Artikel ausgelöst hatte. Er erzählte, er habe mit einem langjährigen deutschen Freund, einem Freiburger Historiker, wegen meines Artikels ein telefonisches Streitgespräch geführt. Es sei in Schroffheit geendet, und er fürchte, auch die Freundschaft sei damit am Ende. Er sei entsetzt über die Ansichten dieses Freundes, für den offenbar parlamentarische Entscheidungen kein und Gesinnung das einzige Kriterium seien. Genau das wurde dann das Thema des Abends mit weiteren Gästen, unter ihnen der amerikanische Historiker Gordon A. Craig, ein Kenner der deutschen und preußischen Geschichte, der kürzlich, 1982, das Buch *Über die Deutschen* veröffentlicht hatte. Er hörte erstaunt zu. Dann ließ er sich polemisch aus. Sein früheres Werk von 1980, *Deutsche Geschichte 1866-1945*, hatte ich gelesen. Er zeigte tiefes Verständnis für die komplexe intellektuelle und psychische Kultur des deutschen 19. Jahrhunderts, äußerte aber gleichzeitig Kritik an der politischen Wüste des deutschen Parlamentarismus. An diesem Abend kam Craig auf das Thema seines Buches zurück: auf die notorische Dunkelheit und Unklarheit der öffentlichen Sprache, auch bei deutschen Akademikern. Offenbar noch immer! Er hatte in seinem Buch ihre Sprache als Kitsch des Gefühls und des Denkens bezeichnet. Was er über die deutsche Reaktion auf Falkland höre, das erinnere ihn an diese Tendenz politischer Verschwommenheit. Craig war entgeistert von der öffentlichen Behandlung, die mir widerfahren war, und zweifelte an der politischen Reife der Leute, die sich zu meinem Artikel geäußert hatten, worüber inzwischen sogar in der BBC berichtet worden war. Unter den Kritikern des Artikels gab es auch einen gemäßigten, Lord Dahrendorf, den ich in London manchmal sah und der zu den Engländern gehörte, die das Falklandunternehmen Margaret Thatchers ablehnten und scharf kritisierten. Aber es ging in Oxford gar nicht um pro oder contra Falkland. Es ging allein um die Obsession, mit der die westdeutschen Zeitungen über meinen Artikel hergefallen waren. Die Oxforder Runde fand das politisch und geistig abstoßend.

Als zu guter Letzt in London die Spitze der BBC zu einem Dinner-Abend in ein feines Hotelrestaurant einlud, unterbrach ein patriotischer Affekt meine gute Laune. Aus der Rede der BBC-Leute troff es nur so von selbstbewusstem Snobismus! Der ansonsten gern gehörte Oxbridge-Tonfall verhinderte diesmal, dass ich mich am Tisch wohlfühlen konnte. Die nasale Selbstsicherheit, die einen als nun sozusagen Hiesigen einbezog, ließ ich trocken ins Leere laufen.

Aber das war nicht der letzte Blick auf England und Irland. Von den Londoner Freunden fehlten jetzt zwei: Geoffrey hatte eine Professur für German Studies an der Universität von Bath angenommen. Er war der Tyrannei seiner Chefin, die das beste Buch über die Sprache von Goethes *Torquato Tasso* geschrieben hatte, entflohen. Bevor er London verließ, wollte er mich noch zum Mitglied seines besonders feinen Clubs, des »Atheneum«, machen. Aber bei der Aussicht, bald an einer deutschen Universität zu lehren, wäre das etwas prätentiös gewesen. Und Cyrus hatte London schon vor zwei Jahren in Richtung München verlassen, weil er sein ganzes Vermögen auf einer Teheraner Bank an die iranische Revolution verloren hatte und deshalb sein Londoner Haus in South Kensington hatte verkaufen müssen, um vom Erlös im viel billigeren München zu leben. Bevor er gegangen war, hatte er mir noch vergeblich auszureden versucht, die Dankesrede für den Merck-Preis vor der Deutschen Akademie für Sprache und Dichtung so zu halten, wie ich es vorhatte. Sie hieß *Hassrede*, Michel druckte sie sogar in den *Akzenten*, aber sie war wirklich unpassend, was ich erst merkte, als ich sie vorgetragen hatte. Warum hatte ich das nicht vorher erkannt? Ich hatte mir wohl eingebildet, den scharfsinnigen Kritiker und Spötter Johann Heinrich Merck kopieren oder überbieten zu können. Aber auch, weil die germanistische Betulichkeit, die ich in der Akademie erwartet hatte, mich umso mehr provozierte, als ich selbst bald meine Londoner Freiheit gegen ein ähnliches Milieu einzutauschen befürchtete. Besonders war der Abschied von Angela. Ich hatte mich mit ihr in den letzten zwei Jahren manchmal allein draußen auf Clapham Commons in einem italienischen Restaurant getroffen. Mit viel Weißwein. Ich nannte die Lokalität: »Auf der Heide«. Christopher, den ich zu Beginn meiner Londoner Zeit häufig gesehen hatte, war nie dabei. Angela schien, wenn ich sie dann nach Hause brachte, irgendwie ernst. Als ob sie etwas auf dem Herzen hätte. Ich fragte nicht nach Gründen. Ich wäre gern mit ihr in ihr Haus gegangen.

Am liebsten hatte ich die ganze Zeit ja allein in meinem Zimmer in der Holroyd Road gesessen oder war immer wieder durch fremde Straßen flaniert. Das hatte eine idyllische Version der Phantasiespiele ermöglicht. Idyllisch deshalb, weil einerseits die Herausforderung durch die linke westdeutsche Intelligenz zwar nicht verschwunden, aber nur noch auf Distanz wirksam und außerdem in ihrer Bedeutung halbiert war. Andererseits weil die englischen politischen Analogien eine exotische Wirkung ausübten. Das Fremde an allen englischen Erscheinungen hatte die Suche nach Vorstellungen jenseits des Alltags im Alltag selbst erfüllt. Die ganze England-Existenz war nichts anderes gewesen als eine neue Form, den Wochenenden mit fröhlichen, nichtarbeitenden Menschen zu entkommen. Ich dachte über eine mögliche objektive Ursache dieses Subjektivismus nicht nach. Jedenfalls nicht über das, was man eine soziale oder psychische Ursache hätte nennen können. Es hätte nahegelegen, an die extravagante, abgehobene Erziehung in meinem Internat im Schwarzwald zu denken. An einige der mich überwältigenden Motive der griechischen Literatur. Sie hatten der Wahrnehmung aktueller Ereignisse des Alltags im Weg gestanden. Die journalistische Praxis hatte das nicht verändert. Ich erkannte nur die immer stärker werdende Abneigung gegen eine *Vita activa*. Und noch etwas: Statt ästhetische Theorie zu treiben, hätte ich bessser, wenn keine Komödie, so doch eine Geschichte schreiben sollen. Aber die Theorie war es, die weiterhin meine Phantasie fesselte. Wenn irgendetwas einen von den Tautologien des Alltags entfernte, wenn irgendetwas einen auf das Unerwartete stoßen ließ, wenn irgendetwas einen selbst verwandelte in ein anderes Selbst, was war es anderes als die Theorie? Zuerst kam der Stoff, dann der Einfall, dann die Erfindung. Es war wie der plötzliche Umschlag auf der

Bühne. Ja, die Theorie hatte, wenn sie wirklich eine Erfindung war, etwas Theatralisches.

Während der vorletzten Woche meiner Englandzeit kam ein überraschender Anruf. Am Telefon war Klaus von Dohnanyi, gerade Erster Bürgermeister von Hamburg geworden. Er sei einige Tage in London, ob man sich nicht zu einem späten Frühstück in der Stadt treffen könne. Das hatte etwas von einem extravaganten Gestus, denn wir kannten uns nicht. Ich hatte ihn außer auf Fotografien noch nie gesehen. Da ich ihn und seine bemerkenswerte Familie sehr schätzte, sagte ich aber ohne Zögern zu. In einem alten Café gegenüber der Royal Academy in Piccadilly sprachen wir über kulturelle Ereignisse in England. Dohnanyi hatte eine sehr gut aussehende Frau bei sich, die er wohl heiraten wollte. Irgendwie bekam das Gespräch, dem sie nur zuhörte, in seinem Verlauf etwas Gestelztes. Es fielen immer wieder Namen von Leuten, die ich persönlich nicht kannte. Üblicherweise entgegnete ich in solchen Fällen – notorisch war das bei Unterhaltungen mit Dahrendorf, der mit aller Welt umging –, dass ich die angesprochenen Personen nicht kennen würde. Dieses auffällige Defizit an gesellschaftlichem Kontakt bei einem Journalisten war für solche Gesprächspartner offensichtlich irritierend. Es schien sogar irgendwie verletzend. Und es war ja tatsächlich unglaubwürdig. Ein guter Journalist hatte Leute zu kennen! Deshalb tat ich so, als ob. Ob er etwas gemerkt hat?

Dann aber doch die Bescherung. Als ich ihm erzählte, er treffe mich zu einer Zeit, in der meine London-Korrespondenz zu Ende gehe, weil ich eine Professur für Germanistik in Bielefeld übernommen hätte, war er für einen Moment sprachlos. Er fing sich, musste aber eine Art Indignation in dem Satz ausdrücken: »Na dann viel Vergnügen in der westfälischen Provinz.« Wie könne man das interessante und privilegierte Leben in London für einen Lehrstuhl in Bielefeld aufgeben? Meine Antwort fiel nicht gerade diplomatisch aus. Ich sagte, dass die Literatur- und Kunsttheorie mich seit jeher fasziniere und meine London-Berichte, von denen er offenbar viele kannte, mehr oder weniger ein Abfallprodukt meines eigentlichen Interesses seien. Ich drückte es so drastisch wie möglich aus: Mich interessierten nicht die vielen Leser, mich interessiere der intellektuelle Austausch mit einigen wenigen. Eben in der Universität. Die herablassende Einschätzung Dohnanyis gegenüber dieser Ansicht gab meinem Tonfall eine zusätzliche Schärfe. Auch ich war tatsächlich nicht amüsiert. Ich war daran erinnert worden, was man in den besseren Kreisen von meiner Phantasie-Phantasie halten würde.

II

5

Auch die Guillotine war plötzlich

Was an deutschen Universitäten politisch los war, was also auf mich unmittelbar zukommen würde, das war schon bei der Bewerbung um den Lehrstuhl vorgeführt worden. Es war absehbar, dass die Entscheidung zwischen mir und einem angesehenen Professor aus Stuttgart fallen würde, den es an die inzwischen so renommierte Universität Bielefeld zog. Als ich den Seminarraum für meinen Vortrag betrat, saßen da zunächst nur einige Leute wie zufällig herum. Der Vorsitzende der Berufungskommission, ein sich radikal links gebender Literaturhistoriker, der in der ersten Reihe gewartet hatte, trat auf mich zu und sagte: »Du kriegst hier heute keinen Stich.« Wir kannten uns nicht persönlich. Schon das Du war eine vulgäre Herausforderung, die den zu erwartenden Diskussionsstil ankündigen sollte. Hier duzte sich inzwischen jedermann, was ich nicht gewohnt war. Für den Anlass war er betont nachlässig, etwas zu gewöhnlich gekleidet. Er hatte eine Bierdose in der Hand, zwei seiner Assistenten, ebenfalls mit Bier bewehrt, standen feixend im Hintergrund. Mein Vortrag war als Kommentar zu Nietzsches Ästhetik angekündigt. Für den Mann, der mir keinen Stich gönnte, war das eine Art Provokation. Er hatte gerade den ersten Band einer Sozialgeschichte der deutschen Literatur veröffentlicht, die viel Beifall bekommen hatte. Leute wie er schwebten jetzt ganz oben.

Dass ich mit dem Nietzsche-Thema als Bewerbungsvortrag an einer deutschen Universität zu jenem Zeitpunkt schiefliegen könnte, hatte mir schon in einer mir viel gewogeneren Umgebung geschwant: Nach den langen Jahren in

England war ich kurz vor dem Bielefelder Abenteuer wieder zu Gast beim Philosophen in Starnberg gewesen. Wir kamen auf das Thema meiner Bewerbung zu sprechen, und er sagte neugierig: »Dann lassen Sie doch mal hören, das ist ja ein heißes Eisen.« Ich hatte meinen Vortrag im Kopf und fasste die wichtigsten Punkte erläuternd zusammen. Nach einer Viertelstunde, als der Philosoph Zeichen einer von mir schon erwarteten Beunruhigung zeigte, kam die jüngste Tochter hereingestürzt und rief: »Im Keller ist ein Wasserrohr gebrochen!« Das war die Rettung! Statt Nietzsches Ästhetik ohne erwartbares Resultat verteidigen zu müssen, galt es jetzt, dem Wasser zu wehren. Jedenfalls half der Rohrbruch über ein möglicherweise schwieriges Gespräch hinweg.

Nicht so in Bielefeld. Unter den Hörern saßen auch die Professoren, die mich dort gern gesehen hätten. Vor allem Reinhart Koselleck, den der Philosoph vor fast zwanzig Jahren wegen dessen Nähe zu Carl Schmitt übel traktiert hatte. Koselleck war für mich inzwischen eine Größe allererster Ordnung geworden. Ich hatte das vom Philosophen inkriminierte Buch *Kritik und Krise* gelesen. Der Denkstil des Philosophen geriet in meinem phänomenologischen Blick zu einer Terminologie, die keinen Gedanken, der politisch nicht passte, unbeschädigt ließ. Ich begann, seine Erscheinung und seine Bedeutung voneinander zu trennen. Der Erscheinung hing ich nach wie vor an, weshalb mich seine Reserviertheit gegenüber meiner Nietzsche-Lektüre auch nicht besonders irritierte. Darüber würde man noch einmal reden. Wie immer a priori parteiisch der Philosoph auch war, so besaß er doch gleichzeitig einen untrüglichen Sinn für Originalität. Sein Urteil über Koselleck war eine Panne gewesen. Aber wie hätte der Philosoph reagiert, wenn er von dem Brief Carl Schmitts an mich gewusst hätte?

Ich fühlte mich durch die Nähe Kosellecks im Raum

beschützt. Als ich meinen Vortrag beendet hatte, gewann ich den Eindruck, diese Runde sei an mich gegangen. Meine Sympathisanten stellten nur beipflichtende, ergänzende Fragen zu dem, was ich gesagt hatte. Doch da passierte es. Der Literaturhistoriker mit der Bierdose stand auf und hob zu einem aggressiven Kommentar an, dem sich einige seiner Schüler anschlossen. Obwohl ich, wie ich glaubte, gut parierte, ja die feindseligen Äußerungen ad acta legte, gab es im Raum einen Klimawechsel. Auf dem Weg zum üblichen Restaurant nach solchen Abenden sagte mir Wilhelm Voßkamp, der meine Kandidatur besonders befürwortet hatte, dass es jetzt in der Fakultät nicht so gut aussehe. Meine Person könne ein Faktor der Spaltung, sozusagen ein Spaltpilz werden. Das hätte man nicht gern.

Es wäre wohl auch so gekommen, hätte der Mann mit der Bierdose bei der Besetzung der Berufungsliste nicht einen kapitalen taktischen Fehler gemacht: Er rückte mich und den renommierten Konkurrenten aus Stuttgart an die dritte und vierte Stelle und setzte auf die erste einen durch seine »progressive« Gesinnung ausgewiesenen Pädagogen, mit dem er zudem befreundet war. Die Fakultät, die mehrheitlich ebenfalls politisch links orientiert war, funktionierte so gut, dass sie diesen offensichtlich parteiischen Berufungsvorschlag zurückwies und an dessen Stelle eine neue Liste vorlegte, auf der ich die erste Position bekam. Davon erfuhr ich aber erst einige Wochen nach meinem Auftritt, als ich meinen Freund Adrian in Heidelberg besuchte. Ich war von meinem alten Doktorvater, dem ich zwanzig Jahre zuvor gesagt hatte, ich wolle mich nicht habilitieren, sondern Journalist werden, zu einem Vortrag über die romantische Subjektivität eingeladen worden. Ich hielt diesen Vortrag in der melancholischen Gewissheit, dass meine Universitätszukunft verspielt sei. Am Tag danach erreichte mich per Telefon im Hause Adrians die triumphale Nachricht, die mein Leben dramatisch verändern würde.

Bei meiner ersten Vorstellung vor der Fakultät kam die Falkland-Affäre zurück. Ein Abgeordneter der sehr linken Studentenschaft trat nach vorn und überreichte mir mit liebenswürdigem Lächeln ein Geschenk. Es war ein kleines Paket, das ich vor aller Augen öffnete, und was fand ich? Ein Spiel für Kinder namens *Schiffe versenken*. Das war nun doch ein witziger Hieb, den ich mit einer applaudierenden Bemerkung abzufangen versuchte. Der Beifall der Fakultät galt sowohl dem Studenten als auch mir. Die meisten hier hatten mir nicht die Professur entziehen wollen, aber den Falkland-Artikel, sofern sie ihn kannten, gewiss nicht gebilligt.

Warum war mir eigentlich vor zwei Jahren keiner beigesprungen? Aus Takt hatte ich keinen darum gebeten. Weder Michel noch den Philosophen. Von ihm hatte ich nur gehört, er habe während eines Israelbesuchs westdeutscher Akademiker bezüglich der Mainzelmännchen-Satire gesagt: »Ach, der wird manchmal verrückt.« Es waren sechs Jahre vergangen seit seiner Summa über die *Geistige Situation der Zeit*, bei der ich mitgemacht hatte. In jenen Londoner Jahren war es mit ihm ja eigentlich immer gut gegangen. Charakteristisch dafür ein Anruf von ihm, den ich nicht vergessen habe: Er kam aus einem Telefonhäuschen an der Küste der Normandie. Habermas fragte, ob ich nicht herüberkommen könnte für einige Tage. Er sei hier mit den Münchener Freunden – es waren wohl die Literatur- und Musikkritiker Peter Hamm und Reinhard Baumgart sowie der Pianist Alfred Brendel. Der Philosoph sagte, er könne den ständigen Kunstgesprächen nicht mehr zuhören. Ob ich nicht dazukommen und etwas frischen Wind aus England mitbringen könne! Das wäre ja eigentlich eine Reise wert gewesen, zumal mit dem Schiff. Und es hätte gepasst: Ich verstand zumindest nichts von Musik. Aber es ging nicht. Das Telefonat brach ab, bevor ich es erklären konnte.

Einen Beistand für meinen Falkland-Artikel hatte es also nicht gegeben. Mit einer Ausnahme, einer besonders erfrischenden. Sie kam vom Guru der Berliner Geisteswissenschaften, dem Mythos-Denker Jacob Taubes. Telefonisch. Im Zimmer meines neuen Lektors bei Suhrkamp, Raimund Fellinger. Er reichte mir den Telefonhörer hin, weil sein Gesprächspartner, der meine Anwesenheit mitbekommen hatte, mir etwas Persönliches sagen wolle. Taubes sagte: »Ihr Stück über Falkland und die Mainzelmännchen war großartig. Ich habe es meinen Studenten als ein seltenes zeitgenössisches Beispiel für politische Ethik vorgelesen. Ich gratuliere Ihnen.« Das war es. Taubes, den ich mit Interesse zu lesen begonnen hatte, war mir auch von Angesicht zu Angesicht kein Unbekannter mehr. Nach einem Vortrag über Nietzsches Motiv des Schmerzes, zu dem mich der Berliner Komparatist Gert Mattenklott eingeladen hatte, war Taubes, einer meiner Zuhörer, verspätet in das Restaurant gekommen, in dem man sich nach dem Vortrag verabredet hatte. Er war nicht allein. Susan Sontag begleitete ihn, und er steuerte mit ihr auf meinen Tisch zu, um mich an einen leeren Nebentisch zu komplimentieren, auf dass ich mich um seine Begleiterin kümmere, der auf einmal Tränen in den Augen standen. Ich hatte sie sofort erkannt. Sie sah noch immer so schön aus wie auf dem Foto, das dem Buch beigegeben war, über das ich geschrieben hatte, als der Brief von Carl Schmitt eingetroffen war. Taubes hatte ihr nur gesagt: »Das ist der Schreckensmann, von dem ich dir erzählt habe. Er macht ähnliche Sachen wie du.« Zuvor hatte er ihr wohl auch etwas über *Die Ästhetik des Schreckens* erzählt. Allein mit Sontag, blieb nichts anderes übrig, als sie nach dem Grund ihres Unglücks zu fragen. Christian Enzensberger, mein Favorit unter den deutschen Anglisten, hatte ihr während einer Fernsehdiskussion am Vormittag geraten, keine Romane mehr zu schreiben, sondern es bei Essays zu belassen. Es galt also, sie abzulenken. Dafür war der ästhetische Schrecken großartig geeignet. Eigentlich jeder Schrecken in der Literatur. Davon verstand sie etwas, das fesselte sie genauso wie mich. Jedenfalls verflog für eine Weile der Schrecken, den ihr der gnadenlose Ratschlag eingeflößt hatte.

Bielefeld war zu diesem Zeitpunkt – neben Konstanz – ein akademisches Mekka. Einige der besten Köpfe der Geisteswissenschaften lehrten hier: Außer Koselleck waren das der Historiker Hans-Ulrich Wehler und der Soziologe Niklas Luhmann, in der Linguistik gab es hervorragende Leute, voran der Romanist Harald Weinrich und der theoretisch ambitionierte Siegfried J. Schmidt. In der deutschen Literaturwissenschaft lehrten Wilhelm Voßkamp, Champion des Bildungsromans, und bei den Latinisten der brillante Reinhart Herzog. Das waren diejenigen, die meine Kandidatur durchgesetzt hatten. Der junge Romanist André Stoll glänzte durch die Originalität und Spontaneität seiner Einfälle zur französischen Literatur des 19. Jahrhunderts, nicht zuletzt zu Flaubert. Eine besondere Anziehungskraft auf Studenten übten die beiden Professoren für zeitgenössische Literatur des 20. Jahrhunderts und nach 1945 aus, Klaus Ramm und Jörg Drews. Das hörte sich alles gut an, änderte aber nichts an der Präsenz einer sozialhistorisch orientierten Literaturwissenschaft, deren Einfluss durch die der Fakultät neu zugeordneten ehemaligen PH-Professoren verstärkt worden war. Und überhaupt: Es war ein Wunder, dass *Die Ästhetik des Schreckens* in diesem Milieu Anerkennung gefunden hatte. Denn selbst die Wohlwollendsten dachten letztlich doch ebenfalls in sozialen, vor allem historischen Kategorien. Sie waren, so meine Empfindung, nicht eigentlich an der Kunst in der Kunst interessiert. Und wenn sie es waren, dann hatten sie keine adäquate Methode gefunden, diese Richtung durchzusetzen.

Dennoch war ich, als ich zum ersten Mal an einer der geisteswissenschaftlichen Konferenzen im berühmten ZiF, dem Zentrum für interdisziplinäre Forschung, teilnahm, unendlich beeindruckt: Wie kenntnisreich, wie scharfsinnig einige Teilnehmer sprachen! Ob ich das auch einmal beherrschen würde? Es war vor allem wiederum Koselleck, dessen lächelnde Art, seine Fragen in Form komplizierter Reflexionen zu formulieren, mich geradezu schockierte. Mir wurde jetzt erst bewusst, dass ich kein eigentlich wissenschaftliches »Training« gehabt hatte. Nie richtig Assistent gewesen, nie die Ochsentour gemacht. Keine Kenntnisse der hier erwarteten Terminologie. Die Unterhaltungen mit dem Philosophen waren so spontan gewesen, so unmittelbar gegenstandsbezogen, dass diese Defizite – jedenfalls damals – nicht aufgefallen waren. Mit der positiv aufgenommenen Habilitationsschrift hatte ich Glück gehabt, der Habilitationsvortrag mit dem ambitionierten Thema *Die Antizipation beim ästhetischen Werturteil* hatte die Zuhörer zwar thematisch irritiert, gleichzeitig aber sehr interessiert. Und jetzt? Immerhin das Gefühl der Zugehörigkeit zu einer höheren Sphäre! Die Humboldt-Universität, das alte Göttingen und das alte Heidelberg mochte es nicht mehr geben. Dafür gab es das hier! Eine erste Ahnung vom Kaliber der an dieser Universität versammelten Leute hatte ich ein Jahr zuvor bei einem Kolloquium zum Utopie-Begriff bekommen. Wilhelm Voßkamp hatte einige Schwergewichte der Geisteswissenschaften, darunter Norbert Elias und Karl-Otto Apel, versammelt. Mir als Neuling gelang es, mit etwas Utopiekritischem am Beispiel von Friedrich Schlegels *Rede über die Neue Mythologie* zu provozieren. Besonders Hans-Joachim Mähl, der namhafte Herausgeber von Novalis' Werken, widersprach mir nachdrücklich. Deshalb war es besonders motivierend, dass der ebenfalls anwesende Lars Gustafsson, der schwedische Dichter und Intellektuelle, den ich ja schon seit Langem las, meine ästhetische Kritik an der nur geistesgeschichtlichen Darstellung von Utopie-Entwürfen interessant fand. Gustafsson ging gern durch den Teutoburger Wald und stellte sich vor, die Geister der Cherusker zu spüren. Außer ihm war es der berühmte Norbert Elias, der mich in einer privaten Unterhaltung ermutigte, dem deutschen Idealismus auch weiterhin zu misstrauen, was er übrigens selbst nachdrücklich tat, weshalb er Kants und Apels philosophische Grundsätze coram publico so herablassend kritisierte, dass Apel zu weinen begann. Meine Hochachtung vor Bielefeld beeinträchtigte aus guten Gründen also nicht meine Selbstsicherheit in der neuen ästhetiktheoretischen Fragestellung.

Inzwischen hatte sich diese Thematik sogar noch mehr vom Bielefelder Mainstream entfernt. Die *Ästhetik des Schreckens* enthielt immerhin lange Passagen, die das, was Ästhetik mit Schrecken zu tun hat, auch geistesgeschichtlich erklärten: angefangen mit der Theorie des Erhabenen von Pseudo-Longinus über Burke und Kant bis hin zum philosophischen Dezisionismus der Zwanzigerjahre. Nunmehr aber wurde die ästhetische Argumentation mit dem Wort »plötzlich« auf eine Spitze getrieben. Das Wort »plötzlich« war mir erstmals beim Lesen der surrealistischen Haupttexte aufgefallen. Ihm war schon ein besonderes Kapitel in der *Ästhetik des Schreckens* gewidmet. Es wurde klar, dass es nicht bloß ein das Idiom der surrealistischen, sondern auch ein die dezisionistische Literatur der Zwanzigerjahre erfassender Terminus war. Er hatte eine existenzielle Bedeutung gewonnen: Ich wollte mich irgendwie mit dem Wort identifizieren. Die Gedanken und Gefühle angesichts reiner Erfahrung, die mich seit Heidelberg und dann London angetrieben hatten, kamen nunmehr mit einem theoretischen Akzent im Wort »plötzlich« zusammen. Das Eintrittsbillett in die Universität war eigentlich nicht mehr die 1978 erschienene dicke Habilitationsschrift über den schönen Schrecken, sondern der 1981 in der Neuen Folge der *edition suhrkamp* erschienene schmale Band *Plötzlichkeit* mit dem theoretisch herausfordernden Untertitel *Zum Augenblick des ästhetischen Scheins*. Dieses Buch lag, als das erste Seminar begann – es ging um Hugo von Hofmannsthals Lord-Chandos-Brief –, gerade zwei Jahre zurück, ohne dass es zunächst ein großes Echo geworfen hätte. Sie verstehen es noch nicht, sagte ich mir, aber sie werden es verstehen.

Das schien sich bei den ersten Vorlesungen schon anzudeuten. Im Plötzlichkeitsbuch waren unter anderem Plötzlichkeitsmotive in den Texten Heinrich von Kleists dargestellt. Die besseren Studenten hatten bald begriffen, worauf ich hinauswollte. Zum Beispiel darauf, dass Kleists Michael Kohlhaas nicht wirklich an der Herstellung des Rechts interessiert war, sondern an einem ihn überwältigenden Gefühl. Ja, an der Rache natürlich, aber an mehr noch als dem. Nämlich an einem intensiven Augenblick der Existenz. Natürlich gab es eine Reihe von Studenten, die dem widersprachen und wieder zurückkamen auf das Thema des Rechts. Sie beriefen sich auf die Sekundärliteratur, die durchweg in diese Richtung dachte. Was die Mehrheit aber eher interessierte, war charakteristischerweise die mit dem Plötzlichkeitsmotiv eng zusammenhängende Thematik der »Subjektivität«. Diese war zu einem Stichwort der Epoche geworden. Die Subjektivität konnte am Beispiel romantischer Dichter gezeigt werden, vor allem an ihren Briefen. Neben Kleist kamen Clemens Brentano und Karoline von Günderrode für eine Untersuchung in Betracht. Ihre Selbstbezüglichkeit wurde zum Thema eines Seminars über den »romantischen Brief«. Subjektivität, so sollte sich zeigen, hieß im Falle dieser Dichter nicht die übliche Gewissheit des Selbst. Es ging nicht um die Ich-Identität, wie sie die zeitgenössische philosophische Anthropologie von 1800 gedacht hatte. Ganz im Gegenteil, es ging um ein spezifisches Verschwinden der Ich-Gewissheit hinter anderen Empfindungen, um das Erfasstwerden dieser Dichter von den Dingen, die sie schildern. Der englische Lyriker John Keats hatte das in einem Brief entwickelt: Der poetische Charakter, der Dichter, besitze keine eigentliche Individualität. Festigkeit und Unveränderlichkeit fehlten den Dichtern, weil sie »alles und nichts« seien. Der Dichter halte im Unterschied zum Philosophen immer nach neuen Gegenständen seiner Phantasie Ausschau. Wenn er in einem Raum mit anderen zusammen sei, dann gehe er nicht in seinem »Selbst« auf, sondern »die Identität eines jeden im Raum« fange an, auf ihn einzuwirken. Das konnte man auf Brentanos pflanzenhaftes Ich-Verständnis anwenden, auf sein Desinteresse, einen »Namen zu haben«. Und in anderer Weise auf Kleists asoziales Ich-Gefühl, das nicht mit der Gesellschaft kommunizieren wollte. Brentanos Ich und Kleists Ich waren imaginative, keine sozial-moralischen Konstrukte, nicht das Selbst der bürgerlichen Individualität. Brentano war mein Held. Seine Briefe, vor allem die Briefe an den Freund Carl von Savigny, waren Dokumente par excellence für die besondere Art seiner Selbstbezüglichkeit. Was den Studenten klarzumachen war: Brentanos Distanz zu jeder Form von akademisch formulierten Ideen. Vor allem ein Brief Brentanos, in dem er seinem Freund mitteilt, er habe kein Verständnis für die Wissenschaften. Er nannte sie »Palisaden«, »spanische Reiter«. Nicht dass er diese Inhalte nicht verstehe, aber seine eigenen Wurzeln trieben unterirdisch in eine völlig andere Richtung. Wenn Brentano schrieb: »Alle Wissenschaft« sei »Unwissenheit im System«, klang das wie eine billige Floskel. Was er damit meinte, hieß: Wissenschaft missdeute notwendigerweise ganze Bereiche des Seins, nehme sie gar nicht zur Kenntnis, weil diese nicht begriffsfähig seien.

Die Seminarthematik schien zum Paradox zu werden. Denn die Studenten sollten ja in wissenschaftliches Denken, in die literaturwissenschaftliche Methodik eingeführt werden. Stattdessen wurde ihnen am Beispiel von Dichtern ein antiwissenschaftlicher, sogar antiphilosophischer Affekt vorgeführt. Aber der bezog sich nicht auf das, was sie selbst zu tun hätten, sondern ganz im Gegenteil darauf, zu erklären, inwiefern Dichtung nicht aus Ideen, sondern aus Wörtern bestehe – und was das methodisch bedeute. Sie selbst mussten, um das zu erkennen, eine angemessene Interpretationsform anwenden, nicht einfach Inhalte wiederholen, wie das normalerweise geschah. Der Augenblick des Scheins, welcher der Plötzlichkeit zugrunde lag, war der Kern dieses ästhetiktheoretischen Interesses. Das genügte, um sich in der sozialhistorisch-geistesgeschichtlichen Umgebung als Fremder zu zeigen. Es stand ja ohnehin alles schon im Plötzlichkeitsbuch, das inzwischen mehr und mehr gelesen und diskutiert wurde. Nicht nur die deutsche Romantik war plötzlich, sondern auch die klassische Avantgarde: Walter Benjamin, Marcel Proust, Virginia Woolf, James Joyce und Friedrich Nietzsche! Die Plötzlichkeitsthematik hatte sich im neuen Buch gegenüber der *Ästhetik des Schreckens* nicht nur verändert, weil nun neue Namen hinzukamen. Vielmehr wurde im Plötzlichkeitsbuch ein spezifisch theoretischer Aspekt erörtert: Die Plötzlichkeit des Jünger'schen oder Heidegger'schen Schreckens hatte sich auf ein Motiv des dezisionistischen Denkens der Zwanzigerjahre bezogen, das auch bei Walter Benjamin, Max Scheler und Carl Schmitt auffällig gewesen war. Es war dort um ideologiekritische Aspekte eines »weltanschaulichen« Denkens im neuen Jahrhundert gegangen. Mit den anderen, neuen Namen zeigte sich nun aber, dass Plötzlichkeit nicht bloß einen weltanschaulich geprägten Stilgestus anzeigte, sondern eine prinzipielle ästhetische Wahrnehmung: Nietzsches Definition des dionysischen Augenblicks, Prousts Charakterisierung der »mémoire involontaire«, James Joyce' Beschreibung einer »Epiphanie« des Alltags, Virginia Woolfs Entdeckung der »moments of being« und auch Robert Musils »anderer Zustand« ermöglichten es, die künstlerische Imagination als den Augenblick eines ästhetischen Scheins theoretischer zu begründen, als es sich im

Fall von Ernst Jüngers Plötzlichkeitssemantik angeboten hatte. Die Plötzlichkeit des ästhetischen Scheins hatte zwar auch einen historisch-geistesgeschichtlich benennbaren Hintergrund. Zunächst einmal ging es aber darum, die semantische und argumentative Struktur der Plötzlichkeitsperspektive zu erkennen, und zwar möglichst im Vergleich dieser fünf Namen. Dann würde auch Hölderlins und Kleists innovatorischer Gebrauch des Wortes »plötzlich« erkennbar. Deshalb folgte dem Seminar über den romantischen Brief ein Seminar über Hölderlins späte Hymnen.

Eine andere Plötzlichkeitsmotivation kam hinzu: Undine. Die junge Frau mit dem prätentiösen Namen war die uneheliche Tochter eines namhaften Germanisten aus der Liebschaft mit einer jungen Lyrikerin, deren Gedichte sogar die Aufmerksamkeit Gottfried Benns auf sich gezogen hatten. Der Germanist hatte Undine nach ihrem 21. Lebensjahr offiziell adoptiert, sie als seine Tochter anerkannt. Undine war genau zwanzig Jahre jünger als ich. Sie sah so aus, wie ihr Name es verhieß: delikat, aber sinnlich, dunkle Haare, eine zarte Gestalt, eher groß als klein, romantisch, manchmal bizarr. Sie war temperamentvoll in ihren Äußerungen und ihren Gedanken, aber gleichzeitig unausdeutbar schweigsam. Sie hatte Jura studiert, aber im letzten Jahr vor ihrem Abschlussexamen auf Literatur umgesattelt und schrieb nun an einer Dissertation über einen unbekannten deutschen Schriftsteller in Paris, Franz Hessel, der wegen seiner Beziehung zu Walter Benjamin bekannt geworden war. Unser unvorhergesehenes Zusammentreffen – wir lebten in zwei kleinen Wohnungen in einem der stehen gebliebenen Häuser der Altstadt der neuen rheinischen Universitätsstadt Wuppertal – war so wichtig geworden, vor allem anderen, dass ich während nur zweier Tage mein Pensum an der Universität erfüllte, um so bald wie möglich wieder bei ihr zu sein. Wir lebten auf einer Insel unserer von uns selbst erfüllten Einsamkeit. Diese wirkte sich aber auf die

Universitätsarbeit aus: Gern stand ich im Hörsaal und leitete mit aller Energie die Seminare. Daraus erwuchs zwar eine Reihe freundschaftlicher Beziehungen zu einigen Studenten, aber es entstand kein privater Umgang mit Professoren.

Selbst mit Wilhelm Voßkamp bestand er nicht mehr, den ich seit den Sechzigerjahren bis zur Habilitation oft privat getroffen hatte. Die Umstände des Habilitationstages hatten unsere Freundschaft verstärkt. Die Nacht vor dem Vortrag hatte ich bei Voßkamp und seiner Frau verbracht, nicht ohne Nervosität diskutierten wir lange dies und das. Es wurde so viel Whiskey getrunken, dass am nächsten Morgen Eisumschläge notwendig wurden. Mit zwei Alka-Seltzer ging es um 14 Uhr zum Vortrag. Der Nachrausch der Nacht hatte eine einerseits einschläfernde, andererseits animierende Wirkung. Daraus erklärte sich, dass die Nervosität verflogen war und dass auch die Debatte nach dem Vortrag wie geölt ablief. Seit dem Habilitationstag duzten wir uns und gedachten dieser Nacht immer in einer Art Einverständnis. Er hatte Glück gebracht.

Aber das lag nun schon einige Jahre zurück. Für meine Beziehung zur Institution Universität war auch abträglich, dass ich bei sogenannten interdisziplinären Treffen, besonders mit den Historikern, fehlte. Nur Koselleck sah ich mit einiger Regelmäßigkeit. Undine, die Unvorhergesehene, ruinierte mehr oder weniger meine akademische Geselligkeit, ohne dass mir dies zunächst wirklich bewusst gewesen wäre. Das Ungenügen, mit nur akademischen Geistern verkehren zu müssen, war also nicht verschwunden. Wie vor zwanzig Jahren hatte es noch immer die gleiche Ursache: Wenn die Emotion aus der Forschung verschwand und nur die Ideen übrig blieben, dann wurde die Sache kalt wie ein stehen gelassenes Essen. An einem dieser Tage meiner Bielefelder Anfänge kam die Sekretärin aufgeregt in mein Zimmer: Das Büro des Bundespräsidenten von Weizsäcker sei am Apparat. Der Präsident lade mich für nächste Woche zu Frühstück und Gespräch in seinen Amtssitz ein. Ob mir Tag und Stunde passten. Mich traf der Schlag. Es passte mir überhaupt nicht, weder in der nächsten Woche noch danach. Ohne dass ich länger überlegen konnte, warum eigentlich nicht, musste sofort eine Antwort her: Ich ließ bestellen, wegen einer besonderen Vorlesungswoche sei ich unabkömmlich. Das war natürlich keine Art und Weise, auf solch eine Einladung zu antworten, es war völlig daneben. Warum hatte ich so reagiert? Der Präsident gehörte zu jener Spezies von öffentlichen Würdenträgern – er war der höchste –, der ich nicht lange zuhören wollte. Gewiss, er hatte kürzlich die berühmt gewordene Rede gehalten. Sie war zu einer Ikone der Republik geworden, fast wie der Kniefall Willy Brandts. Aber er hatte einen Tonfall und eine Wortwahl, die zum Widerstand geradezu aufriefen. War es etwas Beflissenes, Bemühtes in seinem edlen Ausdruck? Das Wort »edel« habe ich nie gering geschätzt. Ich mochte Sätze wie: »Edel sei der Mensch, hilfreich und gut.« Wieso also nicht auch beim Bundespräsidenten? Es war die Gewissheit, dass in mir ein Lebensgefühl waberte, das es verhindern würde, den Gedanken des Präsidenten angemessen zu antworten. Warum hatte er mich eigentlich eingeladen? Was ich kürzlich geschrieben hatte, konnte ihm nicht gefallen haben. Vom Falkland-Artikel in der *FAZ* bis zur *Ästhetik-des-Staates*-Essay im *Merkur*. Die Einladung blieb mir unverständlich. Das wäre aber ein guter Grund gewesen, sie anzunehmen. (Ich komme darauf zurück.) Die soziale Welt der Verantwortlichkeit war offenbar noch immer nicht die meine geworden.

Die Plötzlichkeit mit Undine und die Plötzlichkeit in den Seminaren wurden eins. Beide Impulse unterstützten sich gegenseitig, sodass die Abstinenz von den Ideen der Forschung sogar eine erotische Qualität gewann. Es ging nicht mehr um die in Heidelberg entwickelte Distanz zur

Wissenschaft, sondern um eine Erotisierung der Wissenschaft selbst. Am Anfang taten Undine und ich so, als ob unser Zusammensein nichts als ein Experiment wäre. So etwas ginge so lange, wie es ginge, sagten wir uns. Das war der Schutz vor einer Ewigkeitshoffnung, gegen die Angst des Über-Nacht-vorbei-Seins. Diese Möglichkeit, ja Gewissheit, dass es bald zu Ende sein könnte, war letztlich ein notwendiges Element des Plötzlichkeitsmotivs, das sich auch zwischen uns zu einem regelrechten Diskurs entwickelte. Gerade die Empfindung der Einzigartigkeit des Anderen müsste auf dem Bewusstsein des möglichen plötzlichen Verschwindens beruhen. Undine, die ich sehr selten bei den abendlichen Einladungen ihres Vaters gesehen hatte, las mehr oder weniger alles, was ich geschrieben hatte. Vor allem mein erstes Buch, *Die gefährdete Phantasie*, und das letzte Buch über die *Plötzlichkeit* nahmen sie in Beschlag. Mir war das aufgefallen, als ich, zu Gast bei der Familie, in Undines Arbeitszimmer übernachtet hatte. Beide Bücher standen da nebeneinander, übersät mit Anmerkungen und Ausrufezeichen. Das markierte den Anfang ihrer Entfremdung von ihrem Vater und seiner Distanz mir gegenüber. Nichts war Undines Vater fremder als die Bücher Bretons und Aragons. Er kultivierte Dichter wie Claudel. Darüber habe es, so erzählte Undine, bei den zeremoniell gehaltenen Sonntagsfrühstücken derart heftige Streitgespräche gegeben, dass sie sich für Stunden zurückgezogen habe.

Ihre Lust, über das Plötzliche zu reden, war fast wie ein Liebesentwurf. Dabei versicherte sie, dass das Plötzliche nicht zu einem Lebensprinzip gemacht werden dürfe. Es liege eine Gefahr darin, wenn man ihm eine solche Prominenz gebe. Dem Plötzlichen stehe das Ruhigsein mit einer gleichwertigen Stärke im Leben und Denken gegenüber. Dieser Einwand war irritierend. Er brachte ja das Plötzliche am Plötzlichen fast zum Einsturz, denn er relativierte es aus einer Gesamtperspektive, die ich gerade als konventionell, als eine Anpassung an die »Idee« verworfen hatte. Das Plötzliche sollte als ästhetisches Zeitmaß, nicht als psychologisches oder anthropologisches Ausdrucksphänomen gelten. Nunmehr stellte sich also die Frage, wie umfassend seine Bedeutung eigentlich sei. Ohne selbst ein Gegenargument geltend zu machen, verfiel ich auf ein Zitat des für mein Augenblicksmotiv neu entdeckten Philosophen Michel de Montaigne. Ich las diesen Satz Montaignes Undine vor: »Wir bedenken, was wir wollen, nur eben in dem Augenblick, in dem wir es wollen, und verwandeln uns wie jenes Tier, das die Farbe des Ortes annimmt, an den man es versetzt. Den Vorsatz, den wir im Augenblick gefasst haben, ändern wir bald und kehren wieder zu ihm zurück. Es ist eitel Unrast und Unbestand.« Die Frage an Undine lautete: »Was sagst du dazu, Undine? Das ist ein Philosoph, den die nachfolgenden Rationalisten im 17. Jahrhundert so fürchteten, dass sie ihn mehr oder weniger verboten und dann vergessen haben. Aber jetzt ist er wieder da!«

Undines bei all ihrem Enthusiasmus trockener Einwand blieb tief in mir stecken. Vor allem deswegen, weil ohnehin ein Missverständnis drohte, das darin bestanden hätte, das Wort »plötzlich« als die Kennzeichnung eines irgendwie metaphysischen Ereignisses anzusehen. Das musste unbedingt ausgeschlossen werden! Beim Seminar im Sommer 1984 über Hölderlins späte Lyrik kam deshalb alles darauf an, zu zeigen, dass die in Hölderlins Hymnen plötzlich erscheinenden Götter keine religiös geglaubten oder beglaubigten Figuren und auch keine Ideen seien. Sie emphatisch anzurufen sei Hölderlins Versuch gewesen, noch einmal seinem Vorbild Pindar zu folgen und in einer erhabenen Sprache zu sprechen! Dieses Argument war nicht ausgearbeitet worden. Aber an ihm lag alles, weil die Bedeutung des Plötzlichen dabei auf dem Spiel stand. Es war der Vorgriff auf eine erst später erfolgte Präzisierung.

Das Jahr 1984/85 – das zweite Jahr mit Undine – war

noch aus einem anderen Grund ein besonderes Jahr: Es ging um die Herausgeberschaft des *Merkur*! Das wäre ein nicht nur waghalsiges, sondern zum Scheitern verurteiltes Unternehmen geworden, hätte mir nicht von Beginn an ein bewährter Redakteur die tägliche Arbeit abgenommen. Die ursprüngliche Idee, die Zeitschrift einfach neben der Professur vom Wohnort aus zu machen, hatte sich sofort als illusorisch erwiesen. Mit Kurt Scheel, einem mit allen intellektuellen Wassern gewaschenen fünfunddreißigjährigen ehemaligen Lektor an einer japanischen Universität, war ich übereingekommen, wie die Zeitschrift fürderhin laufen könnte. Selbstverständlich war das nicht. Die Unterschiede in Charakter und intellektuellem Interesse hätten nicht größer sein können. Ihn aus eigener Tasche zu bezahlen war auch eine psychologische Belastung. Der Verlag beziehungsweise die neu gegründete Stiftung hatte neben dem Herausgeber nie an einen Redakteur gedacht. Und so hatte der Vorgänger, der eine beträchtliche Rente aus seiner ehemaligen Tätigkeit als Rundfunkredakteur bezog, Kurt bereits mit einem Teil seines Herausgebergehaltes bezahlt. So auch ich. Die bedeutende Zeitschrift herauszugeben war so wichtig geworden, dass der finanzielle Verlust nicht dagegen sprach. Vor die Alternative gestellt, entweder *Merkur* oder Professur, hätte ich die Professur gewählt! Jetzt hatte ich beides.

Es kam darauf an, den *Merkur* sofort als *meinen Merkur* aussehen zu lassen, ohne seine Tradition zu verleugnen. Das bedeutete, mit sowohl ästhetisch als auch politisch neuen Themen Aufmerksamkeit zu erregen. Oder: die Pointe zu setzen, dass das Ästhetische und das Politische in dieser Zeitschrift anders aussahen als in den anderen Zeitschriften, nicht zu reden von den Tages- und Wochenzeitungen. Und so war für das erste *Merkur*-Heft im Januar 1984 eine Satire über die westdeutsche politische Mentalität vorgesehen. Diese Satire bekam den unverdäch-

tigen Titel *Die Ästhetik des Staates*. Das Motto, das Camus'
Tagebüchern entstammte, also einer seit langer Zeit mich
beeinflussenden Lektüre, lautete: »Kein Volk kann außerhalb der Schönheit leben.« Was nichts anderes hieß, als dass
die Deutschen in meiner Sicht offenbar sehr wohl ohne sie
auskamen. Die öffentliche Reaktion darauf machte den
Aufsatz nicht nur für mich fast zu einem solchen Skandal,
wie es der Falkland-Artikel gewesen war, sondern auch
für einige Studenten und Professoren der Universität.

Zwei unerquickliche Eigenheiten der bundesrepublika-
nischen Gesellschaft waren miteinander zu verbinden: eine
spezifische Metaphorik, mit der die besseren Restaurants
ihre Speiseangebote ankündigten, und die Bilder, in denen die neue Partei, die Grünen – dazu gehörte eine Reihe
der Universitätskollegen –, ihre Lieblingsideen vorbrachte.
Passte das zusammen? War das nicht zu weit hergeholt?
Es war eben das, was mir, nicht mehr ständig in diesem
Land lebend, am meisten als seltsam aufgefallen war. Beim
Spaziergang über den Hauptboulevard der Landeshaupt-
stadt erstaunte mich, in welch üppiger, gleichzeitig verniedl-
lichender Sprache die verschiedenen Speisen angepriesen
wurden. Es war irgendwie eine Sprache in Aspik. Auf kleinen Kindertäfelchen fanden sich gezierte, die Angebote mittels Diminutiven verkleinernde Sprachbilder. Die Formu-
lierungen klangen etwa so: »Gebeizte Bodenseefelchen aus
schierem Schier, nachgedunkelt durch Nierenblut«. Oder:
»Zarte Butterreisscheibchen im Marmorteig mit Barsch-
augen«. Oder: »Süße Schweinskeule in roter Fettsauce auf
Rehfüßchen«. Natürlich übertrieb ich die Metaphorik, aber
sie drückte genau das aus, was ich beim Lesen dieser Sätze
empfand. Metzgereien sahen hier ohnehin aus wie Mode-
boutiquen, und in den Fernzügen des Landes hörte man
aus den Lautsprechern Aufforderungen, dann und wann
in den Speisewagen zu kommen und sich an Kuchen zu la-
ben. Die Zeitangabe aus den Lautsprechern kündigte sich

mit dem Satz an: »Mittagszeit ist Kuchenzeit.« Außerhalb dieses Landes war eine solche Ansage nicht zu hören. Man sah sich einer fettklebrigen Sprache gegenüber. Aber auch bei Intellektuellen und Schriftstellern, so die erweiterte Perspektive, überwog der gefräßige Typ. Sie sagten es selber. Einer von ihnen hatte das selbstironisch folgendermaßen formuliert: »Träume von Grünkohl mit Pinkelwurst, Schweinerippchen und Salzkartoffeln, vorher ein Sternnudelsüppchen, nachher einen Steinhäger (wenn ich nur nicht dabei so dick würde).« Ein anderer sagte ernster, in sich gekehrter: »Wo bin ich? Inmitten der Kultur! Der ganze Raum ist angefüllt mit Scheiße, denn das deutlichste Wort ist Scheiße, und in so gehäufter Form, daß die ganze Luft davon angedickt ist.« Das war einmal selbstironisch, dann kulturkritisch gemeint. Aber warum in solch einer Fett- und Fäkaliensprache? Vor Kurzem hatte eine Größe der Kritik die Theorielosigkeit eines Theorieseminars gelobt: Es sei alles so freundlich gewesen, man habe zusammen wunderbar gegessen. Diese Harmlosigkeiten fielen mir als eine Art Horrorsprache wahrscheinlich nur deshalb auf, weil ich so lange weg gewesen war. Baudelaires bösartige Beschreibung Belgiens passte dazu: »Haare gelb, Beine, Brüste enorm, überfett. Im Allgemeinen frühzeitige Neigung zur Fettsucht, sumpfige Aufgeblähtheit ... Freude am fremden Unglück, Geist der Unterwürfigkeit ... exkrementale Scherze ...« Baudelaires letzter Satz lautete: »Haß gegen Schönheit als Haß gegen den Geist.« Die Beschreibung Belgiens las ich als eine Beschreibung der neuen Bundesrepublik.

Das war's! Die Satire als eine Art negativer Utopie zu schreiben, genannt *Die Ästhetik des Staates*. Die zweite Auffälligkeit, das Programm der Grünen in die Satire hineinzuziehen, war ein Einfall, der dazu passte. Zwischen den vom vielen Essen gedunsenen Gesichtern und den jungen Abgeordneten der Grünen gab es eigentlich nichts Gemeinsames, von Ausnahmen abgesehen. Aber in der Universität waren einschlägige niedliche Poster, politische Propaganda der Grünen, zu sehen, die in Bielefeld ihr Hauptquartier hatten. In den Gängen des Professorentrakts hingen an Türen und Wänden Insignien, Bilder, die für eine harmlose Welt warben. Heitere gelbe Sonnen und lachende Wichtelmännchen: eine neue Zivilisation der pathetisierten Herzenseinfalt. Eigentlich war es auch ein Versprechen auf Kuchen. Alles in gelber Farbe.

Als der *Merkur* mit dem Aufsatz erschienen war, verging nur eine Woche, bis einer der besten Studenten, den meine Seminare besonders anzogen, in der Sprechstunde mit einem tiefernsten Gesichtsausdruck vor mir stand: Der Aufsatz *Die Ästhetik des Staates* habe ihn und einige aus dem Seminar erschreckt. Ein solcher Zynismus generell, aber vor allem gegenüber der westdeutschen Republik und ihrer neu gewonnenen Ethik! Hatte ich mich wirklich so im Ton vergriffen? Nicht nur im Ton, sondern auch in der ganzen Tendenz? Es hatte ja schon einmal eine üble Polemik gegen einen deutschen Staat, gegen die frühere Republik, gegeben, die dann durch das »Dritte Reich« zerstört worden war. Das war ernst zu nehmen, wenngleich dieser historische Vergleich, so schien mir, irrig war, denn der satirische Ton und das Kriterium meines Aufsatzes waren ja gerade zivilisatorisch pointiert, im Gegensatz zu jener früheren Kritik an der Weimarer Republik. Der bei mir aufgekommene Zweifel löste sich vollends auf, als ein namhafter Soziologieprofessor, ein ehemaliger Assistent des Philosophen, sich während seiner Vorlesung über den *Merkur*-Aufsatz ausließ. Offe, so sein Name, hatte empört eine öffentliche Diskussion mit mir gefordert. Aber dann war nichts mehr von ihm zu hören. Er hatte schon einmal, vor Jahren, wegen eines Artikels, den ich in England geschrieben hatte, aggressiv reagiert. Ich hatte ihm dementsprechend geantwortet. Also war die Satire wohlplatziert. Der Bielefelder Soziologe mochte ein wichtiger Vertreter seines Faches geworden sein, aber auch bei ihm waren die einschlägigen Klischees der linken Soziologie zu finden: Anthropologie und Ästhetik galten in diesen Kreisen tatsächlich fast als ein Vergehen.

Die herausragende Figur der Soziologie, ja der ganzen Universität, war Niklas Luhmann, von dessen Schülern einige in das Seminar über den romantischen Brief gekommen waren. Einer von ihnen, der sofort als originell auffiel, Dirk, fragte eines Tages, ob ich nicht ein gemeinsames Seminar mit seinem Lehrer Luhmann anbieten könne. Unser beider Kategorien zeigten Analogien. Überhaupt treffe sich meine dem teleologisch-geschichtsphilosophischen Denken abgewandte ästhetische Zeitlichkeitsauffassung mit Luhmanns System-Denken. Das klang erfreulich. Aber meine Ästhetik hatte entgegen allem Anschein mit Luhmanns System-Interesse nichts zu tun. Das zur Mode gewordene interdisziplinäre Verfahren überzeugte mich auch nicht. Enttäuscht, aber doch nicht ganz seinen Vorschlag aufgebend, meinte Dirk, ich solle es mir noch einmal überlegen. Tatsächlich wurde nichts aus einem solchen Seminar. Luhmann hatte ich überhaupt noch nie zu Gesicht bekommen, was sich aus der wegen Undine verkürzten Woche in Bielefeld ergab. Einmal nur, erzählte später die Sekretärin, sei Luhmann bei ihr aufgetaucht und habe sich zwei Bücher von mir ausgeliehen, die in ihrem Büro standen: den *Romantischen Brief* und *Die Kritik der Romantik*. Er hätte diese *edition-suhrkamp*-Bücher billig unten in der Universitätsbuchhandlung erwerben können, aber das tat er nicht. Sie lagen doch wohl zu weit entfernt von seiner Forschung, so wie umgekehrt auch ich mich mit Luhmanns Werk, abgesehen von seinen Büchern über die Zeit und über die Liebe, nie richtig beschäftigte. Vielleicht auch deshalb nicht, weil alle, die es taten, nicht wirklich an der Ästhetik des Kunstwerks interessiert und kurz zuvor noch auf Habermas eingeschworen waren.

Die Kritik von Studenten am skandalös wirkenden Aufsatz über die Ästhetik des Staates ging noch einige Wochen weiter. Erstaunlicherweise hatte der alte Gründer und Herausgeber des *Merkur* nicht negativ darauf reagiert, im Gegenteil. Wir nannten ihn »Eichelhäher«. Sein aufsprühender Spiritualismus, sein geistig flackerndes Temperament passten zum bunten Gefieder dieses Vogels. Er hatte auch nach seinem Ausscheiden nicht aufgehört, enormen Anteil an der Zeitschrift zu nehmen. Im Juli 1984 traf ein langer handschriftlicher Brief aus Nizza ein, wo er mit seiner Frau, die aus einer nach der Revolution geflohenen russischen Adelsfamilie stammte, zeitweilig lebte. Es stand darin eine zwiespältige Manöverkritik der letzten drei Nummern des *Merkur*. Einerseits lobte er meine eigenen Beiträge in jedem Heft über den grünen Klee, die in ihrer provozierenden Originalität und Schnelligkeit des Arguments politisch und intellektuell nicht zu überbieten seien. Das war aber nur die Vorbereitung dessen, was er dann noch zu sagen hatte. Denn andererseits seien einige der Autoren – und dazu gehörten die besten, die man sich denken konnte, zum Beispiel Gert Mattenklott und Hans-Thies Lehmann – keine originellen Geister! Mattenklott hatte zur Überraschung aller Zuhörer in meinem Seminar einen großartigen Vortrag über das Epigonale gehalten, den wir dann im *Merkur* druckten. Er hatte das Epigonale auf raffinierte Weise als das eigentlich historisch Interessante entdeckt und damit Bielefelds linke Professoren, die alle an diesem Tag ins Seminar gekommen waren, schwer erregt. Ein Sturm der Entrüstung war losgebrochen, dass und wie dieser ehemalige Star der linken Germanistik das intellektuelle Lob des Epigonentums sang. Und nun der alte Herausgeber! Er verstand nicht, warum wir so etwas druckten. Seit 1983, als der von mir herausgegebene *edition-suhrkamp*-Band *Mythos und Moderne* erschienen war, gab es ein gewisses Misstrauen: Den Mythos über die Moderne zu aktivieren alarmierte

ihn, er glaubte mich in den Fängen der Franzosenphilosophie. Hatte ihm das möglicherweise der Philosoph eingeredet? Ich beruhigte ihn: Friedrich Schlegels Verwandlung
der gesellschaftlichen in eine ästhetische Utopie, das war
das Programm, allerdings wider den Geist des deutschen
Idealismus. Der herrschte bei ihm selbst noch genauso vor
wie in der deutschen Universität. Der Eichelhäher blieb
seitdem misstrauisch, und nun lieferte Mattenklott mit dem
Epigonalen einen neuen Beweis dafür, dass sein Misstrauen
berechtigt war.

Worüber wir nicht sprachen, das war die gefährliche
Situation, in der die Zeitschrift steckte. Paeschke und ich
ahnten, dass der Klett-Verlag zu diesem Zeitpunkt der
Achtzigerjahre in eine schwere Krise geraten war: Der
Schulbuchverkauf, die finanzielle Säule des ganzen Unter-
nehmens, erlitt dramatische Verluste wegen struktureller
Veränderungen im Schulwesen. Mit keiner Miene ließen
dies der junge Verleger Michael Klett, sein Bruder oder führende Verlagsangestellte bei den jährlichen Kuratoriums-
sitzungen erkennen. Die Auflage der Zeitschrift war seit
meiner Übernahme gestiegen, ohne dass man aus den roten
Zahlen herausgekommen wäre, was die Verlagssituation ohnehin nicht verändert hätte. Wahrscheinlich war die gemeinsame Schulkrawatte – Michael Klett hatte wie ich im von
Georg Picht geleiteten Internat Birklehof im Schwarzwald
Abitur gemacht – der Grund dafür, dass diese Sitzungen
trotz der bedrohlichen Lage immer harmonisch ausgingen.
Jeder Versuch, meine Herausgeberschaft zu beeinflussen,
unterblieb. Dabei sympathisierte der Cheflektor, Herr Ar-
bogast, ein Stefan-George-Verehrer, überhaupt nicht mit
mir. Michael Kletts Loyalität erhärtete sich schon bei diesem gefährlichen Beginn. Er fand das, was ich machte, spannend – ein Modewort, das damals aufkam und das ich nicht
benutzte. Aber er meinte das Richtige.

So konnte ich mich unbeschwert, uneingedenk der

Finanzkrise des Verlages, auf meine ästhetiktheoretischen Interessen konzentrieren. Von den aktuellen Theoretikern wurden indes nur Paul de Man und Michel Foucault unmittelbar wichtig für meine Arbeit, nicht einmal Derrida. Die vom Merve Verlag mit großem Erfolg lancierten französischen Theorietexte ließen wir im *Merkur* mehr oder weniger auf sich beruhen. Sie hatten etwas intellektuell Neureiches an sich. Wir machten unsere eigene Theorie. Halt, es gab doch noch einen Franzosen: Lyotard! Jean-François Lyotards Aufsatz über das Erhabene und die Avantgarde! Der wurde für den *Merkur* übersetzt, was zum ersten Eklat mit Kurt Scheel führte. Dieser interessierte sich nicht nur nicht für die Thematik, sondern er störte sich auch an Lyotards Sprache. Kurt war von links her zum *Merkur* gekommen, aber unabhängig davon bestand er auf Rationalität. Sein sogenanntes No-nonsense-Prinzip stand der Veröffentlichung von Lyotards ihm vage vorkommenden Spekulationen im Wege. Ich musste also über seinen Kopf hinweg entscheiden. Es ging mir nicht nur darum, im *Merkur* als Erster Lyotards Erhabenheitsanalyse vorzubringen. Es ging auch um eine zentrale Kategorie des eigenen Plötzlichkeitsbegriffs.

Lyotard sprach, um das Erhabene des modernen Kunstwerks zu erklären, nicht vom »Plötzlichen«, sondern vom »Jetzt« eines »Ereignisses«. Dieses war nunmehr von allem »Was« des Inhaltlichen entleert, und die reine Wahrnehmung, »dass« es sich ereignete, war das Entscheidende. Lyotard hatte diesen Gedanken einem Aufsatz des amerikanischen Malers Barnett Newman entnommen und weitergedacht. Der Frage, was denn ein Großteil der Leser, die zwar kulturell interessiert waren, aber kein kunsttheoretisches Interesse hatten, wohl dazu sagen würde, galt kein weiterer Gedanke. Es war nur wichtig, in der ästhetiktheoretischen Debatte Argumente zu gewinnen, weil es hier um die eigene Sache ging. Es war dies viel mehr als eine akademische Streitfrage. Hier blieb auch die idealistische Tradition auf der Strecke, die künstlerische Phänomene durch Ideen erklärte, nicht durch den künstlerischen Ausdruck selbst: also die alte Bekannte meines Widerwillens.

Eigentlich ist es einleuchtend und bedarf keiner Verrenkung des Verstandes, festzustellen, einmal merke man sich, *was* passiert sei, und ein andermal merke man sich, *dass* etwas passiert sei. Und oft merke man beides. Warum dann aber das Tamtam um diese Unterscheidung des »Was« vom »Dass«? Damit hatten sich schon die Surrealisten herumgeschlagen. Breton sagte einmal, ihm sei diese Idee oder jene hereinkommende Frau aufgefallen, er wisse aber nicht zu sagen, was dabei im einen oder anderen Fall der Grund seines Interesses gewesen sei. Er könne nur sagen, dass es sich ereignet habe. Breton misstraute allem nur Inhaltlichen, allen ideenbestimmten Gedanken, als einer Täuschung der Vernunft, als gewünschter Vorstellung. Deshalb setzte er an ihre Stelle etwas unbestimmt Bleibendes. Das aber erhielt gerade dadurch eine intensive Ausdrucksqualität, eine Sinnvermutung sogar. Mit anderen Worten: Das Bekannte sollte durch etwas Unbekanntes eine größere Ausstrahlungskraft erhalten.

Barnett Newman und François Lyotard gingen noch weiter, indem sie behaupteten, dem reinen »Jetzt« wohne eine existenzielle Notwendigkeit inne. Ohne wahrzunehmen, dass etwas passiere, höre das Leben auf. Und sie hängten dem »Dass« ein noch schwereres Gewicht an: Die schiere Tatsächlichkeit, die ausschließliche Ereignishaftigkeit gebe dem Ereignis, der Ereigniserwartung, seine Bedeutung. Das war das neue »Erhabene« der Kunst. Die Erwartung, dass dieser Aufsatz eine ästhetiktheoretische Debatte hervorrufen würde, erfüllte sich. Auch dieser Aufsatz traf auf ein mächtiges Für und Wider. Entscheidend aber war, dass die Zeitschrift sich als Forum einer internationalen Debatte erwies. Das wurde zum Anlass, im Seminar auf die komplizierteren Elemente der Plötzlichkeit einzugehen, am Beispiel von Prousts »mémoire involontaire«, von James Joyce' »epiphany« und von Virginia Woolfs »ecstasy«. Vor allem aber kam Nietzsche in die Diskussion zurück. Denn seine Definition des Dionysischen enthielt die entscheidenden Merkmale der plötzlichen Zeitlichkeit des Kunstwerks, den Schrecken und die Auflösung des Individuationsprinzips. Was der Augenblick des ästhetischen Scheins denn eigentlich sei, der die Plötzlichkeit als eine Begriffsvariante enthielt, war besonders schwer zu erklären: Der Augenblick sei eine Zeitform der besonderen Erscheinungsweise von Kunst und Literatur. Die Imagination von etwas in Erscheinung Getretenem. Das Wort »Augenblick« werde von bedeutenden Dichtern als Variante für Plötzlichkeit an entscheidenden Stellen genannt. So von Proust, wenn die Erinnerung nach dem Augenblick einer ursprünglichen Empfindung suche.

Diese Verknüpfung der Momente von Plötzlichkeit im Seminar, im *Merkur* und im Zimmer mit Undine schuf eine eigene Epoche jenseits der Epoche, in der ich historisch als Zeitgenosse lebte. Ich meinte zu fühlen, dass es sich immer so verhalten habe, auch wenn ich über zeithistorische Probleme berichtet hatte, ob über Studentenrevolution oder Literatur, oder wenn ich selbst in einem zeithistorischen Augenblick steckte, wie seinerzeit in Montpellier, als wir die französischen Fallschirmjäger erwartet hatten. Ich nahm nicht die Farbe der objektiven Zeit an. Gab es die überhaupt? Man ist doch Mensch seiner Zeit, und was von der früheren Zeit gewusst wurde, wusste man vor allem aus den Aufzeichnungen der Menschen, die diese Zeit in sich erfahren hatten. Also drückte sich die Zeit objektiv unmittelbar im Subjekt aus? Nicht bei mir. Ich hatte das Gefühl, dass es bei mir immer anders war. Von Anfang an. Als in Köln die Bombennächte einsetzten, hatte ich Granatsplitter wie phantastische Objekte gesammelt und, als Pfarrer verkleidet, vom Jesuskind und von Gott gepredigt, ganz meiner Phantasie hingegeben. Als Stalingrad passierte, malte ich von einem mit bunten Steinen besetzten Fenster eines sehr alten Hotels oben im Schwarzwald aus mit Wasserfarben die gegenüberliegenden Vogesen ab. Als der Krieg und das Regime zu Ende waren, lebte ich in einem der Gegenwart abgewandten Internat, das ich, selbst wenn es Zeitnahes lehrte, zunächst für die Wiedergeburt Griechenlands hielt. Als das Studium mich mit der Wissenschaft bekannt machte, stiegen völlig unwissenschaftliche Gedanken in mir auf. Als ich das *Literaturblatt* der berühmten Zeitung verantwortete, betrieb ich das jenseits der aktuell geforderten Literaturkritik der sozialen Nähe. Als ich als Korrespondent in England lebte, lernte ich nur wenige Einheimische kennen und schöpfte meine Artikel und Aufsätze für die Zeitung aus meinem Nachdenken über das Land, sogar aus meiner Phantasie. Zurück an der Universität, gingen die zentralen Motive des Faches an mir vorbei, und ich erfand dafür andere.

Es war so gekommen, wie zu erwarten gewesen war: Zwischen meinen und Kurts *Merkur*-Einfällen tat sich immer wieder ein Abgrund auf, den wir von Fall zu Fall überspringen mussten. Das war schwierig, aber es funktionierte, weil wir uns intellektuell respektierten. Mitten in die Periode unseres Zusammenraufens platzte die Nachricht einer wahrscheinlich bevorstehenden Veränderung: Die Pariser École des Hautes Études am Boulevard Raspail lud zu zweijährigen Vorlesungen über die deutsche Romantik ein. Undine fiel mir um den Hals. Ich wusste, dass sie sich bei einem Besuch mit ihrem Vater, der dort zu einem Vortrag eingeladen war, geradezu leidenschaftlich in die Stadt verliebt hatte. Die Einladung abzulehnen, weil ihr zu folgen mich für beträchtliche Zeit von meinem gerade aufgebauten Stamm von Studenten trennen würde, war unmöglich, also ließ ich mich für anderthalb Jahre von der

Fakultät beurlauben. Im Mai 1987 stand Undine in einer Wohnungsagentur und handelte in radebrechendem Französisch ein kleines, relativ billiges Apartment am Montmartre-Hügel aus, um die Ecke der Place Jules Joffrin. Die Straße hieß Rue Lapayrère und lag zwischen der Rue Caulaincourt und der Rue Ordiner. Die Straßennamen sagten etwas aus: Die Rue Ordiner wird in einem Roman Aragons genannt, wenn plötzlich der surrealistische Frühling ausbricht. Die Rue Caulaincourt war nach einem französischen General und Tagebuchschreiber Napoleons auf dem Rückzug aus Russland benannt. Solche Namen spielen eine Rolle, wenn man sonst nichts kennt. Wir hatten bei einem vorausgegangenen ersten Aufenthalt in Paris genau diese Gegend jenseits der Brücke des Friedhofs Montmartre als einen Phantom-Ort ausfindig gemacht. Die Rue Caulaincourt versetzte einen mitsamt ihren Seitenstraßen den Montmartre hinauf mitten ins bürgerliche 19. Jahrhundert von Paris. Das taten andere Gegenden wohl auch, aber die kannten wir noch nicht.

Paris wurde trotzdem schwierig für mich. Das fing mit der Wohnung an. Die drei Zimmer und die kleine Küche waren in Ordnung. Ebenso die großen Spiegel, die Brokattapeten mit Goldverzierung, die marmorumsäumten Kamine, die Undine entzückten. Aber von meinem Arbeitszimmer, nur ein Stockwerk über der Straße, blickte ich direkt in einen Frisörsalon, und die Autos auf der Rue Ordiner waren nicht zu überhören. Aus Köln kommend – wegen des Bielefelder Sommersemesters zwei Tage später als Undine – und in die Gare du Nord einfahrend, wollten mich schon die finsteren Häuserfassaden nahe den Gleisen bedrücken: Ich musste mit einem Mal an England, an London, an Putney und Hampstead denken, selbst Victoria Station war einladender. Wie bukolisch, wie romantisch war dieses England doch gewesen. Und jetzt ging von Paris, das wir auf unseren Besuchen so oft umarmt hatten, ein düsteres

Dräuen aus. Und schließlich die Wohnung! Schon die gegenüberliegende Häuserfront, ganz abgesehen vom Frisör, kam meinen Augen zu nahe. Daran würde auch ein Vorhang nichts ändern. Sobald Licht angemacht würde, wäre ich sichtbar für die Leute gegenüber. Aber das war es nicht, was mich bekümmerte. Vielmehr war mein eigener Blick wegen der Nähe dieser Häuserzeile verstellt. Die hohe Fassade aus dem 19. Jahrhundert, mit Balkonen und schwarzem Gitterwerk, die abgrenzenden Sockel der Säulen, die ganze Geometrie sah ich nicht. Es war und blieb ein abgeschnittener Blick.

Mit der in meiner Generation häufig vorkommenden enthusiastischen Erwartung war ich nach Paris gekommen. Diese Erwartung wurde gelenkt von charakteristischen Motiven, die sich schon früh in mir festgesetzt hatten. Zunächst natürlich von solchen des Existenzialismus. Seit der Lektüre von *Die Fliegen* und *Der Ekel* hatte deren Stimmung mich nicht mehr losgelassen. Es gab zur Zeit unseres Eintreffens in Paris einen Frankfurter Kongress über Sartre, auf dem ich einen Vortrag über das Imaginäre in Sartres Denken hielt, in den ich alles hineinsteckte an Sympathie, die ich für ihn immer noch fühlte, trotz der unerquicklichen politischen Ansichten, die er schließlich geäußert hatte. Alles Gute und Teure in den Geisteswissenschaften, so schien mir, hatte sich versammelt, von Habermas bis zum größten von ihnen allen, Gadamer. Nicht zu vergessen den Jungstar der Philosophie aus Genf, Manfred Frank, ursprünglich als germanistischer Hoffnungsträger an meiner Universität gehandelt. Er hatte für den von mir herausgegebenen *Mythos-und-Moderne*-Band den Einleitungsaufsatz geschrieben. Ich hielt große Stücke auf ihn, aber seine Beschwingtheit in Gang und Rede bei dieser Konferenz, ein Ausdruck des von ihm innig umarmten deutschen Idealismus, beobachtete ich mit Unmut und Gereiztheit. Mit meinem Imaginationsinteresse hatte der Idealismus ohnehin nicht viel zu tun, auch wenn man immer noch Novalis’ Phantasie damit erklärte. Mit Genugtuung und Ingrimm fuhr ich nach Paris zurück. Ingrimm deshalb, weil der Existenzialismus dort ja endgültig und schon seit einer Dekade zu Ende gegangen war. Das Subjekt-Pathos, die Ich-Emphatik und ihr Freiheitsbewusstsein, alles war theoretisch den Bach hinuntergegangen. Man musste das so ausdrücken, denn jene großen Begriffe wurden mit einem Mal belächelt. Das Ende des Autors, wie es von der neuen Franzosenphilosophie festgestellt wurde, hatte allerdings der Autonomie des literarischen Wortes Vorschub geleistet, also dem, um das es mir so sehr bei meinen Universitätsseminaren zu tun war. So war ich gespalten. Dass Sartre und der Existenzialismus keine Rolle mehr spielten, war ein Angriff auf das nostalgische Bedürfnis, das verlorene intellektuelle Engagement wiederzufinden. Immerhin gab es abermals eine große Theorie, in den Pariser Denkbunkern wurde erneut bislang Ungedachtes gedacht. Und das konnte gerade für die ästhetische Theorie, die aus der Frühromantik herrührte, wichtig werden. Aber das sich einschleichende Gefühl eines großen Verlustes, des Verschwindens einer existenziellen Sicherheit, blieb. Insoweit verstand ich emotionell den Angriff des *Merkur*-Autors Jean Améry gegen die Dekonstruktivisten, der kurz vor meiner *Merkur*-Zeit erschienen war. Es fehlte ihm aber an analytischer Genauigkeit. Die brachte der Jungstar aus Genf in die Debatte ein, obwohl seine Polemik gegen den Dekonstruktivismus sich zu selbstverständlich auf den Voraussetzungen des transzendentalen Idealismus, der Identitätsphilosophie, ausruhte. Aber immerhin, es wurde dabei noch einmal Sartres Existenzialismus ins Spiel gebracht.

Das zweite mittlerweile versunkene Faszinosum an Paris waren natürlich die Filme der *Nouvelle Vague*. Als Ersatz entdeckte ich die alten Filme von Carné neu. Sie boten eine ungemein eingängige Atmosphäre der Melancholie.

Nicht die symbolistischen aus den Vierzigerjahren, nicht *Les enfants du paradis* oder *Les visiteurs du soir*. Vielmehr die realistischen aus den Dreißigern mit den düsteren Hafenszenen wie *Quai des brumes* mit Jean Gabin und Michèle Morgan und vor allem *Hôtel du Nord* mit Louis Jouvet und Arletty. In diesen Stimmungen konnte man sich noch immer richtig gehenlassen und vor sich selbst behaupten, man hätte ein angemessenes Lebensgefühl. Die einschlägigen Hafenstädte und die wiedererkennbaren Pariser Quartiere am Kanal waren ja immer noch da. Aber es war nur ein Ersatz für den Existenzialismus, eine Illusion, die sich selbst entlarvte. Beide irgendwie zusammenhängenden ikonisch gewordenen Vorstellungen – der Existenzialismus und die Nebel-Filme – konnten ihre Fittiche nicht mehr über mir ausbreiten. In der Rue Lapeyrère zu wohnen und diese Entfremdung dauernd zu spüren, damit musste ich klarkommen. Auf die Vorstellung von Paris als einem imaginären Ort, der die Phantasie fast zu sehr einlud, wirkten natürlich immer noch die Chansons ein. Jedenfalls bei uns. Obwohl sie von der britischen und amerikanischen Popmusik überholt worden waren. Selbst in der sehr modischen Façon der bukolischen Lieder von Georges Brassens, die den gebildeten Bürger aus Hamburg auf den Einfall brachten, sich ein Bauernhaus in der France profonde zu kaufen. Es waren deshalb eher und noch immer die Melodien von Juliette Gréco, Edith Piaf und Yves Montand, die uns fesselten.

In den ersten Tagen dort, wenn Undine beglückt am Cafétisch an der Place Jules Joffrin saß, sagte ich: »Undine, guck nicht so, Benjamin wohnt hier nicht mehr um die Ecke.« Benjamin hatte hier ohnehin nicht gewohnt, aber die Surrealisten. Nicht direkt hier, aber ganz in der Nähe. Undine war in einen besonderen Zustand geraten. Sie hatte schon in Deutschland aufgehört, in die Universität zu gehen, und ihre Dissertation abgebrochen. Stattdessen hatte sie begonnen, einen Roman zu schreiben. Wir sprachen nicht über ihn, getreu unserem Gesetz, uns nicht auszukundschaften, oder noch genauer gesagt: Wir waren überzeugt davon, dass man sich gegenseitig immer als etwas fremd ansehen sollte, weil man in der Tat sich selbst eigentlich fremd bleibt.

Man könnte das als eine absichtsvoll leer gelassene Stelle im Bild des anderen verstehen. Diese Leere wurde von der Phantasie mit anderen Bildern gefüllt, auch mit Bildern von Walter Benjamin. Wir verfielen auf den Einfall, die äußeren Viertel von Paris zu durchwandern. Aragons *Paysan de Paris* und Bretons *Nadja* dienten als geheime Landkarte. Zunächst erkundeten wir die unmittelbare Umgebung, von wo aus unsere graue Straße hinaus zur Gare du Nord führte und die Atmosphäre der Arbeiterviertel atmete. Dann die Goutte d'Or, das Viertel der nordafrikanischen Einwanderer, Araber und auch Schwarzen aus den Gebieten südlich der Sahara. Diese aus den Kolonien stammenden Farbigen tauchten eigentlich selten im Montmartre-Viertel auf. Man erzählte sich, dass weiße Frauen, Französinnen oder Touristinnen, die auf den Trottoirs an den meist geöffneten Türen vorbeigingen, von geheimnisvollen Händen ins Innere gezogen würden. Man würde sie später auf dem Sklavenmarkt in einer der Städte Nordafrikas wiedersehen können: Ob das eine Horrorgeschichte über eingewanderte, aber nicht eingebürgerte Araber war, darüber konnte man nur spekulieren. Es war wahrscheinlich Unsinn. Die Araberfrage als koloniales und politisches Problem galt seit zwanzig Jahren als mehr oder weniger erledigt. War es aber nicht. Algerien selbst hatte sich nicht zu einem prosperierenden und politisch stabilen Staat entwickelt. Verglichen mit seinem Zustand während der französischen Zeit war es heruntergekommen. Viele der in Paris lebenden Nordafrikaner wohnten außerhalb der alten Stadtgrenze, etwa in Clichy, wohin eine Landstraße von der Place Clichy hinausführte, an der wir immer wieder vorbeimussten, wenn wir zu Fuß hinunter ins Zentrum am rechten Ufer gehen wollten, vorbei an der Place de l'Opéra. Trotz des republikanischen Gleichheitsgebots, das den in Massen einwandernden Algeriern und Tunesiern die französische Staatsangehörigkeit garantierte, wurden die meisten von der Pariser Bevölkerung als Fremdkörper empfunden. Auch die linke Intelligenz, hieß es, hielt auf Abstand.

Auf mich hatten sie eine exotische Wirkung. Mit einem ägyptischen Handwerker, der unser Zimmer neu tapezierte, unterhielt ich mich zunächst über das literarische Alexandria. Als der dann mit der Überlegenheit der Muslime über die Christen anfing, wurde es schwierig. Er pries die Deutschen: Das seien doch ernsthafte Menschen! Warum sind sie so gottlos geworden wie die Franzosen?, fragte er mich. Nachdem ich mich mit ihm über die moderne Veränderung der Religion unterhalten hatte, der sich auch der Islam aussetzen müsse, kam er nicht mehr wieder. Dabei war er ein so intelligenter Mann! Seine unabdingbare Religiosität, seine Zurückweisung jedes Arguments meinerseits waren umso irritierender. Er fühlte sich wohl von dem Deutschen verletzt, den er vor den übrigen Europäern in der Straße als möglichen Freund ausersehen hatte. Nicht weil wir Deutschen uns in der Kolonialzeit zurückgehalten hätten, sondern wegen der mir unterstellten Glaubenstiefe. Ich hatte ihn tief enttäuscht.

Im Restaurant Weppler an der Place Clichy gab es vor allem Fisch, aber auch die erzfranzösischen Gerichte wie Coq au vin und Ente in Gelee. Der Name des Restaurants ist berühmt geworden, weil hier Henry Miller seine Lieblingsprostituierten traf, mit denen er dann zu Fuß nach Clichy zog. Der Ort war historisch bedeutsam, weil sich dort 1870/71 die Commune gegen die offiziellen Truppen der Republik und noch viel früher die Reste der Grande Armée gegen die einmarschierenden Russen verteidigt hatten.

Wir hatten in unserer Gegend neben der Goutte d'Or einen Mittagstisch in einem italienischen Familienrestaurant gefunden, das wie eine spanische Bodega aussah. Das Essen war lächerlich billig, einschließlich Vorspeise 38 Francs. Dort trafen wir wöchentlich einmal mit neuen Bekannten, einem deutschen Romanisten und seiner Frau, zusammen, die beide fließend Französisch sprachen und uns Paris wie aus der Westentasche nahebrachten, sodass Undine und mir unsere eigene Unkenntnis von Sprache und Stadt immer bewusst blieb. Es hat fast ein Jahr gedauert, bis ich die Luft von Paris gern einatmete, obwohl sie in unserer Straße so miserabel war. Man lebte hier sowieso genauso lange außerhalb der Wohnung wie innerhalb. Wann war ich in London schon in ein Restaurant gegangen? Hier fast jeden Tag! Die Stadt wurde zum fremden Anzug, den man Stück für Stück anzog und der auf erstaunliche Weise schließlich saß. Vor allem waren es jetzt die grauen Viertel, deren grandiose Fassaden mich nicht mehr bedrückten, sondern erhoben. Aber wegen der chronischen Schlaflosigkeit, die sich bei mir eingestellt hatte, sagte ich der École des Hautes Études jedenfalls für diesen Sommer ab.

Das erste Mal, dass ich Paris überhaupt gesehen hatte, war im Jahr nach Montpellier gewesen. Adrian schlug damals vor, zur Feier meiner Promotion hinzufahren, zusammen mit meiner ersten Frau, die sich in Göttingen nach ihrem Staatsexamen auf die Referendarzeit vorbereitete und die Adrian sehr mochte. Vielleicht weil sie, obwohl intelligent, im Gegensatz zu uns so unintellektuell geblieben war. Wir fuhren mit dem Wagen durch die Gegend von Verdun. Immer die Landstraße entlang, denn eine Autobahn gab es hier noch nicht. In den Feldern nahe der im Ersten Weltkrieg zum französischen Symbol gewordenen Stadt setzten wir uns auf eine Decke und aßen Weißbrot und Käse. Auch Adrian, der Fahrer, trank Wein. Es war März und noch kalt. Wir erlebten keine Enttäuschung, wie sie sich bei solch berühmten Orten häufig einstellt. Wir imaginierten, was vor fünfundvierzig Jahren hier passiert war. Mir lag die Geschichte, in die wir mit unseren Gesprächen eindrangen, am Herzen. In ihr eingeschlossen war Frankreichs Würde. Die Namen der Städte wie Gravellote, Verdun, Metz, Châlons-sur-Marne, wie sie klangen! Kriegerisch, herausfordernd, stolz. Es waren die Namen von Städten zwischen Paris und der französischen Ostgrenze. Im Jahr 1962 war der Erste Weltkrieg, der den Zweiten nach sich gezogen hatte, Adrian und mir noch immer sehr bewusst. Wir näherten uns auf den Feldern von Verdun einer Vergangenheit, dramatischer, als es die Paris vorwegnehmende Vorstellung sich ausgedacht hatte. Die Helme der französischen Soldaten, mit denen wir Jungen von 1940 gespielt hatten, waren die gleichen gewesen wie die von 1914. Der Krieg, der Kampf mit Bajonett, Maschinengewehr und Flammenwerfer, hatte, nachdem die Granaten das Tötungswerk halb vollbracht hatten, nicht nur die Gesichter der einander tötenden Soldaten verändert, sondern eine ganze Kultur. Und dass es nun die französische sein würde, die uns der Besuch in Paris offenbaren sollte, rückte auch das kriegerische Geschehen nochmals in ein besonderes Licht. Besonders die Woche in Montpellier in Erwartung der putschenden Fallschirmjäger hatte dem Namen »Frankreich« trotz Existenzialismus und *Nouvelle Vague* das kriegerische Element erhalten. Die Kolonialkriege, das Pathos, mit dem seine Befürworter sie führten, hatten einen existenziellen Beigeschmack gehabt, so als ob die Niederlage von 1940 hätte ausgemerzt werden müssen, so als ob im Krieg erforderliche Eigenschaften nach wie vor zum Tugendkatalog Frankreichs gehörten. Selbst die Kritik der Pariser Intellektuellen besaß etwas davon. Sartres Orestes in den *Fliegen* – war er nicht ein zum Töten bereiter Held?

Die Einfahrt in die östlichen Quartiere von Paris – wir hatten in Reims nicht, wie ursprünglich beabsichtigt, übernachtet – überraschte, ja enttäuschte uns aufgrund der Schäbigkeit der Viertel. Diese Quartiere fand ich erst jetzt mit Undine so anziehend. Damals aber kam die Erleuchtung erst unterhalb von Belleville über mich, jenseits der Place de la République! Nach der privaten Übernachtung am Boulevard Montparnasse in einer irgendwie verkommenen, aber extravaganten Wohnung, deren Besitzer wir nicht zu Gesicht bekamen, gingen wir am nächsten Tag zu Fuß hinunter zur Seine und hinüber in die Gärten des Louvre. Das Wenige, was ich bis dahin gesehen hatte, den Boulevard Raspail und die kleinen Straßen jenseits des Boulevards Saint Germain, hatte die historische Phantasie in Bewegung gesetzt. Die Tuilerien, was war das Großartige daran? Der geometrische Anblick. Die steinernen Skulpturen, die Balustraden, die Lampen. Das noch blätterlose, starre Geäst der Bäume verstärkte den Eindruck des Artifiziellen. Es erinnerte an den Film *Letztes Jahr in Marienbad*, den ich kurz zuvor gesehen hatte. Als ich voll der Eindrücke zu einer rühmenden Erklärung ansetzen wollte, nahm ich wahr, wie meine Frau schwieg. Sie wirkte deprimiert. Paris bedrückte sie. Das wurde am Abend noch offensichtlicher, als wir mit einem Bekannten Adrians, einem Verleger, zu Abend aßen. Dessen eisige Manier fiel auch mir auf. Aber meiner Frau verschlug es die Stimme, obwohl sie Englisch hätte reden können, das sie fließend beherrschte. Ich musste sie danach, vor dem Einschlafen, beruhigen, so außer sich war sie. Dass Adrian solche Bekannten hatte! Ich wusste damals schon, dass die Kälte eine unter vielen Franzosen dieser Klasse verbreitete Manier war. Aber es war auch erneut eine Mahnung, wie jeweils anders Barbara und ich dachten und fühlten. Am nächsten Tag machte ich allein einen Spaziergang zum Café de Flore und zum Odéon-Theater. Als ich das Denkmal von Danton erblickte, blieb ich lange stehen und sah mir von allen Seiten seine Gestalt an. Er blieb der intensivste Eindruck meiner ersten Paris-Reise.

Es war also nicht viel, was ich damals gesehen hatte. Undine und mich zog es vor allem in die Gegend jenseits des Friedhofs von Montparnasse. Vorbei an den Mauern des Gefängnisses, dann weiter zur Rue de la Gaîté in Richtung Rue d'Alésia. Wir wussten zuerst nicht, warum wir dort so gern spazieren gingen. Das dahinter liegende Viertel hatte ja gar keinen besonderen Charakter, wie etwa die Gegend von Belleville, die Avenue des Pyrenées hinunter bis hin zur Place Gambetta und bis an den Rand der Stadt, ganz zu schweigen von der Rue Ménilmontant, in der die alten Chansons zu hören waren. Das Straßengewirr des Viertels jenseits des Friedhofs von Montparnasse zog uns dennoch ganz besonders an: keine Touristen, dafür kleine Gemüseläden, Metzgereien, wo die Schweine noch geschlachtet vor der Tür hingen. Es war sehr abgelegen und nach Westen ausgerichtet, merkwürdigerweise spürte ich selbst hier noch meine emotionale Richtung. Es kam uns zustatten, dass keine Karte von Paris zu Rate gezogen wurde, geschweige denn ein Reiseführer. Vor allem kein Reiseführer! Von dem offiziell berühmten Paris nahmen wir keine Kenntnis. Man konnte das, was wir suchten, natürlich als das arrangierte Unbekannte entzaubern. Aber nur, wenn man vordergründig, das heißt kulturkritisch, darüber nachdachte. Entscheidend war ja unser eigenes, vom generellen Geistesverkehr abgeschottetes Inneres. Das erfand sich von selbst.

Wir suchten uns ein besonders altmodisch aussehendes Lokal. Im Sommer möglichst mit einem Vorplatz oder einem kleinen Garten mit Bäumen. Manchmal bestellten wir uns dort nur Käse und Weißbrot und eine Flasche Weißwein. Diese Lokalität nannten wir dann »Unter Bäumen«. Undine hatte diese Etikettierung erfunden. Es war ihre Art, ganz herkömmlichen Orten anschauliche Namen zu verpassen. Im Winter, wenn wir drinnen saßen, aßen wir meist Bœuf bourguignon. Es war ein Einatmen von Frankreich, so als ob man ein Chanson von Brassens hören würde. Ein bisschen Kitsch, aber sublimer Kitsch. Sublim gemacht durch unsere Art, dorthin zu gelangen. Die uralte Verfassung vieler Häuser, ganzer Viertel, versetzte uns in die gewünschte Stimmung.

Wir lebten nicht in einer früheren, sondern in einer anderen Zeit von Paris. Das gab dem Bewusstsein Auftrieb, dass man, absehend von der objektiven Zeit, immer in seiner eigenen Zeit lebte. An manchen älteren Hauswänden gab es noch Werbeplakate oder Inschriften aus den Dreißigerjahren. Das Nostalgische daran entsprach nicht einer sentimentalen Vorstellung von der Vergangenheit. Nostalgisch war vielmehr das Bewusstsein einer zeitlichen Diffusität der Gegenwart. Dieses Bewusstsein wurde unterstützt durch die starke Gegensätzlichkeit zur deutschen Nachkriegsmoderne in den großen Städten, in denen ja nur noch in einigen Vierteln architektonische Überreste des 19. und frühen 20. Jahrhunderts übrig geblieben waren. Auch die Affinität zu den kleinen Lokalen, Gasthäusern und Bistros war geprägt von jener fremden Zeit, die hier nicht vergangen war und bewahrt wurde. Nicht aus modischem, nicht aus geschäftlichem Interesse. Man hatte den Eindruck, dass den Besitzern ihr Ambiente ganz selbstverständlich war. Alles war selbstverständlich. Der Coq au vin, die Ente in Gelee, die Forelle. Für uns war das alles so, als ob gleich Henry IV eintreten, seinen Hut aufhängen und an einem Nebentisch Platz nehmen könnte. Aber als zeitloses Ereignis, abseits der großen Boulevards mit ihren eleganten, mit Messingstangen bestückten Brasserien und den Restaurants mit den roten Teppichen.

Dass es mir mit der eigenen Zeit so leichtfiel, die objektive Zeit aus dem Bewusstsein zu lassen, wurde auch dadurch befördert, dass die steinerne Präsenz die fremdartige Gegenständlichkeit der Stadt so handgreiflich machte. Die Stadt bestand ja aus Raum, nicht aus Zeit. Die historisch erkennbaren Gebäude, die Assemblée Nationale auf der Place de la Concorde, die Kathedrale Notre Dame mit dem Denkmal Charlemagnes, als fränkischer König auf dem Schlachtross, am Zügel geleitet von zwei fränkischen Kriegern, die Streitaxt, die Franziska, in den Händen, mit mächtigen Schnauzbärten geziert, die man auch den Galliern andichtete, die Oper und um die Ecke das Palais Royal, die Hauptgebäude der Sorbonne – das alles wurde auch zu einer ihrer Epoche verlustig gegangenen Schönheit, obwohl ihre jeweilige historische Vergangenheit ja bekannt war. Es zog sich dieses ganze Ensemble zu einer einzigen Gegenwart der Imagination zusammen, zu einer sich ausbreitenden Macht der Dinge. Alles war alt, aber gleichzeitig jetzt. Eine in der Literatur häufig vermerkte Eigenheit von Paris wirkte so, als hätte ich sie als Erster bemerkt: das melancholisch stimmende Grau seiner Fassaden. Es wurde nun anziehend, eben weil es eine melancholische Stimmung hervorrief. Man erblickte nicht nur etwas, sondern man fühlte etwas, das einen zur Träumerei anregte, in der man sich verlieren konnte. Dieses Pariser Grau hatte etwas von der Würde des schon lange Dagewesenen.

Daran änderte die Aktualität der Politik nichts. Der sozialistische Präsident Mitterrand war seit wenigen Jahren an der Macht. Er war mit einer roten Rose durch die Straßen gezogen, nachdem er den konservativen Vorgänger Valéry Giscard d'Estaing besiegt hatte. Seitdem gab es dauernd etwas Neues in der Politik, das Wichtigste war die Abschaffung der Todesstrafe. Seit 1983 wurde nicht mehr guillotiniert – aber das war vorher auch nur noch selten vorgekommen. Immerhin hatte es der Film *Casque d'or* von 1952 mit Simone Signoret und Serge Reggiani noch für notwendig befunden, in der letzten Szene den Helden im Gefängnishof unter dem Fallbeil sterben zu lassen. Aber sonst blieb im Grunde alles beim Alten, auch wenn die jungen Minister, Jack Lang für Kultur und Laurent Fabius für Außenpolitik, den Anschein erwecken wollten, es würde sich alles ändern. Es entstand keine sozialistische Republik. Wenn ich darüber nachdachte, dass mich das eigentlich nicht berührte, gar nicht wirklich interessierte, dann gestand ich mir gleichzeitig ein, dass ich keine Sympathie für die Menschen *en masse* hatte, sei es als Volk, sei es als Nation. Dazu brauchte es keine Abwägung einschlägiger Theorien à la Rousseau kontra Hobbes. Hobbes schätzte ich ja nicht wegen seiner anthropologischen Vorbehalte gegen die Natur des Menschen, sondern wegen seiner Plötzlichkeitsphantasien. Rousseaus dazu konträres Gesellschaftsideal ging mir als Ideologie gegen den Strich. Aber man brauchte beide nicht, um Menschen, die Menschen in ihrer Vielfältigkeit und die Idee der Menschheit nicht besonders sympathisch zu finden, ganz gewiss nicht in ihrer jeweiligen klassenmäßigen Ausprägung, sei es als Bürger oder Arbeiter, Lehrer, Angestellter oder Unternehmer. Nur Individuen waren anziehend, solche, von denen man dachte, dass es von ihrer Art nicht viele gäbe, was vielleicht ein Irrtum war. Vielleicht gab es viel mehr von ihnen, als man dachte.

Wenn man in einem anderen Land lebt, ist die Wahrnehmung der Menschen eine andere. Selbst das Normale an ihnen wird deutungswürdig. Waren die Franzosen, die Pariser einem, wie man so sagt, sympathisch? Schwer zu sagen. Man stellt eine solche Frage immer im Plural und erwartet natürlich keine statistisch genaue Antwort, sondern eine allererste Reaktion. Ich fand die einfachen Leute im Laden oder in der Brasserie, wenn man sie hörte und ihnen zusah, anziehend. Bei den besseren Bürgern war ich mir nicht so sicher. Und die Akademiker, mit denen ich zusammenarbeiten sollte? Das war abzuwarten. Was mir sofort missfiel, war eine gewisse Affektiertheit der Ansagerinnen im Fernsehen. Die Notiz von Albert Camus, noch immer mein Lebensberater, sagte alles darüber: »Was an Paris hassenswert ist: die Lieblichkeit des Gefühls, die abscheuliche Gefühlsduselei, die als hübsch ansieht, was schön ist, und schön findet, was hübsch ist.« Wie Camus, der in Paris ein Fremder geblieben war, hielt ich es deshalb wohl mit den grauen Vierteln, die auch ihn angezogen hatten: »Was an Paris begeisternd ist: die fürchterliche Einsamkeit. Als Heilmittel gegen das Leben in der Gesellschaft.«

Wir gingen also zeitlos durch diese grauen Viertel, ohne viel zu reden. Die Art von Melancholie, die dieses Grau ausdrückte, führte nicht ins Depressive, sondern ins Träumerische. Eine gewisse Gleichförmigkeit, die es in London nicht gegeben hatte, wo sich die Farben der Häuser, an denen ich entlanggegangen war, lebhafter brachen und die unterschiedlichsten Formen aufeinanderstießen, weil sie vom Impuls einzelner Bauherren so entschieden worden waren, nicht von einem großen Plan. Aber das Ergebnis des großen Plans hatte in Paris keine architektonische Misere angerichtet. Undine hatte natürlich immer den *Paysan de Paris* im Kopf. Sie dachte zu dieser Zeit auch noch immer »progressiv«. Sie träumte sich in Aragons Dunkel der Vorhöfe als zukünftiger Explosionsorte sozialer Entwicklungen. Ohne dass ich sie danach fragte, war mir das bewusst. Undine hatte im Kreis ihrer Familie und ihrer akademischen Freunde die Falkland-Satire mitbekommen und mich gegen die heftigen Anwürfe verteidigt – mit halb schlechtem Gewissen, denn der sardonische Tonfall war auch für sie zunächst einmal zu verkraften. Ich hatte ihr nur kurz erklärt, was von der politischen Borniertheit dieser Empörungsanfälle zu halten war. Seitdem sprachen wir eigentlich kaum mehr über die Politik des Tages. Es war kein Vermeiden, keine Vorsicht. Es bestand auch auf ihrer Seite letztlich kein wirkliches Interesse.

Eine Variante zu unseren Gängen durch die entlegenen Viertel auf der Suche nach der Zeitlosigkeit waren Wanderungen am Ufer der normannischen Küste. Wir hatten durch einen Zufall während der Busfahrt nach Cabourg, wo Proust sich oft aufgehalten hatte, die kleine Hafenstadt Trouville entdeckt. Sie lag, von einer Landzunge getrennt, dem mondänen, mit teuren Hotels gesäumten Badeort Deauville gegenüber, war aber völlig anders. Ein fast noch uraltes Fischernest mit entsprechenden Häusern, auch wenn es dort jetzt Touristen gab. Ein bunter Sonntagsmarkt mit allen Fischen, die man sich denken kann, herumgebaut um das Denkmal Flauberts. Das noch immer billige Fachwerkhotel »Flaubert«, direkt am Strand, hatte die schönsten Zimmer mit weitem Ausblick auf die See. Wenn der Abend dämmerte, begannen die Farben sich am Horizont bis hin zur schräg einfallenden Sonne zu mischen. Wir gingen dann, oft Ende September und manchmal sogar erst im November, kurz bevor das Hotel für einige Wochen geschlossen wurde, auf der weiten Fläche des von der Ebbe freigespülten Meeresbodens kilometerweit in östliche Richtung, wo Le Havre lag. Rechts oben auf den Hügeln stand das Haus Rocher Noir. Dort wohnte Undines damalige Lieblingsschriftstellerin Marguerite Duras. Als Undine das entdeckt hatte, bot es ihr eine zusätzliche Begründung dafür, gern dort zu verweilen. In einer fünfzehnminütigen Busfahrt kam man nach Honfleur. Honfleur war im Mittelalter und noch zur Zeit der ersten imperialen Seefahrten der Franzosen der wichtigste Hafen für die Ausfahrt in den Atlantik und die Neue Welt gewesen. Nun war es nur noch eine kleine Hafenstadt, wo wir oft in einer Brasserie Fisch aßen.

Sooft wir nach Trouville fuhren, gingen wir in ein am Strand festgemachtes Zeltrestaurant, von wo aus wir, ausgerüstet mit Wein und Brot, lange aufs Meer schauten, ohne miteinander zu sprechen. Wir sahen aufs Meer und zu den Wolken. Bei ihrer suggestiven Wirkung musste ich an eine Charakterisierung Baudelaires denken, die sich tief in mich eingesenkt hatte. Auf die Frage, was er am meisten liebe, antwortet »der Fremde« im ersten Stück von *Le Spleen de Paris*, er liebe weder Vater noch Mutter, nicht die Freunde, das Vaterland oder das Geld. Er liebe die Wolken, »Les nuages qui passent … là-bas … là-bas … les merveilleux nuages!«. Ich hatte mir diese Sätze wahrscheinlich gemerkt, weil sie eine moralische oder soziale Begründung der Existenz ausschlossen. Stattdessen boten sie eine kontemplativ-phantastische. Einmal, nach einer langen Weile des stummen Schauens aufs Meer hinaus, sah ich, dass Undine Tränen in die Augen traten. Ich fragte: »Was hast du?« Sie antwortete: »Du redest so wenig.« Das klang bedrohlich. Lag darin die Aufkündigung unseres tiefgründigen, doch auch halb garen Einverständnisses, einander nur zu ahnen und diese Ahnung nicht festzulegen? Oder sogar der viel einfacher begründete Schmerz, sich voneinander entfernt zu haben? Das Erstere hätte man auffangen können, indem wir tatsächlich mehr über unsere Arbeiten, besonders über Undines neuen Roman, gesprochen hätten. Ihr erster Roman, eine wilde, mit obszönem Vokabular gespickte Liebesgeschichte, in der Andeutungen auf unser beider Zusammenleben versteckt waren, hatte bei der Kritik ein gemischtes Echo gefunden. Ihr Vater, der Gründungsrektor, hatte angeblich geurteilt: »Hätte sie es doch nicht unter unserem Namen veröffentlicht.« Aber Undine war als Autorin aufgefallen, und es kam nun alles auf ihr neues Buch an, das sie bald abschließen wollte. Das andere wäre der Anfang vom Ende gewesen, auch wenn wir vor lauter Erschrecken über solch eine Entwicklung versucht hätten, alles aufrechtzuerhalten. Das war ja ohnehin die Regel bei so vielen Liebenden und Ehepaare, wenn es zu Ende war. Dachte Undine jetzt dasselbe? Schon danach zu fragen erschien so gefährlich, als werde dadurch ein Stein ins Rollen gebracht. Da sie wieder gefasst war und sogar aufschaute, wie so häufig, wenn sie konzentriert etwas erwartete, ließ ich der Hoffnung, dass nichts für uns wirklich Gefährliches passiert war, freien Lauf. Jedenfalls für diesen Abend. Ich hätte es auch an weiteren Abenden, ja überhaupt in der nächsten

Zukunft tun können. Denn es sollte sich nichts ändern. Wir konnten in den folgenden Monaten und Jahren schweigend aufs Meer schauen, ohne dass Undine die Tränen kamen. Aber es war mir deutlich geworden, dass die Endlosigkeit unserer Gemeinschaft nicht garantiert war durch die Endlosigkeit eines seltsamen Glücks angesichts der Dinge. Es war die Konsequenz dieses Gefühls, dass wir nicht nach einem Jahr, wie ursprünglich geplant, nach Deutschland zurückgingen. Nachdem aus den Pariser Vorlesungen wegen der anhaltenden Schlaflosigkeit nichts geworden war und ich die Bielefelder Vorlesungen wiederaufgenommen hatte, blieben wir dennoch in Paris. Jeden Dienstag fuhr ich mit dem Zug über Köln nach Bielefeld und kam donnerstags spätabends zurück. Undine hatte, als es soweit gewesen wäre, die Pariser Zelte abzubrechen, einen so traurigen Blick gehabt, dass ich gesagt hatte: »Gut, ich will es versuchen.« Deshalb war ich auch allenfalls enttäuscht darüber, die Romantikvorlesungen vor Pariser Studenten nicht gehalten zu haben. Weil der Schlaf wieder zurückkam und Paris uns erhalten blieb, war es kein größeres Unglück.

Zum selben Zeitpunkt, als die Zeitlosigkeit der Zeit sich aufdrängte, trat paradoxerweise die Vorstellung von der großen Französischen Revolution ins Bewusstsein. Umso stärker, je näher ihr zweihundertjähriges Jubiläum rückte. Einer der führenden französischen Historiker, François Furet, hatte die klassische Version von Michelet und spätere Deutungen, die sie zum politischen Zentrum der französischen Republik der Gegenwart gemacht hatten, schon vor einem Jahrzehnt ad acta gelegt. Die große Revolution habe historisch aufgehört, ein Paradigma zu sein. Eigentlich hätte sie es niemals werden dürfen, denn ihre führenden Vertreter und ihre signifikantesten Taten seien inhuman gewesen, Vorläufertaten der unmenschlichen modernen Diktaturen. Diese Diskreditierung ging Hand in Hand mit der seit Beginn der Siebzigerjahre aufgekommenen radikalen

Kritik einflussreich werdender jüngerer französischer Intellektueller am französischen und am sowjetischen Kommunismus, an der marxistischen Idee überhaupt. Die *jeunes philosophes* hatten nach der Entdeckung des Gulag den gesamten linken französischen Dogmatismus verworfen und ihm ein radikales Programm individueller Freiheit entgegengesetzt. Es waren Namen wie André Glucksmann, Bernard-Henri Lévy und später Alain Finkielkraut, die den Ton angaben, abgesehen von den etablierten großen Hochschullehrern wie Foucault, der die rationalistische Aufräumarbeit der Aufklärung mithilfe von Nietzsches »Archäologie« infrage stellte. Es hatte lange gedauert, aber jetzt beherrschte diese Kritik an der traditionellen Linken den intellektuellen Diskurs und wehte damit tatsächlich in meine Richtung. Dennoch: Die Revolution war etwas, das seit der Lektüre von Heinrich Heines Pariser Schriften und Büchners *Danton* für mich zur geistigen Ausrüstung gehört hatte. Danton, Saint-Just und Camille Desmoulins, wessen Phantasie hätten sie nicht in Beschlag genommen? Vor allem Saint-Just! Da war etwas jenseits politischer Ideen. Die Schreckensfiguren Robespierre und Marat stießen ab: ihre blutrünstigen wie sentimentalen Utopien. Was über die fassungslos machenden Vorrechte und das grausame Verhalten des französischen Adels gegenüber den von ihm Abhängigen bekannt geworden war, hatte der Faszination durch die Revolution eine moralische Note beigefügt. Aber die eigentliche Faszination, das theatralische Verständnis der Revolution, rührte vom Ereignis des Ungeheuerlichen her, das meine Vorstellung von der revolutionären Vergangenheit fundierte. Das war unverzichtbar. Es war die schiere Ereignisform, die Revolution hieß, das Plötzliche an ihr.

Saint-Just, den der Historiker Mignet so anziehend beschrieben hatte: seine hochmütige Gestalt, die rote Nelke im Knopfloch, mit kühnen Zügen, ein durchdringendes Auge nicht ohne Melancholie, kalte Manieren, aber ein glühendes Wesen. Was von Saint-Justs erster Rede überliefert ist, entspricht diesem Erscheinungsbild: ein Ausdruck von Überlegenheit, sogar Geringschätzung gegenüber der anderen Seite. Saint-Just hatte nur selten gesprochen, und wenn, dann ohne die Weitschweifigkeit Robespierres. Er hatte sich selbst einmal mit den Worten charakterisiert: »Wir schließen schnell und einfach.« Genau das tat er bei seiner Begründung des Todesurteils für den König: »Ich sehe keinen Mittelweg. Dieser Mann muss herrschen oder sterben. Einem König muss der Prozess gemacht werden nicht wegen der Verbrechen, die er während seiner Herrschaft begangen hat, sondern einfach, weil er König ist.« Ein plötzlicher Satz. Die enorme Wirkung der Rede des Vierundzwanzigjährigen beruhte darauf, dass sie das war, was man in der Geometrie als Gerade definiert: als die kürzeste Verbindung zweier Punkte. Diese Punkte waren Monarchie und Republik. Saint-Just wollte, wie er selbst sagte, »ohne Gefasel« sprechen. Besonders gut gefiel mir seine »plötzliche« Antwort, die er bei den Übergabeverhandlungen dem österreichischen Stadtkommandanten gegeben hatte, der ihm einen Brief überreichen wollte: »Ich erwarte nicht die Übergabe eines Blatts Papier, sondern die der Stadt.« Auf die Erwiderung des Österreichers, er sei entehrt, wenn sich seine Truppen bedingungslos ergeben würden, hatte Saint-Just geantwortet: »Wir können Sie weder ehren noch entehren, ebenso wie Sie die französische Nation weder ehren noch entehren können. Zwischen uns gibt es nichts Gemeinsames.« Saint-Just mochte an die *egalité* der Revolutionäre glauben, er hatte aber das Prinzip radikaler moralischer, kultureller und geistiger Differenz nicht aufgegeben.

Bei der Lektüre von Saint-Justs *Fragments sur les institutions républicaines* war sein Instinkt für den richtigen Moment zu entdecken. Ja, es war der Momentanismus seines Wesens und seiner Rede, der so anziehend wirkte. Die in Blutmetaphern schwelgende Rede, die ihm Büchner in den Mund gelegt hatte, hat er nie gehalten. Im Gegenteil: Er verurteilte die Septembermorde und zog die Bluthunde unter den Prokonsuln zur Verantwortung. So stand seiner Inanspruchnahme für das Plötzliche nichts im Wege. Saint-Justs Prinzip der Kürze – wie gesagt, das Nichtfaseln – schien von der utopischen Ideenrhetorik Robespierres so weit entfernt, wie Kleists Erklärung der Revolution aus dem Nesteln an einer Manschette oder dem Hochziehen einer Augenbraue entfernt war von den idealistischen Philosophien. Alles Ereignis-Zeichen. Dass der Dezisionismus Saint-Justs, der als Pragmatiker und Machiavellist der Gegensatz zu den rousseauistischen Prinzipienreitern und sentimentalen Opportunisten zu sein schien, ebenfalls eine utopische Gesellschaftstheorie vertrat und dass auch er didaktische Gedichte geschrieben hatte, war bekannt. Das nahm ihm nichts von seiner Ausstrahlung und dem Image, das ich mir von ihm und seiner Revolution machte. Wirklich politisch war das gewiss nicht. Wenn es technisch und künstlerisch möglich gewesen wäre, hätte ein Film alles gezeigt. Wie Abel Gance' Film über den jungen General Bonaparte, ein Film, über den es in Westdeutschlands einschlägigen Kreisen eine polemische Debatte gegeben hatte: Wie protofaschistisch der Film doch sei! Es fehlte den Kritikern seinerzeit jedes Gefühl für den Stil, für die Mentalität des Films. Zu heroisch, zu erhaben! Wir hatten darüber geredet, und Undine hatte diese Reaktion mit der Langweiligkeit des Landes in Verbindung gebracht. Wer einen solchen Ausdruck des cineastisch Erhabenen kriminalisiere, dessen Lebensgefühl sei in die Banalität abgeglitten. Im Übrigen machte Undine das Erhabene nicht an historisch glorreichen Ereignissen fest, sondern, wie sie sagte, am »Wassertropfen am Eimer«. Sie wusste, dass ich das verstehen würde.

Zwischen Bonaparte und Saint-Just gab es ohnehin eine

Ähnlichkeit, was die Kurzangebundenheit betrifft. Der noch junge Artilleriegeneral, einen Saal mit über die Strategie debattierenden höheren Uniformträgern betretend, die meisten noch aus der königlichen Armee, sagte nur einen Satz: »Du pain, des olives et du silence.« Dabei brachte er die vor ihm liegende Landkarte mit der Drehung einer Hand in die ihm genehme Ausrichtung und deutete mit der anderen auf den Punkt, wo der Angriff zu beginnen habe. Damit war die mehr als einstündige Debatte mit einem Satz entschieden. Warum gefiel mir das? Nicht nur weil es Autorität, sondern weil es Plötzlichkeit hatte, weil es so kurz war. Das deutsche Sprichwort »In der Kürze liegt die Würze« muss vor sehr langer Zeit erfunden und inzwischen – vor allem in akademischen Kreisen – vergessen worden sein. Ob es diesen Spruch auch in anderen Sprachen gibt? Jedenfalls hatten Saint-Just und Bonaparte danach zu reden und zu handeln gewusst. Das war nicht der »Tropfen am Eimer«. Darin zeigte sich noch immer die Größe der Geschichte. Von solchen Größeneinheiten war ich nach wie vor angezogen. Die Mehrheit der Redner auf der Tribüne der Revolution hatte langatmige Reden geschwungen, bestückt mit bis heute wiederholten Phrasen darüber, was die revolutionäre Zukunft an sozialen Wohltaten noch bringen werde. Saint-Just und Bonaparte, diese beiden Exponenten der romantischen Revolutionslegende, hatten das nicht getan.

Deshalb war die Revolutionskritik des revisionistischen Historikers Furet mit sehr gemischten Gefühlen aufzunehmen. Einerseits konnte nichts angenehmer sein, als der Kritik am politisch-sozialen Kollektivismus und der Kriminalisierung einer Elite beizupflichten. Andererseits drohte damit gleichzeitig ein Energieimpuls unserer westlichen politischen Welt für immer verloren zu gehen. Die Revolution war das Ereignis der Moderne schlechthin. Sie war die plötzliche Unterbrechung des Absehbaren, sie müsste ein Potenzial innerhalb der Gegenwart bleiben. Deshalb war sie etwas Unverzichtbares. Bei der Vorbereitung des 200. Jahrestages der großen Französischen Revolution machte der Kulturminister Jack Lang zwar viel rhetorisches Tamtam, aber man wurde den Eindruck nicht los, dass die Stadt Paris sich vor allem auf einen riesigen Touristenzirkus vorbereitete. Am 14. Juli 1989 – es war ausgerechnet der Tag, an dem ich von meinem Seminar in Bielefeld wieder zurückfuhr – holte mich Undine gegen 21.40 Uhr an der Gare du Nord ab. Diesmal war das Seminar über die Tragödie vorverlegt worden, und ich war drei Stunden früher als sonst aus Deutschland abgefahren, nachdem ich meinen Studenten noch erklärt hatte, wer Laurence Olivier gewesen ist, der einige Tage zuvor gestorben war.

Am Morgen des Erinnerungstages an die Große Revolution vor meinen Studenten über den englischen Schauspieler so bewegt zu sprechen, von dem kein einziger von ihnen jemals etwas gehört hatte, war ein zufälliges Zusammentreffen. Revolution und Olivier hatten nichts miteinander zu tun bis auf einen entscheidenden Umstand: Beide hatten meinen theatralischen Instinkt ins Wallen gebracht. Ja, man konnte sagen, dass Olivier der Erste gewesen war, der das vollbracht hatte, und die Revolution erst wesentlich später. Dazwischen lagen zehn Jahre. Dem Dreizehnjährigen wurde Olivier in der Titelrolle von Shakespeares *Henry V* zum Kinoideal, das alle anderen Helden für immer ausstach. Dem Dreiundzwanzigjährigen wurde die Französische Revolution in der Darstellung Heinrich Heines das Geschichtssymbol, das alle anderen Geschichtsdaten überragte. Am Faszinationsmonopol beider hatte sich nie mehr etwas geändert.

Auf der Bahnfahrt nach Paris am 14. Juli 1989 dachte ich darüber nach, warum ich im Seminar so ins ergriffene Fach geraten war. Mit der Revolution konnten die meisten der Zwanzig- bis Vierundzwanzigjährigen nicht viel anfangen.

Mit einer Erklärung der Tragödie als Ästhetik des Schreckens schon eher. Auf dem Weg in den Hörsaal war am Zeitungsstand der Buchhandlung die Schlagzeile der *Bild*-Zeitung mit Oliviers Foto und Todesnachricht zu sehen gewesen. Unter dem Eindruck dieses Gesichtes war nichts anderes mehr möglich gewesen, als im Hörsaal eine halbe Stunde nur von ihm zu erzählen. Hinter der Theatralik von Oliviers Erscheinung und den Bildern der Revolution stand aber etwas Nichttheatralisches, im Gegenteil: etwas inwendig Großartiges, der Beweis dafür, dass es überhaupt etwas Großartiges gebe. Wahrscheinlich war es die letzte Spur des schon früh verloren gegangenen religiösen Gefühls. Dieses war, solange es existiert hatte, bis zum dreizehnten Lebensjahr, auch ein theatralisches Phänomen gewesen: das Gold des Altars, das Rot oder Schwarz des Priestergewandes, der Dunst des weißlichen Weihrauchs und die gotisch bunten Fenster, die das Licht gebrochen auf alle drunten fallen ließ. Der Glaube hatte noch keinen theologischen Gehalt gehabt. Alles reine Erscheinungsform! Und es war sonnenklar, dass dies die Denkweise beeinflussen musste. Fortan brauchte es keine sinnliche Erfahrung mehr, um den Unwillen über zu abstrakte Erklärungen der Wirklichkeit auszudrücken. So bestand der Gegensatz von Erscheinung und Bedeutung für mich fort, und ich hielt es noch immer umso mehr mit der Erscheinung.

Wir hatten uns zum Abendessen mit den beiden Paris-Spezialisten, den »Rotkehlchen«, wie Undine sie nannte, in einem Lokal im Quartier Latin verabredet, um später am Spektakel der Revolutionsfeier teilzunehmen. Unsere Freunde machten, als sie das Lokal betraten, einen desolaten Eindruck. Es wäre gar nicht daran gedacht worden, ein richtiges Volksfest feiern zu wollen, erzählten sie. Alles sei durchgeplant, abgesperrt und auf Schau für ausländische Zuschauer getrimmt. Das eine Rotkehlchen hatte Bücher zur Bedeutung der Revolution für die Literatur geschrieben, und sein links-republikanisches Herz war zutiefst verletzt. Aber es hatte ja recht. Ich fand die Manipulation der zu erwartenden Massen unverständlich und enttäuschend, geradezu haarsträubend. Das Symptom einer Entwicklung, die der revolutionskritische Historiker nicht nur diagnostiziert, sondern für wünschenswert gehalten hatte. Unsere Gegenüber waren beide aus der Fassung geraten, sie stocherten nur in ihren Gerichten herum, ließen sie halb gegessen stehen und sagten schließlich, sie gingen wieder nach Hause, sie hätten keine Lust mehr. Das war allerdings auch besser so, wollte man sich trotz des Verständnisses für ihre Frustration nicht den ganzen Abend absehbar verderben lassen. Noch gab es eine gewisse Hoffnung. Nach dem Essen kauften wir im Restaurant eine Flasche Rotwein und gingen in Richtung der Place de la République, denn nur dort und nicht in Richtung der Champs-Élysées oder der Place de la Concorde sei ein Durchkommen möglich, glaubten wir. Aber wir hatten uns getäuscht. Es war, wie die beiden Mitpariser es angekündigt hatten: Ziemlich früh stießen wir auf Absperrungen und Polizei. Man hatte also auch dieses uralte revolutionäre Areal ausschließlich, wie wir jetzt hörten, für Leute mit dafür ausgegebenen Karten reserviert. Eintrittskarten! Zurück ins Quartier Latin. Mit der Flasche Rotwein und unseren Einfällen vertrieben Undine und ich uns den Abend. Wir gingen schließlich, auf einem Umweg über die Brücke an der Île Saint Louis, zu Fuß in unser Montmartre-Viertel zurück, was über zwei Stunden dauerte.

Die Französische Revolution war endgültig zu Ende gegangen. Oder: Die Vorstellung, dass etwas Vergleichbares, zum Beispiel wie 1870/71 die Commune, noch einmal aufflammen könnte. Mit dieser Vorstellung war es für immer vorbei. Allerdings bekam die Revolution ein Nachwort, nämlich während eines Abends zum 60. Geburtstag des Philosophen in einem abseits gelegenen bayrischen Wirtshaus alter Sorte. Der Philosoph hatte sich etwas Überraschendes ausgedacht: Statt eines bloß freundlichen Dankes an die Geburtstagsredner wandte er sich an alle Eingeladenen persönlich – es waren etwa 25 bis 30 Gäste – und sprach sie jeweils kurz auf ein Motiv ihres Denkens hin an, das ihm selbst wichtig geworden sei. Die meisten kannte ich nicht, aber den jungen Menke sah ich und fühlte mich schon wohler. Michel, mein Lektor bei Hanser und Freund, kürzlich Chef des ganzen Verlages geworden, war auch anwesend. Er gehörte inzwischen zum engeren Münchener Freundeskreis des Philosophen. Als die Reihe von Habermas' Adressen an mich kam, sprach dieser von Surrealismus und Revolution. Nach dem schönen Ritual passierte etwas Unerquickliches, das ich aber schon vorausgeahnt hatte: An meinem Tisch saß nämlich schräg gegenüber der Soziologe aus Bielefeld, der fünf Jahre zuvor die Satire *Die Ästhetik des Staates* während einer seiner Vorlesungen so polemisch kommentiert hatte. Abgesehen von einer gemeinsamen Prüfung waren wir uns nicht mehr begegnet. Er wandte sich nun eher freundlich an mich mit der pointierten Frage: »Ist mein Eindruck richtig, dass Sie nur die Revolution interessiert, nicht aber das, worum es in der Revolution inhaltlich geht?« Das war eine zugespitzte Version der vom Philosophen etwas komplexer gehaltenen Rede auf mich. Diese Frage traf einerseits ins Ziel, war andererseits aber borniert. Abgesehen davon offenbarte sie einen Mangel an Sinn für die angemessene Gelegenheit. Ich antwortete mit einer höflichen Bestätigung seiner Vermutung, um ironisch hinzuzufügen, seine Frage zeige, dass er etwas Entscheidendes an der Revolution offenbar nicht verstanden habe. Was das wäre, sagte ich nicht. Daraufhin wollte der Soziologe aggressiv werden, wurde aber jäh in seiner Rede unterbrochen. Es war der neben mir sitzende Alexander Kluge, dem sowohl die Rede als auch die Person des Soziologen offenbar auf die Nerven gingen und der deshalb zu einem Rundumschlag gegen dessen Zudringlichkeit ausgerechnet an einem solchen Abend ansetzte.

Kluges Intervention war aber nicht allein dem Zusammenprall von uns beiden Bielefeldern geschuldet. Kluge und ich kannten uns bereits, hatten kürzlich anlässlich des 200. Jahrestages der Französischen Revolution zusammen einen Film für seine inzwischen berühmte Fernsehserie gemacht. Es sollte um Kleists und Heines Verhältnis zur Revolution gehen. Die Kluge-Filme hatten immer dieselbe Struktur. Man hörte die Fragen des unsichtbar bleibenden Regisseurs aus dem Off und sah die Befragten darauf antworten. Das gab der Szene etwas Interviewfremdes, Dramatisches. Kluge änderte das ausgemachte Thema überraschend und fragte: »Was ist eine Guillotine? Wie sieht sie aus?« Begriff und Gegenstand »Guillotine« sind bekannt: Es handelt sich um die französische Hinrichtungsmaschine während und seit der Revolution. Eine mechanische Form des Köpfens, die das Henkerbeil ablöste. Die Antwort musste also etwas anderes bieten als solch eine abstrakt begriffliche Definition. Kluge wollte etwas Überraschendes hören, etwas Konkretes. In einem unschuldigen Tonfall sagte ich also: »Die Guillotine ist ein riesiges Messer zwischen zwei Holzteilen.« Kluge hatte eine ermunternde Art, »Ja ja« zu sagen. Meine erste Erklärung hatte natürlich nicht die Essenz der Apparatur erfasst. So fügte ich hinzu, dass die Holzbalken, zwischen denen das Messer auf den Hals des Delinquenten niederfiel, in der Revolution ein hochaufgerichtetes Gerüst gebildet und das Ganze den Anblick eines bedrohlichen Wesens bekommen hätte. Ich ließ mich darüber aus, wie das Bedrohliche der Guillotinengestalt sich zum Ausdruck des Erhabenen aufgereckt habe. Des Erhabenen, wie es zur Zeit der Französischen Revolution gedacht wurde, nämlich auch als Ausdruck des Schreckens. Und so ergab sich eine weitere Glorifizierung: Man müsse sich vorstellen, welch einen Unterschied es mache, ob ein Delinquent im engen

Hinterhof eines Gefängnisses nur in Gegenwart der dazu-gehörigen Funktionäre, also von Henker, Pfarrer, Doktor und Staatsanwalt, hingerichtet würde oder auf einer Platt-form über der zuschauenden Menschenmenge mit Blick auf den grandiosen Platz, auf grandiose Gebäude, darüber ein riesiger Himmel, sodass die Transzendenz des Todes anwe-send sein würde. Wahrscheinlich hatten das Gemälde von der Hinrichtung Ludwigs XVI. und die Erinnerung an In-szenierungen von Büchners Drama diese Anpreisung der Guillotine beeinflusst.

Dass der letzte Blick des in einer demütigenden Stellung auf das Messer wartenden Delinquenten der Blick in den Korb war, in dem in wenigen Sekunden sein Kopf liegen würde, dieser Einfall kreuzte mein Bekenntnis zur Erha-benheit des Instruments zu spät und wurde abgeschüttelt. Auch deshalb, weil mir der von Peter Sloterdijk gezogene Vergleich des jakobinischen Terrors mit den Massakern der SS einfiel. Tausende Leichen und blutige Leichenteile wurden an manchen Tagen vor die Stadt gekarrt und dort in Massengräbern zugeschüttet. Nein – die einzigartige Größe der Revolution durfte nicht durch anthropologische Gleichheitsformen unterminiert werden. Am allerwenigsten durch einen Vergleich mit den Nazi-Bestialitäten.

Eigentlich stand die Emphatisierung der revolutionären Guillotine in striktem Widerspruch zu meinem Abscheu vor Gesinnungsmotiven. Kluges lakonische Art, einsilbig zu fragen, provozierte mich aber dazu, die Guillotine mit meinem genuinen Motiv zu verbinden. Sie erschien als Me-tapher des Schnitts zwischen Leben und Tod. Als ein Bild der Plötzlichkeit. Beim Hängen hätte es Verzögerungen des Todeseintritts gegeben. Auch beim Tod durch ein Er-schießungskommando, ganz zu schweigen von amerikani-schen Hinrichtungspraktiken, Gift oder elektrischem Stuhl. Selbst das Henkersbeil hatte nicht die Sekundensicherheit des Fallbeils gehabt. Der Idee von der Revolution als Ereignis anhängend, hatte sich mir im Gespräch mit Kluge über die grauenhaften Hinrichtungen der Revolution jäh meine Lieblingsmetapher vor diese geschoben – die Plötzlichkeit.

Was ich dem Soziologen hätte erwidern können, waren zwei Einfälle: zunächst ein Rückgriff auf Camus' *Der Mensch in der Revolte*. Natürlich wusste ich, dass schon Sartre Camus' positive Unterscheidung der Revolte gegenüber der Revolution so kritisiert hatte, wie es der Soziologe wahrscheinlich im Sinn hatte, als er auf dem spezifisch politischen Ziel und dem gesellschaftlichen Ertrag der Revolution bestand. Aber die Revolutionen, die wir hinter uns hatten, die große Französische Revolution und die bolschewistische, waren sowohl hinsichtlich ihrer Ziele als auch aufgrund ihrer Praktiken endgültig erledigt, jedenfalls bei ideologisch Nichtverbohrten. Camus hatte die Revolte aus den Trümmern der Revolution zu retten versucht: Die Revolte war nicht von ihrem inhaltlichen Ziel her bestimmt, sondern von der Leidenschaft, mit der sie betrieben wurde. Sie war auch an die westliche Zivilisation und ihre Geschichte, an die Entwicklung des Individualismus, gebunden. Sie war vor allem dessen Ausdruck. Das war der entscheidende Gesichtspunkt. Individualismus hieß Freiheit, Freiheitlichkeit. Revolte war der Name für solche ontologischen Merkmale schlechthin: »Um zu sein, muss der Mensch revoltieren.« Da mir klar war, dass der Soziologe für die zweifellos romantische und auch nihilistische Wurzel der Camus'schen Revolte keinerlei Verständnis haben und sein Desinteresse mit dem sogenannten »müden Lächeln« drapieren würde, hatte ich den Vorwurf, gar kein revolutionäres Ziel nennen zu wollen, auf mir sitzen lassen, ohne dass er geahnt hätte, warum. Es ging ja gar nicht um ein Ziel, es ging um das von mir gefühlte »Jetzt«.

Der andere Einfall kam aus der Lektüre von *Sonnenfinsternis*. Was dort Koestler die Genickschussspezialisten über Revolutionäre sagen lässt, wäre an den Soziologen vollends verschwendet gewesen: Dass die Revolutionäre über ihrem Subjektivismus das einzig relevante Kriterium, nämlich die zu erreichende Sache, vergäßen. Dass dieser Subjektivismus deshalb ein todwürdiges Verbrechen sei. Die Mehrzahl der großen Revolutionäre, so der sowjetische Untersuchungsrichter, begehe Verrat an der Idee. Am liebsten hätte ich dem Soziologen gesagt, sein Denken laufe auf einen ähnlichen Vorwurf hinaus. Bei der feurigen Beschreibung der Guillotine hatte ich solche Revolutionäre vor mir gesehen, nicht die Ideen. Und die öffentliche Hinrichtung verhalf diesen noch einmal zu einem Auftritt der Revolte. Büchners *Dantons Tod* zeigte das. Mit welchen Girlanden von erhabener Metaphorik war dort der letzte Auftritt von Danton, Camille Desmoulins und Hérault geschmückt! Wenn man an den anonymen Genickschuss im schlecht beleuchteten Korridor eines GPU-Kellers dachte, dann kam einem die Guillotine der Revolution als triumphaler Ort des Subjekts vor.

Es gab nur eine berühmte Hinrichtung, die dem glich: die Kreuzigung Jesu. Auch sie erhob das Instrument des Todes zu einer die Fürchterlichkeit transzendierenden Glorie; sodass das Kreuz die bluttriefenden Nägel vergessen ließ, die Grausamkeit des hinausgezögerten Sterbens. Wäre dem nicht so, hätte das Kreuz nicht zum größten Symbol des Ewigen werden können. Das hat die Guillotine nicht geschafft. Ihre Schneide war nur von weltlicher Symbolik. Was hätte der Soziologe dazu sagen sollen? In der Soziologie gab es für solch eine Symbolik keinen Begriff. Welch ein schöner Gedanke zu denken.

Wie war ich darauf verfallen, den Ausdruck der Guillotine zu phantasieren? Einen kulturellen Rang mit ihrer Plötzlichkeit zu begründen? Ich kannte doch die einschlägigen Beschreibungen, in denen ihre Widerwärtigkeit, ihr Horror vor Zuschauern die angemessene Sprache gefunden hatte. Besonders in Dickens' *A Tale of Two Cities* und in Anatole France' *Les dieux ont soif.* Wie man den an Hals und Kinnlade schwer verletzten, blutenden Robespierre noch unter das Messer geschoben hatte. Die Guillotine war in Wirklichkeit auch kleiner gewesen als in meiner Vorstellung. Auf einigen Abbildungen der Hinrichtung des Königs sah sie fast aus wie eine Abknipsmaschine, ein wenig danach, wie wenn man beim Bleistiftspitzen Holzstreifen aus der Öffnung schält.

Danach hatte man mich nicht gefragt. Ich hätte geantwortet, dass diese Fakten das eigentliche Ereignis unsichtbar machten. Auch die Kreuze der beiden Verbrecher, die neben Jesus hingen, waren nicht solche Kreuze gewesen, die mit dem des Erlösers die Einheit einer mysteriösen Ausstrahlung eingegangen wären. Und so die Guillotine der Girondisten, des Adels, des Königs. Ich hatte auch die Erinnerung des romantischen Dichters Lamartine an die Hinrichtung Ludwigs XVI. gelesen, geschrieben Jahrzehnte danach. Lamartine spricht vom Platz, der Erscheinung einer feierlichen Zeremonie, der Erscheinung der versammelten Menschen und der Erscheinung eines Einzelnen, von der Sonne, die den Nebel durchbrach, der Polarität des grandiosen Ereignisses und der Brutalität der Maschine. Lamartines Sprache entwirft symbolische Zeichen.

Ihm stand dabei seine tiefe Religiosität zur Seite. Darauf konnte ich mich nicht stützen. Mir kam nur das nun häufiger gebrauchte französische Wort *l'imaginaire* zu Hilfe. Die Guillotine war das Imaginäre der revolutionären *Terreur.* Sein absoluter Ausdruck. Er war überwältigend in dem Sinne, dass hinter ihm positive oder negative Sinngebungen der Revolution verschwanden.

Ja, meine Guillotine-Phantasie war nicht anders gemeint, als mein Phantasie-Unternehmen buchstäblich auf die Spitze zu treiben.

6

Preußischblau

Wir hatten uns an einem Abend Mitte November 1989 mit unserer Freundin Mechthild in einem Bistro in Belleville verabredet. Es lag in ihrer Nähe, direkt um die Ecke ihrer Straße, der Rue de Savies. Ruth kam dazu. Mechthild wohnte in einem der aus weißen Steinen gebauten Gebäude des neuen Viertels und musste praktisch keine Miete zahlen. Das verdankte sie dem Präsidenten. Mitterrand hatte verfügt, dass mittellose Künstler in den Genuss solcher Wohnungen in dem an sich schon billigen Viertel des Pariser Arbeiterostens kommen sollten. Und Mechthild lebte, nachdem ihr Mann sechs Jahre zuvor noch relativ jung gestorben war und dessen Stücke nicht mehr so viel einbrachten, finanziell an der äußersten Kante. Sie hatte zwar mit ihren Skulpturen Erfolg bei der Kunstkritik, sie verkaufte auch ab und zu eine an Institutionen mit größeren Räumen, aber davon konnte sie mit ihren zwei Kindern nicht leben. Ich fand ihre Formen und Farben überraschend, etwas unheimlich und gleichzeitig ohne Prätention, selbst wenn es sich um Schuhattrappen oder bleierne Krawatten handelte. Buchstäblich doppelbödig diese Schuhe: Sie wirkten wie Urideen, weibliches und männliches Prinzip. Und wie politische Zeichen: Sie erinnerten an jene Abfallhalden wirklicher Schuhe in den Konzentrationslagern. Aber gleichzeitig hatten sie etwas Graziös-Archaisches.

Als Mechthild von Mitterrands huldvoller Geste erzählte, welche die konservative Opposition wahrscheinlich für unseriös hielt, dachte ich bei mir, dass dieser Mann gleichzeitig ein Schurke war. Aber auch seine kleinen Verbrechen hatten ihm in Paris Anerkennung gebracht. Man nannte ihn »den Florentiner«, was ausdrücken sollte, wie artistisch er bei seinen Machenschaften immer vorgegangen war. Er hatte sogar die Gerüchte über seine präfaschistischen Anfänge während der Vichy-Zeit gut überstanden und dabei die Stirn gehabt, sich einen der übelsten Folterer der Vichy-Polizei als Freund zu halten. Sein filigraner Gesichtsausdruck mit den feinen Lippen und der energischen Nase stand über solchen Anwürfen. Die spitzen Eckzähne ließ er sich später abschleifen, um ihnen das Vampirhafte zu nehmen. Er kam aus der Provinz, aus dem Städtchen Jarnac in der Charente, und war in die Klosterschule in Angoulême gegangen. Wenn er über Margaret Thatcher sagte, sie habe Augen wie Caligula und einen Mund wie Marilyn Monroe, dann hätte man die Pointe an ihn irgendwie zurückgeben wollen. Was mochte er über den biederen Bundeskanzler sagen, wenn dieser nicht anwesend war? In der Öffentlichkeit war er ganz süße Rede. Die war zum Teil vielleicht sogar ehrlich gemeint, denn dem deutschen Bundeskanzler waren angesichts einer nationalen französischen Gedenkfeier Tränen in die Augen getreten. Die kamen ihm oft und waren meistens echt. Auch das war Europapolitik.

Mitterrand war jetzt seit fast zehn Jahren Präsident der Republik. Zum zweiten Mal gewählt. Seine Intelligenz und sein Charakter hatten mir trotz allem schon immer imponiert. Besonders damals, als er die Sozialistische Partei auf dem Kongress von Épinay neu organisierte und den Einfluss der Kommunisten auf die Linke zurückdrängte. Da wusste er noch nicht, dass er bald Präsident sein würde. Dass er Giscard d'Estaing schlagen würde, glaubten sowieso nur wenige. Ich war zu dieser Zeit noch in England, wo ich manchmal *Le Monde* kaufte, um auf dem Laufenden darüber zu bleiben, was in Frankreich passierte. Mitterrand hatte schon 1980, als die polnischen Arbeiter in Gdańsk ihren Sieg vollendeten, etwas ausgesprochen, was im Milieu der französischen Linken herausfordernd mutig war. Er hatte erst gesagt und dann geschrieben: »Ich halte die Koexistenz des marxistisch-leninistischen Systems und der Freiheiten, von der wir eben gesprochen haben, ich meine die institutionellen Freiheiten, für absolut ausgeschlossen. Folglich wird es irgendwann zu einer Konfrontation kommen.« Das war an die Adresse der westeuropäischen, vor allem der Pariser Marxisten gerichtet. Mitterrand, der seine Ausführungen anlässlich des Sieges der polnischen Arbeiter selbst als zurückhaltend charakterisierte, wollte wohl andeuten, dass man die Unvereinbarkeit von Kommunismus und Freiheit auch viel aggressiver, die Verlogenheit der radikalen Linken noch mehr ausstellend ausdrücken könnte. Er hat dann – im Unterschied zur späteren Reaktion der westdeutschen SPD-Regierung, aber auch im Gegensatz zu eigenen Parteifunktionären – hervorgehoben, es gelte, gegenüber einem autoritären, doktrinären Regime die unverzichtbaren Prinzipien Freiheit, Selbstbestimmung und Gerechtigkeit hochzuhalten. Als kurz darauf Jaruzelskis Militärputsch erfolgte, versteckte sich der Generalsekretär der Sozialistischen Partei, Lionel Jospin, hinter der Maxime: das sei eine innere Angelegenheit Polens. Ganz anders Mitterrand.

Später hatte ich voller Genugtuung erfahren, dass sich Mitterrand auch als Präsident nicht zurückhielt. Er machte sich keine Illusionen über die Spannungen zwischen dem Westen und der Sowjetunion. Zu gewissen pazifistischen Salbadereien aus dem Mund mitteleuropäischer Intellektueller hat er sich mit sardonischer Kälte geäußert. Er war dabei so weit gegangen zu sagen, dass er einen sowjetischen Atomschlag für möglich halte und dass er ihn angemessen beantworten würde. Gewiss, das war eine fiktive Perspektive. Aber die atomare Bedrohung mit absolutem Pazifismus zu beantworten wurde auf diese Weise als machtpolitisches Desaster benannt.

Wenn man auf diese Weise lernte, was genau das Filigrane an Mitterrand war, überkamen einen Zweifel, ob der gute Europäer Kohl begriff, dass auch die Europapolitik des Präsidenten ausschließlich auf einem machtpolitischen Kalkül beruhte. Ich wies Mechthild und Ruth darauf hin, wie Mitterrand die sentimentale Europa-Utopie westdeutscher Politiker und Denker ausnutzte. Wie die westdeutsche Flucht in den Superstaat, der von der Holocaust-Schuld des früheren deutschen Nationalstaats wenigstens etwas entlasten sollte, von Mitterrand mit feinem Verständnis in den eigenen Vorteil verkehrt werde. Niemals würde Frankreich seine eigene Nationalstaatlichkeit aufgeben. Solange man das aber etwas im Unklaren ließ, konnte man in Brüssel die erste Geige spielen, denn die Deutschen erhoben aus Sorge um den europäischen Gedanken keinen Anspruch darauf, weder was die Verkehrssprache innerhalb der Union betraf noch bezüglich der politisch relevanten Angelegenheiten. Schon Kanzler Schmidt habe die französische Priorität zum Gesetz des Handelns erhoben. Mechthild und Ruth nickten, hatten aber irgendwie keine eigene Meinung dazu, halb französisch und noch halb deutsch, wie sie waren. Sie erwiderten allerdings, in mir rege sich offensichtlich ein deutscher Patriotismus, den sie nicht teilten. Das war wohl so, nur hatten sie das bisher nicht wahrgenommen und reagierten nun etwas verwundert.

Während wir so redeten, auf Deutsch, stand plötzlich ein Mann von einem der gegenüberliegenden Tische auf, erhob sein Glas und gratulierte uns, andere folgten ihm. Einen Moment lang glaubte ich, der Zuspruch gelte unseren zweideutigen Reden über den französischen Präsidenten. Mechthild aber hatte schneller erkannt, worum es ging, und erklärte, die Berliner Mauer sei gefallen, die Ostberliner kämen zu Tausenden nach Westberlin. Die uns freundschaftlich zutrinkenden Franzosen hatten unsere Unterhaltungen zwar nicht verstanden, aber doch unsere Nationalität wahrgenommen. Ich war elektrisiert. Die Nachricht vom Mauerfall schlug bei mir ein: Dass das kommunistische System in Ostberlin am Ende war, konnte ich kaum fassen. Es war ja von westdeutschen Intellektuellen, dem Milieu also, dem ich beruflich eng verbunden war, mehr oder weniger als Faktum akzeptiert. Manche sahen die DDR auch als einen legitimen, wenngleich mit Fehlern behafteten Versuch, eine dem westlichen Kapitalismus entgegengesetzte Form der Demokratie zu entwickeln, oder wie es hieß: die erste sozialistische Republik auf deutschem Boden. Umso mehr, als die Springer-Presse dagegenhielt. In den letzten Jahren hatte diese Auffassung wieder an Boden gewonnen. Das hatte sich auch an der mangelnden Sympathie sogar der sozialdemokratischen westdeutschen Regierung gegenüber der polnischen Gewerkschaftsbewegung Solidarność Anfang der Achtzigerjahre gezeigt. Man hatte sich auf die Systeme eingestellt, sie sollten nicht erschüttert werden.

Nun in einem französischen Restaurant beglückwünscht zu werden für eine deutsche Revolution, wie es die unbekannten Gäste nannten, war schon bewegend. Nicht allein wegen des Stolzes gegenüber unseren Gastgebern. Es war die ungeheure Genugtuung darüber, dass die marxistische Diktatur einbrach. Der Aufstand, der Fall der Mauer kündigten ja nicht nur das Ende des ostdeutschen Regimes an, sondern bedeuteten gleichzeitig die Desavouierung marxistischer Konzepte überhaupt. Ich hatte in Paris und Bielefeld häufig das Gefühl gehabt, dass hinter der Duldung oder sogar Affirmation der ostdeutschen Diktatur sich eine Sozialisierung versteckt hielt, die in der vorangegangenen gesamtdeutschen Diktatur ihren Grund hatte. Mir jedenfalls war es, gewiss etwas gewagt, auffällig, dass manche dieser Sympathisanten mit der DDR oder mit deren Idealen einer nationalsozialistischen Familie entstammten. Schon im Zuge der Studentenrevolution hatte ich ja über diesen politischen und psychologischen Zusammenhang nachgedacht. Hätte man Derartiges laut geäußert, wäre man des Zynismus angeklagt worden. Oder man wäre sozusagen mit dem aggressiven Anspruch des guten Grundes gefragt worden, ob dies nicht das Beste gewesen sei, was hatte geschehen können: Dass Nazikinder oder Nazienkel nunmehr engagierte Demokraten wären. Bei solchen Reaktionen ging aber die eigentliche Pointe verloren, dass nämlich bei vielen dieser Denkrichtung eine Neigung zu kollektivistischen Doktrinen und Praktiken auffällig wurde und dass die liberal-individualistische Mentalität sich bei manchen verlor. War es ungerecht oder gar unhaltbar, eine Ähnlichkeit zwischen den Diktaturen zu erkennen? Die differenten Inhalte der Ideologien konnten doch nicht darüber hinwegtäuschen. Welch ein totalitärer Kontrollstaat die DDR war, ist mir besonders in England beim Hören von BBC-Sendungen klar geworden. Solche Informationen gab es in Westdeutschland natürlich auch, vor allem in der Springer-Presse. Aber sie wurden von der Gegenseite immer wieder schöngeredet. Ich kam in den nächsten Tagen auf meine alte Thematik zurück. Nämlich konkrete Erscheinungsformen für signifikanter zu halten als abstrakte Ideen. Obwohl ich zu jung gewesen war, um echten Nazis beim privaten Reden zugehört zu haben, erinnere ich mich dennoch an die frömmelnde Manier, wie sie eine Edelnazifamilie an den Tag gelegt hatte, mit der meine Mutter und ich während einer Bombennacht im Keller zusammensitzen mussten. Die jetzt idealistisch vom zu rettenden DDR-Marxismus Redenden in Universität und Journalismus wirkten auf mich wie eine Kopie davon.

Seit den Tagen nach dem großen Ereignis hatte mich eine Unruhe erfasst. Wie würde es in Ostberlin weitergehen? Es war ja nicht gesagt, dass sich die Hoffnung, das marxistische System erledige sich nun endgültig, erfüllen würde. Mit Zorn erkannte ich, dass eine Reihe ostdeutscher Intellektueller und Schriftsteller an eine Selbstreinigung des Regimes glaubten. Da war er wieder: der Glaube an die reine Idee. Dass vor allem so viele ostdeutsche Universitätsleute und Schriftsteller dem Marxismus anhingen, erklärte sich aus der Priorität, die sie der Idee vor der Erfahrung einräumten. Kein Wunder, dass Hannah Arendts Totalitarismus-Buch in diesen Kreisen noch immer als intellektuelles Vergehen gehandelt wurde. Besonders einflussreiche Ostberliner Schriftsteller und Intellektuelle wie Christa Wolf verliehen dem Reinigungsprojekt ihre Stimme. Was mochten die Folgen sein? Über der Antwort auf diese Frage vergingen Wochen.

Im Zug zwischen Bielefeld und Paris begann ich, mir Notizen zu diesem Thema zu machen, das in den künftigen *Merkur*-Heften eine Rolle spielen sollte. Zum Glück war ich mir mit Kurt über die zukünftige Position der Zeitschrift nach dem Mauerfall einig. Es war uns klar geworden, dass letztlich nur *eine* Lösung den Ostberliner Freiheitsdurchbruch sichern würde: die Vereinigung des ostdeutschen mit dem westdeutschen Staat. Das konnte man wünschen, das konnte man fordern. Es kam nun alles darauf an, wie man es begründete. Ich setzte mich hin und schrieb diese Gründe auf. Sie sollten in der Januar-Nummer 1990 erscheinen. Aber da das Thema so heikel war, wollte ich es wasserdicht machen, nämlich von einem in dieser Frage sehr kritischen Geist prüfen lassen: Ich schickte eine Kopie des Manuskripts an den Philosophen.

Als ich eine Woche später wieder nach Bielefeld kam, lag seine Antwort vor. Ich hatte selten so unruhig einen Brief geöffnet wie diesen. Es waren mehrere handschriftliche Seiten. Und sie enthielten die völlige Zurückweisung dessen, was ich geschrieben hatte, Punkt für Punkt. Und die Beschwörung, diesen Artikel um Gottes willen nicht zu veröffentlichen! Was hatte ich Schlimmes geschrieben? Zunächst hatte ich mich, was den Philosophen betraf, völlig getäuscht. Ich hatte geglaubt, er werde die Vereinigung beider Staaten ebenfalls gutheißen, vielleicht den einen oder anderen meiner Gründe entschieden infrage stellen und dafür bessere Gründe anführen. Stattdessen nun der Eklat. Er lehnte die Vereinigung als solche klipp und klar ab. Für ihn war sie die politische Katastrophe schlechthin! Sein zentrales Argument war – er führte das ein Jahr später in der *Zeit* differenzierter aus –, dass es angesichts der Verbrechen des »Dritten Reiches« sowohl moralisch als auch politisch zynisch sei, die als Folge der Verbrechen erfolgte Teilung wieder rückgängig machen zu wollen, sozusagen ein neues Reich herzustellen. Die Motive der DDR-Bevölkerung, soweit sie für eine solche Vereinigung optierte – sie wurde jetzt Wiedervereinigung genannt –, seien dubios. Sie würde vom Westen ökonomisch verführt, sozusagen gekauft. Vor allem: Linke Traditionen würden verloren gehen, die es in Westdeutschland ohnehin nicht mehr gebe, nie gegeben habe.

Warum nur hatte ich mein Stück an ihn geschickt? Nach dieser Antwort fühlte ich mich aber keineswegs blamiert. Ich hatte geschrieben, dass den westdeutschen linken Intellektuellen, die lediglich wiederholten, was Stefan Heym zugunsten einer Fortsetzung der guten DDR gesagt hatte, jetzt die Felle wegschwimmen würden. Das allein musste den Philosophen schon erregt haben. Ich hatte geschrieben, die jahrelange Unterstützung der DDR laufe darauf hinaus, die Stimmen der Mehrheit der Ostdeutschen zu unterdrücken. Außerdem werde die postnationale BRD-Idylle, so wie ich sie vor Jahren beschrieben hatte, weiterhin angestrebt, und die gerate mit jeder Idee von einem neuen, richtigen Nationalstaat in Konflikt. Schließlich hatte ich an die französische Schriftstellerin Danièle Sallenave erinnert, die meinte, Deutschland sei unterwegs in die geistige Selbstauslöschung. Ob es sich tatsächlich so verhielt, hatte ich in meinem Aufsatz über Deutschland erörtert, den der Philosoph sanft kritisiert hatte. Die Ausführungen der Französin erweckten den Eindruck, dass das einzig Interessante, das dieses Land nach dem Zweiten Weltkrieg hervorgebracht hatte, der Baader-Meinhof-Terror gewesen sei. Sozusagen eine Fortsetzung dessen, was die Franzosen an uns fürchteten und was sie zugleich inspirierte. Mit dieser Faszination sei es endgültig vorbei. Man konnte solch ein Urteil ein Missverständnis der inzwischen bewährten westdeutschen Demokratie nennen, das die Umkehrung eines früheren apolitischen Romantizismus zu betreiben schien, womit der Satz des Philosophen bestätigt wurde: Langweiligkeit sei besser als Faschismus. Danièle Sallenave bedauerte dagegen, dass das romantische und unheimliche Element aus Deutschland ausgetrieben worden sei und eine skandinavisch-sozialdemokratische Ordnung jeden einschlägigen Muckser erstickt habe. Das kam meiner Sicht der deutschen Dinge nahe.

Dazu gehörte auch, dass die historische Nation nicht allein durch eine Verfassungsutopie, wie sie der Philosoph schon vor Jahren entworfen hatte, ersetzt werden könne. In dieser Rigidität nur auf die Verfassung zu setzen hieß gleichzeitig, den faktisch bereits gegebenen historischen Erinnerungsverlust zu vertiefen. Die einzige Erinnerung, die gefordert war, die an den Holocaust, löschte die Erinnerung zurück hinter dieses apokalyptische Ereignis aus. Mir wurde bewusst, dass diejenigen, welche die deutsche Geschichte wegen des Holocausts als Nationalgeschichte verwarfen, ihr Argument aus der Apokalyptik gewannen: Der Holocaust wurde zum Beginn und Zentrum eines neuen Geschichtsbewusstseins. Das Verschwinden der affektiven Beziehung zur historischen Vergangenheit wurde bejaht. Ein eschatologisches Datum trat an deren Stelle: Von hier aus und von jetzt an ist der Holocaust das die deutsche Geschichte prägende Ereignis. Eine Vereinigung der beiden deutschen Staaten hätte die Ausgrenzung der Geschichte rückgängig gemacht.

Nach der Reaktion aus Starnberg war ich trotz meiner Enttäuschung also nicht verschreckt. Jetzt musste mein Text umso mehr veröffentlicht werden! Ich schickte ihn aber nicht an den *Merkur*, sondern an meine alte Zeitung. Zu genau diesem Zeitpunkt erreichte mich nämlich ein Manuskript von Ulrich Oevermann, dem ehemaligen Assistenten des Philosophen, der inzwischen auf einem Lehrstuhl für Soziologie und Sozialpsychologie in Frankfurt saß. Offensichtlich hatten die letzten zwanzig Jahre den einstigen Sozialisten verändert: Dieser Text behandelte das Thema der Vereinigung der beiden deutschen Staaten mit der gleichen Zielrichtung wie ich, allerdings mit einer anderen Argumentation. Das kam mir wie gerufen. Es war ja nicht ohne Pikanterie, dass ausgerechnet ein Schüler des Philosophen, ohne es zu wissen, meine Position zugunsten der Wiedervereinigung vertrat. Sein Text musste sofort in den *Merkur*, während ich es bei meiner alten Zeitung, der *FAZ*, versuchte. Diese war mehr als angetan, vor allem die jungen Redakteure, meine beiden Vertrauten Frank Schirrmacher und Gustav Seibt. Und so zielten *Merkur* und *FAZ* in dieser Frage in dieselbe Richtung. Eine Folge war die, dass der Philosoph dem *Merkur* als Autor, der er so lange gewesen war, für alle Zukunft absagte. Er teilte mir das in einem sachlichen Brief mit, wobei er gleichzeitig betonte, dass unsere persönliche freundschaftliche Beziehung davon nicht betroffen sei.

Wahrscheinlich auch nicht die intellektuelle. Wir hatten ja immer Konflikte miteinander gehabt. So hatte ich das ästhetische Kriterium in einem Gespräch mit Kennern diskutieren wollen, um es eventuell unter dem Thema »Was ist die Kunst an der Kunst?« im *Merkur* zu veröffentlichen. Dazu hatten wir Habermas und Monika Steinhauser, die bisherige Kunstkritikerin meiner alten Zeitung, Schülerin des Kathedralen-Kenners Willibald Sauerländer und künftige Kunsthistorikerin an der Universität Bochum, sowie einen scharfsinnigen Philosophieprofessor von der Münchner Akademie eingeladen. Das Treffen ging aus wie das Hornberger Schießen. Die Eingeladenen wollten nicht auf die Frage eingehen. Sie spürten, dass dies darauf hinausliefe, historische und soziologische Erklärungen der Kunst hintanzustellen. Ich erläuterte, wie ästhetisch defizitär die Kunsthistorie häufig werde, sobald sie mittelalterliche Formen symbolisch interpretiere. Alles werde über die geistesgeschichtlich-theologische Bedeutung dieser Figuren gesagt, nichts aber über ihre ästhetisch intensive Wirkung. Vielleicht überschritt meine Erwartung an die Kunsthistorie ja deren Kompetenz als Wissenschaft. Aber dann müsste dieser Kompetenzmangel ausdrücklicher benannt werden. Wir schieden nicht im Streit, aber im Missverständnis.

Seitdem die politische Thematik wichtiger geworden war, verliefen die Gespräche zwischen Kurt und mir unkomplizierter. Mit der schließlich geglückten Wiedervereinigung war die nationale Debatte nicht beendet, sie konzentrierte sich jetzt auf den Streitfall Bonn oder Berlin. Sollte die preußische Hauptstadt wieder der Mittelpunkt werden, oder sollte man alles beim Alten belassen und am Rhein bleiben? Es gab für beide Varianten gute Gründe. Außenpolitisch sprach viel für Bonn, denn es versinnbildlichte den neuen, nach Westen gerichteten Blick der westdeutschen Außenpolitik, die sich auch als gesamtdeutsche nicht ändern sollte. Eine Rückkehr nach Berlin würde eine geopolitische Verlagerung bedeuten, die zweideutig wirken könnte. Auch innenpolitisch bot sich die rheinische Lösung als die pragmatischere an, denn aus dem Westen und Süden der Republik kamen die wichtigsten Nachkriegspolitiker, deren privates Leben sich dort abspielte und die nicht unbedingt knapp hundert Kilometer von der polnischen Grenze entfernt leben wollten. Dem stand das Argument gegenüber, dass das vergrößerte Land sich nicht weiterhin durch eine provinzielle Kleinstadt vertreten lassen könne. Trotz ihrer preußischen Universität. Auch dass eine Integration der hinzugekommenen kleinen und großen Länder und Provinzen – Vorpommern, Mecklenburg, Brandenburg, Thüringen, Sachsen und Sachsen-Anhalt – nur dann gelingen werde, wenn sie von der ehemaligen metropolitanen Zentrale, an welche die neuen Bundesländer gewöhnt waren, ausginge. Schließlich gab es das historische Argument: Berlin hatte eine geschichtliche Aura wie keine andere deutsche Stadt, trotz ihrer preußischen Vergangenheit. Oder gerade wegen ihr! Letzteres war mir ohnehin selbstverständlich.

Die Atmosphäre der Debatte, die mit einer Abstimmung im Bundestag beendet wurde, war zum Zerreißen gespannt. Entschieden wurde sie ausgerechnet durch die Rede eines schwäbischen, jeder Nostalgie abholden, pragmatischen Politikers, dessen nationalstaatlicher Ernst aber die knappe Mehrheit für Berlin brachte: Schäuble. Wenn ich Berlin von Beginn an favorisiert hatte, dann spielte dabei auch mein inzwischen bereits fünfzehn Jahre währendes Privatleben in London und Paris eine Rolle: Die Metropolenatmosphäre beider Städte im Sinn, wünschte ich mir für die neue Bundesrepublik das Gleiche. Es würde die verschwitzte, spießige Stimmung, die mich an dem vergrößerten Land nach wie vor bedrückte, wohl verändern. Wichtiger aber wurde hier mein seit meiner Jugend gepflegter Preußentick. Was die liberale rheinische Familie dachte, dachte ich nicht. Wie ich Tommy in Irland damals erzählt hatte, gefiel mir eigentlich alles an Preußen, selbst seine Armee, die vor allem zum Grund für die scharfe historische und politische Ablehnung der preußischen Tradition geworden war. Sogar der Name »Preußen« war ja von der Landkarte verschwunden, und das bedrückte mich. Angesichts der historischen Rolle, die Preußen in Europa seit dem Dreißigjährigen Krieg gespielt hatte, fand ich diese Ignoranz, diese Blindheit vor etwas, dem Größe nicht abzusprechen war, ideologisch verzerrt. Auch das bösartige Image, das man dem preußischen grundbesitzenden Adel angeklebt hatte – war es nicht eine Verfälschung dessen, was er wirklich gewesen war? Ich wusste, belehrt durch meinen Vater, wie lange die Grundherrschaft auf den ostelbischen Gütern die Bauern nicht als wirklich Freie behandelt hatte, selbst nachdem die Leibeigenschaft Anfang des 19. Jahrhunderts abgeschafft worden war. Das wusste ich sehr wohl. Außerdem wusste ich, dass Mitglieder gerade namhaftester preußischer Adelsfamilien bald der Nazipartei beigetreten waren. Aber es hatte auch etwas ganz anderes gegeben: jenen Menschentypus, den dieser Adel in vielen Exemplaren seit Jahrhunderten hervorgebracht hatte. Was die Vertreter dieses Typus, die Verschwörer vom 20. Juli, so anziehend machte, war nicht zuletzt ihre preußische Haltung, die sie vor und nach dem Komplott gezeigt hatten.

Durch Zufall hatte ich die Familien von einigen dieser Männer, die wegen der Verschwörung hingerichtet worden waren, kennengelernt. Ich hatte über ihre Gedanken und ihr Auftreten in ihren letzten Stunden viel gelesen. Ich war zu dem Urteil gelangt, dass es sich hier um einen Typus gehandelt hatte, dessen Mut und Stolz es in der gegenwärtigen Generation nicht mehr gab. Die Tatsache, dass die meisten von ihnen aus dem preußischen Adel kamen, war wohl ursächlich gewesen für ihre Haltung, die bis in die Zeit Friedrichs des Großen zurückreichte und wahrscheinlich noch weiter in die Vergangenheit. Die Behauptung, dieser habe die zur Militäraristokratie geformten, ursprünglich widerständigen brandenburgisch-pommerschen-ostpreußischen Landbesitzer zu seinen willfährigen Werkzeugen gemacht, hielt ich für falsch. Gerade für die Unabhängigkeit von Urteil und Handlung gab es unter ihnen viele Beispiele im 17. und 18. Jahrhundert. Die besondere Erziehung der preußischen Offiziere zur Selbständigkeit bei militärisch-taktischen Entscheidungen war ein Grund gewesen für die Erfolge der preußischen Armee seit dem Ersten Schlesischen Krieg. Der Ausdruck »Preußischblau«, gemeint war die Farbe der preußischen Armeeuniformen, konnte nur deshalb zum gängigen Begriff werden, weil diese Armee seit dem frühen 18. Jahrhundert Europa in Erstaunen versetzt hatte. Das bezeugten die enthusiastischen Briefe Voltaires an Friedrich II. als Feldherrn und die Schilder von englischen Wirtshäusern mit preußischen Insignien oder Namen. Die Angeklagten des 20. Juli hatten diese Tradition gekannt und waren ihr verpflichtet gewesen. Sowohl ihre Briefe aus der Haft an ihre Frauen als auch die Reaktionen einzelner Angeklagter gegenüber der drohenden und vulgären Sprache des Richters Freisler während des Prozesses bewiesen, welches Maß an geistiger Unabhängigkeit sie sich bewahrt hatten in einer Epoche, in der die offizielle deutsche Sprache zerfiel. Dass sie für eine Mehrheit der westdeutschen Bevölkerung keiner Erinnerung mehr wert waren, kam mir wie ein Dokument der provinziellen Nachkriegsmentalität vor, die nicht mehr verschwinden wollte. Diese Gleichgültigkeit beruhte inzwischen nicht mehr auf heimlicher Nazisympathie, wie in den Fünfziger-, Sechziger- und zum Teil noch in den Siebzigerjahren. Sie war nunmehr der Ausdruck des mangelnden Instinkts für Stil und Größe. Das, was von dem privilegiert-kulturellen Milieu dieser Klasse bekannt geworden war, musste in der neuen Klassenlosigkeit der Bundesrepublik besonders befremdlich wirken, denn auch mit den populären Erscheinungsformen des zeitgenössischen Illustriertenadels hatte es nichts zu tun.

Es kam noch etwas hinzu: Die ganze preußische Adelsklasse wurde zum Sündenbock für die moralische und militärische Katastrophe gemacht. Doch das war eine Selbsttäuschung. Zwar hatten sich einige von ihnen – in erster Linie zur Bildung einer gemeinsamen Front gegen den Kommunismus – den Nazis zugewandt. Die ganze preußische Vergangenheit aber unter Verdikt zu stellen, um die nazistische Vergangenheit, ihre immer noch schleichende Anwesenheit, zu vergessen, das passte zusammen. Als ich, ein Vierzehnjähriger, nach dem Krieg meinen Vater gefragt hatte, warum die Tausende, Hunderttausende, ja Millionen, die nie Nazis geworden waren, keine deutliche Stimme zurückgewannen, wusste er, der sich selbst so couragiert gezeigt hatte, dafür keine richtige Erklärung. Es war doch auffällig, dass so viele Beamte, vor allem Juristen, wieder in Amt und Würden waren, obwohl sie Jahre zuvor Freislers Ansichten vertreten hatten. Und dass auch die Mehrheit derjenigen, die nach dem Krieg und immer wieder seitdem, zu Recht, gegen die Nazivergangenheit das Wort erhoben, selbst aus nazistischen Verhältnissen stammte, war doch nicht zu übersehen. Wo saßen im Parlament und in den Zeitungsredaktionen jene vielen von der damaligen politischen Ideologie Unbeeinflussten? Mein Preußentick kam nun nicht mehr aus der Erinnerung an die Zigarettenbildchen meiner Jugend, sondern aus dem erheblichen Ungenügen an einer verschwiemelt wirkenden Atmosphäre der Gegenwart, zu der das Verhalten der Verschwörer vom 20. Juli in solch dramatischem Gegensatz stand. Warum produzierte die neue Erbötigkeit im demokratischen Staat ein solches Ressentiment gegen diese freien Geister? Die Vergesslichkeit bezüglich der nationalen Geschichte, ihr Verschwinden aus dem Bewusstsein gehörten dazu. Nach einer sogenannten postnationalen Zukunft in Europa suchend, konnte für die Mehrheit der westdeutschen Bevölkerung alles, was mit dem 20. Juli zusammenhing, vor allem aber der Name »Preußen«, tatsächlich nur irritierend sein. Ein besonderer Ausdruck dieser Erinnerungslosigkeit war von W. G. Sebald benannt worden: die weitgehende Abwesenheit des Bombenkrieges, das Thema der zerstörten Städte, in der westdeutschen Literatur. Obwohl es die eine oder andere literarische Darstellung der Vernichtung der großen deutschen

Städte gab, hatte Sebald doch einen Nerv getroffen: Aus moralischer und politischer Unsicherheit wurde kaum gewagt, das Thema zu erwähnen, was dem verklemmten, unfreien Moralismus ein besonders prekäres Element hinzufügte. Es ging ja nicht darum, die alliierten Bombenangriffe anzuklagen, es ging darum, der ungeheuerlichen Bilanz des kulturellen und menschlichen Verlustes eingedenk zu werden, auch wenn dieser die Folge des von den Deutschen zu verantwortenden Krieges war. Aber offenbar war das eine zu anspruchsvolle, weil zu nuancierte Erwartung.

Als Berlin wiederum zur Hauptstadt bestimmt worden war, glaubte ich, dass solch eine komplexe Erinnerung leichter fallen würde, einschließlich der an die Geschichte Preußens, jedenfalls ihrer großartigen Wesenszüge. Ich fand, wie gesagt, dass sich unter den kulturell reichlich ausgestatteten deutschen Ländern und Kleinstaaten, was historische Signifikanz betrifft, neben Österreich nur Preußen sehen lassen könne. Kurz bevor ich 1974 nach England gegangen war, hatte man mir die stehen gebliebene preußische Architektur Unter den Linden gezeigt. Die Humboldt-Universität, das Zeughaus, die Museumsinsel, den Gendarmenmarkt hatte ich vorher noch nicht gesehen. Meine in der Wolle rot gefärbte Führerin durch Preußens Geschichte hatte damals zu mir gesagt: »Da hast du dein Preußen. Das wird hier fortgesetzt, nicht drüben in der BRD.« Tatsächlich hatten die DDR-Behörden eine neue vaterländische Propaganda entwickelt, in der sich Friedrich der Große und E. T. A. Hoffmann die Hand reichten. Nun gehörte das alles zur erneuerten Bundesrepublik. Würde das nicht eine Wirkung auf das öffentliche Bewusstsein haben? Kurz nach der Wiedervereinigung sah ich Anlass genug, dieses Bewusstsein unter dem Schlagwort »Provinzialismus« in einer *Merkur*-Serie zu traktieren. Die Serie, die Ende 1991 auslief, bot ein Psychogramm politischer Mentalität: dass sich nichts änderte.

Zur gleichen Zeit war der alte *Merkur*-Herausgeber sehr krank geworden. Er hatte mitbekommen, dass es nicht zum Besten stand zwischen mir und dem Philosophen. Dieser war für ihn aber der unabdingbare Autor des *Merkur*. Dass er uns abgesagt hatte und warum, hatte ich dem alten Meister nicht mitgeteilt. Aber der Kranke merkte, dass etwas nicht stimmte. Sein buntes Gefiedersträuben hatte er noch an sich. Kein Alpenglühen mehr, nicht das Luis-Trenker-hafte in seinen Reden. Er beschwor zum letzten Mal jetzt, wie in den Fünfziger-, Sechziger- und Siebzigerjahren, den »Geist« als ein Elixier. Sein tiefer Ernst umlagerte seine Kategorien noch mehr und schwerer als zuvor. Deshalb hatte er von Hentigs Reformpädagogik für wichtig gehalten und meine Ablehnung für frivol. Und nun die Absage des Philosophen an den *Merkur*!

Der alte Herausgeber lud Habermas und mich zu einem zeremoniellen Abendtrunk ein. Zeugen der seltsam theatralischen Szene waren die Frau des Philosophen, Kurt, der gerade Mitherausgeber geworden war, Michel Krüger und der Schriftsteller Dieter Wellershoff. Es war eine bedrückende Situation, weil man wegen der fortgeschrittenen Erkrankung – dem alten Herausgeber fiel das Atmen schon schwer – nichts Wirkliches zur Sache sagen konnte. Im Brief des Philosophen aber war bereits alles gesagt worden. Allerdings hatte ich meine Einstellung zu seinen Motiven modifiziert. Im Frühjahr 1991, also nach der Vereinigung beider Staaten, hatte der Philosoph unter dem programmatischen Titel *Die andere Zerstörung der Vernunft* einen profunden Aufsatz in der *Zeit* veröffentlicht, in dem er die Gründe für seine Skepsis gegenüber der Wiedervereinigung noch einmal sehr viel nuancierter vortrug als anderthalb Jahre zuvor in seinem Brief an mich. Außerdem wusste man nun mehr. Einige Motive fand ich überzeugend: Dass er unterschied zwischen dem Unterdrückungssystem der DDR und der aufklärerischen Tradition bei einer Reihe ihrer linken Intellektuellen. Dass eine spezifische politische Kultur von der Brachialgewalt einer einseitig ökonomischen Vereinigung nachdrücklich beschädigt worden sei. Aber er sprach immer noch vom »Erhaltenswerten« der DDR. Auch der mehrfach auftauchende Ausdruck »normatives Defizit« gefiel mir nicht, weil er das Ereignis mit einem Begriff erschlug. Das gab mir Anlass, mein patriotisches Thema neu zu überdenken. Einerseits waren mir die allgemeine Tendenz des Schönredens der alten DDR, die Reaktionen der linken Intellektuellen in Westdeutschland zuwider. Andererseits sprach mir alles aus der Seele, was der Philosoph zur diffusen geistlosen Atmosphäre der westdeutschen Anschlusspolitik anhand wohlgewählter Beispiele ausführte. Die Differenz zwischen unseren Auffassungen war die, dass ich den Ungeist, der sich als Provinzialismus über alles legte, nicht bloß bei den Konservativen, sondern ebenso bei den Linken erkannte. Der alte kranke Mann, zu dessen Rechten und Linken der Philosoph und ich saßen, ergriff auf einmal jeweils eine unserer Hände, legte sie ineinander und drückte sie auf seine Brust. Er nahm uns den Schwur ab, niemals unsere Zusammenarbeit aufzugeben. Wir seien beide die Zukunft des *Merkur*. Der Philosoph nickte grimmig, ich gab gar kein Zeichen von Einverständnis. Wir wussten beide, dass diese Szene um des Kranken willen durchgestanden werden musste. Zwei Tage später starb er. Die Gedenkrede hielt Hartmut von Hentig, dessen Mitarbeit an der Zeitschrift ich vor Jahren beendet hatte. Der berühmte Pädagoge machte einige polemische Bemerkungen über die Entwicklung des *Merkur* unter meiner Verantwortung. Als Person schätzte ich Hentig. Aber seine Pädagogik hätte mein Konzept im *Merkur* verdorben. Er war zu meiner Bielefelder Antrittsvorlesung über »Kleists Selbstmord« gekommen und stellte mir danach sofort die Frage, wie Studenten und Schüler denn eine solch furchtbare Thematik verstehen könnten. Sie müssten es versuchen oder nicht Literatur studieren, war meine Antwort. Nun bekam ich die Quittung. Ob der Philosoph damit einverstanden war, habe ich nicht zu erfahren versucht. Aber ich war motiviert, trotz gewisser Veränderungen der Argumente in meine Richtung weiterzugehen.

All das, was ich, nicht zuletzt mit meinem Fernblick aus Paris, als Provinzialismus empfand, stand im Gegensatz zu meiner Hoffnung auf die Wiedervereinigung: nicht auf eine Wiedergeburt Preußens, aber doch auf eine Wiedergeburt Berlins als nationaler und kultureller Mittelpunkt. Und das hätte einige preußische Elemente mit sich gebracht. Provinz hieß, wenn angesichts der Ehrung des in meiner Universität so herausragenden Historikers Reinhart Koselleck der angereisten Ministerin für Wissenschaft nichts Besseres einfiel, als diesen originellen Geist der sogenannten Bielefelder Sozialhistorie zuzuschlagen. Es hatte solche Ahnungslosigkeit viel mit der regionalen Struktur der Wissenschaftspolitik zu tun, die sich ändern würde, so hoffte ich, wäre erst einmal die Regierung nach Berlin umgezogen. Dass es dazu kommen würde, wurde allerdings sehr bald zweifelhaft, wenn man den Ministerpräsidenten der westdeutschen Länder und Oberbürgermeister von rechts bis links zuhörte. Sie alle waren sich einig in der Ablehnung Berlins als Regierungssitz. Die kulturelle Überschätzung der deutschen Kleinstaaten, traditionell begründet, verewigte die Permanenz der Provinz. Die Berlin-Furcht enthüllte das Glück einer Gesellschaft im stillen Winkel, die sich jetzt politisch und geistig weit überfordert zeigte.

Der Falkland-Artikel hatte ja schon dem politisch Wolkigen gegolten, der Friedensfloskel, mit der die Flucht vor größerer Verantwortung verbrämt wurde und die, englischen Zeitungen zufolge, kein westeuropäischer Politiker mehr hören konnte: dass nämlich von »deutschem Boden nur noch Frieden ausgehen« werde, wie es der westdeutsche Außenminister vor der Uno-Vollversammlung erklärt hatte. Brandts ursprüngliche Formel hatte einen aktuell gezielten, guten Grund gehabt, nicht zuletzt gegenüber Polen. Inzwischen aber verursachten die eskapistischen Erklärungen besonders bei den Amerikanern Beunruhigung bis Übelkeit. Genscher wurde verachtet. Er überschlug sich jetzt vor Demut. Pars pro toto. Ich sah das historisch-strukturell: In den »Provinzialismus«-Glossen schrieb ich, dass der kühne Typus »Schulenburg« vom schlauen Typus »Genscher« für immer ersetzt worden sei. Damit war nicht Charakter gegen Intelligenz ausgespielt. Die frühere Kühnheit hatte viel Intelligenz besessen, aber die neue Schlauheit besaß nur wenig Charakter. Die angloamerikanische Skepsis wurde dadurch verschärft, dass zum pazifistischen außenpolitischen Manöver eine sowjetfreundliche Tendenz gehörte, die beim Ausbruch des Ersten Golfkriegs offensichtlich wurde und sich fortsetzte, sobald die Ideologie der Weltversöhnung auf den Prüfstand kam. Das las ich wöchentlich in englischen und französischen Zeitungen und war sprachlos, wieso das in keiner deutschen Zeitung zu lesen war. Die Hysterie anlässlich der Reaktorkatastrophe von Tschernobyl hatte sich ebenfalls im Schrei nach hundertprozentiger Sicherheit, nach etwas, das es nicht geben konnte, bekundet. Diese Psychologie der buchstäblich geforderten Lebensversicherung war wichtiger als die politischen oder kulturellen Bedingungen, unter denen ein solches Leben zu führen wäre.

Ich war deprimiert: Nichts änderte sich also nach der Wiedervereinigung. Wenn man nachlas, wie die Nazis das Bäuerlich-Ländliche, das Kleinstädtische als Widerpart zur westlich-korrupten Großstadtmoderne gefördert hatten, dann konnte man den Eindruck haben, der gegenwärtige Provinzialismus sei die Fortsetzung davon. Dass die außenpolitische Aggressivität der vergangenen Diktatur durch ihr politisches Gegenteil ersetzt worden war, änderte nichts an diesem unerquicklichen Gefühl. Bis jetzt saßen ehemalige Nazis in der Regierung. Die Stereotype der pazifistischen Rhetorik – waren sie nicht eine Variante der Begriffsklauberei in den Geisteswissenschaften, die mich seit so langer Zeit derart abstieß? Jedenfalls wurde hier wie dort ein besonderer Fall mit einer allgemeinen Floskel erledigt. Aber das war bis zu einem gewissen Maß wohl notwendig, wenn man sich über solche generellen Themen verständigen wollte. Gegen meinen inneren Widerstand erhob sich die Einsicht, dass ich die sogenannte Kommunikation überhaupt nicht mochte, dass ich auf der Kraft des Einzelnen gegen die Vielen bestand. Argumente dafür hatte ich vorgebracht, und doch lag hierin etwas, das man sich vorwerfen konnte. Wahrscheinlich war Kommunikationsabsenz tatsächlich der tiefere Grund für meine Animosität gegen Pazifismus, eine Animosität gegenüber dem öffentlichen politischen Diskurs der Bundesrepublik, gegenüber dem öffentlichen deutschen Diskurs überhaupt. Steckte hinter meinem Preußentick ein politisches Argument und war meine Aversion gegen das Glück im Grünen politisch? Ich verweigerte nicht nur die Kommunikation, sondern ich hatte überhaupt keinen kommunikativen Antrieb, weil ich tief in meinen Phantasmen steckte. Weshalb mir die intensiven Momentwahrnehmungen in Peter Handkes neuer Prosa manchmal mehr einzuleuchten begannen als die gescheiten diskursiven Beiträge im *Merkur*.

Was mir an der Bundesrepublik am meisten missfiel, war ihr Mangel an Stil. Dieser Eindruck drängte sich etwa auf, wenn ich unbeholfen-betuliche Reklame im deutschen Fernsehen oder in Zeitungen mit ähnlichen Anzeigen in englischen Medien verglich. Britische, amerikanische Reklame-Szenen enden oft mit sprachlichen Pointen, was beim Empfänger ein gewisses Rezeptionsorgan voraussetzt: Ironie, Understatement, Andeutungen, Bluff, aber das sind nur Begriffe. Man müsste den Witz, den sie bezeichnen, geradezu illustrieren oder doch ausführlicher beschreiben.

Nichts dergleichen gab es hierzulande. Das Defizit zeigte sich auch an einem besonderen Stilelement westdeutscher »Qualitätsblätter«. Gerade weil diese westdeutschen Zeitungen, besonders am Wochenende, nicht nur gehaltvolle, sondern gedankenvolle Essays enthielten, schlich sich ein provinzielles Element mit ein: immer ein Winken mit dem Politischen als Moral. Ein Mangel an individualistisch-origineller Sichtweise, ganz zu schweigen von überraschender Darstellung der Dinge. Stattdessen führte ein pädagogisch-demokratisierender sprachlicher Auftrag das Wort. Es waren häufig moralische Ansprachen, sogar quasipastoraler Pomp, der gehobene, affirmative Tonfall des Verantwortlichkeitsdenkens. Wie unerträglich! Wo angelsächsische oder französische Kommentare einen distanziert, manchmal sogar zynisch teilhaben ließen an der psychologischen und machttechnischen Prozedur der politischen Entscheidungen, da drängte sich in der *Zeit* und in der *FAZ* viel zu oft die Sprache des höheren Gewissens auf. Bei Letzterer ein versuchtes Regierungsdenken, das intellektuelle Distanzierung verhinderte, bei der *Zeit* ein klassenprimusartiges, ministrantenhaftes Selbstgefühl, politisch gute Werke zu tun. Das zeigte eine spezifische Unterwürfigkeit gegenüber dem Offiziösen überhaupt. Das Provinzielle daran war abermals die Verständigung mit einem Allgemeinen anstelle eines argumentativ-ostentativen Selbstbewusstseins. Es fehlte die Exzentrizität, die stilistische Überraschung. Vielleicht war das nie die Stärke des deutschen Journalismus gewesen, sieht man einmal von Alfred Kerrs, Alfred Polgars und Kurt Tucholskys Feuilletons in den Zwanzigerjahren ab. Wenn das Verschwinden des preußischen Adels ein Verlust an gesellschaftlichem Charakter bedeutete, dann zeigte sich am Verschwinden der journalistischen jüdischen Intelligenzija ein noch größerer Einbruch in der Zivilisation des Landes.

Es hatte einmal deutsche Schlager von durchschlagendem Witz, Tempo und melodischem Effekt gegeben. Nicht nur Marlene Dietrichs »Frühling kommt, der Sperling piept, / Duft aus Blütenkelchen, / Bin in einen Mann verliebt / Und weiß nicht, in welchen«, auch noch Evelyn Künnekes Couplet von 1943, »Es hat keinen Zweck mit der Liebe, ich falle ja doch immer rein«. Selbst Zarah Leanders sentimentales Lied »Nur nicht aus Liebe weinen, / Es gibt auf Erden nicht nur den Einen« hatte diesen enormen Schwung gehabt. Das waren grandiose Gesten des metropolitanen Geistes, so wie die Themen und die Stimmen der »Comedian Harmonists«. Etwas Gleichrangiges kam nicht mehr auf seit den Fünfzigerjahren! Wohlverstanden *nach* den angeblich so muffigen Fünfzigerjahren. Der stärkste Ausdruck des Provinzialismus war das Niveau der westdeutschen populären Kultur beziehungsweise deren Abwesenheit. Trotz Kraftwerk!

Und noch etwas sprach dafür, dass sich künstlerische Ausdrucksformen nach der Wiedervereinigung nicht aufklärten, sondern eher verharmlosten: Es hatte in den Fünfziger- und Sechzigerjahren noch namhafte deutsche Schauspieler – weniger Schauspielerinnen – gegeben, die in besseren internationalen Filmen Eindruck hinterließen: Die Gesichter, das Mienenspiel und die Sprache von O. E. Hasse, Martin Held, Gert Fröbe, Hans Christian Blech wirkten. Selbst Curd Jürgens, Peter van Eyck und Hardy Krüger. Die meisten von ihnen waren gelernte Theaterschauspieler wie die Größen der Vorkriegszeit: René Deltgen, Ernst Deutsch oder Conrad Veidt. Solche deutschen Gesichter und Sprecher waren aus dem internationalen Film verschwunden. Der sogenannte Neue Deutsche Film der Reitz, Herzog, Fassbinder, Kluge, Schlöndorff, Syberberg, Wenders und Schroeter hatte sich nicht auf seinen begabten Theaterschauspielern begründet, der verrückte Klaus Kinski war ein Sonderfall.

Wenn ich, abgesehen von meinen Universitätsfahrten, bei spärlichen Besuchen in Deutschland am Abend in einem Hotel den Fernseher anmachte, wollte ich meinen Augen und Ohren angesichts der Programme nicht trauen: Dirndlfrauen mit Herzausschnitt sangen noch immer schaurige Sachen. Es waren keine Volkslieder, sondern Melodieversionen des Heimatfilms, von dem ich geglaubt hatte, er sei für immer verschwunden. »Noch immer« ist ungenau ausgedrückt. Genauer wäre zu sagen: schon wieder. Wenn ich einen meiner gleichaltrigen deutschen Freunde fragte, wie das möglich sei, die Deutschen seien doch nicht dümmer als die anderen, erfolgte Schulterzucken. Man sehe sich so etwas nicht an, und was das schlichte Publikum angehe, das sich das ansehe, so sei dieses vielleicht in der Tat dümmer. Es gab in der deutschen Intelligenzija wohl noch immer eine Unterscheidung zwischen Hoch- und Massenkultur. Dass Letztere in Amerika und England geniale Hervorbringungen gezeitigt hatte, beeinträchtigte das Argument offenbar nicht. Und das war Teil des Problems. Wenn etwas das Image Deutschlands in ausländischen Augen so auffällig bescheiden, so langweilig unattraktiv erscheinen ließ, dann hatte die Wiedervereinigung also nichts daran geändert. Das einzig Interessante an den Deutschen schien dem ausländischen Blick noch immer dessen Version von Nazioffizieren. Mel Brooks' Musical *Springtime for Hitler* von 1968 war ein ironischer Kommentar zum einzig übrig gebliebenen Spektakulären an den Deutschen. Wenn der Philosoph auf meine patriotische Irritation mit dem Satz »Es ist besser, langweilig zu sein als faschistisch« reagiert hatte, dann war das eben keine gute Antwort gewesen.

Das konnte also die Lösung des deutschen Problems nicht sein. Meine Alternative schloss diese Version jedenfalls nicht ein! Zumindest bestätigte die Sentenz des Philosophen, Banalität sei besser als Faschismus, dass an meinem Eindruck, überall zeige sich das Provinzielle, etwas dran war. Es war absehbar, dass sich der zum Chefideologen der SPD emporstrebende Peter Glotz des Preußenticks und der Provinzpolemik dankbar annehmen würde. Glotz hatte Germanistik studiert und war zuerst als Anwalt einer politisch engagierten Literatur aufgetreten, die ich mir früh kritisch vorgenommen hatte. Kein Wunder, dass er sich nach seinem einflussreichen Karrieresprung polemisch mit einigen meiner literarischen und politischen Äußerungen beschäftigte. Meine Kritik am Verschwinden der deutschen Außenpolitik im stillen Winkel nannte er »neuen Nationalismus«. Wie gingen doch die Ausübung des demokratischen Wächteramtes und die Unempfänglichkeit für sprachliche Nuancen Hand in Hand: Glotz' Warnrufe liefen auf die Behauptung hinaus, es handele sich um ein neokonservatives Komplott jüngerer Geisteswissenschaftler. Einige nannten das allerdings »verschwörungstheoretisch«. Die drei Paten des Komplotts waren nach Glotz' Ansicht Enzensberger, Wolfgang Pohrt und ich. Der Hauptschuldige des neuen Nationalismus sei ein »Spezialist für Friedrich Schlegel und Ernst Jünger«. Vermutlich hatte Glotz Schlegel nie verstanden, und was ich über Jünger geschrieben hatte, hatte er mit Sicherheit nicht gelesen, sondern nur davon gehört. Er höhnte über unsere esoterische Wirkungslosigkeit, beschwor aber gleichzeitig unsere Gefährlichkeit. Glotz' Art zu argumentieren war charakteristisch: Anstatt Argumente in der Sache zu finden, operierte er mit Verdächtigungen, natürlich ideologiekritischen. Leute wie Glotz verstanden nicht, dass die jungen Studenten, die es wagten, nicht seiner Meinung zu sein, keine Neokonservativen oder Jungkonservativen waren, sondern solche, die begannen, jene ihnen von Dozenten seiner Generation in den Universitäten eingetrichterten Dogmen abzulegen. Glotz' schlichte Fassung geschichtsphilosophischen Denkens verbot ein phänomenologisches Vorgehen beim Verstehen der Welt. Phänomenologie war Verbrechen. Das hatte man so gelernt. Das Gespenst eines intellektuellen Nationalismus wurde an die Wand gemalt, um einen Gegner zu haben, den man bekämpfen konnte.

Um mich von solchen geistigen Barbareien zu befreien,

empfahl ich Glotz schriftlich, einmal die ideologische Neubetreuung der SPD auszusetzen und stattdessen Friedrich Schlegels Essay *Über die Unverständlichkeit* zu lesen. Sobald er das verstanden habe, könne man miteinander reden. Dann werde auch das tiefe Ressentiment gegenüber der Kunst als Kunst, gegenüber dem Ästhetischen als Gefahr, sein Ende finden. Dazu hätte auch gehört, dass man den kitschigen Terminus »Streitkultur« durch ein anderes Wort ersetzt hätte, das die radikale Differenz, die Konkurrenz von Debattengegnern wirklich anzeigt und nichts ins Betuliche verwischt. »Streitkultur« war ein charakteristisches Wort innerhalb der »Friedens«-Sprache. Andererseits: Was blieb dem SPD-Denker anderes übrig, als so zu sprechen, wie er sprach? Sein Verständnis von Kunst als Engagement war der ursprüngliche Denkfehler, dem dann alles Weitere notwendigerweise folgte.

Über die Bedrückung ob des scharfsinnigen Philosophen und den Ärger ob des banalen Ideologen halfen die Ablenkungen an der Universität und in Paris hinweg. Mit der Universität hatte ich schon deshalb Glück, weil mein Zimmer nicht zwischen den anderen, sich aneinanderreihenden Professorenbüros lag, sondern am äußersten Ende eines der Türme, die den Betonbau der Universität Bielefeld markierten, von wo aus der Blick durch zwei große Fensterfluchten weit in die Landschaft zum Teutoburger Wald hinausging. Meinem Zimmer gegenüber lag ein Raum, der von meinen Assistenten benutzt wurde, zu denen ich ein lockeres, von funktionaler Abhängigkeit freies Verhältnis hatte. Über sie zu sprechen ist ein bisschen so, wie im Rolandslied die verschiedenen Helden großartig geschildert werden, bevor sie dem sarazenisch-heidnischen Hinterhalt zum Opfer fallen. Wolfgang war ein unabhängig-rebellischer Geist, der mir schon während meiner Privatdozentenzeit als polemisch einfallsreicher Diskussionsteilnehmer aufgefallen war. Rembert ein ähnliches Kaliber, was die Begabung und Konfliktbereitschaft anging. In beider Gegensatz ergänzte sich, was mir wichtig war: Wolfgang, obwohl von Hause aus von der Philosophie geprägt, besaß eine hochgradige Sensibilität für das literarische Wort, seine Habilitationsschrift führte den Begriff »Nuance« im Titel. Rembert bezog sich stärker, oft auch ironisch, auf die Theorien der sogenannten Dekonstruktivisten Derrida und de Man. Er war es, der mich dazu überredete, eine ästhetiktheoretische Serie in der *edition suhrkamp* herauszugeben, deren erste Nummer er selbst erfand. Er wusste, dass ich nicht interessiert war an oder nicht begabt für die Organisation von Fachkonferenzen. Die *edition-suhrkamp*-Serie sollte das ersetzen. Wolfgang hatte sich nicht gescheut, meinen Begriff der »Plötzlichkeit« – inzwischen neu gefasst – öffentlich zu kritisieren, nicht ohne scharfsinnige Argumente. Schließlich Eckhard, der zunächst in sich gekehrte Forscher, dann aber mit kritischen Einfällen sich bemerkbar machende Kopf, der sich auch für die dekonstruktivistische Methode interessierte.

Von Beginn an gab es zwei Teilnehmer meiner Seminare, die, ohne dass sie eine mit meiner Professur verbundene Funktion gehabt hätten, besonders wichtig für mich wurden: Karin und Andreas. Wir wurden Freunde. Karin war als Romanistin an meinen ästhetiktheoretischen Themen interessiert. Sie promovierte zu Beginn der Neunzigerjahre mit einer Arbeit über Baudelaire und Flaubert: über die Rolle der Hysterie in der französischen Literatur der zweiten Hälfte des 19. Jahrhunderts. An dieser Arbeit entschied sich schon, dass sie die Universitätslaufbahn einschlagen könnte und mir als philologische und intellektuelle Freundin weiter zur Seite stünde. Andreas, der den freimütigen Ton in meinem Seminar verstärkte und mit für ihn typischen Interventionen auffiel, wurde mir vor allem so sympathisch wegen seines klaren Urteilsvermögens, seines geraden Charakters. Ich konnte ihn bald alles, was ich auf dem Herzen hatte, fragen. Ein Grund für meine private Beziehung zu Karin und Andreas war auch der, dass sie unter meinen Augen im Seminar Anstalten machten, ein Liebespaar zu werden. Ein Spätling in dieser seit Mitte der Achtzigerjahre sich herausbildenden Runde war Ingo. Er trat mit einer unendlich langen Seminararbeit über Comics hervor. Nicht nur weil sie so lang war – das belegte seine Belesenheit und Kenntnis der Motive –, fiel sie mir auf, sondern wegen einer schon früh entwickelten Kapazität für begriffliche Fassungen des ästhetisch Inkommensurablen. Im Übrigen entsprach Ingos Benehmen und Rede dem, was man als Kompliment oder als Einwand »subversiv« nennt. Von subversiver Energie besaßen auch Wolfgang und Rembert zur Genüge, aber im Fall Ingos trat das noch um einiges verschärfter zutage, bis hin zur Art und Weise, wie er sich kleidete. Während die anderen meine Ticks, nicht zuletzt den mit dem Preußischblau, souverän übersahen, vielleicht partiell auch verstanden – obwohl ich das wegen ihrer Jugend bezweifelte –, zeigte sich Ingos Kritik daran, was das Thema »Preußen« betraf, bald von unverschämter Offenheit. Nur noch ein Name geriet neben dem Wort »Preußen« unter solchen Beschuss: Als ich es wagte, ein Seminar über Rainer Maria Rilkes *Duineser Elegien* anzubieten – Kitsch! Warum tun Sie sich das an? Ingo hatte gar nicht ganz Unrecht, aber ich wollte es genauer wissen und kam dabei zu einem anderen Urteil: Rilkes Metaphorik enthielt viele epigonale kunstreligiöse Gesten. Aber seine Sprache drang – besonders in den *Duineser Elegien* – in bisher Ungesagtes vor.

Mein Hauptseminar war voll mit weiteren interessanten Studenten, von denen einige – so Dirk und Gustav – aus anderen Fächern, aus der Soziologie und der Historie, kamen und trotzdem gerade die ästhetiktheoretischen Fragestellungen belebten. Gustav belehrte mich im Plenum direkt zu Beginn unserer Bekanntschaft über den wahren Sinn der Worte »corso e ricorso«, mit denen der italienische Geschichtsphilosoph Vico das Kreisförmige des historischen Prozesses belegt hatte. Ich hatte in solch einer delikaten Situation immer den Schutz meines Vorbehalts gegenüber dem Kriterium reiner Gelehrsamkeit. Die Korrektur des gelehrten Gustav konnte ich deshalb dankbar akzeptieren. Aber Gustav Seibt ging in seinen frühreifen professoralen Anwandlungen in extremis: Während eines Blockseminars über Aufklärung und Romantik brachte er meinen Freund und Mitveranstalter, den Romanisten André Stoll, zum Weinen, indem er ihm ins Gesicht erklärte, seine Ausführungen über die spanische Mystik seien schlicht und einfach falsch, es verhalte sich vielmehr so und so. Diese Unbekümmertheit im Gespräch mit Professoren war wohl ein letztes Nachwehen der Unruhe aus den Sechziger-, Siebzigerjahren, die sich in Bielefeld, vielleicht weil ansonsten Provinz, langsamer legte.

Sie waren alle ziemlich groß und schlank. Sie sahen gut aus. Eine gewisse Männlichkeit war ihnen eigen, nicht die Zimperlichkeit meiner Seminargenossen in Heidelberg fünfundzwanzig Jahre zuvor. Obwohl viele Studentinnen die Vorlesung besuchten, waren Karin Westerwelle, später Sandra Markewitz und schließlich Heide Volkening, Eckhards Freundin, die einzigen Frauen im Oberseminar. Angeblich weil es zu wenig schöngeistig, zu theoretisch war. Aber was immer damit auch erklärt sein mochte, es stand im Gegensatz dazu, dass die zu der Zeit bekannt werdenden literaturwissenschaftlichen Professorinnen gerade durch ihr theoretisches Interesse auffielen.

Die Dekonstruktion hatte ihren Schrecken für die deutsche Philologie und geistesgeschichtliche Forschung auch in den Neunzigerjahren noch nicht verloren. Dass ihr Erfinder Paul de Man inzwischen als Faschist entlarvt werden konnte – das war seit Jahren landauf, landab diskutiert worden. Die Relativierung klarer Begriffe im Namen von ambivalenten Wörtern – sie wurde auch als Symptom von de Mans Affinität zum Irrationalen und zu Schlimmerem gesehen, die er während und nach der deutschen Okkupation Belgiens in völkischen Organen Flanderns zum Ausdruck gebracht hatte. Nicht überall zeigte sich diese Ablehnung. Ausgerechnet eine starke Begabung aus der Enkelgeneration des Philosophen, Christoph Menke, gab einen de Man gewidmeten, ihm theoretische Gerechtigkeit widerfahren lassenden Theorieband heraus, der in meiner von Rembert angeregten Reihe *Aesthetica* erschien. Der Philosoph selbst hatte – das war vier Jahre vor unserer Auseinandersetzung wegen der Wiedervereinigung gewesen – ausgeholt zu einer prinzipiellen Kritik der neuen französischen Lehre, die er im noch dunkleren Schatten Friedrich Nietzsches wahrnahm. Er hatte sein Buch mit Vorlesungen der Jahre 1983-1984 *Der philosophische Diskurs der Moderne* genannt.

Es war, wie konnte es anders sein, der Versuch, durch das herkömmliche Gestrüpp der geistesgeschichtlichen Hermeneutik eine theoretische Schneise zu schlagen: nämlich zwischen den beiden zeitlich voneinander entfernten Punkten repräsentativer Vernunftkritik. Diese Eckpunkte waren Nietzsche und Derrida, unter Einbeziehung von Heidegger und Adorno. Das stärkste Argument – so hatte ich aufatmend entdeckt – entsprach durchaus meiner Auffassung: Wo das Ästhetische zur Substanzidee verformt wird und nicht strikt auf seine Sphäre beschränkt bleibt, gerät es zur Ideologie oder Ontologie einer Gegenvernunft. Es fragte sich nur, welche sogenannten Vernunftkritiker in diese Falle laufen. Für den Philosophen alle. Voran Nietzsche, gefolgt von den französischen Dekonstruktivisten, vor allem Derrida. Und hier setzte meine Kritik ein. Das Kriterium des »emanzipatorischen Gehalts«, das hier verloren ginge, schien mir ohnehin längst verfallen. Dazu bedurfte es nicht der offiziellen Kritiker der Vernunft. Was hatte Kunst mit emanzipatorischem Gehalt zu tun? Es war doch so, dass der modernen Literatur und Kunst – in Deutschland seit Friedrich Schlegels sublimer Aufhebung des Vernunftbegriffs zugunsten der esoterischen Metapher – nicht mehr mit Normativem beizukommen war. Ich fand, dass die Kritik des Philosophen an Nietzsche nach wie vor die seiner Ästhetik innewohnende autonome Selbstbezüglichkeit übersah und sie mit teleologisch-politischen Erwartungen konfrontierte, an denen sie nicht mehr interessiert sein konnte. Friedrich Schlegel war in dieser Kritik am Vernunftverlust wohlweislich aus dem Spiel gelassen worden. Hätte der Philosoph ihn behandelt, wäre er wahrscheinlich zu anderen Folgerungen gekommen. Standen sich moderne Literatur und Philosophie a priori feindlich gegenüber? Ich hatte schon seit Langem den Eindruck.

Da das eine zeithistorisch die Geister noch immer bewegende Frage war, ganz unabhängig von de Mans und Derridas Einfluss, hatte ich zu Ende der Achtzigerjahre meine Seminarthemen auf diese Fragen konzentriert. Ich hatte nach dem Verdacht der Philosophie gegenüber der modernen Literatur seit der Romantik gefragt. Die Einladung der École des Hautes Études, über die deutsche Romantik zu sprechen, war der Anlass gewesen, dem Thema in drei Monaten das Manuskript *Die Kritik der Romantik* abzuzwingen. Auf den Philosophen ging ich in meinem Buch nicht unmittelbar ein. Aber es war, als es 1989 erschien, also im Jahr des Mauerfalls und des daraufhin entstandenen kritischen Briefwechsels mit dem Philosophen, in der akademischen Kommunität als ein Gegenentwurf zu *Der philosophische Diskurs der Moderne* gelesen worden. Schon mein Untertitel *Der Verdacht der Philosophie gegen die literarische Moderne* legte das nahe. Es war nicht ganz falsch, das Buch so zu verstehen. Der wirkliche Gegenstand meines Textes aber waren Hegels Romantikkritik und die Romantikkritik derjenigen, die ihm darin folgten. Eine Darstellung des Phantastischen und Wunderbaren in der surrealistischen Literatur, also einer alten Bekannten, schuf die Grundlage. Dem folgte die romantische Version als Vorläufer, wie es André Bretons Reaktion auf Novalis' und Achim von Arnims unterschiedliche Fassungen des Phantastischen belegte. Schließlich die Hegel'sche Polemik gegen E. T. A. Hoffmann, Kleist und Tieck im Namen des Geistes und der Vernunft. Es folgten die Romantikkritik der Junghegelianer, der geisteswissenschaftlichen Germanistik und Carl Schmitts. Hier konnte ich dem Hegel'schen Kriterium des »Geistes« das Motiv des Bösen, des Dämonischen entgegensetzen, das die Literatur der Moderne so sehr bestimmt hatte.

Wie notwendig es war, die lähmende Vernunftobsession der aktuellen deutschen Geisteswissenschaft zu befragen, zeigte sich Jahre später während einer vom Philosophen Dieter Henrich organisierten Konferenz zum Thema »Romantik und Philosophie«. Ahnungsvoll hatte ich mir ein kontroverses Theorem zurechtgelegt: die Darstellung des Wunderbaren, Unheimlichen, Grotesken bei einigen Romantikern, vor allem bei Clemens Brentano und bei Achim von Arnim. Im Unterschied zu Novalis und selbst E. T. A. Hoffmann, bei denen das Wunderbare eine geschichtsphilosophische oder naturphilosophische Sinnsphäre herstellte, gebe es so etwas im Falle von Brentano und Arnim nicht! Ich nannte ihre Motive »das selbstreferentiell Phantastische«, ein Ausdrucksphänomen des Intensiven ohne Erklärung. Dafür führte ich einige besonders sprechende Beispiele aus Arnims Erzählungen *Isabella von Ägypten* und *Die Majoratsherren* an. In Brentanos *Geschichte vom braven Kasperl und dem schönen Annerl* wurde ich auch fündig. Es mochte sein, dass die relative Unbekanntheit dieser spätromantischen Texte, ihr vergleichsweise niederer Rang in der traditionellen Hierarchie der deutschen Literaturgeschichte meinem Plädoyer nicht gerade förderlich waren. Mich hatte zusätzlich André Bretons surrealistische

Wiederentdeckung von Arnims Erzählungen in meiner Einsicht bestärkt, dass man hier mit dem Wunderbaren nicht weiterkomme, wenn man ihm Symbole des »Geistes« zuordnete. Henrich geriet außer sich. So eine These sei nicht zumutbar. Auch als ich erwiderte, Sinnanmutung sei möglich, aber das sei eben noch nicht identisch mit Bedeutung, blieb er bei seiner hegelschen Position, solche Art von Phantasmen ergäbe keinen Sinn. Henrich und der Philosoph konnten eigentlich nicht gegensätzlicher denken, als sie es taten: Letzterer hatte Ersterem die philosophische Aktualität abgesprochen, aber in der Kritik des ästhetisch Inkommensurablen trafen sich ihre gemeinsamen Vernunftkriterien.

Das war in Turin. Die Auseinandersetzung, bei der die Hälfte der Anwesenden mir beistand, aber eben nur die Hälfte, ließ mich unter den schönen Kolonnaden der norditalienischen Stadt, architektonisch von Wien und von Paris beeinflusst, noch einmal über das Eigentümliche ohne Bedeutung nachdenken. Ich fand es auch dort im Blick auf die Straßen. Auf Schritt und Tritt. Anschaulichkeit ohne Bedeutung mochte ja beim Blick auf Phänomene des Alltags kein Problem darstellen, im Kontext von literarischen oder philosophischen Diskursen aber wurde es widersprüchlich. Das sah ich ein. Nichtsdestoweniger hatte ich ja am Beispiel des Wunderbaren diesen Sachverhalt genau beschrieben. Henrichs Heftigkeit war so heftig gewesen, weil ihm wohl schwante, dass das, was er forderte, letztlich nicht mehr theoretisch begründbar war. Da er ein mit allen Wassern der Erkenntniskritik gewaschener Denker war, musste seine Heftigkeit in einem unüberwindbaren emotionalen Apriori ihren Grund haben. Er wäre mir wahrscheinlich an den Kragen gegangen, hätte ich gesagt, Hölderlins Berufung der griechischen Götter habe ihren Grund darin, dass er noch einmal Pindars erhabene Sprache unter modernen Bedingungen hatte erproben wollen. Mit idealistischer Geschichtsphilosophie oder Theologie habe das nichts zu tun. Ja, Henrich selbst musste ein gottgläubiger Mensch sein. War er tatsächlich religiös? Ging er in die Kirche? Jedenfalls dachte er theologisch.

Und das war der Abgrund zwischen ihm und der modernen Literatur. Aber man konnte diese Differenz auch psychologisch-pragmatisch erklären. Liefen nicht alle, auch die theoretischen, gegensätzlichen Antworten auf ein psychologisch-anthropologisches Schon-Entschiedensein hinaus? Man sollte sich nichts vormachen. Es gibt prädeterminierte, unterschwellige Affinitäten bei jedem Einzelnen, die nicht auf Begründungen beruhen. Die sogenannten Geisteswissenschaften, die voll davon sind, werden in angelsächsischen Ländern zu Recht nicht den Wissenschaften zugeordnet. Man hatte dort von Anfang an eine tiefere Einsicht in die quasi künstlerische Produktivität gehabt, die bei bedeutenden Historikern, Philosophen, Literaturtheoretikern und Kritikern eine entscheidende Rolle spielt. So auch beim Philosophen und so bei Henrich. Ihre Einwände gegen »das selbstreferentiell Phantastische« waren für sie lebensnotwendig.

In Paris hatte ich mit verschiedenen Intellektuellen und Literaturhistorikern Umgang, bei denen ähnliche Konflikte auftauchten. Zu den meinem Denken näherstehenden Geistern wie Deleuze und Foucault fand ich keinen gesprächsweisen Zugang, weil mein schlechtes Französisch mich daran hinderte. Mein Freund Garbis Kortian, ein armenischer Philosoph, wollte mich ihnen vorstellen, aber ich wollte nicht. Die Lektüre französischer Texte war für mich mühelos, aber ich sprach nur mit meiner intellektuell harmlosen unmittelbaren Umgebung auf der Straße oder bei Abendeinladungen Französisch. Oder mit Franzosen, die Deutsch verstanden, sodass wir uns darauf einigten, dass sie in ihrer Sprache reden konnten, ich aber auf Deutsch antwortete. Bei Kortian, dessen armenische Familie die türkischen »Säuberungen« überlebt hatte, begegnete ich seinem jungen Landsmann, dem geistig elektrisiert wirkenden Armen Avanessian, der bei einem Pariser Philosophieprofessor studierte und nun bei mir seine formidable Idee von Ironie in eine Dissertation übersetzen wollte. Dass er häufig in den Modesalons mit ihren Mannequins um die Ecke der Place Clichy herumhing, passte zu seiner schillernden Figur. Ich freundete mich mit ihm an.

Jean Bollack, der bedeutende Gräzist, der für Ariane Mnouchkines Theater griechische Tragödien übersetzt hatte, lud Undine und mich eines Tages zum Abendessen in seine schöne Straße ein, die Rue de Bourgogne am Ende des Boulevard St. Germain. Diese Einladung deutete Sympathie an, denn es ist selten, dass in Frankreich jemand, wenn er nicht ein Freund ist, zum Abend in die private Wohnung gebeten wird. Auch diesmal war das Gespräch einfach und leicht. Mit einem Male aber – Bollack hatte bis zum Dessert damit gewartet – fragte er mich, ob ich Jauß kennen würde, Hans Robert Jauß, das Ass unter den deutschen Nachkriegsgelehrten, nicht nur unter den Romanisten. Nach meiner Antwort, dass ich ihn zwar kennen würde, aber nicht gut und noch nicht seit Langem, fragte mich Bollack, was ich von ihm hielte. Er konnte sich zu diesem Zeitpunkt nicht mehr vornehmlich auf meine Einschätzung von Jauß' wissenschaftlichem Werk beziehen. Schon 1987 war die Nachricht explodiert, dass Jauß als blutjunger Mann Mitglied der SS-Verfügungstruppen und dann der Waffen-SS geworden war. Anlässlich der Einladung in die USA zu einer Vortragsreihe hatten die konventionellen Informationseinholungen der amerikanischen Botschaft in Bonn diesen Sachverhalt ans Licht gebracht, nachdem es zuvor nur Gerüchte darüber gegeben hatte. Es gab auch jetzt noch ein ziemliches Pro und Kontra in dem Sinn, dass es zu keiner Klärung der Gründe für das Verhalten des jungen Jauß gekommen war. Diese Affäre wurde überdeckt durch die viel nachdrücklichere Debatte um Paul de Man und seine Texte in Journalen der flandrisch-völkischen Rechten. So war meine Reaktion auf Bollacks Frage zurückhaltend, die Mitgliedschaft in der Waffen-SS unter Hinweis auf Jauß' Engagement für die europäische Moderne, seine intellektuelle Statur überhaupt, relativierend. Man wisse zu wenig, sagte ich, dabei auch auf de Man eingehend, dessen Dekonstruktion ich nicht von politischen Anwürfen ruiniert sehen wollte. Daraufhin sah mich Bollack ernst an und erwiderte: »Und wenn Jauß kommandierender Offizier in Oradour gewesen wäre?« Ein Satz von wenigen Wörtern, der in eisigem Ton ausgesprochen wurde. Die Anklage erwartete kein Ja und Aber. Man hatte ihren Inhalt zu akzeptieren.

Bollack verstand, dass sein Gast diesen Satz erst zu verarbeiten hatte. Ich kannte Jauß persönlich nur aufgrund eines einmaligen Treffens kurz zuvor in Rom, das mit seiner SS-Zugehörigkeit zusammenhing. Während einer Konferenz über Literatur und Mythologie machte beim Abendessen des ersten Tages ein Telegramm aus Berlin heimlich die Runde. Der Mythosforscher Klaus Heinrich teilte darin den Teilnehmern der Konferenz etwas pompös mit, dass er einen Ort, an dem ein Jauß sich aufhalte, nicht aufsuchen werde. Das flüsterte man sich von Tischnachbar zu Tischnachbar zu, möglichst so, dass der anwesende Betroffene nichts davon merkte. Ich war nicht sehr beeindruckt von der pathetischen Geste des Absenders. Es erinnerte mich an den verbreiteten Konformismus im Namen antifaschistischer Solidarität. Aus dieser Einschätzung erklärt sich, wie ich am nächsten Morgen auf Jauß reagierte. Er hielt mich nämlich auf den Stufen zum Konferenzsaal an, einem alten Barockgebäude, und fragte mich, ob ich mit ihm gemeinsam zu Abend speisen würde. Ich war erstaunt und sagte zu.

Warum lud Jauß ausgerechnet mich ein? Wir hatten uns nur einmal, ohne miteinander zu sprechen, beim letzten Kolloquium der Gruppe »Poetik und Hermeneutik« gesehen, das unter dem Thema »Das Ende« gestanden hatte. Ich sollte zu meinem neuen Paradethema sprechen, »Die Reflexionsfigur des je schon gewesenen Augenblicks«. Es waren bei der Konferenz in Rom eine Reihe Leute anwesend, die Jauß viel besser kennen mussten. So vermutete ich, dass er Wind bekommen hatte von dem Telegramm und dass er mit jemandem, von dem er annahm, dass er nicht der ihm feindlich gesinnten Gruppe angehörte, demonstrativ den Abend verbringen wollte. Ich hatte den ganzen Nachmittag, vielleicht in einer nervösen Anspannung, mit Undine, Karin und Andreas, die mitgefahren waren, im Park der Villa Borghese verbracht und dort auf dem Rasen etwas zu viel Wein getrunken. Bevor ich ins Restaurant zu Jauß fuhr, trank ich deshalb noch eine ganze Kanne schwarzen Kaffee. Dann traf ich ihn und seine Frau. Ich war vorbereitet auf eine politische oder autobiografische Erklärung. Nichts davon! Der einzige Satz, den man so hätte verstehen können, war die Mitteilung, er und seine Generation hätten Ernst Jünger verachtet. Ich hätte sofort die Frage stellen müssen, warum. Sollte das etwa ein kritischer Hinweis auf mein Buch über Jünger und die pessimistische Romantik sein? Kaum. Ich versäumte es, diese Frage zu stellen, da ich annahm, dass die Erklärung folgen würde: Etwa weil Jünger sich ursprünglich mit dem Nationalsozialismus eingelassen habe oder weil er sich von ihm und den Nazis bald distanziert hatte? Aber Jauß erklärte sich nicht. Der Abend ging im Gespräch über methodische Probleme unseres Faches zu Ende.

Wie kam er mir vor? Ich hatte, während wir sprachen, durchaus die Konzentration, darüber nachzudenken. Denn das Fachgespräch interessierte mich nicht sonderlich, weil ich wusste, dass er für meine ästhetischen Kategorien letztlich keine Antenne hatte. Oder doch? Er hatte nämlich vor Jahren während eines Abends in Freiburg, als ich ihn noch nicht persönlich gekannt hatte, einen meiner Freunde gefragt, wie es mir denn in England ergehe. Als dieser geantwortet hatte, ich schriebe etwas über das Plötzliche in der Literatur, habe Jauß nur erwidert: »Ja, ja die Plötzlichkeit«, und dabei ahnungsvoll vor sich hin geblickt. Er hatte den Satz dann noch einmal wiederholt. Möglicherweise hatte mein Entschluss, dem mir wichtigsten meiner Bücher diesen Begriff als Titel zu geben, sogar mit Jauß' Reaktion auf das Wort zu tun. Das fiel mir jetzt erst ein. Und insofern hätte sich auch hier eine Bresche in das langweilige Gespräch schlagen lassen. Aber nichts. Jauß sprach hinter einer Maske. Das war jedenfalls das Ergebnis meines Nachdenkens. Einer Maske der Harmlosigkeit, ja Biederkeit. Wieso habe ich ihn eigentlich nicht gestellt? Der Anlass war ja da: das Telegramm. Er wusste davon, das war sicher. Er wusste, dass ich es wusste. Jauß' Engagement in der Waffen-SS blieb mir ein Rätsel – auch während des Gesprächs –, das ich nur mit Schweigen quittieren konnte. Es wäre mir nicht nur aufdringlich vorgekommen. Vielmehr auch intellektuell irgendwie naiv. Er hätte reden müssen, aber er tat es nicht. Am nächsten Tag stellte er mir nach meinem Vortrag eine kritische Frage, geistesgeschichtlich, nicht dekonstruktivistisch-hermeneutisch.

So war mein Schweigen auf Bollacks Mitteilung nicht nur seiner Unterstellung geschuldet, Jauß habe die Kirche in Oradour angezündet und seine Maschinengewehre auf die dort Eingeschlossenen feuern lassen. Ursächlich für mein Schweigen war die in mir angelegte Unsicherheit, wer Hans Robert Jauß eigentlich sei. Bollack besuchte mich eine Woche später zum Tee in unserer Wohnung. Undine war diesmal nicht dabei. Das Gespräch kam wieder auf Jauß' Anwesenheit in Oradour zurück. Ich hatte mich vorher entschieden, es nicht zu glauben. Ich konnte die Behauptung nicht akzeptieren, dass ein Mann, der über Proust und Baudelaire so geschrieben hatte wie Jauß, wenige Jahre zuvor ein bestialischer Mörder gewesen sei. Die Erinnerungsthematik, die er bei Proust und Baudelaire gefunden hatte, half nicht zu einer Erklärung weiter. Bollack, der meine Skepsis und Abwehr bemerkte, verabschiedete sich bald.

Ich dachte mir, dass er nicht nur verletzt war. Ein Ethos war berührt. Mir stand nicht zu, dies zu bewerten. Vielmehr dachte ich daran, dass Bollack eng befreundet gewesen war mit dem Berliner Germanistikstar Peter Szondi und dem von ihm bewunderten Lyriker Paul Celan, dem Autor der *Todesfuge*. Beide hatten Selbstmord begangen. Zu diesem Freundschaftskreis gehörte auch der Theatermacher und namhafte Publizist Ivan Nagel. Wie Peter Szondi kam Nagel aus Ungarn. Alle drei hatten den Holocaust überlebt und bildeten wohl ein Bündnis schicksalhafter Gemeinsamkeit innerhalb einer westdeutschen Umgebung, die sie einerseits inspirierte, zu der sie sich andererseits in offenkundiger Distanz hielten. Auch Bollack, dessen war ich mir sicher, verstand diese Freundschaft als ein ganz besonderes Bündnis, als ein Vermächtnis. Die Selbstmorde hatten wohl verschiedene Motive gehabt – die Erinnerung an Auschwitz, das banale westdeutsche Sich-Einrichten in ein entlastendes Schuld-Sühne-Programm und sehr individuelle wie im Falle Celans zählten dazu. Wenn Bollack sich dessen bewusst war, dann duldete dieses Bewusstsein keine Entlastungsargumente für einen Typus wie Jauß. Ein westdeutscher Paradefall. Selbst dessen universitäre Karriereenergie musste als die Fortsetzung seiner jugendlichen Begeisterung für die Waffen-SS erscheinen. Wissenschaftliche Disziplin und militärische Disziplin waren in Deutschland häufig Hand in Hand gegangen. Dieser mögliche Gedankengang Bollacks ging mir allmählich, Tage nach unserem letzten Treffen, auf.

Möglicherweise lag seine Distanzierung aber nicht nur an meinem Infragestellen dessen, was er als erwiesen ansah. Auch nicht in einer möglichen Folgerung Bollacks, ich wollte einen herausragenden Repräsentanten der deutschen Nachkriegsuniversität auf Teufel komm raus und gegen alle

Wahrscheinlichkeit verteidigen. Vielmehr war bei französischen Geistern von Rang ein Ernst zu entdecken, den ich so nicht erwartet hatte. Es war eine ambivalente Reaktion auf diesen Ernst, auf ein Pathos, die Bollack aus meiner Haltung wohl herausgespürt hatte. Ähnliches hatte ich während einer Unterhaltung mit dem Herausgeber der katholischen Monatszeitschrift *L'Esprit* bemerkt. Dieser hatte mich angerufen und gefragt, ob man nicht eine gemeinsame Ausgabe seiner Zeitschrift mit dem *Merkur* machen könne. Ich war sofort skeptisch. Zu Recht. Es stellte sich heraus, dass er vorhatte, ein Themenheft über Afrika zusammenzustellen. Nun lag eine solche Thematik in einem Land nahe, das in Afrika bis zur Stunde kolonialistisch beziehungsweise postkolonialistisch engagiert war. Ich konnte, ohne ihn zu verletzen, erklären, dass vieles von dem, was er vorhatte, für ein deutsches Publikum, das von Afrika wenig Ahnung hatte, in dieser Form nicht verständlich sei. Aber das war nicht die eigentliche Differenz. Selbst wenn die *Merkur*-Leser Afrika besser gekannt hätten, wäre ein solches Programm, wie es die Pariser Redaktion im Sinn gehabt hatte, für uns nicht attraktiv gewesen. Es roch buchstäblich nach einem engagierten Unternehmen, das im französischen Idiom sehr schnell pathetisch werden konnte. Man könnte es auch pragmatischer sagen: Die katholischen Motive von *L'Esprit* standen in zu großem Kontrast zum agnostischen *Merkur*. Auch im Gespräch wurde mir deutlich, wie ernsthaft und prinzipiell man in Frankreich noch immer mit »Ideen« umging. Ich dachte, das deutsche Vorurteil französischer Frivolität bedürfe einer nachdrücklichen Revision. Es war nicht zu vergessen, dass die dekonstruktive Hermeneutik im normalen akademischen Unterricht der Pariser Universität und noch mehr in der Provinz kaum eine Rolle spielte. Roland Barthes, der das alles ausgelöst hatte, hatte sich ja in seinem ersten Text gerade gegen die geistesgeschichtliche Traditionsethik gewandt. Aber sie herrschte noch immer.

Dieser Schluss bestätigte sich bei einer normalen Vorlesungsstunde vor französischen Studenten. Eingeladen von dem Germanisten Jacques Le Rider, der längere Zeit als eine Art Kulturattaché in Wien gearbeitet hatte und einer der besten französischen Kenner der deutschsprachigen Literatur war, über Walter Benjamin zu sprechen, erlebte ich etwas Erstaunliches. Jedenfalls für mich. Meinem halb französisch, halb deutsch gesprochenen Vortrag folgten die französischen Studenten in großem Schweigen. Ich hatte mich sorgfältig vorbereitet, schon wegen der Freude, nun doch Vorlesungen in Paris zu halten, nachdem die Romantikvorlesung hatte abgesagt werden müssen. Umso enttäuschender die Stummheit der Studenten. Selbst meine Aufforderung, doch irgendetwas zu sagen, änderte daran nichts. Doch, schließlich war ein Finger oben. Der junge Mann, der aufstand und eine sehr scharfsinnige, nicht unkritische Bemerkung über ein spezielles Motiv meines Vortrags machte, hatte einen eindeutig angelsächsisch gefärbten Akzent in seinem Französisch. Ich fragte auf Englisch: »Sind Sie Engländer?« Er strahlte: Ja! Es folgte, wie in einer Komödie, ein zweiter kritischer Beitrag, und derjenige, der ihn vortrug, war Schotte. Ich sprach mit beiden danach lebhaft noch einmal über Einzelheiten ihrer Einwendungen, während sich die französischen Studenten mehr oder weniger stumm aus den Türen schoben.

Als ich danach Le Rider über das eigentümliche Schweigen befragte und ihm sagte, in Deutschland, das wisse er ja wohl, würden sich mehrere Studenten sofort gemeldet haben, gab mir Le Rider folgende Erklärung: Französische Studenten seien erzogen zur ernsten Hinnahme des vom Professor Vorgetragenen. Es sei dies eine klassische Tradition der Wissensvermittlung, die nicht durch Temperament oder auch argumentative Einfälle des Rezipienten gestört werden sollte. Würde in dieser Regel, so fragte ich, nicht ein Widerspruch zum üblichen, vor allem politischen Temperament der französischen Gesellschaft auftauchen? Das sei etwas anderes, so Le Rider: Wissenschaft müsse von der Unmittelbarkeit politischer Auseinandersetzung getrennt bleiben. Vielleicht meinte er in Ergänzung meines Einwands auch, dass Frankreichs Studenten es nicht nötig hätten, im Gespräch mit Professoren freiheitliche Reaktionen zu demonstrieren, denn davon hätten sie ansonsten in Fülle. Eine ganz ähnliche Erklärung des paradox wirkenden Ernstes ergab sich auch im Gespräch mit einer hochgebildeten Lehrerin aus einem bekannten Pariser Gymnasium. Als ich von meiner Erfahrung mit Le Riders Studenten berichtete, antwortete sie kühl: »Könnte es nicht sein, dass Ihre polemischen deutschen Studenten unbeherrscht, zu emotional und ohne formale Erziehung sind?«

Eigentlich hätte ich mir den Ernst französischer Institutionen, ob Universität oder Regierungsamt, selbst erklären können. Dass der Umgang zwischen Professoren und Studenten sogar einer höfischen Tradition folgen könnte, das allerdings musste ich mir noch später von Eingeweihten erklären lassen. Wenn ich es mit meiner englischen Vergangenheit vergleichen würde, dann wäre die Pointe daraus, dass die klischeehaften Vorstellungen von beiden Nationen umgedreht werden müssten: Temperamentvoll-explosiv sind nicht die Franzosen im intellektuellen Manöver, sondern die Engländer. Kalt und distanziert im Austausch der Argumente sind nicht die Engländer, sondern die Franzosen. Ob Kohl das wohl wusste? Mitterrand und Thatcher haben es ihn nicht wissen lassen. Der eiskalte französische Präsident hatte äußerlich warmherzig Kohls Hand gehalten, die temperamentvolle englische Premierministerin war voll der Ironie gewesen über die Saumageneinladungen nach Worms, wo Kohl, ohne damit Eindruck zu machen, ihr auch die Gräber deutscher Kaiser im Dom von Speyer gezeigt hatte.

Undine und ich trafen aber vor allem deutsche Pariser. Nachdem unsere beiden Romanisten, die Rotkehlchen, die

wir so oft am italienischen Mittagstisch in Montmartre getroffen hatten, nach Deutschland zurückgegangen waren,
wo er eine romanistische Professor übernahm, schlossen
wir Anfang der Neunzigerjahre eine enge Freundschaft mit
Andrea und Stephan. Vermutlich wäre es nicht dazu gekommen, wäre Andrea nicht auf dem Weg gewesen, eine viel
beachtete Literaturkritikerin in deutschsprachigen Zeitungen zu werden. Sie schrieb aus Paris vor allem für die *Neue
Zürcher Zeitung* und hatte Undine als Autorin für sich
entdeckt. Undines zweites Buch, *Nachtblind*, 1989 erschienen, war ein ungewöhnliches Buch geworden, in Stil und
Gehalt. Wer es las, musste von der anschaulichen Gegenständlichkeit einerseits und deren Vorstellungsintensität andererseits gefangengenommen werden. Die Kritik hatte
applaudiert, und Undine war in die erste Reihe der deutschsprachigen Autoren vorgerückt. Andrea war von Beginn an
eine ganz besondere Interpretin von Undines Phantasie.
Ich glaube, das war die Grundlage unserer Freundschaft
zu viert, die wir mindestens einmal oder auch zweimal im
Monat wenn nicht feierten, so doch sehr bewusst befestig-
ten. Undine und ich hatten die Wohnung gewechselt. Wir
lebten nicht mehr am Montmartre, sondern im Osten, an
der Place Gambetta, in der Nähe des Friedhofs Père Lachaise. Das hatte sich aus unseren Spaziergängen durch die
unbekannten Viertel von Paris so ergeben. Wir waren einmal vom Bastille-Viertel hinauf nach Belleville geraten,
weil Undine die Gegend sehen wollte, aus der einige der
berühmten Chansonsänger und -sängerinnen kamen und
in der einige der großen Schwarz-Weiß-Filme der Fünfzigerjahre spielten.

Wir waren die berühmte Rue Ménilmontant hinaufge-
gangen. Edith Piaf und Yves Montand kamen von dort
her, und der Film *Casque d'or* von 1951 mit Simone Signoret und Serge Reggiani spielte in diesem Viertel. Es stand
für den proletarischen Teil des Pariser Mythos – und das

war seine eigentliche Essenz. Inzwischen hatten sich hier auch viele Chinesen und Vietnamesen aus der alten französischen Kolonie angesiedelt. Einerseits noch uraltes Arbeiter-Paris, andererseits eine neuartige, exotische Lebendigkeit.

In *Nachtblind*, einer Folge von Erzählungen, trat das zum ersten Mal so hervor, dass man von den Bildern geblendet wurde. Die Titel der einzelnen Stücke bezogen sich nicht auf die Menschen, von denen sie erzählten, sondern auf Dinge, auf Naturansichten, städtische Räume. Ich hatte, seitdem Undine an diesem Buch schrieb, entgegen unserer Abmachung, aber mit ihrer Zustimmung, manchmal eine Seite gelesen und das Gefühl von etwas Unantastbarem, Unauslotbarem gehabt. Es war eine Empfindung darin, nicht auf einen Menschen bezogen, sondern die Empfindung selbst, die mich tief beeindruckte. Ich sah Undine in einem anderen Licht, und mir wurde noch einmal bewusst, dass unser Schweigen über unsere Arbeiten notwendig gewesen war.

Die gewaltige Anziehungskraft von Paris prägte Undine in allem, was sie zu diesem Zeitpunkt dachte und schrieb. Hervor trat bei ihr eine prinzipielle Differenz im Stil gegenüber den zeitgenössischen westdeutschen Schriftstellern. Es war ein sachlicher Stil ohne Sachlichkeit. Beobachtungen, Darstellungen von Innerlichkeit und Äußerlichkeit, die ohne den Blick auf politische und gesellschaftliche Vorkommnisse auskamen. Keine indirekten Meinungsmomente. Aus der Nennung französischer Straßennamen und Plätze entwickelten sich unmerklich Geschichten, in denen Menschen wie zu enträtselnde Phänomene auftraten. Undines zentrales Thema war die Liebe. Die Möglichkeit der Liebe, die Unmöglichkeit der Liebe, die Vollendung der Liebe. Warum war ihre Schilderung reiner Vorgängigkeit – ohne tiefere Bedeutung ganz in meinem Sinne – so ungeheuer interessant? Weil in dieser Konzentration auf das Vorgängige etwas anderes verschwiegen wurde? Eine Atmosphäre, die man früher »existenziell« genannt hätte, war dabei spürbar.

Als das Buch fertig war, als es erschien und besprochen wurde, wusste ich, dass wir nicht mehr nach Deutschland zurückgehen würden. Nach meiner Emeritierung Ende der Neunzigerjahre wäre dazu ohnehin kein Anlass mehr, und der *Merkur* hatte sich mit Kurts Mitherausgeberschaft so gut entwickelt, dass ich in Paris bleiben konnte. Der Weggang der beiden Romanisten, die uns bis zum Schluss, ohne es zu wollen, daran erinnert hatten, dass wir von Paris noch immer keine wirkliche Kenntnis besaßen, allenfalls eine Ahnung, war eine große Enttäuschung gewesen. Obwohl ich wusste, dass Konflikte, politische und akademische, bevorstanden. Die Rotkehlchen hatten meine schwierige Beziehung zu Achtundsechzig und meine gesellschaftsentbundene Ästhetik immer mit Argwohn beäugt. Ob da nicht noch etwas Schlimmeres kommen könnte? Er hatte in seinen beiden Schriften über Baudelaire und Heine immer den Zusammenhang von Dichtung und Politik hervorgehoben, im Fahrwasser von Benjamins Kommentar zu Baudelaires *Fleurs du Mal*. Ich war inzwischen unterwegs zu einer Arbeit, die Benjamins sozialökonomische Hermeneutik infrage stellen sollte und damit auch die Fragestellung des einen Rotkehlchens. Es ist mit Deutschen in Paris, wenn sie dort nicht nur aus beruflichen Gründen für eine absehbare Zeit leben, eine eigentümliche Sache. Die Epoche der politischen Emigration ist zwar endgültig vorbei. Mit deren Gefahren nicht mehr konfrontiert, ist aber auch ein spezifischer Stolz, eine besonders ausgearbeitete Identität verschwunden. Die Emigrierten wussten immer, wo sie waren und warum sie dort waren. Bei uns und unseren wenigen deutschen Mitparisern war das anders. Und doch! Es war Paris, das unsere Bekanntschaften und Freundschaften ausschließlich begründete. Eine Ursache, die es in meiner Londoner Zeit so nicht gegeben hatte.

Andrea lebte in Paris mehr oder weniger allein, denn Stephan kam immer erst zum Wochenende oder sogar erst nach zwei Wochen von seiner südwestlichen Rundfunkstation, wo er interessante, anspruchsvolle literaturtheoretische Sendungen machte, in die er mich später von Fall zu Fall einschleuste, bis die Chefredaktion dagegen protestierte, weil das, was ich schrieb, unverständlich sei. Andrea, die in der Nähe unserer ehemaligen Wohnung am Montmartre wohnte, hielt sich am Schreiben fest. Dass sie Paris so umarmte wie Undine, glaubte ich nicht. Mehr noch als ich, der ich während des Semesters ja wöchentlich an einer deutschen Universität unterrichtete, konnte sie sich fragen, warum sie eigentlich so lange in der französischen Fremde lebte.

Fremde ist das richtige Wort. Jede andere Benennung wäre ein prätentiös-modisches Verfehlen des Sachverhalts. Ein alberner Anspruch, dazuzugehören, weil man häufiger im Café de Flore sitzt und dort mit einem Pariser Intellektuellen Gespräche führt. Undine transformierte die Fremde durch ihre semantische Innerlichkeit, ich transzendierte sie durch das von mir seit jeher aufrechterhaltene Bewusstsein von der Möglichkeit des Lebens als Abenteuer. Unsere beiden ältesten Freundinnen, Mechthild und Ruth, waren keine deutschen Frauen mehr. Ruth war als Zwanzigjährige von dem durch den Surrealismus geprägten Karikaturisten Henri aus ihrer Heimatstadt Heidelberg entführt worden, einem begabten Künstler, der sie in die intellektuelle Szene eingeführt hatte, aber zehn Jahre später auf schmähliche Weise betrog und verließ. Sie hatte jedoch für sich selbst den Surrealismus entdeckt und André Bretons Manifeste ins Deutsche übersetzt. Inzwischen lud sie einmal im Monat die unterschiedlichsten Leute in ihre schöne Wohnung am Boulevard Montparnasse ein. Eine Art Salon. Dort sah ich zum ersten Mal Peter Handke, ohne allerdings ein Wort mit ihm zu wechseln. Er wohnte inzwischen, wie Ruth erzählte, in einem kleinen Ort westlich von Paris. Es kam uns nicht in den Sinn, einander zu fragen, ob man sich sonst einmal sehen könnte. Das Nächstliegende war und blieb das Fernstliegende. Das war wohl unsere einzige Gemeinsamkeit. Ich habe auch danach nicht mit Handke gesprochen, aber wir hatten einen Briefwechsel darüber, ob die Natur in der modernen Literatur erscheinen könne.

Mechthild hatte als junge Künstlerin an der Brüsseler Kunstakademie studiert und dort ihren zukünftigen polnisch-jüdischen Mann kennengelernt, mit dem sie dann nach Paris gegangen war – sie als anerkannte, aber arme Bildhauerin, er als erfolgreicher Stückeschreiber. Nun war auch sie allein, nachdem ihr Mann fünf Jahre zuvor gestorben war. Sie war unsere einzige Freundin, die Kinder hatte. Meine urälteste binnendeutsche Pariser Beziehung aber war: Werner. Werner lebte seit den Fünfzigerjahren als Kunstkritiker hier und war mir seit meiner Zeit als Chef des *Literaturblatts* einer der liebsten Kollegen in der Zeitung gewesen. Bei meinen ersten Reisen nach England richtete ich es ein, dass der Zug von Frankfurt über Paris ging, wo ich morgens an der Gare de l'Est von Werner abgeholt wurde. Wir verbrachten dann die nächsten Stunden bis zu meiner Weiterfahrt mit dem Flèche d'or nach Calais und Dover in einem der beiden berühmten Cafés am Boulevard Saint-Germain und sprachen dort auch zum ersten Mal über das Plötzliche in der surrealistischen Kunst und Literatur. Das wurde zur Grundlage unserer Freundschaft. Werner war inzwischen ein intimer Kenner der Pariser Kunst- und Literaturszene geworden, dank einer Eigenschaft, die mir – siehe mein Erlebnis mit Handke – noch immer abging: der Fähigkeit, mit zunächst ganz Fremden eine enge professionelle und private Beziehung anzuknüpfen, und dies in französischer Sprache, bei der er seinen schwäbischen Akzent nie aufgab. Seit seiner Heirat mit der schönen Französin Monique war entschieden, dass er Paris nicht mehr verlassen würde, abgesehen von seinen Vortragsverpflichtungen an der Kunstakademie Düsseldorf.

Werner war hier in Paris im Unterschied zu den anderen wirklich integriert.

Schließlich Betz. Albrecht Betz. Aber wir nannten uns mit unseren Familiennamen und blieben, wie mit den Rotkehlchen, beim Sie, ohne »Herr«. Ähnlich wie die Rotkehlchen war er über alles Pariserische nicht nur genau informiert, sondern damit vertraut. Das betraf auch die Institutionen, ob deutsche Botschaft, Goethe-Institut, Heine-Institut, Maison des sciences de l'homme und einschlägige Universitäten. Als ich ihn bei einem der Abende in Ruths Salon zum ersten Mal sah, hielt ich ihn, bevor ich seinen Namen hörte, für einen Diplomaten. Ganz in weißem Anzug und mit einem schönen Bariton, urteilssicher über die politischen Ereignisse in Berlin sprechend. Die Mauer war gerade erst drei Monate zuvor gefallen. Als ich am Ende des Abends von Ruth darüber aufgeklärt wurde, dass Albrecht nicht Diplomat, sondern ein Kollege von mir sei, Professor für Germanistik an der Universität Aachen, war ich überrascht. Ich kannte sein vorzügliches Buch über Heinrich Heine in Paris, hatte aber noch nie einen so eleganten deutschen Akademiker gesehen. Er war ähnlich wie das Rotkehlchen durch seine frühe Kenntnis von Heine und Baudelaire auf Paris vorbereitet. Er hatte in seiner luziden Monographie Heines Ironie-Impuls wie kaum jemand zuvor herausgearbeitet. Ein zweites Buch über die deutsche Emigration in Paris erhielt den Prix de l'Assemblée Nationale. Betz wohnte, wenn er von Aachen herüber nach Paris kam, in einer Wohnung seines Onkels in der Nähe der Place de la Bastille, bis er in eine eigene Wohnung wechselte, die er sich im Viertel an der Gare du Nord gegenüber der schönen Kirche St-Vincent-de-Paul gekauft hatte, dort, wo es hinaufgeht zum Boulevard Clichy und zur Montmartre-Gegend. Uns verband seit dieser Zeit ein unabschließbares Thema: die französische intellektuelle Rechte seit den Zwanzigerjahren und ihr Verhältnis zur Kulturpolitik der deutschen Okkupation: Brasillach, Drieu la Rochelle, Rebatet.

Im Unterschied zu den nationalsozialistischen Schriftstellern hatten die rechtsradikalen Pariser Autoren beträchtliches literarisches Niveau gehabt. Mehr noch: Sie waren intellektuell interessant. Dabei musste man den aggressivsten antisemitischen Pamphletisten, Louis-Ferdinand Céline, ohnehin beiseitelassen. Sein 1932 erschienenes literarisches Meisterwerk *Voyage au bout de la nuit* galt neben Prousts *Recherche* noch immer als das beste Buch der französischen Literatur im 20. Jahrhundert und hatte mit rechter Politik nichts zu tun. Das war bei den repräsentativen präfaschistischen Autoren, Pierre Drieu la Rochelle und Robert Brasillach vor allem, auch nicht sehr anders. Einerseits waren *La Nouvelle Revue Française*, die Drieu la Rochelle zu Beginn der deutschen Okkupation übernommen hatte, und Brasillachs Zeitschrift *Je suis partout*, die schon vor der Okkupation ein breit gestreutes republikfeindliches Publikum gefunden hatte, die wichtigsten Organe gegen die republikanische Tradition: Im Stil unterschieden sie sich; *Je suis partout* repräsentierte die faschistoid gewordene Kritik an den Schwächen der Dritten Republik. Andererseits waren Drieu la Rochelles Roman *Le feu follet* von 1931, die Novellen in *La comédie de Charlesroi* von 1934 und schließlich sein Roman *Gilles* von 1939 sowie Lucien Rebatets Romane literarisch relevant. Drieu la Rochelles geistige Wurzeln lagen im frühen Surrealismus, seine Freundschaft mit dem radikal marxistischen Aragon hatte Bestand.

Obwohl ich während der Darstellung von Jüngers frühem Ästhetizismus Einsichten gewonnen hatte in die intellektuellen Ursprünge des französischen Präfaschismus im Werk von Charles Maurras, dem Mitbegründer der »Action française«, in den Schriften von Maurice Barrès und seiner nationalistischen *Décadence* von Blut, Wollust und Tod, und vor allem von Léon Bloys frenetischem Mystizismus des Heiligen Krieges, hatte mich dieser geistesgeschichtliche und historische Kontext im Unterschied zu Betz weniger interessiert als die Gründe für den literarischen Zauber, den Drieu la Rochelles, aber auch Rebatets Prosa noch immer auf mich ausübten. Ich hatte den Eindruck, es sei ihr romantischer Reflex, die introvertierte Individualität noch einmal herauszustellen. Hierin berührten sich diese dann faschistisch entschlossenen Intellektuellen mit einem existenzialistischen Motiv. Wenn sich Drieu la Rochelle zu Ende des Krieges erschoss – während Brasillach sein Todesurteil zynisch erwartete –, dann nicht nur weil er dem Urteil zuvorkommen wollte, sondern weil sein Subjektivismus ihm das als selbstverantwortete Tat so eingab.

Aber es gab auch in den Schriften der ultrakonservativen religiösen französischen Schriftsteller vor dem Ersten Weltkrieg etwas, das mich beschäftigte und das ich nicht als ideologische Verranntheit, als sektiererische Ideen abtun wollte. Bei meiner theoretischen, zugleich literarischen und psychologischen Neigung zum Phantastischen wäre das ein ganz inkonsequentes Denkverbot aus politischer Rücksichtnahme gewesen. Es konnte ja auch nicht sein, dass man Céline nicht las oder nicht anerkannte, welch ein großer Dichter er gewesen war, weil derselbe Geist die übelste antisemitische Hetze betrieben hatte. Die Neugier darauf, was und wie die Barrès, Bloy oder Daudet, der zusammen mit Charles Maurras 1927 die Schrift *L'Action française et le Vatican* veröffentlichte, geschrieben hatten, arbeitete schon seit Langem in mir: seit der Heidelberger Zeit und den Gesprächen mit Boubou. Es war das Phantastische an ihnen, das mich anzog.

In einer der Seine-Boutiquen hatte ich eine ganze Kollektion dieser Autoren gefunden, kleine Bände in Leder. Bloy interessierte mich wegen seines phantastischen Mystizismus am meisten. Die Behauptung, ein Erfinder solcher

Phantasmen sei als nichts anderes zu begreifen denn als eine Quelle der fatalsten politischen Ideen, war mir wohlbewusst. Aber ich schüttelte den Einwand als unzureichend ab. Zunächst war da ja das Wissen, dass gerade die eminenten Erneuerer der literarischen Sprache vor und nach 1900 – beginnend mit Baudelaire – ausgesprochen antidemokratischen Obsessionen anhingen. Baudelaire hatte den Erfinder der konterrevolutionären Reaktion, Joseph de Maistre, als seinen Erzieher zum Denken erklärt. Und wenn er den Dandy als heroische Gegenfigur zur demokratischen Massengesellschaft ausrief, dann war das nicht viel anders, als wenn Maurras die Jungfrau von Orléans zum Hoheitszeichen der Nation stilisierte. In beiden Fällen wurde ein elitäres Kriterium aus der Vergangenheit auf die Gegenwart übertragen. Es war auch zu verstehen, wieso nicht die aufgeklärten Schriftsteller die Erfinder einer neuen Sprache gewesen waren, sondern die reaktionären, Ezra Pound, T. S. Eliot, Gottfried Benn und Gabriele D'Annunzio. Aber selbst Dichter ohne politisch finstere Strahlkraft und ohne formalästhetische Ambition – das galt vor allem für die religiös inspirierten der Zwanzigerjahre – zogen mich wegen ihrer phantastischen Motive und wegen ihres dementsprechenden Tonfalls an. Was war Romain Rollands berühmter Roman *Jean Christophe* in dieser Hinsicht gegen den Autor von *Sous le soleil de Satan* von 1926? Gegenüber den theologisch-mythologischen Allusionen von Georges Bernanos wirkte Rollands Geschichte einer deutsch-französischen Freundschaft kurz vor dem Ersten Weltkrieg zwar ergreifend, aber auch irgendwie bloß wohlmeinend.

Bloy war ein besonderes Kaliber. Er war nun wirklich kein formalästhetischer Erfinder wie die beiden angelsächsischen Halbfaschisten. Was war also dran an seiner Phantasie, das mich hätte interessieren können? Was mir zuallererst auffiel, war eine extreme physiologische Sensibilität gegenüber technischen Neuerungen, der profunden Veränderung von allem bis dahin technisch Dagewesenen. Die Tagebuchnotiz vom 15. März 1905 über die neue Untergrundbahn erkennt in ihr einerseits eine gewisse »unterirdische Schönheit«. Dann aber ist die Rede vom »teuflischen Lärm«, dem »Bewusstsein unleugbarer Gefahr«, dem »Vorgefühl drohenden Todes«. Diese Katakomben, in die man hinabsteige, seien »das Ende aller sprudelnden Quellen, das Ende aller sanftrauschenden Wälder, aller Morgen- und Abenddämmerungen«, ja, sie seien das »Ende der menschlichen Seele«. Bevor man, dachte ich bei mir, sich dem schon von Weitem winkenden ideologiekritischen Diktum in die Arme wirft, zu sagen, das sei eben das typische reaktionäre Nein gegenüber dem Fortschritt im Namen der Natur und des Gefühls, prüfe man sich, ob Bloys Wahrnehmungen nicht doch zutreffen und ihre Bewertung nicht viel für sich hat. Auf jeden Fall hat Bloy die Symptomatik der heraufkommenden Epoche der Angst im Voraus benannt. Wenn man Bloys erschrockene Reaktion auf die Pariser Untergrundbahn vergleicht mit Heinrich Heines enthusiastischer Reaktion auf die ersten französischen Eisenbahnen sechzig Jahre zuvor, dann versteht man zumindest, dass etwas zivilisatorisch Beunruhigendes in der technologischen Entwicklung im Gange war. Ich kannte die Tagebücher *Quatre ans de captivité à Cochons-sur-Marne* (1900-1904). In besagter Seine-Boutique stieß ich auch auf Bloys *Lettres à sa fiancée* von 1899, die diese, eine Dänin, dreißig Jahre später als seine Witwe herausgegeben hatte. Der Gestus inbrünstiger katholischer Gläubigkeit, die sich des leidenschaftlichen Gefühls für die junge Frau annahm, konnte einen gewaltig nerven. Aber selbst hier war etwas inzwischen vollkommen Verschwundenes zu entdecken: die Verachtung des Trivialen. Selbst der Mystizismus seiner Darstellung des Krieges gegen Deutschland – Bloy starb 1917 – war meiner Auffassung nach aus dieser Perspektive zu beurteilen. Die hasserfüllte Aberkennung jeder soldatischen Ehre beim deutschen Gegner unterscheidet sich nicht grundsätzlich davon, wie andere französische Schriftsteller darüber gedacht hatten und dachten. Man braucht nur den großen Maupassant, einen antidemokratischen Zyniker und Ironiker gegenüber dem weiblichen Geschlecht, zu lesen: Die Darstellung preußischer Offiziere und Soldaten – sei es als Sadisten, sei es als lächerliche Schlachtopfer – entbehrt novellistischer Wahrheit und belegt eine infernalische Verachtung und einen Hass, die sich beide nach dem Deutsch-Französischen Krieg 1870/71 im Pariser literarischen Milieu entwickelt hatten. Ob das noch weiter zurückreichte – wer weiß? Immerhin hatte die preußische Kavallerie nach Waterloo fliehende Einheiten der napoleonischen Armee nicht gefangen genommen, sondern – einschließlich der Verwundeten – mit Säbel oder Bajonett niedergemacht. Ein ausdrücklicher Befehl Blüchers, von Wellington scharf verurteilt, auch wenn er den preußischen Feldmarschall sonst schätzte. Es existierten für Bloy und Maupassant zweifellos historische Erinnerungen, die weit zurückreichten.

Außerdem entdeckte ich an der Seine zwei mir bis dahin unbekannte Bücher von J.-K. Huysmans: Der Titel des einen war *L'oblat*, »Die Oblate«, von 1903, und der des anderen *Sainte Lydwine de Schiedam*, von 1901. Außerdem die offenbar ebenfalls theologisch entflammten Prosagedichte von Max Jakob: *Visions infernales* aus dem Jahr 1924. Wenn man an die spätere frenetische Debatte innerhalb der Pariser marxistischen Intellektuellen dachte, dann erkannte man umso deutlicher, dass die religiöse Rechte und die atheistische Linke ein spirituelles Pathos gemeinsam hatten, das den französischen Geist seit der hochmittelalterlichen Scholastik über Port-Royal und den Jansenismus hinweg bis vor Kurzem auszeichnete. Ja, auszeichnete. Huysmans' und Jakobs religiöse Motive geben der innovatorischen *Décadence*-Ästhetik und einer der Moderne mit skeptischem Blick antwortenden Erregung einen noch prägnanteren Ausdruck als Bloy und Barrès.

Barrès hatte auch über El Greco geschrieben. Das Buch von 1911 mit dem Titel *Le Gréco ou le secret de Tolède* war reichlich ausgestattet mit Gemälden, die Jesus während seines Leidensweges und seiner Auferstehung zeigen, außerdem die Verkündigung des Engels an Maria, dann den Großinquisitor Don Fernando Niño de Guevara, auch den Traum Philipps II., ferner den Mann mit dem Schwert und natürlich den Hauptmann Julián Romero de las Asañas, schließlich St. Maurice und die heilige thebanische Legion sowie mehrere Ausschnitte des Gemäldes *Das Begräbnis des Grafen von Orgaz*. Das letzte Bild, das Barrès ausgewählt hatte, ist die Darstellung einer Gruppe nackter Frauen und Männer, betitelt *L'amour profane*. Es wehte einem, bevor man auch nur eine Seite gelesen hatte, schon der Geist des katholischen Pathos entgegen, denn die Reproduktionen dieser berühmten Gemälde waren ja nicht einem kunsthistorischen oder stilanalytischen Interesse geschuldet. Es sollten Dokumente des triumphierenden Katholizismus und der Erhabenheit seiner vornehmen Gläubigen sein. In Barrès' Sätzen tritt eine melancholische Stimmung hinzu, welche die Noblesse, aber auch die Spannung im Werk des Malers widerspiegeln will und sich gleichzeitig einschließt in die Straßen und Gebäude des zeitgenössischen Toledo wie in etwas Imaginäres. Es war dies nicht das anarchische Spanien, das ich gesucht hatte. Aber die Evokation des katholischen Dogmas und seines Enthusiasmus, die Barrès im einfachen Leben Toledos bewundert, konnte man unabhängig vom Dogma auch als Ungläubiger betrachten und als puren Traum wider die Banalität empfinden. Obwohl die Darstellung nicht auf der intellektuellen und artistischen Höhe von Huysmans und Jakob stand, konnte man den intensiven Impuls des Inhalts spüren. Die präfaschistischen Intellektuellen der Dreißigerjahre, Drieu la Rochelle und Brasillach, hatten sich von dieser Inbrunst einer anderen zugewandt.

Betz' Perspektive, nicht zuletzt auf die gelungene Ver-

drängung von Vichy-Frankreich und die verlogene Über-
treibung der Rolle der *Résistance*, war aber interessant genug. Marcel Ophüls' zunächst unterdrückter Film *Le chagrin
et la pitié* hatte schon 1969 alles erwähnt: den Antisemitismus der französischen Bourgeoisie in der Provinz, die Attraktivität der deutschen Armee zu Beginn der Okkupation,
den Hass gegen England. Die Interviews mit Mendès-
France einerseits und mit dem adligen ehemaligen Offizier
in der französischen SS-Brigade Charlemagne andererseits
sprachen Bände. Aber noch mehr interessierte mich eben
das existenzielle Pathos Drieu la Rochelles. Dass jemand
trotz seiner abstoßenden politischen Ideen so emphatisch
gelebt hatte und so emphatisch gestorben war, das irritierte
mich. Umso mehr, als wir nun in einer gänzlich unemphati-
schen Zeit lebten.

Betz war, wie gesagt, ähnlich wie die Rotkehlchen, engagiert links. Aber ohne deren Aggressivität. Vor allem war er
begabt dafür, die andere Seite aus ihrer Perspektive zu verstehen. Er pflegte ein ironisches Verständnis des französischen intellektuellen Präfaschismus. Er urteilte nicht aufrecht ideologisch, sondern historisch-perspektivisch. Auf
meine eigene Affinität zur Prosa dieser Leute ging ich im
Gespräch mit Betz nicht näher ein, obwohl er Verständnis
dafür gehabt hätte.

Unsere Gespräche über ein scheinbar vergangenes Thema schlossen die aktuelle französische Politik und die Form
der intellektuellen Debatte mit ein. Was Betz' Präsenz in
Paris so selbstverständlich machte, war, dass auch er das
Französische fließend sprach, so wie Werner, Mechthild,
Ruth und die Rotkehlchen. Nur Andrea und Stephan hatten dasselbe Handicap wie wir, sodass auch sie vor der Illusion geschützt waren, hier dazuzugehören. Wenn man mich
in Deutschland fragte, ohne zu wissen, dass ich die Sprache
sowieso nicht richtig sprach, warum ich eigentlich in Paris
lebte, dann hielt ich mich mit der wahren Antwort zurück:

Ich sagte nicht, dass ich, seitdem ich nach England gegangen war, mich in Deutschland nie mehr wohlgefühlt hatte. Ich sagte vielmehr, ich sei seit jener Universitätseinladung in Paris hängen geblieben und Undine wolle nicht mehr weg, weil es ihr Schreiben inspiriere.

Zurückdenkend an die Jahre in England, erkannte ich erst jetzt, dass man dort anders Fremder bleibt als in Paris. Obgleich die englische Sprache, vielleicht auch der englische Charakter, wenn es so etwas gibt, dem deutschen Gast mehr entgegenkommen als die französische Sprache und der französische Charakter, so stellt sich in Paris doch eine Anziehung ein, die in London nicht eintreten kann. Es geht dabei nicht um die sprichwörtliche Attraktivität der französischen Metropole. Die führt alle Welt im Munde, und sie wird aufgerufen in vielen internationalen Schlagern. Paris war immer noch die schönste Stadt, die ich kannte, und dies, obwohl mit dem erschöpften Mythos der Revolution, wie wir ihn erlebt hatten, sich auch ein Stück des Mythos der Stadt erledigt hatte. Etwas aber war doch geblieben: etwas, das ich lange nicht genau zu charakterisieren wusste. In London kannte ich kaum deutsche Landsleute, es gab nur zwei Journalisten, mit denen ich mich wirklich treffen mochte: Gertrud Mander und Roland Hill. Ansonsten unterhielt ich nur drei professionelle Beziehungen: mit Wolfgang Mommsen, dem Direktor des Deutschen Historischen Instituts, mit Ralf Dahrendorf, dem Direktor der London School of Economics, und mit Dr. Schulz, dem Direktor des Goethe-Instituts. Das waren allerdings Bekanntschaften, die sich aus meiner journalistischen Arbeit entwickelt hatten, keine wirklichen Freundschaften. Der einzige deutsche Freund war Hans-Henning Erdmann, der Bankier. Daher gab es auch nicht so viele Einladungen.

Deswegen war in London das Theater für mich so wichtig geworden. In Paris gingen wir selten ins Theater. Die lange Zeit einzige Inszenierung, die ich mit Bewunderung gesehen hatte, war die von Racines *Phèdre*. In Paris traten keine neuen Dramatiker hervor wie in London, keine Pinter, Wesker, Bond, Osborne. In Paris fungierte das Theater vor allem nicht als gesellschaftlicher Spiegel. Als ich 1974 in London eingetroffen war, hatte ein explosionsartiger Umschwung bei Stückeschreibern und Schauspielern ja schon zwanzig Jahre zurückgelegen: Die durchschlagende, polarisierende Wirkung von John Osbornes *Look back in Anger* nach 1956 war begleitet gewesen vom Wirkungsverlust der Stückeschreiber für die obere Mittelklasse wie John Boynton Priestley, Noël Coward und Terence Rattigan. Und plötzlich trat auch eine neue Generation junger Schauspieler in Erscheinung: Albert Finney, Alan Bates, Tom Courtenay, Peter O'Toole, Rita Tushingham, Joan Plowright, die wie Osborne selbst alle aus der *working class* oder der *lower middle class* kamen. Als John Gielgud, der neben Laurence Olivier berühmteste Vertreter der alten Schauspielerelite, Osbornes Stück gesehen hatte, soll er gesagt haben: »I thought my number is up.« Zwar kam es nicht so. Gielgud hat noch viel Großartiges gespielt, und Olivier errang ausgerechnet in der Rolle von Archie Rice – zwischen Komik und Tragik – aus Osbornes *The Entertainer* neuen Ruhm. Aber über die soziale Revolte und Veränderung des Theaters war viel gesprochen worden. Das gehörte dazu, wenn man die Stücke sah. All dies gab es in Paris nicht. Und die einzigen französischen Theaterschauspieler, deren Namen ich im Kopf hatte, waren eigentlich immer noch Jean-Louis Barrault und Pierre Brasseur, Namen – so groß sie auch waren – nunmehr von gestern. Der französische Film und seine Schauspieler hatten das französische Theater verdrängt – bis auf zwei Ausnahmen: die Inszenierung der griechischen Tragödien durch Ariane Mnouchkine und die Inszenierung von Büchners *Dantons Tod* durch Klaus Michael Grüber im Jahr 1989. Aber vielleicht hatte das genügt, weil es so grandios gewesen war. Die Besonderheit von Paris war

– im Unterschied zu London – jedenfalls nicht auf sein Theater gegründet.

Die Besonderheit von Paris hatte vielmehr mit der widersprüchlichen Geschichte der geistigen Anziehung und militärischen Abstoßung unserer beiden Länder über mehr als zweihundert Jahre zu tun. Mit dem deutschen Patriotismus und Nationalismus seit Napoleons Sieg bei Jena und Auerstedt, der den Siegen preußischer Armeen unter Friedrich dem Großen gefolgt war. Der Einfluss der französischen Literatur auf deutsche Dichter und Denker und natürlich der Einfluss der deutschen Philosophie auf die französische Intelligenz seit den Zwanzigerjahren des 20. Jahrhunderts hatten mehr Gewicht für die Beziehung. Dessen ist man sich im Verkehr miteinander immer noch bewusst. Aber die spezifische Attraktion daran, das unterirdische Drama, ist nur manchmal zu spüren.

Dennoch: Warum war Frankreich, war Paris für uns so anziehend geblieben, obwohl wir die politischen Lebenslügen Frankreichs kannten? Die Leugnung der Kollaboration, auch die erbärmliche Niederlage, die de Gaulle'sche Fiktion, Paris habe sich selbst befreit, und schließlich der Antisemitismus. Das alles war ja noch präsent! Hätte es nicht die amerikanischen und englischen Historiker gegeben, dann läge das alles noch immer unter dem französischen Teppich. Henri de Montherlant hatte in seinen Tagebüchern die Bemerkung eines englischen Diplomaten am Vorabend des Kriegsausbruchs 1939 zitiert: Dass die Franzosen keine Leute mehr seien, mit denen man auf Tigerjagd gehen könne. Verächtlicheres hätte man über diese Verbündeten nicht sagen können. Der amerikanische Historiker Robert Paxton hatte in seinem Werk *Vichy France. Old Guard and New Order 1940-1944*, das 1973 auch auf Französisch erschienen war und heftige Diskussionen in Frankreich ausgelöst hatte, den Satz geschrieben: »Die Kollaboration war kein deutsches Ansinnen, auf das einige

Franzosen aus Sympathie oder List eingingen, sondern eine Offerte Frankreichs.« Und dann die lange verschwiegenen und später offiziell geleugneten Kriegsverbrechen der französischen Armee in Algerien und Vietnam! Sie waren der Versuch gewesen, militärisch wettzumachen, was man gegen die deutsche Armee 1940 nicht vermocht hatte. Eigentlich haben französische Truppen, wenn man es nüchtern betrachtet, seit Waterloo keine entscheidende Schlacht mehr gewonnen.

Gewiss, das alles war so gewesen. Aber es war nur die halbe Wahrheit, die man besonders in Deutschland gern hörte. Die organisierte *Résistance* mochte militärisch zwar nicht von so großem Wert gewesen sein, aber es hat seit 1941 zahllose mutige junge Pariser Frauen und Männer gegeben, die gefährdete Freunde retteten oder Akte kleinerer oder größerer Sabotage verübten, bei denen sie ihr Leben verlieren konnten oder tatsächlich verloren. Das wusste Mechthild von ihrem polnisch-jüdischen Mann, und sie erzählte mir detailreich davon; auch Ruth hatte während ihres Nachkriegslebens im surrealistischen Milieu einiges darüber erfahren. Deshalb schienen mir die aus Deutschland mitgebrachten Erzählungen vom kulturellen Kontakt zwischen Pariser Künstlern, vor allem aus Film und Theater, und frankophilen deutschen Besatzungsgrößen die frühen Vierzigerjahre in ein schiefes Licht zu rücken. Wenn Jean Cocteau, Sacha Guitry oder Marcel Jouhandeau in literarischen Salons nicht nur mit dem Hauptmann Ernst Jünger zusammentrafen, Danielle Darrieux für die deutsche Filmorganisation »Continental« Filme machte oder Edith Piaf und Maurice Chevalier vor französischen Kriegsgefangenen in Deutschland sangen, war das »*Collaboration*«? Selbst Sartre und Beauvoir hatten es verstanden, zu überleben, ohne auffällig zu werden. Die blutjunge Simone Signoret war sogar kurz Sekretärin bei der frisch gegründeten Kollaborationszeitung *Les Nouveaux Temps* gewesen.

Ganz zu schweigen von der unvergesslich schlagfertigen Arletty, die ihre Affäre mit einem deutschen Offizier offen bekundete. Na und? Obwohl sie der Star des Anfang 1945 herausgekommenen Films *Les enfants du paradis* war, der das französische Selbstbewusstsein enorm angefeuert hatte, wurde sie bis zum Ende der Vierzigerjahre gedemütigt. Das war politisch verwerflicher als das, was sie selbst sich erlaubt hatte.

Wenn man fünfzig Jahre später als deutscher Pariser auf diese Ereignisse zurückblickte, dann war man vor allem beschämt von der kulturellen Ahnungslosigkeit und Naivität selbst beflissener, nicht mörderischer Besatzungsoffiziere, die inzwischen zehn Jahre lang nazistische Ideen inhaliert hatten. Es gibt einen Brief Helmuth von Moltkes, des Inspirators des Kreisauer Widerstandskreises und Anfang 1945 Hingerichteten, der vom widerlichen Eindruck spricht, den deutsche Paris-Besucher, Zivilisten und Militärs, auf ihn hinterlassen hätten. Die Abstoßendsten unter ihnen seien Leute aus Berlin gewesen, die für einen Tag nach Paris kamen, um alles Erhältliche zusammenzukaufen. Was man vom Kunstgeschmack deutscher Galeriebesucher inzwischen wusste, wirkte barbarisch: Obwohl Picasso-Ausstellungen verboten waren, gab es noch immer moderne Kunst zu sehen, welche die deutschen Besucher komisch fanden. Das mochte den Begriff »Boches« um eine negative Bedeutungsnuance erweitert haben.

In Jean-Louis Barraults Erinnerungen von 1972 war nachzulesen, wie unerreichbar die geistige und künstlerische Potenz der in Paris verbliebenen Dichter, Filmemacher und Theaterleute für die deutschen Sieger war. Barrault kannte ich eigentlich nur wegen seiner Rolle als Mime Baptiste in *Les enfants du paradis*. Obwohl ich ihn in seiner Lieblingsrolle als Hamlet auf der Theaterbühne nicht erlebt hatte, war sein Name auch für mich von gewaltigem Klang. Dass ihn Shakespeares *Henry VI* und dessen ungeheuer grausame Theatralik besonders angezogen hatten, bewies die Aktualität seines künstlerischen Instinkts. Daneben gab es so unterschiedliche, aber wegen ihrer Schärfe und Härte einander auch ähnliche Stücke, in denen er seit den Vierziger- und Fünfzigerjahren brilliert hatte: in Paul Claudels *Le soulier de satin*, Sartres *Les mouches*, Artauds *Les Cenci*, Camus' *L'état de siège*, Racines *Phèdre*, Aischylos' *Orestie*. Und wie Barrault über Sartres Freiheitsbegriff reflektierte oder Artauds Wortwechsel mit Jarry zitierte! Unter den unsicheren Augen der intellektuell überforderten Besatzungsbehörde machte Barrault, was er wollte. Er fertigte sogar einen ihrer Offiziere freundlich-ironisch ab, der die Inszenierung von *Le soulier de satin* zu verhindern versuchte und stattdessen Barrault bat, eine Oper von Werner Egk zu inszenieren. In den Jahren der Okkupation bereitete sich der französische Geist auf eine neue Vorherrschaft vor. In diesem Sinne erschienen ihre künstlerischen und intellektuellen Erfindungen selbst als »Kinder des Paradieses«. Es war dies eine besonders grandiose Form des Widerstands.

Die deutschen Soldaten waren anfangs auch »haricots verts« genannt worden. Grüne Bohnen, wegen ihrer Körpergröße und Uniformfarbe; das hörte sich immerhin besser an als »weiße Bohnen«, dick und klein. Jene Bezeichnung war noch ein Ausdruck der anfänglichen Überraschung gewesen über das freundliche Verhalten der einmarschierenden Soldaten. Mir fiel dagegen der Besatzungshauptmann aus Ophüls' Film *Le chagrin et la pitié* ein, der sich nach dem Krieg während der Hochzeitsfeier der Tochter, die Zigarre im Mund, deftig und harmlos an seine Zeit in Südfrankreich erinnert. Nicht der Anflug eines Zweifels im gutmütig-ahnungslosen Gesicht. Nicht einmal, als man ihn nach Erschießungen fragt. Ob das noch immer der geistige Zustand älterer Besucher aus der Bundesrepublik war, die man am Wochenende im Montmartre-Viertel erblickte? Vielleicht. Als ich einmal unrasiert in salopper Kleidung mit einem roten Schal und weißem Hut, also ziemlich normal, auf einer Bank vor Sacre-Cœur saß, hörte ich, wie die vorbeikommende Gattin zu ihrem Mann sagte: »Da siehste, wie die hier aussehen. Das ist wohl ein sogenannter Künstler.«

Warum also unser ungebrochenes Engagement für Frankreich? Weil diese Anziehung eine große Geschichte hatte! Die besondere wechselseitige Affinität hatte mit Madame de Staëls Buch *De l'Allemagne* 1810/1813 begonnen und war fortgesetzt worden mit Heinrich Heines *Die Romantische Schule* von 1836. In diesen Phantasien über die Differenz beider Nationen war der Grundstein gelegt für die emphatische Idee, dass Frankreich und Deutschland in der Differenz zusammengehörten, dass sie einander bedingende Größen seien, sozusagen als die beiden Säulen Europas. Diese Idee war nach dem Krieg von 1870/71 nicht verschwunden, auch wenn die preußisch-deutsche Armee – man lese, wie gesagt, die Erzählungen Maupassants – zu Recht oder zu Unrecht zum Inbild des Schreckens, ja eines Bruchs der Zivilisation geworden war. Im Gegenteil: Der Mythos von Deutschland und Frankreich begann erst nach diesem Krieg richtig Gestalt anzunehmen. Das kann man in den Tagebüchern der Brüder Goncourt nachlesen, wenn sie von den Unterhaltungen Pariser Schriftsteller über die Folgen des Krieges berichten. Es gab schließlich nicht nur Maupassant. Vor allem der große Roman *Jean Christophe* von Romain Rolland führte das Thema auf einen Höhepunkt, indem er von einem genialen deutschen Musiker und seiner geistigen Auseinandersetzung mit seinem französischen Freund, einem Schriftsteller, kurz vor Ausbruch des Ersten Weltkriegs erzählt. Der drohenden abermaligen Konfrontation wird die Utopie einer kulturellen Gemeinsamkeit gegenübergestellt, was ein weites Echo hatte. Es folgte nach dem Ersten Weltkrieg die Entdeckung der deutschen Philosophen Hegel, Nietzsche und Heidegger. Und mehr noch: Der ganze transzendentale Idealismus gehörte nach dem Zweiten Weltkrieg zum Programm der Pariser Seminare. Die Namen Kojève, Sartre, Derrida und Foucault standen dafür.

Dass nach wie vor eine Erinnerung an die deutsche Okkupation vorhanden war, dass es zwischen einzelnen Franzosen und Deutschen selten eine wirklich privilegierte Beziehung gegeben hat, dass inzwischen die eng benachbarten Elsässer und Badener sich nicht mehr auf Französisch oder Deutsch miteinander verständigen können und die Europa-Reden zur Phrase wurden – das alles sprach eigentlich gegen die von mir empfundene Besonderheit des Miteinanders und Gegeneinanders zwischen Frankreich und Deutschland. Vor allem aber die nunmehr eingetretene wechselseitige Gleichgültigkeit. Es genügte, als deutscher Pariser zu wissen, dass der Gegensatz auch Nähe bewirkte. Aber das würde nur noch für uns in Paris Lebende gelten. Nicht mehr für die beiden Nationen. Seitdem das Drama der Kriege vorbei war und sich das Fasziniertsein voneinander endgültig verloren hatte, war die pazifistische Gleichgültigkeit etwas Neues. Was aber stellten dann wir Deutschen hier in Paris dar, die wir noch immer miteinander über die Stadt und das Land redeten? Wahrscheinlich waren wir die Allerletzten unserer Art. Wir wurden Nostalgiker und lebten es täglich aus.

Das Preußischblau war endgültig aus meiner Phantasie über Deutschland verschwunden. Es war ein historisch und politisch obsoleter Gedanke gewesen. Es hätte aber eine attraktive Gegenfarbe zum englischen Rot oder zum französischen Blau-Weiß-Rot abgegeben. Stattdessen wurde das hässliche Gelb deutscher Briefkästen zur Symbolfarbe des Landes.

7

Der verschwundene Augenblick

Paris war es also. Ohne Paris wären diese Freundschaften entweder überhaupt nicht entstanden, oder sie hätten nicht die Nahrung bekommen, die sie am Leben erhielten. Auch nach dem Tod Derridas, Foucaults und Deleuze', die allerdings für mich wichtiger geworden waren als für die Rotkehlchen oder für Werner oder Betz. Die Gründe dafür lagen auf der Hand. Denn aus der Ästhetik der Plötzlichkeit ergaben sich Konsequenzen, die den Pariser Gesprächspartnern entweder fernlagen oder die sie sogar irgendwie kulturkritisch ablehnten. Das machte auch die Distanz zwischen uns aus. Es blitzten Einfälle aus den mich nach wie vor fesselnden phantastischen Bildern in mir auf, die ich bei den Freunden nicht einmal angedeutet hätte. Dafür bestand seit Mitte der Achtzigerjahre eine enge Freundschaft mit Reinhard Steiner. Die hatte ihren Grund darin, dass eine extrem offene, unkontrollierte Art des Miteinander-Redens entstanden war, sehr oft unter der Maske der Blödelei oder der Lust am Albernen, die dann in verborgene, provokative Gedanken überging. Reinhard war achtzehn Jahre jünger, er kannte keine Verbote. Nachdem er sich Mitte der Achtzigerjahre in München in Kunstgeschichte habilitiert hatte und Assistent geworden war, schrieb er zusammen mit einem Studienfreund einen rücksichtslosen Artikel über Beuys' Form- und Materialeinfälle. Es wurde eine Analyse, die dessen parareligiöse Ambition bloßlegte. In professioneller Hinsicht war das lebensgefährlich. Tatsächlich reagierte alles, was im Fach einflussreich war oder Einfluss nehmen wollte, feindselig. Konfrontiert mit meiner Frage nach der Kunst in der Kunst, begann Reinhard, der bis dahin tief in der geistes- und philosophiegeschichtlichen Grundlagenforschung seines Faches gesteckt hatte, ästhetiktheoretische Fragen aufzuwerfen, die das Fach so nicht stellte. Für meine Augen bedeutete die Fülle der Bilder, besonders aus der Renaissance und dem Barock, die von ihm bei unseren Fahrten mit Irmela und Undine nach Venedig und Spanien oder seinen Besuchen in Paris im Detail erklärt wurden, eine erneute Offenbarung der Dinge. In Reinhards kunsthistorisch konkreter Lektüre der Bilder lag eine enorme Fähigkeit, überhaupt auf Dinge im Raum zu reagieren.

Es war einige Jahre nach 1984, als plötzlich das Thema der nackten Frauen wieder auftauchte. Der Anlass dafür war, dass Karin, meine ehemalige Doktorandin, inzwischen mit ihrer Habilitation über Montaigne befasst, nach dem Besuch einer Pariser Ausstellung von Bildern Gustave Courbets sich polemisch über ihn ausließ. Über den Realismus dieses Malers. Wahrscheinlich spielte dabei das berühmte Bild *L'origine du monde* eine entscheidende Rolle, das die Vulva eines die Schenkel spreizenden Aktes ohne Gesicht zeigt. Karin fand vernichtende Sätze, um Courbet als miserablen Künstler dastehen zu lassen! Ich schwieg. Seit einiger Zeit trieb mich erneut eine Faszination um: die nackten Körper der Göttinnen und der irdischen Schönheiten auf Gemälden, die Reinhard uns gezeigt hatte. Die Vulva Courbets gehörte nicht dazu. Aber was ich im Kopf hatte, entsprang einem Einfall, den ich weder Karin noch einem Kunsthistoriker zu sagen gewagt hätte, wohl aber Reinhard. Mit einem Satz: Diese nackten Schönen erregten einen. Man stelle sich vor, sie nicht im Museum, sondern, so wie auf dem Bild, in Wirklichkeit privat zu betrachten. Es sei komisch, Leute vor diesen wunderbaren Leibern, vor ihrer partiell extrem erotischen, sogar sexuell einladenden Körperhaltung mit ernster Miene stehen zu sehen, als betrachteten sie lediglich ein Kunstwerk. Manche weiblichen Besucher müssten angesichts der entblößten Frauen doch Vergleiche mit sich selbst anstellen und ins Grübeln verfallen. Und die Männer? Taten die nur so, als ob nichts wäre? Als ob hier nur eine Stilepoche zu begutachten sei? Andererseits ging es uns allen ja so: Man hatte im Alltag nur verblasste Erinnerung, keine wirklichen Bilder von dem, was einem im Sexuellen passierte. Wenn man die sexuelle Handlung wirklich distanziert von außen betrachten würde, wäre man wahrscheinlich abgestoßen von der Hässlichkeit oder Lächerlichkeit dessen, was man da sähe. Man vergaß es aber, ganz einfach. Anders hätte man in Gesellschaft gar nicht unbefangen miteinander reden können. Man war dann jemand anderes als bei sexueller Aktivität. Auch unterschieden sich die Frauen auf den Gemälden, die so verführerisch aussahen, nicht unwesentlich von den meisten Frauen, die sie betrachteten: Sie waren nämlich schön, selbst noch in ihren gewagtesten Haltungen. Sollte sich darin ein katholisch gebliebener, vom Gefühl der Sünde verunreinigter Blick zeigen, dann wäre er dennoch wahrhaftiger als das verkniffene protestantische Blinzeln, so als ob nichts sei, das sich neuerdings bis in die aufgeklärten Erklärungen des Sexualunterrichts hinein breitmacht und den Geschlechtsakt als eine nützliche soziale Handlung beschreibt.

Von diesen Assoziationen bekam Reinhard nichts zu hören. Ich gab mich als der unschuldige Betrachter der Gemälde. Reinhard lachte und sagte, ich plädierte eigentlich für einen pornografischen Blick. Na und?, hätte ich fast geantwortet. Vor Praxiteles' Venus hätten alle Männer der Legende nach masturbiert. Das Thema der Nackten in der Kunst und die Begierde, die das Nackte auslöst, seien also selbstevident. Reinhard fand es erstaunlich, dass ein Vertreter der ästhetischen Autonomie ausgerechnet in diesem Falle die Kunst zum einfachen Leben erwecke. Ob denn nicht klar sei, dass sich alle nackten Göttinnen, Nymphen und irdischen Schönheiten innerhalb von Stilidealen bewegten, die miteinander im Wettstreit lägen, indem sich die Darstellung körperlicher Details von Epoche zu Epoche verändere. Beweis genug für die enorme Konzentration der Maler bei ihrer anstrengenden Arbeit.

Das brachte meine Phantasie in Rage. Ich erklärte, die nackten Frauen seien auch vom Künstler in einem erotisch entflammten Zustand erschaffen worden. Es sei nicht denkbar, dass sie angesichts der vor ihnen in haptisch greifbarer Stellung liegenden oder sitzenden Unbekleideten oder auch bloß in der Phantasie Vorgestellten beim Malen nicht in den Zustand der Begierde verfallen waren. Dass nicht Begierde sie den Busen, den Schoß, die Hüften hatte malen lassen. Diese nackten Frauen haben zu wollen oder sie zu malen sei ein und derselbe Vorgang gewesen. Reinhard wollte wissen, ob ich etwa an die Affären dächte, die viele Maler mit ihren Modellen gehabt hatten. Ja, das auch, aber nun ging es mir um den kreativen Malakt selbst als einen Akt der Begierde.

Als unser Gespräch über dieses Thema einige Tage später fortgesetzt wurde, war ich mit ausgesuchten Ansichtskarten ausgerüstet, die ich mit einem gewissen Nachdruck vor Reinhard auf den Tisch legte. Ich war ja kein Kenner der Kunstgeschichte, sondern hatte mir alles zusammensuchen müssen: Velázquez' *Venus vor dem Spiegel*, das den Rücken der Göttin und ein hübsches, langweiliges Gesicht im Spiegel zeigte, sei kein Beleg für meine These, auch nicht ihr Hintern. Sehr wohl aber der Hintern von Tizians *Nymphe und Schäfer*. Tizians auf einem weißbetuchten Bett hingegossene *Venus von Urbino* mit einem zu ahnenden Venushügel auf dem schlanken, gleichzeitig gewölbten Leib sei das Nonplusultra erotischer Verführung. Tintorettos Bild, wie Venus von Vulcan überrascht wird, der ihr das Tuch von den geöffneten Beinen zieht, mache lüstern. Das sei der Fall auch bei einer Reihe von köstlich steilen Busen, etwa bei der Szene einer Familienidylle – man nehme Correggios *Venus mit Merkur und Cupido* – oder beim *Tod der Cleopatra* von Cagnacci. Über diesen Brüsten verliere sich der kunsthistorische Blick, und Makarts Zyklus *Die fünf Sinne* werde dann genauso sehenswert wie Rubens' *Samson und Delilah*. Erotisch besonders unattraktiv dagegen die nackten Edelfräulein der beiden Lucas Cranach.

Unbestreitbar sei ohnehin, dass die Künstler die lüsternen Blicke ihrer Auftraggeber im Hinterkopf gehabt hätten. Berühmte mythologische Szenen boten offensichtlich die Möglichkeit, sexuelle Begegnungen umso drastischer darzustellen. Fiammingos Gemälde *Liebe im Goldenen Zeitalter*, auf dem das nackte Paar nur in der beginnenden Umarmung zu sehen ist, sei harmlos gegenüber manchen das Geschlecht, vor allem die Spalte der Vagina markierenden Darstellungen. So auf dem anonymen französischen Bild *Ceres und Vulkan* aus dem 16. Jahrhundert. Schließlich die Unmittelbarkeit des bevorstehenden Geschlechtsaktes, wie er in den lasziven Darstellungen der manieristischen Stilepoche hervortrete. So die Lust des Satyrs und die ihn erwartende Nymphe, ihr geöffnetes Geschlecht ihm entgegenhaltend. Oder die Serie der *Götterliebschaften* in der Galleria Farnese von Caracci. Dass diese Darstellungen offener Sexualität von Ovid bis Ariost und Tasso literarisch-mythologisch beglaubigt seien, ändere nichts an ihrer aktuellen Wirkung, die den Betrachter in die sexuellen Phantasien hineinziehe. Der Terminus für diese Beglaubigung in der Literatur ist *dolce assalto*, womit nichts anderes gemeint ist als die Überhöhung der vergewaltigenden Obsession, die Verschönerung des brutalen männlichen Angriffs durch die Kunst. Die Kupferstiche des 16. Jahrhunderts kosteten diese Lust, wie immer literarisch vermittelt, im physischen Detail aus. Welch eine Entfernung von den

unbekleideten Gestalten Leonardo da Vincis, Michelangelos oder Raffaels, bei denen die Poesie, die Majestät der
Reinheit die mythologisch-religiösen Themen noch immer
markiert und dementsprechend dezent die entblößten Formen dargestellt sind. In der Nachfolge von Homers hu-
moristischem Blick auf Aphrodites und Ares' Überrascht-
werden ist es nun wieder die reine Lust, die darstellerisch
dominiert. Auch eine Federzeichnung von Hans von Aachen,
Tarquinius und Lucrezia, zeigt eine Vergewaltigungsszene,
bei welcher der Blick des nackten Opfers, seine Haltung
und geöffneten Beine den Betrachter einen von Lucrezia
selbst halb gewünschten Geschlechtsakt vorwegnehmen
lassen. Die Darstellung des so begehrenswerten nackten
Weibes in Veroneses *Venus mit dem Spiegel* ist ein Aufruf,
sie anzufassen, sie auf die andere Seite zu wenden (obwohl
sie nicht besonders schön ist). Aber wie fleischlich sie ist,
wie sie einen erwartet! Wer nicht zugebe, so schloss ich
meine Bekenntnisse, dass die Künstler, vor allem die des
manieristischen Stils, ihre nicht nur ästhetische Potenz aus-
agiert hätten, der müsse blind sein oder aber ohne erotischen Sinn. Und das treffe wahrscheinlich auf viele Kunsthistoriker genauso zu wie auf viele Geisteswissenschaftler.
Leider hatte ich keine Postkarten der wunderbaren klein-
brüstigen adligen Mädchen aus der *Zweiten Schule von
Fontainebleau* gefunden. Ich meinte nicht das Bild, auf dem
eine barbusige junge Frau, vielleicht die Herzogin von Vi-
lars, die ebenso bloße Brustspitze der Gabrielle d'Estrées
mit Daumen und Zeigefinger umschließt. Vielmehr das Bild
La naissance de l'amour vom Maître de Flore oder *Die Frau
zwischen zwei Altern*, deren breit hingelagerter Leib ahnt,
was der sie umfassende, noch angekleidete Liebhaber bald
tun wird.

Am liebsten hätte ich einen Aufsatz über die Grenzlinien des malerischen und des sexuellen Aktes geschrieben.
Dann entdeckte ich in einem Buch die sozusagen fakti-

schen Beweise am Beispiel Bellinis, Tizians und Cellinis. Nicht nur die Schlafzimmerperspektive! Tizian hatte sich tatsächlich, wie Besucher beobachteten, sprachlos gezeigt vor Begierde, und wenn er sein Objekt – sei es Violante, die junge Frau in Schwarz oder Flora – malte, dann kurz zuvor oder kurz danach. Er schlief mit allen, seine Modelle waren durchweg Kurtisanen. Tizians Technik, ohne große zeichnerische Vorbereitung die nackte Schöne im Bild zu fassen, begünstigte nicht nur den Ausdruck ihrer Sensualität, sondern zugleich den der eigenen Sinnlichkeit. So jedenfalls Vasaris Eindruck.

Reinhard blieb bei seinem kunsthistorischen Einwand, abgesehen davon, dass er die sinnliche Wirkung der genannten Bilder psychologisch natürlich verstand. Das Thema war aufgekommen während meines Nachdenkens über das Böse in Baudelaires Poesie und dessen Entdeckung der Schrecken in der griechischen Tragödie. Baudelaire hatte die Gewalttheatralik gesucht, die Folter, die Kampfszene – und gleichzeitig das Motiv der nackten Frau. Deshalb auch sein Interesse an der Malerei der Renaissance. Das hatte mit den nackten Göttinnen zu tun, die sich bei mir von ihren akademischen Fesseln losgerissen hatten.

Undine davon zu erzählen wäre damals falsch gewesen. Nicht etwa, weil ihr sublimes Denken über die Liebe das ausgeschlossen hätte. Im Gegenteil: Ihr war der physische Teil der Existenz selbstverständlich. Sie konnte sich selbst im Bett denken, nackt, als Objekt der Begierde. Es wäre ihr nie in den Sinn gekommen, männliche Fixiertheit auf den bloßen Körper der Frau zu kritisieren. Insofern hatte sie nichts mit der *Women's-Lib*-Bewegung zu schaffen. Ihr Unabhängigkeitsbedürfnis hatte geistigere Wurzeln. Sie war jetzt auf eine neue Art des Schreibens konzentriert. Nachdem die Erzählung *Nachtblind* ihr viel Kritikerbeifall eingebracht hatte, der Roman *Vertreibung aus dem Labyrinth* dagegen distanziertere Reaktionen, waren als erstes Produkt des neuen Stils Prosastücke unter dem Titel *Epiphanien abgeblendet* erschienen, die das Interessanteste waren, was sie bislang geschrieben hatte. Das kam nicht in ihrem bisherigen Verlag heraus, sondern in der *edition suhrkamp*. Es handelte sich um diagnostisch ungewöhnlich erzählte Zustände der Liebe zwischen Realismus und Symbolismus. Noch immer diese wunderbare Gegenständlichkeit und Stimmung der Augenblicke! Die herausstechende Eigentümlichkeit ihres Erzählens war von meiner Fixierung auf die Dinge nicht beeinflusst. Über meine Entfremdung vom wissenschaftlichen Denken während der Heidelberger Zeit, von meiner Suche nach Concreta statt Abstracta wusste Undine nichts. An die Stelle dieses Denkens war für mich die Thematik der Plötzlichkeit getreten, die sie inzwischen aber kritischer sah.

Unser schweigsames Miteinander an der normannischen Küste, ohne dass wir uns über unsere Eindrücke ausgetauscht hätten, war aus der gemeinsamen Konzentration auf das bloß Gegenständliche entstanden. Diese Gegenständlichkeit war in den 56 neuen Prosastücken zu enigmatisch-parabelhaften Situationen zwischen einem Paar konzentriert. Es gab darin keine psychologische Aufschlüsselung, sondern nur emphatische Bilder, wie sie Nietzsche, den Undine nicht las, von der Tragödie gefordert hatte. Diese Prosa entwarf Dramen als Stillleben. Eine Sie und ein Er sitzen sich gegenüber, wobei beider Identitäten so unscharf sind, dass verschiedene Sie und Er in der jeweils anderen Stellung denkbar waren. Sie umarmen sich nicht, sie schlafen nicht miteinander. Ihre Liebe bleibt das ungelöste Geheimnis in Augenblicken; Stimmungsdarstellung, aber nicht stimmungsvoll, sondern geometrisch. Das erste Stück spricht von Ihm, wie Er in das Zimmer tritt, »gedankenverloren in die kahlgewordenen Bäume vor dem Fenster« blickend und mit seinem Vortrag, offenbar einem wissenschaftlichen, beginnend. Während Er noch immer spricht, weht ein »eisiger Windhauch zwischen den Wänden«. Der letzte Satz dieses nur halbseitigen ersten Stückes hieß: »›Aber die Liebe‹, sagte sie und blickte ihn an. ›Pst, pst‹, machte er und legte ihr die Hand aufs Gesicht.« Das »Pst, pst« war ein Stilbruch, sogar etwas peinlich. Ansonsten aber kam der noch romantische, auf Hoffnung setzende Beginn gut heraus. Im letzten Stück ist es noch einmal die »Liebe«, die ins Zimmer tritt, aber der Tod hat gegenüber der Frau am Tisch schon Platz genommen. Als Er am Ende von draußen heraufkommt, ist das Zimmer leer und auf dem Tisch liegt der »Staub von Jahren«.

Entsprechend unserer Übereinkunft fragte ich Undine nicht, ob dieser Schluss ein unmittelbarer Schlüssel für unser Leben sei. Ich wusste, dass eine solche Lektüre zu platt gewesen wäre. Das Ende war ein Symbol der Liebe überhaupt: als immer sich vollendende, immer sich verlierende – Undines Lebensthema. Es zeigte sich auch eine Variante meiner Ermüdung im Alltäglichen, im Gebrauch, den ich von Theorie als Rettung in die Phantasie machte. Allerdings kündigte sich ein scharfer Riss zwischen ihrem und meinem Denken an: Während ich noch immer das »Ereignis« erwartete, hatte sie davon Abschied genommen. Dass das »Ereignis« sich verlieren könnte: Die Angst davor hatte mich dazu gebracht, das Thema der emphatischen Plötzlichkeit in negativer Richtung zu komplettieren. Es gab ja auch die kontemplativ-negative Plötzlichkeit: einen Augenblick, der im Empfinden schon verging. Es war nicht bloß die eigene Erkenntnis dieser Zeitlichkeit, dieses Verlustes. Vielmehr hatte die moderne Literatur dieses Thema markiert, jedenfalls einige große Dichter, Goethe schon im 18. Jahrhundert und die beiden bedeutendsten Lyriker des 19. Jahrhunderts, der italienische Dichter Giacomo Leopardi und der französische Dichter Charles Baudelaire. Es folgten Kafka, Nathalie Sarraute und andere Autoren im 20. Jahrhundert. Besonders fesselnd, dass der vom Sein ins

Nichtsein umschlagende Augenblick nie dort erörtert würde, wo man ihn erwartet hätte: in der Philosophie. Zwar hatten Augustin in der Spätantike und Husserl im frühen 20. Jahrhundert das Sekündliche der Jetzt-Momente unterschiedlich diagnostiziert. Aber in existenzieller Hinsicht hatte sie das nicht interessiert. Hegel hatte in der *Phänomenologie des Geistes* sehr wohl das verschwindende »Jetzt« aufgerufen, um es aber charakteristischerweise schleunigst in ein präsentes Jetzt zu verwandeln! Philosophen können, das wurde mir glasklar, die Negativität des Nichtseins nicht ertragen, einer der hintergründigsten Gründe dafür, dass ihr Urteil über Kunst und Literatur durchweg beide verfälscht. Das hatte sich längst in der philosophischen Kritik an der Romantik erwiesen, wie ich sie in dem einschlägigen Buch wenige Jahre zuvor entwickelt hatte. Umso stärker wurde in mir der Entschluss, den verschwindenden Augenblick in der Literatur genauer zu untersuchen. »Die Reflexionsfigur des je schon Gewesenen« wurde der begrifflich etwas angestrengte Name dafür. Dies war der Titel eines ersten Entwurfs des Themas für die letzte Edition von *Poetik und Hermeneutik*, die sich das Thema »Das Ende« gestellt hatte.

Goethe, den man eigentlich immer als den Kronzeugen des emphatischen Augenblicks ausruft, macht in *Torquato Tasso* die Umkehrung solch eines Augenblicks zum Kern der Tragödie. Das zeigt seine Distanz zur Philosophie, zur Geschichtsphilosophie Hegels und Schillers. Schiller, der Theoretiker, lässt ja das Verschwundene, die Schönheit der griechischen Antike, qua Reflexion wiederkehren. Goethe, der Künstler, der nur das Gegenwärtige gelten lässt, kann dessen Verschwinden nicht wiederherstellen, sondern nur betrauern. So schon in den *Römischen Elegien*, dann im Dialog zwischen Tasso und der Prinzessin von Ferrara. Ich empfand keinen philologisch-hermeneutischen Ehrgeiz, das auszuführen, spürte aber den Antrieb, das eigene Zeitlichkeitsgefühl gegen die Idealismen zu belegen. Deshalb kam ich überhaupt erst darauf, in Leopardis berühmten Gedichten *La sera del dì di festa* und *Il tramonto della luna* den verschwindenden Augenblick zu entdecken, der etwas ganz anderes ist als die Trauer über die Sterblichkeit des Menschen oder die verfließende Zeit. Noch mehr kam mir Baudelaire zupass, seine *Spleen*-Gedichte sowieso, aber dann auch besonders die Gedichte *L'horloge* und *A une passante*. Diese Gedichte waren mir längst bekannt, aber erst jetzt setzte sich die Gewalt des Satzes aus dem Gedicht *Die Uhr* in mir fest: »Gedenke! – Rasch mit seiner Insektenstimme spricht das Jetzt: Ich bin das Ehemals.« Und dann die Trauer des Satzes über den verschwindenden Blick der Unbekannten auf dem Boulevard: »Ein Blitz, und dann die Nacht.« Im verschwindenden Augenblick wurde die verschärfte Abschiedsthematik der romantischen Dichtung erkennbar.

Dass sich dieser Gedanke festsetzte und den Titel des zu schreibenden Buchs vorbereitete, hatte wohl auch mit einer persönlichen Abschiedssituation zu tun. Wir waren übereingekommen, den Versuch zu machen, von Paris nach Köln zu ziehen, wo das große Haus meines Vaters, der im Vorjahr neunundachtzigjährig gestorben war, leer stand. Paris zu verlassen war ein *contre cœur* getroffener Entschluss gewesen. Eigentlich wollten wir nicht aus Belleville weg, unserer Gegend seit zwei Jahren zwischen der Place Gambetta und dem Friedhof Père Lachaise. Aber das schöne Haus in Köln konnte man nicht sich selbst überlassen, immerhin würde auch die wöchentliche Fahrt zwischen Wohnort und Universität um vier Stunden verkürzt. Es kam hinzu, dass Undine ein Problem mit dem rechten Fuß bekommen hatte. Sie konnte in normalen Schuhen schlecht laufen und bekam neuerdings sogar Schwindelanfälle beim Gehen. Die Pariser Ärzte wussten keine Therapie außer viel Bewegung. Vielleicht würde man in Köln einen Arzt finden, mit dem man sich in der eigenen Sprache besser verständigen könnte. Die letzten Wochen im Osten von Paris wurden so ein wirkliches Abschiednehmen. Noch einmal gingen wir die vielbesungene Rue Ménilmontant hinunter zur Place de la République und wieder hinauf über die Rue des Pyrenées zurück bis zu unserer kleinen Straße, der Rue des Gâtines. Von hier aus kam man sehr schnell an den bukolisch-ländlichen östlichen Rand der Stadt, hinter der Place Bagnolet. In der Straße Irène-Blanc eine Atmosphäre, die man »La Campagne à Paris« nannte. Auch der Friedhof Père Lachaise, älter als der von Montmarte und Montparnasse, der nur fünf Minuten entfernt lag, wurde noch einmal und lange durchstreift. Und natürlich durfte ein letzter Restaurantbesuch nicht fehlen, direkt an der Ecke von der Place Gambetta und der Avenue Gambetta in Richtung der Porte de Lilas, die wir oft hinuntergegangen waren. Der Abschied hätte nicht abschiedlicher sein können: dementsprechend der erste Kölner Morgen am 15. Juni 1995, als der Pariser Möbelwagen das Haus am Botanischen Garten im Norden Kölns in Richtung der westlichen Vororte wieder verließ. Nur ein Satz kam aus mir heraus: »Hier bleiben wir nicht lange.«

Zu spät hatten wir gemerkt, wo wir gelandet waren. Zwar stand neben dem väterlichen Haus das Haus eines angesehenen kleinen Verlages, aber die Bewohner in den anderen Villen waren nicht mehr Eigentümer wie früher, sondern lebten in inzwischen parzellierten Wohnungen. Es gab ein berühmtes Kölner Volkslied, das hieß auf Hochdeutsch: »Die hinter den Gardinen stehen und spinksen, das sind die schlimmsten Menschen. Sie taugen nichts, du kannst es glauben, die hinter den Gardinen stehen.« Auf Kölsch sehr viel eindrücklicher und wahrhaftiger: »De hinger de Jardinne schtonn und schpinxe, dat sinn de schlimmste Minsche. Se dooge nix, du kanns drup jonn, de hinger de Jardinne schtonn.« Tatsächlich hatte Undine schon am ersten Tag beim Eintritt ins Haus ein Flüstern am Fenster der Villa nebenan gehört, das so viel hieß wie: »Da kommen die Erben.« Auf Hochdeutsch. Es wurde bald klar, wie die Nachbarschaft in ihren Etagenwohnungen es übel aufnahm, dass in dem dreistöckigen Haus nur zwei Personen sich offenbar luxuriös einrichteten, auch wenn kein Auto vor der Tür stand. Weder Undine noch ich besaß einen Führerschein. Als Undine dann die einzige sogenannte Edeltanne im großen Garten, der direkt an den Botanischen Garten grenzte, schon in der ersten Woche fällen ließ und durch extravagante Blumen und Sträucher ersetzte, stand wenn nicht die Feindschaft, so doch zumindest Abneigung in den Gesichtern. Es gab keine Wortwechsel mehr.

Die wöchentlichen Spaziergänge in das nahe Nippes, in dessen Ausläufern Böll gewohnt hatte, brachten etwas Abwechslung: Die an niederländische Architektur erinnernden Häuser und Straßen der älteren Viertel gefielen mir gut. Der Markt kam hinzu. Es gab auch schon eine Menge Türken, deren geistliches Oberhaupt »der Kalif von Nippes« genannt wurde. Der Gang zum Domviertel dauerte nicht lange, höchstens zwanzig Minuten; man konnte auch den Weg am Rhein entlang nehmen. Dort, zwischen Bahnhof und Dom, gab es einen berühmten Stand mit Reibekuchen. Dazu im Bahnhofsladen Quark, wie ich das seit der Kölner Kindheit im Krieg gewohnt war. Es blieb der angenehmste Spaziergang dieses Kölner Jahres. Wir kannten niemanden. Zu den einzigen Menschen, die ich gerne gesehen hätte, zählten der Lyriker Jürgen Becker und der Literaturkritiker Heinrich Vormweg. Doch ich fand, um nicht aufdringlich zu sein, nicht den Weg zum Telefon, bis es zu spät war und wir Köln wieder in Richtung Paris verließen. Hanns Grössel, den Freund aus Göttinger Studientagen, sah ich vorerst auch nicht. Dennoch entstand kein Gefühl des Isoliertseins, denn jede Woche ging es ja nach wie vor für zwei bis drei Tage an meine Universität in Bielefeld. Von dort nach Hause zurückkehrend, führte mein Weg vom Bahnhof durch die hässlichen Einkaufsviertel mit den vertrauten, schön klingenden Namen, Breite Straße und Hohe Straße, bis hinauf zum Hahnentor hinter dem Neumarkt und weiter auf den Boulevard der verschiedenen Ringe, die anstelle des alten Stadtwalls die Altstadt umschlossen, benannt nach den Namen der unterschiedlichen deutschen Stämme oder Herrscherhäuser: vom Ubierring über Sachsenring und Chlodwigplatz zum Barbarossaplatz und Hohenstaufenring. Als Student hatte ich mich immer gefreut, wenn ich auf dem Weg zur Uni über den Chlodwigplatz ging. Immerhin. Die Kölner hatten dem ersten fränkischen König einen Platz gestiftet. Am Nordtor am Eigelstein – noch immer eine romantisch wirkende Gegend – war der Kölner Bauer eingemeißelt, der allerdings wie ein Ritter aussah. Er trug den adligen Federhut, das Schwert an der Seite, und hielt die Reichsfahne und den Doppeladler in der Hand. Unter ihm stand als patriotische Mahnung geschrieben: »Halt fass do Kölscher Boor / Bliev beim Rich, et fall sös ov sor.« Das R war wie ein V geschrieben. Der Kölnische Bauer sollte fest beim Reich bleiben, ob es ihm nun süß oder sauer würde.

Diese Ermahnung war, seitdem Adenauer – selbst einmal Separatist und später Kölner Oberbürgermeister – als Bundeskanzler das Rheinland zum Zentrum der Bundesrepublik gemacht hatte, nicht mehr nötig. Adenauer hatte die Ostfranken zurück zu den Westfranken gebracht. Es war merkwürdig, dass die Kölner Wappenfigur »Boor« hieß, denn das Wort »de Boore«, die Bauern, war im Munde der seit dem frühen Mittelalter sich betont als Stadtbewohner empfindenden Kölner immer eine herablassende Bezeichnung für die jenseits ihrer Mauer wohnende Landbevölkerung gewesen. Auch das war anders als in anderen deutschen Städten, etwa München, wo es eine so strikte

Trennung zwischen Stadt und Land nicht gegeben hatte. Das Wort »Boore« wurde wie »Buure« gesprochen, also genauso wie der Name, den die niederländischen Siedler und Eroberer des südafrikanischen Kapstadt führten, da sie ursprünglich Bauern gewesen waren. Ob den Kölnern das bewusst gewesen war, als Kaiser Wilhelm II. die Buren im Krieg gegen das britische Empire mit Reden unterstützt hatte, weiß heute niemand mehr in Köln. Seit dem Zweiten Weltkrieg war ja die Beziehung vieler Holländer zu Deutschland miserabel, und die ihnen sprachlich verwandten Rheinländer wurden von dieser Abneigung nicht ausgenommen, im Gegenteil.

Das Beste an Köln waren jetzt noch einige besondere Viertel. Das Fringsviertel zwischen Dom und Friesenplatz oder das Viertel an der Severinspforte, der Severinspoorz, im Süden. Merkwürdig das Kölnische Wort »Veedel«. Am bekanntesten geworden durch die Veedels-Zöch, die karnevalistischen Züge aus den einzelnen Vierteln am Karnevalsdienstag. Es gab in allen deutschen Städten solche Viertel, besonders bekannt die in Hamburg, Berlin und München. Aber nur in Köln wurden sie ausdrücklich »Viertel« genannt, so wie in Paris: »Quartier«. Ob das mit der längst vergessenen, aber lange andauernden Zusammengehörigkeit des römisch-fränkischen Köln mit dem galloromanisch-fränkischen Zentrum im Westen zu tun hatte? Vom frühen 6. bis zum frühen 9. Jahrhundert waren Köln und das Rheinland im Unterschied zu den rechtsrheinischen, späteren deutschen Regionen Teil des fränkischen Reiches gewesen. Deswegen ja die Erinnerung an Chlodwig. Auch das Martinsfest mit dem bunten Fackelzug wurde ursprünglich nur in Köln gefeiert, denn es war eine Tradition aus fränkischer Zeit. Reinhard erklärte es mir genauer: Viertel kam von der üblichen Anlage des römischen Castrum nach den beiden zueinander rechtwinklig angeordneten Hauptachsen *cardo* und *decumanus*, deren Schnittstelle das Zentrum des Lagers markierte. Das ergab eine Vierteilung, den Ursprung der Viertel. So in Köln, Paris und in Trier.

Solche Details aus der Geschichte der Stadt Köln hatten mich schon seit meiner Schulzeit interessiert. Es hatte mir als Schüler zu schaffen gemacht, dass ursprünglich die Ubier, ein germanisches Händlervolk, wie es hieß, hier gesiedelt hatten, denn ich bewunderte den kriegerischen Widukind, den Herzog der Sachsen. Deshalb war ich froh, als ich die kühnen Franken als Eroberer des römischen Köln entdeckte, auch wenn Karl der Große Widukind unterworfen und viele seines Stammes hatte hinrichten lassen. Selbst die scheußlichen Mordserien hielten mich nicht davon ab, die Franken fabelhaft zu finden. Noch im 6. Jahrhundert hatten sie eine ihrer Königinnen von Pferden zu Tode schleifen lassen. Auch in Köln hatten sie sich gegenseitig umgebracht. Sogar in St. Gereon! Seit unserer Existenz in Paris interessierten mich auch die fränkischen Ursprünge beziehungsweise Phasen der französischen Hauptstadt. Es hatte im 19. Jahrhundert eine ideologische Debatte zwischen Anhängern der Französischen Revolution und ihren konservativen Gegnern, Republikanern und Konterrevolutionären, darüber gegeben, wie wichtig die Franken für die französische Geschichte gewesen seien. Die konterrevolutionäre Version war die, dass die französische Oberschicht, der Adel, fränkisch-germanischer Abkunft sei und das niedere Volk keltischer. Die dunkelhaarigen, feingliedrigen Südfranzosen und die gelegentlich hellhaarigen, robusteren Nordfranzosen verwiesen ja darauf, dass die fränkische Eroberung nie eine vollständige gewesen war und die Eroberung ohnehin nur eine winzige Minorität an die Macht gebracht hatte. Georges Bataille war auf die Idee verfallen, die physische Aggressivität, die Lust am Blutvergießen beim französischen Adel noch im 16. Jahrhundert von dessen germanischer Herkunft herzuleiten. Er hatte dafür nicht das Wort »fränkisch« benutzt. Davon abgesehen hat-

388

ten die Nachfolger Chlodwigs, des ersten merowingischen Königs, die katholische Religion für alle Franken durchgesetzt, die Institutionen der Verwaltung und der Kirche des römischen Galliens übernommen, und nach einem Jahrhundert sprach wahrscheinlich auch die einfache fränkische Bevölkerung das Galloromanische der Unterworfenen, nicht mehr ihr fränkisch-germanisches Idiom, wenngleich die kriegerischen und zivilen Sitten in vielem noch barbarisch und wild blieben.

In Paris hatte ich auch nach Spuren der fränkischen Zeit gesucht. Paris war ja keineswegs durchweg immer das Zentrum der fränkischen Herrschaft gewesen, die sich auf verschiedene Städte zu verschiedenen Zeiten konzentriert hatte, am Ende auch auf Aachen. Die fränkischen Spuren von Paris glaubte ich in Straßen- oder Gebäudenamen zu finden, auch in Anekdoten aus dieser Frühzeit der Stadt. Als ich den Namen der Kirche St. Severin entdeckte, freute ich mich: Was konnte also fränkischer sein als das ur-kölnische Severinsviertel und das gleichnamige Stadttor? Das Denkmal Karls des Großen und zweier Paladine vor der Kathedrale Notre-Dame war von seinen Schöpfern, den Brüdern Charles und Louis Rochet, 1867 und 1878 auf zwei Weltausstellungen präsentiert und einige Jahre nach dem verlorenen Krieg gegen Preußen-Deutschland dort errichtet worden. Das ursprünglich Fränkische sollte betont werden: Man sieht den fränkischen Herrscher als germanischen König auf dem Streitross, geführt von zwei Kriegern grimmigen Ausdrucks unter dem Helm, die Franziska, das fränkische Kriegsbeil, in den Händen. Sie stellen Roland und Olivier dar, die beiden nächsten Gefolgsleute Karls des Großen.

Einhard hat das Äußere Karls geschildert. Zweifellos fränkisch-germanisch: ungefähr 1,90 Meter groß, ein offenherziges Gesicht mit kräftiger Nase, die klare Stimme wollte nicht schmeicheln. Dem entsprach der kräftige Körper. Karl trug die nationale Kleidung der Franken, Hemd und bandagierte Hose, darüber die Tunika. Und er trug den Bart nicht so, wie ihn das Rolandslied beschreibt, sondern einen herunterhängenden Schnurrbart, wie ihn auch eine Bronzestatue für die Kathedrale von Metz zu Beginn des 9. Jahrhunderts zeigt. Für französische Historiker entstand somit ein Problem: Folgte man dem Buch Stéphane Lebecqs über *Les origines franques*, so verlor der westliche Teil des *Imperium Francorum* seit Mitte des 7. Jahrhunderts immer mehr an fränkischen Eigenschaften, die auf den nordöstlichen Teil zwischen Rhein und Mosel, das familiäre Ursprungsgebiet Karls, übergingen, also auf jenes Gebiet, das die rheinischen Franken besiedelten, nachdem sie Köln erobert hatten. Andererseits wurden die Landschaften der westlichen, der salischen Franken mit dem Zentrum Paris zum Ursprung des zukünftigen Frankreichs. Diese formierten sich als die Franken der »île de France«. Gehörte also der mächtigste aller Könige der Franken eigentlich nicht mehr richtig zu Frankreich? Geopolitisch nicht und sprachlich nicht? Dass er die Sachsen so schrecklich geschlagen hatte, machte ihn andererseits zum echten Erben Chlodwigs, der die Alemannen für immer aus fränkischem Gebiet verdrängt hatte.

Deshalb trieb mich auch die Frage um, welche Sprache Karl wohl gesprochen hatte, dessen Hauptstadt Aachen ja im ostfränkischen Gebiet zwischen Mosel und Rhein lag: Sprach er Galloromanisch oder Fränkisch? Kein Buch über ihn gab dazu Auskunft. Wen immer ich fragte, man wusste es nicht oder meinte, Karl habe Latein lesen können wie seine Hofräte. Aber das war ja nicht meine Frage gewesen! Es interessierte niemanden. Schließlich gab mir ein belgischer Linguist, der von Hause aus Flämisch sprach, während einer Konferenz an der Universität Löwen die Antwort: Karl habe so wie wir beide, eben wie die Flamen oder die Niederrheindeutschen, gesprochen, eine Version des

Ripuarisch-Fränkischen, nicht zu verwechseln mit dem fränkischen Dialekt um Würzburg herum oder dem Main-Fränkischen. Diese beiden Dialekte gingen zwar auch auf die fränkischen Eroberer zurück, gehörten aber partiell zu Regionen, die erst vierhundert Jahre nach den linksrheinischen Franken rechts des Rheins christianisiert, also zivilisiert worden seien. Dieser dramatische Unterschied zwischen dem rechtsrheinischen »eigentlichen« Deutschland und dessen linksrheinischen Landschaften ist in Schule und Universität nie wirklich erörtert worden. Stattdessen überlebte der Stolz auf Hermann den Cherusker, weil er die römische Zivilisation draußen vor der germanischen Wagenburg gelassen habe! Mit Folgen bis heute. Luther hat dieses germanisch-deutsche Selbstverständnis sogar revitalisiert. Zweifellos, die Kölner und die Rheinländer im Ganzen besaßen etwas Besonderes: die ihnen seit mehreren Jahrhunderten zu eigen gewordene christlich-fränkische, römisch beeinflusste Lebensform. Sie findet sich heute noch: Obwohl viele Rheinländer sogenannte »Immis« sind, meist aus den Ostgebieten Zugezogene, haben auch sie die rheinische Lebensform übernommen.

Eine französische Fernsehserie mit dem Titel *Charlemagne* hatte mich geärgert, in der ein jugendlich schöner Karl mit pechschwarzem Haar zu sehen war. Er ritt im blauen, quasi römischen Panzer samt seinen ebenfalls völlig französisierten Franken über den Rhein, um die germanischen Männer und Frauen Widukinds zur Zivilisation zu bekehren. Im Urwald findet er sie neben der Irminsul, der uralten dämonischen Opfersäule, und ruft den vom Trunk etwas aufgeschwemmten deutschen Darsteller des Helden Widukind mit seinem Namen an. Im Hintergrund stehen die der Waffen entblößten fränkischen Soldaten. Als der niedersächsische Herzog nach einigem Zögern schließlich gesprächsbereit ist, sinken sie beide auf die Knie, der jugendlich schlanke Karl umfasst die Hände des massigen ältlichen Herzogs und faltet sie zum Beten, wobei er laut die germanisch klingenden Worte »atar unsar« ausspricht. Den deutschen Schauspieler des Widukind erkannte ich erst nach einer Weile wieder. Es war Helmut Griem, der schöne elegante Graf aus dem Film *Cabaret*, der das junge Paar verführt. Ich erinnerte mich, dass es derselbe Mann war, der mir im Speisewagen zwischen Paris und Köln zweimal aufgefallen war, und mir ging der Zusammenhang auf: Er war zu Fernsehaufnahmen nach Paris unterwegs gewesen. Abgesehen davon, dass Griem noch immer blond war, hatte er nichts vom Sachsenherzog, wie ich ihn mir immer vorgestellt hatte. Das Trotzige war in zu viel Gesichtsfleisch eingebettet.

Dem Regisseur war das wohl gerade recht. Die ganze Serie konnte man als eine Art Allegorie auf das neue, von Frankreich geführte Europa verstehen, in dem die noch vor Kurzem barbarischen Deutschen von den Franzosen eine neue Zukunft geschenkt bekamen: sozusagen Mitterrand und Kohl Hand in Hand vor Verdun. So weit hatte man sich nach dem Zweiten Weltkrieg von der fränkischen Darstellung Karls des Großen vor der Sorbonne entfernt. Dass ich mich darüber ärgerte, fand ich selbst gleichzeitig komisch und etwas lächerlich. So war ich eben. Kein Mensch kümmerte sich sonst um diese Serie, in Deutschland hatte sie sowieso keiner gesehen.

Es gab jedoch ein kurioses Nachspiel. Von Mechthild eingeladen, wo auch deren italienische Freundin, eine Theaterschauspielerin, seit Wochen zu Besuch war, kamen wir auf die *Charlemagne*-Serie zu sprechen, auf die *Rééducation*, welche die Deutschen nun schon seit tausend Jahren hinter sich gebracht hatten. Mit einem Mal fragte mich Mechthilds Freundin, ob heutzutage die jungen Männer in Deutschland so aussähen wie die, die man im Fernsehen sehen könne. Was mochte sie meinen? Nach einigem Hin und Her beschrieb sie einen liebenswürdigen, harmlosen, im Haushalt mithelfenden Typus, der auch unter dem Namen Latzhosenmann durchging. Ob sie den meine, fragte ich, indem ich ihrer Beschreibung diesen Namen gab. Ja, genau den. Offenbar gefiel ihr dieses Ergebnis des Zivilisationsprozesses nicht. Sie bekümmerte die Abwesenheit der einst dominanten, eher harten Erscheinung, die sie sich vorstellte. Vermisste sie vielleicht etwas Militärisches? Das nicht unbedingt, aber etwas Ähnliches, das in Deutschland Tradition gehabt habe. Das gebe es in der Tat nicht mehr. Ein englischer Diplomat hatte mich bei einer privaten Einladung gefragt, ob man mit der deutschen Armee überhaupt noch rechnen könne. Was es mit der preußischen Tradition auf sich habe. Ob die endgültig verschwunden sei. Mechthilds Freundin meinte natürlich etwas anderes: dass der aktuelle Typus nicht sehr attraktiv sei, viel zu lieb und umgänglich, genau das, was Reinhard von seiner Generation gesagt hatte: Weicheier.

Vielleicht lag es daran, dass sie Italienerin war. Von einer Französin hatte ich so etwas noch nie gehört. Die Attraktivität, die von deutschen Soldaten in Paris 1940 ausgegangen sein soll, hatte sich in der Erinnerung gewiss in nichts aufgelöst. Dafür war seit dem existenzialistischen Nachkriegsparis das ungeheure Selbstbewusstsein wiedererwacht, dem gegenüber der Kriegsdeutsche sich erneut zum Teutonen herabgestuft sah. Den mit profeministischer Eilfertigkeit vergessen zu lassen kam bei der Italienerin also nicht an. Meine französischen Nachbarn hatten über die erotische Attraktion oder Nichtattraktion von Deutschen selbstverständlich nie ein Wort verloren. Sie waren ihnen offenbar einfach sympathisch. Sympathischer jedenfalls als die Engländer. Widukind wurde willkommen geheißen, nicht mehr, aber auch nicht weniger.

Die Erinnerungen an die Kölner Geschichte konnten einen über die Hässlichkeiten der Gegenwart hinwegtrösten. Der Ring von vor dem Krieg, der das Zentrum umschließende elegante Boulevard, war noch scheußlicher geworden, als ich ihn aus der unmittelbaren Nachkriegszeit in Erinnerung hatte. Damals ragte alles aus Trümmergeländen heraus, und man konnte sich etwas hinzudenken. Nun blinkte nur noch Modernes von einzigartiger Vulgarität. Der Bahnhof war neben dem von Düsseldorf der hässlichste Bahnhof in Deutschland. Eine Fressgasse, der gegenüber die höhergelegenen Gleise mit dem sie überwölbenden Dach aus Glas und Eisen ein letztes Stück alter industrieller Würde behalten hatten. Daneben der Dom, dessen unmittelbares Plateau und Treppenaufgang man ebenfalls verschandelt hatte. Es gab offenbar keinen Anlass, diesen ungerechten Anblick einer Stadt zu verändern, die länger bombardiert worden war als Hamburg, Berlin und Dresden und deshalb in eine absolute Trümmerstätte verwandelt worden war. Wie hatten sie nur die auf den Dom zulaufende Straße Unter Sachsenhausen mit einer Art Plattenbau ruinieren können? Und dann offensichtlich nie ein Impuls, das zu revidieren! Die Deutsche Bank und die Dresdner Bank befanden sich dort, der Westdeutsche Rundfunk direkt um die Ecke. Hatte keiner der einflussreichen Herren ein gutes Wort für sie eingelegt?

Das väterliche Haus wurde zu einer Festung, in welcher der Phantasieüberschuss sozusagen Orgien feiern sollte. Gleichzeitig hatte die Bielefelder Universität eine neue Anziehungskraft gewonnen. Rembert hatte mich, wie schon bemerkt, eines Tages mitten auf dem Gang mit der Frage konfrontiert, ob ich nicht unsere wöchentlichen ästhetiktheoretischen Diskussionen noch mehr Leuten zugänglich machen wollte. Das war irritierend. Es genüge doch, dass wir diesen kleinen, feinen Kreis hätten. Nein, ich müsse nolens volens Wissenschaft auch organisieren können. Ob ich schon mal etwas von Hans Ulrich Gumbrechts Kolloquien in Dubrovnik gehört hätte. Ja, das hatte ich. Gumbrecht selbst hatte ich nur einmal gesehen, kurz bevor er nach Stanford verschwunden war. Warum sollte ich etwas nachahmen, das – aus einer Konkurrenz zu Jauß' und Isers »Poetik und Hermeneutik« entstanden – einmalig sei? Nein, mir liege es nicht, diese Art von Treffen mit vielen sehr unterschiedlichen Leuten zu organisieren. Ich könne nur aus meinem ganz eigenen Antrieb, nicht aus dem sogenannten Kommunikationsprinzip heraus etwas diskutieren. Das interdisziplinäre Prinzip sei partiell ohnehin Unsinn. Da würden Parallelen in den einzelnen Fächern aufgebauscht, die bei näherem Hinsehen nicht existierten. Vor allem wenn man Soziologie, Geschichte oder, am schlimmsten, Psychologie in die Diskussion eines literarischen Textes einbeziehe. Kürzlich hatte mich das namhafte Essener kulturwissenschaftliche Institut eingeladen, für zwei Jahre dort zu arbeiten. Es sollte um die Tragödie gehen. Sie hätten auch einen Gast, der psychoanalytische Studien zur Tragödie verfolge. Wie wäre es, wenn wir beide zusammenarbeiteten? Daraus könnte doch etwas Wichtiges werden. Nein. Das konnte es nicht. Psychoanalytische Diagnosen emotional einschlägiger Literatur waren bisher immer schiefgegangen. Zum Beispiel in Freuds irriger Lektüre von E. T. A. Hoffmanns Erzählung *Der Sandmann*. Das Phantastisch-Unheimliche, die Angst des Knaben, wird seines Unheimlichen gerade beraubt, indem erklärt wird, dass es sich um die Angst vor dem Penisverlust handele. Freud kam auch nicht einen Zentimeter weiter an das eigentliche Phänomen des Unheimlichen heran. Dass dies nicht nur ein Defizit Freuds war, sondern gang und gäbe in der aktuellen psychoanalytisch-geistesgeschichtlichen Forschung, wurde während eines Salzburger Kongresses über die Melancholie noch deutlicher. Melancholisches Sprechen in der Literatur, die Rede des melancholischen Helden, wurde psychoanalytisch als Symptomatik diagnostiziert, in diesem Zusammenhang sogar die griechische Tragödienheldin Medea pathologisiert. Man hatte keine Ahnung davon, dass Melancholie auch ein ästhetisches Ausdrucksphänomen ist. Rembert Hüsers ehrenvoller Vorschlag wurde endgültig ad acta gelegt.

Da verfiel Rembert – wir standen noch immer am selben Platz im Gang – auf eine andere Idee: Wie wäre es denn, wenn unsere und anderer Hermeneuten Diskussionen fortlaufend in einer Zeitschrift veröffentlicht werden könnten. Ich hätte doch gute Beziehungen zur *edition suhrkamp*. Das wiederum weckte den Ehrgeiz, in Deutschland noch nicht bekannte Texte zur Dekonstruktion zu veröffentlichen. Wir trafen uns am Nachmittag noch einmal, um einen Entwurf zu machen. Remberts Einfälle wurden sofort Programm. Raimund Fellinger, der seit zehn Jahren für mich so wichtige Lektor der *edition suhrkamp*, gab ohne Zögern grünes Licht. Im Jahr 1993 war in der *edition* die erste Folge ästhetiktheoretischer Texte unter dem endgültigen Titel *Aesthetica* erschienen, herausgegeben unter meinem Namen. Die Pointe dieser ersten *edition* mit den Schriften Paul de Mans war aber, dass als Subeditor der junge, gerade in Philosophie habilitierte Christoph Menke aus der Tradition der Frankfurter Schule auftrat, der sozusagen gegen den Strich seiner theoretischen Herkunft den Band mit einem souveränen Plädoyer für Paul de Man einleitete.

Einen anderen Grund dafür, dass die Fahrten von Köln nach Bielefeld zu einer Freude wurden, war eine regelrechte Entdeckung, die ich unter den jüngeren Wissenschaftlern gemacht hatte, bevor wir nach Köln umgezogen waren. Das begann mit folgendem Szenario: Auf dem Bahnhof – ich wartete auf den Zug nach Paris mit Umsteigen in Köln – trat ein dunkelhaariger, noch jünglingshafter Typ mit einem auffallend intensiven Gesichtsausdruck auf mich zu und fragte, ob ich derjenige, welcher sei. Auf die bejahende Antwort explodierte er mit einer Erklärung über den plötzlichen Schrecken in der griechischen Tragödie, über die ich kürzlich in einem Aufsatz gegen die geistesgeschichtlich-religionsgeschichtliche Interpretation geschrieben hatte. Die beiden zentralen Begriffe waren »Erwartungsangst« und »Erscheinungsschrecken« gewesen. Besonders der letzte Terminus wurde strikt poetologisch-phänomenologisch, nicht historisch-theologisch erklärt. Der Schrecken war eine aktuelle ästhetische Erscheinung, nicht eine bloß mythologisch-religiöse Referenz. Der Unbekannte war Habilitand für lateinische Philologie, hatte aber über die Zeitlichkeit in der attischen Tragödie promoviert und war voll des Interesses für meine Art, nach der Zeitlichkeit zu fragen. Ich las sofort seine Schrift, und das Resultat war eine Freundschaft, wie ich sie in meinem Fach nicht mehr für möglich gehalten hatte. Er hieß Schwindt, Jürgen Schwindt, und stammte auch aus dem Rheinland.

Deshalb hatte Bielefeld für mich eine neue Qualität bekommen, zumal ich auch wegen der kürzeren Reisezeit nun längere Zeit dort bleiben konnte. Nunmehr gab es jemanden, mit dem ich über meine Imaginationsthematik ausführlich sprechen konnte. Das hatte ich bisher, abgesehen von meinen vielen Gesprächen mit Reinhard Steiner, nur mit Wolfgang Lange gekonnt, der selbst auf das Risiko hin, die Fachgemeinde zu brüskieren, eine Dissertation über den Wahnsinn als imaginatives Motiv hinter sich gebracht hatte und nun ein ebenso anrüchiges Thema, nämlich »die Nuance«, als Habilitationssujet behandelte. Jürgen war vor solchen Gefahren gefeit, zumal seine Habilitationsthematik auf den ersten Blick strikt historisch blieb. In ihr steckte aber in anderer Weise schon etwas Herausforderndes, weil sie auf Ästhetik, nicht bloß auf die Geschichte aus war. Die Atmosphäre in meinem Seminar hatte sich immer mehr zu einer unbekümmert freizügigen, vor Provokation nicht zurückschreckenden Geselligkeit entwickelt. Inzwischen war Undines zweites Buch in der *edition suhrkamp* publiziert worden. Es trug den Titel *Der Autor als Souffleur* und war das Tagebuch einer Schriftstellerin ohne Scham. In der Woche des Erscheinens fragte mich mein jüngerer Assistent Eckhard Schumacher, dessen anfängliche Sanftheit sich inzwischen verflüchtigt hatte, ob ich das Journal meiner Frau gelesen hätte. Diese eigentlich dreiste Frage war eher ein Vertrauensbeweis. Sie bezog sich offensichtlich auf eine skandalöse, sehr private Mitteilung im Tagebuch, die ihre Beziehung zu ihrem Vater betraf. Auf die bejahende Antwort hin nickte Eckhard nur. Er war wohl zu Recht das, was man betroffen nennt, und ich gab keine weitere Erklärung ab.

Undines Journal setzte die Thematik von *Epiphanien abgeblendet* fort. In einer radikaleren, härteren Art, inhaltlich und stilistisch. Es war das Beste, was in der autobiografischen Form nach dem Krieg in Deutschland geschrieben wurde. Warum? Weil ihrem Journal die Merkmale fehlten, die häufig autobiografischen Notizen selbst bedeutender Schriftsteller anhafteten. Die etwas pompöse Rhetorik von Max Frischs zweitem Tagebuch etwa oder die sentimentale Schöngeisterei von Ingeborg Bachmann. Undines Notizen förderten zum Erfrieren kalte Erkenntnisse zu Tage. Das betraf als Erstes ihre Frage nach der Dauer des erotischen Augenblicks. Es betraf aber auch den Intensitätsgestus der Plötzlichkeit. Dass dieser bei mir inzwischen mit dem Gedanken des je schon Gewesenen konfrontiert worden war, hatte sie noch nicht wirklich zur Kenntnis genommen – das Buch *Der Abschied* sollte erst im darauffolgenden Jahr erscheinen. Ihr Puritanismus gegenüber allem Ungenauen kam zum Zuge, gerade auch bei Dichtern ihrer Wahl. Über Proust hieß es: »die nicht haltlose, aber maßlose Versenkung in die sinnliche Wahrnehmung der Welt«. Über Claude Simon: »die genaue und zugleich überbordende bestürzende Sinnlichkeit der Wörter« und »die Welt ist nicht absurd, sie ist. Ein antiidealistischer Utopiker, ohne Nihilist zu sein«.

Wollte sie sich selbst so verstehen? Jedenfalls wollte sie offenbar, dass der Gegenständlichkeit, der Sinnlichkeit ihrer eigenen Motive keine falsche Hoffnung entsprang. Und dann die Ruhe ihrer Urteile über sehr unterschiedliche Sujets. Kein falsches, kein prätentiöses, originell sein wollendes Wort. Ob es um Truffauts Film *Jules et Jim* ging, der schon fast fünfundzwanzig Jahre alt war, oder um den erst kürzlich wieder gezeigten Stummfilm *Napoléon* von Abel Gance, ob um Heideggers Hölderlin-Studien aus den vierziger Jahren oder den aktuellen Stil Cortázars: Das Urteil konnte nicht treffsicherer sein. Auch bei den seltenen politischen oder den Zeitgeist betreffenden Bemerkungen war sie nicht vage, sondern selbstsicher. So nahm sie die Reaktion auf Abel Gance' 1982 gezeigten Film zum Anlass, über eine von uns schon häufiger diskutierte westdeutsche Kriminalisierung des Erhabenen zu sprechen. Keineswegs polemisch gegen die politische Korrektheit im einschlägigen Milieu. Sie nagelte nur die, wie sie sagte, zunehmend in Banalität abgleitende Mentalität des alltäglichen Lebensgefühls wie auch die der Literatur der alten Bundesrepublik fest. Dass etwas erhaben sein könne in der Literatur, wurde nicht irgendwie gefordert, sondern war ihr ganz selbstverständlich. Erhabenheit bedeutete ihr aber nicht unbedingt eine heroische Größenordnung. Die moderne Version davon stellte sie vielmehr am Beispiel von Chandlers und Burnetts Lakonie und Melancholie heraus. Wirklichkeit solle nicht als Gesichertes, sondern als etwas Komplexes geschildert werden, Literatur sei kein Definitions-, sondern ein Erkundungsprozess. Hinsichtlich ihrer Lieblingsschriftstellerin Marguerite Duras, von der sie sagte, sie habe auch viel Kitsch geschrieben, hieß der entscheidende Satz: »Es gilt wieder Paveses Vorschlag von der Verbindung von Symbolismus und Realismus.« Man dürfe sich dabei keinen Gedankenkitsch erlauben. Damit war ein voluptuöses Eintauchen in die Charaktere und ihre romanesken Erfahrungen gemeint. Vor allem aber könne man nicht wieder ins sogenannte Erzählen zurückfallen, wie es neuerdings gefordert werde. Wenn das Erfassen der Realität als ganzer, auch in unserer Einbildung, nicht mehr möglich sei, dann könne man die Figuren nur noch umkreisen, nicht aber als durch und durch analysierte, feststehende Psychen behandeln. Das floss alles wie Wasser auf meine literaturtheoretischen Mühlen. Mich wunderte nur, dass der Name der australischen Schriftstellerin nicht auftauchte, deren Erzählungen Undine so vorbildlich gefunden hatte: Katherine Mansfield. Dafür nach wie vor die Bewunderung für Virginia Woolf. Und für die russische Lyrikerin Marina Zwetajewa, die ich noch immer nicht richtig gelesen hatte. Der Name eines deutschen Schriftstellers fiel nicht. Undine erwähnte deren Bücher nicht einmal im Gespräch.

Als ich Undines kritische Bemerkungen über meinen angeblich emphatischen Subjektbegriff las, war ich irritiert und gleichzeitig enorm beeindruckt. Mit ihm flüchtete ich vor etwas. Aber wovor? Vor Undines eigenen radikaleren Einsichten. Ihr war zu Hilfe gekommen, dass sie nicht mit den Funktionären der Objektivität zu tun hatte, gegen die ich diesen meinen Subjektivismus immerfort richtete. Das war Undines Privileg, das ich allerdings bezahlte, denn Undine verdiente nach wie vor keinen Pfennig. Die Auflagen der beiden letzten Bücher, die mich und viele andere, nicht zuletzt Andrea, so inspirierten, waren nicht so hoch gewesen, dass man sie in unserem Budget hätte veranschlagen können. Aber ihr Stich saß. Er betraf ja, ohne dass Undine darauf eingegangen wäre, mein ganzes Phantasie-Projekt. Natürlich war das eine Flucht! Es war von Anfang an eine Flucht gewesen. Aber in dem Wort »Flucht« steckte eine psychoanalytisch umgemünzte Illusion: Als ob es eine andere »Realität« gäbe, die man vorerst noch erreichen müsste. Die gab es nicht! Aber Undines Kritik zielte weiter: Es gab überhaupt keinen Ausweg aus der Konfrontation mit dem Sinnlosen, dem Banalen. Einen solchen Ausweg zu suchen, das verstand sie als gedankliche Inkonsequenz.

Insofern drohte ihrem Tagebuch nicht nur ein pessimistischer, sondern ein depressiver Affekt zu entspringen. Aber das war nicht die Lehre der Schrift, weil Undine sich selbst eine Lehre strikt verbot. Die »augenblickliche Erfüllung«, nicht die »Dauer«, war ohnehin in ihrem Journal das, was man als Leitmotiv bezeichnen konnte. Aber eine Dauer vermerkte sie, ohne daraus ein Glücksmoment zu schöpfen. Ich hatte bei unserem ersten Treffen das Gefühl gehabt, jemand Einzigartigem zu begegnen. Deshalb beunruhigte mich ihre Eintragung, sie habe in Paveses Tagebuch gelesen. Und dabei besonders die Stellen, die ich vor Kurzem angestrichen hätte. Zum Beispiel: »Du bist allein. Eine Frau zu haben, die mit dir spricht, ist nichts. Es zählt nur die Umschlingung der Körper.« Warum hatte ich diesen Satz angestrichen und warum hat sie das in ihrem Journal ausdrücklich erwähnt? Warum hat sie mich nicht danach gefragt? Was hat sie über mein Interesse an diesem Satz, über seine Bedeutung für mich gedacht? Dieser Satz erinnerte an den von mir vor dreißig Jahren aufgeschriebenen Satz von Camus über die Frauen, die letztlich nur für die Liebe, die körperliche Liebe da seien. Nicht für den Geist. Das hatte ich selbst in der Heidelberger Zeit so nicht gedacht. Ganz im Gegenteil: Ihre Körperlichkeit sollte mir doch irgendwie die Essenz der Dinge, jenseits falscher romantischer Gefühle, näherbringen. Camus' Satz war immer ein bisschen *déjà-vu* gewesen. Und Paveses Satz kam aus dem Unvermögen, gerade das zu tun, was er empfahl, nämlich eine Frau zu umschlingen. Ein Unvermögen, das zur Ursache seines Selbstmordes wurde. Den *Déjà-vu*-Satz hatte es auch vor Camus schon gegeben. Im Grunde kaschierte dieser Satz nur mit großer Geste einen trivialen Umstand: dass ein

Gespräch mit Frauen seine eigene Regeln hat und dass sie wahrscheinlich Empfindungen haben, die wir Männer nicht haben. Während meiner Seminare, bei denen es ja auch um die Empfindungen, nicht bloß um die Analyse ging, war die diesbezügliche Differenz zwischen Studentinnen und Studenten bei aller Gebotenheit, nach den gleichen methodischen Vorgaben zu argumentieren, mir immer deutlich gewesen.

Hätte Undine die erste von mir benutzte Ausgabe von Paveses Tagebüchern gelesen, wäre sie auf viel mehr Anstreichungen zu dieser Thematik gestoßen. Solche Stellen bezogen sich auf Frauen, *die* Frauen. Es ging um Paveses Fremdheit, ja ausgesprochene Feindseligkeit ihnen gegenüber. Ich erkannte darin keine Wahrheit, doch stellte sich hier eine Frage, die ich noch immer nicht beantworten konnte. Seit der Camus-Lektüre, die mir den Versuch, in Heidelberg die Liebe auf den Sex mit unbekannten und unbekannt bleibenden Studentinnen zu beschränken, hatte verständlich machen sollen, war ich an solchen Themen in der Literatur hängengeblieben. Vor allem die italienischen Schriftsteller direkt nach dem Krieg hatten es diesbezüglich in sich.

Das galt schon für Malapartes Roman *Die Haut* mit seinen zynisch-grotesken sexuellen Motiven, den ich achtzehnjährig las. Dann aber zwanzig Jahre später Pavese! Nicht nur das Tagebuch, das ja eigentlich auf eine Ästhetik hinauslief, handelte von Sexualität. Ebenso seine Romane, die ich mir mit ihren deutschen Titeln für immer merkte: *Die einsamen Frauen, Der schöne Sommer* und *Der Teufel auf den Hügeln.* Auch Alberto Moravias *Die Mädchen vom Tiber.* Immer ging es um das körperlich Andere der Frauen, ihre Sexualität. Vor allem in dem schon 1929 veröffentlichten Roman *Die Gleichgültigen*, den ich erst nach 1956 in deutscher Übersetzung lesen konnte. Die Frauen waren, ob Unterschicht oder Bürgertum, vulgär. Die Männer brutal. Im Fall Paveses erschienen die Frauen manchmal eher wie Wesen von einem anderen Stern: Einsamkeit, Melancholie, Naivität, Verrat waren ihr Wesensausdruck, sie konnten auch Würde haben. Aber die hatte dann immer nur eine Einzige! In Moravias Erzählungen war es durchweg Aggressivität, drastische Asozialität, Sexualität. Die Männer kamen bei Pavese und bei Moravia moralisch schlechter weg. Häufig waren sie irgendwie auch lächerlich. Jedenfalls in den Augen der Frauen: Dass Männer eigentlich nichts anderes von ihnen wollten, als sie zu vögeln. Es lag darin eine romanische Neigung zur schieren Materialität der Liebe.

In Paveses Melancholie bekam diese Ansicht eine quasi metaphysische Perspektive. Im Tagebuch heißt es, dass die Frauen stets »bitter wie der Tod« gewesen seien, nämlich treulos wie Dalila; dass sie einen also, wenn man mit ihnen schlief, immer hintergingen. Der Grund für die weibliche Treulosigkeit liege jedoch beim Mann. Dieser ejakuliere durchweg bei jeder beliebigen Frau, jedenfalls wenn er kein Eunuch sei. Die Frauen dagegen kämen selten zum Genuss. Jedenfalls nicht immer mit dem, den sie haben wollten. Wenn es sie aber treffe, dann »träumten sie von nichts anderem« und seien bereit, dafür jede Gemeinheit zu begehen. Wollte Pavese zwischen der Illusion der Frauen, verursacht durch ihre Beschränktheit im Sinnlichen, und dem angeblichen Realismus der Männer, beschränkt durch Unmoral, unterscheiden? Er bringt es so auf den Punkt: »Wenn das Ficken nicht das Wichtigste im Leben wäre, würde nicht schon die Genesis davon anfangen.« Alle Eintragungen über die Frauen waren Variationen ein und desselben Gedankens: dass die Frau die sinnliche Lust der Männer zu ihren beschränkten Zwecken ausnutze.

Paveses Unterscheidung hatte ein gewaltiges Defizit. Sie entsprang seinem persönlichen Drama, das ihn schließlich in den Selbstmord getrieben hat, der ein Leitmotiv seines

Tagebuchs ist: Sein Problem war es, dass, wie er bekennt, »keine Frau mit mir zum Genuss kommt, dass sie nie dazu kommen wird«. Seine Ejakulation geschehe zu früh, und daher seine Angst davor. Auch die Frauen in seinen Romanen bleiben ohne erotisches Glück. Nicht wegen des Ausbleibens der Lust, sondern wegen der vergeblichen Suche nach einem geeigneten Mann. Aber eine Stimmung der Erwartung ist doch da! Hinter dem Grau des bloßen sexuellen Zufalls – das hatte T. S. Eliot in *The Waste Land* 1922 erstmalig provokativ dargestellt – kam etwas anderes, Intensives, zum Vorschein. Es blieb aber gleichermaßen eine Utopie des Erotischen. Die sechzehnjährige Heldin von *Der schöne Sommer* geht nicht wie die Freundinnen mit den Jungen in die Wiesen, um sich zu amüsieren. Sie hat eine einzige Liebesnacht mit einem jungen Maler, die sich nicht mehr wiederholt. Die über dreißigjährige Heldin von *Die einsamen Frauen* hält sich Annäherungsversuche vom Leib. Aber auch sie, die mit Männern durchaus ihre Erfahrungen macht, erlebt eine besondere Nacht, die ihr bleibt, weil sie nicht wiederholt wird.

Mich interessierte, ob es wirklich – abgesehen vom Körperlichen – eine absolute geistige Differenz zwischen Frauen und Männern gebe und worin sie denn bestehe. Ob sie sich in einer unterschiedlichen Form der Sexualität äußere, war nicht meine Frage, nicht mein Problem. Aber die eigentliche Nähe, eine geistige Gemeinsamkeit – hatte ich sie wirklich je mit einer Frau gehabt, Undine eingeschlossen? Psychoanalytisches kam mir bei solch einer Frage seit jeher nicht in den Sinn. Als ich erstmals, als Student, in Baudelaires *Journaux intimes* dessen Charakteristik der Frau als ein natürliches Wesen, als a priori geistfern, las, da hatte ich das nicht als ein Klischee verworfen. Dass dieses herablassende Bild schon seit Augustin grassierte, wusste ich damals noch nicht. Merkwürdigerweise zitierte Pavese Baudelaire nicht. Denn bei diesem war Paveses drastisches Urteil vorweggenommen, nur noch frenetischer ausgedrückt: »La femme est le contraire du Dandy. Donc elle doit faire horreur. La femme a faim et elle veut manger; soif, et elle veut boire. Elle est en rut et elle veut être foutue. La femme est *naturelle*, c'est-à-dire abominable.« In den *Fleurs du Mal* gab es Darstellungen der nackten Schönen. Emphatische Darstellungen. Sie gingen auf in der Anrufung ihrer Schenkel, ihres Bauches, ihrer Brüste als ein Panorama. Das Eine, das Geistferne, hing für Baudelaire zusammen mit dem Anderen, dem wollüstigen Körper. Im Gegensatz zu Pavese hatte Baudelaire keine Angst vor der Impotenz. Er war nicht nur gern bei seiner farbigen Geliebten, sondern besuchte auch andere Frauen. In seinen Gedichten ging es immer nur um die körperliche Sensation, nicht um die höhere Liebe, wie sie in der französischen Liebeslyrik der Renaissance, bei Ronsard, und vorher schon bei Dante besungen worden war, gerade auch bei der Erwähnung körperlicher Details der Geliebten, vor allem der Augen. Nichts davon bei Baudelaire. Es sei denn, man entdeckte in der ausgebreiteten Darstellung des weiblichen Sexualkörpers eine Art Huldigung an etwas Erhabenes, Unheimliches. Jedenfalls hatte Baudelaire ein neues Thema erfunden.

Die Gespräche mit begabten Studentinnen hatten mein Gefühl, sie seien von einem anderen Stern, nicht vertrieben, ohne dass ich dabei an Baudelaire und Pavese hätte denken müssen. Ich besaß keine Erfahrung, die mein Fremdheitsgefühl aufgelöst hätte. Die Lektüre der italienischen Schriftsteller gab mir ein, dass meinem Empfinden etwas ontologisch Wahres innewohnte. Nach Pavese und Moravia war es noch Henry de Montherlants Roman *Pitié pour les femmes*, der als Teil des vierbändigen Zyklus *Les jeunes filles* schon in den dreißiger Jahren erschienen war und aus dem ich Nahrung für meine Frauenphantasien gezogen hatte. In Montherlants Tagebüchern tauchten Notizen auf, die sich wie Variationen von Montesquieus Satz ausnahmen, den Montherlant selbst zitiert: »Ein recht lächerliches Geschlecht sind doch die Frauen.« Doch schränkt Montherlant diese unbegründet bleibende Sottise ein: Die Frau werde »lächerlich an dem Tage, an dem sie sich verliebt« – eine allerdings besonders herablassende Einschränkung. Lächerlich sind in Moravias römischen Erzählungen eigentlich alle Frauen. Aber besonders lächerlich sind sie dann, wenn sie sich verlieben. Selbst Pavese, der – wie gesagt – einer Einzelnen manchmal Anmut und Würde gibt, erkennt bei ihnen in der sexuellen Situation den charakteristischen Zug des Lächerlichen, weil sie das generell Geistlose besonders zum Ausdruck bringe. Baudelaire hatte die Frauen völlig darauf beschränkt, qua definitionem; Paveses Sehnsucht nach Erfüllung hindert ihn daran, das so brutal auszusprechen.

Es blieben die Gewissheit und ein Reiz, dass ich die Frauen und das, was sie eigentlich bewegte, nicht so verstand wie die Männer. Es lief bei Frauen auf etwas Praktisches hinaus: Sie waren nicht spekulativ, auch nicht die intellektuell Begabten unter ihnen. Mir war klar, dass sie Schriftsteller wie Baudelaire, Pavese und Montherlant mit solchen Ansichten als Erscheinungen von gestern ansehen würden. Sie würden sie ideologiekritisch oder psychologisch gegen null relativieren – für mich Ausdruck der Borniertheit, die viele zeitgenössische Frauen in Form ihrer politischen oder moralischen *correctness* vor sich hertrugen. Doch es hatte Ingrid gegeben. Auch Andrea oder Angela in London. Ulrike ebenso. Und Beatrice, meine Tochter, die ich lange nicht mehr gesehen hatte. Außerdem, hatte ich jemals bei Freunden solche Fremdheitszustände bemerkt? Man sah doch immer nur das selbstverständliche Gegenüber miteinander vertrauter Paare. In den gerade erschienenen Erzählungen des jungen Dresdner Schriftstellers Ingo Schulze lief das mit grandios geschilderter Natürlichkeit oder grotesker Sinnlichkeit ab. An meinem Affekt und dem Interesse für Paveses und Baudelaires Charakteristik der Frauen als andere Wesen änderten solche Eindrücke allerdings nichts.

Aber das war nur die eine Seite meiner Befremdung. Positiv und viel stärker die andere. Denn je fremder die Frauen blieben, umso besser! Das Fremde an den Frauen war ja eine besonders eindringliche Variante der als fremd empfundenen Welt. Mit Undine hatte ich darüber nie geredet. Auch nicht über unsere Affinität zueinander. Unsere Entscheidung, nicht über unsere Arbeiten zu sprechen, hatte damit etwas zu tun. So war auch jetzt nicht auf ihre Reaktion auf mein Interesse an Paveses Frauenthematik einzugehen. Ihr eigenes Tagebuch hatte mir erstmalig ein Licht aufgesteckt, wie nahe wir uns geistig waren. Die Diktion, der Gehalt – alles war existenziell und mir gedanklich so eingängig. Fast hätte ich gesagt »männlich«. Aber das Wagemutig-Originelle war gerade das Weibliche daran, ohne Rücksicht auf die manchmal sehr konformen Konventionen männlicher Intellektueller. Undine hatte mich an Radikalität weit überboten. Es hatte fünfzehn Jahre gebraucht, ihr Kaliber wirklich zu begreifen, auch wenn ich ihre literarische Begabung und ihren spirituellen Affekt immer gespürt hatte. Aber vorher war die Lust an ihrem Körper das Entscheidende gewesen, um zu wissen, was Liebe ist. Baudelaire und Pavese, erst recht Montherlant, sagten mir diesbezüglich nichts mehr. Jetzt hatte ich Angst um diese Liebe. Denn Undines Tagebücher hatten in gewissen andeutenden Sätzen meinen Enthusiasmus für das Leben – wenn man meine Obsession vom Fremdartigen so bezeichnen will – mit einschüchternder Genauigkeit infrage, das heißt vor Fragen gestellt, denen jede Konsequenz, also auch unsere Trennung, folgen konnte. Und zwar deshalb, weil ich diesen Enthusiasmus nicht schwächen oder einschränken wollte. Nach wie vor nicht. Keiner hatte mich vorher so in die Enge getrieben wie sie, durch die mein Phantasieren über Frauen endgültig verschwunden war.

Es wäre also in dieser Zeitphase in Köln aufdringlich gewesen, Undine zu fragen, was sie sich bei ihrer Notiz gedacht hatte. Stattdessen drängte es sich auf, an einer der letzten Bemerkungen ihres Journals hängenzubleiben und darüber zu reden, obwohl sie trivial klingen mochte: »Immer wieder trifft mich das Verfließen der Zeit wie ein Messerstich.« Wie ein Messerstich? Das konnte man direkt auf den umschlagenden Moment in den folgenden Moment, also das Thema des Abschiedsbuches, beziehen. Und darüber redeten wir, beide an die Frage nach dem Bleiben im Verschwinden gefesselt. Das Stillleben in der Kunst gehörte zu ihren Lieblingsmotiven. Sie schaute sich lange Abbildungen von Goyas Stillleben an, seine geschnittenen roten Salmstücke zum Beispiel aus dem Buch, das ich ihr vor drei Jahren zum vierzigsten Geburtstag geschenkt hatte. Bei manchen Stilllebenmotiven kam die Ähnlichkeit mit ihren eigenen Szenen zum Vorschein: das Unheimliche, das Stillleben haben können. Das hatte sich in den *Epiphanien* intensiv ausgedrückt. Stillleben heißt auf Französisch »la nature morte«. Sie sah sich auch Raphaelle Peales *trompe l'œil* von 1822, *Venus rising from the sea – a deception*, lange an, ein aufgehängtes weißes Tuch, dahinter nur schwach sichtbar eine nackte weibliche Gestalt. Nicht die kubistisch geformten Gegenstände von Braque und Picasso. Noch weniger Blumen- und Früchtearrangements. Warum las sie nie Stifter? Dessen einfache Hintergründigkeiten waren ihr wahrscheinlich zu sinnbegabt. Darin lag ihr wohl schon zu viel Fingerzeig, forcierte Abstraktion der Realität. Was Undine wirklich dachte bei diesen Stillleben verschiedener Art, wusste ich nicht. Das Journal gab mir jetzt eine Idee davon.

Der Eklat der Mitteilung über die Beziehung zu ihrem Vater, der zwei Jahre zuvor gestorben war, darüber sprachen wir nicht. Sie hatte mir gleich zu Beginn unserer Beziehung, damals vor zwölf Jahren, von diesem erotischen Verhältnis erzählt. Es gab keinen Anlass mehr, darüber zu sprechen. Dass sie es für notwendig gehalten hatte, darüber zu schreiben, entsprang der Unnachsichtigkeit ihrer Selbstbetrachtung. Es war wohl auch ein Moment von Hass darin. Das Thema der Liebe war jetzt richtig zu erkennen – die nicht aufgegebene Frage nach der Möglichkeit, den Augenblick der Liebe zu verewigen. Diese Frage hatte etwas mit der skandalösen Mitteilung zu tun. Weil sie selbst im Anfang fast zerstört worden wäre, wurde die erotische Erfahrung umso mehr ein zentrales Motiv ihres Schreibens.

Undines Schwierigkeit, in Schuhen zu gehen, hatte sich verschärft. Um die Landschaft am Niederrhein, die wir beide besonders mochten, häufiger zu sehen, galt es, einen Fahrer zu finden. Herr Hansen war der richtige Mann. Ein sehr kölnischer Taxifahrer, ursprünglich Schreiner, der lange in Spanien gelebt und dort geheiratet hatte, fuhr uns für ein Spottgeld über einsame Landstraßen in der Nähe des Rheinufers in Richtung Norden. Wir hatten vor Jahren Spaziergänge auf den Rheinwiesen zwischen Düsseldorf und Köln unternommen. Hier war die Landschaft von tiefer Weite, über den Pappeln die Wolken, die schon vom Meer her kamen. Diese Art von Natur, die wir besonders mochten, war wohl auch ein Grund dafür, dass wir beide den dramatischen bayrischen Berglandschaften nicht viel abgewannen. Als wir an einer Stelle vorbeikamen, wo offenbar Ausgrabungen historischer Funde stattfanden, sagte Herr Hansen in breitem kölnischen Tonfall, aber auf Hochdeutsch: »Herr Professor, die Römer, die Römer, das waren richtige Räuber!« Das Wort »Räuber« kann im rheinfränkischen Idiom wegen der Aufeinanderfolge des voranstehenden harten Konsonanten und der anschließenden weichen Vokale einen theatralischen, jedenfalls sehr bedeutungsvollen Effekt haben. Die Römer wurden in der lokal-patriotischen Kölner Erinnerung eigentlich immer positiv erwähnt. Viele alte Kölner sagten gern: »Wir sind römischer Abstammung.« Dass Herr Hansen die römische Eroberung Kölns, genauer die Gründung der Kolonie der Agrippina hier auf dem linken Rheinufer, als einen Akt des Raubes bezeichnete, musste korrigiert werden. Ich sagte etwa Folgendes: Wenn ein kulturell so grandios entwickelter Staat wie die römische Republik und dann das augusteisch-tiberianische Kaiserreich Eroberungen von kulturell noch nicht geprägten Landschaften gemacht hatten, dann war das etwas definitiv anderes, als wenn barbarische Stämme, wie zum Beispiel die Germanen, Raubzüge in schon kultivierte Länder unternahmen, ohne dort etwas anderes zu tun, als zu rauben und zu plündern. Allerdings müsse man unterscheiden: Die Franken begannen sich schon seit dem 5. Jahrhundert von den Sachsen und Alemannen gerade deshalb kulturell zu unterscheiden, weil sie römische Traditionen sowohl in ihrer militärischen als auch zivilen Ordnung übernahmen, so wie auch die Franken, die sich in Köln festgesetzt hatten. Im Unterschied zu den westlicher siedelnden Franken hielten sie aber weiterhin an ihrer fränkisch-germanischen Sprache fest. Daher, so meine Einrede, verdankten die Kölner von heute der römisch-fränkischen Vorzeit vieles, was diesen Volksschlag so angenehm mache: ihre Weltoffenheit, ihr schnelles Mundwerk, aus dem ihr Witz komme. Herr Hansen wollte das nicht einsehen. Er fing an, auch die Kolonialeroberungen der Engländer und Franzosen moralisch zu verdammen. Nach dem gescheiterten Putsch der französischen Paras gegen de Gaulles Verhandlungen mit der algerischen Aufstandsbewegung musste man aber über das Ergebnis dieser Verhandlungen, die Unabhängigkeit, ernüchtert sein. Die Stadt Algier, die politischen Verhältnisse dort – das alles versank bald im Chaos von Rechtlosigkeit, Terror und Hässlichkeit. Also Widerspruch auch in diesem Punkt gegen Herrn Hansens Äußerungen. Ebenfalls ohne dass es irgendeinen Eindruck hinterlassen hätte.

Das änderte aber nichts an unserer allmählich freundschaftlich werdenden Beziehung. Wir begannen uns zu duzen. Hansen zählte als Gegenleistung für die römisch-fränkische Geschichtsvorlesung alle Kölner Biersorten auf. Er hatte auch ihre Markenschilder gesammelt und in einem speziellen Zimmer seiner Wohnung zusammen mit den dazu passenden Flaschen aufgestellt. Seine Sammlung belgischer Biersorten konnte sich ebenfalls sehen lassen. Außerdem hatte er eine historische Unterrichtung auf Lager. Ob ich wüsste, warum die Ober in altkölnischen Kneipen, in Wirtschaften wie »Früh« am Dom und an der Severinspforte, auf Kölnisch »Köbes« hießen. Nein, das wusste ich nicht. »Köbes« sei der Kölner Name für »Jakob«. Und die Pilgerzüge zum heiligen Jakob von Santiago de Compostela in Nordwestspanien hätten seit dem Mittelalter in Köln ihren Anfang genommen, weshalb die Pilger vor ihrer Wanderung nach Südwesten noch ein Bier in den Wirtshäusern getrunken und den das Bier bringenden Ober nach dem Namen des heiligen Jakob benannt hätten. Eben »Köbes«.

Das war eindrucksvolles Wissen. Überhaupt machte ich mir die bedrückende Stimmung am Botanischen Garten und die Hässlichkeit des Stadtzentrums erträglicher durch die weiteren Erforschungen rheinisch-kölnischer Geschichte, die seit dem Mittelalter ja erheblich war. Auch die sehr exzentrischen Legenden, zum Beispiel die vom unheimlichen Pferd, das die Treppe zu Frau Richmodis heraufgetrampelt kam. Oder die Ironie, mit der man während der Französischen Revolution und der französischen Besatzung berühmte Revolutionslieder parodiert hatte. So gab es ein komisches kölnisches Volkslied, das nach der Melodie des bedeutenden Jakobinerliedes *Ça ira, ça ira* gesungen wurde. Mit den albernen Zeilen: »Kudde rupp, kudde rupp, bei Palms da is de Pief verschtoppt, da hätt de ärm Frau Palm, de janze Stuv voll Qualm.« Lächerlicher kann man die heroische Aufforderung, die Aristokraten an der Laterne aufzuhängen, nicht machen. Dies entsprach gar keiner politischen Animosität. Es war die schiere Lust an der karikierenden Verdrehung. An sich mochte ich Witze nicht, besonders dann nicht, wenn sie angestrengt pointiert waren. Doch manche volkstümlichen kölnischen Witze von Tünnes und Schäl waren gut. So wenn der Schäl den Tünnes nach langer Zeit wiedertrifft und erstaunt fragt, wo er denn gewesen sei. Auf Löwenjagd in Afrika. Auf die anschließende Frage, wie viele Löwen er denn erschossen habe, kam die Antwort: keinen. Als daraufhin Schäl seine Enttäuschung ausdrückt, sagt Tünnes selbstsicher: »Für Löwe is datt vill.« Es steckte in einer Reihe Kölner Witze ein absurdes Element oder eine semantische Pointe. Der bekannteste Witz dieser Art sagt alles: Zwei Frauen sitzen sich in der Straßenbahn gegenüber, und das Kind der einen bohrt in der Nase. Die eine: »Darf de dat?« Die andere: »De darf dat.« Die erste schließlich: »Dat de dat darf?!«

War es Lokalpatriotismus aus schlechtem Gewissen ob der sonstigen Kritik an der Stadt, wenn solche Lieder und Witze mir als einmalig erschienen? Jedenfalls beeinflusste der Kölner Sinn für das Unernste das Thema eines Bielefelder Seminars in diesem Sommer. Es galt zunächst dem exzentrischen Stil bei einigen Autoren des 18. Jahrhunderts: vor allem beim Liebling des Heidelberger Doktorvaters, Hamann, dessen ironischen Stil der Andeutung ich jetzt besser verstand. Dann bei Friedrich Schlegel. Gab es in der sogenannten »körnigen« Sprache jener Epoche nicht ein Merkmal, das mit den Philosophen des Idealismus und ihrer Ernsthaftigkeit zu Ende gegangen war? Wie wäre es, wenn man die Sprache der Ironie mit der Sprache des Ernstes konfrontierte? Dieses Thema wäre auch eine interessante Fortsetzung der *Merkur*-Serie über den Provinzialismus. In ihr hatte ja der tierische Ernst, der Mangel an Witz in Reklame und Schlagern, eine Rolle gespielt. Natürlich musste die historisch-philologische Methode, die das Seminar bestimmte, hier entfallen.

Schlegels enigmatische Provokationen im Aufsatz *Über die Unverständlichkeit* waren ein frühes Beispiel öffentlich wirksamer Ironie gegenüber den perplexen Reaktionen der ernsten Geister von damals vor allem auf den Stil von Schlegels *Athenäum*, jener Zeitschrift, in der die frühromantische Ästhetik verkündet worden war. Was konnte der Ernst anfangen mit Schlegels Satz zur Verteidigung der Ironie: »Ich wollte zeigen, daß die Worte sich selbst oft besser verstehen als diejenigen, von denen sie gebraucht werden«? Die zusätzliche Charakteristik der Wörter als »zu früh entsprungene Geister« verdunkelte das Gemeinte zusätzlich: dass nämlich die Wörter ihre eigene Aura haben und nicht bloß der Informationsfunktion des Satzes dienen, in dem sie zusammen stehen. Ähnliches über die ästhetische Autonomie der Sprache hatte auch Novalis in einem berühmt gewordenen Prosastück geschrieben: dass die Sprache sich »bloß um sich selbst kümmere«. Und dass dies offenbar »einige ernsthafte Leute« überfordere.

Schlegels und Novalis' Auffassung der Sprache war aktuell zu entfalten. Auch der *Merkur* sollte nicht nur zu einem Kommentar über politische oder intellektuelle Themen der Saison werden! Nicht das, was als Zeitungskolumne »Auf ein Wort« heißen würde. Dass er auch nicht bloß auf intelligente Weise informieren, sondern etwas Neues erkennen solle. Die Texte des *Merkur* müssten immer eine leichte Überforderung darstellen. Deshalb keine Vorwegerklärungen darüber, was das jeweilige Heft beinhalte, oder gar darüber, was es wolle. Der Leser müsse – wie Schlegel in einer Hommage an Lessing schrieb – dadurch überrascht werden, dass der »Faden mit einem Male abreißt« und er sich vor einem Ergebnis findet, »das er gar nicht erwartet hätte«. Es gab zu dieser Zeit wenige Autoren, die das konnten. Die Zeitschrift musste etwas im Schilde führen und den Leser selbst erkennen lassen, was das war. Undines Reaktion auf die einzelnen Hefte war mir manchmal ein Leitfaden: Alles, was irgendwie meinungsmäßig wurde, mochte sie nicht. Sie hatte schließlich überhaupt aufgehört, die sogenannten anspruchsvollen Essays zu lesen. Sie kritisierte, dass es sehr selten Literarisches zu lesen gebe, sei es Prosa, seien es Gedichte. Das war eine Konsequenz, die sich aus dem strikt diskursiven, nicht schöngeistigen Charakter des *Merkur* ergeben hatte. Am Anfang, in den Achtzigerjahren, war das durch die subversiv wirkenden ästhetiktheoretischen Aufsätze verdeckt worden. Aber danach, seit Mitte der Neunzigerjahre, fand Undine Haare in der Suppe. Sie mochte sogar meine Polemiken gegen den Provinzialismus nicht, weil sie von der scheinbar sicheren Warte eines Anspruchs auf das Nichtprovinzielle herab geschrieben waren. Sie mochte die meisten Polemiken nicht, selbst nicht die von Heinrich Heine. Sie mochte den linken Konformismus nicht, sie mochte aber auch nicht dessen Kritik.

Auf jeden Fall war das Ironie-Ernst-Thema auch etwas für den *Merkur*: wie der Ernst, der in Hegels Geist-Begriff steckte, das frühe 19. Jahrhundert beherrscht und wie er sich in den tierischen Ernst des frühen 20. Jahrhunderts übersetzt hatte. Jean Paul hatte geschrieben, die Deutschen sähen ihren Schriftstellern die Fähigkeit zum Witz gerade noch nach. Sie »verziehen« den »Witz« nur als »Nebensache«. Hegels Kritik an Hamanns geistreichem Stil dokumentiert diese Aversion des deutschen Ernstes auf hohem Ross: Hamanns Stil bestehe aus »subjektiven Partikularitäten«.

Genau das Partikulare musste ein Prinzip des *Merkur* bleiben! Und es wurde ein sehr anregendes Seminar. Als

Folge stellte sich die Idee ein, daraus das zu machen, was ich noch nie gemacht hatte: ein Kolloquium mit einzuladenden Professoren anderer Universitäten im Bielefelder Zentrum für interdisziplinäre Forschung. Das fand im November 1995 statt und hatte, abgesehen von einigen meiner besten Studenten, besondere Kaliber zu Gast: Rüdiger Bubner aus Tübingen, Heinz D. Kittsteiner aus Frankfurt an der Oder, Werner Hamacher aus Frankfurt am Main und Hans Ulrich Gumbrecht aus Stanford. Die Enttäuschung darüber, dass David Wellbery aus Chicago nicht kommen konnte, war groß. Denn seine Art, Texte zu lesen, war das Beste, was man nicht nur in Amerika zu jener Zeit finden konnte. Aber ich sah Gumbrecht wieder, dem ich erst einmal begegnet war. Er fiel während der beiden Konferenztage besonders auf, weil er offenbar gar keinen ausgeschriebenen Vortragstext bei sich hatte. Es waren nur Stichworte auf kleineren Karten, die ihn animierten, ohne Mühe nachdrücklich das zu sagen, was er sich vorgenommen hatte. Wahrscheinlich besser, als wenn er es abgelesen hätte. Vielleicht erschien das, was Gumbrecht vortrug, mir auch deshalb so subtil, weil es meine Auffassung vom Überernstwerden der deutschen Rede im 19. Jahrhundert durch sehr ironische Einsichten bestätigte: nämlich mit Verweis auf den »Hegelianischen Habitus der Weltaneignung in Deutschland schon während des ersten Jahrhundertdrittels«. Mehr noch: Es war zu spüren, wie Gumbrecht offenbar vom gleichen Impetus getrieben war wie ich bei meiner eigenen Konzentration auf die Erscheinung der Dinge, ohne sie sofort zu interpretieren. Denn sein Satz über den deutschen Geist im 19. Jahrhundert – »alles Wahrgenommene ist für diesen Habitus fast gnadenlos bedeutsam« – war ja auch eine Invektive gegen ein zeitgenössisches deutsches Vermögen als Unvermögen. Dass Gumbrecht gleichzeitig das Binäre der Opposition von Ernst und Ironie, also ein unironisches Verfahren, herausstellte, indem er Stendhals Stil als eine Mischung von beidem erkannte, öffnete mir die Augen dafür, dass meine Ironie, wenn gerade in Rage, auch nicht von so weit herkam. In dem, was Hamacher und Kittsteiner sagten, fand mein Entwurf zwar Nahrung, obwohl Kittsteiner den Einbruch des Ernstes erst mit den beiden Weltkriegen ansetzte. Aber dass der deutsche Idealismus, vor allem Hegel und Kant, eine ungebrochene Rolle spielte und beide Philosophen nicht für den Ironieverlust in Haft genommen wurden, stand in Opposition zu dem, was ich wollte. Dass der Begriff der »Ironie« in Hegels Theorem von der Maske des Subjekts reflektiert ist, wie Hamacher ausführte, belegt mitnichten eine Ironiepotenz in Hegels Denken und Schreiben. Man kann Theorien über die Komödie entwerfen, ohne eine Spur komödiantisch zu sein.

Warum war Martin Seel nicht eingeladen worden? Denn er war unter den jüngeren Theoretikern zur Ästhetik derjenige, zu dem ich inzwischen den besten Draht hatte. Es war zehn Jahre zuvor gewesen, 1985, dass ich ihn in einer nahezu komödiantischen Szene erstmals gesehen hatte, ohne jedoch mit ihm zu sprechen. Zum international bestückten Kolloquium über des Philosophen große Kommunikationstheorie eingeladen, kam ich etwas zu spät. Die Diskussion war in vollem Gange, als ich am unteren Ende des langen Konferenztisches einen Stuhl fand und das Wort »Plötzlichkeit« hörte. In diesem philosophisch-soziologischen Umkreis? Ein junger und auch sehr jugendlich wirkender Teilnehmer der Runde hatte das Wort ausgesprochen und redete nachdrücklich in Richtung des Philosophen. Dieser habe, so der junge Mann, nicht genau verstanden, was Plötzlichkeit meine. Darauf der Philosoph: »Doch, doch«, er habe mit der Plötzlichkeit, und nun nannte er meinen Namen, kein Problem. Das ging noch einige Minuten hin und her, wobei der junge Geisteswissenschaftler auf den entscheidenden Punkt zu sprechen gekommen war: sowohl auf die kontingente Zeitlichkeit als auch auf die selbstreferenzielle Ausdrücklichkeit der Metapher »plötzlich«. Er hieß Martin Seel. Der Philosoph akzeptierte lächelnd den Widerspruch zwischen ihm und dem jungen Mann und meinte – sozusagen den akademischen Ritterschlag erteilend –, man werde von Martin Seel ja wohl noch hören. Seel hatte bei einem Schüler des Philosophen seine Habilitationsschrift geschrieben. Er kam also aus der Frankfurter Schule, zu der er aber inzwischen infolge seiner ästhetiktheoretischen Rigorosität auf Distanz gegangen war. Ohne selbst ein Wort zur Debatte zu sagen, nahm ich meinen Nachbarn wahr: einen großen, pfeiferauchenden Wissenschaftler wohl aus der soziologischen Fakultät, dem Titel eines vor ihm liegenden Buches nach zu schließen. Wir hatten uns nur zugenickt, ohne eine Unterhaltung aufzunehmen, da wurde sein Name von einem vorbeigehenden Kollegen genannt: Es war Claus Offe, jener Soziologe, der sich ein Jahr zuvor, 1984, in seiner Vorlesung so aggressiv über den *Merkur*-Aufsatz *Die Ästhetik des Staates* ausgelassen hatte. Ich handelte gewiss richtig, indem ich das Incognito wahrte, um hier nicht die Stimmung zu verderben. Und so war es auch das Beste, nicht so lange zu bleiben. Mit dem Soziologen würde man sicher ein andermal einige Sätze wechseln können, dachte ich damals zu Recht.

Seel war seitdem der für mich wichtigste Kopf in der philosophischen Ästhetik geworden. Wir wechselten Jahre danach Briefe zum Begriff des »Scheins«, der zur zentralen Kategorie für die Frage nach der Autonomie des Ästhetischen geworden war. Für die Profilierung der Ironie gegenüber dem Ernst wäre Seels Blick wichtig gewesen. Irgendwie war das Kolloquium über die Sprache der Ironie und die Sprache des Ernstes frustrierend. Der Ernst war nicht so auf der Strecke geblieben, wie es beabsichtigt gewesen war. Jedenfalls hatte dieser Ausgang die Entscheidung, nicht im Land des Ernstes zu bleiben, vorangetrieben.

Es war auch kein Arzt gefunden worden, der zu Undines Gehschwierigkeiten etwas anderes gesagt hätte als die Pariser Ärzte. So fiel dieser Grund zu bleiben ebenfalls weg. Das Haus des Vaters verkaufen und es so gegen eine große Wohnung mit einem größeren Garten in Paris eintauschen! Undine wollte zum Montmartre zurück, nicht »nach oben«, wo der Tourismus zunahm, sondern auf der richtigen Seite zwischen der Rue Lepic und der Rue des Abbesses. Weil ich selbst ohne Erfahrung in dieser finanziellen Größenordnung war, half ein Anwalt aus, ein jüngerer Freund des Vaters. Im Sommer 1996 war die beträchtliche Summe zusammengebracht und eine mehr oder weniger schöne, altmodische Parterrewohnung aus der Mitte des 19. Jahrhunderts in Aussicht genommen: Durch die großen französischen Fenster sah man auf die hohen Bäume des idyllischen Gartens, den andere Häuser säumten. Das ganze Arrondissement war eine sogenannte Villa – ein durch ein eisernes Tor vom umgebenden Viertel abgeschlossenes, stilles Versteck innerhalb des Metropolengetriebes, drei Minuten entfernt von der Rue des Abbesses unterhalb des Montmartre-Hügels. Vor Weihnachten 1996 zogen wir ein.

Zurück in unserer seit zehn Jahren so vertrauten Stadt, grub sich der Eindruck ihrer Andersartigkeit abermals ein. Dem folgte die Reaktion auf ein Thema, das in Deutschland bei der Zeitungslektüre und anhand einer Reihe politischer Bücher schon aufgefallen war: der Wunsch nach einem vereinigten Europa. Ohne dass dieser Wunsch politisch über die schon vorhandenen Institutionen in Brüssel und Straßburg hinaus vorstellbarer geworden wäre, gab es eine Prämisse, die bei allen Vorstößen in diese Richtung auftauchte: die Behauptung, man sei in einer postnationalen Phase der Geschichte angekommen. Man wollte offenbar über die wirtschaftlichen Verflechtungen und die sich dabei ergebenden politischen Absprachen auf eine politische Union zwischen Deutschland und Frankreich hinaus. Das war für jemanden, der in London und in Paris sowohl die Unterschiede zwischen diesen beiden Städten und ihren Ländern als auch die Unterschiedlichkeit beider Nationen täglich erlebt hatte, eine Utopie, deren Realisierung gar nicht denkbar war. Diese Vorschläge, schon seit Jahren wiederholt, enthielten keinerlei präzise Vorstellungen hinsichtlich der Institutionen, die dann notwendig geworden wären. Diese politische Vagheit wurde übertüncht durch das mehr oder weniger ideologisch begründete Apriori einer angeblich postnationalen Situation. Wenn man die einschlägigen deutschen Bücher las, überfiel einen die Ahnungslosigkeit der meist akademischen Autoren bezüglich der Wirklichkeit der europäischen Länder. Sie sprachen nicht bloß von der Wünschbarkeit einer irgendwie zustande kommenden Einheit Europas, sondern sogar von deren Absehbarkeit: dass sie also einer höheren Vernunft folgend notwendigerweise zustande käme. Warum und wieso hatten diese Autoren solchen Unsinn geschrieben? Vermutlich hatten sie, abgesehen von akademischen Konferenzen oder von Ausstellungsbesuchen während ihrer Bildungsreisen, die infrage kommenden Länder nie wirklich kennengelernt, vor allem Frankreich nicht.

Meine Aversion gegen die Rede vom Vereinigten Europa begann schon bei der Rede über diese angebliche Wünschbarkeit: Unser beider Wunsch, in Paris zu leben, hatte ja gerade mit der vielfältigen Differenz zwischen Frankreich und Deutschland zu tun. Ein Ausgleich dieser Differenz wäre einer kulturellen Katastrophe gleichgekommen. Aber diese Gefahr bestand eben nicht. Weder die französischen noch die englischen noch die deutschen institutionellen politischen Unterschiede konnten von französischen oder englischen Politikern und ihren Wählern verändert, gar aufgehoben werden im Sinne ihrer gegenseitigen Anpassung. Es war nicht denkbar, dass das englische *Com-*

mon Law mit dem französischen *Code Napoléon* vermittelbar gewesen wäre. Es war nicht möglich, die englischen beziehungsweise britischen Wahlpraktiken mit der deutschen Wahltradition zu verschneiden. Es war vor allem nicht denkbar, dass die englische oder die französische Vorstellung von ihrer nationalen Geschichte und deren aktuelles Staatsbewusstsein in einer sogenannten europäischen Idee aufgehen könnten.

Die Motive der deutschen Europa-Agitatoren ergaben sich denn auch aus einer Ermangelung, sogar Abwesenheit dessen, was Staatsbewusstsein und Geschichtsbewusstsein genannt werden kann. Ein solches war infolge der politischen und moralischen Katastrophen des Zweiten Weltkriegs zugunsten einer schon lange schwärenden, aber ungenauen Sehnsucht nach etwas anderem, Größerem, verschwunden. Verständlicherweise. Darüber hatte der *Merkur* nach der Wiedervereinigung ja geschrieben. Die emotional aufgeladene deutsche Währung, das Symbol der D-Mark, war der Ausdruck dieser Abwesenheit einer nationalen Idee von sich selbst. Was die Engländer *nation state* nennen und was sich dort und in Frankreich schon im 15. Jahrhundert endgültig ausgebildet hatte, gab es in Deutschland ohnehin nicht, hatte es nie gegeben. Das wurde von den Advokaten der europäischen Einheit sogar als avancierte Position ausgegeben. Die Flucht aus der eigenen Nationalgeschichte, der Mangel an nationalem Selbstbewusstsein – das waren die Abgründe der neuen deutschen Europa-Religion. Englands Selbstbewusstsein als Nationenstaat war das Erste, was mir während der acht Jahre dort immer wieder aufgefallen war: dass die Briten nicht einer Gemeinschaft beitreten wollten, deren *Leader* oder gar Hegemon den nationalsozialistischen Terror erfunden hatte und der sich dessen damalige Opfer und Mitmacher abermals europaweit unterordnen sollten. Es war unannehmbar für die Briten, die eigenen, über Jahrhunderte bewährten

Institutionen zu ändern zugunsten einer solchen Konstruktion. Der erträumte Superstaat erinnerte sie an feindliche Vorläufer, nicht nur an den letzten.

Diese Aversion steckt aber von Hause aus auch in der Seele der französischen Republik. In den Dreißigerjahren ins Schwanken gekommen, war dieser von de Gaulle trotz der Kollaboration Vichys die Aura früherer Größe wieder eingehaucht worden. Ihre wesentlichen Eigenschaften, Ungeteiltheit und zentralistische Praxis, ihre radikale Streiktradition und die Präsenz einer sozialistischen Linken, die noch bis in die Achtzigerjahre auf Moskau schaute, diese Charakteristika würde man in einem zukünftigen Staatskompromiss nicht aufgeben können. Den unterschiedlichen institutionellen Ordnungen entsprangen die Unvereinbarkeiten des politischen Verhaltens. Was für die politisch entscheidenden westeuropäischen Nationen galt, galt mehr noch für die südlichen und osteuropäischen. Wieder in Paris, sprang uns in die Augen, wie illusorisch vor allem die angebliche deutsch-französische Entente war, auf der die ganze Utopie aufbaute. Die Versicherung der Nie-wieder-Krieg-Formel war zum Ritual einer neuartigen Zusammengehörigkeit geworden. Das Bild des französischen Präsidenten und des deutschen Bundeskanzlers Hand in Hand vor Verdun als Attrappe einer bevorstehenden Union.

Diese Attrappe verdeckten mehrere Barrieren, die irgendwann ins Blickfeld geraten würden. So war das Nie-wieder-Krieg-Prinzip der deutschen Außenpolitik nicht vereinbar mit der französischen Bereitschaft zu einer aktiven Militärpolitik, die sich gegen Bedrohungen gerichtet hätte, die am Rande Europas als möglich erschienen. Das deutsche Engagement im Bosnienkrieg, bei dem zum ersten Mal nach dem Zweiten Weltkrieg deutsche Truppen jenseits der deutschen Grenze eingesetzt wurden, war zwar von der rot-grünen Regierung durchgesetzt worden, es hatte aber keine Veränderungen der letztlich pazifistischen deutschen Haltung bewirkt. An den militärischen Schlägen gegen die serbische Armee haben deutsche Flugzeuge nicht teilgenommen, weil sie nicht teilnehmen konnten. Das erfuhr ich in jenen Wochen aus dem Munde eines deutschen Luftwaffengenerals in der Pariser Wohnung eines mir bekannten deutschen Anwalts. Der General, auf das erstaunliche Engagement in Südosteuropa angesprochen und gefragt, ob das eine neue Militärpolitik einleite, verneinte dies: Die deutsche Luftwaffe sei zu strategischen Einsätzen strukturell nicht in der Lage. Ihre Teilnahme habe sich auf Aufklärungsflüge beschränkt, nicht einmal Jagdflugzeuge seien im Einsatz gewesen, und daran werde sich in Zukunft auch nichts ändern. Immerhin hatte man die Absturzserie der Starfighter in Erinnerung, wodurch – trotz der Abstürze – der Eindruck einer gewissen militärischen Effizienz aufgekommen war. Auf die Frage, ob sich diese militärische Zurückhaltung auch in der Armee verfestigt habe, lächelte der General: Darüber etwas zu sagen, sei er nicht befugt. Seine Mitteilung über die Luftwaffe sei ja auch kein Geheimnis gewesen. Das habe man, wenn man genau hingehört oder gelesen hätte, aus den Medien erfahren können. Und was die Armee betreffe, so sei natürlich, seit die Bedrohung durch Russland verschwunden sei, der Aufbau der Panzertruppen geändert worden. Wir sprachen miteinander noch über die politischen Gründe dafür, keine Angriffsarmee mehr zu unterhalten. Dass es verständlich sei, dass man nach den ehemaligen deutschen Aggressionen in Europa die Unbefangenheit bei dieser Thematik verloren habe. Und nicht zuletzt habe es diese mentale Bremse auch im Falle Serbiens gegeben, denn Serbien war in der Vergangenheit zweimal das besondere Ziel deutscher Angriffe gewesen.

Insofern war Deutschland nach wie vor kein Partner für eine zukünftige Union, bei der die militärische Ebenbürtigkeit eine Voraussetzung wäre, nicht zuletzt auch die finanzielle Bereitschaft dazu. Dass die Angst vor einem erneuten Krieg zwischen Deutschland und Frankreich schwand, musste noch tiefer ins Fleisch der Utopisten schneiden. Die drei Kriege von 1870/71, 1914 bis 1918 und 1940 hatten nicht nur die Idee von einer Erbfeindschaft zwischen Deutschland und Frankreich verfestigt, sondern ebenso das Gefühl einer besonderen Bestimmung füreinander aufgebracht. Die französische Entdeckung der deutschen Philosophie durch Kojève, Sartre, Derrida, Foucault und Deleuze, von Hegel über Nietzsche zu Heidegger, war ein Resultat dieser Kriege. Deutschland, der Feind, wurde nicht zum Freund, aber zum interessanten Fremden. Das hatte es schon einmal gegeben. Nach dem Erscheinen von Madame de Staëls Buch über das verwunschene Land der Dichter und Denker im Osten. Diese Attraktion, der sich während der Dreißiger- und frühen Vierzigerjahre des 20. Jahrhunderts die Affinität rechtsradikal-präfaschistischer Schriftsteller beigemischt hatte, war nach dem Zweiten Weltkrieg langsam verschwunden. Je mehr das politische Verhältnis in einen ewigen Frieden übergegangen war, desto mehr verlor Deutschland an ambivalenter Anziehungskraft. Es war die Provinzialität der Bundesrepublik, die im *Merkur* Anfang der Neunzigerjahre provokativ beschrieben worden war, die jetzt das Bild eines gefährlichen, aber geistig aufregenden Landes verdrängte. An seine Stelle trat das Bild der Langeweile, von etwas, das zwar gut funktionierte, aber nichts mehr ausstrahlte, was zu einer engeren Bindung eingeladen hätte.

Es wurde wieder erkennbar, warum die Psychologie zwischen ganz gewöhnlichen Franzosen und Deutschen nicht funktionierte. Sie hatte nie funktioniert. Das war die erste Empfindung nach unserer Rückkehr aus Köln. Jedes Wort, jeder Blick, jede Geste in einem Bistro sprachen Bände über diese Entfernung. Wie konnte die Europapolitik das übersehen? Durch Zureden, mit Floskeln. In Deutschland und Frankreich sprach inzwischen kaum jemand mehr die Sprache des anderen. Selbst die Bewohner Badens und des Elsass konnten sich nicht mehr wie früher verständigen. Dass etwas Einschlägiges im Gange war, hatte ich schon zehn Jahre zuvor erstmals mitbekommen, als sich westdeutsche und französische Philosophen zu einer Konferenz in Paris trafen. Ein verdächtiges Thema ohnehin: Was ist Rationalität? Das hatten sich die deutschen Teilnehmer ausgedacht, um ihre französischen Gastgeber mit etwas zu traktieren, das sie nun für sich selbst in Anspruch nahmen, während den Franzosen neuerdings der Vorwurf der Irrationalität angehängt wurde. Diese erfanden ihrerseits für die neugebackenen Rationalisten das Wort »Fridolins«, den lautmalerischen Ausdruck für eine abermals hervortretende Blauäugigkeit. Vermutlich wurde das deutscherseits als Beleg für politischen Zynismus verstanden. Die in Berlin erscheinende Zeitschrift *Lendemains*, dem Gespräch der Romanisten beider Länder gewidmet, hatte nach dem Gedenkjahr der Französischen Revolution und der folgenden Wiedervereinigung der deutschen Staaten in unendlicher Resignation festgehalten, dass die Intelligenz beider Länder auseinandergedriftet sei. Philippe Sollers, der intellektuell einflussreiche Herausgeber der avantgardistischen Zeitschrift *Tel Quel*, hatte seiner Ironie über das angestrengte »Geistige« des deutschen Idealismus freien Lauf gelassen. Ihm komme alles, was wirklich deutsch sei, barbarisch vor, einschließlich Goethe und Thomas Mann. Die von ihm geschätzten Heine, Freud und Kafka seien nicht eigentlich deutsche Autoren. Womit er nicht ganz unrecht hatte, wenn man deren Ironie, Diagnostik und materialistische Lakonie mit der »deutschen Tradition« verglich, die österreichische nachdrücklich ausgenommen.

Bei all diesen negativen Faktoren, die gegen ein deutschfranzösisches Zueinander zusammenwirkten, fiel eine paradoxe Differenz besonders ins Gewicht: Dass die Pariser Denker und Literaturtheoretiker das Rätselhafte der deutschen Romantik neu entdeckten und neu definierten. Das war der aktuellen westdeutschen Vernunftpolitik verdächtig geworden und betraf unmittelbar ein Thema, das in meinen Seminaren herausgestellt worden war: die Sprache Friedrich Schlegels, Novalis' und Friedrich Hölderlins sowie Heinrich von Kleists. Die französischen Texte hierzu waren häufig in einem prätentiösen, theoretisch überambitionierten Jargon geschrieben. Aber das, worauf sie hinauswollten, dem galt seit Jahren auch mein Interesse. Dagegen hatte sich die westdeutsche Aufklärung durch einen Rückfall in Geschichtsphilosophie und Geistesgeschichte selbst gefesselt. Nein, für eine zukünftige europäische Union via Frankreich und Deutschland waren keine intellektuellen Garanten in beiden Ländern zu entdecken. Abgesehen vom Philosophen. Aber das stand auf einem anderen Blatt, auf das ich nicht mehr eingehen wollte. Es waren die Kulturfunktionäre, die Eindrücke von ihren professionellen Treffen für Erfahrungen des anderen Landes hielten. Dass auch der Philosoph die Illusion beflügelte, gab ihnen in Deutschland weiterhin Auftrieb. Irgendwann würde die Illusionsblase jedoch platzen.

Die Kritik an der Geistesgeschichte fand im Herbst 1998 erneut Anlass, sich öffentlich zu bewähren. Aus Stanford kam ein Brief Gumbrechts (den ich seit dem Kolloquium Sepp nannte), in dem eine internationale Vortragsserie erklärt wurde, die vom Department für vergleichende Literaturwissenschaften zum Thema »The Future of Humanities« vorbereitet wurde. Zuerst Skepsis, weil das ziemlich wissenschaftspolitisch klang. Dann aber der Einfall, dass dies die Möglichkeit bieten würde, vor der kompetenten Zuhörerschaft einer inzwischen berühmten Universität etwas zur Differenz zwischen geistesgeschichtlicher

Forschung und ästhetischer Hermeneutik zu sagen. Außerdem: Ich war noch nie in Amerika gewesen. Dass man in San Francisco landen würde, gab der Aussicht auf den Vortrag im Namen der Literatur den adäquaten romantischen Horizont. San Francisco! Eigentlich hatte Undine mitfliegen sollen, aber die Beschwerden in ihrem rechten Fuß hatten sich verschlimmert. Im Frühjahr waren während einer Reise an die Loire zum ersten Mal starke Schmerzen aufgetreten, sodass wir einen Spaziergang abbrechen mussten. Noch immer war unklar, was die Ursache dafür sein könnte. Sie hatte einen neuen Arzttermin. Stanford lag nur eine dreiviertelstündige Autofahrt vom Flughafen San Franciscos entfernt. Kaum angekommen, rief ich in Paris an. Es war dort ein Uhr nachts. Undine, die mit ihren Gehschwierigkeiten fünf Tage allein sein würde, machte einen guten Eindruck, die Besucher Andrea und Stephan waren noch da. Ich konnte meine Unruhe für diesen Tag loswerden.

Mein Vortrag am 9. November 1998 wurde beklatscht, nicht weil man ihm unbedingt zugestimmt oder ihn verstanden hätte, sondern weil er überraschte. Ich hatte mit neuen Argumenten für die ästhetische Zeitlichkeit deren immanenten Widerstand gegen die Kategorien der Geisteswissenschaft erklärt. Was immer deren Zukunft sein möge, sagte ich – mit dem Verständnis eines Gedichtes oder eines Romans habe sie nicht viel zu tun. Poetische Zeit, nicht nur die poetische Zeit der Moderne, sondern auch die der antiken Literatur, habe mit philosophischer Zeit oder praktischer Zeit nur vordergründige Gemeinsamkeiten. Das Imaginäre, das ihr entspringe, mache den Unterschied aus. Auch das Phänomen des je schon gewesenen Augenblicks wurde in die Darstellung der Differenz zwischen poetischer und historischer Zeit einbezogen. Die Literaturwissenschaft werde sich nicht als Wissenschaft vom Menschen andienen können, wenn sie wirklich von Literatur spreche. Und auch nicht als Wissenschaft von der Kultur einer Epoche, wie sie der im nahen Berkeley lehrende Stephen Greenblatt neuerdings am Beispiel von Shakespeare-Studien entwickelt hatte. Literaturwissenschaft als Hermeneutik müsse sich von den diskursiven Behauptungen der Geisteswissenschaften verabschieden.

Greenblatt hörte nicht zu, aber der in Stanford lehrende Philosoph Richard Rorty. Rorty hatte sich vor Jahren von der analytischen Philosophie getrennt und gehörte in Stanford zum Humanities Department. Offensichtlich hatte er an dem, was ich sagte, Gefallen gefunden. Das war bei einem Philosophen bemerkenswert. Zu hören, dass in den Geisteswissenschaften Literatur in Kultur transformiert, die heiße Zone inkompatibler Subjektivität einem schon vereinbarten Objektiven zugeschlagen werde, das eben passte ihm. Es passte zu seinem eigenen Interesse, »die Romantik von den letzten Resten des deutschen Idealismus« zu reinigen. Dieser Satz stand in dem zehn Jahre zuvor auf Deutsch erschienenen Buch *Kontingenz, Ironie und Solidarität*. Die Theorie zu solch einer Befreiung war das Beste, was jemand sich wünschen konnte, der einer philosophischen Auslegung der Literatur schon seit Jahren den Rücken gekehrt hatte. Rortys Buch war für die Plötzlichkeits-Ästhetik wichtiger geworden als Paul de Man oder Lyotard und Foucault, weil das Entscheidende in einer klareren Begrifflichkeit gesagt wurde: über die Kontingenz der Sprache, über die »ironistische« Theorie. Dadurch war die systematische Philosophie historisch ins Hintertreffen geraten. Das bezog sich auch auf den Philosophen, den Rorty als politischen Intellektuellen bewunderte. Meine negative Charakteristik des Systematischen wandte er am Tag nach dem Vortrag bei einer öffentlichen Diskussion über moderne Literatur plötzlich kritisch auf das an, was ich zur Moderne gesagt hatte. Ihre Stilzüge als ein Kriterium für die Gegenwart zu verstehen sei ein Widerspruch zu der so einleuchtenden Polarisierung von Geisteswissenschaften und Hermeneutik. Rorty erläuterte seine mich überraschende Distanz zu den Worten »modern« und »moderne Literatur« mit einer ironischen Charakterisierung der bewunderten Lektüre seiner Jugend: Virginia Woolf und James Joyce. Deren Erzählungen seien »fakes«, prätentiöse Verfehlungen von Darstellung. Sie setzten keine Standards, hinter die man nicht mehr zurückdürfe. Wenn man die Fähigkeit dazu habe, könne man im Stil von Balzac schreiben. Fast sprachlos beharrte ich darauf, Woolfs und Joyce' Stile markierten Grenzen, hinter die man nicht mehr zurückkönne. Dass damit eine teleologische Perspektive gesetzt wurde, die ich selbst theoretisch am Vortag ad acta gelegt hatte, diesen Widerspruch aufzuheben, fand ich an jenem Morgen kein angemessenes Argument. Zurück in Paris, setzte ich zu einer radikaleren Fassung des je schon gewesenen Augenblicks an. Wenn man die verschwindende Gegenwart in Leopardis und Kafkas Parabeln gegen die philosophische Seinsbejahung las, dann gelangte man zu den Wurzeln der Differenz.

Undines Fußschmerz hatte sich so verstärkt, dass die Konzentration auf die Theorie keine Ablenkung mehr mit sich brachte. Bis zum Sommer 1999 hatte ich trotz der Emeritierung zwei Jahre zuvor weiterhin Seminare in Bielefeld gehalten. Nun konnte ich Paris nicht mehr verlassen. Undine, zunächst am Stock und dann immer mehr im Rollstuhl, vertiefte sich in ihr Schreiben. Zum ersten Mal kam die Angst auf, dass ihre Krankheit eine ganz andere sei, als die Ärzte bisher vermutet hatten. Der Aufenthalt in einer Klinik im Frühjahr 2000 hatte keine wirkliche Diagnose gebracht. Es könne besser werden, es sei keine Sklerose – dieser Name war aber nunmehr ausgesprochen. Im Spätsommer des Jahres kam es zu einer erneuten Untersuchung in der Neurologie der von Charcot, dem Lehrer Sigmunds Freuds, gegründeten Klinik im Süden von Paris. Undine bestand darauf, alleine mit einem Wagen, den die Klinik schickte, dorthin zu fahren. Nach vier Stunden war sie zurück und zeigte mir den Briefbogen mit dem klinischen Bescheid, auf dem der Name der Krankheit stand: »sclérose latérale«. Dieses Wort hatte ich noch nie gehört. Ich sagte sofort abwehrend: »Aber du hast doch gar keine Sklerose.« Darauf Undine trocken: »Ach, die nennen das hier nur so.« Sie müsse jetzt täglich eine sehr teure Tablette nehmen, die das Fortschreiten der Krankheit des Fußes aufhalten und durch die sie wieder gesund würde.

8

Die Sonne, die Steine,
die Götter

Undine hatte »sclérose latérale« durchaus so verstanden,
dass sie nicht mehr lange leben würde. Sie hatte mir das
aber verschwiegen, bis ich es Wochen danach selbst heraus-
bekam, indem ich mir von Andrea die Information aus
dem Internet beschaffen ließ. Dort wurde die Krankheit
als »Amyotrophe Lateralsklerose« beschrieben. Undine würde nach der Diagnose nur noch drei, höchstens fünf Jahre
zu leben haben. Ein besonderes Gefühl der Gemeinschaft-
lichkeit war dadurch über uns gekommen. Sie auf der einen
Seite des Lebens, ich auf der anderen, aber zusammenhal-
tend, Tag für Tag. Das Leben musste jetzt ans Fortschreiten
der Krankheit angepasst werden. Undine konnte nichts
mehr in der Küche machen, aber sie konnte noch schreiben,
im Rollstuhl. Sie hatte ein Manuskript begonnen, es sollten
Erzählungen werden. Diesmal hatte sie mir jede Seite zum
Lesen gegeben. Es waren Geschichten über einzelne Personen oder Paare, die sich für wenige Sommertage oder Wochen in dem normannischen Küstenstädtchen Trouville
aufhalten, also in unserem Trouville seit vielen Jahren.
    Ein Bruch mit dem Stil ihrer bisherigen Prosa! Nicht
mehr die dunkle Allegorik von *Epiphanien, abgeblendet*,
nicht die Negativität der Selbsterforschung des *Journals*.
Aber auch nicht der elegische Grundton der Geschichten
von *Nachtblind*. Die Konzentration im Atmosphärischen
war immer noch da, jedoch ironisch gebrochen. Sehr ironisch. Die Konstruktion der Personen, ihre Beschäftigun-
gen, die Beschreibung ihrer Wohnungen hatten noch nie

eine solche Präzision erreicht. Das Leben einer jeden scharf umrissen wie ein existenzieller Scherenschnitt. Die Belanglosigkeit des Alltäglichen bekam eine Aura von Bedeutsamkeit, ohne dass es aufdringlich wurde: Die Dinge erschienen ernster genommen als die Menschen. Insbesondere wenn Letztere von irgendeiner geistigen Ambition bestimmt waren, wurde diese fast sarkastisch beleuchtet. Das war bei der Figur des Kunsthistorikers René der Fall, zu der sich Undine durch unseren Freund Reinhard hatte inspirieren lassen, und ebenso bei der Figur des Literaturtheoretikers Sorel, hinter der ich mich selbst entdeckte. Daraus ergab sich eine allegorische Stilisierung. Ja, es wurde das, was der Einzelne als Drama erfahren mochte, unter einem Basiliskenblick zum Stillleben, die Idyllik der Ferien durchbrochen vom Bewusstsein eines Nichtidyllischen. Die darüber ausgebreitete Heiterkeit war die eines schwermütigen Wissens.

In einer Geschichte mit dem harmlosen Titel »Subtile Schuhe« findet sich ein unheimlich unmittelbarer Bezug zu ihrer Krankheit, nur erkennbar für solche, die von ihr wussten: Ein Schuh umklammert den Fuß der Ich-Erzählerin »wie eine Falle«. Als Ursache des Fußschmerzes, hervorgerufen durch die Eisenstützen in der Sohle, wird ein Anschlag, ein Attentat angedeutet: »Hinter der Glasscheibe im dritten Stock gegenüber ein scharfes Profil, das sich blitzschnell zurückzog.« Dieser Satz war sehr beunruhigend. Er bestätigte die Beobachtung, dass sich Undine selbst seit einiger Zeit schon verfolgt gefühlt hatte, ohne dass sie hätte sagen können, von wem. Die Erzählungen sollten unter dem Titel *Sommergäste in Trouville* erscheinen. Dieser Titel war, indem er eine literarische Anspielung enthielt, reflexiv. Der Roman *Das Versteck des Minotaurus*, der zu diesem Zeitpunkt wieder in Undines altem Verlag Hanser erschien, hatte den satirischen Stil und die Verrätselung zeitgenössischer Personen vorbereitet. Der Roman hatte gerade wegen dieses Stils beträchtlichen Beifall bekommen und war auf den ersten Platz der Kritikerliste des *Südwestrundfunks* gesetzt worden.

Seit dem Frühjahr 2001 konnte sie nicht mehr selbst aus dem Bett aufstehen. Für einige Monate hatte ich sie vom Bett in den Rollstuhl heben können, sodass sie in ihrem Arbeitszimmer die *Sommergäste in Trouville* abschließen konnte. Ende des Jahres kamen auf Veranlassung der Charcot-Klinik täglich zwei Schwestern, um sie zu waschen, und eine Heilgymnastin, die sie massierte und mir half, sie nachmittags in den Rollstuhl zu heben. Die Bettwäsche wechselte ich selbst wöchentlich, manchmal auch nach wenigen Tagen. Noch immer war das Schreiben in ihrem Arbeitszimmer eine Waffe gegen das Fortschreiten der Krankheit. Sie schrieb jetzt mit einer speziellen Schreibmaschine, bei der man die Tasten nur leicht berühren musste. Der idyllische Anblick des bunten Treibens im Viertel war mir beim Einkaufen derweil zunehmend schmerzlich geworden. Die so fröhlichen Gesichter in den Bistros, die Undine nicht mehr sehen würde. Wenn ich Undine aber an den Nachmittagen, an denen sie in ihrem Bett blieb, aus Zolas Romanen vorlas und ihr Blick durch das große Fenster auf die Platanen im vom Sonnenlicht überfluteten Garten fiel, dann versetzte uns beide die Materialität von Zolas Welt, die wir früher nicht gemocht hatten, in eine Stimmung, die dem Glück nahekam. An den Abenden tranken wir noch immer Wein und hörten am liebsten französische Chansons. Besonders diejenigen von Charles Trenet, weil damit die bukolische Stimmung einer schönen Naivität des Lebens aus den Dreißiger- und Vierzigerjahren in uns aufkam. Ein Chanson berührte uns besonders: *Frédérica*. Einmal standen Undine Tränen in den Augen. Ich wusste, warum: Sie erlebte die Präsenz des Augenblicks, der noch da war. Anfang 2002 konnte sie nicht mehr schreiben, und ich begann, ihr bei den kleiner werdenden Mahlzeiten zu helfen. Sie konnte auch kein Handy mehr halten. Das hatte zur Folge, dass ich die Wohnung eigentlich nur noch für Einkäufe verließ. Reisen zum *Merkur* waren nicht mehr möglich. Aber ich ging auch nicht ins Theater oder zu Vorträgen. Nach wie vor kamen die Freunde, vor allem Reinhard und Irmela, zu uns nach Hause. Mitte Januar hatte Undine mir gesagt: »Ich habe einen Roman im Kopf. Ich werde dir jeden Morgen und jeden Nachmittag zwanzig Minuten lang diktieren. Der Roman wird *Hortus Conclusus* heißen.« So kam es. Sie diktierte ohne jede Aufzeichnung oder Gliederung, den Rücken ans aufgestellte Kissen gelehnt, den Blick über mich hinweg auf das Licht in den Fensterscheiben gerichtet, zum Garten hinaus mit den nun kahlen großen Bäumen. Sie fragte nicht, wie ich es fände. Immerhin handelte es von einem Mann und einer Frau, denen sie Namen gab, die auf uns beide hindeuteten: »Soudain«, das französische Wort für »plötzlich«, und »Equilibre«, für jenes Gleichgewicht, das sie sich selbst immer halb ironisch, aber doch entschieden zuschrieb. Solche Namen gab es in Wirklichkeit nicht. Die Personen waren irgendwie auch synthetische Wesen. Was den männlichen Helden betraf, so waren in ihn Züge ihres Vaters eingegangen, dessen Alter sowieso. Der Titel *Hortus conclusus* nahm eines seiner Lebensprinzipien auf: im exklusiven Freundeskreis zu leben. Aber die Liebesgeschichte betraf Undines Urmotiv: Wie lange dauert der Augenblick der Liebe? Die Konzentration auf die Arbeit veränderte uns. Jeden Tag, jede Woche, morgens und mittags zwanzig Minuten. Ende Juni waren wir fertig. Dann las ich ihr das Manuskript noch einmal vor, Tag für Tag, und sie diktierte mir ihre Korrekturen. Wir hatten bis zu diesem Zeitpunkt kein Wort über den Text gesprochen. Sie wusste, dass ich ihn sehr gut und ungewöhnlich fand. Nun aber fragte sie mich, wie die Sache ausgehen solle. Endgültige Trennung oder ein neuer Versuch? Ich gab darauf keine Antwort. In Wirklichkeit war uns ja gar keine Wahl geblieben. Es war doch entschieden. Undine entschied sich in der Fiktion dann für ein undramatisches, aber nobles Ende. Soudain und Equilibre trafen sich noch einmal, zum letzten Mal. Anfang August war die Arbeit beendet. Michel Krüger besuchte uns noch einmal und überredete Undine, einen deutschen Titel zu wählen, *Der verschlossene Garten*. Er war Undines Entdecker gewesen. Zwei Monate danach, am 5. Oktober 2002, starb Undine.

Das war erst ein halbes Jahr her. Nun war ich auf dem Weg von der Stanforder Universitätsbibliothek zum Seminar über Hölderlins späte Hymnen. Die Maisonne war schon vormittags so heiß, dass ich die Jacke ausziehen musste. Die zunehmende Hitze stand sinnbildlich für die Konzentration, in der ich mich eingeschlossen hatte, für den neuen Antrieb, seitdem ich Paris verlassen und dem Angebot Stanfords, fortan jedes Jahr für ein Semester hier zu lehren, gefolgt war. Dieser Entschluss war aus einem Bewusstsein des Verlorenseins heraus gefasst worden. Sepp Gumbrechts fester Charakter, seine altmodische Hingabe an diese Universität wurden zur Barrikade gegen das Verlorensein. Vorher hatten Andrea, Stephan und Andreas über das Alleinsein in der Pariser Wohnung zwar nicht hinweghelfen können, aber davon abgelenkt. Dass es ohne Undine noch ein anderes Leben geben könnte, diese eigentlich unmögliche Vorstellung war möglich geworden, nachdem Charlotte und Angela, zwei der Preußen-Girls, mich Anfang 2003 nach Irland eingeladen hatten. Charlotte war sehr krank. Sie hatte eine Operation wegen eines Hirntumors hinter sich, war aber guten Mutes, dass sie Glück haben und wieder gesund werden würde. Mit Angela, die Undine und mich Anfang 2001 besucht hatte und im Oktober 2002 zur Beerdigung Undines auf den Friedhof Montmartre gekommen war, unternahm ich lange Spaziergänge am nahen Kanal, den ich von den früheren Irlandfahrten her kannte. Sie lenkte mich ab, indem sie von ihren letzten zehn Jahren erzählte. Vor allem von den Steinen, die sie in den Bächen und Flüssen suchte als Modelle für ihre Schmuck-Entwürfe. Sie bestärkte mich in dem Entschluss, nach Stanford zu gehen. Sie gab mir ein neues Bewusstsein: Dass ich noch ein Leben zu leben vor mir hätte. Sie selbst lebte seitdem in meinen Gedanken. Gegen meinen Willen. Immer stärker. Es war die Fortsetzung unserer 1982 abgebrochenen Treffen.

Nun ging ich unter der Sonne Kaliforniens daran, die Plötzlichkeitsthematik noch einmal zu reaktivieren. Es sollte nicht um den verlorenen Augenblick gehen. In Hölderlins Augenblicken war nichts verloren. Die Elegie *Brod und Wein* betrauerte zwar das Verschwundensein der griechischen Götter, aber sie wurden kraft des emphatischen Anrufs wiedergewonnen. Und die Hymnen *Wie wenn am Feiertage* und *Patmos* enthielten Augenblicke von solch nie gehörter Jetzt-Heftigkeit, dass man hätte denken können, sie wären an einen selbst gerichtet und nicht an die Zeitgenossen von 1801. Nein, die ästhetische Negativität des verschwindenden Augenblickes sollte nicht behandelt werden. Die Sonne über Stanford und das schöne Erhabene Hölderlins kamen gerade zur rechten Zeit. Meine nächtlichen Schweißausbrüche nach Undines Tod waren weniger geworden. Aber eine Erschöpfung machte sich bemerkbar, der ich mit dem Wunsch begegnete, den amerikanischen Studenten die Schönheit von Hölderlins Sprache zu zeigen.

Das letzte Mal waren es nicht mehr als sieben Studenten gewesen. Als ich nun die Bibliothek des Gebäudes für Comparative Literature betrat, die oft als Seminarraum benutzt wurde, sah ich, dass zwei weitere hinzugekommen waren. Zunächst irritierte mich die geringe Anzahl. Aber das sei, so erfuhr ich dann, bei einem Doktorandenseminar hier normal. Zumal bei einem Thema, das so unbekannt war. Sich mit amerikanischen Studenten über Hölderlin unterhalten zu können motivierte enorm. Auch Stolz war dabei, von einer grandiosen Epoche der deutschen Literatur zu handeln und davon, was das Wort »Geist« in der deutschen Sprache damals bedeutet hatte. Das einschlägige Gedicht *Gesang des Deutschen* hatte Michael Hamburger nicht in seine sichere Übersetzung übernommen, die alle Studenten benutzten. Und so war denn der provozierende Satz »O heilig Herz der Völker, o Vaterland« in unsere Gespräche einzuführen und waren in dem Zusammenhang weitere von mir selbst übersetzte Strophen zu erklären: dass hier kein konventioneller Nationalismus spreche, sondern ein spiritueller Anspruch, welcher der Generation von Schiller, Schlegel, Hegel und Fichte eigen gewesen sei. Ein herausforderndes Selbstverständnis, im Geist zu exzellieren, sei damals entstanden. Aber die Abschweifungen in die Ideengeschichte wurden kurz gehalten. Die Sprache Hölderlins blieb das eigentliche Thema. In der spirituellen Begründung des Vaterlandes steckte eine Anmaßung, die nur darauf wartete, aus ihrer Naivität ins Aggressive umzuschlagen, wie das bei Fichte dann auch geschah. Obwohl alle Studenten Deutsch lesen konnten, war die Übersetzung von Michael Hamburger für das Verständnis der Verse notwendig. Mit ihrer Hilfe erfassten sie den Sinn der Strophen sofort, und ich hatte ihnen dann nur noch besondere Verben oder Substantive zu erklären. Um die ganze Spannweite und Intensität von Hölderlins Ton zu erkennen, das Lyrisch-Melodische, wurden nicht nur die Hymnen gelesen, sondern auch einige Oden, so *Hälfte des Lebens*, *Heidelberg* und *An die Parzen*. In der Ode *Heidelberg* gab es eine Zeile, die uns länger beschäftigte: »Und der Jüngling, der Strom, fort in die Ebne zog, / Traurigfroh, wie das Herz, wenn es, sich selbst zu schön, / Liebend unterzugehen, / In die Fluten der Zeit sich wirft.« Welch eine intrikate psychische Bewegung! Der Selbstgenuss ob eines Schönheitsaffekts, das eigene Herz als Selbstbezug. Und daraus die Stimmung zwischen Glück und Trauergestus, die atmosphärische Präsenz des Narziss-Motivs, um sich dann vom Pathos der Wörter »Zeit« und »Fluten der Zeit« einholen zu lassen.

Das fanden wir Wort für Wort heraus. Dabei wurde Florian, der mir von der Universität als eine Art Assistent zugeordnete deutsche Teilnehmer der Runde, besonders erfindungsreich. Er war tatsächlich imstande, alles über die Sprache, über die Laute, über den Rhythmus zu erklären. Florian hatte Musik studiert, hatte ursprünglich Geigenspieler werden wollen, Solist. Nun zielte er, weil eine Laufbahn als Solokünstler unerreichbar schien, auf eine Universitätskarriere in den Literaturwissenschaften. Unter den Studenten gab es zwei weitere Europäer. Michele, eine Italienerin, und Jakov, einen Kroaten. Außerdem kam häufig Shafig hinzu, ein Afghane, dessen Vater von den Kommunisten in Kabul ermordet worden war und der an einer Dissertation über den Einfluss des persisch-arabischen Dichters Hafis auf Goethes Alterslyrik arbeitete. Jakov war Neffe des Erzbischofs von Zagreb, und sein explosives Deutsch, seine dramatischen Thesen machten sich Hölderlins Geschichtsbewusstsein leidenschaftlich zu eigen. Michael, der New Yorker, kannte Walter Benjamin in- und auswendig und kommentierte Hölderlins Emphatik ebenso gut wie Benjamins sprachphilosophische Kategorien. Dann war da noch Robert, ein Kalifornier und Schüler von Hayden White, der an einer Dissertation über das Erhabene saß und an Hölderlins Plötzlichkeitsmetaphorik interessiert war. Und schließlich seine deutsche Freundin Sabine. Ich kannte beide schon von meinem ersten kurzen Besuch in Stanford her, als sie mir den Hafen von San Francisco gezeigt hatten. Das Hölderlin-Seminar war ein Gemisch von Erforschen und Erleben. Und Letzteres umso mehr, als es in Stanford stattfand.

Hölderlins Rede vom Vaterland als dem heiligen Herzen der Völker hätte eine weitere Erläuterung verdient gehabt. Nicht hinsichtlich Hölderlins Sprache, sondern hinsichtlich ihres sakralen Effekts in der deutschen Nationalgeschichte. Mir fiel ein, dass bei der Hitlerjugend Lieder im Gebrauch gewesen waren, in denen es etwa hieß: »Heilig Vaterland in Gefahren«, oder: »Deutschland, heiliges Wort, / Du voll Unendlichkeit! / Über die Zeiten fort / Seist du gebenedeit! / Heilig sind deine Seen, / Heilig dein Wald.« Eine Seminararbeit über die Hitlerjugend bei einem Göttinger Historiker namens Hubatsch in den Fünfzigerjahren hatte diese Strophen zitiert. Die Autoren der Lieder hatten sich offensichtlich von Hölderlins Vokabular anregen lassen. Florian sprach mich auf das sakrale Motiv später noch einmal nachdrücklich an, was mich verwunderte angesichts seines ansonsten strikt auf Formen konzentrierten Interesses. Dann aber kam heraus, was politisch dahintersteckte. Als ich erwähnte, Hölderlin habe nicht nur das Wort »heilig« im nichttheologischen Sinn verwandt, sondern auch das Wort »rein«, wenngleich seltener, da geriet Florian in eine Art intellektuellen Furor: Dem müsse man unbedingt nachgehen, darüber solle man beim nächsten Stanford-Aufenthalt ein Seminar machen.

Darin war zweifellos ein ideologiegeschichtlich ergiebiges Thema enthalten. Der »deutsche Geist« hatte es seit Kant, Hegel und Fichte mit dem Anspruch auf etwas Reines. Das »Absolute« war rein. Auch die Naziverbrechen waren mit dem Gestus, dabei reinen Herzens zu bleiben, begangen worden. Eine berüchtigte Rede Himmlers an die SS in Posen belegte das buchstäblich. Noch perverser: Vielen der naiv vom Nationalsozialismus Begeisterten ging es vor allem um Reinheit, nicht nur der Rasse, sondern um das Reine überhaupt. Dass man in Deutschland seit dem frühen 19. Jahrhundert und dann verstärkt an dessen Ende die Welt »rein« hatte halten wollen, hätte zu dieser Thematik gehört. Aber hier in Stanford, das leuchtete Florian ein, solch eine schmutzige Wäsche zu waschen wäre für alle

Teilnehmer des Seminars nicht sehr motivierend gewesen. Es hätte allerdings durchaus in die Stanforder Germanistik gepasst, die sich nicht bloß auf deutschsprachige Literatur, sondern auch auf deutsche Geschichte und vor allem deutsche Philosophie und Ideologiegeschichte konzentrierte. Deshalb hieß das Department ja »German Studies« und nicht »German Literature«. Dass Florian so enragiert reagiert hatte, erklärte sich nicht bloß aus seiner geistesgeschichtlichen Neugier. Ich hatte den Eindruck, es habe etwas mit der Musik zu tun, mit einer bestimmten ernsten Form, in Deutschland Musik zu betreiben, die mir selbst früh aufgefallen war und die ich einmal den »Kult der Blockflöte« genannt hatte, auch wenn es bei solcher Musikpraxis mehr noch um die Geige oder das Klavier ging. Tatsächlich kam heraus, dass Florians für ernste Musik begeisterte und sie selbst ausübende Großeltern der Nazireligion angehangen hatten.

Aber es blieb nicht bei Hölderlins heiligem Herzen, sondern es ging weiter mit dem anderen Herzen, dem »traurigfrohen«, mit der Sehnsucht danach, unterzugehen, und mit der Frage, warum das Wort »Trauer« ein zentrales Wort in Hölderlins Gedichten geworden sei. Die Diskussion führte von *Brod und Wein* und der Trauer um das Verschwundensein der Götter über *Wie wenn am Feiertage* und die Trauer über das Verstummen der poetischen Rede hin zu *Patmos* und der Trauer der Jünger über den Abschied Jesu. Bis schließlich zu *Mnemosyne* und der Trauer um die versunkene griechische Mythologie. Das Wort »traurig« auszusprechen, das sei, so behauptete ich, ein reflexivlyrischer Impuls Hölderlins, unabhängig von der kulturhistorischen Thematik. Die Frage, ob Hölderlin aus privaten Gründen das Wort »Trauer« so emphatisiert hatte, wurde methodisch ausgeklammert: zu autobiografisch! Es war mir dieser Aspekt zu jenem Zeitpunkt ohnehin nicht geheuer. Er hätte mich emotional zu sehr angestrengt. In dieser Woche hatte ich nämlich erfahren, welchen Beifall Undines Erzählungen *Sommergäste in Trouville* bekommen hatten. Sie war jetzt, nach ihrem Tod, zu einer wirklich bekannten und anerkannten Schriftstellerin geworden, die auch im Ausland gelesen wurde. Nein, private Motive waren in Hölderlins Versen nicht ausschlaggebend. Er mochte private Gründe gehabt haben, traurig zu sein. Aber darüber sage, so meine Behauptung, sein Wort »traurig« nichts aus. Das erkenne man auch an der erörterten Strophe der Ode *Heidelberg*. Ebenso an einem Satz aus der Ode *An die Parzen*, der lautet: »Dass williger mein Herz, vom süßen / Spiele gesättiget, dann mir sterbe.« Nämlich erst, nachdem die Götter dem Dichter gegönnt hatten, sein Gedicht zu vollenden. Es war offensichtlich, dass die Seminarteilnehmer, alle in ihrer Weise subtile Köpfe, diese Auffassung interessanter fanden als die ideologiegeschichtliche Bewandtnis des Wortes »heilig«, die historische Kenntnisse der deutschen Geschichte des 19. Jahrhunderts vorausgesetzt hätte, die bei amerikanischen Germanisten nicht zu erwarten waren.

Die Priorität des Sprachlichen wurde auch beim zweiten Seminar deutlich, einem Proseminar, das dem wahrscheinlich zu schwierigen Thema »Krieg in der Literatur« galt: Homers Krieg, Shakespeares Krieg, Kleists Krieg, Jüngers Krieg, Faulkners Krieg, Claude Simons Krieg. Es waren vor allem zwei Studentinnen, Jessica und Dara, die sofort verstanden, worum es ging: nicht um die politisch-historische Kritik des Dichters am Krieg. Vielmehr umgekehrt um den Krieg als poetisches Mittel der Darstellung. Eine Reihe der sehr jungen Studenten erschien bald nicht mehr zu den als Proseminar angekündigten Sitzungen. Das hatte möglicherweise seinen Grund in dem zur selben Zeit die Nachrichten beherrschenden Angriff der Amerikaner und Engländer auf Husseins Irak. Die poetologisch relevante Kriegsthematik hatte ich schon im letzten Bielefelder Seminar im Sommer 1999 behandelt. Sie für Stanford wegen des Golfkrieges abzusetzen schien mir nicht notwendig. Vielleicht hatte ich das falsch eingeschätzt. Allerdings fiel mir auf, dass in Stanford über den Krieg eigentlich überhaupt nicht geredet wurde. Weder von Studenten noch von Professoren. Lag die Ursache darin, dass Stanford im Unterschied zu Berkeley oder Columbia und auch Chicago eine unpolitische oder gar konservative Universität war? Florian, der immer mehr zu meinem wichtigsten Gesprächspartner wurde, erklärte mir, die große Mehrheit der Professoren und Studenten hier sei liberal, nicht konservativ. Allerdings sei Stanford als Universität im Grunde überhaupt nicht politisch orientiert. Der aktuelle konservative Ruf rühre wahrscheinlich daher, dass Condoleezza Rice, die Außenministerin der Bush-Regierung, als Stanforder Politologin nach Washington gewechselt war. Außerdem gelte das in Stanford ansässige Hoover Institute als ein konservativer Thinktank. Aber beides drücke keineswegs die politische Mentalität der Universität aus.

Es gab einen Professor in Stanford, der sich vom Krieg niedergedrückt zeigte: Richard Rorty. Beim Lunch im Faculty Club, dem professoralen Dining Room, sprach er, den ich als so temperamentvoll aus seiner Diskussion mit mir vom November 1998 in Erinnerung hatte, stockend und zögernd. Wir trafen uns mehrfach dort. Die politische Tradition Amerikas als eines Landes des Rechts und der freiheitlichen Rede sei unmittelbar in Gefahr. Rorty erwähnte dabei auch die Erklärung *Nach dem Krieg: Die Wiedergeburt Europas* von Habermas und Derrida, die in der *Frankfurter Allgemeinen Zeitung* am 31. Mai 2003 publiziert worden war. Deren Worte gegen den Krieg im Namen Europas würden ihn mit Genugtuung erfüllen, und tatsächlich hatte er seinerseits in der *Süddeutschen Zeitung* unmittelbar positiv auf Habermas repliziert. Viel mehr sagte er nicht während dieser Stunde. Er variierte solche Sätze lediglich, schüttelte den Kopf und verfiel in ein bedrückendes Schweigen, das mich der Antwort beraubte, die ich auf den Lippen hatte: Ob an der Reaktion der beiden Philosophen nicht etwas Unpolitisches sei. Es war richtig, so etwas in diesem Augenblick nicht zu äußern. Rorty nach dem Essen: »Das ist furchtbar für Amerika.« Beim Gang in mein kleines gemietetes Häuschen, das Domizil eines berühmten Dostojewski-Forschers, dachte ich über Rortys Empfindungen nach, die bei keinem der anderen Professoren zu bemerken waren. Zum Beispiel nicht bei René Girard. Der berühmte französische Kultursoziologe, seit vielen Jahren in Stanford, hatte kürzlich bei einem öffentlichen Vortrag völlig unbelastet von der Kriegsthematik gesprochen. Dabei war sein Thema sogar die Sprache der Gewalt in Shakespeares Dramen gewesen. Fast enthusiastisch hatte er darüber geredet. Ausgerechnet über die Gewalt der Sprache in *Romeo und Julia*. Es ging in die Richtung, die mein Seminar über Dichtung und Krieg eingeschlagen hatte. Unter Stanfords Sonne war der Irak vergessen.

Dabei hatte sich die Universität bei ihrer Gründung Ende des 19. Jahrhunderts einen sehr politischen Wahlspruch zugelegt, einen Wahlspruch in deutscher Sprache: »Die Luft der Freiheit weht.« Das war das Motto Ulrich von Huttens gewesen, und es stand jetzt auf jedem offiziellen Briefbogen, aber auch auf Geschenkartikeln oder Schlüsselbändern, die man überall kaufen konnte. Dass die durchweg der deutschen Sprache nicht mächtigen amerikanischen Studenten den Sinn des deutschen Satzes aus der Renaissance kannten, war zweifelhaft. Hier in Stanford war Europa sehr weit weg. Nicht nur Deutschland. Dass die Gründer Stanfords ein deutsches Motto gewählt hatten, war ein Beleg dafür, dass die deutsche Universitättradition einmal eine Aura gehabt hatte, die mittlerweile jedoch völlig verschwunden war, sodass sogar der Emporkömmling Stanford inzwischen alle deutschen Universitäten in der Rangordnung auf hintere Plätze verwies. Man hatte den

Eindruck, dass selbst die englische Universitätstradition den Gefühlen oder dem politischen Bewusstsein der kalifornischen Studenten nicht näher lag, abgesehen davon, dass die englischen Universitäten Oxford und Cambridge die amerikanischen in manchem Ranking immer noch übertrafen.

Vielleicht war auch daran die Sonne schuld: Sie intensivierte die eigene Präsenz hier, ohne dass man an andere Weltgegenden dachte. Über den Gehwegen des Campus lag der Schatten von außergewöhnlich exotisch wirkenden Gebäuden, die zwischen blühenden Gärten standen. Ihre Architektur, die Säulengänge vor dem Hauptgebäude, die großen Tore zwischen den verschiedenen Teilen des Universitätsgeländes, die Palmen, die zentral gelegene Kirche, erschienen wie eine Mischung aus byzantinischem und ägyptischem Stil und waren doch wahrscheinlich inspiriert von spanischen Vorbildern, so wie die kleine Stadt Palo Alto, die man zu Fuß oder mit dem Bus erreichen konnte. So wie die Sonne legte sich auch die Exotik auf das Zeitgefühl. Man hatte hier die Stille einer nicht aufhörenden Konzentration. Hierher würde man immer wieder zurückkehren können, um nachzudenken.

Nach Paris flog ich zunächst nicht zurück. Im Anschluss an die Tage mit den Preußen-Girls in Irland hatte mich Angela nach London eingeladen. Zunächst leicht zögernd, entschied ich mich schon zu Beginn meines Aufenthaltes in Stanford, nach Semesterende dieser Einladung zu folgen. Was daraus würde, was das bedeuten sollte, war mir noch nicht klar. Um es besser in Erfahrung zu bringen, lud ich Angela ein, für einige Tage nach New York zu kommen, wo wir uns treffen konnten, indem ich meine Seminare zeitlich verlegte. Zwei Monate später flog ich nach London. Es wurde daraus der ganze Sommer und Herbst 2003 und der Entschluss, bei Angela zu bleiben, in ihrem Haus. Zum zweiten Mal wurde London meine Stadt, aber die

Wohnung am Montmartre gab ich nicht auf. Zwei, drei Mal im Jahr schloss ich mich dort ein. Auch mein Sohn Andreas lebte jetzt in London, das ihn seit seiner Kindheit so gefesselt hatte wie mich. Er war Kunstmaler geworden, und wir trafen uns häufig bei Ausstellungen oder in Museen, wo er mir anstelle von Reinhard die Bilder enorm kenntnisreich erklärte. Ich war im Zusammenhang der Gewaltdarstellung in der Literatur auf den Einfall gekommen, etwas Ähnliches in der bildenden Kunst ausfindig zu machen: Die Grausamkeit vieler Motive in den mittelalterlichen Kreuzigungs- und Martyriumsszenen hatte sich ja mit der Renaissance- und Barockmalerei noch einmal verschärft.

Mit dem *Merkur* hatte ich seit Undines Tod fast ein Jahr lang nur einen sehr eingeschränkten Kontakt gehabt. Jetzt wollte ich mich wieder um ihn kümmern. Seine Ausrichtung war seit dem Überfall des arabischen Terrorkommandos aus Hamburg auf New York am 11. September 2001 sehr viel politischer geworden. Die deutsche Intelligenzija aus Journalismus und Universitäten, jedenfalls diejenigen, die sich öffentlich äußerten, hatte nach dem 11. September zunächst mit den New Yorkern sympathisiert. Dann aber, so schien es mir, schlug die Stimmung um. Die alte Animosität gegen die kriegführenden Vereinigten Staaten bekam wieder kulturkritisches Oberwasser. Dazu passte eine sentimentale Stilisierung der arabisch-muslimischen Religion und Zivilisation, die geradezu kitschige Ausmaße annahm. Die Märchen aus Tausendundeiner Nacht und die Lyrik des Hafis sollten das aktuelle Grauen übertünchen. Die theologischen Unzulänglichkeiten des Korans im Vergleich zu den christlichen Texten, die ausgebliebene Aufklärung fundamentalistischer Motive, die dramatische historische, intellektuelle und politische Verspätung der arabischen und muslimischen Völker, dies alles wurde in sein Gegenteil verkehrt. Der Angriff auf New York erschien in diesem Licht wie eine eschatologische Tat im Kampf der Zivilisationen, bei dem man auf der anderen, der arabischen Seite stand. In den Verlautbarungen der deutschen Amerikakritik, so dachte ich, steckte eine Erneuerung der Kulturkritik der Sechziger- und Siebzigerjahre. Ja, man konnte sehen, wie die irgendwie verstummte alte Linke zwar nicht erneut eine theoretische Stimme fand, dafür aber einen moralischen Ausdruck, und wie sie darüber unendlich glücklich war. Dabei wurden sehr alte deutsche Ressentiments gegen »den Westen« wieder ausgegraben. Selbst spät in der westlichen Zivilisation angekommen, identifizierte man sich nun mit einer noch mehr verspäteten Zivilisation, da es ja ohnehin und eventuell sogar gemeinsam gegen den Kapitalismus ging.

Der *Merkur* hatte darauf im November 2001 mit einer Kritik am Islamismus und ausnahmsweise einem Editorial der Herausgeber reagiert. Es enthielt eine Charakteristik des islamischen Fundamentalismus und ging auf die Orgien deutscher Kulturkritik näher ein. Das hatte höhnisch-aggressive Reaktionen provoziert, die sich inzwischen verstärkten. Bushs und Blairs Golfkrieg hatte die Polemik gegen Amerika verschärft. Und dabei wurde abermals auch der *Merkur* ins Visier genommen, obwohl dort eigentlich nichts zum Irak-Engagement der Amerikaner zu lesen gewesen war. Es war tatsächlich so, als ob man zurückversetzt worden wäre in die polemischen Auseinandersetzungen der späten Sechziger- und frühen Siebzigerjahre, als ich Deutschland verlassen hatte. Als diese Polemik dann verebbte, war bereits eine andere Generation aufgekommen, die sogenannte ironische, die ein Jahrzehnt lang den Ton bestimmte. Meine ästhetiktheoretischen Texte trafen sich mit konvergierenden Ideen im internationalen Meinungsaustausch und wurden zumindest sachlich diskutiert. Die nun aber neu ausbrechende Polemik gegen den *Merkur* war durch einen besonders bösen Einfall Kurt Scheels befeuert worden. Scheel hatte die Idee gehabt, die ebenfalls in Schwung gekommene Kapitalismuskritik mit dem Themenheft des Septembers 2003 konfrontativ anzugehen. Er gab diesem Heft, mit meiner zögerlichen Einwilligung, den Titel »Kapitalismus oder Barbarei?«. Diese provokative, wenn auch mit einem Fragezeichen versehene Umkehrung von Lenins Satz »Sozialismus oder Barbarei« schlug wie eine Granate ein. Aber nicht bei den dem *Merkur* feindlich gesinnten Kreisen, sondern bei uns selbst: Unser liberales Image war beschädigt. Kurt Scheel musste sich ohnehin seit der Zuspitzung von Undines Krankheit allein bewähren. Und das gelang ihm ausgezeichnet. Er war es, der die Redaktion schmiss, der mit den Autoren in Briefkontakt stand. Soweit ich konnte, dachte ich mir zwar immer noch Themen aus und schrieb auch Kommentare. Aber die ganze Kapitalismus-Sache war an mir vorbeigegangen. Scheel reagierte mit eindrucksvoller intellektueller Abgeklärtheit auf das sich anschließende Theater. Er war ja selbst einmal ein radikaler Marxist gewesen und ließ sich nichts mehr vormachen.

Bei der zwei Monate später vom Literaturhaus Stuttgart arrangierten öffentlichen Diskussion über die kapitalistische Wirtschaftsordnung stand der *Merkur* einer Wand von gehässigen Zuhörern gegenüber. Es half nichts, dass der klare, analytische Verteidiger des Kapitalismus, nämlich der mit allen Wassern ökonomischer Theorie gewaschene Rainer Hank, die weitschweifige Polemik des extra aus Paris angereisten Protointellektuellen auseinandernahm. Das wirkte bei den Zuhörern nicht. Die ideologischen Seifenblasen des Parisers schwebten dagegen ungehindert durch den Raum. Als einer der antikapitalistischen Zuhörer, ein mir bekannter Professor, die Untat des *Merkur* im Gespräch mit seinem Nachbarn auch noch mit meiner Untat zusammenbrachte, kürzlich in London wieder geheiratet zu haben, wusste ich, wo ich war. Im Land der Empörung, im Land des Ressentiments. Aber nur für eine Nacht.

Die durch die Ereignisse erzwungene neue Politisierung des *Merkur*, die mich frustrierte, hatte auch ihr Gutes: Zwischen Kurt Scheel und mir gab es nicht mehr den Hauch einer Differenz, wie sie sich doch immer wieder eingestellt hatte, wenn es um die Ästhetik gegangen oder wenn diese Ästhetik nach Kurts Einschätzung zu esoterisch geworden war. Die Zeitschrift war schon in die Kritik geraten, als man im Sommer 1998 den Redaktionssitz von München nach Berlin verlegt hatte. Das wurde als nationale Geste richtig verstanden, aber nicht gut aufgenommen. Es hatte sich ja seit den Provinzialismussatiren bei jenen Leuten, denen sie galten, nichts geändert. Vielmehr hatte der Provinzialismus neuen Auftrieb bekommen.

Verändert hatte sich aber, ganz unabhängig von der Einstellung zum *Merkur*, der Tonfall der verschiedenen Zeitungen. Sie hatten sich seit den Neunzigerjahren einander angenähert. Die markanten Grenzlinien in Stil und politischer Tendenz, wie man sie bis in die Achtzigerjahre hinein deutlich hatte erkennen können, waren verwischt bis verschwunden. Einerseits begannen Journalisten, zwischen *Süddeutscher Zeitung*, der *Frankfurter Allgemeinen* und der *Zeit* mühelos hin und her zu wechseln, ein Unding zu meiner Frankfurter Zeit. Da das vor allem die Feuilletons betraf, las man immer häufiger einander überschneidende Ansichten in den kulturkritischen Kommentaren, wie sie für westdeutsche Zeitungen im Unterschied zu englischen und französischen charakteristisch waren. Aber auch die politischen Fronten prallten nicht mehr so unvermittelt aufeinander. Die *Frankfurter Allgemeine* war nicht mehr so konservativ, wie sie es seit Kriegsende und während meiner Zeit gewesen war. Und die *Zeit* bekam durch ihren neuen Herausgeber Joffe einen pragmatisch-machtpolitischen Zug, während im Feuilleton, nicht mehr so oft, wie häufig belächelt, die moralisierende Erwartung linker Lehrer befriedigt wurde.

Dieser Angleichung der politisch-ideologischen Tempe-
ramente in der Publizistik haftete etwas Fades an, sodass
die fachlich kompetente Kritik, also die Kunst-, Musik- und
Literaturkritik, diese Leere ausgleichen musste. Und einige
Kritiker, besonders in der *Süddeutschen Zeitung*, machten
die tägliche Lektüre tatsächlich weiterhin lesenswert. Unverständlich blieb mir die Entwicklung des jungen Herausgebers des Feuilletons der *FAZ*. Dieser intellektuell enorm
agile Nachfolger von Joachim Fest hatte sich durch seine
scharfsinnige Literaturkritik bei mir zunächst größten Respekt erworben. Wir unterhielten in seinen ersten Jahren bei
der *FAZ* eine freundschaftliche Beziehung. Als er *Literatur-
blatt-Chef* wurde, bat er mich, Berater zu werden. Das war,
so sah ich es, wegen meiner Professur und der Herausgeberschaft des *Merkur* nicht möglich. Ich bot ihm aber an, seinerseits zweimal im Jahr eine literaturkritische Kolumne
für den *Merkur* zu schreiben. Inzwischen begann sich allerdings sein Stil zu ändern. Er schrieb mir neuerdings zu
mystisch-assoziativ über dies und das. Einen der Texte dieses Typs hatte er auch für den *Merkur* verfasst. Meine un-
verblümte, den Jargon kommentierende Absage beendete
unsere Zusammenarbeit. Außerdem spielte der Machtkampf
zwischen ihm und einigen der besten Redaktionsmitglieder
eine Rolle. Darunter maßgeblich Gustav Seibt, einst eine
der Größen meiner Bielefelder Seminare. Ich stand auf Gus-
tavs Seite, ohne mich in die Querelen meiner alten, mir aber
irgendwie noch immer vertraut gebliebenen Redaktion ein-
zumischen. Erstaunlicherweise waren meine besten Kum-
pane von einst, Eduard Beaucamp und Walter Haubrich,
eher auf der Seite des jungen Feuilletonchefs. Sie hielten
ihn wohl für pragmatischer.

Nun, 2003, wieder in England, schoben sich vor die Polemik gegen den *Merkur* oder vor die generellen Veränderungen der Mentalität in den Zeitungen die neuen englischen Gesichter. Es waren Angelas Freunde. Während der

ersten Englandzeit in den Siebzigerjahren hatte ich ja meist professionell begründete Bekanntschaften gehabt. Jetzt waren es ausschließlich private, allerdings solche, die meine Augen für das gegenüber den Siebzigerjahren veränderte Land öffneten. Das fing an mit Angelas Schwager Grey Gowrie, seit den Siebzigerjahren Ehemann ihrer Schwester Neiti.

Nach Anfängen in Harvard als Assistent des amerikanischen Lyrikers Robert Lowell hatte Gowrie, der aus einer alten schottischen Familie stammte, in den Achtzigerjahren eine politische Karriere begonnen. Schließlich wurde er, seinen Kenntnissen angemessen, sogar Kulturminister. Die Karikaturen der Zeitungen zeigten ihn mit der Kappe in der Hand bettelnd an einer Ecke stehend. Dann hängte er alles Politische an den Nagel, um Chef des Auktionshauses Sotheby's zu werden, wo er das Doppelte und Dreifache verdiente. Grey war kein Abenteurer, aber ein auf vielen Gebieten versierter, hochbegabter Mann. Seit Ende der Neunzigerjahre privatisierte er. Eine gefährliche Krankheit war überwunden, und er war zurückgekehrt zu seinen literarischen Anfängen: Ein erster Gedichtband brachte nachdrückliche Anerkennung. Natürlich gab es, wenn wir ihn und Neiti besuchten, politische Diskussionen. Greys Konservativismus war nicht ideologisch fundiert, man hätte ihn als liberalen Tory bezeichnen können, wäre da nicht seine strikte Distanz gegenüber einer intensivierten Mitgliedschaft Großbritanniens in den europäischen Institutionen gewesen. Eine politische Union Europas lag nicht grundsätzlich jenseits seines politischen Horizonts. Aber England könne nicht dazugehören. Das verbiete schon die Begründung Englands auf dem Common Law, unübersetzbar für die Rechtstraditionen auf dem Kontinent. Das Empire mochte vergangen sein, aber die City, das Commonwealth und die Weltsprache gab es wie seit Jahrhunderten. Das trennte.

Grey pflegte aber keinen nostalgischen Rückblick, sondern einen pragmatischen. Das Äußerste, was er sich mit einem gewissen englischen Romantizismus zu sagen leistete, war, es gebe in England leider nicht so viele Wälder, weil das Holz für den Bau der Schiffe der Royal Navy verbraucht worden sei: Holz für die Flotte. Immerhin nicht für den Ofen, dachte ich bei mir. Seine Europa-Distanz war eine rein politische. Ansonsten bewunderte er die kontinentaleuropäischen Kulturen, besonders die deutsche und österreichische klassische Musik. Er tat dies mit einer solchen Hingabe, dass die Musik neben der Lektüre von Büchern über europäische Kunst sein hauptsächlicher Zeitvertrieb wurde. Über der klassischen Musik schwebte Richard Wagner als der oberste Gott, shakespearegleich. Einwände, ob zur lyrischen Sprache von Wagners Opern oder zu dessen zur Weltanschauung stilisiertem Antisemitismus, kamen nicht an, lösten sich in nichts auf vor dem genialen musikalischen Konstrukt. Wenn man wie Grey aufging im Universalen der Künste, dann ließ man sich nicht auf kleinliche Details ein. Das war etwas für einschlägig Berufstätige. Stattdessen ging man in die nächste Wagner-Oper in Covent Garden.

Giles MacDonogh war der Autor von Büchern zur preußischen Geschichte. Das war nun gar nichts Englisches, und Giles war auch kein waschechter Engländer, sondern halber Ire. Das hatte ihn zur intensiven Beschäftigung mit diesem Thema wahrscheinlich animiert. Schon vor Jahren hatte ich, auf der Suche nach Material für einen Aufsatz über Preußen, in der Pariser englischen Buchhandlung gegenüber dem Louvre sein Buch über Friedrich den Großen entdeckt: darin keinerlei Geduld mit den vor allem in Deutschland in Schwung gekommenen Verurteilungen des Königs. Die seinem Buch beigegebenen Bilder von Friedrichs Kavalleriegenerälen Ziethen und Seydlitz illustrierten die Fähigkeiten der preußischen Armee, dieses neuen Wunders in Europa. Deren Offiziere legten nicht nur stoische Bravour an den Tag. Sie waren auch zur Selbständigkeit bei taktischen Entscheidungen erzogen worden, ganz im Gegensatz zur operativen Ausbildung in anderen europäischen Armeen. Dass die bekannten militärischen Familien Preußens so viele Söhne und Väter verloren hatten, war eine zwangsläufige Folge ihres rigiden adligen Kodex gewesen. »Militaristisch« war daran zunächst nichts. In MacDonoghs Darstellung kam die neurotisch-bösartige Seite Friedrichs des Großen nicht zu kurz. Aber im Detaillismus der historischen Fakten, die dieses in der englischen Fachwelt beifällig aufgenommene Buch erörterte, schwieg das ansonsten üblich gewordene Preußen-Ressentiment. Charakteristisch war dabei, dass Giles freier Autor war und nicht Professor an einer Universität. In London gab es seit jeher eine ganze Reihe ausgezeichneter Köpfe ohne akademische Karriere, ein Typus, der in Deutschland nicht aufgekommen war, wenn man intellektuell namhafte Journalisten außer Acht lässt. Giles war seit seinem Studium am Balliol College in Oxford immer ein Außenseiter gewesen. Für mich war er ein wunderbar temperamentvoller Gesprächspartner.

Völlig anders in Charakter und geistiger Ausrichtung war Jonathan Keates. Ein Liebhaber der deutschen und italienischen Kulturgeschichte und Lehrer für englische Literatur an der renommierten City of London School. Er hatte ein profundes Buch über Händel geschrieben und eine besonders österreichkritische Darstellung der Belagerung Venedigs im frühen 19. Jahrhundert. Im Unterschied zu Giles war er ein von Englands sublimer Größe überzeugter Intellektueller. Das sagte und schrieb er nicht direkt. Aber es war eine Vorstellung, wie ich allmählich herausfand, die seine Perspektive auf Gegenwart und Geschichte prägte. Ihm, dem eher Linksliberalen – auch das eine Differenz zu MacDonogh –, galten vor allem die englischen politischen Institutionen als der eigentliche Ursprung der westlichen Zivilisation. Er verfügte über eine phantastische Fähigkeit, seine Einfälle mit Gusto ästhetisch zu dekorieren. Es war eine Lust, ihn gestikulieren zu sehen, seine Satzketten vollenden zu hören. In einem Aufsatz für den *Merkur* konnte man Jonathans Ansichten über England nachlesen: Wer diese historisch-politisch nuancierten Ausführungen zur Kenntnis genommen hatte, musste erkennen, was für ein Blech in Deutschland über England häufig und so lange schon zu lesen war. Auch Jonathan hatte in Oxford studiert, obwohl er, genauso wie Giles, nicht aus einer reichen oder einer Oberschichtenfamilie stammte wie Grey Gowrie. Das sogenannte Oxbridge-Studium verband aber alle englischen Freunde Angelas: Eine Generation von Intellektuellen, seien sie Journalisten, Professoren oder Anwälte, kannte sich direkt oder indirekt, weil sie auf einer der beiden führenden Universitäten studiert hatte, ein Bindemittel in diesem Teil der Londoner oberen Mittelschicht, zu dem es in Deutschland keine richtige Entsprechung gibt. Ob allerdings zum Frommen dieser Gesellschaft, konnte man sich durchaus fragen. Denn einerseits begünstigte und formte es die Entwicklung einer intellektuellen Verhaltensweise als Stil. Andererseits förderte es eine gewisse Gleichförmigkeit des Verhaltens, mit der Tendenz, den Ausdruck der individuellen Prägungen einzuebnen. Aber bei Angelas Freunden war das nicht der Fall.

Der Kunsthistoriker Giles Waterfield lebte, nach Jahren als Kurator an der von allen so besonders geschätzten Dulwich Picture Gallery, jetzt von kunsthistorischen Vorlesungsreihen an verschiedenen englischen und amerikanischen Universitäten. Er hatte ein mich sehr beeindruckendes Buch über das Leben seiner Großeltern während des Ersten Weltkrieges in einem Haus auf dem Land in Südfrankreich geschrieben. Es war ein Roman, in dem sich die Stimmung einer untergehenden kultivierten Welt der englischen Oberklasse mit französischer Atmosphäre vermischte, und dies alles unter dem Eindruck der noch nie erlebten Brutalität eines neuartigen Krieges. Wichtiger aber wurde ihm ein Roman über eine englische und eine deutsche Familie während des Ersten Weltkriegs und danach. Ich kannte Passagen daraus und war erstaunt über die Kenntnisse der politischen Mentalität des deutschen Bürgertums, die er inzwischen erworben hatte. Um sich in die Atmosphäre von vor hundert Jahren eindenken zu können, war er für ein Jahr nach Berlin gegangen, wo er außerdem sein Deutsch verbessert hatte. Giles entsprach von außen betrachtet dem, was man sich unter einem Engländer vorstellte: nordländisch-blond, kühle schmale Wangen, eine ironisch gefärbte Zurückhaltung, die wie Schüchternheit aussehen konnte und sich bald als deren Gegenteil entpuppte. Das war nun der dritte von Angelas Freunden, der es mit Deutschland hatte. War das der Grund dafür, dass sie sich überhaupt kennengelernt hatten? Bei Giles MacDonogh war das gewiss der Fall gewesen, nicht aber bei den anderen.

Besonders nachdrücklich nicht bei Virginia und Tristram Powell, die für Angela nach ihrer Scheidung vor zwanzig Jahren zu besonders wichtigen Freunden geworden waren. Tristram hatte Angela über ihren Schwager Grey kennengelernt, denn beide Männer waren zusammen als Schüler in Eton groß geworden. Tristrams Vater war der mit dem Romanzyklus *A Dance to the Music of Time* in den Fünfzigerjahren berühmt gewordene Schriftsteller Anthony Powell, in dessen Schatten Tristram aufwuchs. Er selbst wurde dann einer der namhaften Regisseure von psychologisch ambitionierten Dramen in der BBC. Die ambivalente atmosphärische Spannung in diesen Stücken entsprach Tristrams eigener Art, mit leiser Stimme zu reden, pointiert, ohne die Pointe zu überspitzen. Er beherrschte die Kunst nuancierter Anspielung und der voraussetzungsreichen Mitteilung. Wenn man mit ihm allein am Tisch saß, dann brach es aus ihm mit ungezähmter Mitteilsamkeit hervor, die er, wenn mehrere zusammensaßen, verborgen hielt. Tristram kannte einige deutsche Wörter, wusste aber nicht viel von diesem irgendwie ungeheuer weit außerhalb der angelsächsischen Sphäre liegenden Land. Virginia, meistens schweigsam, ein verborgenes Temperament, war eine originelle Malerin und Zeichnerin von städtischen Stillleben. Auch sie hatte keine Ahnung von Deutschland.

Ähnlich verhielt sich das anfänglich mit Rex Bloomstein. Dessen Familie war, aus Slowenien kommend, vor hundert Jahren ins East End eingewandert, wo seit dem 19. Jahrhundert Tausende jüdischer Einwanderer lebten. Rex' Frau Goody, deren Mutter in den Dreißigern aus Berlin geflohen war, war selbst richtige Londonerin. Aber ihre witzige Art zu reden hätte noch immer nach Berlin gepasst. Rex hatte, bevor er Angela kennengelernt hatte, nach eigener Aussage noch nie mit einem Deutschen gesprochen. Wahrscheinlich hätte er auch nicht mit Angela gesprochen, wäre ihm nicht das Schicksal ihres im Juli 1944 hingerichteten Vaters bekannt gewesen. Ob dieser familiäre Hintergrund Angelas auch bei den anderen Freunden ein Motiv für ihre Beziehung war, diese Frage habe ich mir nie gestellt. Sie mochten sich, sie passten zueinander, das war alles. Rex hatte sich einen Namen gemacht mit einer Reihe von politischen Dokumentarfilmen: Einer zeigte ihn im Gespräch mit Delinquenten in einem Gefängnis, ein anderer bot die filmische Beobachtung von deutschen und nichtdeutschen Besuchern des ehemaligen Konzentrationslagers Mauthausen. Was diesen thematisch so unterschiedlichen Szenen den unterschwellig dramatischen Ausdruck gab, war ihre Lakonie, der sachliche Tonfall von Rex als Interviewer oder Erzähler. Es gelang ihm sogar, das Grauen von Tötungsräumen zu evozieren, wenn er die Besucher des KZs im Gespräch darüber zeigte, was sie heute dort sahen. Die einzige offen politische Pointe des Films *KZ* bestand darin, dass in die Bilder der KZ-Örtlichkeit die harm-

lose Dirndlatmosphäre eines um die Ecke gelegenen Gasthauses und österreichische Blasmusik einmontiert waren.

Eine von Angelas Freundinnen war Conny Harman,
eine schwarze, aus New York stammende Nachbarin seit
den späten Sechzigerjahren, die Angela zur Mitgliedschaft
in der damals neuen Partei der Social Democrats überredet
hatte. Conny war mit einem namhaften politischen Journalisten verheiratet gewesen, und dieser wiederum befreundet mit David Owen, dem ehemaligen Außenminister der
Labour-Regierung und Mitbegründer der sozialdemokratischen Partei Ende der Siebzigerjahre. Angela nannte Conny manchmal »culture vulture«, weil Conny sich kein kulturelles Ereignis, vor allem nicht Oper, Konzert und Film,
entgehen ließ. Angela hörte zwar gern klassische Musik,
Jazz und die bessere amerikanische Schlagermusik seit El-
vis Presley, wann und wo immer es sich ergab. Aber nicht
in Sälen. Mittlerweile war das Engagement beider für die liberale Partei nicht eingeschlafen. Aber Angela machte keine Parteiarbeit mehr, ging nicht mehr von Haus zu Haus,
um für Ziele der Partei zu werben. Und es gab auch keinen
Anlass mehr, so wie früher Wahlsiege mit liberalen Partei-
führern in Angelas Haus zu feiern. Das änderte nichts daran, dass Angela mit dem konservativen Grey in heftige
Debatten über Europa geriet. Angela war eine sogenannte
Guardian-Leserin, ein Ausdruck, mit dem man im konservativen Milieu politisch nicht ernst zu nehmende bürgerliche Zeitgenossen belegte – bis es sich nicht mehr leugnen
ließ, dass der *Guardian*, neben der *Financial Times*, die einzige seriöse englische Tageszeitung geblieben war. Die einst
so wichtigen Blätter, der *Daily Telegraph* und die mittlerweile von Murdoch, dem australischen Zeitungstycoon,
herausgegebene *Times*, waren auf populäres Niveau abge-
senkt worden. Ich erinnere mich noch an jenen Tag Ende
der Siebzigerjahre, als die *Times* nicht mehr erschien. Das,
was wir seit Tagen gesagt bekommen, aber für unmöglich

gehalten hatten und in seinen Folgen noch gar nicht übersahen, das war an diesem Morgen Wirklichkeit. Es war kein Gag. Es war Ernst. Die berühmteste Zeitung, die bekannteste in der westlichen und östlichen Welt – ihr Signet eine Uhr zwischen dem offenen Buch der Vergangenheit und dem noch geschlossenen der Zukunft, deren Zeiger zweihundert Jahre lang auf halb zwölf gestanden hatten –, war eingestellt worden! Vorerst! Wir hielten damals den Atem an. Was wäre außergewöhnlicher gewesen als das Ende der »Zeiten«? Es war tatsächlich der Anfang vom Ende. Die später wieder erscheinende Zeitung hatte nur noch den Namen mit der alten *Times* gemein. Ich war jetzt, dreißig Jahre später, beim Anblick ihrer Nachfolgerin unter dem Regime des neuen, australischen Herausgebers perplex. Umso mehr, als sie noch immer von gebildeten Leuten gelesen wurde. Natürlich nicht von Angela. Ich kaufte die Zeitung manchmal, um zu erfahren, was man im konservativen Milieu politisch dachte. Wäre sie erneut eingestellt worden, hätte mich das nicht mehr berührt. Würde überhaupt ein Hahn nach ihr krähen? Es gab ja noch den *Guardian*, den *Observer* und die *Financial Times*.

Eine gefährliche Situation entstand, wenn Angela morgens, über den Rand ihres *Guardian* blickend, Mitteilungen machte, die nur schwer ohne Kommentar zu ertragen waren. Im Unterschied zum immer milde gestimmten oder Gutmütigkeit ausstrahlenden Grey entstand dann manchmal zwischen Angela und mir ein explosiver Dialog, der nur deshalb nicht tödlich ausging, weil ja ohnehin feststand, wie ich dachte. Nur bei einem Thema, dem egalitären Schulunterricht, gingen die Nerven mit uns durch. Es war ja wahr, dass die englische Eliteerziehung in den *public schools* auf Kosten des einfachen Unterrichts in den Staatsschulen ging. Das war gewiss ein Skandal, verglichen mit der Tradition des deutschen Gymnasiums von ehemals. Aber die dumpfe und endlos wiederholte Behauptung linker englischer Lehrer und Politiker, dass alle Kinder letztlich die gleichen Fähigkeiten hätten oder, schlimmer noch, dass ungleiche Leistungen nicht mit ungleicher Benotung quittiert werden dürften, konnten mich zur Weißglut bringen. Die Erinnerung an die deutsche Achtundsechzigerpädagogik, die Pädagogisierung der Literaturwissenschaft in Bielefeld stieg in mir auf! Nicht dass Angela solche Dumpfmeiereien bewusst unterstützt hätte. Aber ihre berechtigte Kritik an der englischen *Public-school*-Tradition, in der einige ihrer englischen Verwandten erzogen worden waren und immer noch wurden, ließ sie das, worum es mir ging, übersehen. Dass ich dabei die Konsequenz hatte zu meinen, das elitäre System müsse, koste es, was es wolle, erhalten bleiben, machte diesen Zwist zum Dauerbrenner.

Angelas fast liebster Besucher war der neunzigjährige Harold Atcherly, Sir Harold, wie der Name einer englischen Bühnenfigur. Er war als zweiundzwanzigjähriger Leutnant der britischen Ostasienarmee beim Fall Singapurs in japanische Kriegsgefangenschaft geraten. Sein dort geschriebenes, erst 2006 veröffentlichtes Tagebuch enthielt kein böses Wort über die Japaner als Nation, aber scharfe Bemerkungen über den Hochmut der britischen Offiziere. Auch über die Inkompetenz der britischen Armeeführung angesichts des japanischen Aufmarsches, über die man erst allmählich zu sprechen begonnen hatte. Dass die englische Armee der deutschen an Kampfkraft und Mut weit unterlegen geblieben war – so war in den englischen Darstellungen neuerdings zu lesen –, wurde durch die Erinnerung an »El Alamein« nur überdeckt. Gegen die Japaner seien ihre Fähigkeiten als noch miserabler zu beurteilen, schrieb Harold. Auch die australischen Truppen in Singapur, ansonsten immer gerühmt, bekamen ihr Fett weg. Harold hatte in den Dreißigerjahren als Student Deutschland kennengelernt und war, obwohl er das beginnende Schreckensregiment der Nazis wahrgenommen hatte, von vielem noch immer angetan, vor allem von Heidelberg. Ganze Nationen mit Etiketten zu behaften war ihm fremd. Das war für ihn eine dumme Haltung. Zur damaligen Zeit beschäftigte ihn das antieuropäische Ressentiment in der konservativen Partei. Es wurde ihm regelrecht zum Gräuel. Der lange berufliche Aufenthalt in Südamerika nach dem Zweiten Weltkrieg hatte ihn in seiner Offenheit gegenüber der Welt jenseits von Dover und Ärmelkanal nur noch bestärkt.

Bei ihm und seiner intelligenten und eleganten Frau trafen wir an einem Abend zwei uns noch unbekannte Gäste. Harold hatte Miranda Seymour und Ted Lynch wohl deshalb eingeladen, weil Miranda zum Thema deutsch-englischer Beziehungen im 19. Jahrhundert, worüber sie gerade ein Buch schrieb, etwas hinzulernen wollte. Sie hatte eine großartige, enorm gelehrte Studie über Mary Shelley, die Verfasserin der berühmtesten *gothic novel*, *Frankenstein*, veröffentlicht, war also wie Jonathan und beide Giles eine gelehrte, aber nicht universitär gebundene Autorin. Sie lebte mit ihrem amerikanischen Mann auf dem Land in einem großen Haus aus dem 16. Jahrhundert, das man in Deutschland Schloss nennen würde. Sie hatte es geerbt, konnte es aber nur mithilfe von wöchentlich organisierten Hochzeitsfeiern für einschlägig ambitionierte Paare finanziell erhalten. Wie ihr Name sagte, stammte sie aus einer der unter Heinrich VIII. bekannt gewordenen Renaissancefamilien. Sie war von herausragender Freundlichkeit. Ted war Ostküstenamerikaner aus Boston, ein großer, prächtiger Mann, vollgepackt mit geistiger Neugier, ein lebendiger, interessanter Gesprächspartner, besonders über europäische und amerikanische Geschichte, und ein großartiger Gastgeber. Er schrieb an seinen amerikanischen Erinnerungen.

Wenn man die Gesichter und Äußerungen all dieser unterschiedlichen, aber ihren Interessen und ihrem Temperament nach ähnlichen Menschen im Geiste an sich vorbeiziehen ließ, dann wurde die Anziehungskraft eines so anderen, eben fremden Landes noch einmal manifest. Dieses Fremde, das für mich weiterhin allem hier anhaftete! Dabei schlich sich bei mir Skepsis ein: Ob denn dieser Fremdheit und der sich daran entzündenden Phantasie nicht auch etwas zum Opfer fiele, das eigentlich mit im Spiel sein müsste: nämlich die eigene, für andere erkennbare geistige Physiognomie. Den meinem Blick sich immer mehr öffnenden intellektuellen Tätigkeiten und Errungenschaften der Freunde stand aber meinerseits ein Vakuum gegenüber. Gewiss, sie wussten, was ich trieb: dasselbe wie sie, nämlich Bücher schreiben, Vorträge halten oder in Stanford lehren. Aber sie konnten diese Bücher nur partiell lesen, nämlich wenn sie übersetzt waren. Einladungen von englischen Universitäten hatte ich abgelehnt. Dafür war mein Englisch nach wie vor zu schlecht. In Stanford reichte es aus. Die Amerikaner waren großzügig und vielleicht auch daran gewöhnt, ständig neue Amerikaner schlecht Englisch reden zu hören. Die Engländer fanden die ästhetiktheoretischen Motive und die Plötzlichkeit und all das ein wenig »continental«. Seitdem die Vorlesungen in Bielefeld nicht mehr anstanden, also auch die Fahrten nach Deutschland sich auf die zum *Merkur* in Berlin und gelegentliche Vorträge beschränkten, war mein auf mich selbst konzentriertes Dasein ohne das anteilnehmende Interesse anderer eine Probe aufs Exempel, ob man gern in der Einsamkeit existierte beziehungsweise existieren könnte. Neunzig Prozent der Engländer, selbst dieser Klasse, hatten ohnehin nach wie vor kaum eine Kenntnis von Deutschland, selbst wenn ihr Interesse inzwischen zunahm.

Das war ja einmal anders gewesen. Im 19. Jahrhundert, zur Zeit der Viktorianer, hatte es nach dem maßgeblichen Auftritt von Thomas Carlyle eine Reihe wichtiger, einflussreicher englischer Schriftsteller gegeben, die häufig von Deutschland sprachen, selbst von deutscher Literatur. Inzwischen tauchten deutsche Autoren unter den Tolstois,

Tschechows, Gogols, Puschkins, Flauberts, Stendhals, Maupassants und Balzacs in englischen Reverenzen gegenüber den europäischen Romanen des 19. Jahrhunderts nicht mehr auf. Doch! Es gab Übersetzungen von Fontane. Und von Joseph Roths *Radetzkymarsch*. Wen sonst hätte man neben den großen russischen und französischen Namen, ganz abgesehen von den englischen, auch nennen sollen? Es waren die beiden Philosophen Nietzsche und Schopenhauer, die an die Stelle der deutschen Romanciers getreten waren und Geltung hatten. Nach wie vor. Kein Gottfried Keller, kein Stifter, kein Raabe. Und von den jüngeren Autoren hatte es nur W. G. Sebald geschafft, sich einen Namen zu machen. Kunststück, denn er lebte schließlich in England. Wenn einem sein eigenes Land und seine Dichter ständig durch den Kopf gingen, hatte diese relative Unkenntnis etwas Bizarres an sich. Sie zeigte mir unbarmherzig, inwiefern ich in diesem Land noch immer wie in einem nach außen hin abgeschlossenen Kosmos lebte. Vielleicht sogar wie auf einem grandiosen Gestirn, nur von anderen, kleineren Gestirnen umkreist.

In Irland lag Charlotte im Sterben. Der Tumor war weiter gewachsen. Angela, ich und andere Familienmitglieder hielten uns während des Frühsommers 2004 immer wieder bei ihr im Haus in Kildare auf. Tommy musste oft täglich nach Dublin fahren, um als Verteidiger oder Ankläger vor Gericht aufzutreten. Eine Folge davon war, dass ich Stanford für das Frühjahr absagte. Als Beba, Angelas ältere Schwester aus München, mir bei einem meiner Besuche die Tür in Kildare öffnete, schüttelte sie kurz den Kopf. Im Schmerz strahlte sie Ruhe aus. Sie hatte das, was man Würde nennt. Als Charlottes Stunde kam, waren einige Geschwister und ihre drei Kinder um sie versammelt. Ihr Bruder Fritz hielt sie, die schon seit Tagen bewusstlos war, im Arm. Ein solches Zusammengehörigkeitsgefühl war für jemanden, der keine Geschwister hat und die sogenannten familiären Bande in seiner Jugend mehr oder weniger gekappt hatte, von packender Ungewöhnlichkeit. Dadurch lernte ich Beba, die seit dem Tod ihres Mannes Guiso, eines namhaften Arztes in Bad Reichenhall, an der bayrisch-österreichischen Grenze allein lebte, so gut kennen wie ihre jüngeren Schwestern, die Preußen-Girls. Das Zusammengehörigkeitsgefühl erhob den Tod, wenn man nicht an die Ewigkeit glaubte, über die sich öffnende Leere. Es war die zweite Todesstunde, die ich erlebte, nachdem Undine gestorben war, denn meine Mutter und mein Vater waren unvorhergesehen in Köln gestorben, als ich in Paris gewesen war.

Die einstündige nächtliche Fahrt mit der toten Charlotte nach Süden zum Ort ihrer Einbalsamierung wurde uns nicht zum Schrecken. Mit Tommy und Fritz zusammen war sie vielmehr ein rituelles Unternehmen. In einem noch bis Mitternacht offenen Pub tranken wir Whiskey und warteten darauf, dass die Tote für den nächsten Tag fertig gemacht würde. Fritz war in solchen Situationen unbezahlbar. Eigentlich ein Künstler, mit großem Witz begabt, wurde er dann zu einer Stützsäule für seine Schwestern. In Irland wird die Tote vor der Beerdigung oder Einäscherung für drei Tage in ihrem Bett ausgestellt, sodass viele Freunde und Bekannte sie noch einmal sehen und Abschied von ihr nehmen können. Angela und ihre Schwestern verkürzten die Ausstellungszeit auf einen Tag. Eine längere Frist hätte sie bedrückt. Es haftete ihr etwas Archaisches an, dem sie sich nicht um der irischen Sitte willen anbequemen oder beugen wollten. Archaisch war dann auch das ausschweifende Trinkgelage, dem sich die Gäste in Charlottes und Tommys Haus hingaben. Bei der Begrüßung sehr lautes Reden und Gelächter, weil man sich länger nicht gesehen hatte – alles konnte daran denken lassen, soeben sei ein Hochzeitspaar gesegnet worden. Charlotte lag in ihrem Zimmer. Ich dachte in einem plötzlichen Anfall von Ernst: Eines der drei Preußen-Girls aus meiner späteren Jugend ist jetzt tot. Und Undines Tod, ihr Entschlafen, stieg als Bild wieder in mir auf. Ihre bleiche Schönheit. An die Möglichkeit des eigenen Todes dachte ich dabei nicht. Das hätte bei einem Zweiundsiebzigjährigen doch nahegelegen. Aber seit Stanford und Angela lebte ich in der vollkommenen Illusion, noch immer jung zu sein. Angelas etwa vierzigjährige Kinder, Dicky und Umi, aber auch die gleichaltrigen, in Deutschland lebenden Nichten Lischen und Pini, hatten dieses Gefühl in mir bestärkt. Nicht zu vergessen Angelas Schwiegersohn Jamie und ihr Neffe Freddi. Dass sie alle nicht mit ihren richtigen Namen gerufen wurden, dass sämtliche dieser Namen mit einem I endeten, war eine bewusste oder unbewusste Tradition, die sich bei den Preußen-Girls fortgesetzt hatte, von denen ja auch nur Angela so hieß, wie sie hieß. Anfänglich schrieb ich dieses I immer mit einem Y, um dem Namen etwas von seinem infantilen Sound zu nehmen. Aber das war abwegig, denn sie alle waren in künstlerischen, verlegerischen, journalistischen oder unternehmerischen Berufen sehr erfolgreich. Ihre Art zu reden war so lebendig, so ohne jede Betulichkeit spontan und oft auch witzig, dass es mir in Deutschland wieder aufstieß, wie sehr das alles dort fehlte.

Zurück in London, sah ich im British War Museum einen Film der amerikanischen Filmemacherin Hava Kohav Beller über den 20. Juli, der mich wegen seiner Interviews elektrisierte. Die noch lebenden Frauen der Hingerichteten und die damals jungen Männer, die der Verhaftung entkommen waren, sprachen aus ihrer Erinnerung. Vor allem Axel von dem Bussche und Ewald Heinrich von Kleist sowie Rudolf von Gersdorff, die geplant hatten, Hitler in unmittelbarer Konfrontation, entweder mit der Pistole oder mit einer Granate, zu töten, wobei sie in jedem Fall selbst umgekommen wären. Es waren Pläne, die aufgrund zufälliger Umstände gescheitert waren. Die kühne Physiognomie von Angelas Vater während des Prozesses prägte sich mir neben den Gesichtern von Moltke, von Trott zu Solz, Treskow und Bonhoeffer besonders ein. Was glasklar gezeigt wurde, war, dass die Verschwörung gegen Hitler schon viel früher begonnen hatte, als häufig behauptet wurde. Ein von Beller und David Astor, dem einflussreichen Herausgeber des liberalen *Observer* und einstigen Freund von Trott zu Solz, herausgestellter Skandal: wie die englische Regierung und englische Kontaktfiguren den deutschen Widerstand nicht ernst nahmen, wie der von Widerstandskreisen nach England geschickte Adam von Trott zu Solz und der Vater Kleists vor dem Krieg von der englischen Diplomatie als Verräter oder Nazis abgefertigt worden waren. Ich musste an die arrogante Selbstgefälligkeit denken, die nach dem Falkland-Artikel zu spüren gewesen war, wenn auch aus einem völlig anderen Anlass. Das war ein nach wie vor unerquicklicher Zug jener britischen Gesellschaftsschicht, die heute wie damals entscheidenden Einfluss auf das politische Bewusstsein ausübt. Der 20. Juli und die Charakterstärke der in ihn verwickelten Frauen und Männer wurden in England nach wie vor übersehen, geleugnet oder diskreditiert. Ein Riss in meinem Gefühl für das Land.

Wer nicht im eigenen Land lebt, das wusste ich seit Langem, dem werden das Alltägliche wie das Nichtalltägliche häufig symbolisch. Alles Sichtbare verlangt nach Deutung und verliert dabei an Fremdheit und Exotik, die ich in meiner Wahrnehmung doch so suche. Mehr noch als England wurde nun Amerika für mich zur symbolischen Ausdrucksform. Von Columbia für das Wintersemester und von Stanford für das darauffolgende Frühjahrstertial eingeladen, verbrachte ich die Hälfte des Jahres 2005 in New York und Palo Alto. Wie aber kann etwas noch neu und symbolisch wirken, das man so oft im Film gesehen und worüber man so viel gelesen hat, sodass es längst zum Déjà-vu geworden ist?

Entscheidend sind dabei immer noch die Augen: Sie leugnen das Wissen und produzieren umso mehr an Bedeutung. New York nimmt man am eindringlichsten wahr, wenn man mit dem Taxi vom Flughafen über Queens nach Manhattan hineinfährt. Zuerst die Holzhäuser in den armseligen Vierteln, die demonstrativ sich selbst überlassen sind. Das erste große Zeichen der Stadt, wenn man zur Upper West Side am Riverside Drive fährt, wo Columbia liegt, ist die Brücke über den East River: die Queen's Bridge. Erst später hat sich mir auch die Gewalt der Brooklyn Bridge eingeprägt. Deren Inschrift feiert den Namen des deutschen Ingenieurs als eines Helden der heroisch-industriellen Epoche New Yorks. Er war ein aus Schwaben emigrierter, aber durch und durch amerikanischer Mann, der von einem Eisenpfeiler erschlagen wurde, sodass sein Sohn die Konstruktion der Brücke hinüber nach Brooklyn im Jahre 1883 vollenden musste. Queen's Bridge also war für mich die erste Brücke, das erste Zeichen von New York. Doch was heißt hier Zeichen? Die größte Brücke in Deutschland, über die ich von Paris nach Bielefeld fuhr, war die Hohenzollernbrücke in Köln, an deren domabgewandter Seite noch immer Kaiser Wilhelm I. gen Osten reitet. Es ist ein imposanter Anblick, dieses Zwischenstück zwischen den zwei Rheinufern vor dem Panorama von Dom und Altstadt. Aber diese Brücke ist kein Zeichen mehr. Die Brücke nach Manhattan dagegen wurde zum Zeichen, weil eine Erwartung, die sich während der Taxifahrt weiter aufstaute, angesichts der überdimensionalen Erscheinung geradezu explodierte. Sie wurde buchstäblich zum Ausdruck des Übergangs von der bekannten Welt in die unbekannte neue namens New York. Ihr Baustoff, an sich nichts anderes als das normale Material, mit dem Brücken damals nun einmal konstruiert wurden, hatte einen tief metallischen Klang bekommen.

Am nächsten Morgen verfolgte der Blick aus dem Hotelfenster die Zeichenkette weiter: Was zu sehen war, hatte man schon als Kinogänger gesehen, vor allem im Film

Westside Story. Da waren sie, die obersten Etagen, die Plateaus der anderen Hochhäuser, mit ihren Schutzgittern, hinter denen die Jungen der Gegend mit dem Ball gespielt hatten. Dass die flachen Dächer der 200 Meter oder noch höheren Häuser über den Straßen eine eigene Welt erschufen, machte vor allem *einen* Eindruck: den der Freiheitlichkeit. Wenn man unten nicht spielen konnte, dann eben hier oben. Wenn man nicht arbeiten wollte, dann spielte man eben. Jenseits aller Pflichten des Berufslebens, das sich drunten vollzog. Es gab hier nicht die vielen Gärten und die vielen Parks, die sich in London für Ballspiele, vor allem für Cricket, anboten. Über die irgendwie vom Sturm der Zeit beschädigten, ausgerissenen, schwarzen oder farblich undefinierbaren Dächer richtete sich der Blick auf die Akkumulation der sich emporreckenden großen Hochhäuser. Das Wort »Wolkenkratzer« hatte in meiner Jugend noch einen leicht kulturkritischen Klang, ohne dass ich das damals wahrgenommen hätte. Der verlor sich zwar später, aber es blieb das Wort für etwas Unerhörtes, dessen wahre Größe noch nicht begriffen war. Jetzt erst begriff ich sie. Angela war fasziniert von der Schönheit, die sich vor ihren Augen auftat, zum Beispiel in der Erscheinung des Flat Iron Building. Ich entdeckte das Erhabene oder wollte es entdecken. Was für eine amerikanische Generation war das gewesen, die auf die Idee gekommen war, die Größenordnung, die ihr der eroberte Kontinent eingab, auf ihre Architektur, die Tektonik dieser Architektur zu übertragen! Bizarr, wie sich die Giganten der Madison Avenue, der Fifth Avenue, des Broadway und der Amsterdam Avenue, zwischen denen die Columbia University liegt, immer wieder mit kleinen, altmodischen Baustücken vereinten. Die für die irischen Katholiken gebaute Saint Patrick's Cathedral an der Kreuzung von 50th Street und Fifth Avenue war so ein Stück. Die kleine Architektur zeigte sich auch an den Geschäften bar jeder stilistische Ambition, an den Lädchen um die Ecke von Columbia auf dem Broadway: Frisöre, bei denen man jede Frisur bekam, einfache Schuster, bei denen man jeden Schuh geflickt kriegte, Zeitungsläden, in denen man alle Zeitungen dieser Welt, also auch alle deutschen Zeitungen, kaufen konnte. Die berühmtesten Straßen hatten hier die gewöhnlichsten Namen: Broadway oder Wallstreet. Tatsächlich gehörten sie auch zu den ältesten. Fast alle anderen Straßennamen in New York bezogen sich – wenn sie nicht eine Funktion benannten – auf englische Städte, Landschaften, Straßen. Der einzige deutsch klingende Name, Nassau Street, erinnert an den Niederländer Wilhelm III. von Oranien-Nassau, der nach der »Glorious Revolution« auch den englischen Thron bestieg.

Vom plötzlich einsetzenden dichten Schneefall der dritten Januarwoche – es war eiskalt geworden – waren meine Halbschuhe bald völlig durchnässt, und bis zum Butler Building am Riverside Drive, den Wohnungen für Universitätsgäste, war es noch weit. Der erstbeste Schuster, der auch Schuhe verkaufte und in solch einem Häuschen arbeitete, entpuppte sich als Russe. Er fiel uns um den Hals, als er den deutschen Akzent heraushörte. Ja, er erkannte meinen Akzent sofort, von dem ich mir einbildete, er klinge für Amerikaner eher englisch. Das hatte man mir in Stanford eingeredet, und ich hatte es geglaubt. Dabei sagte mir Angela jeden Tag in London, wie schlecht mein Englisch sei. Besonders die Aussprache der Vokale, auch die Beherrschung der Grammatik. Der Russe fand für den »fellow European« ein Paar Galoschen, die so hoch reichten, dass ich damit bis Alaska hätte waten können. Außerdem holte er eine russische Pilotenhaube aus dem Schrank, die gegen die Eiseskälte besser schützte als meine Kappe. Nach Küssen auf beide Wangen ging es aus seinem überheizten Lädchen wieder hinaus ins Schneetreiben. Eigentlich waren wir auf dem Weg in ein Fischlokal, ein so gutes und gleichzeitig nicht teures, wie ich es in London nicht kannte: Es hieß

»Docks«. Wir aßen die besten *fish and chips*, tranken fabelhaften Weißwein in einem mit blauweißen Kacheln stilecht dekorierten holländischen Interieur, wo man an langen Tischen saß. Jedermann kannte es.

Die Überhitzung in amerikanischen Wohnungen ebenso wie beim russischen Schuster hat auch etwas mit der enormen Größenordnung des Landes zu tun. In meinen zwei Zimmern in dem sehr alten Gebäude am Morningside Drive auf den Höhen über Harlem konnte man die Heizung nicht regulieren, nicht einmal abstellen. Die nächtliche Hitze war trotz der enormen Kälte draußen, unter minus 15 Grad Celsius, schlafhemmend. Der wie einem Roman entsprungene freundliche schwarze Portier nickte verquält auf meine Klage, zog die Achseln hoch und empfahl, nachts die Fenster offen zu halten. Der Versuch erwies sich als kontraproduktiv: Die hereinströmende Kälte erkältete einen, ohne dass die Hitze aus den Heizkörpern, die man nicht anfassen konnte, nachließ. Man schwitzte aus allen Poren. Mark Anderson, der Chef des German Department, mit dem ich mich inzwischen angefreundet hatte, lud mich zunächst in seine schöne geräumige Wohnung ein, bis eine Lösung gegen den Heizkörperüberfall gefunden war. Dieser für Europäer unbekannte Mangel an Heizungstechnik sei besonders typisch für die Upper West Side, nicht für die teuren, eleganten Villen der Upper East Side. Das sei eine Folge der amerikanischen Gewöhnung an den Überfluss von Raum, von Energie, von allem. Die europäische Finesse der energiesparenden Heizungsregulierung gebe es deshalb nicht überall in New York. Das Ende vom Lied war, dass man in einem der beiden Zimmer, dort, wo ich schlief, die Heizung einfach abmontierte, sodass es nur von der nächtlichen Hitze im Nebenzimmer angenehm erwärmt wurde. Eigentlich waren es die Heizung und die Gespräche über Amerika mit Mark als Informant, die meine Wochen an Columbia bestimmten. Wir hätten natürlich auch über die Fenster sprechen können, die sich nicht richtig schließen ließen.

Das Seminar lief abermals mithilfe von Hölderlins Lyrik fast von allein. Der Unterschied zu Stanford war der, dass die New Yorker Germanisten sehr viel besser Deutsch sprachen und ihnen überhaupt der kontinentale Intellektuellendiskurs zwischen Paris und Berlin vertrauter erschien. Aber es war kein Qualitätsunterschied in der argumentativen Potenz zu erkennen. Vielleicht waren die Kalifornier ein bisschen wagemutiger in ihren Fragestellungen und Thesen, die Ostküsten-*Graduates* methodisch ein wenig bewusster. Das war der Eindruck von nur wenigen Monaten dort und hier, blieb aber als Gesamtbild hängen. Und dann die Differenz im Politischen. Nicht nur dass einige der germanistischen Professoren von Columbia bereits eine linksengagierte akademische Karriere mit Lehrmeinungen hinter sich hatten, zu denen meine phänomenologische Herangehensweise querstand. Fast wie in Deutschland zwanzig Jahre zuvor. Es gab ohnehin zwei Achtundsechziger-Deutsche unter ihnen. Allerdings waren sie in Maßen tolerant. Das politische Engagement der Columbianer ging nicht bis zum heftigen Ausschlag ins ideologisch Verquaste oder Aggressive wie bei anderen deutschen, auf Germanistiklehrstühlen amerikanischer Universitäten alt gewordenen Achtundsechzigern. In politischer Hinsicht alarmierend wurde der Konflikt, der zwischen jüdischen Professoren und muslimisch-arabischen Studenten, vornehmlich des Faches Politologie, ausbrach. Es ging um die angemessene Darstellung der Geschichte des israelisch-palästinensischen Konfliktes. Der Meinungsstreit darüber war im Seminar so heftig geworden, dass es die *New York Times* für nötig befand, wochenlang über Hassausbrüche und Wuttiraden zu berichten. Dass Columbia im politischen Nervenzentrum des Landes lag und Stanford im Bodybuilding- und Computerparadies, wurde mir hier nun erst richtig bewusst.

Bevor Stanford nach einem Jahr Abwesenheit meine Konzentration wieder ganz in Anspruch nahm, gab es eine zweitägige Stippvisite bei dem meiner Einschätzung nach bedeutendsten Germanisten, wenn nicht Literaturwissenschaftler der Vereinigten Staaten überhaupt, bei David Wellbery in Chicago. Auch hier wirkten das Grandiose von Landschaft und Architektur zusammen im Sinne einer Überwältigung: Diese Fahrt entlang der Seen ins Zentrum der Stadt an Hauptavenue und Fluss! Wieder das Souveräne großer architektonischer Entscheidung! Man könnte sicher in fachmännischen Streit über die Wahl der Baumaterialien geraten. Davon verstand und verstehe ich nichts. Mich zu faszinieren genügte das abermals gewaltige Selbstbewusstsein des Stils. Schwer zu sagen, welche der drei Universitäten, die ich nun kannte, mir architektonisch am besten gefiel: die Exotik der Stanforder Mischung aus Byzanz und Ägypten, der sonore Klassizismus der römischen Portalsäulen von Columbia oder der eher englische College-Stil von Chicago. Es ging dabei nicht um irgendeine architektonische Prägung oder Präferenz, sondern allein um den psychologischen Effekt. Allen drei Universitäten gemein war eine Atmosphäre des wissenschaftlichen Ernstes, der von mir Besitz ergriff und den ich in Deutschland so nicht kennengelernt hatte. Seit meinen Anfängen in Bielefeld im Frühjahr 1983 war ja bei aller Plötzlichkeit des Interesses und aller Vorrangigkeit der spekulativen Phantasie immer die Distanz zum Fach die Grundlage von allem gewesen, was ich dachte. Wohlgefühlt hatte ich mich in Bielefeld nur in meinen Vorlesungen und Seminaren, außerhalb dieses Umfeldes nicht so sehr. Nunmehr fühlte ich mich zum ersten Mal wirklich wohl an jedem dieser Universitätsorte. Warum? Das ist am einfachsten anhand von Stanford zu erklären.

Als ich dort wieder eintraf, empfing mich Sepp Gumbrecht mit dem Satz: »Du musst heute Abend in die philosophische *Reading Group* kommen.« Die »PRG« war von

Sepp und seinem Freund, dem Italianisten Robert Harrison, einem Spezialisten für italienische Renaissanceliteratur und für Dante, zehn Jahre zuvor erfunden worden. Professoren und graduierte Studenten aus allen Fächern der *Humanities* trafen sich zur Lektüre eines ausgewählten philosophischen Textes. Zu meiner Zeit konnte das Kants *Kritik der Urteilskraft* oder Shakespeares *Hamlet* sein. Ich kannte diese Versammlung schon von meinem ersten Aufenthalt her. Wenn man mich in Deutschland gefragt hatte, was daran so besonders, so unwiederholbar sei, dann antwortete ich nur mit einem Satz: »Es ist so mühelos.« Eine unverschwitzte Konzentration, jeder Satz saß. Was man in Deutschland selbstkritisch »Gelaber« nennt – und dazu gehörte auch umständliches Drum und Dran –, das gab es hier nicht. Charakteristisch war der Terminus für den jeweiligen Beginn jeder Donnerstagssitzung, wenn einer der Anwesenden die letzte Diskussion zusammenfasste und die bevorstehende perspektivierte: Das hieß dann »kick off«.

Es fehlten die ermüdend ausufernden Co-Referate. Alles diente dem Auf-den-Punkt-Kommen, auch wenn man dabei lachte. Nichts war traurig. Wenn man nach zwei Stunden – es war dann gegen 22 Uhr – noch einen trinken ging, dann in der Gewissheit, etwas erkannt zu haben. Und so war hier alles. Alles ging um die Sache, nichts um Nebensachen. Das äußerte sich auch darin, dass niemand, den ich kannte, jemals von Karriere, Berufungen oder Drittmittelanträgen gesprochen hätte. Das aber schien inzwischen das einzige Thema zu sein, wenn deutsche Professoren und Assistenten miteinander sprachen, wollte ich den telefonischen Mitteilungen meiner ehemaligen Studenten, die in einer akademischen Karriere unterwegs waren, Glauben schenken. Seit meiner Emeritierung war das offensichtlich das Thema geworden, über das alle Welt vor allem sprach. Manchmal unterbrach ich den Anrufer und sagte ganz offen heraus, mich interessiere das nicht. Mich langweile es unerträglich, dem zuzuhören. Tatsächlich hatte ich bereits von der Vorphase dieser Entwicklung keine Ahnung gehabt. Ich war nie Mitglied der Fakultät gewesen, in der solche Sujets bereits Ende der Neunziger besprochen worden waren. Schon um die Hin- und Herfahrt zwischen Paris und Bielefeld nicht zu gefährden, hatte ich mich bei den Wahlen zur Fakultät gar nicht erst aufstellen lassen. Diese Vorsicht wäre allerdings wohl nicht notwendig gewesen, weil die Mehrheit mich ohnehin nicht gewählt hätte.

Es entstand bei mir auch der Eindruck, dass es den Professoren, die diese bürokratischen Termini ständig im Mund führten, an Selbstbewusstsein fehlte. Manche krochen den Medien in den Hintern, statt sie kommen zu lassen. In Stanford die Umkehr von alldem. Es war dies eine der berühmtesten Universitäten der Welt, und man merkte es ihren Professoren an, ohne dass sie arrogant wirkten. Robert Harrison stand mir unter Sepp Gumbrechts Freunden am nächsten. Ein unmittelbarer geistiger Draht verband uns sehr bald. Er sah mich manchmal an, als ob er ahnte, was ich gerade dachte. Er hatte die englische Übersetzung des Plötzlichkeitsbuchs gelesen und verstand sofort, warum das Thema der griechischen Götter auf meinem Plan stand. Ihm fielen dazu sehr intuitiv Motive ein, denen man nachgehen musste und die zu neuen Entdeckungen führten. Gumbrecht war ganz anders. Eher ein Puck, verglichen mit Oberon Harrison, wäre Sepp nicht bei aller Quecksilbrigkeit so imposant für Studenten gewesen. Ich hatte ihn nach einem Vortrag über die Französische Revolution und die deutsche Romantik, den ich 1989 in Düsseldorf gehalten hatte, kennengelernt. Ein nicht gerade großer Mann mit einem mächtigen Cäsarenkopf schoss wie eine Kugel auf mich zu, seine Hand steckte in meiner, bevor ich sie noch gesehen hatte, und er sagte nur: »Können wir uns duzen?« Ob er seinen ganzen Namen genannt hatte, wusste ich schon eine Stunde danach nicht mehr zu sagen. Wohl aber, dass sein Vorname »Sepp« sei, nicht Hans Ulrich, wie über seinen wissenschaftlichen Aufsätzen stand. Dass er so reagierte, hatte etwas mit der Thematik seiner Dissertation über die Sprache des Pariser Revolutionsparlamentes von 1794 zu tun. Die lag nun schon fast dreißig Jahre zurück, und unsere Arbeiten unterschieden sich prinzipiell. Das zeigte sich gerade dort, wo sie sich berührten, wie in seinem im Vorjahr veröffentlichten Buch *Diesseits der Hermeneutik.* Während ich die Kategorie des plötzlichen Moments konsequent nur auf literarischen Stil und Ausdruck bezog, erkannte und verfolgte Gumbrecht das Ästhetische gerade im Leben, vor allem im Sport. Beide reagierten wir heftig auf formale Effekte. Gumbrecht ging dabei so weit, dass er seine Sympathie für Studenten und Nichtstudenten von deren Erscheinung abhängig machte. Angesichts seiner Treue und Sympathie mir gegenüber musste ich annehmen, meine Wirkung auf ihn beruhe ebenfalls auf meinem Erscheinungsbild. Dass die meisten deutschen Professoren keinen Eindruck auf ihn machten, war der wahre Grund seiner beginnenden öffentlichen Kritik an deutschen Universitäten. Wenn einer der Bekannteren nach Stanford zum Vortrag kam und keine Ausstrahlung hatte, dann war er für Sepp erledigt, was immer er sagte. Ich fand das einleuchtend.

Seit Undines Tod hatte sich mein Anspruch an das Leben als ein Ereignis verschoben. Meine Erwartungen waren einfacher geworden: ein beginnender Anfall von Reife. Damit einher ging, dass die Institution Universität erstmals als Institution wirklich wichtig für mich wurde. In Stanford zu lehren war schon für sich allein etwas. Ich fühlte mich aufgehoben in einer höheren Verpflichtung, nicht mehr getrieben von einem elektrisierenden Zwang zur Selbsterklärung. Dazu passte die sengende Sonne. Die alte Plötzlichkeitsthematik wurde nun dem Interesse oder der Skepsis von jungen Leuten ausgesetzt. Deren Karrieren hingen nicht von mir ab, und sie wussten zunächst nicht viel von mir.

Die griechische Tragödie und die moderne Tragödie wurden das Thema des Hauptseminars. Überprüft wurden die Kategorien »Erwartungsangst« und »Erscheinungsschrecken«. War die griechische Tragödie nicht doch religiöser, als ich es bisher in Form eines phänomenologischen Befundes erfasst hatte? Jürgen Schwindt hatte gemeint, ich sollte dabei bleiben, das sei so originell wie überzeugend. Eine im Studium bereits fortgeschrittene, lebhafte und einfallsreiche Anglistin aus Chicago, Claire, fokussierte die Diskussion aber auf eine psychologische Frage, die mir nicht lag: Ob die Melancholie Antigones und die Melancholie Hamlets nicht etwas Gemeinsames hätten? Claire wollte auf eine Strukturerkenntnis hinaus: inwiefern der Tragödie, ob klassisch oder modern, die Melancholie als Bewusstseinshaltung immer zugrunde läge. Was mir gefiel, war, dass Claire sich nicht durch die geistesgeschichtliche Differenz zwischen Hamlet, also der Renaissance des 16. Jahrhunderts, und dem Antigone-Mythos des 5. Jahrhunderts vor Christus von ihrem Vergleich abschrecken ließ. Natürlich konnte man alles mit allem vergleichen. Aber sie verglich nicht, um qua Geistesgeschichte die Differenz herauszuholen, sondern, im Gegenteil, um Ähnlichkeit zu behaupten. David, Florians ungarischer Freund, zündete eine eigene Leuchtrakete, die nichts mit der Melancholie, sondern mit der Frage der »Grazie« zu tun hatte, die sich in *Hamlet* darstelle, sehr eloquent und überraschend. Was er diesbezüglich über den »Sein oder Nichtsein«-Monolog sagte, verstand ich nicht. Es war einer jener undurchsichtig intelligenten Sätze eines Hochbegabten, mit denen man konfrontiert wird und die man, ohne sich zu blamieren, nur überstehen kann, wenn man semantisch schlagfertig bleibt. Aber Claires Konzentration auf Antigones Trauer wurde zum eigentlichen Thema. Das Beste daran war, dass sie nicht auf die in der Luft liegende These verfiel, Antigone stelle eine Art von *moral agent* dar. Diese schon von Hegel vorbereitete Auffassung hatte neuerdings die in der Nachbaruniversität Berkeley einflussreich herrschende Philosophin Judith Butler unter viel Applaus verbreitet. Der Applaus kam vornehmlich von Studentinnen und jungen Professorinnen mit *Women's-Lib*-Engagement. Sie waren intelligent, aber ohne Interesse und Begabung für ästhetiktheoretische Themen. So fiel vor ihrem ambitiösen Engagement die Tragödie flach auf die politisch-moralische Plattform herunter. Sie verstanden weder das Tragische noch die Tragödie.

Stattdessen arbeiteten Claire und ich im Zwiegespräch die Eigenart von Antigones Trauer heraus: Es handelte sich um eine mythologisch vorgegebene, dann aber existenziell ausformulierte Trauer. Antigone hatte a priori den Tod im Sinn. Ihr Dialog mit Kreon, ihrem Onkel, dem Herrscher Thebens, war nur vordergründig ein Austausch von Argumenten über den richtigen Glauben und die richtige Staatsauffassung. Er war vor allem Ausdruck einer emphatischen Sehnsucht Antigones nach dem Sterben. Ob man diese Sehnsucht Hamlets abgründiger Melancholie zur Seite stellen könne, sollte Claire in einer Hausarbeit diskutieren. Aus Berkeley war eine weitere Botschaft gekommen, die wir kritisch erörterten: Der Kulturtheoretiker Stephen Greenblatt hatte in seiner sofort zum akademischen Bestseller aufgestiegenen Studie die Energie von Shakespeares Sprache als unmittelbaren Reflex gesellschaftlicher Zustände erklärt. Dieses Theorem kam für die ehemaligen Sozialgeschichtler, denen die Argumente ausgegangen waren, gerade zur rechten Zeit. Ich dagegen hatte kein Interesse daran, diese Analogie von Kunst und Leben zu thematisieren und damit womöglich eine lange Diskussion zu riskieren. Die Gleichsetzung von Gesellschaft und Literatur drängte sich bei vielen geradezu naturwüchsig immer noch auf. Die Reaktion der Seminarteilnehmer blieb gespalten, und ich fühlte kein Bedürfnis, diese Spaltung zu überbrücken. Ganz im Gegenteil: Da ich inzwischen intellektuell-wissenschaftliche Divergenzen nicht im Argument, sondern in einem existentiellen Apriori des Urteilenden begründet sah, ließ ich alles unentschieden.

Florian betrieb neuerdings immer nachträgliche Manöverkritik. Meist fiel sie positiv aus, aber offensichtlich musste ich mich noch mehr bremsen, die eigenen Theoreme allzu häufig ins Spiel zu bringen. Er meinte nach der Debatte über Greenblatts Shakespeare-Buch, ich sollte versuchen, vor allen *Humanities*-Professoren die Prinzipien der Geisteswissenschaften zu erläutern. Auch David, der an seiner Arbeit über Grazie saß, stimmte zu. Was ich schließlich in einem gefüllten Seminarraum dazu vorbrachte – das Ergebnis eines Wochenendes –, war nichts anderes als die Erläuterung eines Satzes aus meiner Kindheit, der meinen Vater beunruhigt hatte: Mein Volksschullehrer hatte ihm belustigt erzählt, dass ich bei einer seiner Darstellungen der Schwerkraft von Körpern nicht nach vorn zum Schauplatz des Experiments gekommen, sondern in meiner Bank sitzen geblieben sei. Auf seine wiederholte Frage hin, ob und warum mich das denn nicht interessiere, hätte ich gesagt: »Weil es nichts mit mir zu tun hat.«

Ich erläuterte also klipp und klar, die Geisteswissenschaften hätten nichts mit den Naturwissenschaften gemein: weil nämlich diese nichts mit uns zu tun hätten. Die Verbindung von Naturwissenschaften und Geisteswissenschaften war bei Literaturwissenschaftlern groß in Mode gekommen, weil sie fürchteten, dass ihnen die Felle wegschwimmen könnten. Das Interesse nicht nur der gebildeten Öffentlichkeit, sondern auch der Studenten an Literaturgeschichte und Literaturtheorie war im Zeitalter von Silicon Valley gerade in Stanford am Bröckeln. Der allseits bekannte Wissenschaftslektor der Harvard University Press hatte kürzlich nebenbei im Gespräch erwähnt, dass man nicht mehr auf Hermeneutik setze. Auch literarische Monografien seien nicht mehr gefragt. Dieses Desinteresse musste mittlerweile also auch dem Tragödienthema gelten, das er Mitte der Neunzigerjahre schriftlich bei mir angemeldet hatte. Innerhalb von zehn Jahren verändert sich viel in den wissenschaftlichen Fragestellungen. Aber meine Pointe blieb dieser Kindheitssatz, umso mehr, als ich den sozialen Rangverlust der Geisteswissenschaften gar nicht in Abrede stellte. Was ich in Abrede stellte, war, dass man diesen Verlust durch naturwissenschaftliche Klimmzüge ausgleichen könne. Eben daran schieden sich die Geister. Es war wieder Richard Rorty – abermals eine Genugtuung für mich –, der meine Behauptung nicht bloß amüsant, sondern sehr einleuchtend fand. Ohne es mir zu sagen. Er bemerkte es nur knapp und bündig gegenüber einem meiner Studenten.

Es gab eine weitere Anregung, die mich länger beschäftigte. Der Auslöser dafür war Fabian, ein Berliner Philosophiestudent, der in Stanford seine Dissertation abschloss. In seiner Begleitung traf ich mich mit zwei Berkeley-Professoren abends in einem Lokal in San Francisco. Bei solchen Gelegenheiten ist man entweder sehr einfallslos oder sehr angeregt. Ich geriet in Form, nachdem ich die These ausprobiert hatte, die führenden Westernhelden, also John Wayne, Henry Fonda, Robert Mitchum, aber auch Gary Cooper, sprächen vor allem durch die Art und Weise, wie sie gingen, wie sie ihre Waffe hielten und wie sie blickten. Und wie gut diese Amerikaner aussähen! Das Thema war aufgekommen, weil einer der beiden Berkeley-Professoren Filmtheoretiker war. Mein studentischer Begleiter Fabian aber war es, der sofort Feuer fing, obwohl er meist ein schwäbisches Temperament an den Tag legte. Darüber müsse ich etwas Längeres schreiben! Das wäre es! Seine Dissertation über das Thema der Geste in der Literatur führte in die gleiche Richtung: An die Stelle des diskursiven Satzes sei bei bedeutenden Schriftstellern, zum Beispiel bei Kleist, die Geste getreten – so seine These. Ich hatte über etwas Ähnliches vor Jahren einen Aufsatz geschrieben, aber Fabian ging der Sache jetzt systematisch nach – auch mit der philosophischen Hilfe Wittgensteins. Mich ließ seine Reaktion nicht los, und es kam tatsächlich ein Manuskript zustande, das ich ein Jahr später anlässlich eines Colloquiums über die Konzeption der heutigen Heldenfigur im Potsdamer Einstein-Forum der amerikanischen Philosophin Susan Neiman vortrug: Dieselbe Reaktion wie die anlässlich eines Vortrags bei den Altphilologen und Historikern während einer Berliner Konferenz über Gewaltdarstellung in der griechischen Literatur und Kunst: Man begriff es nicht. Schlimmer: Man war nicht amüsiert. Wahrscheinlich galt den Zuhörern der Western als unwürdiges Thema bei einer moralischen Frage. Ich erkannte abermals: Philosophen, Literaturhistoriker und Historiker verstanden keine Formen. Rorty, Girard und Koselleck waren für mich die Ausnahmen von dieser Regel.

In meinem Denken hatte sich mittlerweile etwas verändert: Ich hatte keine Sorge mehr, missverstanden zu werden. Weder wissenschaftlich noch politisch. Das Wort »missverstehen« war letztlich ein Pfötchenwort, ein Wort ähnlich wie »Streitkultur«. Man wurde nicht missverstanden. Und das Wort »Streitkultur« schmolz die Wortschwerter zwischen intellektuellen Gegnern zu Wachs ein. Meine Abweichung vom linken, oder sagen wir besser: konformen Mainstream wurde ganz richtig verstanden. Ich hatte deshalb eine ironische Abwandlung des *Wörterbuchs des Unmenschen* geschrieben. Ich nannte es »Wörterbuch des Gutmenschen« und ließ darin das einschlägige salbungsvolle Vokabular noch einmal aufblühen in seiner naiven Selbstgewissheit. Die Pointe war, dass das Gutmenschen-Deutsch sich einbildete, das Deutsch der im *Wörterbuch des Unmenschen* aufgelisteten Ausdrücke zu vermeiden. Es hatte eine Zeit gegeben, in der es mir wichtig gewesen war, dass man mich nicht der konservativen Opposition zuschlug. Meine Genugtuung wegen der Präsenz meines Aufsatzes über die drei Kulturen in der Summa des Philosophen, *Stichworte zur geistigen Situation der Zeit*, war dafür typisch gewesen. Aber seit den ideologischen Exzessen von 9/11 war es mit diesem Interesse vorbei. Ich genoss seitdem die Eklats, die meine politischen Äußerungen in diesem Milieu verursachten.

So hatte mich die »antifaschistisch« saubermannhaft anmutende Pädagogik des protestantischen Bischofs von Berlin angeregt, noch einmal über den Zusammenhang von linker Selbstausstellung und nationalsozialistischem Familienhintergrund zu sinnieren. Nicht bloß über das Motiv der Selbstreinigung in diesen Kreisen. Vielmehr über den penetranten Tonfall, dem noch immer etwas von gestern anhaftete. Daraus wurde ein Skandal. Namen hatte ich nicht genannt. Aber es war deutlich genug: Zwischen von Friedeburg und Krahl und Ensslin passte fast jeder Namhafte, der die Demokratie dauernd phrasenhaft im Munde führte. Nicht zuletzt Huber selbst, der Bischof von Berlin, dessen Vater, der brillanteste Schüler Carl Schmitts, während des »Dritten Reiches« einschlägig denkerisch tätig gewesen war. Als diese Glosse im *Merkur* erschien, gab es eine publizistische Eruption, von der mir meine deutschen Stanford-Studenten berichteten, da ich nicht über einen eigenen Internetanschluss verfügte und deutsche Zeitungen in Palo Alto nicht zu bekommen waren. Zu diesem Zeitpunkt saß ich, außerhalb meines Seminarthemas, an einem Vortrag mit dem Titel »Kein Wille zur Macht«. Meine provokative Variante von Nietzsches Begrifflichkeit richtete sich gegen den mentalen Zustand der deutschen Außenpolitik. Nietzsches Formel musste so erklärt werden, dass ihre Aktualität zutage trat: dass man als Nation etwas »wollen«, »vertreten«, »darstellen« müsse, so Nietzsches Wörter. Nicht im Sinne eines machtpolitischen Ehrgeizes ohne Geist, den Nietzsche im Deutschland nach dem Krieg von 1870/71 und der damit endlich hergestellten Reichseinheit erkannt hatte. Dass das Deutschland von 2006 nichts wollte, nichts vertrat, nichts darstellte, war leicht plausibel zu machen. Nach dem Vortrag vor Studenten und Professoren des Departments für Vergleichende Literaturwissenschaften gab es eine sympathisch einverständige Diskussion. Nachdem der Vortrag im *Merkur* erschienen war, fand darüber auch ein öffentliches Gespräch mit dem New Yorker Historiker Fritz Stern in der Akademie Neuhardenberg statt, nahe der polnischen Grenze. Wer geglaubt hatte, der liberale Stern werde meine Machtauffassung kritisieren, hatte sich getäuscht. Wir verstanden uns in der heiklen Sache vortrefflich. Das Publikum blieb wohl deshalb ruhig. Nur zwei Frauen kamen mit moralischen Fragen, bekamen von Stern aber eine liebenswürdige Lektion. Am nächsten Morgen erschien Mara in meiner Sprechstunde, um ihre Dissertation zu erläutern, die sie aber nicht bei mir, sondern bei einem Londoner Germanisten schrieb. Beiläufig erwähnte sie, wie gut ihr der Vortrag gefallen habe. Mara war die Tochter eines namhaften Berliner Schriftstellers aus dem alten Kreis um Enzensbergers *Kursbuch*. Ihre Urteile zu Texten und intellektuellen Milieus waren immer besonders sachlich, geradezu ohne jedes politische Motiv. Neben Florian und Fabian wurde sie die dritte unter meinen deutschen Stanfordern.

Die Gewissheit, weder bei der Sozialhistorie noch bei der Kulturtheorie Anleihen aufnehmen zu müssen, veranlasste mich ein Jahr später, noch einmal die Tragödie zum Seminarthema zu machen und sie mit einer radikalisierten phänomenologischen Sichtweise anzugehen. Christoph Menkes inzwischen erschienenes, bewundernswertes Buch *Die Gegenwart der Tragödie*, das auf den Denkspuren Hegels die antike Tragödie und deren Potenzialität für die Moderne kritisch befragte, hatte ich im *Merkur* rezensiert, und ich wusste nun noch genauer, was ich nicht wollte: dialektische Vermittlungen des Tragischen. Es sollte jetzt im Rückblick auf Nietzsches Reflexion des »Schein«-Begriffs vor allem um dieses eine Wort gehen. Die Tragödie als eine buchstäbliche Erscheinung des Schreckens, die tragischen Motive als Erscheinungen. Der poetologisch umgemünzte Rekurs auf den ursprünglich philosophischen Begriff war einer Faszination geschuldet: dem Bestehen Nietzsches auf einem kindlichen Blick angesichts des Bühnenwunders. Dass der wahre Zuschauer der Tragödie diese als ästhetisches Phänomen nur erkenne, wenn er wie ein Kind auf ein vor ihm auftauchendes, ihm wie ein Wunder vorkommendes Ereignis starre. Da dieses den Studenten nicht mit solch einer irritierenden Erklärung zugemutet werden konnte, erklärte ich das ästhetische Erscheinen etwas eingängiger: mithilfe von Baudelaires Gedichten. Auch hier Erscheinungen des Schreckens als Alpha und Omega jedes Blicks auf die Welt. Überhaupt Baudelaire und die Tragödie! Das wurde ein Bestandteil des neuen Tragödienseminars: die Gedichte der *Fleurs du Mal* als kurze Dramen, als theatralische Auftritte zu lesen, immer mit einem tragischen Motiv in ihrem Zentrum.

Daraus ließ sich ohne Verrenkungen die Frage nach dem Bösen in der Kunst entwickeln, sowohl in der Malerei als auch in der Literatur. Das Böse war die zentrale poetologische Kategorie Baudelaires. Damit das Böse nicht inhaltlich missverstanden würde, nämlich als eine Anpreisung übler Taten und gemeiner Täter, musste sofort die entscheidende Erklärung erfolgen: Baudelaires Traum vom Bösen war gleichbedeutend mit seinem Verständnis der dichterischen Imagination; Imagination als die Vorstellung von einem Unendlichen. Nicht nur Delacroix' Bilder, sondern auch Goyas Gemälde, die großen Bilder der Renaissance und des Barock, von Leonardo da Vinci, Michelangelo, ja selbst von Rembrandt und Watteau hatte Baudelaire im Gedicht *Les phares* in seine Poetik des Bösen hineingezogen. Im Gedicht *L'idéal* bringt er es auf den wahren Nenner. Es sind der Traum des Aischylos und die verbrecherische Energie der Lady Macbeth, die das Herz des modernen Dichters bewegen. Dieses Herz ist tief wie ein Abgrund, und deshalb sind es die Schreckensbilder der antiken und modernen Tragödie, die Baudelaires poetisches Vermögen, den Blick ins Unendliche, vertiefen. Es war eine Genugtuung, mit keinerlei penibel moralischen Fragen belästigt zu werden; das Seminar verstand, worum es ging, und die Besten brachten weitere Beweisstücke für das ästhetisch Böse bei. In Deutschland wäre das höchstwahrscheinlich anders verlaufen; die diesbezügliche Begriffsstutzigkeit entpuppte sich während der Berliner Konferenz über Gewaltdarstellung in der altgriechischen Literatur und Kunst. Abgesehen vom Vortrag des Veranstalters Bernd Seidensticker liefen durchweg alle Beiträge im Sinne eines aufklärerischen Ethos auf das Interesse an einem historischen Zivilisationsprozess hinaus: Die Gewaltdarstellung sei zwischen dem 5. und dem 3. Jahrhundert vor Christus immer stärker eingeschränkt worden. Kein einziger Historiker oder Philologe verfiel auf den Gedanken, dass die Gewalt bis heute ein literarisch anziehendes Thema sein könnte. Als ich die Beispiele hierfür anhand von Sophokles' und Aischylos' Dramen ausführte, geriet eine junge deutsche Kunsthistorikerin aus Oxford in Rage und stellte mich vor das Amtsgericht ihrer soziologischen Kriterien. Es zeigte sich eine ähnliche Unfähigkeit, auf Ausdrucksphänomene zu reagieren, wie beim Kolloquium über den Helden.

Im Stanforder Herbst 2006 ist das Phantasie-Unternehmen all meiner Jahre davor neu begründet worden. Die griechische Tragödie geriet in den Fokus. Nicht aus einem bloß philologisch-hermeneutische Impuls heraus, auch nicht aus einem bloß theoretischen. Mit der Erforschung der Tragödie schuf ich mir vielmehr Distanz zum politischen Alltag. Eine Distanz, die ich immer gesucht hatte und inzwischen noch mehr suchte. Der anschwellende Gesang der politischen Korrektheit im eigenen Land war nur durch ein noch stärkeres Eintauchen in die Literatur zu überhören. Zu den Lobhudeleien über die arabische Kultur war im

482

Merkur, Heft 11 von 2001, alles gesagt worden. Ich spürte zwar den Reiz, die buchstäbliche Leere theologischer Reflexion im Koran einmal mehr besonders vorzuführen, diese ewigen Wiederholungen von poetischen Bildern zur Größe Gottes. Auch über die gebetsmühlenartige Beteuerung, der Terror habe nicht viel mit dem Islam zu tun, wäre zu schreiben gewesen. Nicht um das Gegenteil zu zeigen, sondern den diesbezüglich fortgeschrittenen Zustand des Journalismus. Aber die Mehrheit der deutschen Orientalisten war in sentimentaler Kulturkorrektheit befangen. Ihre Institute bekamen arabisches Geld. Das war gar keine Form der Bestechung, sondern ein selbstverständliches Zueinander und Miteinander. Auch Malise Ruthven, der englische Arabist, mein alter Londoner Gesprächspartner, stand in einer zu loyalen Beziehung zu den Arabern, als dass er hätte liefern können, wozu ich ihn ursprünglich hatte animieren wollen. Aber nicht bloß von der deutschen Miserabilität galt es Ablenkung zu finden, auch England hatte sich in eine Richtung entwickelt, die deprimierte.

Mit dem Ausscheiden des Premierministers Tony Blair aus der englischen Politik – in den Augen liberaler Engländer im Stande eines Kriegsverbrechers – war eine historische Epoche zu Ende gegangen, für die man noch keinen Namen hatte. Der Irakkrieg war nicht das letzte militärische Engagement Großbritanniens in Übersee gewesen. Das Töten und Sterben in Afghanistan schien nun eine Grenze zu ziehen zwischen der Zeit davor und der Zeit danach. Englands selbstverständliches Hineingezogenwerden in Kriege in Ländern des Nahen Ostens, seinen ehemaligen Kolonien und Mandatsgebieten, wurde Geschichte. Die Zögerlichkeit des neuen amerikanischen Präsidenten Obama, die gegen einen sogenannten Schurkenstaat Schläge austeilende Militärpolitik der USA fortzusetzen, unterminierte die postimperialen Vorstellungen bei britischen Politikern, bei Labour ohnehin und bei den Torys mittlerweile auch.

Nach dem sechzig Todesopfer fordernden Attentat muslimischer Terroristen auf die Londoner Untergrundbahn im Juli 2005 war nichts Dramatisches mehr geschehen.

Es gab also nichts mehr, was mich von der Phantasie der Tragödie hätte ablenken können, außer unseren Spaziergängen in Wales. An baumbeschatteten kleinen Flüssen und großen Bächen entlang, in denen Angela Steine als Material für ihre neuen Silberkonstruktionen suchte. Angela machte keinen Schmuck mehr. Sie erfand seit einiger Zeit abstrakte Formen, die sie besonders eigenartigen Steinen aus walisischen Bächen oder aus der Themse nachbildete. Und ich, ihr vom Ufer aus zuschauend, versetzt in den geologischen und geschichtlichen Urgrund von Wales, hatte das alte Buch mit der griechischen Mythologie des Dionysos in der Tasche.

Angelas Anmut, wenn sie auf den Steinen des Ufers stand oder im Wasser auf einem Steinbrocken in schaukelnder Bewegung, lenkte mich ab. Sie wirkte in dieser Landschaft wie eine mythologische Figur. Auf einer Fotografie in einer Zeitschrift über Natur und Mythologie hatten ihr Ausdruck und ihre Gestalt diesen schönen Effekt gehabt, den ich jetzt wiedererkannte. Wie sie im Fluss kniete und konzentriert auf ihre Entdeckung blickte! Schon bei unserem Wiedersehen in Irland, als wir am dunklen Kanal in Kildare entlanggegangen und uns Geschichten aus unserem Leben erzählt hatten, war ich auf das Wort »anmutig« verfallen. Einhergehend mit einer eigentümlichen Souveränität, im Tonfall, im Blick. Vor allem dann, wenn sie am Ernsten etwas Komisches oder Lächerliches fand. Wenn ich ihr gesagt hätte, sie wirke anmutig, hätte sich ihre ironische Kühle zu einer entsprechenden Antwort ermutigt gefühlt. Und wenn ich ihr Mörikes Gedichtzeile »Zierlich ist des Vogels Tritt im Schnee« als Spiegel ihres Wesens vorgehalten hätte, dann wäre mein Urteilsvermögen in ihren Augen ruiniert gewesen. Gerade weil sie Mörikes Gedichte, die komplizierten und die einfachen, besonders schätzte und auswendig aufsagen konnte. Aber im Grunde hatte ich recht: Angela mochte zu Witz, Lachen und spöttischen Bemerkungen aufgelegt sein, in der Natur, konzentriert auf Natur-Dinge, nahm sie etwas von deren Eigenschaften an.

Die Dionysos-Mythologie war mir auf einem Umweg in den Sinn gekommen. Als ich Schillers Gedichttitel *Die Götter Griechenlands* wieder las, klangen die drei Wörter für mich anders als früher. Ich empfand nicht mehr den gestauten Druck der geistesgeschichtlichen Thematik, die mit diesem Gedicht verbunden war. Ich las es, als ob Schiller plötzlich die griechischen Götter wiedergesehen hätte. Daran änderte der mir sonst unangenehme idealistische Tonfall nichts, zumal ich an Schillers Sprache, in anderen Gedichten und in seinen Dramen, große Schönheit entdeckt hatte. Ich sprach mir die drei Wörter laut vor: »Die Götter Griechenlands«, und hörte in ihnen die Formel für meine Suche nach dem Fremden. Etwas vom Alltag Jenseitigeres konnte es nicht geben. Wahrscheinlich konnte ein so bildungsbürgerlich abgestandenes Bild eine so andersartige Wirkung nur deswegen haben, weil die politischen Themen aus meinen Gedanken verschwunden waren. Diese Themen waren mir zuwider geworden als das Absehbarste, was es gab. Die Götter Griechenlands waren dagegen das Altmodischste, das Vorgestrigste für den sogenannten Zeitgeist. Mich hatten sie gefangengenommen.

Als ich mir die unterschiedlichen Götternamen in Schillers Gedicht vor Augen führte – meist waren es lateinische –, fielen mir die Attribute des Dionysos ein, mit denen ich seit dem Plötzlichkeitsbuch vertraut war. In Schillers Gedicht waren sie verstreut, olympischen Göttern zugeteilt, zu denen sie aber gar nicht gehörten. An Schillers Aufzählung der Attribute des Dionysos – er wird namentlich gar nicht genannt – war auch nichts Dionysisches. Nietzsche hatte es ja definiert als etwas einen plötzlich Überfallendes. Aber was war das Dionysische damals, vor über zweitausend Jahren, gewesen? War das, was Nietzsche im Sinn gehabt hatte, etwa nur eine moderne Empfindung? Auf den Gemälden der Renaissance und des Barock sah Dionysos gar nicht dionysisch aus. Er hieß dort auch nicht Dionysos, sondern Bacchus. Meist, eigentlich immer, hatte er auf diesen Bildern einen weichen, fast weiblich-weibischen Ausdruck. Ein Lüstling, zusammen mit seinen dem Trunk und den Nymphen hingegebenen Faunen. Eben der Weingott. Der englische Lyriker Shelley hatte Michelangelos Statue des Gottes scharf kritisiert: Sie sei zu üppig, zeige keinen intensiven geistigen Ausdruck. Auch der Dionysos, der auf dem Mosaik neben dem Kölner Dom gefunden worden war, sah weiblich aus, ohne jede herrscherliche Autorität. Auf den altgriechischen Vasenbildern machte er einen anderen Eindruck. Aber das Traubenmäßige überwog. War der antike Dionysos also gar nicht dionysisch gewesen, und das hieße: auch nicht unheimlich?

Doch! – und das zeigte sich in den Dichtungen, die von ihm sprachen, vor allem in den Chorliedern von Sophokles' *Antigone* und in Euripides' Drama *Die Bakchen*. Da bekam er die gefährliche Ausstrahlung unter Blitz und Feuer, Schrecken verbreitend und Wahnsinn, obwohl er auch als dunkelhaariger schöner Jüngling charakterisiert wurde. Die römischen Lyriker Ovid und Horaz haben diese erhabene Ausstrahlung besungen. Bei der Vorbereitung des Buches über das Tragische war mir der Begriff »Erscheinung« für den phänomenal wirkenden Auftritt von tragischen Helden wie »Klytämnestra« oder »Ödipus« gekommen. Ihr Erscheinen und ihr Gesehenwerden waren mindestens so wichtig wie ihr Reden. Ihre Erscheinung schien mir im Sinne Nietzsches wie ein »Wunder« auf der Bühne. Und Dionysos war schlechthin »Erscheinung«.

Ich entdeckte im frühesten altgriechischen Literaturstück, in dem Dionysos angesprochen wurde, den sogenannten *Homerischen Hymnen* aus dem 7. vorchristlichen Jahrhundert, dass von Dionysos gesagt wurde, er »erscheine«. Man kann das leicht überlesen. Götter erschienen ja nun einmal. Auch der alttestamentarische christliche Gott. Von daher der theologische Begriff der »Epiphanie«, dem griechischen Verb »ephanä« für »erschien« nachgebildet. Aber dieses Wort wurde in den *Hymnen* ausschließlich dem Dionysos zugeordnet, nur er »erschien«. Von allen anderen Göttern hieß es immer, sie »kamen«. Als ich feststellte, dass diese Eigenschaft des »Erscheinens« auch in den Chorliedern von Sophokles' *Antigone* und in Euripides' *Die Bakchen* dem Dionysos zugesprochen wurde, fragte ich Jürgen Schwindt, ob das nicht bemerkenswert sei. Er ermutigte mich, darüber etwas in einer altphilologischen Zeitschrift zu schreiben. Das war mir aber zu prätentiös – à la: »Heureka! Ich habe etwas gefunden.« Stattdessen kam mir allmählich die Idee, etwas Längeres über die Karriere des Dionysos in der modernen Literatur und Philosophie zu entwickeln, begründet auf dem Wort »Erscheinen«.

Am Rand des walisischen Baches kamen mir Einfälle. Die lebhafte Erwartung, dass Angela Steine fände, die sie zu ihren eigenen Formen anregten, dass ihr neues Vorhaben ihr wirklich gelänge, das motivierte mich in meiner eigenen Arbeit. Ich blätterte in einem Reclam-Heft mit Hölderlins Gedichten. Ich wusste ja längst, dass Dionysos bei ihm wichtig war. Und dann war ich mit einem Mal elektrisiert. Die Hymne *Wie wenn am Feiertage ...* berief »Jetzt«-Momente, in denen etwas Ungewöhnliches geschah. Und sie steigerten sich zum Augenblick der Blitzgeburt des Dionysos, gleichbedeutend mit der poetischen Entzündung des Dichters. Das wurde mir zum Augenblick meines Einfalls. Ich schrieb den Einfall auf die Innenseite des hinteren Buchdeckels. Das moderne Dionysische vor Nietzsche – hier war es! Und zwar als ein »Erscheinen«. Am nächsten Tag sah ich, wie das »Erscheinen« auch in Hölderlins Hymne *Patmos* emphatisiert wurde. Ich hatte das schon so oft gelesen, aber nun erst wurde mir die Wichtigkeit der Wörter »erschien« und »jetzt« klar. Sie bezogen sich zwar auf das Erscheinen Christi vor seinen Jüngern, aber Christus und Dionysos waren in Hölderlins Gedichten zwei einander überlagernde Götter. Und »Erscheinen« meinte auch nicht nur die »Epiphanie« im hegelschen Sinne. Gemeint war das sinnlich-ästhetische Wahrnehmungsereignis. Genau das war ja auch der Fall beim Erscheinen des altgriechischen Dionysos: dass er nicht allein göttlich, sondern dass er überraschend, irritierend, schön und schrecklich war.

Dass Nietzsche sich an dem Wort »Schein« in der *Tragödien*-Schrift abgearbeitet hatte, wusste ich. Aber ich hatte das nie ausgeführt, nur angedeutet. Jetzt musste es darum gehen, wie Nietzsche sich vom Schein als einer dahinterliegenden Wahrheit getrennt und auf das Scheinen des Scheins konzentriert hatte. Bei Hölderlin gab es noch den Horizont des hegelschen Geistes, auch wenn der im Schwinden begriffen war. Die Vorstellungsbilder besaßen etwas rein Gegenständliches, das mich primär fesselte. Es war nicht verwunderlich, dass der junge Sartre, als er 1933 und 1934 in Berlin die phänomenologische Philosophie zu verstehen versuchte, völlig abgelenkt war vom dramatischen Beginn der Naziherrschaft. Und das galt auch für die Zeit danach, als er an dem Roman *La nausée* schrieb, in dem es um Gegenständlichkeit ohne Bedeutung ging. Ich hatte mir eingebildet, meine moderne Götterliebe gäbe es zurzeit woanders nicht. Aber dann stieß ich in Cees Nootebooms Deutschland-Notizen *Berlin 1989* auf Reflexionen und Bilder, die – inspiriert von griechischen Göttergestalten des Münchener und Berliner Klassizismus – nicht bloß historisch diagnostizierten, sondern ästhetisch aktualisierten! Etwas beunruhigend Ekstatisches drückte sich in ihnen aus, ähnlich wie in der mythologischen weiblichen Figur des Romans *Allerseelen*. Und dann erst die *Briefe an Poseidon*. Nach Ezra Pound und Paul Valéry kam keine Anrufung der Mythologie dem gleich.

Meine Ablenkung durch die griechischen Götter und dann durch Dionysos wurde erleichtert dadurch, dass Kurt Scheel inzwischen der entscheidende Herausgeber des *Merkur* geworden war. Er hatte nach dem Umzug 1998 von München nach Berlin allein die neue, enorm kompetente Sekretärin unter vielen Bewerberinnen ausgesucht. Er hatte auch das alle drei Monate stattfindende Kolloquium über mögliche *Merkur*-Themen erfunden. Das wurde in der Öffentlichkeit nur von einigen seiner Freunde bemerkt. Er war so kompetent und loyal, dass er immer auch in meine Richtung, die er genau kannte, seine Vorschläge machte. Wir hatten das Prinzip, beim Veto des einen oder des anderen die Sache fallenzulassen. So zögerte jeder, ein Veto wirklich auszusprechen. Dass die Götter Griechenlands von mir Besitz ergriffen hatten, lag nicht zuletzt daran, dass für Scheel und mich mit dem nahenden Ende des ersten Jahrzehnts des neuen Jahrtausends zugleich die letzten Jahre als *Merkur*-Chefs begonnen hatten. 2012 sollte ein neuer Herausgeber die Zeitschrift übernehmen. Der war nach anderthalb Jahren schwieriger Suche gefunden. Unser Kriterium war gewesen, dass er nicht zum Mainstream der feuilletonistischen Debatte gehören sollte und sich von außen nicht beeinflussen lassen würde. Vor allem aber, dass man von ihm originelle Themen erwarten könne und natürlich eigene Aufsätze, die das Publikum an den *Merkur* bänden. Selbstverständlich war das nicht. Ein solcher Wechsel bedeutete immer ein riesiges Risiko. Man würde sehen. Es wäre dann siebenundzwanzig Jahre her, dass ich *Merkur*-Herausgeber geworden war, und Kurt war, zählte man seine Redakteurszeit mit, schon dreißig Jahre dabei. Diesen Abschied, das war wohl so, hatte ich mir mit dem Dionysos-Thema erleichtern wollen, einem Ewigkeitsthema, das von Ereignissen handelte. Das Erscheinen des Dionysos war jedenfalls das Ereignis katexochen. Das nächste Stanford-Seminar sollte davon handeln.

III

9

Und jetzt?

Ist die Zeit überhaupt noch danach, nach dem Jetzt zu fragen? Bis vor einigen Jahren hatte ich zu jeder Zeit auf dem Sprung ins Fremde gelebt. Und dieses Fremde war immer schon ein Jetzt gewesen. Nicht die Erwartung von etwas Bestimmtem. Vielmehr die Erwartung selbst. Im Ungewissen hatte stets die Möglichkeit einer Entdeckung gelegen. Darin war die schiere Gegenwart mit all ihrer Absehbarkeit, Alltäglichkeit und Banalität in etwas anderes umgeschlagen. Aus diesem subjektiven Ursprung heraus hatte mich Hölderlins »Jetzt« so gefesselt. Und so hatte ich auch das Leben in den beiden westeuropäischen Ländern als die permanente Erfahrung des Fremden empfunden; diese Erfahrung war der Stoff meines Alltags gewesen. Und jetzt? Mit der französischen und der englischen Sprache fing es an: In beiden kann ich das Fremdartige, das mich so viele Jahre lang erstaunt hat, nicht mehr vernehmen. Als ich, seit 2003 abermals in London lebend, das Englische wieder hörte, war das überraschend Gebieterische, die seltsame Kälte im Tonfall der Nachrichtensprecher der BBC verschwunden. Wann hatte ich zum letzten Mal die leicht angehobenen nasalen Stimmen bei öffentlichen Verlautbarungen gehört? Das musste weit zurückliegen. Nun hörte man entweder einen regionalen Tonfall oder einen beiläufigen, wie man ihn in Regierung und Chefetagen offenbar für wünschenswert hielt. Beiden Sprechweisen aber fehlte jenes Befremdliche von ehedem, sie hatten den Klang des Weltreiches verloren. Was war der Grund dafür? Das früher so signifikante Englisch war zu einer normalen Sprache geworden. Gerade deshalb,

493

weil die ganze Welt jetzt Englisch sprach. Aber nicht im herkömmlichen Sinn, dass die ganze Welt Englisch verstanden hätte, weil die Weltkarte – wie sie in den englischen Schulen gern gesagt hatten – rot gefärbt war. Nein, nunmehr parlierte wirklich jeder Tourist Englisch, wo immer auf der Welt er sich aufhielt. Englisch wurde dadurch vulgär. Ein Jedermannsidiom. Es war eben nicht nur beim Verschwinden der hellen kühlen Stimmen der BBC geblieben. In die ohnehin schon gewöhnlich gewordenen Stimmen war zudem ein grausiger Ton eingebrochen. In der Sendung *Big Brother* sprachen die dort auftretenden Personen eine Sprache von öffentlich so noch nie gehörter Gewöhnlichkeit, was als selbstverständlich aufgenommen wurde. Das hatte keine Ähnlichkeit mehr mit den berühmten volkstümlichen Sendungen aus den Siebziger- und Achtzigerjahren, mit ihren Dramen aus dem proletarischen Milieu im East End.

Was aber war der Reiz des Fremdartigen gewesen, der damit verloren ging? Mit dem Verschwinden der coolen Sprache von früher hatte sich zugleich die Möglichkeit erledigt, etwas hinter ihr zu entdecken. Was ich nun anstelle dessen hörte, hatte ich zuvor zwar auch noch nicht gehört, doch verbarg es nichts mehr, wonach ich weiter hätte suchen wollen. Dieses neue Idiom sprach etwas Banales nun besonders drastisch aus. Wer dafür eine Schwäche hatte, der konnte es natürlich komisch finden und auch darüber lachen. Als die sich immer sehr freizügig zeigende Hauptakteurin von *Big Brother* an Krebs erkrankte, nahm die Fernsehnation am Fortgang der Krankheit wie an einem Handlungselement der Sendung teil, und die Sterbende selbst verabschiedete sich von allen als eine, die zur »celebrity« geworden sei: Auch aus diesem in Umlauf gekommenen englischen Wort sprach nur noch die Gewöhnlichkeit der mir einst so ungewöhnlich klingenden Sprache.

Natürlich artikulierten Angelas Freunde noch immer

dasselbe Englisch wie früher. Wenn ich sie jetzt hörte, fühlte ich mich in die vergangene Zeit des wunderbar Fremdartigen zurückversetzt. Das galt vor allem für Grey, den Mann von Angelas Schwester. Bis vor fünfundzwanzig Jahren hatte er mitten im Trubel des politischen und künstlerischen Londoner Lebens gestanden. Mittlerweile aber spielte nicht nur seine Generation, sondern auch der liberalkonservative Teil seiner Klasse nicht mehr die Rolle, die sie einmal gespielt hatten. Das ahnte ich, aber ich wurde auch von jüngeren Londonern ziemlich mokant darauf hingewiesen. Nicht bloß die Generation, sondern auch die höhere gesellschaftliche Schicht war also von einer neuen Zeit überholt worden. Und damit ihre Sprache. Wenn ich mit Angela nach Wales zu Neiti und Grey in ihr Haus auf den Hügeln fuhr, dann befand ich mich wieder in jener englischen Fremdheit, die mich in den Fünfziger- und Siebzigerjahren so gefesselt hatte. Ob es die Bibliothek war, in der die ganze englische Lyrik von John Donne und Edmund Spenser bis hin zu Philip Larkin und Ted Hughes stand, oder ob ich den Weg hinunter ins Dorf ging mit dem von mir nie richtig ausgesprochenen walisischen Namen Llanfechain, immer noch trat mir etwas zu Entdeckendes entgegen.

In vorderster Linie natürlich die See. Dass man nicht mehr selbstverständlich mit einem Schiff in den Hafen von Dover einfuhr, mit den weißen Felsen und der Burg darüber, war ein symbolischer Bruch mit dem ehemaligen, mit dem anderen England. Die englische Differenz! Mit einem Flugzeug in Heathrow zu landen oder mit dem Zug durch den Tunnel nach Kent zu fahren, diese Einreise verleugnete England als den bizarren Körper, den es in der See bildet. Aber das schien keinen Menschen zu irritieren. Nicht einmal die Engländer selbst. Demgegenüber erfuhr ich die idyllische oder wilde Landschaft in der Umgebung von Greys und Neitis Haus als einen meine Illusion wiederherstellenden Ausgleich. Besonders die Eichen! Das gewaltige Exemplar direkt hinter dem Haus hatte dort schon im 19. Jahrhundert gestanden. Wie Eichen vereinzelt in der weit entfalteten Landschaft ihr Geäst über den wuchtigen Stämmen erhoben, das hatte ich so in keiner anderen europäischen Landschaft gesehen. Es gab ein altes englisches Seemannslied, in dem die »Hearts of Oak« besungen wurden. Sie, die Seeleute, hatten Herzen aus Eichen, wie mir Grey auf unseren gemeinsamen Spaziergängen erzählte. Für die Royal Navy waren in den entscheidenden Epochen des britischen Empire im 18. und 19. Jahrhundert viele Eichen im Schiffsbau gebraucht worden. Grey war jedoch, was die englische Vergangenheit betraf, nicht nostalgisch gestimmt, abgesehen davon, dass er ehern an den Institutionen und Gesetzen des Landes, vor allem dem *Common Law*, festhielt. Weshalb er auch eine politische Integration Britanniens in einen europäischen Staat oder die Übernahme der europäischen Währung entschieden ablehnte. Die Zugehörigkeit zur Europäischen Union als einer Freihandelszone war für ihn dagegen in Ordnung. Außerdem liebte Grey die europäische Malerei und bewunderte die deutsche und österreichische Musik fast noch mehr als den amerikanischen Jazz, von dem er viel verstand. Er wusste, dass ich vom deutschen Europakult nicht viel hielt – seitdem die beiden Politiker aus der karolingischen Provinz, der Rheinländer Schulz und der Luxemburger Juncker, in Brüssel Hof hielten, noch weniger –, und er wusste auch, warum nicht.

Am liebsten sprach Grey über die Landschaft als eine vom Meer geprägte. Einmal blieb er stehen, deutete auf die weiß beflockte Bläue über uns und sagte: Wir leben nicht mehr auf dem Land. Wir leben schon im Ozean. Er sagte es ohne historischen, politischen oder kulturpatriotischen Unterton und meinte damit nur den Anblick des Himmels. Von Shakespeares Stücken war ihm *Der Sturm* das liebste. Eben wegen des Naturschauspiels gleich am Anfang,

nicht weil ihn die neuerdings modisch gewordene Verteufe-
lung oder die Komik des wilden Inselbewohners Caliban
so interessiert hätte, eine Figur, die man heute auf Shakespeares Rezeption der frühen Entdeckung Virginias durch
englische Seeleute im 16. Jahrhundert in Verbindung bringt.
Grey hatte es nicht mit Plötzlichkeiten, sondern mit Ewig-
keiten. Darin war Angela ihm ähnlich, wenn sie in walisischen Bächen nach besonders geformten Steinen für ihre artistischen Einfälle suchte.

Der Anblick der walisischen und westenglischen Landschaft lenkte mich von dem ab, was ich in London hörte.
Auch die Veränderung des Stadtbildes bedeutete ein Verschwinden des Fremden, indem zum Beispiel das Themse-
Ufer gegenüber dem Parlament sein einstiges Aussehen zu
verändern begann. Wenn ich vor fünf Jahren in Angelas
Haus aus dem Fenster geschaut hatte, war mir über den Dä-
chern und Gärten der alten frühviktorianischen Familien-
häuser – ahnungslose deutsche Journalisten hatten diese stilistisch markante Architektur als »braune Reihenhäuser«
bezeichnet – nur noch der Himmel erschienen, der unver-
stellte Horizont wie seit jeher. Seit zwei Jahren rückten nun
aus der Richtung des alten Lambeth die Türme der neuen
Hochhäuser heran. Das Licht ihrer nächtens weiß oder rot
erleuchteten Fenster oder die Scheinwerferstrahlen erhell-
ten die einst nur vom Mondlicht beschienene Nacht bis
hin zu unserem schönen Viertel. Diese Hochhäuser hatten
im Unterschied zu den ihrerseits schon hässlich quadra-
tischen Monstern der Sechzigerjahre ein gotisches oder
orientalisches Aussehen, indem sie etwa in eine pagodische
Spitze ausliefen. Schon das Gebäude des britischen Geheimdienstes am Fluss ganz in der Nähe schien nach der
Vorlage des expressionistischen Stummfilms *Metropolis* gebaut. Diese ästhetisierenden Bemühungen, den brutalen kalten Betonstil zu vermeiden, in dem das Nationaltheater, das
Filminstitut und die Gebäude der Sechziger- und frühen

Siebzigerjahre an der Themse entlang gebaut worden waren, machten solche ehrgeizigen Konstruktionen nicht interessanter. Im Gegenteil, die neue Architektur, die sich auch auf der anderen Seite des Flusses, in der City rund um St. Paul's Cathedral ausbreitete, sah aus wie ein Versatzstück aus asiatischen oder arabischen Finanz- und Ölzentren. Das war es! Radikaler konnte man die besondere Atmosphäre der Stadt nicht beseitigen. Die Hochhauslandschaft Manhattans hatte seit 150 Jahren noch immer etwas quasi Romantisches, eine Szenerie, der man nachträumte. Jeder frühe Wolkenkratzer New Yorks strömte seine eigene Atmosphäre aus. So auch in Chicago! Nichts davon, wenn man nun vor Londons neuer Hochhauskultur stand. Sie war der Erguss des langweiligen, errechenbaren Geschmacks von internationalen Finanzinvestoren, die inzwischen auch in den besseren alten Vierteln, in Chelsea und Kensington, Häuser besaßen, ohne in ihnen zu wohnen, während Einheimische die neuen Preise oder Mieten nicht mehr bezahlen konnten. Die Austreibung des einst fremdartig Individuellen durch etwas weltweit Verbreitetes hatte eine demonstrative zivilisatorische Geste angenommen: »Seht her – wir sind wie ihr!« Für immer. Doch wie wer?

Hatten die Behörden nichts dagegen unternehmen können? Der sich so individualistisch gebende und sehr gebildete, zweimal gewählte konservative Bürgermeister Boris Johnson? Gerade er war für die neue Entwicklung verantwortlich gewesen! Er nannte sie den weltweit bewunderten Londoner Dynamismus. In London hatte es nie eine architektonische Kontrolle gegeben wie in Paris, was die französische Metropole fast frei von derlei Zerstörungsakten gehalten hat. Das notwendig Neue in Paris, die Hochhäuser, hatte man an der Peripherie der Stadt untergebracht.

Als der Erbauer der St. Paul's Cathedral, der berühmte Christopher Wren, 1666 nach dem großen Feuer einen Plan zum Neuaufbau der City vorgelegt hatte, war dieser Plan abgewiesen worden. Planung war nie eine englische Sache gewesen. Jeder, der Geld hatte, konnte hier mehr oder weniger machen, was er wollte. Das war bis dahin irgendwie gut gegangen, auch wenn sich Charles, der sich in vieles einmischende Prince of Wales, schon in den Achtzigerjahren des 20. Jahrhunderts den Betonstil durch viktorianische Ensembles ersetzt haben wollte. Das aber hatte den Gegnern des neuen Brutalismus nur geschadet. Jetzt war die Sicherheit des Geschmacks verschwunden, der das Besondere der Londoner Häuserzeilen erhalten hatte: ihr besonderes Nebeneinander von *Red-brick*-Gotik, elisabethanischem Fachwerk, Empire-Stucksäulen und Konzepten der Zwanziger- und Dreißigerjahre, der Neuen Sachlichkeit.

Das alles hatte etwas mit dem Gedanken des gerade erst verschwundenen Augenblicks zu tun. Als ich Baudelaires Beschreibung des alten Paris nach der Neugründung durch Haussmann im Gedicht *Le cygne* wieder las, da fand ich den Satz, der mir das Unglück über die Veränderung auch von London ausdrückte: »Le vieux Paris n'est plus (la forme d'une ville / Change plus vite, hélas! que le cœur d'un mortel)« – »Das alte Paris ist nicht mehr (Die Gestalt einer Stadt ändert sich rascher, ach! als das Herz eines Sterblichen)« Der letzte Satz war es, der alles enthielt. Ich las Baudelaires Gedicht nicht nur als Schlüssel zu Baudelaires Melancholie, zu seinem Bewusstsein vom Verschwinden eines gerade noch empfundenen Augenblicks. Es erklärte mir auch die eigene Enttäuschung – wobei es eigentlich so viel mehr war als eine Enttäuschung – über die Veränderung Londons. Baudelaires Trauer galt einem Paris, das durch ein Paris ersetzt worden war, das nun wiederum ich für unersetzlich ansah. Es wollte mich nicht beruhigen, dass alles Neue immer wieder ein Altes wird. Die gegenwärtigen Neubauten in London besaßen keine Eigenschaften, an die ich mich jemals gewöhnen würde.

Natürlich hatte es auch nach Haussmann noch Verwüstungen des alten Pariser Bestandes gegeben. Die übelsten Entgleisungen waren in den Sechzigerjahren des vorigen Jahrhunderts geschehen. Mit der Auflösung des zentralen Marktes, der Halles, des sogenannten Bauches von Paris, den Zola mit all seiner Kraft beschworen hatte – ich habe das danach entstandene Centre Pompidou deshalb nie gemocht –, weiterhin die Zerstörung des alten Bahnhofs Montparnasse samt der Errichtung eines Wolkenkratzers direkt daneben! Von nun an hatte man dieses Monstrum unverrückbar im Blick, ob man nun den Boulevard Montparnasse hinunterging oder die Rue de Rennes hinauf. Zu dieser sich aus dem technokratischen Glauben des eigentlich konservativen Trios de Gaulle, Pompidou und André Malraux aufreckenden Modernitätsgeste kamen noch die Straßentunnel auf der rechten Seite der Seine. Die Bastille-Oper und die Mitterrand-Bibliothek sind weitere Zeugen ähnlicher Verbau-Gesinnung. Als ich in den Achtzigerjahren Louis Chevaliers 1977 erschienenes Buch über die »Ermordung« von Paris las, war ich erstaunt, denn so verunstaltet war mir die Stadt als Neuling in Paris nicht vorgekommen. Es ist also vor einiger Zeit schon Ähnliches über Paris gesagt worden wie das, was mir jetzt zu London in den Sinn kam. Solche Vergleiche aber lassen die Veränderungen der Londoner Architektur umso dramatischer erscheinen. Paris ist noch immer die historische Hauptstadt Frankreichs, London dagegen ist weder englisch noch weiterhin die historisch gewordene *capital city*. Es ist ein internationales Agglomerat. Paris wiederholt die architektonischen Schandtaten der Vergangenheit nicht, London hört nicht auf, sie zu wiederholen.

In Paris konnte man noch immer durch fast alle Viertel, alle Straßen gehen und vom Aussehen dessen, was man sah, in eine gehobene Stimmung versetzt werden. Aber es gab auch Stadtteile, deren früherer Ausdruck inzwischen ruiniert war. Nicht durch neue Bauten, aber durch die Massen der Touristen und die neuen Geschäfte, die touristische Erwartungen bedienten. Die einfache alte Einkaufsstraße von Montmartre, die Rue des Abbesses, wo ich noch Schweine vor den Metzgereien hatte hängen sehen, war inzwischen in einen schicken Boulevard mit aufdringlichen Modegeschäften und Allerweltscafés verwandelt worden. Ich hatte meine Wohnung also nicht bloß wegen des Geldes vermietet, sondern auch weil ich nicht mehr in dieser Gegend wohnen wollte, wenn ich nach Paris kam. Selbst die an gewöhnlichen Tagen in den Cafés sitzenden Franzosen wirkten anders als früher. Häufig waren es gut verdienende Fotografen, Filmleute und sonstige Medienarbeiter, die für den internationalen Look sorgten. Die Buchhändlerin in der Rue Burq, mit der letzten deutschen Buchhandlung der Stadt, erzählte mir, wie viele der früheren Bewohner wegen der steigenden Mieten wegzögen. Sollte ich die Miete senken? Dadurch hätte ich das neue Milieu nicht aufgehalten. Das hatte sich auch im Universitätsviertel zwischen dem Quartier Latin und der Place Sulpice eingenistet. Wer von den Professoren dort noch wohnte, musste seine Wohnung geerbt haben, von seinem Gehalt hätte er sie nicht mehr bezahlen können. Vor dreißig Jahren hatte diese Veränderung des Milieus der Intellektuellen am Boulevard Saint-Germain begonnen.

In London gab es noch eine ganz andere Ursache für die Empfindung, dass es nichts Fremdes mehr gäbe. Jedenfalls nicht mehr für meine Art von Entdeckungen. Ausgerechnet in meinen ältesten Entdeckungsgebieten: dem Fußball und dem Theater. Gewiss, beide boten großartige Spektakel wie eh und je. Londons Schauspieler bekamen erste Preise in Hollywood, und die Premier League wurde bis nach China, Japan und Afrika übertragen. Wie überhaupt alles aus Britannien die anderen europäischen Länder und Städte an Einfluss und Prestige hinter sich ließ: die Universitäten, die City, die Literatur und noch immer die Popmusik. Aber etwas Entscheidendes fehlte: Die Premier League bestand wie die anderen europäischen Ligen aus einem internationalen Spielergemisch. Der Anteil an britischen Spielern war gering. Und damit ging bei aller neuen Brillanz etwas verloren, das mir immer das Wichtigste am englischen Fußball gewesen war. Zwar hatte sich ein traditionelles Charakteristikum, die Schnelligkeit, erhalten. Auch der Angriffselan war noch da. Er hatte sich durch die viel bessere Technik der internationalen Stars vielleicht sogar gesteigert. Aber es war eben eine Leerstelle entstanden, weil es kaum noch englische Spieler waren, die über den englischen Rasen liefen. Es war kein britischer Fußball mehr. Anstelle des langen Balls in den Strafraum, was im Zuschauer die Erwartung hochhielt, dass dort gleich etwas Explosives geschehen werde, nunmehr das Kurzpassspiel, wie es sich, von Spanien ausgehend, überall ausgebreitet hat, nicht explosiv und langsam bis langweilig. Das erkannte man ja auch, wenn die englische Nationalmannschaft spielte, miserabel im Vergleich zu den Teams der Premier League. Eigentlich müssten sie den langen Ball neu erfinden, um wieder guten Fußball zu spielen. Den begabten englischen Fußballern war der Klubfußball in der Premier League wichtiger geworden als die Nationalmannschaft. Beckhams Zeit dort war lange vorbei, und Rooney hatte nur für Manchester United mit Erfolg den Kopf hingehalten. Ich hätte nicht mehr, wie vor vierzig Jahren, schreiben wollen, was der Name »Captain« in der Nationalmannschaft bedeutete. Solch eine Reaktion bezog sich zwar nicht auf das Sportliche, aber auf der Suche nach Fremdheit war ja das rein Sportliche für mich nie die entscheidende Größe gewesen, sondern das Besondere, das Andere, das Fremde auch im Stil des Fußballs und seiner Zuschauer. Damit war es nun endgültig vorbei. An seine Stelle war das Unisono eines internationalen Stils getreten.

Was das Theater anging, so hatte ich den Eindruck, dass die erstklassigen Schauspieler des Landes nie besser gewesen waren. Man nehme bloß einen Darsteller wie Mark Rylance. Seine Schweigsamkeit als Thomas Cromwell in der Fernsehverfilmung des preisgekrönten Tudor-Romans *Wolfhall* von Hilary Mantel! Oder seine Interpretation von Richard III. in einem Theater der Shaftesbury Avenue. Nach so vielen Richarden auf der englischen Bühne seit Edmund Kean Anfang des 18. Jahrhunderts musste man – so die verbreitete Auffassung – immer etwas Nichtvorhergesehenes bieten. Das aber war eine Einladung zu darstellerischen Klimmzügen, die das Befremdliche verfehlen und stattdessen aktualisierende Pointen setzen. Nicht so bei Rylance! Ich hatte den Eindruck, dass seine satirisch-clownartige Version von Richard III. der diabolischen Wesensart dieser Gestalt am besten entsprach. Kenneth Branaghs Verfilmung von *Henry V* aus dem Jahr 1989 – als Konkurrenzunternehmen zu Laurence Oliviers Film von 1944 gedacht – war eigentlich ein Stück von altem englischen Shakespeare-Schrot-und-Korn. Aber ausgerechnet Branagh hatte seit einigen Jahren etwas verändert, das auf dasselbe wie die Internationalisierung des Fußballs oder der Stadtarchitektur hinauslief. Gar nicht gut fand ich in diesem Sinn seine Verfilmung von Shakespeares Komödie *Love's Labour's Lost*. Nicht dass er Regietheater gemacht hätte. Diese Form theatralischer Adaption wurde von englischen Theaterleuten nach wie vor herablassend als eine naive deutsche Aufdringlichkeit angesehen, die das Literarisch-Poetische zerstöre. Aber das Thema, das Shakespeares Stücken, besonders seinen Komödien, innewohnte, wurde neuerdings durch die Rollenvermischung von Schauspieler und Schauspielerin zeitlich und räumlich allzu stark abstrahiert und verlor seine ursprüngliche Farbe. Es gab inzwischen auch junge Regisseure, die das schwierige Idiom von Shakespeares mit den Wörtern spielendem Renaissance-Englisch für ein weniger gebildetes Massenpublikum verständlich zu machen versuchten. Der in andere Sprachen kaum angemessen Übersetzbare war inzwischen Allerweltsliebling geworden. Nicht mehr etwas Anderes, Fremdes – wie für Tieck und Schlegel, die nach Lessing dafür gesorgt hatten, dass Shakespeare zum größten deutschen Dichter neben Goethe werden konnte.

Diese Aneignung Shakespeares war allerdings eine deutsche Besonderheit. Bis zum Ende des Zweiten Weltkriegs, bevor der einzigartige französische Schauspieler Jean-Louis Barrault Stücke von Shakespeare in Paris inszeniert hatte, war »The Bard« in Frankreich fast ein Unbekannter geblieben. Jetzt wurde sein Name zu einer Art internationalem Logo, von Japan bis Argentinien: Shakespeare für die ganze Welt. Auch die zahlreichen Bücher englischer und amerikanischer Philologen und Historiker über Shakespeares Alltag, über Shakespeares London verkürzten die epochale und spirituelle Entfernung im Sinne einer psychologisch-anthropologisch falschen Nähe. Charakteristisch hierfür Stephen Greenblatts berühmt gewordenes letztes Buch von 2004 über Shakespeare mit dem Titel *Will in the World*. Darin findet sich der Satz: »One of the wonderful things about Shakespeare is that his plays are not exclusively a national possession. He can become an emblem of that which you might possess if you actually could not trace your roots to the Mayflower.« Das nenne ich Differenz einebnen, und zwar methodisch. Im Zeichen einer humanitären, die ganze Welt umfassenden Zivilisationsideologie. William Shakespeare, der Geheimnisvolle, ist nunmehr jedermanns »Will« geworden. Als der Filmstar und inzwischen auch namhafte Theaterschauspieler Benedict Cumberbatch in London den Hamlet spielte, wurde das ein internationales Medienereignis. Fans des englischen Schauspielers, die ihn als medial aktualisierten Sherlock Holmes im Fernsehen gesehen hatten, kamen aus aller Welt herbei, um ihn leibhaftig zu erleben. Wer Hamlet war, war ihnen am Ende sicher egal. Das Stück war dementsprechend vereinfacht. Die Zuschauer umarmten den Schauspieler als vertraute Gestalt aus Kino, Fernsehen und Internet.

Shakespeares vierhundertster Geburtstag hatte das Logo endgültig offiziell gemacht. Überall, mit jedem, der sich dazu äußerte: der deutsche *Spiegel*, der englische Peter Ackroyd, die weniger englische Yasmin Alibhai-Brown. Shakespeare wurde sogar benutzt für die Wahl eines muslimischen Labour-Abgeordneten pakistanischer Herkunft zum neuen Bürgermeister Londons: Shakespeare habe die ganze Welt nach London gebracht! Gewiss, aber vor die Engländer seiner Zeit. Wenn jetzt die ganze Welt tatsächlich in London lebt, wird man dann Shakespeares habhafter? Auch ich hatte Sadiq Khan gewählt, aber nicht weil sich in seiner Person die Stadt London ausgedrückt hätte, sondern weil sein konservativer Gegner Zac Goldsmith nicht so kompetent wirkte und möglicherweise wieder Hochhäuser bauen würde.

Vor zehn, vor fünfzehn Jahren war mein Gefühl, dass London, dass England seine englischen Farben verliere – ein Gefühl, das ich mit englischen Kommentatoren teilte: Jeremy Paxman, der wegen seiner aggressiven Interviews gefürchtete Chef der BBC-Sendung »Newsnight«, hatte 1998 eine nostalgische Erinnerung mit dem Titel *The English: A Portrait of a People* veröffentlicht. Und dann war da noch Andrew Marr, ein noch gewichtigerer BBC-Mann: Sein 2000 erschienenes Buch *The Day Britain Died* wagte zu erwähnen, dass Großbritannien einmal nur von Weißen bevölkert war, konzentrierte sich aber vor allem auf das Verschwinden des Empire und dessen Folgen für das ganze Land. Solche Äußerungen waren inzwischen von gestern. Man hatte sich dem, was war, anbequemt. Vorläufig, wie man bald merken sollte.

Unter den Büchern mit melancholischen Erinnerungen ans alte England gab es eines, das mich besonders beschäftigte: die 2000 erschienenen Reflexionen *England. An Elegy* des Philosophen Roger Scruton. Das erste Kapitel setzte Ton und Thema: »What on earth was England?« Scruton sprach darin alles aus, was auch ich dachte: über den englischen Charakter, das englische Recht, die englische Gesellschaft, die englische Kultur, die englische Landschaft. Mit all dem sei es vorbei, endgültig. Selbst kein Engländer und nicht in vergleichbarem Sinne konservativ wie Scruton, setzte ich seine Elegie für mich nicht fort. Was er als verloren betrauerte, war sein eigener Verlust. Was dagegen ich vermisste, war das Fremde. Ganz vergessen war es in der Öffentlichkeit nicht. Das kam bei der Debatte um das Referendum über die Zugehörigkeit Großbritanniens zur Europäischen Union heraus. Die Gegner sprachen letztlich aus einem Affekt: der englischen Liebe zu sich selbst.

Dass ich in London mit Farbigen aus dem ehemaligen Empire Schwierigkeiten hatte, stand nicht im Widerspruch zu meiner Suche nach Fremdem. Exotisches besaß für mich kein Fremdheitsmoment. Im Gegenteil! Jetzt, nachdem Birmingham fast zu einer indischen Stadt geworden war und Stockwells Straßen an Sonntagen mehrheitlich von schwarzen Familien bevölkert wurden, verschwand die alte *Englishness* hier ja in ähnlicher Weise, wie sie aus anderen Gründen aus dem Fernsehen verschwunden war. Umso mehr, als die Zeitungen und die Politiker nicht müde wurden zu betonen, dass sie doch alle Briten seien. Die meisten Schwarzen und Asiaten hatten wohl einen britischen Pass, aber Unenglischeres als sie – wie sollten sie auch anders sein? – konnte man sich nicht vorstellen. Mit den indischen, pakistanischen oder schwarzen Fernsehjournalisten, deren Begabung für Kommentar und Charakterisierungskunst mitsamt ihrem gehobenen Englisch sie inzwischen längst ihrer britischen Umgebung einverleibt hatte, hatten sie nichts gemein. Sie mussten der farbigen Mehrheit fast wie Verräter vorkommen. Diese Mehrheit mochte zuweilen einen pittoresken Eindruck machen, aber sie war – ähnlich wie im Fernsehen die englische Unterklasse – vor allem Teilnehmer am Konsumbetrieb. So jedenfalls dachte ich bis vor Kurzem: Aber mittlerweile ist eine Veränderung eingetreten: Immer häufiger sind in Brixton und Stockwell schwarze junge Frauen zu sehen, deren Tonfall und Wortwahl sich in nichts von der Ausdrucksweise weißer Londonerinnen unterscheidet. Ebenso ihr Modestil. Keine Goldklunker mehr, sondern raffinierter Chic, einfache Eleganz. Das mindert zwar, wenn auch nur geringfügig, den exotischen Reiz. Wie aber verhält es sich mit den inzwischen ganz schwarzen Klassen der Staatsschulen in unserer Gegend? Was für einen Geschichtsunterricht erhalten sie dort? Wahrscheinlich doch einen anderen als die noch immer fast ausschließlich weißen Schüler in den Privatschulen. Wenn ich jemanden danach frage, weiß niemand darüber Auskunft zu geben. Nur so viel scheint festzustehen, dass in den letzten vierzig Jahren diese Schüler jedenfalls über das Empire wenig erfuhren.

Das Fremde im Sinn von etwas Geheimnisvollem trat für mich erst dann hervor, wenn es mir im Bekannten erschien. Das rein Exotische konnte das Fremde dagegen nicht hervorrufen. In abgemilderter Form überall anwesend, löste es keine Veränderung der Realitätswahrnehmung mehr aus. Das Wort »exotisch« hatte seine Perioden gehabt, in denen es häufiger als sonst zu hören und zu lesen gewesen war. Im frühen 19. Jahrhundert führten Delacroix' dramatische oder idyllische Gemälde mit Motiven der von Frankreich gerade eroberten algerischen und tunesischen Städte und Landschaften zu seiner Verbreitung. Dann lieferten Paul Gauguins Tahiti-Bilder eine Vorstellung des Exotischen. Der aktuelle Boom zeigte zwar eine weniger paradiesische Aussicht, trotzdem hatte der muslimische Terror das Interesse am Exotischen wieder verstärkt. Als ich die Anzeige eines soeben erschienenen Buches von Jamie James las, führte mir der Titel des Buches meine strikte Unterscheidung von Fremdheit und Exotischem vor Augen, gerade dadurch, dass er beides miteinander identifizierte: *The Glamour of Strangeness: Artists and the Last Age of the Exotic*. Nein, *strangeness* war etwas ganz anderes. Indien etwa hatte meine Phantasie seit Langem in Beschlag genommen. Aber nicht aufgrund seiner alten Kulturen, Religionen und politischen Sitten. Vielmehr weil das britische Empire vom Indischen auf bizarre Weise eingefärbt wurde. Es ging mir dabei um die Gedichte Kiplings, nicht um die Tempel in Bengalen. Zwei von Kiplings Gedichten, die sozusagen archetypisch englischsten, hatten es mir besonders angetan, nämlich die Deklaration *If* und die Ballade *Oh, East is East and West is West*. Ich hatte sie in einer von T. S. Eliot 1941 herausgegebenen Ausgabe gefunden. Die Ballade von Ost und West, die sich niemals treffen werden, hat eine empire-historische Pointe: Dass der Gegensatz zwischen den beiden Himmelsrichtungen aufgehoben ist, sobald zwei mutige Männer einander gegenüberstehen, der eine aus dem Westen, der andere aus dem Osten, der eine aus England und der andere aus Indien oder Pakistan. »Oh East is East, and West is West; and never the twain shall meet, / Till Earth and Sky stand presently at God's great Judgement Seat; / But there is neither East nor West, Border, nor Breed, nor Birth, / When two strong men stand face to face, tho' they come from the end of the earth!« Und dann das Gedicht *If*, eine Art Hymne auf die Tugend des Gentlemans, der zum *empire builder* werden könnte, in Form einer väterlichen Ansprache an seinen Sohn. Das ganze Gedicht schrieb ich mir in mein Notizbuch. Die erste und die letzte Strophe packten mich am stärksten:

>»If you can keep your head when all about you
>   Are losing theirs and blaming it on you,
>If you can trust yourself when all men doubt you,
>   But make allowance for their doubting too;

If you can wait and not be tired by waiting,
 Or being lied about, don't deal in lies,
Or being hated, don't give way to hating,
 And yet don't look too good, nor talk too wise:
…
If you can talk with crowds and keep your virtue,
 Or walk with Kings – nor lose the common touch,
If neither foes nor loving friends can hurt you,
 If all men count with you, but none too much;
If you can fill the unforgiving minute
 With sixty seconds' worth of distance run,
Yours is the Earth and everything that's in it,
 And – which is more – you'll be a Man, my son!«

Es war nicht eigentlich die Moral der Geschichte, die mich fesselte, es war die nie zuvor gehörte Melodie aus der Tiefe eines englischen Seelengrundes, den ich so noch nicht kannte. Auch hier gab nicht das Exotische den Ausschlag für meine Faszination, sondern die unerhörte Fremdheit eines Pathos, das mich bestrickte, seitdem mich englische Dinge bestrickt hatten.

Seit 2006 hatte sich im Hinblick auf die Farbigen noch etwas verändert. Ausgelöst hatte dies der Anschlag junger muslimischer Männer auf eine U-Bahn-Station, bei dem über sechzig Menschen umgekommen und zig andere schwer verletzt worden waren. Das lag nun schon zehn Jahre zurück, und inzwischen hatte sich die Präsenz muslimischer Nachkommen aus ehemaligen Kolonien mehrfach als Bedrohung erwiesen, ohne dass man gewusst hätte, wie man darauf am besten hätte reagieren sollen. Dabei spielte einerseits die traditionell gelassene englische Haltung gegenüber den Farbigen aus den ehemaligen Kolonien eine positive Rolle, andererseits der Zwang zur Political Correctness eine negative. Unmittelbar nach den Terroranschlägen vom Juli 2005 hatte die Londoner Polizei einen ihr verdächtig vorkommenden, aber unbeteiligten Mann bis in die Untergrundstation von Stockwell in unserer Nähe verfolgt und ihn dort, ohne ihn gefangen zu nehmen, auf kürzeste Entfernung durch Kopfschuss getötet.

Diese fatale Reaktion eines nervösen Polizisten, der gefürchtet hatte, der Flüchtling trüge eine Sprengstoffweste, belastete die nachträglichen Maßnahmen zum Schutz vor muslimischen Attentätern. Man tolerierte lange Zeit sogenannte Hassprediger in Moscheen und an öffentlichen Plätzen unter Berufung auf die englische Tradition der freien Rede. Die Polizei musste sich der Kritik der liberalen Presse daran erwehren, dass zunehmend vornehmlich farbige Jugendliche angehalten und auf Waffen untersucht wurden. Als ob man das, wonach man suchte, genauso oft bei weißen Jugendlichen gefunden hätte! Diese illusionäre Rede passte zu dem in ganz Europa herumgereichten Satz: »Der Islam hat mit dem Terror nichts zu tun.« Womit sollte er denn sonst zu tun haben? Seit dem 11. September 2001 wurde diese Phrase so oft wiederholt, ohne dass jene, die sie gebrauchten – Journalisten, Hochschullehrer, Politiker –, begriffen hätten, dass die geringe Anzahl der Islamisten die Richtigkeit des Satzes keineswegs bestätigte.

Inzwischen weiß man, dass in England ein Teil der Jugendlichen der dritten Einwanderergeneration dem britischen Way of Life entfremdet ist. Diejenigen, die nach Syrien gingen und für den »Islamischen Staat« kämpften oder dort Köpfe abschnitten, waren die eher gut Ausgebildeten. Auch die Massaker in Paris und Nizza im November 2015 und Juli 2016 haben den Zusammenhang von Fanatismus und Religion nicht aufgelöst. Dass Rädelsführer und Attentäter aus den sozial heruntergekommenen Pariser Banlieues oder einschlägigen Quartieren Brüssels oder Nizzas kamen, ändert daran nichts. Die französischen Attentäter »Franzosen« zu nennen gehört zur eingebürgerten, die Wirklichkeit verfälschenden Terminologie: Sei es, dass – so die eher offizielle französische Reaktion – man den Bewohnern arabischer Herkunft die Teilhabe an der ungeteilten Republik zugesteht, sei es, dass – so die eher linke Reaktion – man ihre Armut und Berufslosigkeit, ihre soziale Lage als revolutionäres Motiv in der Tradition der anarchistischen Pariser Arbeiterschaft deutet. Aber sie sind keine Franzosen. Die Franzosen haben die arabischstämmige Bevölkerung in ihren Städten, soweit man das wahrnehmen konnte, immer nur mit Abwehr zur Kenntnis genommen. Während der Achtziger- und Neunzigerjahre erfuhr ich, wie stark die Erinnerungen an die Grausamkeiten des Algerienkrieges waren, von deren Auswirkungen ich noch 1961 in Montpellier etwas mitbekommen hatte. Mir erzählte ein älterer Bekannter, der am Seine-Ufer eine Wohnung hatte, wie die Polizei dort Anfang der Sechzigerjahre demonstrierende Algerier massenhaft umgebracht hatte. Entweder im Fluss ertränkt oder erschossen. Dieses fast nicht glaubhafte Ereignis war von der Pariser Bevölkerung, auch den Augenzeugen, ohne Reaktion, ohne irgendein Anzeichen von moralischer Erregung hingenommen worden. Duldung oder sogar Applaus – das waren die Reaktionen gewesen. Wieweit diese Vorgänge den gegenwärtigen Attentätern bekannt waren, habe ich nicht in Erfahrung bringen können. Aber die Ablehnung durch große Teile der französischen Bevölkerung, nicht nur der Wähler des Front National, eine rassistische Ablehnung, war den Attentätern ganz sicher bewusst. Ihr Hass, ihre Hassreden und ihre gezielten Morde waren noch offensichtlicher gegen das ihnen fremd gebliebene Land gerichtet, in dem sie aufgewachsen waren und lebten, als das, was zuvor schon in London passiert war.

Als Michel Houellebecqs sardonische Utopie von einer Unterwerfung der französischen akademischen Elite unter eine aus freier Wahl hervorgegangene muslimische Regierung herauskam, sprang die Rede von einem »Kampf der Kulturen« aus der historischen Theorie auf die Literatur über. Viele Leser wussten nicht, was sie davon halten sollten. Aber das Buch wurde nicht abgetan als eine der Houellebecq'schen Obszönitäten oder perversen Selbstdenunziationen. Es war unmittelbar vor dem Überfall auf die Redaktion der Satirezeitschrift *Charlie Hebdo* erschienen und gab dem nun eine zusätzliche schaurige Beleuchtung. Als stünde man in Frankreich tatsächlich am Vorabend einer arabischen Machtübernahme. Im Unterschied zu Houellebecqs intellektuellem Sparringspartner Bernard-Henri Lévy, der dem muslimischen Terror sehr rhetorisch mit einer althergebrachten aufklärerischen Moral begegnete, hatte Houellebecq gerade hinsichtlich dieser Moral Zweifel gestreut: Deren rationalistische Konsequenz habe die religiösen Elemente der westlichen Gesellschaft untergraben.

Was mich daran fesselte, war nicht das verführerische Argument, es könnte so kommen wie im Roman: Dass eine französische Regierung von arabischen Muslimen gebildet wird, die auch den Universitäten ihre Ideen verordnen. Nein, so etwas nicht. Aber die intellektuelle, die philosophische Leere, die in die einschlägigen europäischen Salons und Universitäten eingezogen war, ist doch unbestreitbar. Und diese Leere hatte etwas so Hilfloses gegenüber dem tatkräftigen Fanatismus des radikalen Islamismus. Entscheidend an Houellebecqs Romanphantasie, so schien mir, war ihre Begründung in der Ästhetik von Huysmans. Der Held von Huysmans' Roman *A rebours* flüchtet sich aus der banalen Pariser Gesellschaft des Fin de Siècle, die er verabscheut, in ein einsames Landhaus, in dem er sich der phantastischen Lektüre spätlateinischer wie moderner theologischer Bücher und moralisch monströsen Vorstellungen hingibt. Insbesondere beeindruckt ihn Gustave Moreaus mystisch-sensualistisches Gemälde vom Tanz der Salome angesichts des von Lichtstrahlen bekränzten Hauptes Johannes' des Täufers. Huysmans vergleicht die geheimnisvolle Schönheit des symbolistischen Gemäldes mit der Ausstrahlung der Alhambra in Granada und mit der Vollkommenheit arabisch-geometrischer Muster. Die Bereitschaft von Houellebecqs Romanfigur, einem Professor für die französische Literatur des 19. und 20. Jahrhunderts, auf Huysmans' Spuren in Ablehnung der aufgeklärten westlichen Moderne zur Religion, und zwar nicht der katholischen, sondern der muslimischen, zurückzukehren, erschien mir als die eigentliche Pointe des Buches. Ich fand das nicht anrüchig, obwohl ich nach wie vor keine religiöse Stimmung in mir fühlte. Literarische Utopien sind noch nie Wirklichkeit geworden. Aber das, was die nationale Front zur Bedrohung erklärte, nämlich eine arabische Besetzung des Landes, das imaginierte Houellebecq als spirituell motivierte Möglichkeit.

Ich hatte ob des Verschwindens der alten Fremdheit von London also an Lebensfreude verloren. Auch Einzelheiten fielen nun ins Gewicht. So dachte ich darüber nach, warum mir die Bildsignale auf Plakaten der U-Bahn sogar plakativer vorkamen als die überraschenden Einfälle von früher. Dass die Erwartung neu zu entdeckender Dinge nicht mehr den Tag eröffnete, verursachte eine Art stoischer Stimmung, die ich natürlich verbarg. Was an Dramatischem in Europa passierte, lenkte nur wenig von dieser Trauer ab. Aber da war Angela. Wenn sie nicht gewesen wäre, hätte ich dann London verlassen? Wahrscheinlich. Doch wohin? Nach Wales?

Als der Präsident der Republik, der unglückselige Hollande, dann vom Krieg sprach, war das die Erklärung einer fundamentalen Gefährdung Frankreichs. Es gab »den Feind«: den kriegerischen Islamismus, die potenzielle Unterhöhlung des französischen Lebens. Diese Ansicht war neu. Damit stimmten einige namhafte französische Intellektuelle überein, nicht nur der Front National. Alain Finkielkraut hatte seine Affirmation des Begriffes »Krieg« dazu benutzt, die Haltung der Berliner Regierung bezüglich der Flüchtlingsfrage zu kritisieren. Er hatte Frau Merkels Reaktion »Gesinnungsethik« genannt. War es nicht zutreffend, diesen Begriff von Max Weber hier anzuwenden? Hatten sich Merkel und ein Teil der deutschen Öffentlichkeit nicht auf eine Innerlichkeit eingestimmt, die ihnen wohltat und die vielleicht die Erinnerung an den Holocaust aufwiegen könnte? Als ich die Erklärungen von Finkielkraut las, stellte ich mir mit Ingrimm vor, wie darauf wohl der Durchschnitt der deutschen Publizistik reagieren würde.

Die Unbekümmertheit, mit der die deutsche Regierungschefin – ursprünglich ohne von ihrer politischen Umgebung dafür kritisiert zu werden – im Alleingang entschieden hatte, passte zu der nicht offen ausgesprochenen Hoffnung, man habe weniger als die anderen Europäer von islamistischen Attentätern zu befürchten. Die Bundesrepublik war ja im Unterschied zu England, Spanien und Frankreich lange von Schlimmerem verschont geblieben. Und man hatte in den muslimischen Ländern keine Kolonien besessen. Die von den liberalen Medien begrüßte Einladung an die syrischen Flüchtlinge war aber umso mehr ein Bruch mit der europäischen Solidarität, vor allem nach den Pariser Morden. Was mich daran beschäftigte, waren nicht die politischen oder organisatorischen Einwände und Fragen. Es war der zivilisatorische und psychologische Sprengstoff, den die Flüchtlinge im Gepäck hatten. Hier kam das Kriterium der Differenz erst eigentlich zur Geltung. Die offensichtliche Gleichgültigkeit gegenüber der Differenz, mit der viele Münchener den am Hauptbahnhof ankommenden Fremden applaudiert hatten, schien mir beunruhigend naiv. Die an den Tag gelegte sogenannte Humanität beeindruckte nicht nur. Sie wirkte so beflissen. Es ging bei der Differenz darum, dass die Regierung und viele Meinungsmacher in Begriffen sprachen, welche die kulturelle, religiöse und politische Andersartigkeit der Neuankömmlinge nicht wirklich in Betracht zogen. Flüchtlinge waren ihnen einfach

»Flüchtlinge«, und die Differenz wurde tabuisiert. Und wenn nicht, dann wurde sie in einem technokratisch-volkspädagogischen Idiom der Umerziehung verharmlost. Das Wort »Umerziehung« kannte man ja aus zwei Versuchen dieser Art, nach 1945 und nach 1990. Dass die Kanzlerin an dieses Konzept glaubte, verdankte sich wohl ihrem naturwissenschaftlichen Training und ihrer sozialistischen Erfahrung. Sie empfand, wie es scheint, christlich, hatte aber ansonsten kein eigentlich historisches oder kulturelles Bewusstsein von westlicher Tradition. Sie führte das Wort »Globalisierung« als Erklärung für alles im Munde: Integration, das müsse doch, bliebe man nur rational, möglich sein. Kein Gedanke an die westliche Kultur, die den Fremden fremd bleiben würde. Und was dann?

Sollte ich zu dieser Thematik eine Sottise alter Art schreiben? Zunächst wäre darin der Moralismus des guten Gewissens jenseits aller politischen Wahrscheinlichkeiten, der Mangel an kulturhistorischer Sensibilität zu brandmarken gewesen. Daraus hätte man das Kriterium der Differenz grundsätzlich entfalten können. Der Londoner Korrespondent meiner alten Zeitung hatte mich gefragt, ob ich nicht im Anschluss an die Provinzialismusglossen von 1991 die kulturelle Ahnungslosigkeit und politische Naivität der Kanzlerin darstellen wolle. Zu dieser früheren Polemik wollte ich aber nicht mehr zurück. Als ich mir neue Motive zurechtlegte, kam mir die Nummer 4/2015 der Zeitschrift *Tumult* zu Gesicht, die ich ab und zu las, auch wenn ihr kulturkritischer Ton neuerdings ein Pathos annahm, das mich langweilte. Aber Jürgen Paul Schwindt, mein enger Freund seit Bielefelder Tagen, nun Ordinarius für Klassische Philologie in Heidelberg, hatte in *Tumult* eine Serie über den Niedergang der deutschen Universität geschrieben. Es ging darin nicht, wie üblich, nur um die strukturellen Defizite, vielmehr um die kleinkarierte anpasslerische Mentalität vieler Professoren. Das entsprach meinem Eindruck, an dem sich seit Stanford nichts mehr geändert hatte. Derartiges konnte man an anderer Stelle nicht lesen. Und Rudolf Burgers, des Wiener Kunsttheoretikers, Wissenschaftssoziologen und Physikers, Beitrag zur offiziellen deutschen Flüchtlingspolitik und Flüchtlingsdiskussion hatte es an Schärfe so in sich, dass mir die Lust verging, sein Thema zu variieren. Ich hörte davon, dass es unter den intellektuellen Reaktionen konservativ-revolutionäre Töne gebe, es fielen die Namen Peter Sloterdijk und Botho Strauß. Ich kam an die einschlägigen Texte zwar nicht heran, konnte mir aber vorstellen, wie die Feuerwehrleute im Einsatz für das angemessene Denken ihre Schläuche ausrollen und den Dichter ablöschen würden.

Eigentlich war die *Zeitschrift für Ideengeschichte*, auch wenn sie nur viermal im Jahr erschien, meine favorisierte Lektüre unter den Zeitungen und Zeitschriften geworden. Aber für diese Thematik war sie nicht aktuell genug. Deutsche Tageszeitungen sah ich nur noch ein- oder zweimal in der Woche, weil die *FAZ*, die ich zehn Jahre lang abonniert hatte, vom Londoner Verteildienst neuerdings nicht mehr regelmäßig ausgeliefert wurde. Besonders nach der Kölner Silvesternacht 2015/16 schien mir, dass die nichtbornierten liberalen Zeitungen versuchten, die sogenannte »rechte Reaktion« zu verstehen, sie aber doch mehr oder weniger der AfD-Partei zuordneten. Eine grundsätzliche Kritik an der offiziellen Flüchtlingspolitik wurde auch von ihnen als Rechtspopulismus gefasst, so als ob scharfe Kritik, ja Aggression gegen Merkel keinen intellektuell angemessenen Ausdruck finden dürfe. In Telefongesprächen mit Universitätsleuten der besseren Sorte gewann ich den entgegengesetzten Eindruck. Jargon und Populismus waren besonders darin erkennbar, dass die Kölner Übergriffe von Algeriern und Tunesiern mit deren Geschlecht, nicht aber mit ihrer Herkunft erklärt wurden. Angesichts solcher in den Medien verbreiteten Stellungnahmen war ich sprachlos, wie ahnungslos, jeder kulturellen Differenz unbewusst, man daherredete. Einen solchen Unsinn über das Verhältnis arabischer Männer zu Frauen gab es in vergleichbaren Sendungen der BBC nicht. Ich dachte, der deutsche Provinzialismus sei noch schlimmer geworden. Was früher noch einem fanatischen, aber politischen Diskurs einer Gruppe entsprungen war, kam inzwischen als die gebotene Jedermannsgesinnung daher. Dem Zungenschlag der Nachrichtensprecher – vor allem im Zweiten Deutschen Fernsehen – fehlte die gebotene Sachlichkeit. Ein untergründiger, die Fakten moralisierender Tonfall und Gesten, welche die ganze Welt in eine Verurteilungsperspektive rückten, waren offenbar selbstverständlich geworden. Mir schien es, als habe sich etwas Totalitäres über das Land ausgebreitet. Ein Gesinnungsdiktat.

Die Flüchtlinge waren das eine. Die Debatte darüber das andere. Den ersten Zusammenstoß zwischen Sloterdijk und Herfried Münkler in der *Zeit* hatte ich verpasst. Das war wohl die erste Debatte von Bedeutung gewesen. Ich bekam aber Münklers Reaktion auf Sloterdijks Antwort mit. Der Politologe war während des letzten Jahrzehnts von Scheels und meiner Herausgeberschaft des *Merkur* zu einem der für uns wichtigsten Autoren geworden. Seine Distanz gegenüber dem gesinnungsethischen Jargon, der ideologisch vorentschiedenen Sprache, machte ihn zu einer besonderen Erscheinung in seinem Fach. Er war vor Kurzem von einer Studentengruppe moralpolitisch aufs Übelste angegangen worden. Erpresserisch und ohne dass seine Kollegen die verletzte Regel freier universitärer Rede verteidigt hätten. Er war uns damals wie gerufen gekommen. Als ich jetzt aber seinen Versuch las, Sloterdijk als öffentlichen Intellektuellen hinzurichten, war ich erstaunt. Die Begründung war grotesk: Sogenannte öffentliche Intellektuelle könnten nur dort ihre Rolle spielen, wo die Autorität der Regierung, die Staatsmacht, schwach sei. Nun, da

Deutschland die Zentralmacht Europas sei, müssten Leute wie Sloterdijk abtreten. Welch doppelter Irrtum! Zum einen haben Intellektuelle – siehe Sartre – gerade dann den erheblichsten Einfluss ausgeübt, wenn die Staatsmacht, zum Beispiel de Gaulle und seine unmittelbaren Nachfolger, stark waren. Zum anderen ist die gegenwärtige Bundesrepublik noch immer bloß eine ökonomische Macht, militärpolitisch und außenpolitisch im zweiten Glied stehend, ohne Einfluss auf die politischen Entscheidungen der anderen europäischen Länder.

Münklers Behauptung, bei Merkels Reaktion auf die erste Flüchtlingswelle hätte es sich um Strategie gehandelt, kam mir ebenfalls spanisch vor. Es war das Gegenteil von Strategie gewesen: nämlich eine Fehleinschätzung mit falscher Planung, die nicht bloß die innere Kohärenz der Bundesrepublik gefährdete, sondern auch den Schulterschluss mit anderen europäischen Staaten im Osten und im Westen, besonders mit Frankreich und England. Merkels Plan war doch sichtbar begründet auf politischem und religiösem Moralismus, oder? War dieser Vorwurf zu widerlegen? Begründet auf einem Gefühl des Verpflichtetseins, das sich, bewusst oder unbewusst, mit der Holocaust-Schuld verrechnen ließe? Es war eben das, was Alain Finkielkraut nach dem Pariser Massaker im November 2015 als »Gesinnungsethik« charakterisiert hatte. In einem Interview mit der *Zeit* hatte Finkielkraut gesagt: »Deutschland bleibt ein von Hitler traumatisiertes Land. Statt eines realistischen Weltbildes pflegen die Deutschen den Antirassismus.« Um aus dem Land der Bösen zu einem Land der Guten zu werden: Deswegen schäumten linke deutsche Publizisten über den Pariser Philosophen, argumentierten auch sie aus schierer Gesinnung, so jedenfalls kam es mir vor.

Wahrscheinlich ist Münklers falsch begründeter Beifall für die »Wir schaffen das«-Rede aus dem utopischen Konzept des Buches *Die neuen Deutschen* erklärbar, das er und seine Frau Marina soeben veröffentlicht haben: ein an die idealistisch-normative Erziehung sattsamer Tradition anschließender Katechismus, in dem kulturelle Differenz keine Rolle mehr spielt. Es geht um die Moral der Deutschen, nicht um die Religion der Muslime. Wie hat Moralismus die Gedanken eines politischen Kopfes von diesem Rang trivialisiert! Wollte er gegen die töricht-erpresserische Gesinnungstüchtigkeit seiner Studenten an progressivem Image zurückgewinnen? Es war wohl intellektuelle Naivität: Der namhafte Wissenschaftler wollte dem neuen Passepartout des guten Deutschen eine soziologische Fassung geben. Zum sich Bekreuzigen! Es wäre ohnehin Zeit, wieder in die katholische Messe zu gehen, wo keine Doktrin zu hören ist, sondern nur Weihrauch und Myrrhe zu riechen und die wunderbaren Farben des Altars und der Gewänder zu betrachten sind.

Vielleicht aber ist Merkels und der beiden Münklers Moralismus doch nicht so beschämend trivial? Vielleicht hat er etwas Heroisches, Selbstbewusstes? Dies zu ergründen gehörte auch zum Thema der Differenz. Mit »heroisch« könnte man ihr Festhalten an einem abstrakten, aber herausfordernden Ideal jenseits der Bringschuldmentalität bezeichnen. Die junge Merkel hatte ihre politische Karriere mit dem Sturz des allmächtigen Buddhas begonnen, der bekanntlich alles ausgesessen hatte. Was für ein Mut, was für eine Ethik: Man könnte sich vorstellen, dass sie den Deutschen jetzt ein Selbstopfer zumutete von absoluter Größenordnung. Es werde sich alles ändern, hatte sie gesagt. Und auch die Münklers sprachen von den neuen Deutschen. Außerdem: Vergoldete solche Art moralischer Selbsterhöhung nicht das politische Faktum, dass man die Massen der nach Deutschland Hineinströmenden sowieso nicht mit Gewalt daran hindern könne, wie das Politiker der AfD forderten und die Briten es indirekt praktizierten? Was an Merkels und der Münkler'schen Vision halbwegs originell anmuten könnte, ist eher eine Denkweise im Sinne der Lessing'schen Aufklärung, nach dem Vorbild Nathans des Weisen: eine Hoffnung auf universelle Versöhnung der drei für Europa wichtigen Religionen. Bei einer Schulaufführung hatte ich den Tempelritter gespielt. Seitdem wusste ich, dass Lessing verschwiegen hatte, dass der edle Saladin vielen gefangenen Rittern den Kopf hatte abschlagen lassen, besonders den Tempelrittern. Die Harmonie am Ende des Stückes hatte mir ohnehin nicht gefallen. Mir schien es unstatthaft, den hasserfüllten Gegensatz zwischen den arabischen Kämpfern mit den wunderbaren Damaszener Klingen und den fränkischen, also den französischen, englischen und deutschen Kreuzfahrern unter ihren trotzigen normannischen Helmen zu vergessen.

Die zweite Debatte von Rang war die zwischen Susan Neiman, der amerikanischen Philosophin und Direktorin des Einstein Forums, und dem Philosophen Hans Joas. Neimans Applaus für die sogenannte »Willkommenskultur« brachte mich zum Grübeln. Die Reaktion so vieler Deutscher sei das Schönste, was sie seit langer Zeit erlebt habe, sagte sie. Hans Joas dachte so wie ich. Er fand die richtigen Worte: »zum Ersticken«, und beurteilte damit die Reaktion deutscher Massen und das öffentliche Diktum darüber. Ich kenne Susan Neiman aus gemeinsamen Konferenzen in Potsdam und anderswo, und ich achte sie hoch als intellektuelle Potenz, auch wenn sie aus der moralphilosophischen Richtung ihres Faches kommt. Das erste Mal hatte ich sie bei einem Kolloquium des Frankfurter anthropologischen Instituts über die Darstellung des »Bösen« in afrikanischen Filmen gesehen. Sie und ich hatten uns in unterschiedlicher Weise über das Böse geäußert. Aber wir trafen uns in der Kritik der unkritischen Lesarten der afrikanischen Produktionen. Einige der Frankfurter Veranstalter begriffen offenbar nicht, dass man es bei diesen Filmen noch immer mit primitiver Mythologie zu tun hatte, nicht mit einer Ästhetik des Bösen im Sinne moderner Kunst.

Warum war ich von ihrem projektartigen Bekenntnis zu den »guten Deutschen« nicht abgestoßen? Weil sie es pragmatisch begründete. Als Amerikanerin versteht sie etwas vom Demokratisch-Aufklärerischen des jeweils politisch Notwendigen, was etwas anderes ist als die abstrakte Affirmation. Es war nicht Neimans Meinung, die mich beeindruckte, sondern die Art und Weise, wie sie diese ausdrückte. Bei ihr wird alles konkret. Das war es! Meine Aversion gegen ähnliche Ansichten galt dem sentimentalen, obsessiven Bekenntnisidiom, dem Produkt einer Reglementierung, für die Joas das richtige Wort gefunden hatte. Neimans Rede dagegen klang völlig anders als der moralisierende Diskurs. Es war die Rede eines Charakters. Dennoch wunderte ich mich, dass auch sie nicht wahrhaben wollte, welche politische und kulturelle Bedrohung aus der Differenz der westlichen Zivilisation zu jener der Flüchtlinge erwachsen könnte. In dieser Hinsicht hielt Neiman wohl eine politische Strategie für notwendig, erkannte sie die Notwendigkeit der Assimilation, genau so, wie sie diese für die Vereinigten Staaten forderte. Aber das Notwendige ist nicht immer das Mögliche.

Wodurch auch immer die deutsche Kanzlerin motiviert war – sie hatte mit ihrem banalen oder inspirierten Moralismus Deutschland isoliert und Europa in Gefahr gebracht, nicht zu reden von ihrem erzwungenen Kotau gegenüber der Türkei. Allerdings beschäftigte mich auch in dieser Lage der immer stärker werdende Zweifel, ob in England oder überhaupt irgendwo noch Entdeckungen zu machen wären, mehr als die politische Schwäche und die Gesinnungsethik eines Teils der deutschen Öffentlichkeit. Wenn ich das jemandem anvertraut hätte, dann hätte er mich wahrscheinlich zynisch genannt. Aber ich hatte einen ganz unzynischen, guten Grund. Die dschihadistischen Metzeleien in Frankreich und in Deutschland, das Ende Großbritanniens in der Europäischen Union und Trumps Präsidentschaft, das waren gewiss dramatische Ereignisse. Aber sie riefen in mir keine Jetzt-Erwartung hervor. Sie bestätigten nur etwas Vorhersehbares, sie gehörten zur Gattung Zeitgeschehen, nicht zur Gattung Entdeckungsreise. Dementsprechend die Art und Weise, wie man darüber sprach. Es gab inzwischen Veröffentlichungen namhafter Autoren, einschließlich der Reden zum Friedenspreis, die man »nachdenklich« oder »gedankenvoll« nennen wird. Sie waren aber gerade deshalb hoffnungslos langweilig. Sie rechneten die Ereignisse zu geschichtsphilosophischen Einsichten hoch. Die Akkumulation der schrecklichen Vorkommnisse war eigentlich ganz banal, sie wurde jedoch »Apokalypse« genannt.

Daran würde sich nach einem Attentat in Deutschland im Stil des Pariser Novembers 2015 wahrscheinlich nichts ändern. Dafür würde die Kanzlerin sorgen. Sie hatte jedem Nichtereignis die Sprache gegeben, die dazu passte. Vielen ihrer deutschen Zuhörer fiel, eingeschläfert, auch nichts Besseres ein, selbst wenn sie ihrer Stichwortgeberin inzwischen nicht mehr glaubten. Was man von deutschen Reaktionen auf das jüngste Ansinnen vernahm, sie sollten Führung beweisen, hörte sich genauso an wie das sattsam bekannte jahrzehntelange Lamento. Sie machten sich politisch schon wieder in die Hose, bevor man überhaupt etwas von ihnen konkret verlangte. Der Kanzlerin weltweit beifällig aufgenommene Adresse an Trump klang nach dünner Substanz. Die englische Großsprecherei in Sachen Brexit dagegen war nur die Kehrseite des erbärmlichen Bildes, das Europa seit geraumer Zeit abgab, sodass man fast ins Wünschen geriet, es möge sich ein eigenständig und selbstbewusst auftretendes Europa formieren. Schon Heinrich Heine hatte die Deutschen ja in den 1830er Jahren als Schläfer bezeichnet. In das Land der Schlafenden würde ich, angewiesen auf Ereignisse, definitiv nicht mehr zurückkehren können.

Ich las Habermas' Europa-Plädoyers noch einmal. Ich wusste ja, worauf er hinauswollte. Das letzte Mal hatte ich in einer Diskussion mit dem auf Europa hoffenden englischen Historiker Timothy Garton Ash meine Skepsis über ein zukünftiges Europa ausgedrückt. Das war 2014 in der Berlin-Brandenburgischen Akademie der Wissenschaften gewesen. Vor den wohl kritischen Zuhörern hatte ich die Europa-Idee des Philosophen als noch immer linke Utopie bezeichnet, und es entstand keine Unruhe, wie ich sie erwartet hatte. Danach kam Wolfram Hogrebe, der Autor des mich beeindruckenden Buchs *Ahnung und Erkenntnis* von 1997, aus der Zuhörermenge auf mich zu und drückte mir seine Sympathie aus. Sein Buch hatte nichts mit Politik zu tun. Aber mit Differenz. Es diagnostizierte die Differenz zwischen einem philosophischen und einem literarischen Satz am Beispiel Hölderlins. Zur Diskussion selbst sagte er nichts. Ich hatte die Idee von einer europäischen Identität, die Ash beschwor, noch einmal mit dem Hinweis auf die gravierenden institutionellen, historischen und daher ökonomischen Unterschiede zwischen den entscheidenden Nationen kritisiert, die nicht vermittelbar seien. Und außerdem hatte ich darauf hingewiesen, dass der Euro nach Einsicht kompetenter Fachleute von ökonomisch und finanzpolitisch ahnungslosen Politikern erfunden worden sei. Nur in einem sozialistischen Zwangsstaat wären die politisch-ökonomischen Differenzen aufhebbar, so wie sich das der ehemalige griechische Finanzminister gedacht hatte.

Das Vereinigte Königreich war also tatsächlich draußen. Dass die ganze Welt es angefleht hatte, doch bitte drinzubleiben, hatte die Brexiter darin bestärkt, dass sie bei sich allein besser aufgehoben seien. Die bis zur Verachtung gehende Geringschätzung des Präsidenten der Europäischen Kommission, Jean-Claude Juncker, als inkompetent und machtlos färbte auch das Urteil der seriösen Brexiter-Presse über Europa als Ganzes. Deutsche Reaktionen konnten sich das nur als Symptom englischer Dekadenz erklären, was sich aus ihrem ungebrochenen Idealismus ergab. Es hatte ein Hin- und Hergeschiebe der beiden wichtigsten Argumente gegeben: ökonomische Vorteile gegen Bedrohung durch Einwanderung. Aber jenseits dieses Disputs, den man täglich hatte nachlesen können, war ein Bann über die Brexiter gekommen. Sie waren gebannt von sich selbst und sind es immer noch. Um das genau zu erklären, würde ich die Emphatisierungen Englands – nicht Großbritanniens – in der großen Literatur aufschlagen, die es so in anderen europäischen Literaturen nicht gibt. Beim größten Dichter finden sich machtvolle Worte über Englands geografische Besonderheit, seine Alleinstellung auf Erden: »Dies gekrönte Eiland, dies Land der Majestät, der Sitz des Mars, dies zweite Eden, halbe Paradies, dies Bollwerk, das Natur für sich gebaut«. So, wie der von Richard II. verstoßene Hochadlige John Gaunt Abschied nimmt, denken noch immer viele, auch wenn sie diese Verse nicht kennen. Dass England ein »Kleinod« in der »Silbersee« ist, die See eine »Mauer«, der Ärmelkanal ein »Graben«, der es vor Eindringlingen schützt, wurde zum wichtigsten Motiv. Nicht die Belobigung der Einwohner – wie in anderer Völker Nationalgesängen –, sondern die Einzigartigkeit der Insel selbst ist das immer wiederkehrende Thema. So auch in Blakes Gedicht, in dem auf Englands grünen Auen ein neues Jerusalem ersteht. Hat nicht die Insel allein schon eine bizarre, phantastische Form? Sie erinnert an ein Seepferdchen. Aus dem berühmtesten englischen Gedicht über den Ersten Weltkrieg leuchten die Zeilen hervor: »If I should die, think only this of me, / That there's some corner of a foreign field, / That is forever England.« Auch Rupert Brooke, der 1915 bei den Dardanellen fiel, hatte also zuerst an das Land, an Englands Erde gedacht, nicht an die Nation oder den Staat.

Am Vortag des Referendums war ich bei meinem Hausarzt in Chelsea gewesen, der mir gelegentlich Nasenspray verschrieb. Vor dreißig Jahren hatte ich mir im Londoner Winter eine chronische Erkältung geholt. Aus Eitelkeit: Ich war ohne Mantel, nur mit Pullover und Jacke, auf Putney Commons spazieren gegangen. Aber im Unterschied zu den Engländern, die das seit Generationen gewohnt sind, war meine kontinentalsensible Nasenhöhle diesem Härtetest nicht gewachsen. In der Sprechstunde bemerkte der Doktor, wie der *Spectator* aus meiner Jackentasche fiel. Auf der Titelseite der Zeitschrift sah man einen Schmetterling im Blaurotweiß des Union Jack einer engen blauen Schachtel mit goldenen Sternen entflattern. Darüber nur das Wort »Out«. Unter dem Schmetterling die Zeile: »… and into the world«. Ich war am Zeitungsstand perplex gewesen, wie strikt die Redaktion bei ihrer seit Monaten verfolgten Linie geblieben war. Ihr Editor war einmal Boris Johnson gewesen. Ihr jetziger Herausgeber war ein ruhiger, intelligenter junger Mann, der häufig etwas Scharfsinniges zu sagen hatte. Mein Arzt las die fast zweihundert Jahre alte konservativ-intellektuelle Zeitschrift sicher nicht. Aber in der Annahme, ich hätte die gleiche Meinung zum Thema, sagte er: »Yes, I think we will better be out.« Nichts lag mir ferner, als eine Meinungsdifferenz auch nur anzudeuten. Ganz im Gegenteil. Ich sagte, ich hätte Verständnis für seine Ansicht.

Überrascht war ich sowieso nicht. Ich wusste ja, dass keineswegs alle gebildeten Engländer – wie behauptet wurde – für Europa stimmen würden. Der größte Teil der Universitätsprofessoren gewiss, auch viele Intellektuelle und Künstler. Natürlich die Journalisten der BBC, des *Guardian* und des *Observer*. Aber die professionellen Selbständigen, die Ärzte und Anwälte in Harley Street und Wimpole Street, die ausschließlich den reaktionären *Daily Telegraph* oder Zeitschriften über die *countryside* in ihren Sprechzimmern auslegten? Die wählten gewiss nicht so wie die jungen Ärzte des National Health Service, die schon seit Wochen streikten. Auch Mark Rylance, der Shakespeare-Schauspieler der Stunde, dachte, die Niederlage von Hastings, welche die Angelsachsen 1066 gegen die einfallenden französisierten Normannen erlitten hatten, habe sich bis heute in der englischen Psyche festgesetzt. Seitdem habe sie keiner kontinentalen Macht mehr getraut. Bis heute nicht. Dieses Misstrauen sei jetzt wieder über sie gekommen. Man sagt zwar nicht mehr wie früher: »Niggers begin at Calais«, aber man denkt in manchen Kreisen noch so. Rylance war während des Brexit gerade dabei, Paul Kingsnorth' Roman *The Wake* (2014) zu theatralisieren, der von der Reaktion des angelsächsischen Volkes auf die Niederlage ihres Königs Herald an der Küste von Sussex handelt. Der *Spectator* war jedenfalls das feinste Organ unter allen konservativen Medien, die für den Austritt aus Europa votierten. In seinem häufig drastischen, manchmal blasierten Tonfall hatte die neue Nostalgie für mein Empfinden immer häufiger etwas Törichtes angenommen, umso mehr, als sie so arrogant daherkam.

Sie waren also draußen. Aber nachdem ich nun schon so lange nichts Geheimnisvolles mehr an diesem Land entdecken konnte, versprach auch die Aussicht darauf, dass die knappe Mehrheit zum Alten zurückkehren wollte, keine Aussicht mehr auf neue »Plötzlichkeiten«. Es gab jedenfalls aus diesem Grund keinen Anlass, wieder »Jetzt« zu sagen. Die Distanz, die sich nun erneut zwischen England und dem Kontinent auftun würde, hätte doch mein Verlangen nach Differenz befriedigen können. Aber solch eine Befriedigung empfand ich nicht. Auch nicht darüber, dass nun absehbar war, dass eine noch engere politische Union Europas sich endgültig als ein Phantasma herausstellen würde.

Die Engländer werden sich – die Alten der oberen Mittelschicht und die Labour-Leute in Nordengland, die beide zusammen den Ausschlag für den Austrittsentscheid gegeben haben – für eine Weile im schönen Hinterland wohl-fühlen wollen. Ich summte manchmal ein altes englisches Volkslied vor mich hin, das mir gerade jetzt wieder einfiel: »There was a jolly miller once / Liv'd on the River Dee / He danc'd and he sang from morn till night, / No lark so blithe as he. / And this the burden of his song / For ever us'd to be / I care for nobody, no, not I, / If nobody cares for me.« Die melancholische Melodie und der selbstbe-wusste Rhythmus waren wunderbar. Und wie passend die letzten Worte! Aber dem eigenbrötlerischen Trotz der Brexisten einen Charme zuzugestehen, war das zu viel an Verständnis?

Wenn die letzten Tage vor dem Referendum etwas Be-eindruckendes vom alten Schrot und Korn Englands ge-habt hatten, dann waren es die öffentlichen Diskussionen einiger Pro- oder Kontrasprecher bis zur letzten Stunde ge-wesen. Das machte ihnen keiner in Europa nach! Das war etwas anderes als der blinde Nationalismus der fanatischen Brexiter. Zum ersten Mal fand ich am englischen Patrio-tismus vieles hoffnungslos beschränkt. Ihr Superioritätsge-fühl war von gestern, gerade wenn es sich im Snobismus des *Spectator* oder des *Standpoint* aussprach. Ich erinnerte mich daran, dass es seit Langem eine ganze Reihe engli-scher Schriftsteller gab, die England in schwarzen Farben zeichneten, ja England verfluchten. John Osborne war der bekannteste nach dem Zweiten Weltkrieg, obwohl er gleichzeitig eine radikal nostalgische Evokation der engli-schen Größe betrieb. Das eine war die Ursache des ande-ren. So der Hassbrief an seine *countrymen*. Während Os-bornes *Damn-you-England*-Rhetorik unglücklicher Liebe entsprang, war zwei Generationen später bei Martin Amis eine durch Ironie abgemilderte, wirkliche Entfremdung der Grund dafür gewesen, dass er nach New York gegan-gen war. Wäre sein Vater, der berühmtere Schriftsteller Kingsley Amis, wohl im Land geblieben und hätte für den

Brexit votiert? Anlässlich des ersten britischen Europa-Referendums, 1975, hatte er einen hasserfüllten Brief über die Deutschen in der *Times* veröffentlicht, um darin seinen Abscheu vor Englands Beitritt zur EWG als der Vorform der Europäischen Union Ausdruck zu geben. Die Emigration einer langen Reihe von englischen Künstlern hatte dagegen immer dasselbe Motiv gehabt: Sie waren gelangweilt von einem Land ohne radikale philosophische oder künstlerische Debatten oder gar Streit.

Warum war mir das früher eigentlich nie negativ aufgestoßen, obwohl ich es gewusst hatte? Ich hätte hier ja nie die gleiche Art Seminare halten können wie in Stanford. Die amerikanischen Studenten waren enorm an »kontinentalen« intellektuellen Themen interessiert. Die englischen überhaupt nicht. Es hatte mich dies nur deshalb nicht negativ berührt, weil es meine Affinität zum Fremden, das England ausstrahlte, eher verstärkte. Solche Ausstrahlung gehörte nun der Vergangenheit an. Englands extraordinäre Differenz, von der auch die europafreundlichen Wähler überzeugt waren, brachte meine Phantasie nicht mehr in Wallung. Ich begann, sie in Zweifel zu ziehen als angemessene Realitätsvermessung: im Bewusstsein eines Beobachters, der nicht mehr mit allen einschlägigen Informationen versorgt wird. Was aus dem Brexit wird, weiß der Teufel, aber die Lage ist unerquicklich geworden – wie in Amerika. Die Brexiter haben ähnlich wie Trump ausgerechnet gegen ihre berühmtesten Institutionen, Parlament und oberstes Gericht, Ressentiments losgetreten, also die sogenannte unmittelbare Demokratie gegen die parlamentarische ausgespielt. Abstoßend und dümmlich flankiert von ihren Zeitungen. Wie es der englischen Oberschicht bisher gelungen war, den unteren Schichten so lange selbstsicher den politischen Ton vorzugeben, hatte mich schon immer gewundert. Ob es damit ein für alle Mal vorbei sein könnte? Eine beunruhigende Vorstellung.

Ob der Austritt des Vereinigten Königreichs aus der Europäischen Union eine katastrophale oder eine schöne Aussicht versprach, schien mir demnach nicht so klar beantwortbar, wie ihre gegensätzlichen Sprecher es vorgaben. Interessanter war eine andere, dringlichere Frage: Was war aus Fukuyamas These vom Ende der Geschichte (1992) geworden, das heißt aus der Ansicht von einer vom Westen beherrschten permanenten Gegenwart? Dieses Theorem war doch wohl in sich zusammengefallen angesichts von Chinas rasantem Aufstieg als Wirtschaftsmacht, dem Scheitern der amerikanischen Präsenz im Nahen Osten, Russlands aggressiver Wiederkehr in die ehemaligen Provinzen des früheren Sowjetblocks sowie seinem Eingriff in Syrien und schließlich angesichts der frenetischen Attentate junger islamistischer Araber in europäischen Städten. Dagegen war Samuel Huntingtons in Misskredit geratene, tabuisierte Idee von einem »clash of civilizations« (1996) von den genannten Realitäten bestätigt worden. Vor allem dann, wenn man von dieser Idee den geschichtsphilosophischen Gestus abzieht und ausschließlich die ihr innewohnende Wahrnehmung von Differenz erkennt. Solange diese Kategorie nicht die Politik der westlichen Staaten leitete, würden die seit 1996 nach Europa gekommenen über zehn Millionen Muslime außerhalb jeder Integration bleiben, die diesen Namen verdient. Das hatten die englischen Politiker, ob *Brexit* oder *Remain*, inzwischen verstanden. Die deutsche Regierung definitiv noch immer nicht. Und die französischen Verantwortlichen, die es verstanden hatten, waren durch ihre Kolonialgeschichte von einer Lösung offenbar abgeschnitten.

Eigentlich war mir Fukuyamas Idee von einer ewigen Gegenwart nicht unsympathisch. In dem Sinne nicht, dass solch eine perennierende Gegenwart teleologische Hochrechnungen der Zukunft ausschließt. Seit meiner Lektüre von Heinrich Heines Bekenntnis zur Gegenwart und nichts als der Gegenwart, die sein Lehrer Hegel nur als eine Funktion der Zukunft wahrnahm, hatte sogar mich selbst die Idee von einer ewigen Gegenwart beschlichen: Meine eigene Lebenszeit hat mit Weltzeit nichts zu tun. Zukunft ist, wie Sartre geschrieben hat, nichts anderes als eine besonders erleuchtete Gegenwart. Nicht die inhaltliche Bestimmung der Zukunft ist in existenzieller Hinsicht von Belang, sondern meine Stimmung, wenn ich sie in der Gegenwart produziere. Mein Augenblickskonzept konnte nichts anderes denken. Aber die von Fukuyama auf Gegenwart gestellte Theorie des geschichtlichen Prozesses verstieß zu sehr gegen die Priorität von Differenz, als dass ich ihr mehr hätte abgewinnen können.

Hatte mein Wichtignehmen der Differenz etwas damit zu tun, dass ich keinen Zugang zum Internet und zu E-Mails besaß, weder Computer noch Netz benutzen konnte? Auch das Internet hob ja Differenzen auf. Warum? Weil das zeitliche Jetzt kein emphatisches Jetzt mehr produzierte, sobald man im Zeitfluss des Internets dahinglitt. Das kam mir in den Sinn während eines Gesprächs mit Stephan Schlak, dem Redakteur der *Zeitschrift für Ideengeschichte*, als er mich in der Vermutung bestärkte, dass die Zeit im Internet und die Zeit außerhalb des Internets verschiedene Bewusstseinsformen zeitigten: Und das betraf doch mein Gefühl für die Differenz. Es war kein kulturkritisches Motiv bei der Entscheidung im Spiel gewesen, mir keinen Computer anzuschaffen. Als das Internet aufkam, war mir diese Innovation völlig egal, weil sie meine Arbeit vorläufig nicht betraf. Ich war von Friedrich Kittlers Buch über den Einfluss der verschiedenen Aufschreibsysteme auf den Inhalt nicht überzeugt gewesen. Informationen, die ich nicht in einem meiner Buchregister fand, ließ ich mir von meinen Studenten beschaffen, die inzwischen alle das Internet nutzten. Dieses Medium blieb in meinen Augen also lange Zeit nichts anderes als ein technisches Zubehör, das ich nicht benötigte. Dann, zu Beginn des neuen Jahrhunderts, fiel mir etwas anderes, mir ganz Neues, von mir auch nicht Vorhergesehenes auf: Dass immer mehr Leute das Internet benutzten, um miteinander in einen Dauerkontakt zu treten. Nachdem ich das bemerkt hatte, kam ich auf die Idee, über das Zeitgefühl des Netzbenutzers ein Doppelheft im *Merkur* zu machen. Inzwischen gibt es darüber massenhaft psychologische Untersuchungen mit teilweise sehr kritischen Auskünften. Damals, im *Merkur*, sollte es nur um die Frage gehen, welchen Einfluss die Computerkommunikation auf das Briefeschreiben habe. Verschiedene Briefarten sollten dabei unterschieden werden: Liebesbrief, Geschäftsbrief, Freundschaftsbrief, Gelehrtenbrief, Reisebrief. Diese Briefe brauchten früher alle eine gewisse Zeit, bis sie den Empfänger erreichten. Aber selbst wenn die Zustellung am selben Tag erfolgte – schon im frühen 19. Jahrhundert konnte der Postverkehr erstaunlich schnell sein –, verging eine weitere Zeit, bis der Brief beantwortet wurde. Mit dem im Internet geführten Gespräch trat eine radikale Zeitverkürzung ein. Früher wartete der Absender auf die mögliche Antwort, und dieses Warten bedeutete zugleich falsche oder richtige Mutmaßungen über die Reaktion des Empfängers. Die Gegenwart des Schreibens bezog sich auf die Zukunft der Antwort des Empfängers. Nicht nur das: Ein Brieftext jener Sorte war etwas anderes als eine Adresse im Internet. Der konventionelle Brief enthielt möglicherweise kontemplative Elemente. Ich wollte darauf hinaus, dass mit der Unmittelbarkeit der Kommunikation im Internet das Wort »Kommunikation« seinen neuen Funktionscharakter bekommen hatte. Vergangenheit und Zukunft fielen im Internet als Präsenz und im Präsens zusammen.

Kurt Scheel war skeptisch. Nicht dass er gegen meine Briefanalyse gewesen wäre, nein, er meinte, ob man wolle oder nicht, liefe das auf eine Art konservativer Kulturkritik am neuen Medium hinaus, wie man sie seit Jahrhunderten kenne, sobald neue Medien aufträten. Scheels Freund Rutschky hatte das auf die ironische Formel gebracht: »Erst starben die Wale, dann das Hörspiel.« Ich sah ein, dass man sich diesen Einwand bei diesem Thema auf jeden Fall eingehandelt hätte, wenn man nicht zu einem noch größeren Schlag ausholte. Womöglich Heideggers Technologieargwohn bemühen würde oder Ähnliches, mehr von linker Observanz. Das wollte ich nicht, ich wollte es bei einer diagnostischen Gegenüberstellung von Computerkommunikation und Briefgespräch belassen. Und das wäre zu wenig gewesen. Ich wollte es bei einer bloßen Beobachtung belassen, beim Ausdruck meines eigenen Isolationsgefühls angesichts des permanenten Kontakts von Bekannten und Freunden untereinander, an dem ich nicht mehr teilnahm, an dem ich nicht mehr teilhatte. Dafür bekam ich rührende Ansichtskarten. Die von Sepp waren die nobelsten, weil sie in einer unleserlichen Schrift, einer Folge von Runen oder Keilschriftfiguren, hingehauen waren. Sie enthielten nichts Wichtiges an Information, sondern nur Menschliches, etwas über die Stadt, in der er sich gerade aufhielt, wenn er, wie so oft, auf Reisen war. In E-Mails, die ich aber nicht bekam, hätten sich gewiss bloß Informationen gefunden.

Ein scheinbarer Vorteil des Computers war noch zu klären. Kürzlich hatte ich in einem französischen Film gesehen, wie eine Schriftstellerin ihre unheimlichen Phantasien auf die Tastatur niederhämmerte. Wie klar und deutlich die einzelnen Wörter sofort auf dem Bildschirm erschienen! Wenn ein Wort – so dachte ich sofort – ihren Einfall nicht richtig ausgedrückt haben würde, dann hätte sie das, in dieser objektivierten Form, sogleich erkannt und korrigiert. Nicht so, wenn sie ihn, wie ich, mit der Hand auf Papier niedergeschrieben hätte. Nicht weil es unleserlicher gewesen wäre, sondern weil die Handschrift einem auf bestechliche Weise bestätigt, was man eben erst gedacht hat. Die

Handschrift flüstert einem das Gedachte noch einmal als dessen unmittelbaren Ausdruck ein. Deshalb fielen einem falsch gesetzte Wörter erst dann auf, wenn der handschriftliche Text mit Schreibmaschine oder Computer in eine ganz neue und unpersönliche Form gebracht war. Nichts klarer als das, aber es brachte mich ins Grübeln.

Es befiel mich nämlich der Verdacht, die klare Hervorbringung der Wörter im Computer zeige zugleich an, dass seine Abwesenheit bei meiner Art zu schreiben einen unstabilen Grund meiner Jetzt-Obsession entlarve. So wie die Computerschrift die Ausdrucksfehler bei Handschrift ausstelle, so könnte auch die Unmittelbarkeit des Jetzt-Gedankens von einer Idee reguliert werden. Indem mir das durch den Kopf schoss, wusste ich aber schon, dass die Unmittelbarkeit der Handschrift die Unmittelbarkeit des »Jetzt« gar nicht berührt! Vielmehr wäre die Manuskriptphase bei der Niederschrift des Gedankens sogar notwendig, insofern die Korrektur des Handschriftlichen das Korrigierte nicht auslöscht, sondern erhält und somit das ursprüngliche »Jetzt« des Erlebens als die Quelle des Gedankens, welche keiner normativen Kontrolle unterliegt, geradezu absichert und versiegelt – jedenfalls sofern man das beschriebene Blatt nicht sogleich wegwirft.

Das alles ist nun zehn Jahre her. Und erst jetzt ist mir die entscheidende Neuigkeit der Internetkommunikation so richtig aufgegangen: Sie hebt die Differenz zwischen Sender und Empfänger auf. Sie zieht die Individualität des einen mit der Individualität des anderen zusammen. In der Gleichzeitigkeit werden sie einander ähnlich. Denn die Zeit, in der man sich besonders, in der man sich anders fühlt, ist die Zeit im Alleinsein. Und auch die Inhalte der Mitteilungen ergänzen sich wechselseitig auf andere Weise. Ich dachte zurück an die Briefe der Romantiker, an Kleists Briefe und Brentanos Briefe. Das waren Deklarationen gewesen einer mit niemand anderem geteilten Subjektivität.

Und diese waren nur zustande gekommen, weil der Brief-
schreiber allein geblieben war mit seinen Gedanken, weil
ihm nicht sehr bald geantwortet wurde. Je stärker und länger er an jemand anderen dachte, bevor dieser antworten
konnte, desto stärker bildete sich Eigenheit heraus. Als ich
das vor dreißig Jahren mit meinen Studenten besprach, hatten wir das Gefühl, über etwas uns selbst Betreffendes zu
sprechen. Diese Subjektivität – häufig in Distanz gebracht
zu Gesellschaft und Institutionen – erschien als eine sehr
moderne. Sie hob sich ab vom Individuum der vorangegangenen Epochen. Diese romantisch-moderne Subjektivität
hob sich inzwischen aber als die Subjektivität einer ebenfalls
zu Ende gegangenen Epoche wiederum vom Internet-Ich
ab. Auch mein eigenes Jetzt-Gefühl hatte sich vom Jetzt-
Gefühl des Internetbenutzers abgetrennt. Ich lebte mit dem
alten Jetzt-Affekt, der mir die täglichen Wahrnehmungen
als ein Fremdes, als ein zu Entdeckendes erscheinen ließ, in
meiner inzwischen historisch überholten Epoche. Ich kam
noch aus jener Epoche, die Koselleck als eine der »Verzeit-
lichung« charakterisiert hatte. Wenn ich immer wieder denken möchte, jetzt geschieht etwas, dann stecken in diesem
Jetzt die Jetzte Hölderlins und Schlegels und natürlich das
Jetzt Nietzsches. Weil das keine Ideen sind, keine bildungs-
geschichtlich vermittelten Gehalte, sondern spirituell vertiefte Affekte, lasse ich mich auf diese vielversprechende Jetzt-
Vielfalt emotional immer noch ein. Aber ich akzeptiere den
Verdacht, dass mein Glück im Erfahren von Differenz, in
den Augenblicken des ganz Fremden, nicht mehr vereinbar
ist mit der Kommunikation im Internet. Das Fremde würden in Zukunft weder England noch Frankreich offenbaren können, aber es gäbe auch dann noch andere Impulse.

Stephan Schlak, immerhin vierzig Jahre jünger und ein
soziologischer und politischer Kopf, fand meine »Ereignis«- und »Differenz«-Kategorien keineswegs hoffnungslos von gestern, sondern tauglich, die Internetmentalität

zu erfassen: eben als ein Verschwinden der Erfahrungen von Ereignis und Unterschied. Gewiss, diese Erfahrungen reichten zurück in die Kriegs- und Nachkriegszeit, die ich in Erinnerung hatte als eine Kette von aufregenden Vorkommnissen. Reinhard Steiner hatte mir betreffs dieser Ereignisse vor Jahren einmal gesagt, sie hätten meine Generation so viel interessanter gemacht, emotional und geistig, als seine eigene, die nach dem Krieg geboren wurde, ohne das Erlebnis dieser Ereignisse. Deshalb seien die Vertreter seiner Generation zu solchen Weicheiern geworden. Die darauffolgende Generation, die mir noch weicheieriger vorkam, nannte sich selbstbewusst ironisch »Generation Golf«. Sie war noch nicht vom Internet geprägt, hatte aber schon den kommunikativen Drive. Die Internetkommunikation schien also nur der Explosionspunkt einer längst angesteckten Lunte zu sein. Und schließlich: Waren Ereignishunger und Ereignisangst nicht eine der individuellen Psyche jederzeit noch immer mögliche Erfahrung?

Das allererste Ereignisbild in meiner Erinnerung war mein eigenes Gesicht im Spiegel des Schlafzimmers meiner Eltern gewesen, allein während eines nächtlichen Bombenangriffs. Das war zu der Zeit, als wir Sieben- bis Achtjährigen am nächsten Morgen Granatsplitter sammelten, diese in allen Farben funkelnden Metallstücke, die von den explodierenden Flakgranaten stammten. Als ich Angela von dem Spiegelbild erzählte – ich hatte bisher nur mit Undine darüber gesprochen –, meinte sie, dieses Spiegelbild habe bis heute einen großen Einfluss auf mich. Sie bezog sich dabei nicht auf das berühmte, von jedermann zitierte Theorem Lacans, sondern sie sagte es aus einer ganz eigenen Gewissheit der offensichtlichen Ursache meines Ereignishungers heraus. Ich wollte es erst nicht wahrhaben. Denn es hätte bedeutet: Dass ich später vom ästhetischen Schrecken fasziniert war, ginge auf den ersten Schrecken zurück, den mir mein eigenes, wahrscheinlich bleiches Gesicht, überhaupt mein erster Blickwechsel mit dem eigenen Ausdruck eingeflößt hatte. Es war nicht die Angst vor Bomben gewesen. Sondern die Abwesenheit der Eltern und das Alleinsein mit dem eigenen Gesicht in ihrem Spiegel. Angela sah das pragmatisch-psychologisch als eine Antizipation von Späterem. Mir war es lieber, darin bloß ein allererstes Ereignis des ohnehin vorhandenen Ereignishungers zu erkennen. Eine frühe Erweckung von Ereignishaftem. Dennoch: Das Jetzt ist immer nur ein Jetzt und hat kein Gestern. Das widerspricht nicht dem Jetzt des Briefeschreibens, das auf ein gestriges Jetzt antwortet und ein morgiges Jetzt vorwegnimmt. Es hat gewiss auch mit Gefahr zu tun. Wo keine Gefahr ist, gibt es kein Jetzt.

Ich suche nach derzeitigen Genossen im Gefühl des Jetzt und all dem, was damit zusammenhängt: vor allem dem Selbstgefühl, dem Trotz, nicht durch solche Form der Kommunikation zu existieren. Ich finde nichts, das mir wirklich aufhilft, denn die kulturkritischen Einwände gegen die Internetgemeinschaft sind ungeachtet all ihrer guten Argumente langweilig. Dahinter steckt noch immer ein traditioneller Humanismus. Da aber fällt mir Sloterdijk ein, dessen zeitkritische Stellungnahmen mir seit Mitte des letzten Jahrzehnts Freude machen. Etwa seine Schrift mit dem Thema des »thymos«! Ein Wort, das sich mir seit der Schulzeit eingeprägt hat, als ich die Gedichte von Archilochos auf Deutsch und Griechisch las. Archilochos hatte den »thymos«, so wie ich ihn damals zu fühlen glaubte. Damit konnte ich die medialhistorischen und kommunikationstheoretischen Skrupel vergessen. Sloterdijk war und ist anregend, nur sprach er nicht vom »Jetzt«.

Es gab aber einen Denker, der für das Jetzt-Gefühl vor allem zuständig war und den ich schon seit längerer Zeit lieber las als jeden anderen Philosophen: Michel de Montaigne. Anlass war zunächst ein Seminar über die Form des Essays gewesen. Dabei spielte das Thema einer neu entwickelten Subjektivität von Anfang an eine Rolle. Dann stieß ich auf Sätze wie: »Wir bedenken, was wir wollen, nur eben in dem Augenblick, in dem wir es wollen.« Es war im Anfang vor allem der Aspekt des verschwundenen, eben noch gewesenen Augenblicks, das Motiv, das die Theorie der Trauer damals begründet hatte: dass der gestrige Tag im heutigen sterbe, wie Montaigne schrieb. Dieses gegen die systematische Philosophie und ihren Seins-Begriff gerichtete Bewusstsein des je schon gewesenen Augenblicks, das für Goethes, Leopardis und Baudelaires existenzielle Zeitlichkeit so wichtig wurde, hatte sich bei Montaigne erstmalig gezeigt. Jedenfalls in meiner Lektüre. Dann fand ich die mein Jetzt-Gefühl bestätigenden Sätze: Montaigne benutzte allerdings nicht das Wort »Jetzt«. Er sprach an den relevanten Stellen vom jeweiligen »Augenblick«, vom »Gegenwärtigen« oder von »zu dieser Stunde«. Aber er meinte genau das auf kein Vorher und auf kein Nachher sich einlassende Jetzt. Ihm, diesem Jetzt, nicht dem erworbenen Wissen und vorgängigen Überlegungen, entspringt – so Montaigne immer wieder – unser Urteilen, unser Selbstgefühl. Wie kühn sich das abhob als eine Moderne *avant la lettre* vom idealistischen Bestehen auf Kontinuität hegelscher Provenienz. Auch Schiller, der Psychologe des dramatischen Augenblicks, hatte das momentane Jetzt ausdrücklich im Namen der ganzen Lebenszeit verworfen: Wenn die »Empfindung« einen beherrsche und einen mit sich »fortreiße«, dann sei das nur ein »erfüllter Moment«, in dem die Persönlichkeit begrenzt bleibe. Genau diese Begrenzung war es, die Montaigne emphatisierte – bis hin zur Konsequenz, den eigenen Tod in dieser Weise zu denken, nämlich als eine »Occasion soudaine«. Montaignes Schilderung, wie das eigene Pferd in vollem Galopp mit dem Pferd eines seiner Leute zusammenstößt – es ist die Zeit des Bürgerkrieges zwischen Hugenotten und Katholiken –, das entzieht dem Augenblick des Vom-Leben-Abschied-Nehmens den Gedanken an die Ewigkeit. Der Augenblick ist verwandelt in einen »Blitzstrahl, der die Seele mit einem Schlage erleuchtet«, in dem Moment, da er »aus der anderen Welt zurückkehrte«. Auch der Tod ist kein Anlass, die Unendlichkeit zu fühlen, sondern er bleibt eine Stunde, die man »in pragmatischer Absicht« hier und jetzt versteht. Eigentlich nutzte meinem Empfinden, ganz im Augenblick zu leben, keine Philosophie, die ebenfalls den »Zusammenhang« leugnet. Denn an meinem Impuls konnte ich und wollte ich ja nichts ändern, wie immer ein Philosoph darüber ähnlich oder nicht ähnlich sprechen würde. Gewiss, Montaigne war im Unterschied zu mir von einem Erkenntnisinteresse getrieben: der Skepsis gegenüber der tradierten Ontologie. Das Wort »ist« behielt er Gott vor. Die Vernunft könne nämlich »nichts Beharrendes und Bleibendes erfassen, weil alles entweder zum Sein unterwegs ist oder noch gar nicht besteht oder schon zu vergehen beginnt, noch ehe es entstand«. So stirbt nach Montaigne der gestrige Tag schon im heutigen, und nichts bleibt und ist für immer eines. Auf solche Sätze zu stoßen, die ich wie eigene las, bedeutete mir, wie gesagt, keine zusätzliche Begründung für meinen Jetzt-Impuls, aber es war mir wie ein plötzliches Signal, das von einem anderen Schiff, das ich vorher im Dunkeln nicht gesehen hatte, zu mir auf mein Schiff herüberleuchtete.

Was ich damals gegen die philologischen Mitstudenten in Heidelberg für mich selbst entdeckt und womit ich mich während der folgenden Jahrzehnte in London, Bielefeld, Paris, Stanford und wieder London wohlgefühlt hatte, das hatte zumindest *ein* bedeutender Denker auch so empfunden. Was sich aber in den folgenden Jahrzehnten für mich immer aufs Neue bei Montaigne als avanciert, als modern erwiesen hatte, vor allem gerichtet gegen die heimliche oder offene Theologie von Philosophieprofessoren, auch das wurde nunmehr mit dem Internet konfrontiert, dem Internetbenutzer. Der hatte ein neues, ein anderes Ich als das von Montaigne etabliert gegen die Konsequenz, die ich aus dem »Jetzt« gezogen habe: nämlich die Gewissheit, ständig auf Unbekanntes zu stoßen, die Welt als nicht bekannte Zone fesselnd zu finden und daraus den Lebensimpuls, den »thymos«, zu gewinnen. Ob mich das von den Internetbenutzern – und das waren inzwischen sehr viele – isolierte, hörte zwar auf, mich zu interessieren. Diese Art von Isolation beunruhigte mich nicht mehr – in ihr lag ja seit jeher der Reiz, radikal subjektiv zu leben. Beunruhigend blieb aber weiterhin, dass ich mich einer Subjektivität von gestern hingeben könnte, ohne es zu merken, und die aufzugeben ich nicht imstande wäre.

Ein anderer Einwand gegen die »Jetzt«-Erwartung kam hinzu: Für den Plötzlichkeitsimpuls im Augenblick, die Erwartung des Fremden um die Ecke, hatte es eines Lebensgefühls bedurft, das eigentlich für einen Intellektuellen, besonders einen deutschen Intellektuellen, nicht zulässig war. Zulässig war es gewesen, wenn Hermann in Heidelberg ein Bild von Kafka über sein Bett gehängt hatte. Nicht bloß als Zeichen der Verehrung eines großen Dichters, sondern als Bekenntnis zu einer Negativität, die ihn selbst verzehrte und für die er eine geistige Erklärung, eine Begründung brauchte. Kam damals bei unserer Generation das verbreitete melancholische Lebensgefühl aus solcher Lektüre? Zum Teil, aber es hatte seinen anderen Wurzelgrund in der westdeutschen Nachkriegsmalaise. Nicht so bei mir. Die deutsche Niederlage und das Ende der Naziherrschaft waren wie eine Erlösung, ja Rettung von uns empfunden worden. Was nun begann, danach hatte sich die Familie seit den Dreißigerjahren gesehnt. Eine glückliche Zeit begann auch für mich, trotz des Wissens, zu einer kriminell gewordenen Nation zu gehören. Aber statt Zerknirschung Selbstbewusstsein.

In New York, an der Columbia University, hatte Mark Anderson häufig von Sebald gesprochen. Er sammelte Materialien für eine Biografie. Überhaupt war Sebald nach seinem Unfalltod 2001 an englischen und amerikanischen Universitäten zum Thema geworden. Zur Ambivalenz, die in Sebalds Prosa erkennbar war, hatte ich einen interessanten Aufsatz des Londoner Schriftstellers Will Self gefunden, der bei uns in Stockwell um die Ecke wohnt. Meine Schwierigkeit mit Sebald kam darin indirekt zum Ausdruck. Es ging natürlich um Auschwitz, darum, dass Auschwitz nicht angemessen erinnert worden sei und nie angemessen erinnert werden könne. Vor allem nicht als Ausgangspunkt für irgendeine Hoffnung. Das wäre eine idealistische Prätention, eine sentimentale Ungenauigkeit, ein falscher Versöhnungsimpuls. Differenzlosigkeit eben. Nimmt man Sebalds Werk als eine Deutung von Geschichte, Humanität und Zivilisation, die abhängig ist vom Holocaust als symbolisch gewordenem Ereignis, dann treten die anthropologischen, architektonischen und psychologischen Spuren dieses Ereignisses unübersehbar in Erscheinung. Es findet dabei keine zeitgenössische Abbitte statt, wie das in Schlinks Roman *Der Vorleser* oder im Spielberg-Film *Schindlers Liste* versucht wurde und in höherem Kitsch endet. Aber Sebalds unterschwellige, seiner wortlosen Jugend in Bayern entspringende Unsicherheit, vielleicht selbst ein passiver Mittäter gewesen zu sein – enthält dieses wohltemperierte Pathos voller Wiedererkennen nicht auch eine Prise von selbstbezogener Sentimentalität, der ich mich immer entzogen habe? Der westdeutsche Erinnerungskult beruhte darauf, an die Stelle der Erinnerung an die deutsche Geschichte als ein Fernverhältnis die Erinnerung an den Holocaust als ein Nahverhältnis zu setzen. Das hatte ich 1991 in der Auseinandersetzung mit Habermas erläutert. Nach dieser Doktrin kann sich die schuldig gewordene Nation erst durch eine reinigende Selbstvernichtung wiederfinden – als etwas anderes. Die moralische Buße vollzieht sich kraft eines neuen, negativen Gründungsmythos, der von der deutschen Geschichte nichts übrig lässt als diese einzige, die Geschichte

selbst auslöschende Gedächtnisquelle. Erlösen sich die Bü-
ßer hierdurch von einem narzisstisch-ödipalen Selbsthass?
Es geht jedenfalls – so sieht das Will Self – vor allem um sie
selbst, um ihren kaschierten Eskapismus aus der Schuld.

Dazu fiel mir eine Überlegung Richard Rortys ein: Nicht
auf die Deutschen, sondern auf die Amerikaner bezogen,
fragt er, ob es Taten gebe, die jede weitere Selbstachtung
ausschlössen, ob es Taten gebe, die man um den Preis des
eigenen Lebens nicht begehen sollte. Und ob man, wenn
man sie begangen habe, damit weiterleben könne. Im Anschluss an seinen Lehrer, den pragmatischen Philosophen
John Dewey, antwortet Rorty: »Wer eine solche Tat begangen hat, sollte nicht in bodenloser Selbstverachtung weiterleben, nicht entsetzt auf die eigene Vergangenheit starren,
sondern ein Handelnder bleiben, der eine solche Tat für immer ausschließen kann.« Als ob Rorty für die Deutschen
geschrieben hätte!

Zugegeben: Rortys nicht zu begehende Tat ist nicht der
Holocaust. Man kann die Pointe seiner Antwort trotzdem
übernehmen: Die Deutschen haben weitergelebt. Aber mit
Selbstverachtung, jedenfalls ihre Lautsprecher. Sehr frag-
lich ist allerdings, ob sie damit wirklich gehandelt haben
und handeln. (Abgesehen davon, dass etwas Ähnliches wie
der Holocaust von ihnen nicht mehr begangen werden
wird.) Bedeutet ihr Handeln jedoch eine tatsächliche politische Aktivität, die einen Gegner als Gegner akzeptieren,
ihn gar als Feind wahrnehmen würde? Ist nicht das Wort
»Feind« nach Carl Schmitts Instrumentalisierung des Begriffs von der deutschen Intelligenzija tabuisiert worden?
Und verringert das nicht den Ausdruckswert ihrer Sprache
als relevante Bezeichnung von Wirklichkeit? Das lassen die
Begründungen der Flüchtlingspolitik und die Diskussion
darüber jedenfalls vermuten. Dabei spielt die Abwesenheit
eines nationalen Bewusstseins nach wie vor die ausschlag-
gebende Rolle.

Meine Augenblicke der Erwartung des Fremden waren also nicht von der Schuld und ihrer Geschichte verunmöglicht worden. Die Unbefangenheit, die im Wissen über das couragierte Verhalten meiner Familie in den Dreißiger- und Vierzigerjahren und im Einfluss meines Vaters begründet lag, hatte ja den Selbsthass verhindert. Es bedurfte überhaupt keiner Legitimation dafür, die Augenblicksfreude am Fremden ohne Skrupel ob des Bekannten immer neu zu empfinden. Das Bewusstsein, dass diese Augenblicke flüchtige seien – das war das einzige Unglückswissen, das ich deshalb in Literatur und Philosophie untersucht hatte. Doch beruhte es auf der nicht abreißenden Kette glückhafter Augenblicke. Nicht weil diese beiden literarisierten Wörter einen das Glück denken lassen, sondern im Sinne eines *élan vital*. Auch jetzt, auch ohne die Hilfe von Michel de Montaigne, war ich darüber hinweg, meinen Subjektivismus wegen des mir unbekannt gebliebenen Internets infrage zu stellen. Die geistigen Folgen der Internetkommunikation hatte ich mir klargemacht. Aber auch das war nicht mehr entscheidend für mein Wohlbefinden. Entscheidend war, dass ich nicht von irgendjemandem belästigt wurde, sondern ganz und gar wieder in meinen Augenblicken lebte.

Wenn mir dabei der bisher bedeutende Stoff für das Fremde ausgegangen war, dann trat dafür eine neue Sensation auf: Mir fielen Sätze ein, die als Fremdkörper die täglichen Erfahrungen durchkreuzten. Eigentlich hätte das schon viel früher geschehen müssen: Als ich noch geglaubt hatte, die Theorie könne als Phantasie-Unternehmen betrieben werden. Ich hätte mir damals schon sagen müssen: Nein, schreibe einfach Sätze auf über das, was du siehst und denkst, ohne jede begriffliche Einordnung als Gesehenes und Gedachtes. Solch ein Satz, der darauf wartet, gefunden zu werden, nur der enthält wirklich das neue Jetzt. Würde ich solche Sätze finden? Ich musste sie finden. Jetzt.

Bernanos 359

Brentano 260

Merkel 514, 522

Mörike 484

Münkler 517f

Nietsche 276

Sebald 540